edition suhrkamp

Redaktion: Günther Busch

Eike Hennig, geboren 1943, ist Professor am Fachbereich Gesellschaftswissenschaft der Gesamthochschule Kassel. Als *Band 662* der *es* erschien sein Buch *Thesen zur deutschen Sozial- und Wirtschaftsgeschichte 1933 bis 1938.*

Drei Jahre nach seinen *Thesen zur deutschen Sozial- und Wirtschaftsgeschichte 1933 bis 1938* legt Eike Hennig eine Untersuchung über die sozioökonomischen Entstehungsbedingungen und die politische Rolle des Faschismus in Deutschland vor – eine breitangelegte Studie, die in die nach wie vor heftige Kontroverse über Ursachen und Auswirkungen des Faschismus mit einem Forschungsprogramm eingreift, das eines Tages die Aufhellung jener Epoche der deutschen Geschichte ein Stück weiterbringen könnte.

Eike Hennig

Bürgerliche Gesellschaft und Faschismus in Deutschland

Ein Forschungsbericht

Suhrkamp Verlag

Für M., M. und J.

edition suhrkamp 875
2. Auflage, 7.-8. Tausend 1982
 Satz, in Linotype Garamond, Druck und Bindung bei Georg Wagner, Nördlingen. Gesamtausstattung Willy Fleckhaus.

Inhalt

Verzeichnis der im Text verwendeten Abkürzungen

(Abkürzungen von Staaten – z. B. BRD, DDR, USA, UdSSR – werden nicht aufgenommen.)

ADB	Allgemeiner Deutscher Beamtenbund
ADGB	Allgemeiner Deutscher Gewerkschaftsbund
Afa-Bund	Allgemeiner freier Angestelltenbund
AG	Aktiengesellschaft
Alldeutscher Verband	Allgemeiner Deutscher Verband
BdL	Bund der Landwirte
Bergbaulicher Verein	Verein für die bergbaulichen Interessen in Rheinland und Westfalen
BVP	Bayerische Volkspartei
DAF	Deutsche Arbeitsfront
DAP	Deutsche Arbeiterpartei
DAZ	Deutsche Allgemeine Zeitung
DDP	Deutsche Demokratische Partei
DHV	Deutschnationaler Handlungsgehilfen-Verband
DIHT	Deutscher Industrie- und Handelstag
DKP	Deutsche Kommunistische Partei
DNVP	Deutschnationale Volkspartei
DVP	Deutsche Volkspartei
EKKI	Exekutivkomitee der Kommunistischen Internationale
GmbH	Gesellschaft mit beschränkter Haftung
Gruppe Eisen Nordwest	Arbeitgeberverband für den Bezirk der nordwestlichen Gruppe des Vereins deutscher Eisen- und Stahlindustrieller
IG Farben	Interessengemeinschaft Farbenindustrie AG
k. A.	keine Angabe
KdF	Kraft durch Freude
KI, Komintern	Kommunistische Internationale
KPD	Kommunistische Partei Deutschlands
KZ	Konzentrationslager
Langnamverein	Verein zur Wahrung der gemeinsamen wirtschaftlichen Interessen in Rheinland und Westfalen
LT	Landtag
MdR	Mitglied des Reichstages
NKFD	Nationalkomitee »Freies Deutschland«
NPD	Nationaldemokratische Partei Deutschlands

NS, ns	Nationalsozialismus, nationalsozialistisch
NSBO	Nationalsozialistische Betriebszellenorganisation
NSDAP	Nationalsozialistische Deutsche Arbeiterpartei
OSAF	Oberster SA-Führer
RAfAuA	Reichsanstalt für Arbeitsvermittlung und Arbeitslosenversicherung
Reichswerke Hermann Göring, Reichswerke	AG für Erzbergbau und Eisenhütten Hermann Göring
RDI	Reichsverband der Deutschen Industrie
RFSS	Reichsführer SS
RGBl.	Reichsgesetzblatt
RM	Reichs-Mark
RT	Reichstag
SA	Sturmabteilung
SAPD	Sozialistische Arbeiterpartei Deutschlands
SED	Sozialistische Einheitspartei Deutschlands
SD	Sicherheitsdienst
SPD	Sozialdemokratische Partei Deutschlands
VB	Völkischer Beobachter
VVN	Vereinigung der Verfolgten des Naziregimes
WRV	Weimarer Reichsverfassung
Zentrum	Deutsche Zentrumspartei
ZK	Zentralkomitee

Verzeichnis der Tafeln, Tabellen, Schaubilder und Abbildungen im Textteil

Alle geographisch und politisch nicht näher bezeichneten Angaben in den Tabellen etc. beziehen sich auf das Deutsche Reich.

3. Verzeichnis der Schaubilder

4. Verzeichnis der Abbildungen

(Weitere statistische Angaben finden sich in einzelnen Anmerkungen. Vgl. S. 307.)

Vorbemerkung

»Unser Führer, unser Lehrmeister, unser erprobter Heerführer, der große Stratege der proletarischen Weltrevolution, Genosse Stalin (stürmischer Beifall), sagte der Partei und dem Lande der Werktätigen, daß dieses Jahr das letzte unserer Schwierigkeiten werden müsse, und die gesamte Partei und das ganze Land arbeiten hartnäckig mit einer unbezwinglichen Energie daran, diese Losung in die Tat umzusetzen. Wir arbeiten jetzt daran, Schweine zu züchten und legen darein alle unsere revolutionäre Leidenschaftlichkeit, all unser bolschewistisches Ungestüm, die glühende Energie der ehemaligen Frontkämpfer des Bürgerkrieges. Im Frühjahr schon werden wir eine massenhafte Geflügelzucht entfalten, weil wir wissen, daß im Sowjet-Ei die revolutionäre Weltkrise ausreift; in den nächsten zwei Jahren werden wir den Viehbestand vergrößern, und wir sind überzeugt, daß die Jaroslawler-Sowjetkuh nicht nur den Faschismus, sondern auch den gesamten Weltkapitalismus mit ihren Hörnern zu Tode stoßen wird.«

(D. Manuilski, *Revolutionäre Krise, Faschismus und Krieg*, Moskau/Leningrad 1934, S. 22; Referat vor dem 13. Plenum des EKKI im Dezember 1933)

»Was nun die [. . .] in der Luft schwebenden ideologischen Gebiete angeht, Religion, Philosophie etc., so haben diese einen vorgeschichtlichen [. . .] Bestand von – was wir heute Blödsinn nennen würden. [. . .] die niedrige ökonomische Entwicklung der vorgeschichtlichen Periode hat zur Ergänzung, aber auch stellenweise zur Bedingung und selbst Ursache, die falschen Vorstellungen von der Natur. Und wenn auch das ökonomische Bedürfnis die Haupttriebfeder der fortschreitenden Naturerkenntnis war und immer mehr geworden ist, so wäre es doch pedantisch, wollte man für all den urzuständlichen Blödsinn ökonomische Ursachen suchen. Die Geschichte der Wissenschaften ist die Geschichte der allmählichen Beseitigung dieses Blödsinns, resp. seiner Ersetzung durch neuen, aber immer weniger absurden Blödsinn.«

(Friedrich Engels, Brief an Conrad Schmidt vom 27. Okt. 1890; *MEW* Bd. 37, S. 492)

Die im folgenden ausgebreiteten Gedanken[1] stehen im Kontext von Bemühungen, das Verhältnis von bürgerlicher Gesellschaft und Faschismus darzustellen. Dieses Verhältnis ist mehr als vierzig Jahre nach 1933 immer noch nicht hinreichend klar bestimmt. Zwischen unterschiedlichen »Wissenschaftsschulen« und antagonistischen politischen Gruppierungen ist nach wie vor umstritten, ob man beispielsweise vom 30. Januar 1933, also von der Bildung der »Regierung der nationalen Erhebung« mit Hitler als Kanzler und Papen als Vizekanzler, als dem Datum der »Machtergreifung«, der »Machteinsetzung« oder der »Machtübertragung« reden soll. Nicht minder umstritten ist der Anteil einzelner Industrieller, der bürgerlichen Gesellschaft (deutscher Provenienz) und des Kapitalismus an Genese und Konsolidierung des Faschismus an der Macht.

Derartige Kontroversen deuten an, daß der Frage nach dem Verhältnis von »bürgerlicher Gesellschaft« und »Faschismus« unverändert eine hohe politische Brisanz innewohnt. Sofern z. B. generalisierend (aber nicht schlecht abstrakt bzw. empirielos allgemein) nachgewiesen werden könnte, daß »dem« Kapitalismus »die« ökonomische Krise inhärent ist, daß kapitalistische Systeme im Zustand einer offenen und tiefen Krise faschismusanfällig sind und daß kapitalistische Eliten in dieser Situation offen für eine faschistische Lösung der ökonomischen und politischen Krise eintreten, bildete diese Aussagenkette ein gewichtiges Argument für die Überwindung der kapitalistischen Gesellschaftsordnung; dann ist (eine Überlegung, die 1949 in den Artikeln 14 und 15 des Grundgesetzes nachklingt) »zum Zwecke der Vergesellschaftung« und »zum Wohle der Allgemeinheit« die Abschaffung des privaten Eigentums an Produktionsmitteln geboten, ja sogar die *Pflicht* demokratisch-selbstbestimmter politischer Systeme. Eine solche kapitalismuskritische Faschismustheorie markiert die Alternative ›soziale Rechtsstaatlichkeit oder Faschismus‹, die Hermann Heller schon 1930 ins Auge gefaßt und die er klar in seiner posthum, 1934, erschienenen *Staatslehre* formuliert hat.

1 Diese Arbeit knüpft teilweise an ein früheres Manuskript (*Zur ökonomischen und politischen Funktion des Nationalsozialismus*, unveröffentl. 1970/71) an.

»Die [. . .] Trennung des politischen und ökonomischen Kommandos erzeugt den für die gegenwärtige Situation der kapitalistischen Demokratie charakteristischen Spannungszustand. Denn einerseits wollen die großen Massen ihrer politischen Entscheidung auch die Wirtschaft unterstellen und besitzen in der demokratischen Gesetzgebung die dazu nötige legale Handhabe. [. . .] Umgekehrt erklären die Wirtschaftsleiter den demokratisch-politischen Einfluß in der Wirtschaft für unerträglich und wollen zu ihrem ökonomischen auch noch das direktere politische Kommando erobern. [. . .] Auf die Dauer genügen die indirekten und anonymen politischen Einflüsse den Wirtschaftsleitern nicht. Sie sind doch ständig in ihrer Wirkung bedroht durch die Dispositionen des demokratisch kontrollierten Gesetzgebers. Dieses Auseinanderklaffen von politischer und gesellschaftlich-wirtschaftlicher Macht ist ein Zustand, dem Dauer nicht beschieden sein kann. Entweder muß die Staatsgewalt durch eine eigene ökonomische Machtfundierung die Möglichkeit bekommen, sich gegenüber den privaten Wirtschaftseinflüssen politisch zu verselbständigen, oder der Kampf der Wirtschaftsleiter muß den wenigstens vorläufigen Erfolg haben, daß sie die demokratische Gesetzgebung zu ihren Gunsten beseitigen.«[2]

Die Bedeutung der Frage nach dem Verhältnis von »Faschismus« und »bürgerlicher Gesellschaft« tritt auch dann zutage, wenn man zwischen »gestern« und »heute« Vergleiche anstellt, wenn beispielsweise die alte Maxime erfolgversprechender Politik gilt, »die Motive für die Beseitigung vieler Schwierigkeiten und dementsprechend ihre Rechtfertigung von links [zu] nehmen, die Lösung selbst aber rechts [zu] suchen«[3], was bedeutet, daß die Intention der »Revolution von rechts«[4] mit ihrer Emanzipation des Staates von demokratischer Selbstbestimmung hin zum Konzept einer »gesunden Wirtschaft im total-starken Staat« (C. Schmitt) wiederaufgegriffen wird.

Parallelen gibt es im Bereich ökonomischer und politischer Strukturen, Verhaltensweisen und Meinungen. Illustrierend

2 Hermann Heller, *Staatslehre*, hrsg. v. Gerhart Niemeyer, 1934[1], Leiden 1963, S. 137 f.; vgl. auch ders., *Rechtsstaat oder Diktatur?* Tübingen 1930, S. 9, 26; zu Hellers Position vgl. meine *Anmerkungen zum Versuch einer Synthese von Nationalismus und Sozialismus: Hermann Heller*, in: *NPL*, 16 (1971), S. 507-519; vgl. auch meine Rez. v. Wolfram Bauer, *Wertrelativismus und Wertbestimmtheit im Kampf um die Weimarer Demokratie*, Berlin 1968, in: *Der Staat*, 9 (1970), S. 409-413.

3 Rüdiger Altmann, *Späte Nachricht vom Staat*, Stuttgart-Degerloch 1968, S. 58; vgl. meine Rez. in: *NPL*, 15 (1970), S. 259-263.

4 So Hans Freyer, *Revolution von rechts*, Jena 1931, hier bes. S. 54 f., 56 ff.

sei hier auf zwei willkürlich herausgegriffene Beispiele hingewiesen:

– Eine mehr beiläufige Parallele wird deutlich, wenn man eine Chararakterisierung Axel Cäsar Springers mit einer Äußerung Adolf Hitlers vergleicht und dabei gleichzeitig an den gegenwärtig vielbeschworenen Kampf gegen die Radikalen von links und rechts denkt. So betont Hans Wallenberg in der Einleitung zu Springers Buch *Von Berlin aus gesehen:* Dieses Buch »legt Zeugnis ab für seinen [Springers, E. H.] radikalen Antiradikalismus, für seine fanatische Ablehnung jeder fanatischen Position, mag sie linker oder rechter Provenienz sein«.[5] Bei diesem Radikalismus für die ›selbsternannte Mitte‹ assoziiert man leicht Hitlers Selbstcharakterisierung, in der er sich 1924 vor dem Volksgericht in München als einen Revolutionär gegen die Revolution bezeichnet hat.[6]

– Eine zweite Parallele bezieht sich auf einen Aspekt politischer Kontinuität. So stellt eine Wahlanalyse fest, daß die Ursache für das schlechte Abschneiden der NPD bei der schleswig-holsteinischen Landtagswahl vom 23. April 1967 die CDU gewesen sei. »Diese CDU«, so lautet die zusammenfassende These über die Integrationskraft der CDU nach rechts, »scheint die Erwartungen, die an eine rechtsorientierte Partei gestellt werden, in einem größeren Maß zu erfüllen, als es – heute noch? – die NPD vermag. Diese Aussage stützt sich auf folgende Beobachtung: Die politische Tradition und das Erfolgsmuster der NPD in anderen Bundesländern trifft hier für die Christlich Demokratische Union zu. Die CDU hat heute in Schleswig-Holstein gleiche ökologische Schwerpunkte wie die NSDAP in den 30er Jahren.«[7]

Diese beiden Parallelen mögen andeuten, daß es durchaus Beziehungen zwischen den Systemen des Faschismus und der Bonner Demokratie gibt, die eine Beschäftigung mit dem Verhältnis von »bürgerlicher Gesellschaft« und »Faschismus«

5 Axel Springer, *Von Berlin aus gesehen*, Nachw. v. Karl Theodor Frhr. von und zu Guttenberg, hrsg. v. Hans Wallenberg, Stuttgart 1972, S. 11.

6 Joachim C. Fest, *Hitler*, Frankfurt/Berlin/Wien 1974, S. 125; vgl. *Der Hitler-Prozeß vor dem Volksgericht in München*, 2 Teile, München 1924, T. I, S. 17 ff., bes. aber T. II, S. 85 ff.

7 Heinz Sahner, *Politische Tradition, Sozialstruktur und Parteiensystem in Schleswig-Holstein*, Meisenheim a. Gl. 1972, S. 99, s. auch S. 28, 49.

rechtfertigen. Eine Theorie des Faschismus muß eine *Praxeologie des antifaschistischen Kampfes* »freisetzen«, will sie den antidemokratischen Gefahren ihres Gegenstandes entsprechen; die Bemerkung, eine Forschung, »die nichts anderes als Bücher hervorbringt«[8], sei ungenügend, könnte direkt auf die Beschäftigung mit dem Faschismus gemünzt sein.

Obschon die vorliegende Arbeit die soeben umrissene Begründung als legitim und sachadäquat erachtet, kann sie den berechtigten praxeologischen Anforderungen an eine Analyse des Faschismus nicht genügen. Weder erklärt sie die Realität der Bundesrepublik in ihrer vom Faschismus bestimmten Genese, noch liefert sie unmittelbar praxisbezogene Aussagen, die sich gegen die von einem »Rechtskartell« ausgehenden antidemokratischen Gefahren der Gegenwart richten; vielmehr beschränkt sie sich darauf, für die Analyse des Faschismus an der Macht ein *Forschungsprogramm* zu entwerfen.

Dieses Programm setzt bei dem als desolat und depraviert begriffenen Stand gegenwärtiger Faschismusanalysen an[9] – einem Zustand, der mehr und mehr als unzureichend erkannt wird, worauf die wachsende Zahl von Monographien, Forschungsberichten und Diskussionsrekonstruktionen (z. B. durch A. Kuhn, G. Schulz und W. Wippermann) hinweist – und legitimiert sich dementsprechend weniger politisch und praktisch als vielmehr »akademisch-wissenschaftsimmanent« und analytisch. Die analytische Legitimationskomponente dieses Versuchs einer ansatzweisen Synopse und Strukturierung diverser theoretischer und empirischer Diskussionspartikel ist allerdings, einem Konzept von *wissenschaftlichem* Sozialismus folgend, offen für eine nachfolgende praktische Verwertung. Indem sich diese Arbeit als ein Beitrag im Vorfeld einer notwendigen Analyse des Verhältnisses von Faschismus und bürgerlicher Gesellschaft versteht, knüpft sie an die naheliegende Aufgabe kritischer Intelligenz an – sie verpflichtet sich der wissenschaftlichen Analyse und Kritik der bürgerlichen Gesellschaft. Sicherlich, wissenschaftlicher Sozialismus

8 Kurt Lewin, *Die Lösung sozialer Konflikte*, Bad Nauheim 1953, S. 280; vgl. auch F. Haag u. a. (Hrsg.), *Aktionsforschung*, München 1972.

9 Vgl. dazu Helga Grebing, *Aktuelle Theorien über Faschismus und Konservatismus*, Stuttgart/Berlin/Köln/Mainz 1974.

kann nicht bei solchen Analysen – überhaupt bei Analysen – stehenbleiben. Andererseits – und das unterscheidet ihn strikt von jedem Voluntarismus und Dogmatismus[10] – kann er ohne sie nicht auskommen. Trotz der berechtigten praktischen Ansprüche hat daher der Versuch, ein theorieorientiertes Forschungsprogramm vorzustellen, Berechtigung. Er hat sich daran auszuweisen, inwieweit es gelingt, dem keineswegs praxisfremden Ziel des Erkenntnisfortschritts in Form der »Beseitigung urzuständlichen Blödsinns« bzw. »seiner Ersetzung durch neuen, aber immer weniger absurden Blödsinn« (F. Engels) näherzukommen.

Insofern jedes Zitat bereits eine Interpretation ist und jede Theoriedeutung ein Forschungsprogramm intendiert, insofern ein solches Programm notwendigerweise aber unabgeschlossen ist und auf Zukunft verweist, erscheint es sinnvoll und nötig, darauf hinzuweisen, daß – mit Ausnahme des *Ausblicks*[11] – die folgende Arbeit, von einigen Überarbeitungen abgesehen, im Sommer 1973 »abgeschlossen«[12] worden ist. Dieses Datum bestimmt gleichzeitig den Zeitpunkt, bis zu dem Literatur berücksichtigt werden konnte. In einigen nachfolgenden Arbeiten[13] habe ich mich mit neueren Publikationen auseinandergesetzt.[14] In Fortsetzung des Versuchs einer Synopse der bislang weitgehend in ihre Atome aufgespaltenen Faschismusdiskussion sind die Bemühungen um eine Typolo-

10 Vgl. dazu meine – von der *Argument*-Redaktion auf zwei Schreibmaschinenseiten begrenzte – Entgegnung *Anmerkungen zu W. Fischers ›Geschichtswissenschaft als Waffe‹*, in: *Das Argument*, 78, 15 (1973), S. 187/8; der von Fischer inkriminierte Artikel wird jetzt auch in der DDR offen zurückgewiesen: Elfriede Lewerenz, *Neue bürgerliche Angriffe auf die Einschätzung des Faschismus durch die KI*, in: *BzG*, 16 (1974), hier S. 595 f.

11 Der abschließende *Ausblick* geht auf die zusammenfassenden Hypothesen meines Beitrages *Zum Verhältnis von Industrie und Faschismus in Deutschland* (in: Reinhard Kühnl (Hrsg.), *Texte zur Faschismusdiskussion. I: Positionen und Kontroversen*, Reinbek b. Hamburg 1974) zurück.

12 Zum Grad der »Vollendung« dieser Arbeit vgl. meine *Thesen zur deutschen Sozial- und Wirtschaftsgeschichte 1933 bis 1938*, Frankfurt 1973, S. 7 ff.

13 Vgl. z. B. den Aufsatz *Industrie, Aufrüstung und Kriegsvorbereitung im deutschen Faschismus*, in: Friedrich Forstmeier, Hans Erich Volkmann (Hrsg.), *Wirtschaft und Rüstung am Vorabend des Zweiten Weltkrieges, Düsseldorf 1975*.

14 Vgl. meine Aufsätze *Industrie und Faschismus*, in: *NPL*, 15 (1970), S. 432-449; *Monopolgruppentheorie in der DDR diskutiert an ›Großbanken, Industriemonopole, Staat‹ von Kurt Gossweiler*, in: *Leviathan*, 1 (1973), S. 135-151; *Materialien zur Diskussion der Monopolgruppentheorie*, in: *NPL*, 18 (1973), S. 170-193.

gie der Beiträge zu eben dieser Diskussion zu verstehen.[15] Ebenfalls im Umkreis der Faschismusanalyse und somit der Bestrebungen, theoretische und empirische Arbeitsweisen miteinander zu verbinden, sind überdies einige methodologisch orientierte Studien entstanden.[16] Vor allem aber ist dieses Buch in enge Beziehung zu den *Thesen zur deutschen Sozial- und Wirtschaftsgeschichte 1933 bis 1938* (es 662) zu setzen. Diese *Thesen* bilden gewissermaßen den ständig zu berücksichtigenden materialen Bezugsgrund dieses Buches, so daß hier nur dann, wenn ein genauer Hinweis unumgänglich erscheint, explizit auf entsprechende Passagen der *Thesen* verwiesen wird.

An entscheidenden Punkten hat Gert Schäfer diese Studie mit hilfreicher, freundlich-kritischer Anteilnahme beobachtet. Auch anderen Mitarbeitern des Instituts für Politische Wissenschaft bzw. der Abteilung Institutionen und soziale Bewegungen des Fachbereichs Gesellschaftswissenschaft an der Johann Wolfgang Goethe-Universität, Frankfurt a. M., sei hier für ihre spezifischen und allgemeinen Anregungen gedankt, wobei ich vor allem Dieter Senghaas nennen möchte. Dank schulde ich ebenfalls Wolfgang Abendroth, Iring Fetscher und Reinhard Kühnl. Anregungen, insbesondere was die theoretischen Probleme anbelangt, verdanke ich den Mitgliedern eines im Wintersemester 1971/72 und im Sommersemester 1972 an der Universität Frankfurt a. M. gehaltenen Seminars zum Thema »›Sowjetmarxistische‹ Faschismusanalysen«.

Eine erste Teilfassung der Arbeit haben Wolfgang Abendroth und Heinz Maus sowie Frank Deppe und Reinhard Kühnl kritisch gelesen.

Bedanken möchte ich mich ferner bei Harro Leinius (Marburg/L., Kassel) für die Übersetzung der zitierten russischen

15 Ansätze einer solchen Typologie finden sich in *Industrie, Aufrüstung und Kriegsvorbereitung im deutschen Faschismus.* – Die Arbeit an einer Synopse der Faschismustheorien habe ich mit meiner M.A.-Arb. (zit. in Anm. 1) aufgenommen.

16 *Lesehinweise für die Lektüre der ›politischen Schriften‹ von Marx und Engels. Anmerkungen zum Problem materialistischer Geschichtsdarstellung*, in: Karl Marx, Friedrich Engels: *Staatstheorie*, hrsg. u. eingel. v. Eike Hennig, Joachim Hirsch, Helmut Reichelt, Gert Schäfer, Frankfurt/Berlin/Wien 1974, S. LIX-XCII; *Anmerkungen zum Verhältnis von Theorie und Empirie* (zus. mit Friedrich Eberle), in: *Gesellschaft 2*, Frankfurt 1974; vgl. auch die Bemerkungen in den *Thesen*, a.a.O. (Anm. 12), S. 23 (ff), bes. S. 80-82.

Texte und beim Bundesarchiv in Koblenz, das der Reproduktion zweier nationalsozialistischer Wahlplakate zugestimmt hat.

Müßig und selbstverständlich ist es, darauf hinzuweisen, daß alle, denen ich mich wegen dieser Arbeit dankbar verbunden fühle, in gar keiner Weise dafür verantwortlich sind, was ich aus ihren Anregungen, Hinweisen und Kritiken gemacht habe. (Schwerpunktverlagerungen und daraus resultierende Unstimmigkeiten ergeben sich nicht zuletzt aus dem relativ langen, bis zu vier Jahre dauernden Entstehungsprozeß dieser Arbeit und aus der Unmöglichkeit einer ständigen Neuformulierung.)

Frankfurt/M., im Frühjahr 1976

Die Neuauflage übernimmt unverändert den ursprünglichen Text. Lediglich einige Korrekturen sind durchgeführt worden.

Bezüglich der Anlage, d. h. der Verbindung von realgeschichtlichen und theorieimmanenten Darstellungsweisen, kann der Forschungsbericht immer noch Gültigkeit beanspruchen. Eine auf den neuesten Stand der Diskussion gebrachte Darstellung hätte darüber hinaus die in der abschließenden Zusammenfassung (S. 287 ff.) angesprochenen Aspekte einer auf die Darstellung faschistischer Subjekte und Präsentationsformen bezogenen Analyse stärker zu berücksichtigen. Dies allerdings würde den Rahmen einer Überarbeitung sprengen und macht eigentlich eine entsprechende Fortführung des Forschungsberichtes notwendig.

Kassel, Januar 1982

Bürgerliche Gesellschaft und Faschismus in Deutschland

Einleitung

»Die Geschichte des Faschismus ist zugleich die Geschichte der Theorie über den Faschismus. Für kein neues gesellschaftliches Phänomen der modernen Zeit ist die Simultaneität von Erscheinung und Versuch der Erkenntnis so frappant wie für den Faschismus.«

(Ernest Mandel, *Trotzkis Faschismustheorie,* Einl. zu: Leo Trotzki, *Schriften über Deutschland,* Bd. I, hrsg. v. Helmut Dahmer, Frankfurt 1971, S. 9.)

»Eine Theorie des Faschismus sollte nicht mehr der Ausgangspunkt, sondern das Ziel der Faschismusforschung sein. Anstatt immer aufs Neue klassifizierende Theorien ›des‹ Faschismus zu entwerfen, kommt es darauf an, die Geschichte und Struktur der einzelnen faschistischen Bewegungen kritisch zu erforschen. [. . .] Die monographische Tatsachenermittlung darf allerdings nicht rein deskriptiver Natur sein. Sie muß mit allgemeinen strukturanalytischen Fragen verbunden werden, damit sich daraus eine differenzierendere Typologie der faschistischen Bewegungen und Regime entwickeln läßt.«

(Wolfgang Schieder, *Was ist Faschismus?* Manuskript einer Sendung des 2. Programms des Südwestfunks vom 11. 5. 1970, S. 16.)

1. Zur Verwendung der Begriffe Faschismus und Nationalsozialismus

Die folgende Arbeit beschränkt sich auf einige Aspekte der historisch-gesellschaftstheoretischen Interpretation des Verhältnisses zwischen nationalsozialistischer Bewegung und kapitalistischer Industrie in Deutschland. Wegen dieser Eingrenzung wird weitgehend entweder die Terminologie der herangezogenen Untersuchungen gebraucht oder es wird der Begriff Nationalsozialismus als Bezeichnung für die »deutsche Version des Faschismus« verwendet. Damit soll nicht einer isolierenden Betrachtung des Nationalsozialismus das Wort geredet werden; vielmehr wird hier der Nationalsozialismus (hypothetisch) als Teil des »Faschismus in seiner Epoche« (E. Nolte) verstanden und zu spezifisch gesellschaftlichen und sozioökonomischen Strukturen eines spezifisch entwickelten Kapitalismus in Beziehung gesetzt. Das schließt ein, daß einer der wesentlichsten Impulse der Faschismus-Analyse, die gesellschaftstheoretische und herrschaftssoziologische Argumentation, aufgenommen wird, um nach dem Verhältnis von »Faschismus« und »Kapitalismus« zu fragen.

Die Eingrenzung des Untersuchungsgegenstandes auf den deutschen Faschismus (bis 1939) erlaubt es, Noltes Epochenbegriff zu verwenden, obschon die damit verbundene Vorstellung, 1945 sei die Epoche des Faschismus abgeschlossen worden, was bedeutet, der (oder ein) Faschismus stelle keine politische Gefahr mehr dar, in Frage gestellt werden muß. Auch wenn die Probleme eines »Neofaschismus« etwa der NPD oder des »Rechtskartells« der »nationalen Sammlung« sowie einer »technokratischen Variante des Faschismus« in Form »gesellschaftlicher Formierung« oder eines »neuen Faschismus von oben« (A. Glucksmann) hier nicht zu erörtern sind, ist festzuhalten, daß eine vorwiegend oder ausschließlich geistesgeschichtlich orientierte Analyse, die von sozioökonomischen Sachverhalten weitgehend absieht, nicht hinreicht, um Ende und Abgeschlossenheit des Faschismus zu diagnostizieren.

Es soll versucht werden, die Vermittlung von »Form« und »Inhalt« nationalsozialistischer Machtausübung und »Machtergreifung« anhand der sozioökonomischen Gegebenheiten der Weimarer Republik und des »Dritten Reiches« zu bestimmen. Diese Vermittlung wird, hypothetisch, begriffen als Aufhebung *und* Fortsetzung der in der Weimarer Republik – im Rahmen einer besonderen kapitalistischen Gesellschaftsordnung – eingetretenen Trennung von politischer Macht einerseits und ökonomischer Herrschaft andererseits[1], wobei sich allerdings der Einfluß der »verselbständigten« Politik des Nationalsozialismus, anders als in der Weimarer Republik, deutlich zugunsten des Kapitals – des in der großen Industrie fixierten Kapitals – auswirkte (wenn auch nicht uneingeschränkt zugunsten der freien Verfügungsgewalt über Produktionsmittel).

Unser Erklärungsansatz geht davon aus, daß der Nationalsozialismus zwar als eine historisch besondere, nicht aber als eine allein durch deutsche Traditionen oder gar durch Hitlers »dämonische Persönlichkeit« geprägte soziale Erscheinung aufzufassen sei. Die kapitalistische Organisation der Produktionsverhältnisse verstehen wir jedoch nicht als konstanten

Vermittlungsfaktor »des« Faschismus. Die Existenz faschistischer Bewegungen in – was den Grad ihrer Durchkapitalisierung anlangt – so unterschiedlichen Gesellschaften wie beispielsweise der deutschen, der rumänischen und der – durch das Nord-Süd-Gefälle in sich gespaltenen – italienischen gebietet, »den« Kapitalismus als eine *Variable* in die Analyse aufzunehmen, um die spezifischen Entstehungs- und Funktionszusammenhänge der jeweiligen faschistischen Bewegungen zureichend zu erfassen.

Angewandt auf die »faschistische Epoche« der Zeit zwischen den beiden Weltkriegen und bis zum Ende des Zweiten Weltkrieges umgreift der Begriff Faschismus[2] nicht nur den italienischen Fascismo, die im Frühjahr 1919 von Mussolini (unter Anknüpfung an die Tradition der agrarrevolutionären »fasci revoluzionari«) gegründeten »fasci di combattimento«, sondern auch weitere vergleichbare militant und terroristisch antikommunistische, antisozialistische und antiliberale politische Bewegungen. Er meint also diejenigen politischen Organisationen, die – durch ihre populistisch-plebejische Form vom Konservativismus abgesetzt – nach dem Ersten Weltkrieg aufgrund der – national verschieden ausgeprägten – Krise »des kapitalistischen Systems«, »der bürgerlichen Gesellschaft« und der »liberalen, parlamentarischen Verfassung« als »nationalistische« und gegen die Arbeiterbewegung gerichtete (Massen-)Bewegungen vornehmlich der »Übergangsklassen« entstanden sind und deren Tätigkeit dort, wo sie im Bündnis mit der »herrschenden Klasse« an die Macht gekommen sind, im Gefolge einer imperialistischen Außenpolitik zur rüstungspolitischen Begünstigung der großen Industrie geführt haben. Der Faschismusbegriff bezeichnet somit, je nach erkenntnisleitendem Interesse, entweder eine spezifische Ausformung des Verhältnisses zwischen Politik und Ökonomie in »bürgerlichen Gesellschaften«[3] oder eine spezifische geistesgeschichtliche »Einheit« in einer von ihm geprägten Epoche.[4] Wir setzen den Akzent auf die erstgenannte Begriffsbestimmung und betonen die sozioökonomischen Ursprünge des Faschismus, die in der Vermittlung von »gattungsgeschichtlichen« und »allgemeinen« Momenten der Ausbildung des Monopolkapitalismus (als Aufhebung des liberalen Konkurrenzkapitalismus) mit »nationalgeschichtlichen« Besonderheiten eines

»etatistisch forcierten Industrialisierungsprozesses« und eines »refeudalisierten Bürgertums« gesehen werden.

Da die folgende Betrachtung sich auf den deutschen Faschismus beschränkt, kann nicht weiter analysiert werden, inwieweit die dargestellten Entstehungsbedingungen, Organisations-, Macht- und Herrschaftsstrukturen allgemein faschistischen Charakters sind. Das wäre die Aufgabe einer – allerdings notwendigen – vergleichenden historischen und gesellschaftstheoretischen Untersuchung verschiedener Faschismen; sie müßte zumindest die italienischen Ausprägungen des Verhältnisses von faschistischer Bewegung und kapitalistischer Gesellschaft bzw. großer Industrie mit berücksichtigen[5], um dann zwischen charakteristischer Allgemeinheit und nationaler Besonderheit unterscheiden zu können.

2. Zum Ansatz der Analyse

Seitdem sich – etwa um die Mitte der sechziger Jahre – die »bürgerliche« Nationalsozialismusforschung aus den Fesseln eines empiriefeindlichen Totalitarismuskonzepts zu lösen begonnen hat, um den Nationalsozialismus beispielsweise empirisch als ein quasi-pluralistisches »Ämter-« und »Kompetenz-Chaos« mit Hitler als dem »obersten Schiedsrichter« zu erkunden[6], und seit im Einflußbereich der »Studentenbewegung« in der zweiten Hälfte der sechziger Jahre sowohl die Kritik eines kapital-affirmativen »hilflosen Antifaschismus« (W. F. Haug) als auch die Arbeit an einer Theorie des Faschismus wiederaufgenommen worden ist, mehren sich die Beiträge zur Faschismusdiskussion. Eine große Anzahl auf historische Details bedachter Analysen liegt inzwischen vor, und ein Ende solcher Mikroanalysen der nationalsozialistischen Binnenstruktur ist noch nicht abzusehen; gleichzeitig bemüht man sich, den Erkenntnis- und Erklärungswert von dichotomischen Begriffspaaren wie ›Liberalismus – Faschismus‹ oder ›Demokratie – Faschismus‹ nachzuweisen. Als Ausdruck eines aufbrechenden Krisenbewußtseins sind (seit 1972) Versuche (von A. Kuhn, G. Schulz, W. Wippermann und H. Grebing)[7] zu einer metatheoretisch ausgerichteten Strukturierung und Rekonstruktion der Faschismus-Konzepte zu verstehen, in denen theoretische Befunde mit noch unbegriffenen Problemen – vor allem aus dem Umkreis der Verselbständigung der Exekutivgewalt sowie der Divergenzen zwischen der mittelständischen Basis und der pro-industriellen politischen und ökonomischen Funktion des Faschismus – konfrontiert werden.

Angesichts dieser Situation erscheint es wichtig, wenn nicht sogar vordringlich, die gegenwärtige Faschismusdiskussion unter einer theoretischen Perspektive zusammenzufassen. Einem solchen Vorhaben fühlt sich die vorliegende Arbeit verpflichtet.[8] Ein Neuansatz zur Herausbildung und Anwendung einer materialistischen Methodik – die bekanntlich keine »fertige Schablone« meint, »wonach man sich die historischen Tatsachen zurechtschneidet«[9] – erscheint heute am ehesten möglich im Gefolge kritisch *und* theoretisch intendierter Sekundäranalysen. Der Ausgangspunkt sind dabei die von den Totalitarismus- und Faschismustheorien ausgebreiteten Materialien. Die Sekundäranalyse entlehnt ihre Perspektive dem Gegensatz »Primat der Politik« versus »Primat der Industrie«, wobei dieser Gegensatz zugleich als eine »hohle Abstraktion« ausgewiesen werden soll. Durch Prüfung und Erörterung der Aussagen der Theorien soll zugleich ein Beitrag zur Programmatik der Analyse der Totalität des nationalsozialistischen Machtapparates geleistet werden.

Das erkenntnisleitende Interesse gilt einem ideologiekritisch fundierten Forschungskonzept.

3. Zur Typologie der Faschismusanalysen

Die vielfältigen Anläufe, Fertigstellungen und Ergebnisse, zur Analyse des (deutschen) Faschismus sind bislang nicht typologisch erfaßt und aufeinander bezogen worden (auch Axel Kuhns Arbeit ist dazu nur ein Anfang). Wir wollen, in aller Vorläufigkeit, eine solche Typologie zu entwickeln versuchen.

Gleichzeitig mit »der« faschistischen Gefährdung einer Reihe politischer Demokratien in sozial antagonistischen Gesellschaftssystemen entstehen bereits in der Zwischenkriegszeit kontroverse und »parteiische« Antworten auf die Frage, was »den« Faschismus charakterisiere. Die hauptsächlichen

Argumentationslinien lassen sich von den ersten theoretischen Reaktionen auf die Frühphase des noch nicht »totalen« italienischen Faschismus (1924 bis 1926) bis zu den heutigen Auseinandersetzungen, »Schulen« und Zitiergemeinschaften (wie den »sowjet-marxistischen«*, bonapartismus-, pluralismus-, totalitarismus- und modernisierungstheoretischen Interpretationen) verfolgen. Es zeigt sich, daß in einer breiten, heute zumeist nicht mehr bewußten, Kontinuität das Erscheinungsbild der Debatte seit den zwanziger Jahren durch eine »verwirrende Vielzahl unterschiedlicher Faschismustheorien« (W. Wippermann) geprägt ist. Die Systematisierung der Debatte steht noch aus – trotz der Bestandsaufnahmen von A. Kuhn, G. Schulz und W. Wippermann; die isolierten oder lediglich naturwüchsig verbundenen Interpretationsansätze wären erst noch zu verknüpfen. Folgende Erklärungsansätze lassen sich unterscheiden (wobei die Anordnung keinem streng systematischen Gesichtspunkt folgt):

– *Der Faschismus wird geistesgeschichtlich erklärt.* Hingewiesen wird auf eine »geistige Krisis« (G. Schulz), die insbesondere das Produkt einer im Ersten Weltkrieg massenwirksam gewordenen antiparlamentarischen und gewaltverherrli-

* Die Begriffe »sowjetmarxistisch« und »nicht-sowjetmarxistisch« bzw. »marxistisch« werden hier, wie in der gesamten Arbeit, lediglich in einem *heuristisch-klassifizierenden* Sinn verwendet. Sie bezeichnen zum einen Beiträge vor allem aus der DDR sowie die Analysen der Komintern und KPD, zum anderen Positionen wie die Otto Bauers, Arthur Rosenbergs, Trotzkis, Thalheimers und Masons etc. Sie dienen hier primär als Ordnungsgesichtspunkte, indem sie inhaltlich divergierende Interpretationsansätze »materialistischen« Charakters unterscheiden und gruppieren helfen. *Keineswegs wird dem Begriff »Sowjetmarxismus« der eines »humanistischen Marxismus« gegenübergestellt* und eine Wertung zugesprochen, die ihm von einer »scheinbar neutral-wissenschaftlichen, aufgeschlossen-fortschrittlichen Beschäftigung mit Marx und dem Marxismus in abwehrender Funktion« (W. F. Haug) beigelegt worden ist. – Eine Vorform derartiger Differenzierung »des« Marxismus findet sich übrigens bereits im Nationalsozialismus, wenn z. B. die »Richtigkeit« eines »nationalen«, »deutschen Sozialismus« im Gegensatz zu einem »proletarischen Internationalismus« nachgewiesen werden soll. Vgl. dazu z. B. Otto Renz, *Der Marxismus,* München 1931, S. 26 ff., 32 ff.; Josef Goebbels, *Die zweite Revolution,* Zwickau/Sa. 1926, S. 8 ff., 13 ff., 40 ff., 44 ff., 51 ff., 55 ff.; Wilhelm Bockelmann, *Von Marx zu Hitler,* München o. J. (1933), S. 3, 23 ff., 44 ff., 47, 50 ff., 53 ff., 97 ff., 101 ff., Ernst Graf Reventlow, *Deutscher Sozialismus,* Weimar 1930; vgl. auch Wolfgang Herrmann, *Der neue Nationalismus und seine Literatur,* Stettin 1933, S. 30 f.; Hans Reupke, *Der Nationalsozialismus und die Wirtschaft,* Berlin 1931, S. 34 ff.: *Deutscher Sozialismus als Antimarxismus.*

chenden »Irrationalitätsphilosophie« (H. Heller) gewesen und als eine »Revolution des Nihilismus« (H. Rauschning) aus der »Krisis der Freiheit nach dem Weltkrieg« (F. Nitti) hervorgegangen sein soll.

– *Der Faschismus wird isoliert und punktuell auf die Besonderheiten Italiens bezogen.* Deutschland sei nicht Italien, so lautet die vor allem von der Sozialdemokratie vertretene Auffassung, die den Faschismus nicht als eine allgemeine Bedrohung bürgerlich-kapitalistischer Gesellschaften, sondern lediglich als die besondere Manifestation spezifischer und ökonomischer Rückständigkeiten bestimmt. *Entsprechend ist in dieser Argumentation von der besonderen Situation der »verspäteten Nation« in Deutschland die Rede* (»Vansittartismus«).

– *Der Faschismus wird personalisiert.* Das faschistische System wird primär oder sogar völlig aus der Charakterstruktur seiner Führer abgeleitet (»Führerkult«, »Hitlerismus«, »Mussolinismus«). Hitler z. B. erscheint dann als der »Werwolf aus der Reichskanzlei«, der im »Zentrum der Verwüstung« sitzt (G. Weisenborn); der »Fascismus ist Mussolinismus« (H. Heller), ein Ausfluß des »häßlichen, krassen Egoismus« und des »moralischen und geistigen Kretinismus« z. B. Hitlers (A. Bullock), das »Dritte Reich im großen gesehen ein epileptischer Anfall des deutschen Volkes« (M. Freund), das für kurze Zeit einem »Dämon« verfiel. (Diese Interpretation dreht die faschistische Verherrlichung des »Führers« um, ohne freilich den »Führerkult« als Erklärungsmuster aufzugeben.)

– *Der Faschismus wird als Moment des politischen Überbaus der bürgerlich-kapitalistischen Gesellschaft begriffen.* Die spezifische (politische) Qualität des Faschismus löst sich im Kontinuum und in der Identität bürgerlicher Herrschaftsverhältnisse auf. Im Extrem hat die KPD in den entscheidenden Jahren von 1930 bis 1933 diese Position vertreten; sie vermochte die qualitativen Unterschiede zwischen den Präsidialkabinetten und einer faschistischen Exekutive bzw. zwischen SPD, Zentrum und NSDAP nicht zu erkennen und politisch zu verwerten.

– *Der Faschismus wird zwar als Ausruck der Krisenhaftigkeit der bürgerlichen Gesellschaft begriffen, die monokausale und schematische Bindung faschistischer Bewegungen an ihre kapitalistischen »Auftraggeber« (M. Seydewitz) wird aber zurückgewiesen.* Betont wird die mittelständische Massenbasis des Faschismus (als einer politischen Massenbewegung) – ohne sie sogleich durch den Hinweis auf die antiproletarische Funktion des Faschismus an der Macht wieder zu relativieren. Er erscheint in dieser Sicht nicht als »eine Methode der unmittelbaren Diktatur der Bourgeoisie« (so das KI-Programm von 1928), sondern als »Verselbständigung der Exekutivgewalt« und damit als »Vernichtung der politischen Herrschaft der Bourgeoisie und die politische Unterwerfung aller übrigen Gesellschaftsklassen unter die Exekutive« (A. Thalheimer). (Die klassenmäßige Bedeutung dieser verselbständigten faschistischen Exekutive, liegt, Thalheimer zufolge, in der sozialen »Herrschaft der Bourgeoisie und der Privateigentümer überhaupt über die Arbeiterklasse und alle anderen kapitalistisch ausgebeuteten Schichten«.)

– *Der Faschismus wird als Ausdruck einer mittelständischen Massenbewegung verstanden.* Diese überwiegend von sozialdemokratischen Autoren vorgetragene Ansicht nähert sich der Diskussion der Spannungen zwischen politisch-sozialer Basis und politisch-ökonomischer Funktion des Faschismus an der Macht und mündet bisweilen in einer bonapartismustheoretischen Erklärung der Eigengesetzlichkeit und Verselbständigung der faschistischen Exekutivgewalt. Im Rahmen dieses Ansatzes ist oft auch von einer *doppelten Bestimmung des Faschismus* »als Bewegung, die gleichzeitig massenmobilisierenden und massendisziplinierenden Charakter hat« (K. Priester), die Rede. Die faschistische Bewegung wird als eine Massenbewegung zur Verhinderung und Zurückdrängung der Selbstbestimmung der Massen dargestellt.

– *Dem Faschismus wird ein Doppelcharakter zugeschrieben, der in dem Versuch erkennbar wurde, einen »dritten Weg« zwischen Sozialismus und Kapitalismus zu finden.* Die faschistische Bewegung erscheint so als eine »Bewegung von Hungrigen, Notleidenden, Existenzlosen und Enttäuschten«, der »scheinrevolutionäre« Faschismus als ein »zwiespältiges Gebilde« (C. Zetkin); bezeichnend für den Faschismus sei eine »eigentümlich gemischte Ideologie« (E. v. Beckerath): »der Faschismus [ist] zur gleichen Zeit folgendes [. . .]:

eine Konterrevolution des eigentlichen Bürgertums gegen

eine ›rote‹ Revolution [. . .]; eine Revolution, oder besser eine Konvulsion von kleinbürgerlichen, deklassierten und unzufriedenen Schichten« (G. Zibordi). (Indirekt und wohl nicht bewußt knüpft diese Interpretation an die in der kommunistischen Bewegung seit 1923 verschüttete Einsicht Rosa Luxemburgs an, daß auch eine nicht-sozialistische Aufhebung der bürgerlichen Gesellschaft denkbar sei, die sich »sowohl gegen den bürgerlichen Liberalismus wie gegen seinen Antipoden, die sozialistische Arbeiterbewegung«, richte.)

– *In Umkehrung der »sowjetmarxistischen« Argumentation* – der zufolge der Faschismus »eine der klassischen Formen der Konterrevolution in der Zerfallsepoche der kapitalistischen Gesellschaftsordnung« (Freimuth) ist bzw., wie es im Programm der KI von 1928 heißt, »die Bourgeoisie in steigendem Maße gezwungen [ist], vom parlamentarischen System zu der faschistischen Methode überzugehen« – *betonen einige Autoren den von der faschistischen Exekutive eingeleiteten sozialen und ökonomischen »Modernisierungsschub«.* Ihnen erscheint der Faschismus als eine »Erziehungsdiktatur«, als »ein Übergangszustand [. . .] zur Schaffung des industriellen Kapitalismus« bzw. zur »Durchsetzung modern-kapitalistischer Verhältnisse« (F. Borkenau). Vielfach beruft sich dieser modernisierungs- und industrialisierungstheoretische Ansatz, ler den Faschismus im Rahmen sozialer Wandlungsprozesse zu erfassen sucht, auf soziale und ökonomische Entwickungsmerkmale. So sollen »in den Ländern der Pferdekraft die Demokratie« und in denen »des lebenden Pferdes [. . .] Fachismus und Absolutismus« herrschen[10]; Franz Borkenau hat lenselben Tatbestand im Februar 1933 weniger bildhaft ausgedrückt:

»Den Faschismus als Staatsform des Monopolkapitalismus zu definieen, gibt eine bequeme Erklärung an die Hand. Nun muß aber auffallen, laß diese neue angeblich monopolkapitalistische Tendenz sich ohne jeden Zusammenhang mit der monopolkapitalistischen Struktur der Wirtschaft urchsetzt. In Italien hat es bei Aufkommen des Faschismus so gut wie ar keinen Monopolkapitalismus gegeben, er ist dort die bewußt erstrebte 'olge der faschistischen Bewegung. Umgekehrt hat das Land der großen rusts, die USA, so gut wie gar keine Ansätze zu einer faschistischen ntwicklung gezeigt. Überhaupt zeigt sich bei einer von keiner Theorie orbestimmten Betrachtung, daß die faschistische Bewegung vor den

Staaten alter bürgerlicher Demokratie Halt macht. Wir verstehen unter den Staaten alter bürgerlicher Demokratie diejenigen, wo eine traditionell verankerte demokratische Verfassung mit einer hohen Reife der modernen Verhältnisse zusammenfällt. [. . .] Der Faschismus wird zum Problem einerseits in den Gebieten, wo die demokratischen Formen vor der Entwicklung des modernen Kapitalismus da sind oder herannahen, andererseits wo sie – und hier ist Deutschland der Schulfall – lange Zeit hinter der Entwicklung der ökonomischen Verhältnisse zurückgeblieben sind.«[11]

– *Der Faschismus wird als totalitär, d. h. als eine die gesamte Gesellschaft und den Staat durchdringende und bestimmende Kraft bzw. Institution, begriffen.* Es gibt freilich sehr *unterschiedliche* Ausprägungen dieser Deutung, die jedoch alle im Grundsatz *zwischen »wissenschaftlichem Begriff« und »politischer Waffe« (K. Hildebrand) oszillieren.* – Totalitarismustheoretische Ansätze[12] verbinden sich bisweilen mit Elite-Konzepten; dann formulieren sie die liberale oder konservative Ablehnung von Massenbewegungen. Sie können die Konsequenz einer Parteisoziologie sein, die NSDAP und KPD gleichermaßen als »Integrationsparteien« (S. Neumann) definiert. Sie stehen hinter volkswirtschaftlichen Theoremen, die anhand eines modellplatonistischen Gegensatzes zwischen Markt- und Plan- bzw. Zentralverwaltungs- oder Zwangswirtschaft die »Durchstaatlichung der Wirtschaft« als »Quintessenz der Naziwirtschaft« (G. Stolper) bestimmen. Und sie bilden einen Bezugspunkt für die in trotzkistischen Traditionen[13] stehenden bürokratietheoretischen Erklärungen konvergierender »Regimes der Manager«. Ferner stehen sie in Beziehung zur sozialdemokratischen Bolschewismus-/Kommunismuskritik und begründen so die von der SPD vorgetragene Ablehnung der Extremisten von »rechts« und »links«. Die Spannweite dieses Ansatzes ist also überaus groß.

In dem Versuch, die faschistische Bewegung oder das faschistische Herrschaftssystem als totalitär zu charakterisieren lassen sich frühzeitig zwei hauptsächliche Varianten ausmachen. Neben katholischen, liberalen und sozialdemokratischen* Versionen existiert eine deutlich staats- und gesell-

* Vgl. dazu jetzt meine Arbeit: *Zur Theorie der Totalitarismustheorien oder Anmerkungen zum Nimbus eines politischen Begriffs*, in: *Neue Politische Literatur* 21 (1976), S. 1-25, bes. S. 2ff.

schaftstheoretisch ausgerichtete Variante. Diese gründet sich auf die Vorstellung vom »stato totale«, von der »Verschmelzung« der faschistischen Partei mit dem Staat zu einem »Ein-Partei-Staat« (E. v. Beckerath), wobei zunächst (bis etwa Ende der dreißiger Jahre) die Gleichsetzung von »Rot« und »Braun« noch vermieden wird. Ende der dreißiger Jahre entwickeln vor allem die Vertreter der »Frankfurter Schule« (u. a. M. Horkheimer, H. Marcuse, F. Neumann und F. Pollack) eine »linke« Fassung dieser Theorie, die sich der Erforschung der Machtverteilung sowie der institutionellen, politischen und ökonomischen Auswirkung des Kartells von Industrie, Militär, Bürokratie/Verwaltung und NSDAP widmet (A. Schweitzer). –

Vielzahl und Spannweite der vorgestellten Ansätze und Positionen bestimmen heute noch die Faschismusdiskussion, die nach wie vor dadurch ausgezeichnet ist, daß es zwar eine Reihe von Modifikationen und Kompilationen der traditionellen Konzepte, aber noch keine Synopse und schon gar nicht eine systematische Sichtung der einzelnen Fragestellungen und Befunde gibt.

4. Zur Fragestellung »Primat der Politik« oder »Primat der Ökonomie«

Als leitender Gesichtspunkt und als Ordnungskriterium bei der Gruppierung der Faschismus-Beiträge dient uns das Begriffspaar »Primat der Politik« – »Primat der Ökonomie«. Es hat bereits der in der Zeitschrift *Das Argument* ausgetragenen Kontroverse zwischen Eberhard Czichon, Dietrich Eichholtz und Kurt Gossweiler einerseits und Tim Mason andererseits zugrunde gelegen.[14] Dort hat sich allerdings auch gezeigt, daß die Formel vom »Primat der Politik« außerordentlich vage und abstrakt ist, da sie so überaus unterschiedliche Positionen wie die des nationalsozialistischen Selbstverständnisses, der divergierenden Totalitarismustheorien, der ideengeschichtlichen (Ernst Nolte) und der »marxistischen« Analyse (z. B. Mason) unter sich zusammenfaßt. Die inhaltlichen Grenzen dieses Einteilungsschemas sind somit vergleichsweise eng.

Fest steht, daß es nur einer von mehreren möglichen Leitfäden einer Sekundäranalyse sein kann.

5. Die Grenzen einer Sekundäranalyse

Sekundäranalytisches Vorgehen heißt, daß bereits gesammelte und erhobene Daten interpretatorischer und/oder empirischer Art, eingeführte Begriffe und Erklärungen unter einem spezifischen Gesichtspunkt – hier: den Nationalsozialismus herrschafts- und interessensoziologisch als Vermittlungsprodukt einer besonderen Klassengesellschaft zu analysieren – einer vor allem ideologiekritischen Befragung und immanenten Kritik unterzogen werden. Das Dilemma besteht, methodologisch gesehen, darin, daß die herangezogenen Daten sich unterschiedlichen Intentionen und Erkenntnisinteressen – deren Spuren ideologiekritisch nachweisbar sind – verdanken, daß aber die qualitativ anderen Intentionen in den Daten als »geronnener Geist« wirksam bleiben. Mit dem sekundäranalytischen Verfahren hängt es zusammen, daß die vorliegende Studie keine eigentlich »positiven« Befunde vorzuweisen hat, daß sie vielmehr als Versuch einer kritisch präsentierten Begründung eines Forschungsprogramms anzusehen ist. Das »positive« Ergebnis dieses Versuchs ist allerdings, daß der Nationalsozialismus als *illusionäre* Aufhebung »des Kapitalismus« sowie als »Arbeitsteilung« zwischen großer Industrie und NSDAP-Oligarchie auf der Basis einer terroristischen Zerschlagung der *gesamten* Arbeiterbewegung und einer intensiven Aufrüstungs- und Kriegspolitik erscheint. Begriffe wie »Arbeitsteilung«, »Kompromiß« und »Autonomie« leisten vorerst nicht mehr als eine formale Andeutung der inhaltlichen Strukturen dieser Illusion. Das theoretische Kriterium der Betrachtung der Literatur ist das Verhältnis von Kapitalismus und Faschismus. Dieses Verhältnis wird, um den Gang der Darstellung nicht zu präformieren, als Korrelation und nicht als monokausale und lineare Determiniertheit gefaßt.

6. Zum Verhältnis von Sekundäranalyse und Fragestellung

Wir müssen uns, wie bereits gesagt, darauf beschränken, ein Forschungsprogramm zu skizzieren, ohne »positive« und »fertige« Vorschläge zur inhaltlichen Aufhebung der, wie wir meinen, unzulässig vereinfachenden Dichotomie »Primat der Politik« – »Primat der Ökonomie« machen zu können. (Obwohl diese Dichotomie von »linken« Autoren, die subjektiv alle in der marxistischen Wissenschaftstradition zu stehen behaupten, formuliert bzw. konstruiert worden ist, überwindet sie nicht das liberal-bürgerliche Verständnis des Auseinandertretens von Staat und Gesellschaft bzw. von Politik und Ökonomie als zwei säuberlich gegeneinander abzusetzenden Bereichen mit je eigenen »Sachgesetzlichkeiten«.)*

»Positive« Aussagen können nur das Ergebnis eigenständiger, theoretisch begründeter empirischer Analysen sein. Aufgrund des gegenwärtigen Diskussionsstandes kann der Forderung nach »positiven« Befunden jedoch nicht entsprochen werden. Unsere Ausführungen zur Thematik »Primat der Politik« – »Primat der Ökonomie« sind daher vorrangig ein Lückentest. Die Darstellung der Faschismusdiskussion stellt diese als eine strukturierte Betrachtung der Argumentationsstränge und der argumentativen Topoi ja im Grunde erst her; denn bislang nehmen die verschiedenen wissenschaftlichen und politischen »Schulen« voneinander kaum, jedenfalls nicht ausreichend, Notiz. Dies läßt sich ebenso an der ungenügenden Beachtung der DDR-Historiographie durch »bürgerliche« Historiker in der Bundesrepublik – Karl Dietrich Brachers *Die deutsche Diktatur* und Noltes Phänomenologie eingeschlossen – wie an der Tabuisierung oder vorschnell-pejorativen Zurückweisung bonapartismustheoretischer oder »links-liberaler« Arbeiten durch Faschismusforscher in der DDR belegen.[15] Nicht minder aufschlußreich als diese gegenseitige Abschottung ist, daß die Ergebnisse der Einzeldisziplinen, Mikro- und Makroanalysen in der Regel unverbunden nebeneinander stehen.

* Zur Kritik und Aufhebung des dichotomischen Gegensatzes der beiden Primate vgl. auch Abschn. IV meines Beitrages *Zum Verhältnis von Industrie und Faschismus in Deutschland,* in: Reinhard Kühnl (Hrsg.), *Texte zur Faschismusdiskussion,* Reinbek bei Hamburg 1974.

Angesichts dieses prekären Forschungs- und Wissensstandes – beispielsweise liegt weder eine soziologisch und sozialpsychologisch zureichende Darstellung der Beziehung zwischen NSDAP und Mittelschichten vor, noch gibt es eine monopolgruppentheoretisch konzipierte Analyse der Endphase der Weimarer Republik (1930 ff.) – erscheint jeder Anspruch, mehr zu leisten, als die vorliegenden Interpretationen und Daten zu sichten und zu strukturieren, irreal. Zwar stimmt es: »Aufgabe einer Faschismustheorie [. . .] wäre [. . .], einen *Gesamtzusammenhang* zwischen Produktivkräften, Produktionsverhältnissen, Organisationsformen und theoretischen bzw. ideologischen Interpretationsmodellen der Bourgeoisie, des Mittelstandes und des Proletariats, Formen und Instrumenten der Konterrevolution und restaurativ-konterrevolutionären Herrschaftssystemen herzustellen«[16]; aber es stimmt nicht, daß es zu fast allen empirischen Details Spezialuntersuchungen gibt.[17] Es besteht offenkundig eine Korrelation zwischen dem Mangel an empirischen Detailkenntnissen und nichtstringenten theoretischen Erklärungsversuchen. Und es käme darauf an, die naturwüchsigen Schranken einer rational nicht kontrollierten Arbeitsteilung der auch bei der Darstellung des Faschismus voneinander isolierten Einzeldisziplinen (Geschichtswissenschaft, Sozial- und Wirtschaftsgeschichte, Politologie, Soziologie, Ökonomie, Sozialpsychologie) aufzuheben. Nur so kann sich ein Problembewußtsein bilden, das der politischen Bedeutung des Faschismus angemessen ist.

Einzelfall-Studien setzen aus sich wohl kaum gesamtgesellschaftliche Interpretationsperspektiven frei; wohl aber zeigt eine zusammenfassende Interpretation Forschungslücken und theoretische Unterbilanzen an. (Solche Lücken sind z. B. die »Gleichschaltungsphase« 1933/34 bzw. die Konsolidierung des »Faschismus an der Macht«; die inhaltsanalytische Betrachtung nationalsozialistischer Periodika [der verschiedenen Partei»flügel«]; die Finanzierung der NSDAP und der bürgerlichen Rechtsparteien; die Rolle der Präsidialkabinette Papens und Schleichers; die Politik industrieller Organisationen und Institutionen bei der Herausbildung von Fraktionen des Kapitals etc. etc.; mangelhaft theoretisch reflektiert erscheinen u. a. Probleme der Kapitalismusinterpretation, des Verhältnisses von »Form« und »Inhalt«, »Erscheinung« und »Wesen«,

»Empirie« und »Theorie« sowie der Vermittlung objektiver und subjektiver Faktoren etc. etc.) Die allgemeine Analyse verlangt somit nach empirischen wie theoretischen »case studies«; und Einzelfall-Studien fungieren jeweils als kritisches Korrektiv der Gesamtdarstellungen – nicht zuletzt der hier vorgelegten.[18] Der Zustand der Forschung[19] rechtfertigt also die hier gewählte Vorgehensweise.

Bedenkenswert ist wohl auch ein didaktischer Gesichtspunkt. Insofern sich die vorliegende Darstellung bemüht, eine Anzahl theoretischer Ansätze vorzustellen, die Literatur wenigstens in groben Zügen zu erfassen, kann sie möglicherweise mithelfen, eine kritische Öffentlichkeit zu informieren. Demokratie setzt, worauf C. Wright Mills hingewiesen hat, voraus, »daß die Menschen, die von den großen Entscheidungen betroffen sind, genügend Weisheit und Kenntnisse besitzen – von Macht gar nicht zu reden –, um die Männer in den Kommandostellen für diese Entscheidungen verantwortlich machen zu können«[20]. Dies ist die politische und wissenschaftliche Aufgabe der Faschismusforschung.

7. Faschismus und Kapitalismus.
Zur theoretischen Dimension der Fragestellung »Primat der Politik« oder »Primat der Ökonomie«

Eine Theorie der Beziehungen von Kapitalismus und Faschismus kann nicht abstrakt deduziert und »idealistisch« gesetzt werden; d. h.: sie kann nicht von einem a priori gesetzten Begriff des Faschismus ausgehen, um dann, post festum, diejenigen »Kreise des Finanzkapitals« zu bestimmen, »die in der Definition des Faschismus [durch Georgi Dimitroff auf dem VII. Weltkongreß der Komintern, 1935, bzw. auf dem XIII. EKKI-Plenum, 1933 –E. H.] genannt sind (die reaktionärsten, am meisten chauvinistischen und imperialistischen Elemente des Finanzkapitals)«.[21] Vielmehr sollen theoretische Schlüsse aus dem historischen Prozeß mitsamt seinen Vermittlungszusammenhängen gezogen werden. Den Leitfaden dieser Bemühungen liefert »die« Marxsche Bestimmung von Kapitalismus, der zufolge dort, »wo das Kapital herrscht« (Marx), im Gegensatz zu Sklaverei und feudaler Leibeigenschaft »freie

Arbeit« (im doppelten Sinn des Begriffs: 1. der Trennung der Arbeiter von den Produktionsmitteln, 2. ihrer Mobilität und ihrer juristischen Qualifizierung als Person, die Verträge abschließen kann), Konkurrenz und Konzentration der Kapitalien sowie die Illusion eines äquivalenten Tausches auf einem Markt existieren, also »eine superiore Stellung« des Staates – eben: eine Art »Primat der Politik« – Bestandteil einer noch nicht erfolgten Durchkapitalisierung, der ursprünglichen (kapitalistischen) Akkumulation, der Entwicklung der allgemeinen Bedingungen kapitalistischer Produktion und des außerökonomischen Zwanges ist.[22] Die Deutung des Faschismus als spezifischer »Erscheinungsform«, als politisches Korrelat einer spezifischen Entwicklungsstufe und historischen Besonderheit »des« Kapitalismus (Imperialismus) wird von daher problematisiert. Solches Problembewußtsein läßt sich, zieht man den Schleier vor ihren Texten weg, auch in »sowjetmarxistischen« Argumentationen erkennen. Aufschlußreich ist da z. B. ein Hinweis auf das »Gesetz zur Ordnung der nationalen Arbeit« (1934) in einem in der DDR erschienenen *Lehrbuch der deutschen Geschichte*. Dort heißt es: »Das ›Arbeitsordnungsgesetz‹ legte den Grundstein für die Verwandlung des Betriebes in eine Arbeitskaserne und des im Marxschen Sinne ›freien Lohnarbeiters‹ in den dienstverpflichteten Zwangsarbeiter«[23]; und auch Kuczynski spricht von der »Infiltrierung von Elementen der Leibeigenschaft und der Sklaverei in die gesellschaftliche und betriebliche Stellung des Arbeiters«.[24] Inwieweit freilich die empirisch[25] ohne Zweifel stichhaltigen Verweise auf die »Barbarei als brutalste Herrschaftsform des faschistisch-staatsmonopolistischen Kapitalismus« (Lotte Zumpe), auf die »Zwangsarbeit, das ›Militärzuchthaus‹« als »ein Charakteristikum des staatsmonopolistischen Kapitalismus« (Klaus Drobisch) theoretische Probleme der Kapitalismus-Interpretation einschließen, bleibt in den DDR-Beiträgen unbeachtet. Die kapitalistische Identität des Faschismus – wie auch des »imperialistischen staatsmonopolistischen Kapitalismus« – wird schlicht vorausgesetzt. Die Bemerkung Drobischs z. B.: »Das ›Militärzuchthaus für die Arbeiter‹ wurde in der Zeit des Faschismus zu einem perfektionierten und bürokratischen System ausgebaut«, kann jedoch, legt man Marx' Analyse zugrunde, nicht umstandslos »dem« Kapitalismus, derjenigen gesellschaftlichen Verkehrsform, über und durch die das Kapital herrscht, angeheftet werden. Es ist zu fragen, ob nicht der »Faschismus an der Macht« von der ehemaligen kapitalistischen Gesellschaft (die in Deutschland, einer »verspäteten Nation«, ohnehin nicht zur vollen Entfaltung gekommen ist) lediglich das Moment der Klassengesellschaft weiterführt, während der Faktor »Durchkapitalisierung und Herrschaft des Kapitals« als politische Kategorie zurückgedrängt wird (darin Tendenzen und Kontinuitäten der vorfaschistischen »Revolution von oben« fortsetzend). Ein oberflächliches Indiz dafür wären etwa jene »Tendenzen zur Verflechtung und gegenseitigen Durchdringung zwischen NS-Elite und alten Oberklassen« (R. Kühnl), die die DDR-Autoren ja auch meinen, wenn sie von einem »staatsmonopolistischen Kapitalismus« reden, dessen Strukturen sich bis in die Kooperation zwischen wilhelminischer Bürokratie und dem Krupp-Konzern hinein verfolgen lassen.

Diese Problematisierung der strukturellen Identifizierung von Kapitalismus und Faschismus[26], die hier am Beispiel »sowjetmarxistischer« Kommentare zur Aufhebung »freier Arbeit« – etwa durch Einführung eines »Arbeitsbuches« (1935) und durch das »Gesetz zur Regelung des Arbeitseinsatzes« (1934)[27] – kurz illustriert worden ist, fügt zu den oben beschriebenen Schwierigkeiten einer Sekundäranalyse zusätzlich gravierende theoretische Interpretations- und Rekonstruktionsprobleme hinzu: Es gibt noch keine »operationalisierten« Fassungen des Kapitalismus-Begriffs und der ihn charakterisierenden gesellschaftlichen und ökonomischen Indikatoren.

8. Arbeitsperspektiven und offene Fragen*

Die soziale Funktion des Faschismus[28] ist an die Stabilisierung der ökonomischen Struktur eines mehr und mehr auf staatliche Interventionen angewiesenen Kapitalismus gebun-

* Vgl. dazu den *Ausblick (Zum Problem einer ›Arbeitsteilung‹ von ›politischer Macht‹ und ›ökonomischer Herrschaft‹ im Nationalsozialismus)* in meinen *Thesen zur deutschen Sozial- und Wirtschaftsgeschichte 1933 bis 1938*, Frankfurt 1973, S.

den. Aufgabe künftiger Analysen wäre es, zu klären, welches die Vermittlungspraktiken und -prozesse sowie die Merkmale derartiger Politik sind, ob überhaupt noch von Kapitalismus geredet werden kann, wenn ein politisches System die gesellschaftliche Reproduktionsfähigkeit und das Versagen der Marktmechanismen (die ursprünglich den Kapitalismus konstituiert haben) terroristisch kompensieren muß, wenn die Rolle der privaten Verfügungsgewalt über Produktionsmittel tendenziell auf die Maximierung der Profite im Rahmen der von – durch einen verselbständigten Staat – minimierten Lohnkosten und rüstungspolitischen Initiativen beschränkt wird. Zu klären wäre ferner, ob die aus der Analyse der vom Liberalismus eingeführten Scheidung von Staat und Gesellschaft datierenden Begriffsinstrumente dem Gegenstand Faschismus angemessene Arbeitsmittel sind.

Um den (undialektischen) Gegensatz »Primat der Politik« einerseits, »Primat der Ökonomie« andererseits aufzuheben, ist zwischen politischer und sozialer Macht zu unterscheiden. In der Tradition einer bonapartismustheoretischen Argumentation ist darauf zu beharren, daß der Privatkapitalismus im Nationalsozialismus »herrscht, aber nicht regiert«[29]; denn: »Unter Aufrechterhaltung der kapitalistischen Profitwirtschaft hat der Nationalsozialismus die Freizügigkeit des Kapitals aufgehoben.«[30]

Gegen die These vom »Primat der Ökonomie« sind die z. B. von Eberhard Czichon, Kurt Gossweiler und vor allem von A. Galkin gegebenen Hinweise auf die »relative Selbständigkeit« der nationalsozialistischen Politik zu berücksichtigen. Besonders Galkin sprengt das Konzept des »Primats der Ökonomie« im Sinne einer Agenten- bzw. Agenturtheorie (womit er auch verdeutlicht, wie wichtig es wäre, die institutionelle Betrachtung des Nationalsozialismus nicht den Pluralismus- und/oder Totalitarismustheorien zu überlassen):

»Im nazistischen Deutschland erwiesen sich die Möglichkeiten der Monopole, auf staatliche Beschlüsse einzuwirken, als begrenzt. Der von

125 bis 136. – Teilweise entsprechen diese Arbeitsperspektiven Passagen meiner Arbeiten: *Industrie und Faschismus,* in: *NPL,* 15 (1970), S. 432-449, und: *Monopolgruppentheorie in der DDR diskutiert an ›Großbanken, Industriemonopole, Staat‹ von Kurt Gossweiler,* in: *Leviathan,* 1 (1973), S. 135-151.

Hitler geschaffene totalitäre Staat schloß seinem Wesen entsprechend einen Dualismus aus, besonders auf politischem Gebiet. Nachdem sie die Macht in ihre Hände bekommen hatte, wollte die faschistische Führung die absolute Herrschaft und liquidierte deshalb jegliche selbständigen Erscheinungen. Das von den Nazis errichtete Regime diente den Interessen der Monopole, war aber kein Spielzeug in ihren Händen [...] die Machtübergabe an das faschistische Regime [bedeutete] für die Monopole gleichzeitig auch eine Unterordnung im Namen des Schutzes und der Erweiterung ihrer Positionen.«[31]

In Anlehnung an die vor allem von Tim Mason vorgetragene Auffassung von der Verselbständigung der faschistischen Exekutivgewalt – mit der Folge, daß Erfordernisse kapitalistischer Rationalität mißachtet und eine längerfristige Reproduktionsunfähigkeit des auf Krieg und Terror gegründeten faschistischen Systems in Kauf genommen wurden – ist zwischen »Marktökonomie« und »Arbeitsökonomie« bzw. zwischen »faschistischer Volkswirtschaft« und »kapitalistischer Betriebswirtschaft« zu differenzieren.[31a] Antimarxismus und Antiliberalismus des Nationalsozialismus[32] sind mit einer obrigkeitsstaatlichen, auf den Staat als Organisator kapitalistischer Akkumulation angelegten industriellen Tradition zusammengeflossen. Beschränkt auf das (kurzfristige) Profitinteresse und in sich zerstritten im Konflikt um Rohstoff- und Arbeitskräftezuteilungen ist die Industrie derart zersplittert, daß die Vertretung ihrer Interessen in der verselbständigten Form eines Primats der nationalsozialistischen Politik geschieht (so könnte man in *Analogie* zu Marx' Herleitung der bonapartistischen Verselbständigung der Exekutivgewalt aus der Situation der Parzellenbauern zu Masons Argumentation anmerken). Dieser Primat ist jedoch nicht absolut, er tastet die Eigentumsstruktur nicht an, während die Zirkulation, die Verfügung und Nutznießung durchaus »neu« reglementiert werden.

Auch nach Reinhard Kühnls »Verfeinerung« der Argumentation August Thalheimers durch Kombination mit Ernst Fraenkels Analyse in *Dual State*[33] – wenngleich damit, ebenso wie mit Manfred Clemenz' Versuch einer Differenzierung des Faschismusbegriffs[34], ein Anfang gemacht worden ist – ändert sich nichts an der Notwendigkeit einer empirischen und theoretischen Neubestimmung der Bonapartismus-Thematik, der

Projektionen der Marxschen Bonapartismus-Analysen[35] durch A. Thalheimer (aber auch durch L. Trotzki, O. Bauer* u. a.).[36] Eine *gleichzeitige* Betrachtung wirtschaftlicher Wachstumsprozesse bzw. Wachstumsstörungen und spezifischer Erscheinungsformen von Macht und Herrschaft verspricht die Forderung materialistischer Historiographie zu erfüllen, die »kapitalistische Gesellschaft« nicht voluntaristisch auf die Handlungen der »Kapitalisten« zu verkürzen.

Auffällig ist, daß der bonapartistische Problemkreis des Faschismus oder die Thematik des »politischen Kapitalismus« (M. Weber) in den »sowjet-marxistischen Arbeiten« nicht vorkommt. Daß Thalheimer und Trotzki Beiträge zur Analyse des Faschismus geliefert haben, scheint vergessen zu sein. Eine Fragestellung wie die, ob »die Privatbourgeois nur fortfahren können, die anderen Klassen zu exploitieren und sich ungetrübt des Eigentums, der Familie, der Religion und der Ordnung zu erfreuen, unter der Bedingung, daß ihre Klasse neben den anderen Klassen zu gleicher politischer Nichtigkeit verdammt werde«[37], wird weder wahrgenommen noch kritisiert. Überhaupt differenzieren die »sowjetmarxistischen« Arbeiten viel zu wenig zwischen der politischen und der sozialen Dimension des Faschismus. Es wird auch nicht geprüft, ob und inwieweit die faschistische Bewegung es politisch ermöglicht hat, das – z. B. im »Gesetz zur Ordnung der nationalen Arbeit« (*RGBl.* 1934 I, S. 45) angezeigte – soziale Führerprinzip zugunsten des Kapitals zu stabilisieren. Aber gerade die terroristische Herstellung eines »sozialen Konsensus« hat die Machtposition des Faschismus gegenüber dem Kapital mitbegründet. Auf strukturelle Eingriffe in die Wirtschaftsordnung ist verzichtet worden, dem Faschismus lag an einer ungestörten maximalen Rüstungsproduktion. Und Aufrüstung als Zielvorstellung war von weiten Teilen »der« Industrie akzeptiert, ja von der Schwerindustrie teilweise schon in der Weimarer Republik erörtert worden; im übrigen hat sich »die« sozial befriedigte, im Sozialbereich wieder direkt herrschende

* Zu Otto Bauer vgl. jetzt Gerhard Botz, *Genesis und Inhalt der Faschismus-Theorien Otto Bauers*, in: *International Review of Social History*, 19 (1974), S. 28-53; ders., *Austro-Marxist Interpretation of Fascism*, in: *Journal of Contemporary History*, 11 (1976), S. 129-156. – Vgl. ebda. (S. 109ff., 157ff.) auch die Beiträge von J. Dülffer und R. S. Wistrich.

Industrie politisch diszipliniert verhalten – wohl auch deshalb, weil durch die Zwangskartellierung die ökonomische Konzentration auch einen organisatorischen Ausdruck fand. Die Unternehmerverbände wurden von der Großindustrie beherrscht, und die mittelständischen Kleinbetriebe – denen der Faschismus alles versprochen hatte – besaß keinerlei Einfluß mehr auf Kommunikation und Präsentation.[38]

Doch auch die Zwangskartellierung hebt das arbeitsteilige Verhältnis von politischer und ökonomischer Macht nicht auf. Potenzierte, innerbetrieblich und im Verhältnis zu Klein- und Mittelbetrieben gestärkte soziale und ökonomische Macht der großen Industrie ändert nichts daran, daß die Marktregulative politisch extern gesetzt werden. Die gesellschaftliche und die ökonomische Reproduktion – letztere insbesondere im Bereich der schwerindustriellen »Fronde der Bankrotteure«, die unter dem Eindruck der Krise und wegen ihrer »quasi staatsmonopolistischen«[39] Ambitionen »nicht mehr warten [können] und zu ihrer Rettung an die Staatskrippe herankommen [müssen]«[40] – vollziehen sich nicht mehr marktförmig, sondern »politisch« im Nebeneinander von »ökonomisierter Politik« und »politisierter Ökonomie«.

»Marktökonomie« und »Arbeitsökonomie« treten mit der Zentralisation und Konzentration des Kapitals, mit der Herausbildung von Monopolen in Widerspruch zueinander. Alfred Sohn-Rethel hat dies am Beispiel der Rationalisierungsmaßnahmen und der in der Weltwirtschaftskrise außerordentlich geringen Kapazitätenausnutzung (von nur noch 20 Prozent 1932) der Vereinigten Stahlwerke, des »Stahlvereins«, verdeutlicht. Diese[41] Teile der Industrie optieren jenseits der »Marktökonomie« für eine staatliche Intervention – vornehmlich in rüstungspolitischer Absicht:

»Was dieses gänzliche Auseinanderfallen von Betriebsökonomie und Marktökonomie indizierte, war der Bankrott der kapitalistischen Produktionsweise als solcher. Da die soziale Revolution jedoch ausblieb, bestand keine andere Alternative, als die kapitalistische Produktion unabhängig vom Markt, d. h. zur Erzeugung nicht-marktgängiger Produkte, nach rein betriebsökonomischen Notwendigkeiten weiterzuführen. Das ist die ökonomische Definition des Faschismus; der deutsche Faschismus war praktisch das Verzweiflungsprodukt eines Bürgertums, das seine Wirtschaft nicht mehr kontrollieren konnte.«[42]

Hier steckt ein ganzes Problembündel: *Was heißt kapitalistische »Formbestimmtheit« im Hinblick auf die Verfassung von Politik, Staatlichkeit und außerökonomischer Gewalt?* Gerade die von der Monopolgruppen-Theorie und dem Konzept des »staatsmonopolistischen Kapitalismus« zuerst konstatierte »Verschmelzung« von Faschismus an der Macht und IG-Farben-Planungsbürokratie wirft die Frage auf, ob nicht dadurch – institutionalisiert als Arbeitsteilung zwischen politischer Macht und ökonomischer Herrschaft – das kapitalistische Interesse an gesamtgesellschaftlicher erweiterter Reproduktion zugunsten kurzfristiger Profitinteressen verdrängt worden ist, ob nicht »der verschwiegene Kern der Klassenherrschaft«, nämlich außerökonomische politische Gewalt, die »kapitalistische Form«[43] eines marktmäßigen, vertraglich gefaßten Äquivalentenaustauschs, einer faktischen Freiheit des Kapitals *und* einer justizförmigen Freiheit der Arbeit aufhebt.[44] Unter solchen Gesichtspunkten wären Merkmale und Entwicklungen eines »politischen Kapitalismus«[45] mit »Maßnahmestaatlichkeit«, also: eines »totalitären Monopolkapitalismus« (F. Neumann), zu diskutieren. Die angedeuteten Konflikte von Kapitalfraktionen wären interessensoziologisch darauf hin zu betrachten, ob das über die »Verschmelzung« mit der politischen Bürokratie dominant gewordene Gruppeninteresse die Dimension berechenbarer gesellschaftlicher Reproduktion einschließt. Gesellschaftliche Reproduktion scheint in der Weimarer Republik wesentlich durch das »Zusammenwirken« der Chemie-Elektro-Gruppe mit dem sozialdemokratischen und gewerkschaftlichen Teil »der« Arbeiterbewegung gewährleistet worden zu sein. Nachdem die *gesamte* Arbeiterbewegung durch die terroristische Politik der faschistischen »Bewegung« zerschlagen war (woraus sich, gleichgültig in welchem Ausmaß die NSDAP finanziell ausgehalten worden ist, Macht und eine durch rüstungspolitische Erwägungen gebremste »Autonomie« des Faschismus gegenüber seinen konservativen Bündnispartner »ableiten«), entfiel der Zwang, die Reproduktion des Systems über Kompromisse zu organisieren. In dieser Situation kamen die kurzfristigen Interessen aller Gruppierungen zu sich, um sich dann in der Arbeitsteilung mit dem politisch-terroristischen Apparat (der nach Zerschlagung aller Fraktionen »der« Arbeiterbewegung eine zentrale Kraft bleiben *muß*, weil es seit 1928 keinen langfristig auf Reproduktion angelegten Kompromiß wie etwa die »Arbeitsgemeinschaft« oder die »Weimarer Koalition« – mehr gibt) zu arrangieren. Ausdrucksformen dieser Kooperation waren die politische »Autonomie« der NSDAP und die Monopolprofite der großen Industrie. (Ich erinnere in diesem Zusammenhang an die Formel, »daß die Beziehung des Faschismus zum kapitalistischen System in der Dialektik einer nicht-identischen Identität besteht«[46], und meine, daß ihre »Operationalisierung« und Überprüfung helfen könnte, die politisch-ökonomische Funktion und die historischen Besonderheiten der Genese des Nationalsozialismus zu ermitteln.)

I. Zum Bezugsrahmen der Analyse des Verhältnisses von bürgerlicher Gesellschaft und deutschem Faschismus

Zur Koordinierung und Gruppierung der Faschismusdiskussion

Koordinierung bedeutet: Es wird versucht, Interpretationsstränge herauszuschälen. Koordinierung der Diskussion heißt auch Strukturierung der einzelnen Diskussionsbeiträge nach ihren eigenen Topoi. Während die Koordinierung mehr die Binnenstruktur dieser Sekundäranalyse betrifft, wird durch die Gruppierung ihr Aufbau bestimmt. Die betrachteten Publikationen werden nach zwei Grobkategorien, mit zum Teil erheblicher Untergliederung, eingeteilt: »Primat der Politik« und »Primat der Industrie« bzw. »Primat der Ökonomie«. Als weiteres gruppierendes, vor allem aber als ein ein- bzw. ausgrenzendes Kriterium fungiert die Beschränkung auf drei Themenkomplexe: nationalsozialistisches Selbstverständnis, Totalitarismus- und Faschismustheorien.

Vorab sei darauf hingewiesen, daß das Begriffspaar »Primat der Politik« – »Primat der Industrie« nur die Bedingung von Erkenntnis umschreibt. Begriffe sind das Medium eines auf die Gewinnung von Erkenntnis gerichteten analytischen Prozesses, nicht die Erkenntnis selbst. Erkenntnis stiftet Begriffe und kann sie wiederum auflösen. Das läßt sich an den Totalitarismustheorien, besonders an den lange Zeit (von 1945/46 bis in die zweite Hälfte der fünfziger Jahre) dominanten, »Rechts« und »Links« identifizierenden, gut zeigen[47], die unverkennbar Elemente politischer Interpretation, Polemik und Legitimation enthalten und wohl deshalb auch dann nicht aufgegeben werden[48], wenn sie analytisch längst brüchig geworden sind (weil die analytische Kritik nicht zugleich die gesellschaftlichen Entstehungsverhmltnisse der alten Begriffsbestimmung aufheben kann).[49] – Wir wollen zu erklären versuchen, wie sich der deutsche Faschismus an der Macht funktional zugunsten der großen Industrie (vornehmlich im Bereich der Rüstungsindustrien) ausgewirkt und auf welche Weise er sich als Massenbewegung konstituiert hat. Das Spannungsverhältnis zwischen Funktion und Basis bzw. sozialer Trägerschaft oder zwischen »objektiven« und »subjektiven Interessen« rückt ins Zentrum[50] der Aufmerksamkeit, wobei die Möglichkeit einer »Arbeitsteilung« zwischen nationalistischer »Politik« und »(monopol)kapitalistischer Ökonomie« nicht a priori ausgeklammert werden soll. Diese Möglichkeit ergibt sich, wenn die Spannung zwischen der positiven Wirkung des Nationalsozialismus an der Macht zugunsten der großen Industrie und der Rekrutierung der Massenbewegung aus »antimonopolistischen« Schichten der »Übergangsklassen« nicht personalisierend und nicht als Folge eines Kaufaktes (von Wählern, Mitgliedern und Manipulationsinstitutionen) zugunsten der »eindeutig kapitalistischen Klassennatur« des Nationalsozialismus verdrängt wird. Hält man das Konzept der Finanzierung der NSDAP durch Industriekreise (wobei das Ausmaß erst noch zu gewichten wäre)* für zu mechanistisch und für allzu verkürzt, um den Charakter der NSDAP als *Massen*bewegung zu erfassen, so beginnt sich der strikte Gegensatz zwischen einem »Primat der Politik« und einem »Primat der Industrie« aufzulösen; auf jeden Fall wird er fragwürdig.

1. Das Einteilungskriterium des Gegensatzes von politischem oder ökonomischem Primat

In der bisherigen Faschismusdiskussion haben vor allem die Kontroversen in der Zeitschrift *Das Argument*[51] und, im Anschluß daran, die zwischen Gert Schäfer und Reinhard Opitz[52] sich auf den Dualismus von ökonomischem und politischem Primat gestützt.[53] Er liegt indirekt auch den von den Widersprüchen zwischen sozialer Funktion und Basis ausgehenden neueren Arbeiten Reinhard Kühnls zugrunde.[54] Kühnl sucht die faschistische Bewegung als »eigenständigen Faktor im Machtgefüge« an »die Prinzipien der kapitalistischen Gesellschaftsordnung« zu binden und die »kapitalistische Gesellschaftsordnung als den vorgegebenen Rahmen« zu setzen. Ebenfalls indirekt ist dieser Dualismus in den Theorien

* Vieles spricht – zumindest *vor* dem 30. 1. 1933 und auf jeden Fall *vor* dem 14. 9. 1930 – dafür, daß die Rolle der Industriebeiträge für die NSDAP überschätzt wird. Vgl. jetzt Horst Matzerath, Henry A. Turner, *Die Selbstfinanzierung der NSDAP 1930-1932*, in: *Geschichte und Gesellschaft*, 3 (1977), S. 59-92. Vgl. auch Dokument 2.

des »staatsmonopolistischen Kapitalismus« am Werk. Ihr historiographisch auf die Darstellung des »Kriegskapitalismus«, der Weimarer Republik und des deutschen Faschismus an der Macht gerichteter Zweig unterstellt einen »Primat der Industrie«, während der aktuell orientierte Strang explizit einen »Primat der Politik« annimmt.[55]

Kurt Gossweiler trägt diese Kontroverse in die Faschismusdiskussion hinein. So räumt er zwar ein, der Faschismus an der Macht bedeute »nicht die unmittelbare Herrschaft der Monopolbourgeoisie«, um dann aber letzten Endes doch wieder nur »die Macht des Finanzkapitals« zu zitieren.[56] Indem Gossweiler die Differenz zwischen »direkter« und »indirekter« Herrschaft im Kapitalismus konstatiert, also auf den Gegensatz zwischen »Primat der Politik« und »Primat der Industrie« eingeht, knüpft er an eine alte kommunistische Diskussionstradition an – schon in den dreißiger Jahren war die Kritik der KPO und der KI an sozialdemokratischen und trotzkistischen Faschismusinterpretationen von der Vorstellung eines ökonomischen Primats geprägt.[57] Auch wenn Gossweiler – ähnlich wie Reinhard Kühnl – den Gegensatz von Funktion und Basis sowie von »indirekt-politischer« Herrschaft der Faschisten und deren »direkt-monopolkapitalistischer« Auswirkung selbst wieder zugunsten des »Primats der Industrie« aufhebt, impliziert seine Anknüpfung an ältere Deutungen eine partielle Öffnung gegenüber Fragen, die sich mit dem Begriffspaar »Primat der Industrie« – »Primat der Politik« verbinden. Vor allem verdeutlicht er – insbesondere mit seiner gegen Kühnl gerichteten Kritik *Über Wesen und Funktion des Faschismus* – die Zwanghaftigkeit der »sowjetmarxistischen« Problemlösung, so wie sie vom historiographisch ausgerichteten Strang der Theorien des »staatsmonopolistischen Kapitalismus« formuliert wird:

»Es ging und geht den Marxisten ganz und gar nicht um die Frage, ob der Faschismus eine direkte oder indirekte, mittelbare oder unmittelbare Herrschaft ist, sondern um die Frage, *wessen* Herrschaft er ist, um die Frage nach seinem Klassencharakter. Eben weil diese Diktatur nicht die unmittelbare Herrschaft der Monopolbourgeoisie ist, kann ja der Klassencharakter dieser Diktatur überhaupt erst verkannt und verfälscht werden. Die marxistische Definition wendet sich [. . .] gegen sozialdemokratische, trotzkistische und andere ›Theoretiker‹, die aus der sozialen

Herkunft der Naziführer den Klassencharakter der faschistischen Diktatur ableiten und sie als Herrschaft des Kleinbürgertums oder des Lumpenproletariats über alle Klassen und Schichten einschließlich der Monopolbourgeoisie ausgeben. Demgegenüber besagt die marxistische Analyse: Trotz der anderen sozialen Herkunft der faschistischen Häuptlinge ist der Faschismus die Macht des Finanzkapitals.«[58]

Ähnlich hat schon im Dezember 1933 Otto Kuusinen – Mitglied des Exekutivkomitees der Komintern – gefordert, den »Klassencharakter des Faschismus richtig einzuschätzen«:

»Man darf die Frage des Klassencharakters des Faschismus mit der Frage der Klassenzusammensetzung der faschistischen Massenbewegung nicht durcheinanderwerfen. Ihre Zusammensetzung ist bekanntlich sehr bunt. Der Faschismus appelliert, gestützt auf den Großbauern, an die Bauernschaft, die durch den Gutsbesitzer, das Großkapital, die Verschuldung, die Steuern geknechtet wird, die unter der Agrarkrise leidet. Der Faschismus appelliert an den Handwerker, den Heimarbeiter, den Kleinhändler, den kleinen Rentner, der unter dem Monopol, der Schrumpfung des Marktes, unter den Großbanken, der Inflation, den Steuern zu leiden hat. Er sucht eine Massenbasis bei den Angestellten, kleinen Beamten, der kleinbürgerlichen Intelligenz, die unter dem Abbau der Gehälter, den Massenentlassungen, Massenversetzungen im Staatsapparat zu leiden haben. Aber der Faschismus versucht auch in die Arbeiterklasse einzudringen und findet einen gewissen Widerhall unter den verzweifeltsten Schichten der Arbeitslosen, die längst vom Produktionsprozeß losgelöst sind, unter den rückständigsten Arbeitern, die noch nicht zum Klassenbewußtsein erwacht sind. Außerdem ist in den kapitalistischen Städten in der Nachkriegsperiode eine ganze Schicht von deklassierten Kleinbürgern, ehemaligen Offizieren, arbeitslosen ›Intellektuellen‹ usw. (eine ganze neue Schicht des Lumpenproletariats) entstanden. Und der Faschismus nutzt auch sie aus.

Diese Verschiedenartigkeit der Zusammensetzung der faschistischen Bewegung ist natürlich vom Standpunkt unseres Kampfes gegen den Faschismus und vom Standpunkt der Perspektive des Zerfalls der faschistischen Massenbewegung von nicht geringer Bedeutung.

Aber die soziale Zusammensetzung dieser Bewegung entscheidet auf keinen Fall die Frage des Klassencharakters des Faschismus. Von entscheidender Bedeutung ist, welche Klassenpolitik er treibt, welcher Klasse er dient.

[. . .] Die Faschisten sind keine Sozialisten, sondern Handlanger des Kapitals. Die faschistische Politik ist eine Politik der Großbourgeoisie. Die faschistische Staatsmacht ist – wie es in unseren Thesen heißt – die ›*offene terroristische Diktatur der am meisten reaktionären, chauvinistischen und imperialistischen Elemente des Finanzkapitals*‹.

Das ist am klarsten zu erkennen in all den Ländern, in denen die Faschisten an der Macht sind. Die *Taten* der an der Macht stehenden Faschisten sind derart, daß sogar die Steine diesen Klassencharakter des Faschismus in Italien, Deutschland, Polen, Finnland, Österreich, Jugoslawien usw. in die Welt hinausschreien.«[59] (Hervorhebungen im Original)

Die »sowjetmarxistische« Position einer historiographisch angewandten Theorie des »staatsmonopolistischen Kapitalismus« kritisiert den politischen Primat im Sinne einer »Autonomie« (oder »Neutralität«) des Staates und/oder der NSDAP. (Kategorisch heißt es dazu: »Das Ziel aller imperialistischen Faschismuskritik [. . .] besteht ausschließlich darin, die Systembezogenheit zwischen dem Faschismus und den Entwicklungstendenzen des staatsmonopolistischen Kapitalismus in Vergangenheit und Gegenwart zu leugnen.«[60]) Auch Kühnl versucht, die Position des »Primats der Politik« zu relativieren, indem er darauf hinweist – ohne allerdings diesen Hinweis ausreichend argumentativ zu stützten –, die Dominanz der Politik sei durch kapitalistische Formbestimmtheit begrenzt. Kühnl kombiniert also Theorieelemente von Mason, Thalheimer und Fraenkel und bemüht sich um eine Synthese, wobei er die beiden Hypothesen vorschnell harmonisiert.

2. Formalistische Versuche zur Untergliederung der Faschismusdiskussion*

Die bislang bekanntgewordenen Versuche, die interpretatorischen Bemühungen zur Erfassung des Nationalsozialismus und des Faschismus zu systematisieren, erscheinen als ziemlich ungenügend. Renzo De Felice unterscheidet, gänzlich formalistisch, zwischen »klassischen«, »kleineren« und »sozialwissenschaftlichen« Interpretationen des Faschismus.[61] Ebenso formalistisch schließt Ernst Nolte in seinem Forschungsbericht *Der Faschismus in der wissenschaftlichen Literatur der jüngsten Vergangenheit* vom August 1969 aus seiner »Erörterung des Begriffs Faschismus« folgende Literaturgruppen aus:

* Vgl. die Anmerkungen zur Typologie in der Einleitung (S. 25 ff.).

»1. Polemische und apologetische Schriften [. . .].
2. Historische Darstellungen einzelner oder auch mehrerer faschistischer Bewegungen [. . .].
3. Darstellungen von Teilaspekten, selbst wenn sie im Rahmen der Frage nach dem Faschismus besonders wichtig sind, indem sie z. B. das Verhältnis faschistischer Regimes zur Großindustrie behandeln [. . .].
4. Biographische Werke [. . .].
5. Gelegenheitsaufsätze oder -schriften [. . .].
6. Werke aus der Periode vor 1945 [. . .].
7. Bücher, die ganz oder überwiegend dem ›Neofaschismus‹ gewidmet sind [. . .].«[62]

Den Wert dieser Gruppierung bzw. Aussonderungen deutet Nolte selbst an, wenn er sagt, sie sei »nicht ohne einige Willkür«[63] zustande gekommen. In der Tat hat er inhaltliche, formale, normative und abstrakte Kategorien miteinander vermengt. Dies trifft – obschon nicht so ausgeprägt – auch auf die anderen Systematisierungsversuche dieses Autors zu. So unterscheidet Nolte sozialistische, liberale, christliche, konservative, jüdische, psychoanalytische und soziologische »Auslegungen« des Faschismus; und als mögliche Untersuchungsinstrumente nennt er Historie, Typologie, Topologie und Phänomenologie mit den Teilbereichen Tradition, Geschichte, Praxis und System *(Der Faschismus in seiner Epoche)*. Noltes Einteilung der »Auslegungsformen« krankt daran, daß sie historisch vorgegebene Konzeptionen der Auseinandersetzung unterschiedlicher Gesellschaftsklassen und politischer Richtungen mit dem Faschismus lediglich nachzeichnet. Die Geschichtswissenschaft könne Begriffe nicht selbst bestimmen.[64] Das heißt aber, daß diese »Wissenschaft« darauf verzichten muß, übergreifende – teilweise und notwendigerweise sicherlich auch deduktive – Begriffe zu verwenden.[65] Methodisch ist dies der Standpunkt eines »Positivismus«, der seinen Gegenstand zwar immanent (»verdoppelnd«) analysiert, ihn aber nicht »konkret« begreift. Dahinter steht die Hoffnung auf eine induktiv sich selbst auf ihren Begriff bringende Theorie der Geschichte. Der Historiker muß »immer zuerst nach dem Faktum« (H. Böhme) fragen. Oder wie Karl Dietrich Bracher schreibt:

»[. . .] das Phänomen des totalen Staates bietet einer exakten, allgemeingültigen Definition beträchtliche Schwierigkeiten. [. . .] Es zeigt sich

[. . .], daß man nicht vorweg von Definitionen ausgehen kann, ohne der geschichtlich-politischen Wirklichkeit in ihrer ganzen Komplexität Gewalt anzutun. Erst auf dem empirischen Weg historisch differenzierender Bestandsaufnahme und durch die Analyse konkreter Erscheinungsformen werden bestimmte Grundelemente totaler Herrschaft erschlossen, die allgemeinere Aussagen über Bedingungen, Wesen und Grenzen des Totalitarismus erlauben.«[66]

Dieser Intention ordnen sich Noltes Bemühungen um eine an den Werken von Maurras, Mussolini und Hitler[67] ansetzende Phänomenologie des Faschismus zu. Die Umwandlung eines »bislang primär politischen und polemischen Terminus in einen historischen Begriff«[68] setzt freilich voraus, daß das Geschehen abgeschlossen ist[69]; die Phänomene sollen so verstanden werden, »wie sie sich von sich aus darstellen«.[70] Einer inhaltlich orientierten Differenzierung kann das Einteilungsschema in christliche, jüdische, psychoanalytische und soziologische Konzeptionen nicht genügen; man denke nur an Erich Fromms *Escape from Freedom* (1947) oder an das siebte Kapital – *Demokratie, Faschismus und Kommunismus* – von John Dollards, Leonhard W. Doobs, Neal E. Millers, O. H. Mowrers und Robert S. Sears *Frustration and Aggression* (1939) –, um zwei Pole psychoanalytischer Faschismusforschung zu nennen. Und was hilft das Kriterium einer »jüdischen Konzeption« bei der systematischen Einordnung von Max Horkheimers Aufsatz *Die Juden und Europa* (1939)? Außer bei Nolte und De Felice findet man auch in neueren »Bestandsaufnahmen« (A. Kuhn) – von Wippermann, Kuhn, Schulz und (mit Einschränkung) Schüddekopf – »ein System typischer Faschismustheorien« (A. Kuhn). Absicht und Zweck solcher Gesamtdarstellungen hat Axel Kuhn erläutert: eine Typologie sei unerläßlich wegen der »Atomisierung« der mit der Analyse des Faschismus beschäftigten Disziplinen und Diskussionsgemeinschaften. Eine

»Bestandsaufnahme [. . .] muß die Fortschritte aufzeigen, die in der Faschismusdiskussion erzielt worden sind, damit es fortan unmöglich ist, die aufgrund der historischen Entwicklung überholten Positionen weiterhin zu vertreten. Sie muß versuchen, die Ergebnisse der verschiedenen Wissenschaftszweige zu integrieren und sie mit der Detailforschung zu konfrontieren. Und sie wird schließlich auch die Unzulänglichkeiten der bisher aufgestellten Faschismustheorien klar herausarbeiten müssen.«[71]

Es ist zu prüfen, inwieweit die Arbeiten von Wippermann, Kuhn, Schulz und Schüddekopf diesem richtigen, aber abstrakt formulierten Ziel genügen.

Unter dem Aspekt der Analyse der typischen Darstellungsweisen sind vor allem die Arbeiten von Wippermann und Kuhn interessant, während die Veröffentlichungen von Gerhard Schulz und von Otto-Ernst Schüddekopf[72] wegen ihres unsystematischen und unstrukturierten Aufbaus nur von untergeordneter Bedeutung sind.[73] Wippermann lehnt sich an die von Ernst Nolte in dem Aufsatz *Vierzig Jahre Theorien über den Faschismus*[74] formulierten Einteilungsschemata an. Anders als Nolte berücksichtigt Wippermann[75] allerdings auch sozialpsychologische Theorien und den Modernisierungsansatz. Er legt dabei einige verschüttete Zusammenhänge wieder frei[76], gruppiert überdies die Literatur seinem Vorsatz entsprechend relativ gut. Die »grundlegende Frage der Faschismusdiskussion: Primat der Politik oder Primat der Ökonomie«[77] fungiert hier freilich nicht als Ordnungsprinzip der Darstellung; vielmehr folgt Wippermann wie Nolte weitgehend dem Selbstverständnis der wissenschaftlichen und politischen Schulen selbst; er gliedert die Literatur nach den Gesichtspunkten der »Wandlungen und Konstanten im marxistischen Faschismusbegriff«, der »sozialpsychologischen Faschismustheorie«, der »Entwicklung der liberalen Faschismusdiskussion zur Totalitarismustheorie«, der »historisch-phänomenologischen Faschismuskonzeption Ernst Noltes«, des »Faschismusbegriffs der ›Modernisierungs‹doktrin« und der »faschismustheoretischen Komponenten in der Auseinandersetzung um das Kontinuitätsproblem der deutschen Geschichte«, wobei extern problem- und intern literaturimmanente Kategorien miteinander vermischt werden.

Dieser Einwand gilt auch für die derzeit strengste, ebenfalls von Nolte inspirierte Typologie: für Axel Kuhns »Bestandsaufnahme« *Das faschistische Herrschaftssystem und die moderne Gesellschaft*. Kuhn bringt das Problem der Vermischung literatur- und sachorientierter Perspektiven allerdings offen zur Sprache, indem er – wie Nolte – in seiner »Typologie der Faschismustheorien«[78] drei »Arten der Klassifikation [. . .]: nach chronologischen, politischen und systematischen Kriterien« nacheinander durchspielt. Die jeweilige Zuordnung der einzelnen Klassifikationskriterien zu den Ebenen der Typologie geschieht dann jedoch einigermaßen willkürlich[79], weil die drei »Arten der Klassifikation« von der Sache her eben *jeden* Ansatz der Faschismusdiskussion prägen. Diese willkürliche Zuordnung ist die notwendige Folge formalisierter Ordnungsschemata, deren Einteilungskriterien sich durch Pseudo-Trennschärfe auszeichnen und somit kaum als ein Erkenntnisfortschritt im Prozeß der Theoriesynopse und Theoriebildung gelten können.[79a]

3. Faschismus- und Totalitarismustheorien

Angesichts der Schwäche der von Renzo de Felice und Ernst Nolte gebrauchten Einteilungskriterien beschränken wir uns auf die Gliederung der herangezogenen Literatur in zwei »Lager«: das der Totalitarismus- und das der Faschismustheorien.[80] Beide Theorieansätze werden, wie oben dargelegt, unter dem übergeordneten Gesichtspunkt »Primat der Politik« – »Primat der Industrie« gruppiert.

Diese beiden, gegeneinander und in sich heterogenen, Forschungsrichtungen der Totalitarismus- und Faschismustheorien stellen die »Struktur« der nationalsozialistischen Bewegung und Machtordnung in den Mittelpunkt der Aufmerksamkeit. Der Begriff »Struktur« bezeichnet keine ontologische Größe, also nicht etwas, das der Beherrschbarkeit und Planung durch den Menschen als dem geschichtlichen Subjekt – auch und vor allem nicht durch solidarisch die Abschaffung der Herrschaft von Menschen und Sachen über Menschen verfolgende Individuen – entzogen wäre. Struktur meint keine ›Konstanten‹ der Gesellschaft, sondern deutet auf den Gegensatz zwischen historischer Empirie – dem erzählbaren Inhalt von Geschichte – und theoretischer Darstellung von Geschichte – der begrifflichen Verarbeitung von Historie. Es handelt sich – in unserem Sprachgebrauch – um einen Begriff, der eine sozio-ökonomische Gesellschaftsformation zugleich (nicht aber mit identischer Gleichzeitigkeit) empirisch beschreiben und theoretisch begreifen hilft. Bezogen auf unseren Gegenstand heißt das: Beide Theorien wollen die (allerdings unterschiedlich definierte) Vielfalt der politisch-organisatorischen, normativen, ökonomischen, soziologischen, (sozial)-psychologischen und historischen Erscheinungsformen des Faschismus in ihre Interpretation einschließen; sie zielen auf den *Gesamtzusammenhang* Faschismus und versuchen, die Struktur dieser Machtformation zu entschlüsseln – beispielsweise durch Aufdeckung des Syndroms von Ideologie, Massenpartei, Waffen- und Informations- bzw. Manipulationsmonopol, Terror und Planwirtschaft (so Carl J. Friedrichs Totalitarismusdefinition) oder, im Falle der Faschismustheorien, durch Hervorhebung der (unterschiedlich akzentuierten) Beziehungen von Kapitalismus und Faschismus.

Sieht man von den insbesondere durch Franz Neumann *(Behemoth)* vertretenen »linken« Totalitarismuskonzepten ab (die als Analyse eines »totalitären Monopolkapitalismus« eher den Faschismustheorien zuzurechnen sind[81]), so lassen sich die Totalitarismus- (vor allem deren »Rot« und »Braun« gleichsetzende Variante) und Faschismustheorien auf ihre allgemeinen Merkmale hin beschreiben.

Eher statisch und nur unter geringer Beachtung inhaltlicher Zielsetzungen untersuchen die Totalitarismusinterpretationen die Herrschaftstechniken und Organisationsprinzipien des Nationalsozialismus. Zusammen mit dem italienischen Faschismus[82] wird der Nationalsozialismus dem »einzigartigen Charakter« des Totalitarismus subsumiert, der als »ein Sprößling des diktatorischen Staatswesens unter modernen Bedingungen« (C. J. Friedrich) gilt. Der Totalitarismus-Begriff als eine »Kategorie der vergleichenden Herrschaftslehre« (W. Schlangen) präzisiert den Vergleich vor allem von Regierungssystemen, besonders zur Zeit des »Kalten Krieges« (1945/46 ff.); er verknüpft Faschismus und Stalinismus (der letztere wird als die prototypisch deutliche Ausnahme sowjetkommunistischer Herrschaftsausübung verstanden). In ihrer politischen Konsequenz setzt diese Forschungsrichtung Faschismus und Stalinismus gleich; diesem System wird die »freiheitlich-demokratische Grundordnung« des Westens gegenübergestellt, was z. B. bedeutet: »auf deutschem Boden« stehen sich die BRD als »Idealtypus« eines »autonom-heterogenen-pluralistischen Rechtsstaats« und die DDR als »Idealtypus« einer »heteronom-homogenen-totalitären Diktatur« gegenüber.[83]

Anders verfahren die Faschismustheorien. Sie begreifen die historisch-genetische Entwicklung des Nationalsozialismus, genauer: des deutschen Faschismus, aus der Kontinuität bürgerlich-kapitalistischer Gesellschaftsformation heraus. Politisch und ökonomisch nehmen sie beispielsweise das Theorem von der totalen »Gleichschaltung« der Gesellschaft nicht ungeprüft beim Wort. Sie bestimmen den »Faschismus an der Macht« entweder als »die Macht des Finanzkapitals selbst« – so Georgi Dimitroff 1935 auf dem VII. Kongreß der Komintern (exemplarisch für die »sowjetmarxistische« Version dieser Theorien) – oder als »politische Unterwerfung aller Massen, einschließlich der Bourgeoisie selbst, unter die faschistische Staatsmacht bei sozialer Herrschaft der Großbourgeoisie und der Großgrundbesitzer« – so August Thalheimer 1930 (exemplarisch für die Anwendung der Bonapartismus-These auf den Faschismus). Die Faschismustheorien richten also ihr Augenmerk auf das »Bündnis zwischen Faschismus und Kapital« (P. M. Sweezy). Dieses Bündnis wird entweder – von den »sowjetmarxistischen« Autoren – aus dem Kontext historiographisch gewendeter Analysen des »staatsmonopolistischen Kapitalismus« als Verschmelzung von Monopol- und Staatsmacht, als »förmliche Ehe zwischen Staat und Monopolkapital« (so Paul M. Sweezy, der allerdings kein Vertreter dieser Variante der Faschismustheorien ist) oder als »Verselbständigung der Exekutivgewalt« beispielsweise eines »full fascism« (A. Schweitzer) oder als Dominaz faschistischer Politik über ein Konglomerat bloßer Firmeninteressen (T. Mason) gedeutet.

Gleichermaßen, obschon mit unterschiedlicher Akzentuierung, orientieren sich Totalitarismus- und Faschismustheorien an der »Totalität« der analysierten gesellschaftlichen Systeme[84]; auch halten beide »die strukturellen Ähnlichkeiten bestimmter politischer Bewegungen in verschiedenen Ländern für so gravierend, daß ihnen deren Subsumierung unter einen Begriff gerechtfertigt erscheint«.[85] Dieser übergreifende Begriff, der ein »generalisierendes« Interpretationsinteresse voraussetzt, ist der Begriff des Faschismus, der allerdings von den Totalitarismustheorien dem allgemeineren Begriff der totalitären Herrschaft untergeordnet wird. – In diesen formalen Übereinstimmungen erschöpft sich jedoch die strukturelle

Vergleichbarkeit der beiden Theorieansätze; wesentlicher sind ihre Differenzen, die indes vor diesem Hintergrund gesehen werden sollten. Nur so wird nämlich verständlich, warum einzelne Autoren (z. B. K. D. Bracher) für eine Synthese beider Erklärungen plädieren.

Faschismustheorien betonen den Zusammenhang zwischen dem Faschismus und dem Ende bzw. einer »allgemeinen Krise« des Kapitalismus. Faschismus erscheint ihnen als ein »aspect de la décadence du capitalisme« (Ch. Bettelheim) »Tyranny in the age of machines presages the continuation of an economic system which is basically decadent but efficient and aggressive in war.«[86] Demgegenüber weisen die Totalitarismustheorien auf den Verfall der Zivilisation als den Ursprung des Faschismus hin[87]; die Herausbildung totalitärer Herrschaft ist gekoppelt mit der Zerstörung des bürgerlichen Individuums durch Vermassung und Planung, die die »Nazigruppenstrategie« (i. e. nach Karl Mannheim das »Zerschlagen der traditionellen Gruppen der zivilisierten Gesellschaft und die rasche Neuintegration im Sinne einer völlig neuen Gruppenformung«)[88] ermöglicht und zugleich bedingt. Die Totalitarismustheorien argumentieren tendenziell politisch, die Faschismustheorien eher politökonomisch und soziologisch. Den »sui generis«-Charakter[89] totalitärer Regimes bestimmen die Totalitarismustheorien aus dem Beziehungsgeflecht der Kategorien Ideologie, Manipulation und Terror – als Kategorien einer entscheidungsorientierten Analyse – sowie Eliten und Massen.[90]

3.1. Totalitarismustheorien

In Totalitarismustheorien – läßt man die »linke« Begriffsvariante einmal außer acht – artikuliert sich politisch und methodisch »bürgerliches Bewußtsein« – eine bürgerliche Abwehrhaltung. Formuliert wird sie sowohl von Liberalen (F. Nitti, F. Meinecke) als auch von Konservativen (W. Gurian, H. Rauschning)[91] und Sozialdemokraten:

»Totalitarismustheorien repräsentieren gewissermaßen das politische Bewußtsein der bürgerlichen Demokratie selber, die in der Tat von zwei Seiten bedroht ist: von der Linken, die die Prinzipien der Demokratie auch in Wirtschaft und Gesellschaft durchsetzen, und von der Rechten die auch die Demokratie im politischen Bereich wieder abbauen und in autoritäre Formen überleiten möchte. Für das Bewußtsein der bürgerlichen Demokratie verwandelt sich diese doppelte Bedrohung jedoch unversehens in eine gemeinsame: Rechte und Linke erscheinen als wesensgleich.«[92]

Eben damit hängt es zusammen, daß die »Links« und »Rechts« identifizierende Vorstellung von totalitärer Herrschaft im Gefolge des »Kalten Krieges« und einer »Vergangenheitsbewältigung«, die allzu leicht die Prozesse der Restauration und das Problem der Kontinuität übersieht, zur herrschenden Vorstellung geworden sowie im Gefolge von »Friedlicher Koexistenz« schrittweise revidiert worden ist. Nach dieser Vorstellung – und ihrem gesellschaftlichen Selbstverständigungsgehalt – ist die »totalitäre Entwicklung [. . .] ein unübersteigbares Hindernis zwischen dem sogenannten Ostblock und dem anglo-amerikanischen Ordnungssystem des Westens«[93], ja, sie bezeichnet die klare Scheidelinie zwischen der »freiheitlich-demokratischen Grundordnung« und den »Radikalen von Links und von Rechts«[94] und/oder zwischen der »parlamentarischen Gemeinsamkeit der Solidarität der Demokraten« und den »außerparlamentarischen Feinden der Demokratie«.[95]

»Der Begriff des Totalitarismus vereinigte den neuen mit dem einstigen, nunmehr vom politischen Globus ausgetilgten Gegner. In diesem Aspekt erhielten die beseitigten Systeme des nationalsozialistischen und des faschistischen Regimes in Deutschland und Italien gleichsam eine neue Bewertung, einen neuen aktuellen Stellenwert. Ihre inhumanen Einrichtungen und Maßnahmen wurden nunmehr vergleichbaren und ähnlichen Erscheinungen, die aus Rußland, und den blutigen Aktionen kommunistischer Machtergreifung, die aus südosteuropäischen Ländern bekannt wurden, an die Seite gestellt.«[96]

Ein solcher Totalitarismus-Begriff fungiert innen- wie außenpolitisch als Formierungs- und Kampfparole; er ruft zur »Geschlossenheit« auf in einem Staat, der »keine Freiheit den Feinden der Freiheit« (G. Düring) gewähren will. Die Interessen und Möglichkeiten des totalitären Feindes – also: des »Sozialismus an der Macht« in der UdSSR, der DDR, des »sozialistischen Lagers« und der innenpolitischen »Oppositionen aus Prinzip« – gelten als derart bedrohlich, ja auf Krieg und Machteroberung gerichtet, daß ihnen nur die Bündelung aller Kräfte des Lagers der »freiheitlich-demokratischen Grundordnung« wehren kann. Diese politische Umsetzung des Totalitarismus-Konzepts hat auch theorieimmanent so nachhaltig gewirkt, daß eine »eigenständige nichtmarxistische Theoriebildung über den [Faschismus] [. . .] verhindert«[97] worden ist.

Methodisch sind die Totalitarismustheorien nicht in der Lage, die Aporien und Antinomien des bürgerlichen Freiheitsbegriffs und des Staatsbegriffs (mit seinem Dualismus von Autonomie und Souveränität) aufzulösen. Die »Produzierbarkeit« gesellschaftlicher Zustände, auch individueller Unfreiheit, wird von ihnen einzig politisch gefaßt. Das Handlungssubjekt sind die totalitären Parteien, die – gleichgültig, ob faschistisch oder kommunistisch – die »Verneinungen der Ordnung« (F. Nitti) verkörpern – zwischen den Polen staatlicher Souveränität bzw. Diktaturgewalt einerseits sowie gesellschaftlicher Autonomie andererseits.[98] In dem Maße, wie die »totale Erfassung aller Lebensbereiche« zur Durchsetzung eines politischen determinierten »Wertungssystems« angewendet werden muß, sieht man ein totalitäres Regime am Werk. In diesem Sinne erscheint der Totalitarismusbegriff noch heute »als ›idealer Typus‹ [. . .], der Systeme, die den bewußten Versuch der totalen gesellschaftlichen Erfassung machen, von anderen Formen der Herrschaft abgrenzt.«[99]

Von der »Totalität des Kapitalismus« bzw. der »Durchkapitalisierungsprozesse« ist in den Totalitarismusanalysen nicht die Rede.[100] Sie gehen aus von Topoi wie »Äquivalenztausch«, »Gleichheit aller Menschen als Personen«, »Herrschaft des herrschaftsfrei kodifizierten und angewandten Rechts bzw. der Verträge gleichgewichtiger und entschlußfreier Partner«, »Minimierung bzw. sogar Abwesenheit direkter Gewalt«, »Verrechtlichung und damit Domestizierung des Staates als Rechtsstaat«, »Einbettung von Politik in ein kontrollierendes Normensystem, das zur allgemeinen parlamentarisch-herrschaftsfreien und öffentlichen Disposition steht« etc. Methodisch identifizieren sie (mit Ausnahme der »linken« Varianten) die »Ideologie«, das »notwendig falsche Bewußtsein«, ihrer Bezugssysteme mit der Realität oder zumindest mit realen Tendenzen. In diesem Sinn bezeichnet die Kategorie Totalitarismus das Gegenmodell zum Liberalismus[101] (ähnlich wie in der Bundesrepublik die »formierte Gesellschaft« als Gegenmodell zum »laissez-faire-Pluralismus« eingeführt worden ist).

»Das Prinzip des totalen Staates [wobei es keinen Unterschied macht, ob dieser eine faschistische, nationalsozialistische oder kommunistische Prägung angenommen hat« – E. H. Zitat n. G. Leibholz] besteht geradezu darin, daß dieser, eben weil er total ist, ohne Grenzen ist und alle Menschen, und zwar in allen Lebenssphären, seiner Zugriffsgewalt unterwirft. Die Totalität des Staates impliziert dem Prinzip nach die Aufhebung der personellen Existenz.«[102]

Die *differentia specifica* zur Diktatur erscheint im Gebrauch der modernen Kommunikations- und Militärtechnologie, nicht zuletzt zur Durchsetzung einer »totalitären Ideologie«:

»Der Totalitarismus ist ein System, in dem technologisch moderne Instrumente politischer Macht von der zentralisierten Führerschaft einer Elitebewegung ohne Beschränkung zu dem Zweck gehandhabt werden, auf der Grundlage bestimmter, von der Führerschaft verkündeter willkürlicher ideologischer Vorstellungen in einer Atmosphäre erzwungener Einmütigkeit der gesamten Bevölkerung eine totale gesellschaftliche Revolution herbeizuführen, einschließlich der Manipulierbarkeit des Menschen.«[103]

Die Hervorhebung der Kommunikationstechnologie und Sozialtechnik durch die Totalitarismustheorien enthält durchaus ein »Moment von Wahrheit«[104]; so haben sich in diesen Theorien trotz der dominanten »ideologischen« Implikationen noch »in den durchsichtigsten Mängeln begriffsloser Polemik [. . .] verstümmelte Erfahrungen, Alternativen und Tendenzen der neuesten Geschichte niedergeschlagen«.[105] Sie sind also, wenn man den Gebrauch der Technologie durch totalitäre Regimes betrachtet, hilfreich beispielsweise bei der Unterscheidung der Präsidialkabinette gegen Ende der Weimarer Republik vom Nationalsozialismus und, vor allem, bei der Differenzierung zwischen Konservativismus und Faschismus.[106, 107] Dies kann und darf freilich nicht darüber hinwegtäuschen, daß der Effekt der Totalitarismustheorien für den Fortgang der Faschismusdiskussion eher negativ gewesen ist, z. B. für die Klärung der Funktion faschistischer Machtausübung[108]; auch die Verdrängung sozioökonomischer und entscheidungstheoretischer Fragestellungen[109] geht zu Lasten dieser Theorien, die erst im Zuge der Erneuerung einer »marxistischen Traditionen« verbundenen Faschismustheorie ab Mitte der sechziger Jahre allmählich abgelöst worden sind.[110]

3.2. Faschismustheorien

Im Gegensatz zu den Totalitarismustheorien gehen Faschismustheorien auf die sozioökonomischen (weniger die sozialpsychologischen) Vermittlungsvorgänge des »political decision-making« und die Rolle von juristischen und sozialen Institutionen- und Normensystemen sowie von formellen und informellen Organisationen ein. Sie beharren auf dem Zusammenhang zwischen kapitalistischer und faschistischer Machtausübung. So hat die kommunistische Interpretation schon zu Beginn der zwanziger Jahre das Fundament für die gesamte folgende Diskussion über den Faschismus als einen Gattungsbegriff gelegt[111] und in »generalisierender« Weise den allgemeinen Charakter des Faschismus unterstrichen, indem sie »heteronomistisch« (und teilweise »instrumental«) eine Verbindung von Kapitalismus und Faschismus angenommen hat. Dieser Vorstellung folgen auch die gegenüber der offiziellen kommunistischen Version oppositionellen »marxistischen« Konzepte, obschon sie den Zusammenhang abweichend interpretieren und deutlicher den »Primat der Politik« betonen. »Allen diesen Versuchen ist die Überzeugung gemeinsam, daß der [Faschismus] zwar eng mit dem bürgerlichen Kapitalismus zusammenhänge, aber nicht einfach als dessen direktes Organ oder Instrument anzusehen sei.«[112]

»Faschismustheorien begreifen die bürgerliche Demokratie als prekäres Kompromißsystem, das ständig in Gefahr ist, von den autoritären Kräften in Wirtschaft, Gesellschaft und Staatsapparat überwältigt zu werden, solange es sich nicht zur sozialen Demokratie erweitert.«[113]

In dieser These von Kühnl wird allerdings nicht hinlänglich klar, daß diese Bestimmung nur für die, wie unterschiedlich auch immer nuancierte, Summe »marxistischer« Theorien des Faschismus gilt, nicht jedoch z. B. für die Arbeiten Ernst Noltes. Nolte insistiert auf der »Legitimität des Begriffs Faschismus«[114], und Wolfgang Schieder unterstreicht mit Recht Noltes »epochemachende Leistung, die Faschismusinterpretation von den Fesseln der Totalitarismuskonzeption befreit zu haben«.[115] Noltes Phänomenologie hat in der Tat an der »Ideologie« – im Sinne eines konstitutiven Selbstverständnisses sozialer Gebilde (E. Nolte) – des Faschismus angesetzt, so wie sie durch die faschistischen Führer verbindlich fixiert worden ist.[116]

Auch auf den bislang wohl ausführlichsten Versuch, eine nicht-marxistische Faschismustheorie zu begründen, auf Wolfgang Sauers *National Socialism: Totalitarianism or Fascism?*, trifft Kühnls Charakterisierung nur sehr bedingt zu. Sauer hat sich vorgenommen, »to provide the non-Marxist theory of fascism with a socioeconomic dimension«.[117] Er versteht sein Plädoyer für »a workable, non-Marxist concept of fascism«[118] selbst schon als einen Beitrag zur Faschismustheorie, insofern er einer früheren politischen Analyse[119] eine soziale Dimension hinzugefügt habe.[120] Diese Dimension ist die der unteren Mittelschichten. Der Faschismus ist demnach nicht das Ergebnis eines manipulativen Akts der Großindustrie[121], sondern eine selbständige Massenbewegung mit eigenen Zielsetzungen.[122] Sauer spricht sich also auf »autonomistische« Weise für den Modernisierungsansatz (»a historical synthesis of the process of industrialization on the basis of a socioeconomic analysis«[123]) aus und definiert den Faschismus, vorläufig, als eine »Revolte der Deklassierten«[124] gegen den »industriellen Kapitalismus«.[125]

Wir fassen zusammen: Faschismustheorien halten an der sozioökonomischen Perspektive und Funktionsanalyse fest. (Alle weiterführenden Spezifizierungen, die die Thematik und Verfahrensweise dieses sozioökonomischen Ansatzes festlegen, laufen Gefahr, vorschnell den von Wolfgang Sauer vertretenen Standpunkt per Verbaldefinition auszuschalten. Über die Bedeutung der Sauerschen Thesen und, generell, des Modernisierungsansatzes kann erst eine vertiefte Betrachtung des Verhältnisses von deutschem Faschismus und Industrie befinden.)

4. Zur Ausgrenzung von »Hitlerismus«, »Vansittartismus« und einer »reinen Theorie« nationalsozialistischer Wirtschaft

Sich auf die Faschismus- und Totalitarismustheorien beziehen heißt gleichzeitig, die Forschungsrichtungen des »Hitlerismus«, des »Vansittartismus« und der puristischen, statistischen und modelltheoretischen Ökonomie aussondern.[126] Diese Konzepte gehen auf den klassenspezifischen gesellschaftlichen Ursprung des Nationalsozialismus nicht ein. Sie »begründen« diesen vielmehr aus Hitlers »Dämonie«[127] – Hitler sei »ein ungewöhnlich böser und widerwärtiger Mensch«, ein »Monstrum« und das »grauenhafteste menschliche Phänomen unseres [. . .] Jahrhunderts« gewesen[128] – bzw. aus der Tradition des Undemokratischen und Kriegerischen in Deutschland und bei den Deutschen. Und der puristisch-ökonomische Ansatz verzichtet in der Regel auf jede Begründung und auf inhaltliche, gesellschaftstheoretische Argumentation, erhebt statt dessen den Anspruch einer »rein theoretischen« »systematischen Darstellung der Wirtschaftslenkung«, »den Schritt vom Historisch-Speziellen zum Allgemeinen«[129] vollzieht er, indem er die faschistische Politik als gegebene Konstante beispielsweise lohn- und preispolitischer, marktmanipulativer Maßnahmen und Interventionen schlicht voraussetzt. Der Zusammenhang wirtschaftspolitischer Entscheidungen mit der faschistischen Politik und die Vermittlung dieser Politik durch gesellschaftliche Interessenlagen kommen in der Analyse nicht vor.

In der »Hitlerismus«-These mit ihrer Betonung des »häßlichen, krassen Egoismus« und des »moralischen und geistigen Kretinismus« Hitlers sowie dessen Leidenschaften: Haß, Rachsucht, Herrsucht und Zerstörungslust (so A. Bullock), bekundet sich einerseits ein bildungsbürgerliches konservatives Überlegenheitsgefühl gegenüber dem »Typus des Halbgebildeten«[130] und politischen Emporkömmlings, andererseits eine politisch bedingte Umwertung des nationalsozialistischen »Führerprinzips«.[131] Hitler, das »Phänomen Hitler«, wird zur »Zentralfigur« (G. Buchheit) stilisiert – »Nationalsozialismus ist Hitlerismus« (H. Heiber) –, der »Führer« als »unheimliche Persönlichkeit« (H. G. Adler) gezeichnet – und die Gesellschaft aus ihrer Verantwortung entlassen[132]: »Statt des Bauplans der Gesellschaft wird der Teufel an die Wand gemalt. [. . .] So werden die Theorien über den Faschismus zur Hitler-Theologie.«[133] Die im Sinne des nationalsozialistischen Selbstverständnisses positive Figur des »Führers« der »Volksgemeinschaft« – etwa: »In der überwundenen Zeit hat der marxistische ›Sozialismus‹ die Formen des sozialen Lebens unseres Volkes bestimmt. [. . .] Der Sieg des Führers Adolf Hitler war das Ende der Herrschaft dieser zersetzenden Kräfte«[134] – erhält lediglich ein negatives Vorzeichen. Hitler erscheint nun als »ein dämonisches, ein diabolisches Genie« (H. Schacht) oder als »Genie der Amoralität« (so, in Anlehnung an A. Bullock, L. P. Lochner). Hitler, pöbelhaft und ohne »gute Kinderstube« (H. Schacht), bleibt jedoch wesentlich das, was er dem Nationalsozialismus auch schon war: der omnipotente, genialische und verantwortliche »Führer«. (So lehnte Hitler 1932 eine Diskussion mit Ökonomen, darunter Alfred Weber und Wilhelm Roepke, über Fragen der Wirtschaftspolitik mit der Begründung ab, diese Professoren sollten zuerst einmal ein ähnliches Werk wie den Aufbau der NSDAP und SA vollbringen, um diskussionswürdig zu werden[135]; und 1962 schrieb Friedrich Glum: »Die ganze nationalsozialistische Bewegung ist, das wissen wir heute besser als vor und nach 1933, das persönliche Werk Adolf Hitlers.«[136])

Dieser »Hitlerismus« ist eng verwandt mit der »Interpretation« des deutschen Faschismus« als »ein, wenn auch blutgetränktes, so doch fadenscheiniges Faschingskostüm« bzw. als schlichte »Phantasmagorie«[137]: Das »Dritte Reich« war, »im großen gesehen«, »ein epileptischer Anfall des deutschen Volkes«.[138] Hier wird der Verzicht auf die Untersuchung der ursächlichen gesellschaftlichen Strukturen des Nationalsozialismus und des historischen Subjekts des deutschen Faschismus vollends zum Programm.[139] Man beklagt das »ewige Starren auf die Schrecknisse der Hitlerdiktatur« (G. Ritter, 1962) und fordert statt »dauerndem Sühnedeutschtum« mehr Nationalbewußtsein (F. J. Strauß, 1967).

Die bloße Umwertung des »Führerprinzips« macht den ideologischen und politischen Sinn der »Hitlerismus«-These offenbar. So wie der Nationalsozialismus den Kampf gegen alle »zersetzenden« Kräfte damit rechtfertigte, Hitler wolle

Deutschland »von Heuchlern und Pharisäern befreien«[140, 141], so suchen nach der Befreiung vom Faschismus die Oberschichten ihre Partizipation an der nationalsozialistischen Machtausübung mit der »Hitlerismus«-Schablone zu verdekken. Daß es eine »Koexistenz« zwischen der nationalsozialistischen Oligarchie und »vor-faschistischen Eliten« gegeben hat, daß Angehörige dieser Eliten im Nationalsozialismus wichtige politische Rollen gespielt haben bzw. daß der faschistische Staat Momente bürgerlicher Normenstaatlichkeit und nationalsozialistischer Maßnahmestaatlichkeit miteinander verknüpft hat (E. Fraenkel, R. Kühnl), schert die »Hitlerismus«-Deuter nicht. Auf eine Klärung des Verhältnisses von Industrie und Nationalsozialismus, von Kapitalismus und Faschismus wird bewußt verzichtet. Der Nationalsozialismus wird auf Hitler reduziert; sozialpsychologische Befunde zum »Führerkult«[142] werden nicht zur Kenntnis genommen, die nationalsozialistische Massenbewegung – die (verhetzten) Massen, die Hitler »aufgebaut und großgemacht« haben[143] – wird einzig aus der Demagogie Hitlers erklärt: »Verzweifelte Massen fallen einem Messias leicht zur Bank« (L. P. Lochner, ähnlich auch H. Bennecke). Ja, selbst die Aufrüstungspolitik scheint in dieser Sicht das alleinige Werk Hitlers gewesen zu sein.[144]

Auf Hitlers demagogische Verführungskraft und die »Führertreue« der Massen gründet auch jene Interpretationsschule ihre Argumente, die, wie beispielsweise der Vansittartismus, die Entstehungsursachen des Nationalsozialismus im deutschen »Nationalcharakter« und in der politischen und kulturellen Tradition Deutschlands erblickt. Für diese Autoren stellt Hitler »ein deutsches Verhängnis« im Sinne deutscher »Daseinsverfehlung« (E. Niekisch) dar, und das »Dritte Reich« erscheint ihnen als »Endstufe«, als konsequenter Ausdruck »der Logik des preußisch durchtränkten Pangermanismus«.[145] *So wie der »Hitlerismus«, gegen Aufklärung und emanzipative Praxis gerichtet, das Problem der gesellschaftlichen Verantwortung nicht soziologisch faßt, so der Vansittartismus nicht das ›Kontinuitätsproblem‹.*

Vom Vansittartismus, der den Nationalismus für das Ergebnis »deutscher Eigenart« ausgibt, ist die These von der »verspäteten Nation« (H. Plessner) zu unterscheiden, insbesondere soweit sie auf das Auseinandertreten von technologischem Fortschritt und gesellschaftlicher Demokratisierung hinweist (Th. Veblen).[146] Diese These geht davon aus, daß sich in Deutschland bereits im 19. Jahrhundert – offenkundig seit der Gründung des Deutschen Reiches – die politischen und kulturellen Wertvorstellungen »des« Bürgertums gegenüber seinen ökonomischen Normen »verselbständigt« haben. Um des ökonomischen Nutzens willen[147] habe sich ein »refeudalisiertes«, »nicht mehr liberales« Bürgertum in einem institutionell wenig gefestigten und in seiner Exekutive wenig verrechtlichten Staat eingerichtet, dessen Exekutivfunktion und gesellschaftliche Erscheinung entscheidend von ungebrochenen feudalen Traditionen und Eliten geprägt waren. Diese Auffassung soll hier vom Vansittartismus geschieden werden; sie wäre im Zusammenhang der Bonapartismustheorien zu erörtern.[148] (Zu fragen wäre dabei nach den Folgen des Auseinandertretens der ökonomischen und politischen Interessen »des« Bürgertums. War es für die »Arbeitsteilung« von Faschismus und großer Industrie von Belang, daß es zur Tradition »des« Bürgertums gehört, seine ökonomischen Interessen zu verfolgen unter Preisgabe seiner politischen Ansprüche? War die Kluft zwischen technischem und gesellschaftlichem Fortschritt für die »Machtergreifung« des deutschen Faschismus konstitutiv?)

Die Grundannahme des Vansittartismus lautet: »Alle Deutschen sind gleich. [. . .] Alle Deutschen sind Nazis.«[149] Der deutsche Faschismus wird bis auf die Kriegszüge der Germanen zurückgeführt und aus einem konstant bellizistischen Nationalcharakter erklärt: »Hitler is no accident. He ist natural and continuos product of a breed which has always been in favour of giving the aggressor another chance and the aggressor has always taken it.«[150] Das gemeinsame Handlungsprogramm aller Vansittartisten – die sich (im Anschluß an einige Rundfunkreden des vormaligen Unterstaatssekretärs des britischen Foreign Office, Lord Vansittart) in England als »Fight for Freedom«-Bewegung und in den USA als »Society for the Prevention of World War III« organisiert haben – ist der Kampf »against uncivilizable barbarians who cherish darkness« (N. Kaufmann); der Nationalsozialismus gilt als »Ausdruck der Perversion eines ganzen Volkes«[151] – einer Perversion, die insbesondere in den Traditionen Preußens und der Junker verankert ist.[152] (»Hitlerism is [. . .] merely Prussianism in excelsis« [D. J. C. Hearnshaw].)

William M. McGovern hat mit seiner »History of Fascist-Nazi Political Philosophy«: *From Luther to Hitler*, das Stichwort gegeben, unter dem der Vansittartismus allgemein bekannt geworden ist (wenn man von seiner episodenhaften Auswirkung auf die US-Konzeption der Besatzungspolitik in Form des Morgenthau-Planes und von der aus dem Vansittartismus abgeleiteten Zerschlagung Preußens einmal absieht). Für McGovern haben Mussolini und Hitler eine vier Jahrhunderte alte Tradition des Autoritarismus (des Gegenparts zur Demokratie) und des Etatismus (des Gegenparts zum Individualismus) lediglich aktualisiert und popularisiert.[153]

»It is undoubtedly true that the rise of Fascism and National Socialism was greatly aided by the economic stress which existed in Italy in 1922 and in Germany in 1933, but it is also true that this economic stress would not have permitted the establishment on a permanent basis of the Fascist and Naziregimes if there had not existed a widespread and deep – rooted feeling in both countries that liberal institutions were essentially pernicious and this feeling, in turn, can be traced back to a political tradition and to a political philosophy which had been slowly emerging and crystallizing throughout the nineteenth century and during the early years of the twentieth century.« – »If we would seek to understand the true nature of Fascism an National Socialism, therefore, we cannot be content to study merely the speeches and writings of Mussolini or Hitler and their immediate followers, but must strive to understand the underlying political philosophy of which the Fascist and Nazi doctrine are concrete expressions.«[154]

McGovern sucht den faschistischen »irrationalism« mittels vager Analogien – etwa zwischen Hitler und Carlyle – zu definieren. Anhand geistesgeschichtlicher Analogieschlüsse skizziert er die vier Jahrhunderte währende Geschichte des Faschismus, allerdings ohne auf die »politische« Bedeutung der ausgebliebenen bürgerlichen Revolution oder auf das »soziologische« Problem einer Kooperation zwischen monopolistischem Bürgertum und Feudalität einzugehen. Insofern bleibt seine Darstellung abstrakt; sie beschränkt sich auf die Konstruktion einer geistesgeschichtlichen Tradition, die im offenen Faschismus kulminiert haben soll. Die Frage nach dem gesellschaftlichen Substrat dieses »irrationalism«, nach seiner Vermitteltheit und nach seiner Funktion werden nicht gestellt. (Wo er überhaupt funktionale Aussagen macht, überschreitet McGovern den Rahmen der geistesgeschichtlichen Konstrukte eines positiv bewerteten Liberalismus einerseits und des als Gegenmodell charakterisierten Faschismus andererseits durch Übernahme totalitarismustheoretischer Argumentationen.[155] So erscheint ihm denn der Faschismus – durchaus im Sinne eines konservativ zurückgenommenen »Nationalliberalismus«[156] – als »the dictatorship of a mob which has been stampeded into action and then guided and controlled by a few master manipulators, who in turn are led by a man whose chief claim to genius is his superb insight into mob psychology«[157] (wodurch noch einmal die Verbindungslinien zwischen »Hitlerismus« und Vansittartismus hervortreten). Ebenso wie der »Hitlerismus« übernimmt auch der Vansittartismus konstitutive Momente des faschistischen Selbstverständnisses, wenn er den Nationalsozialismus als Konsequenz deutscher Geschichte bzw. preußischer Tradition versteht:

»Der wundeste Punkt des ›Vansittartismus‹ [. . .] war die Tatsache, daß seine Grundthese ›Hitler ist Deutschland‹ identisch war mit der Grundthese der NS-Propaganda; wie der ›Vansittartismus‹ auch in seiner Deutung der deutschen Geschichte nichts anderes tat, als eine seit der Romantik verbreitete konservativ-deutsche Selbstinterpretation mit negativem Akzent neu zu präsentieren: daß Untertanentreue und germanisch-rekkenhafter Sinn die Deutschen von jeher ausgezeichnet hätten und ihrem wahrsten Wesen entsprächen, hatten ja von jeher konservative und nationalliberale Geschichtsinterpreten behauptet.«[158]

Insofern weicht der Vansittartismus nicht wesentlich vom Argumentationsmuster des »Hitlerismus« ab.[159, 160]

Einem ähnlichen Rechtfertigungszweck wie der »Hitlerismus« dient die puristisch-ökonomische Modelltheorie, die – obschon anders akzentuiert – ebenfalls die gesellschaftstheoretische Bestimmung des Nationalsozialismus zurückweist. Man kann diese Verfahrensweise mit Werner Hofmann[161] als den Ausdruck »ein[es] säkulare[n] Vorgang[s] denkgeschichtlicher Regression«[162] umschreiben: »Das Denken nimmt die Welt als fertig hin, in der es sich eingerichtet hat. Nicht das gesellschaftliche Warum, das technische Wie ihres Funktionierens ist sein Gegenstand.«[163] Solcher Ökonomie geht es um die »Verewigung von zeitlich Gültigem« (M. Horkheimer); sie ist blind gegenüber den gesellschaftlichen Bedingungen des Wirtschaftens; sie ist um »Enthistorisierung« (W. Hofmann) besorgt und begegnet der Frage nach der Quelle des Volkswohlstandes mit »technokratisch-praxeologischen« Handlungsanleitungen für die Kapitalbesitzer als betriebswirtschaftliche Subjekte und für das volkswirtschaftliche Subjekt, den Staat. Politik und interessenbedingte politische Handlungen tauchen hier nur noch als vorausgesetzte Rahmendaten auf. Mit dem

»Verlust des Wissens von der produktiven, wertschaffenden Arbeit, Erklärung gesamtwirtschaftlicher Vorgänge aus der einzelwirtschaftlichen Analogie, Entgesellschaftung des Wirtschaftsbildes, Reduzierung aller Gruppen der Gesellschaft auf die Position des kalkulierenden Unternehmers, Enthistorisierung der Sichtweise«[164]

hängt es zusammen, daß die Vermittlungsprozesse politischer Systeme ebenso wie das konkrete ökonomische »feedback« politischer Entscheidungen nicht analytisch erfaßt werden. Die modelltheoretische Ökonomie verzichtet darauf, die Prozesse der »Ökonomisierung von Politik« und der »Politisierung von Ökonomie« wahrzunehmen; Politik verkümmert zum »Parameter« einer ökonomisch insgesamt entwicklungslosen Gesellschaft. – Im Hinblick auf den Nationalsozialismus läßt sich dies stellvertretend an den Arbeiten Burton H. Kleins, Rolf Wagenführs und Erich Preisers erläutern.

Klein gibt Produktionsstatistiken und eine positivistische Darstellung der nationalsozialistischen Wirtschaftsorganisationen. Er kommt zu dem Schluß, daß die nationalsozialistischen Rüstungsbemühungen meist überschätzt worden seien. Zur Begründung verweist Klein auf die Tätigkeit des »Stahlkartells». Zugleich räumt er ein, daß seine Studie über die wirtschaftlichen Kriegsvorbereitungen die »politische Dimension« nicht einbeziehe.[165] Diese Dimension fehlt ebenfalls in Wagenführs weitgehend statistischer Arbeit, obschon er betont, daß im Dritten Reich« politische und nicht wirtschaftliche Entscheidungen ausschlaggebend gewesen sind.«[166] Ähnlich abstrakt verfährt auch Preiser. Er[167] liefert eine von der konkreten historischen Situation abstrahierende modelltheoretische Darstellung der »Wirtschaftslenkung«[168] (die sich an die Argumentation des »Ordo-Liberalismus« anlehnt[169]). Preiser behandelt das »System einer gelenkten Marktwirtschaft«, das er von der »Zwangswirtschaft« absetzt und als »allgemeines Instrument der Wirtschaft« beschreibt, das »den Weg zwischen der Scylla der bürokratischen Verwaltungswirtschaft und der Charybdis der ungezügelten Wirtschaftsfreiheit« finden hilft.[170] Diese »Wirtschaftslenkung« taste die »Marktwirtschaft« nicht an, obwohl sie eine »Abkehr vom Prinzip der Selbststeuerung« anzeigt, die dringend geboten sei –, weil die ökonomische Ordnung – deren kapitalistischer Charakter von Preiser an keiner Stelle erwähnt wird – durch und durch krisenhaft ist:

»Konnte man einst die Krisen als vorübergehende Störungserscheinungen eines im Grundzug stürmischen Wachstums betrachten, so offenbart sich heute, daß die Wirtschaft aus eigenen Kräften überhaupt nicht imstande ist, eine volle und gleichmäßige Beschäftigung aller Produktionsfaktoren herbeizuführen.«[171]

Um diesen Zustand aufzuheben, muß »von einer bloß subsidiären Wirtschaftspolitik zur zentralen Wirtschaftslenkung«, beispielsweise durch Rahmengesetze, übergegangen werden, welche freilich die »spezifische Eigenart der unternehmerischen Produktion« nicht in Frage stellen darf. Hierin erblickt Preiser keine »einmalige Methodenkombination«, sondern ein gebotenes generelles Prinzip. Die Notwendigkeit derartiger »Wirtschaftslenkung« leitet er jedoch ganz allgemein aus der Wirtschaftsverfassung ab; auch spart er die Besonderheit der nationalsozialistischen »Wirtschaftslenkung« und deren Zielsetzung weitgehend aus. So heißt es: »Fast unmerklich ist die Periode der ›Beschäftigungspolitik‹ in eine Phase übergegangen, in der die öffentlichen Investitionen nicht mehr der Konjunkturbelebung dienen, sondern der Erfüllung staatspolitischer Aufgaben«[172], und nur indirekt wird erkenntlich, daß diese staatspolitische Aufgabe (»Gemeinnutz geht vor Eigennutz!«) in der Aufrüstung besteht. Ähnlich abstrakt ist auch die folgende Bemerkung über den »wirklichen Grund für die Politik des Lohnstop«:

»Das Lohneinkommen wird im wesentlichen konsumiert; den Hauptteil der für Investitionszwecke aller Art zur Verfügung stehenden volkswirtschaftlichen Ersparnis stellen trotz ihrer Menge nicht die kleinen

Einkommen der Lohnempfänger, sondern die großen der Unternehmer. Die Löhne festhalten heißt daher zugleich: den Konsum drosseln, und das ist, wie wir wissen, die wichtigste Vorbedingung einer Politik, die einerseits einen großen Gewinnbedarf befriedigen, andererseits ein umfangreiches Investitionsprogramm durchführen will.«[173]

Anders als eine historisch-dialektische, von den gesellschaftlichen Vermittlungsprozessen ausgehende Analyse verzichtet Preiser auf eine politische und soziologische Bestimmung der »Wirtschaftslenkung«; er ignoriert deren Ursprünge, löst das wirtschaftspolitische Instrumentarium aus seinem sozialen Beziehungsgeflecht heraus. So wird auch gar nicht klar, warum das »umfangreiche Investitionsprogramm« des deutschen Faschismus nicht ein großangelegtes Sozialprogramm gewesen ist[174]; jedenfalls suggeriert Preiser, das wirtschaftspolitische Instrumentarium der nationalsozialistischen Interventionen sei inhaltlich und politisch wertneutral und lediglich ein Ausfluß der autonomen Entwicklung wirtschaftlicher Strukturen gewesen – jenseits des »Laissez-faire« mit seiner Hoffnung auf den vernünftigen Eingriff der »invisible hand«. –

In diesem Punkt wesentlich konkreter sind die Ausführungen des Praktikers Hjalmar Schacht.[175] In seiner Darstellung verschmelzen »Hitlerismus« und ökonomische Rechtfertigung. Er kritisiert den Nationalsozialismus in dem Bewußtsein, daß er und der Leiter der Dienststelle »Wehrwirtschafts- und Waffenwesen« im Wehrmachtsamt des Wehrmachtsministeriums, General Thomas, für eine »rationalere«, langsamere Aufrüstung eingetreten sind. (»Der Hauptgrund des Wirtschaftsverfalls unter Hitler liegt in seiner maßlosen [sic!] Aufrüstung.«[176] Schachts und Thomas' Position unterscheiden sich von den statistischen und modelltheoretischen Ansätzen insbesondere dadurch, daß sie die Partizipation der Industrie am nationalsozialistisch-kapitalistischen System hervorheben. So hält es Thomas für »verständlich, daß die Aufrüstung von der Wirtschaft als neue willkommene Maßnahme zur Besserung der Wirtschaftslage freudig begrüßt« worden ist.[177] Das Jahr 1937 sei überaus spannungsreich gewesen, weil sowohl die Ernährungslage als auch der rüstungswirtschaftliche Rohstoffimport den Devisenmark stark belastet hätten. Gegen die seit der Denkschrift zum »Vierteljahresplan« propagierte forcierte Rüstung und gegen die parallel dazu konzipierte »Blitzkrieg«-Strategie[178] stellt Thomas ein Modell der »Tiefenrüstung« als notwendige Ergänzung der »Breitenrüstung«.[179] Im Sinne Schachts und der partiellen schwerindustriellen Kritik an dem den Interessen der chemischen Industrie eher entsprechenden »Autarkiemodell« ebenso wie an der damit verknüpften »Blitzkrieg«-Strategie plädiert Thomas für eine »maßvolle« Aufrüstung. In einem Vortrag im Auswärtigen Amt sagt er:

»Unter der Breite einer Rüstung verstehe ich Zahl und Stärke der Friedensmacht und die Vorbereitungen, die zu ihrer Vergrößerung im Kriegsfalle getroffen werden. Die Tiefe der Rüstung umfaßt dagegen alle Maßnahmen in Sonderheit materieller und wirtschaftlicher Natur, die der Versorgung im Kriege, also der Stärkung der Durchhaltemöglichkeit dienen. [. . .] ich [darf] wohl feststellen, daß wir auf dem reinen militärischen Rüstungsgebiet wohl unseren Vorsprung noch eine gewisse Zeit werden halten können, daß aber auf dem erweiterten wirtschaftlichen Rüstungsgebiet der Vorsprung leider nicht vorhanden ist und daß in der Rüstungstiefe die Westmächte uns vorläufig überlegen sein werden.«[180]

Thomas und Schacht, der ebenfalls für die langfristige Besserung der »Durchhaltechance« in einem »totalen Krieg« eintritt, haben gegen Hitlers »va banque«-Politik einen »zweckrationalen Imperialismus« (T. Mason) formuliert, den Schacht schlicht als »Vernunft« bestimmt. Dieses im Hinblick auf den schließlichen Erfolg der »Blitzkrieg«-Strategie skeptische und insgesamt realistischere imperialistische Konzept längerer Kriegsvorbereitungen findet jedoch in »der« Industrie nur geringen Rückhalt. Seinen relativ »freischwebenden« Charakter[181] verdeutlicht nicht zuletzt eine der persönlichen Rechtfertigung dienende Bemerkung Schachts, daß sich die Wirtschaft gegenüber dem »unsinnigen« »Vierjahresplan« auf die »Vernunft« hätte berufen müssen. Statt dessen, so Schacht, hätten die Wirtschaftler »schon zahlreich in Görings Vorzimmer [gesessen], um Aufträge zu erlangen«, während er selbst sich »noch um die Durchsetzung der Vernunft« bemüht habe.[182]

5. Zusammenfassende Bemerkungen zur Ausgrenzung und Gruppierung der Literatur

Nach dem Selbstverständnis des »Hitlerismus« gehört das »Rätselhafte« zum Wesen des Nationalsozialismus, so daß sich die Frage nach den erkennbaren sozioökonomischen und politischen Entstehungszusammenhängen gar nicht stellt; der Nationalsozialismus gilt als »nicht deutbar und nicht begreifbar«. Dieses Urteil Michael Freunds trifft wohl auch auf den puristisch-statistischen Ansatz (beispielsweise Wagenführs), den positivistisch-organisatorischen (beispielsweise Kleins), den abstraktmodelltheoretischen (beispielsweise Preisers) oder den stark von persönlichen Rechtfertigungsabsichten geprägten Schachts zu. Alle diese personalisierenden oder abstrahierenden Deutungen geben allenfalls partielle Beschreibungen verschiedener Erscheinungsebenen des Nationalsozialismus. Sofern sie überhaupt Begriffe anbieten, haftet diesen der Mangel unzulänglicher sozialwissenschaftlicher und historischer Reflexion an. Sie liefern Materialien. Das »Ideologische« dieser Darstellungen besteht ja nicht zuletzt darin, daß sie, allerdings unreflektiert, eine Fülle politischer Urteile ausbreiten. Diese Urteile lassen sich jedoch im Rahmen dieser Arbeiten, also immanent, nicht hinreichend prüfen. Dazu bedarf es zusätzlicher Kriterien, wie sie z. B. die Totalitarismus- und Faschismustheorien enthalten, die sich mit bloßer Beschreibung nicht begnügen. Im übrigen sind hier noch die Zeugnisse des nationalsozialistischen Selbstverständnisses zu beachten, welche die Bezugsfolie vor allem für die Argumentation der Totalitarismustheorien und für die Phänomenologie des Faschismus (Ernst Nolte) bilden. Nicht ohne Grund hat Franz Neumann die »nationalsozialistische Ideologie« den besten Schlüssel zur Erkenntnis der Zielsetzungen des deutschen Faschismus genannt.[183]

Die zu erörternden Theorien stimmen darin überein, daß sie *einen* der »Schlüssel« zur Erfassung des Nationalsozialismus – d. h. zur historisch-genetischen Darstellung und zur Bildung von Erfahrungsurteilen – im Verhältnis von Politik und Ökonomie, von Staat und großer Industrie, von Macht und Herrschaft sehen. Hinter der Bewertung des empirischen und theoretischen Materials lassen sich in letzter Konsequenz zwei konträre, zumeist unvermittelte Konzepte ausmachen: *»Primat der Ökonomie«* und, funktional auf die kapitalistische Wirtschaft bezogen, *»Primat der Politik«*. Die Totalitarismustheorien und das nationalsozialistische Selbstverständnis operieren mit dem »Primat der Politik», während die »sowjetmarxistische« Faschismustheorie für den »Primat der Ökonomie« plädiert. Die von Marx' Bonapartismusanalyse ausgehenden Faschismustheorien versuchen – ebenso wie materialistisch-psychoanalytische Arbeiten (vor allem von Wilhelm Reich) –, die Trennung von Politik und Ökonomie aufzuheben; sie zielen auf die ökonomisch-interessenmäßige Vermittlung politischer Prozesse, um den »Primat der Politik« aus der Perspektive einer gesamtgesellschaftlichen Ausweitung des Begriffs der Arbeitsteilung zwischen ökonomischer Herrschaft und politischer Macht herzuleiten.

Einen *»Primat der Politik«* behaupten mehrere Interpretationsrichtungen:

Für den Nationalsozialismus verhält sich die Wirtschaft zur Politik »wie eine Teilverrichtung zur Gesamtverrichtung«.[184] Vor dem Düsseldorfer Industrieklub hat Hitler 1932 ausgeführt:

»Es gibt nur eine grundsätzliche Lösung. Sie beruht auf der Erkenntnis, daß es keine blühende Wirtschaft gibt, die nicht vor sich und hinter sich den blühenden, mächtigen Staat als Schutz hat. [. . .] Wesentlich ist die politische Willensbildung der gesamten Nation, sie ist der Ausgangspunkt für politische Aktionen.«[185]

Dieser Topos der nationalsozialistischen Ökonomie und des nationalsozialistischen Politikverständnisses wird von der Industrie selbst aufgegriffen. In diesem Sinne ist die vertrauliche Denkschrift der »Reichsgruppe Industrie« vom 1. August 1940 über die künftige Stellung des deutschen Unternehmers und über die Lohnpolitik im Rahmen der »Neuordnung Europas« zu lesen. Hierbei zeigt sich, wie sehr historische Quellen vorstrukturiert sind; in die Formulierungen dieser Denkschrift ist das nationalsozialistische Ökonomieverständnis eingegangen. Auch die Industrie tritt für den »Primat der Politik« ein (wobei sie es, taktisch geschickt, unterläßt, zu Problemen der politischen Willensbildung Stellung zu nehmen):

»Bei der zu erwartenden wirtschaftlichen und sozialen Neuordnung, die zweifellos von der Politik bestimmt werden muß, wird die Stellung des Unternehmers von Bedeutung sein; auch für die Zukunft ist es unerläßlich, den großen Strom der Privatinitiative entscheidend in den Aufbau- und Ausbauwillen des Nationalsozialismus einzuspannen. Aufgabe des Unternehmers ist es, den Güterbedarf zu decken, d. h. den Konsum des Einzelnen im Volke wie auch den Gemeinschaftsbedarf des Volkes. [. . .]

Gerade für die Zukunft gilt es, die kommenden Aufgaben tatkräftig und zielklar als Dienst am Volk und am Staat, d. h. ohne jeden inneren Vorbehalt, im nationalsozialistischen Sinne in Angriff zu nehmen. Der Staat kann auf die Führung nicht verzichten. Er wird aber um so weniger in die Wirtschaft selbst einzugreifen brauchen, je besser die Unternehmer wie auch die Organe der wirtschaftlichen Selbstverwaltung die Bedürfnisse der nationalsozialistischen Staatsführung erkennen und erfüllen.«[186]

An diese Position von NSDAP und Industrie knüpfen – lange Zeit ebenfalls ohne Untersuchung der politischen Willensbildung – die Totalitarismustheorien an. Sie sprechen von einer »gleichgeschalteten« und damit bürokratisierten, »zentral gelenkten Wirtschaft« (C. J. Friedrich) und erblicken die »Quintessenz der Naziwirtschaft« in der »Durchstaatlichung der Wirtschaft« (G. Stolper).

Die politisch-ideologische Bedeutung solcher Vorstellungen tritt in der Nachkriegsinterpretation des Verhältnisses von NSDAP und Wirtschaft durch die Industrie (H. E. Kannapin) zutage, und die interessenspezifische Nutzanwendung einer nicht-empirischen Totalitarismustheorie läßt sich bis auf Peter F. Drucker (1943) zurückführen. Man geht aus von der »Gleichschaltung« der Industrie, die Teilhabe von Industriellen am Entscheidungsprozeß wird negiert, die Bedeutung der Parteifinanzierung – mehr noch: der Parteiprotegierung – heruntergespielt. Zu dieser Argumentation tritt – im Gefolge der Totalitarismustheorie Jacob L. Talmons – ein genuin bürgerliches (gleichermaßen liberales wie konservatives) Moment hinzu: die Furcht vor der »Dummheit«, der »Zerstörungswut« und »-lust« sowie dem »Neid« der Massen. Der Nationalsozialismus erscheint dann als ein personalisiertes und plebiszitäres System, innerhalb dessen die Industrie »jeder politischen Einflußnahme beraubt« war.[187] In seinem im Deutschen Industrieverlag erschienenen Buch *Wirtschaft unter Zwang* schreibt Hans-Eckardt Kannapin: »Nicht die Wirtschaft hatte

Hitler aufgebaut und großgemacht, sondern das Kleinbürgertum, der Mittelstand und die Millionen Arbeitslosen, die in einer politisch explosiven Zeit Ruhe und Ordnung herbeisehnten.«[188] Jede sozialwissenschaftliche Analyse der Beziehungen zwischen NSDAP und Industrie wird, in Anlehnung an das »Hitlerismus«-Konzept, strikt verworfen:

»Die Absurdität des historischen Hintergrundes, der Weg eines politischen Abenteurers zum unumschränkten Diktator eines hochbegabten und kultivierten Volkes mitten in Europa, sein apokalyptisches Ende, all dies mußte geeignet sein, aus der scheinbaren Irrationalität dieses historisch einmaligen Vorgangs auszubrechen und Raum zu schaffen für Deutungsversuche, Hypothesen und Beschuldigungen, die für das Aufkommen des Nationalsozialismus eine Erklärung liefern sollten.«[189]

Von dieser Position hebt sich eine weitere Variante des »Primats der Politik« ab. Sie ist unter Berufung auf Arthur Schweitzer und David Schoenbaum insbesondere von Dieter Petzina und Tim Mason seit Mitte der sechziger Jahre vorgetragen worden (wobei Masons Konzept der bonapartismustheoretischen Faschismusanalyse zuzurechnen ist). Die Ausgangsthesen dieser ›Schule‹ sind die Unterscheidung zwischen »partial« und »full fascism« (A. Schweitzer) und die Annahme, »daß spätestens seit Kriegsbeginn das nationalsozialistische Regime auch auf wirtschaftlichem Gebiet die entscheidende Machtposition errungen« und den »ursprünglich relativ homogene[n] Herrschaftsträger ›Industrie‹ [. . .] zerbrochen« habe.[190] Diesen am klarsten von Petzina formulierten Ansatz hat Wolfgang Sauer auf den Generalnenner gebracht; es komme – in Abgrenzung von totalitarismustheoretischen Deutungen – darauf an, »to provide the non-Marxist theory of fascism with a socioeconomic dimension«.[191] Zusammenfassend heißt es bei Petzina:

»[Diese Konzeption] interpretiert den Nationalsozialismus nicht als antikapitalistisch oder als bloßen Betriebsunfall der Geschichte, sondern sieht in den sozialökonomischen Bedingungen ein wichtiges Erklärungselement. Insofern hat sie gemeinsame Ansätze mit der marxistischen Interpretation. Davon abweichend sieht sie die NS-Partei nicht in bloßer Abhängigkeit von großindustriellen Interessen, sondern als eigenständigen Herrschaftsträger kraft eigenen Interessen, dem sich seit 1936 auch die Großindustrie unterordnen mußte.«[192]

Jenseits der Totalitarismustheorien hat die empirische Analyse des deutschen Faschismus als eines pluralistischen Kompetenzensystems zur Ausfüllung des Begriffs »Primat der Politik« beigetragen. Diese – zumeist mikroanalytischen – Arbeiten (etwa über den Dualismus Partei-Staat [P. Diehl-Thiele, H. Mommsen, E. N. Peterson], zur SS [H. Höhne], über die Gauleiter [P. Hüttenberger], über die Presselenkung [K.-D. Abel], zur Situation der Selbstverwaltung [H. Matzerath], zu innerfaschistischen Konflikten [R. Bollmus, M. H. Kater], aber auch zum ›Antagonismus‹ zwischen Industrie bzw. traditionellen Eliten und nationalsozialistischer Macht [A. Schweitzer, D. Petzina, J. Esenwein-Rothe]) befassen sich mit dem »Machtpluralismus« des Nationalsozialismus und bringen ihn – unter Modifizierung des »Hitlerismus« – in der Regel auf den Begriff eines »Führungs-Chaos im Führer-Staat« (R. Bollmus).

Dabei muß insbesondere darauf hingewiesen werden, daß diese Kritik am Bild der monolithischen und auf den »Führer« zentrierten Machtverteilung im Nationalsozialismus keine Gewichtung von Macht- und Konfliktbereichen vornimmt und keine Hierarchie von Kompetenzen nachweist. Hierin zeigen sich die Theorieferne und der Verzicht auf Erklärung in dieser deskriptiv orientierten Forschungsrichtung, die interpretatorisch nicht zufällig an Argumente des »Hitlerismus« – als einer naturwüchsigen Faschismus»theorie« – anknüpft* (wobei die Anknüpfungspunkte sich schon in Arbeiten von »Mittätern und Tatzeugen« wie O. Dietrich und H. Kehrl andeuten**).

Die dem Begriff eines »Primats der Politik« zugeordneten Interpretationen zeichnen sich durch eine Vielfalt wissenschaftlicher und politischer Grundeinstellungen aus – sie reicht vom nationalsozialistischen Selbstverständnis über

* Ansatzweise vgl. dazu jetzt Peter Hüttenberger, *Nationalsozialistische Polykratie*, in: *Geschichte und Gesellschaft*, 2 (1976), S. 417-442; Gunnar Stollberg, *Der vierköpfige Behemoth. Franz Neumann und die moderne Auffassung vom pluralistischen Herrschaftssystem des Faschismus*, in: *Gesellschaft. Beiträge zur Marxschen Theorie 6*, Frankfurt 1976, hier S. 101 ff.

** Vgl. Otto Dietrich, *Zwölf Jahre mit Hitler*, Köln o. J., S. 125 ff. (»Führerstaat – Führungschaos«); von Hans Kehrl vgl. neben der Selbstdarstellung als »Krisenmanager im Dritten Reich« (1973) vor allem die 1977 im Selbstverlag erschienene Broschüre *Zur Wirklichkeit des Dritten Reiches*, o. O. o. J. (Köln 1977), S. 24 ff.

platte Rechtfertigungslehren, die die Teilnahme der Industrie schlicht abstreiten, über die Totalitarismus- und Pluralismustheorien bis hin zu den Arbeiten Franz Neumanns, Tim Masons und der auf den Faschismus projizierten Bonapartismusanalysen. Dagegen ist die von der »sowjetmarxistischen« Faschismustheorie vertretene Position des *»Primats der Industrie«* weitaus einheitlicher. Differenzierungen in dieser Argumentationsschule lassen sich insofern erkennen, als Anfang der sechziger Jahre ein Wandel von mikroanalytischen (Firmenmonographien, Memoirenliteratur) zu makroanalytisch-gesamtgesellschaftlichen Fragestellungen stattgefunden hat. (Allerdings deutet sich eine Auflösung auch dieser Position an, da seit Ende der sechziger Jahre die auf die Bundesrepublik bezogene Richtung des Konzepts des »staatsmonopolistischen Kapitalismus« vom »Primat der Politik« ausgeht. Im Rahmen der Analysen des »staatsmonopolistischen Kapitalismus« stehen sich somit die historiographische und die aktuelle Richtung gegenüber – die eine setzt auf den »Primat der Industrie«, die andere auf den der Politik. Jedoch ist dieser Gegensatz gegenwärtig in »sowjetmarxistischer« Gesellschaftstheorie augenscheinlich noch tabuisiert, nach außen wird er jedenfalls geflissentlich verschwiegen.)

Historisch-genetisch reduziert die sowjetmarxistische Faschismustheorie den »Faschismus an der Macht« ab 1923, nach dem »Marsch auf Rom« (28. Oktober 1922), mehr und mehr auf die Manipulation mittelständischer Massen durch den von der Industrie gekauften Demagogen Hitler, der als »Amtswalter des deutschen Monopolkapitals«[193] gilt. Der Verzicht insbesondere auf eine sozialpsychologische Erklärung der Faschisierung der Massen ist nahezu allgemein (die Tradition der Faschismusanalyse des 1933 aus der KPD ausgeschlossenen Wilhelm Reich wird nicht aufgenommen). So betont z. B. Gerhard Bondi:

»In Wahrheit [...] war die Nazidiktatur keineswegs das Ergebnis machiavellistischer Winkelzüge oder kurzsichtiger Irrtümer, sondern das Resultat einer zielbewußten Politik der deutschen Monopolbourgeoisie, die sich in Hitler und seiner Partei das brauchbare Instrument des deutschen Imperialismus für dessen Herrschaftspläne geschaffen hatte. Brüning, Papen und Schleicher konnten zwar die erste Phase der neuen Krisenpolitik bewältigen, sie konnten die Herrschaft der offenen faschistischen Diktatur vorbereiten, vollenden aber konnte sie nur Hitler mit seiner Massenpartei, die sich auf die Unterstützung beträchtlicher Teile der Bevölkerung stützen konnte, die der faschistischen Demagogie erlegen waren.«[194]

Nach wie vor steht also die Faschismusdefinition des Exekutivkomitees der Komintern (EKKI) aus dem Jahre 1933 im Zentrum der sowjetmarxistischen Analysen. Der Faschismus an der Macht wird verstanden als »die offene terroristische Diktatur der reaktionärsten, am meisten chauvinistischen, am meisten imperialistischen Elemente des Finanzkapitals«.[195] Eine gewisse »Verfeinerung« dieser Interpretation bringen die Faschismusanalysen in der DDR seit 1963. Dietrich Eichholtz z. B. hat es 1963 als die Aufgabe marxistisch-leninistischer Geschichtswissenschaft bezeichnet, die »hervorragende und grundlegende Definition [des EKKI bzw. Dimitroffs, E. H.] [. . .] anhand gründlicher historischer Forschungen zu bereichern und zu präzisieren«.[196] Grundsätzlich jedoch wird weiterhin an der EKKI-Definition festgehalten. Jüngere Literaturberichte kritisieren deshalb insbesondere die Bemühungen Arthur Schweitzers sowie vor allem Dieter Petzinas und Tim Masons. Nach Eichholtz ersetzen Schweitzer, Petzina, Schulz, Mason und Andreas Hillgruber im Gefolge Max Webers, den »subjektiven Idealismus durch eine Spielart des objektiven Idealismus in der Geschichtsbetrachtung und Geschichtsschreibung«.[197] Die »Primärfunktion der Monopole« werde von diesen Forschern verdeckt; insofern sie aber die Partizipation von Industriellen an der »Machtergreifung zugestehen«, seien Schweitzers, Petzinas und Masons Forschungsergebnisse »viel gefährlicher« als jede Apologetik.[198]

Fragestellungen und Hypothesen für eine Analyse der Arbeitsteilung von Politik und Ökonomie im deutschen Faschismus

In die zur Darstellung des begrifflichen Gegensatzpaares »Primat der Politik« – »Primat der Industrie« herangezogene Literatur aus dem Umkreis der Totalitarismus- und Faschismustheorien sind, vor allem, folgende Hypothesen bzw. Fragenkomplexe einzubringen:

1. *Das »Führerprinzip«:* »Autorität von oben, Vertrauen von unten« (C. Schmitt) und »Autorität jedes Führers nach unten,

Vertrauen nach oben« (A. Hitler), *bildet die Basis einer strukturellen Affinität zwischen Nationalsozialismus und Industrie.* Dieses vor allem am Vorbild einer sterilisierten preußischen Militärordnung, der katholischen Kirche und der autoritären Fabrikordnung (etwa C. F. Freiherr v. Stumm-Halberg) orientierte organisatorische Konzept begründet die Kompromißbereitschaft von Konservativen gegenüber Faschisten und liefert einen wichtigen Beitrag zur Aufhellung des »Überbaus« der Beziehungen zwischen Industrie und Nationalsozialismus. –

Der Nationalsozialismus als eine mittelständische, politische Massenbewegung setzt intern das »Führerprinzip« ungeteilt und allseitig als ein von demokratischen Kontrollmechanismen und Zielsetzungen unbehelligtes Organisationsprinzip durch.[199] Er ist im »Bündnis« mit den bürgerlichen Funktionseliten zur Macht gekommen und schaltet diejenigen Bestrebungen aus, die auf die Verwirklichung gesellschaftlicher Selbstbestimmung hinarbeiten – das gilt sowohl im Hinblick auf radikal-demokratische und revolutionäre als auch auf formaldemokratische Interessen. Der Parlamentarismus wird aufgehoben. Die politischen Organe der Arbeiterbewegung, also die Parteien SPD und KPD, und die Gewerkschaften werden zerschlagen. Die bürgerlichen Parteien werden entweder aufgelöst oder zur Selbstauflösung gezwungen. Politisch ermöglicht dies den Übergang zu einem nicht-monolithischen, sondern in einen Pluralismus hierarchischer Machtkomplexe aufgegliederten »totalitären« Staat.* Dieser Staat tritt auf als die von Unternehmern seit Beginn der Weltwirtschaftskrise geforderte, gegen den Parlamentarismus gerichtete Trennung von politischer Demokratie und Ökonomie.[200] Als »Hüter der Objektivität« und als »Kämpfer für die eine und unteilbare wirtschaftliche Vernunft« plädieren immer mehr Industrielle und Industrieverbände, teilweise unter lobender Erwähnung des faschistischen Italien (H. Reupke), gegen eine Intervention des Staates in Bereiche der Wirtschaft.

* Zum folgenden vgl. auch meine *Thesen zur deutschen Sozial- und Wirtschaftsgeschichte 1933 bis 1938,* Frankfurt 1973, S. 62 ff.; zum neuesten Forschungsstand vgl. die Ergebnisse der Arbeitssitzungen V und VII des Bochumer Symposiums in: Hans Mommsen u. a. (Hrsg.), *Industrielles System und politische Entwicklung in der Weimarer Republik,* Düsseldorf 1974.

Diese Appelle wider eine »kalte Sozialisierung«[201] und für eine »gesunde Wirtschaft im starken Staat« (C. Schmitt) wenden sich vor allem gegen die bis März 1930 (Ende 1932 durch Schleichers Versuch, sich auf den Strasser-Flügel der NSDAP und die Gewerkschaften zu stützen, noch einmal aktualisierte[202]) von Gewerkschaften und SPD staatlich abgesicherte Sozialpolitik sowie gegen das Konzept der »Wirtschaftsdemokratie«[203], also gegen die vage Möglichkeit einer Einführung politischer Demokratie mittels Demokratisierung des sozialen Bereichs, vor allem der Betriebe.

Der Staat soll »nur« politisch agieren, die Sphäre sozialer Herrschaft, politisch abgesichert, soll sich an eigenen – angeblich »sachgesetzlichen« – Vorstellungen orientieren. Die politische Tätigkeit dieses nicht mehr parlamentarisch verfaßten Regierungssystems impliziert »lediglich« die Institutionalisierung der Dominanz des Kapitals über die Arbeit. Auf dieser Ebene arrangieren sich »die« Industriellen, nachdem ihr Protégé Franz von Papen gescheitert ist, mit der durch Hugenberg, die »Harzburger Front« und eine Übereinkunft mit Papen aufgewerteten nationalsozialistischen Oligarchie:

»Je stärker die Aversion gegen das parlamentarische Repräsentativsystem im Unternehmerlager wuchs, desto mehr mußten politische Bewegungen an Interesse gewinnen, die grundsätzlich auf dem Boden der bürgerlichen Gesellschaftsordnung standen, gleichzeitig aber den Verfassungsaufbau von Weimar radikal in Frage stellten. Diese Bedingung wurde von den Nationalsozialisten erfüllt.«[204]

Diese strukturelle Interessenidentität ist das Fundament für eine nur-politische Politik, sofern diese zugleich soziale Herrschaftspositionen (wenn auch nicht unbedingt ökonomische Verfügungsgewalt) stabilisiert. In den Betrieben können nach Ausschaltung der Gewerkschaften, der Betriebsräte, des kollektiven Arbeitsrechts und mit Rückendeckung durch terroristische Organisationen die Unternehmer ihrer »Gefolgschaft« als »Führer des Betriebes« gegenübertreten. Politisches und ökonomisches »Führertum« hebt den Klassenkampf – so wie er sich in der Weimarer Republik artikuliert hat – »von oben« her auf – unter Befestigung der sozialen Stellung des kapitalbesitzenden Teils der Oberschichten. Aus der Orientierung an einem so verstandenen politischen und sozialen »Führertum«

Tafel 1:
Phasen der Beziehungen zwischen Industrie und Faschismus in Deutschland

Zeit	Kapitalistische Träger der NSDAP-Unterstützung	Entwicklungsphasen der NSDAP bzw. des deutschen Faschismus
bis 1929	Individuen (»Sektierer«)	»autonome Entstehung«, Aufbau des organisatorischen Apparates (der ab 1929 dann den von der Weltwirtschaftskrise produzierten Wähler- und Mitgliederzuwachs absorbieren kann)
ab 1930	Monopolgruppe (Kohle–Eisen–Stahl; die »Fronde der faulen Debitoren«)	Massenbewegung und Ausgliederung des »linken« Flügels als innerfaschistisch-politische Alternative
1933/34	Klasse (orientiert am »Zähmungs-Konzept«)	Verhinderung der »zweiten Revolution«, Konsolidierung des Bündnisses/der Arbeitsteilung mit Kapital(kreisen) und Reichswehr
ab 1934, bes. ab 1936	Klasse (»an sich«) in Form »atomisierter Firmenegoismen«	konsolidierter Faschismus; Verselbständigung der faschistischen Exekutivgewalt im Rahmen eines arbeitsteiligen Bezugsfeldes und Funktionsgeflechts

und am Modell einer »gesunden Wirtschaft im starken Staat« (C. Schmitt) läßt sich auch die unterschiedliche Affinität von Industriellen bzw. der kapitalistischen Klasse zur faschistischen Bewegung begreifen. Später als die mittelständischen Wähler und Mitglieder der NSDAP, d. h. erst nachdem diese Partei 1930 zur Massenbewegung geworden ist, entscheiden sich bedeutsame Teile der Bourgeoisie im Laufe der Weltwirtschaftskrise für die NSDAP. Während bis 1929 die Unterstützung einer faschistischen Alternative lediglich von einigen

»kapitalistischen Sektierern« als »Überlebenshilfe« (W. Abendroth) gewährt wurde, wird angesichts der schwindenden Chancen, die Krise wieder in eine Konjunkturphase überzuleiten, ab 1929/30 die faschistische Bewegung zunehmend von Kapitalisten und Kapitalgruppen protegiert (eine Wendung, die von der faschistischen Oligarchie seit dem Mißerfolg des Putsches 1923 und vollends seit 1926 bewußt betrieben worden ist). Nicht zuletzt im Hinblick auf die gesellschaftliche Durchsetzung der mit dem »Führerprinzip« verbundenen Arbeitsteilung zwischen Kapitalinteressen und faschistischer Bewegung lassen sich schematisch folgende Phasen der Beziehungen zwischen Industrie und Faschismus unterscheiden*:

Der »Klassenkampf von oben« bezeichnet für »den« Mittelstand als Träger der politischen Verwirklichung des »Führerprinzips« das Ende seines »Kampfes gegen den Klassenkampf« (R. M. Lepsius) und zugleich die Verschiebung seiner aus dem ökonomischen Konzentrations- und Zentralisationsprozeß resultierenden Aggressionen »von den wahrhaft für die Frustration verantwortlichen Agenturen auf andere« (J. Dollard u. a.), insbesondere auf »Marxisten« und »Juden«.[205] (Daher bedeutet die von Feder geforderte »radikale Abkehr von dem sinnlosen, weil ganz falschen Wüten gegen die Industrie, gegen die Arbeitgeberschaft«, daß »Arbeiter und Arbeitgeber zusammengehören, sie haben das gleiche Ziel, die Arbeit, die Produktion. [. . .] Die selbstverständlichen [und] unvermeidlichen Gegensätze sind viel weniger wichtig als das gemeinsame große Interesse von Arbeitgeber und Arbeitnehmer.«[206])

2. *Die materielle Basis des Bündnisses zwischen NSDAP und Industrie bildet die Aufrüstung.** (Der politischen und ökonomischen Kriegsvorbereitung entspricht psychologisch das Freund–Feind-Denken, das auf Fremdes aggressiv reagiert.)

Die historisch-genetische Erschließung der nationalsozialistischen Rüstungspolitik muß der soziologischen Ausdifferen-

* Vgl. auch das Schaubild auf S. 107.

* Ausführlich dazu meine Beiträge in: Friedrich Forstmeier, Hans Erich Volkmann (Hrsg.), *Wirtschaft und Rüstung am Vorabend des Zweiten Weltkriegs*, Düsseldorf 1974, und in: *Gesellschaft. Beiträge zur Marxschen Theorie 5*, Frankfurt 1975, S. 68-148.

zierung der herrschenden Klasse und der Monopolgruppen-Theorie besonders Gewicht beimessen.[207] Die machtpolitische Gewichtung und damit der Grad der Beeinflussung des Rüstungsprogramms der beiden Industriezweige Schwer- und Chemieindustrie sind zu berücksichtigen, um ökonomisch »ableiten«[208] zu können, welche Verlagerungen des industriellen Einflusses von der Schwer- auf die Chemieindustrie im »Dritten Reich« stattgefunden haben.[209] – In diesem Zusammenhang verdienen die von A. Schweitzer und D. Petzina – im Rahmen einer an M. Weber ausgerichteten Bestimmung eines »politischen Kapitalismus« – sowie von F. Neumann vorgelegten Untersuchungen der Machtverteilung im Nationalsozialismus besondere Beachtung, welche die »Verselbständigung« der faschistischen Exekutivgewalt – also der »full fascism« nach Schweitzer – aus der Aufhebung des anfänglichen Machtgleichgewichts zwischen NSDAP, Wirtschaft, Militär und Bürokratie zugunsten einer faschistischen Kompetenz-Kompetenz erklären.

3. Die zentrale Hypothese in der Tradition der *Bonapartismusanalyse* ist die von der »Verselbständigung« der *nationalsozialistischen Politik*.[210] *Nationalsozialistische Politik läßt sich nicht direkt und unmittelbar aus »den« Interessen »des« Kapitals ableiten, da sie aufgrund der von ihr legitimierten und praktizierten Zerschlagung der Arbeiterbewegung und der Rüstungspolitik auch gegenüber dem Kapital Macht besitzt.* Hinzu kommt, daß sich das Kapital fraktioniert, nachdem das einigende Band der Arbeiterbewegung zerrissen worden ist (T. Mason). Frühere Warnungen, die Wirtschaft würde sich zersplittern, die Interessenkämpfe würden sich zuspitzen, wenn die Organisationsgewalt auf den Staat überginge, scheinen sich nach 1933 mit der zunehmenden Bedeutung der Rüstungskonjunktur und der staatlichen Ersetzung des Marktes durch Rüstungskäufe zu bewahrheiten.[211] Nach 1933 gibt es das Kapital nur als Klasse »an sich«; sein Interesse reduziert sich auf kurzfristige Profitmaximierung. Das Problem der gesellschaftlichen Reproduktion und der politischen Konsensusbildung wird der NSDAP überlassen. Das heißt: *Der Nationalsozialismus an der Macht erscheint als ein System der gesamtgesellschaftlichen Arbeitsteilung zwischen innerbetrieblich kapitalistischer Herrschaft und Profitstreben sowie der*

NSDAP als derjenigen Instanz, welche politisch verbindliche Entscheidungen durchsetzt.

4. Daran knüpft eine weitere umfassende Hypothese an, welche die *Frage nach dem »kapitalistischen« Charakter des Nationalsozialismus* stellt. Ist es »zulässig«, das Problem der Kontinuitätsbezüge zwischen Parlamentarismus, Präsidialkabinetten und dem an die Macht gelangten Nationalsozialismus im Sinne der einen Identität des Kapitalismus, der sich in seiner Erscheinung vom Konkurrenz- zum Monopolkapitalismus bzw. zum Imperialismus wandelt, zu lösen? Zu fragen ist also nach der Identität der ökonomischen Basis von Präfaschismus und offenem Faschismus, und zu fragen ist, ob es – nicht zuletzt aus Gründen der Trennschärfe theoretischer Begriffe – »richtig« ist, Liberalismus und Faschismus (welche Rolle spielte der Konservativismus?) gleichermaßen als »Formen bürgerlicher Herrschaft« zu bezeichnen bzw. im Liberalismus und im Faschismus »zwei Varianten bürgerlicher Gesellschaft« zu sehen.[212]

Diese Fragen sind für die »sowjetmarxistischen« Theorien beantwortet: Der Faschismus wird seit Dezember 1933 als »die offene terroristische Diktatur der am meisten reaktionären, chauvinistischen und imperialistischen Elemente des Finanzkapitals« definiert – nachdem er 1928 vom VI. Weltkongreß der KI im Programm der Komintern als »eine Methode der unmittelbaren Diktatur der Bourgeoisie« beschrieben worden ist, und nachdem ihn 1924 ein deutscher Delegierter, Freimuth, auf dem V. Kongreß der KI als außerlegales »Kampfmittel der Großbourgeoisie gegen das Proletariat« gekennzeichnet hat.[213] Diese Grundannahme wird verknüpft mit der These des Übergangs »vom parlamentarischen System zu der faschistischen Methode«, so daß bis 1933 (XIII. EKKI-Plenum) bzw. 1935 (VII. Weltkongreß der KI) der Faschismus als bloßer politischer Formwechsel über dem stets gleichen Inhalt der Kapitalherrschaft aufgefaßt (und verkannt) wird. Diese Position hat 1924 auf dem V. Kongreß der Komintern der deutsche Delegierte Freimuth verdeutlicht:

». . . Wir wissen, daß der Faschismus in seinem Verlaufe sowohl in Italien wie in Deutschland gegen die bestehende Staatsordnung den Kampf aufnehmen, um die Vorherrschaft ringen mußte. Aber wenn Sie das Wesen der kapitalistischen Staaten, gleichgültig, ob es pazifistische oder andere Regierungen sind, beobachten und vergleichen mit den Aufgaben und Zielen, die sich der Faschismus gestellt hat, so werden Sie finden, daß in ihrem Wesen kein Unterschied besteht. Beide dienen demselben Zweck: der Aufrechterhaltung des kapitalistischen Regimes. Der Gegensatz besteht nur in den Formen und Methoden, mit denen diese Herrschaft gegründet wird.«[214]

Auch das Programm der Kommunistischen Internationale spricht 1928 im Hinblick auf den Faschismus lediglich ironisch von den »neuen Methoden und Formen des Regierens«.

Erst mit dem Beginn der Kritik an der »ultralinken« »Sozialfaschismus«-These, dem Wandel zur Politik der Einheitsfront (»von oben«) und der Volksfront wird die qualitative Differenz zwischen dem Faschismus an der Macht und der bürgerlichen Demokratie bzw. dem Parlamentarismus wahrgenommen (eine Einsicht, die darauf zurückzuführen sein dürfte, daß 1933 rund 100 000 Kommunisten – i. e. ein Drittel der Gesamtmitgliedschaft der KPD vom Januar 1933 – und mehr als die Hälfte der ZK-Mitglieder, leitenden Bezirksfunktionäre und der führende Funktionäre angeschlossener Organisationen unmittelbar den faschistischen Terror zu spüren bekamen).[215] Aber auch diese Wandlung der kommunistischen Faschismustheorie ändert nichts daran, daß vom Kapitalismus im Stadium seiner »allgemeinen Krise« nach wie vor als der Basis von Parlamentarismus und Faschismus die Rede ist. Die Frage nach dem grundsätzlich kapitalistischen Charakter des Faschismus an der Macht und der vom Finanzkapital »aufgezogenen« (K. Gossweiler) faschistischen Massenbewegung wird nicht differenzierend gestellt. Doch gerade dann, wenn man Marx' Kapitalismusbegriff zugrunde legt, erscheint es prüfenswert, ob noch vom gesellschaftlichen System »des«Kapitalismus geredet werden kann, wenn politische Macht weitgehend terroristisch sozioökonomische Reproduktionsunfähigkeit und damit das Versagen der Markmechanismen kompensieren muß. Daß die Monopole darauf bedacht sind, »Profite auf Profite zu häufen, und daß sich ihr reiner Kriegsprofit auf 60 bis 70 Milliarden RM beläuft«[216], besagt zwar etwas über die bevorzugte Stellung, über den »bias« zugunsten der Industrie im Nationalsozialismus, bezeichnet aber nicht eo ipso den »kapitalistischen« Charakter des Nationalsozialismus. Indem Marx den Kapitalisten als »personifiziertes Kapital« definiert, verweist er ihn primär auf die Realisierung des Mehrwerts durch äquivalenzförmigen Austausch auf dem Markt, nicht aber auf Profitmaximierung. Warenproduktion und die Produktion von Mehrwert bzw. die »Produktion von Waren, die mehr Arbeit enthalten, als er [der Kapitalist, E. H.] zahlt, also einen Wertteil enthalten, der ihm nichts kostet und dennoch durch den Warenverkauf realisiert wird«[217], machen das »ökonomische Bewegungsgesetz« kapitalistischer Produktionsweise aus; die Produktion von Mehrwert wird von Marx als ihr »absolutes Gesetz« begriffen. Die Realisierung dieses Mehrwerts, des Ergebnisses der Ausbeutung der Arbeiterklasse, vollzieht sich auf dem Markt, durch Verkauf der Waren. Der Zustand des Marktes und des produktiven Prozesses der Kapitale ist die »freie Konkurrenz«, die die »Herrschaft des Kapitals« voraussetzt. Konkurrenz erscheint historisch als Auflösung von Zunftordnungen und physiokratischen Regierungsmaßregelungen zur Einengung der Produktion. Sie ist die »Negation der dem Kapital vorhergehenden Produktionsstufen eigentümlichen Grenzen und Schranken«[218] und beschreibt Bedingungen für das Kapital, die nur noch seine eigenen – ideologisch als Freiheit verstandenen – Bedingungen darstellen.[219]

Das Profitmotiv wird – weil, nach Marx, den Kapitalisten praktisch nur die Rate des Profits, also das Verhältnis des Mehrwerts zum Kapitalaufwand, interessiert – als Medium, d. h. als Vermittlung eines allgemeinen Prinzips in die Handlung konkreter Individuen, der Akkumulation von Kapital und der erweiterten Reproduktion der kapitalistischen Gesellschaft verstanden. Der Profit ist Ziel und Motor kapitalistischer Produktion; er kann jedoch nicht, pars pro toto, als die kapitalistische Produktionsweise selbst verstanden werden. Zudem wird, da sich die Profitrate durch vollständige (»freie«) Konkurrenz auf dem Markt ausgleicht, das Profitmotiv so weit neutralisiert, daß es keinen Monopolprofit gibt. Die damit angezeigte hohe Mobilität des Kapitals von Bereichen niedrigen Profits in solche höheren Kapitalertrags setzt nun freilich vorau, daß die organische Zusammensetzung des Kapitals relativ niedrig ist, daß also noch keine hohen Anteile des zur Produktion erforderlichen Kapitalaufwands in Form spezifischer Maschinen, Techniken, Baulichkeiten etc. fixiert sind.

Staatliche Garantie und Durchsetzung des Profits und der Kapazitätsausnutzung stehen also zwar am Anfang der Durchkapitalisierung in der Phase der »ursprünglichen Akkumulation«; sie sind aber nicht konstitutiv für einen realisierten Kapitalismus, der sich vielmehr durch allseitigen marktmäßigen Tausch und »freie Konkurrenz« konstituieren muß – jedenfalls nach der Vorstellung von Marx. Es verdient in diesem Zusammenhang hervorgehoben zu werden, daß Franz Neumann, analogiehaft, den Faschismus zwar nicht als Ende des Kapitalismus, wohl aber als den Beginn einer neuen Periode »ursprünglicher Akkumulation« begreift (»a period where capital is accumulated not by the process of production but by violence and terror alone, that is, by political means«).[220] Das Neumannsche Argument meint, daß politische Interventionen des Staates im Gefolge der Weltwirtschaftskrise notwendig geworden seien, um der massenhaften Entwertung eines nicht mehr genügend mobilen Kapitals entgegenzuwirken. Diese sicherlich richtige Schlußfolgerung mündet in die Frage, warum dieser Interventionismus unter den Bedingungen der dreißiger Jahre und der politischen Traditionen in Deutschland faschistische Formen angenommen hat. Diese Frage setzt jedoch die Differenz zum Kapitalismusbegriff schon voraus. Und es erscheint falsch, den Wandel zur »systematischen« Staatsintervention durch den Hinweis auf die bereits unter dem Liberalismus »punktuell« erfolgten Interventionen des Staates in den Bereich der Wirtschaft qualitativ negieren zu wollen. Es sieht so aus, als sei diese Argumentation – beispielsweise in Form einer Rückdatierung der Entstehung des »staatsmonopolistischen Kapitalismus«[221] – ebenfalls ein Mittel, an der Identität des Kapitalismus festzuhalten oder in dem im Faschismus hervorgehobenen Verhältnis von Politik und Ökonomie diese Identität nachzuweisen.

Der Zusammenhang von kapitalistischer Marktförmigkeit und »freier Konkurrenz« sowie bürgerlichem Staat ist noch nicht hinlänglich erforscht; aber es scheint sehr wohl eine qualitative Differenz zwischen Konkurrenz- und Monopolkapitalismus, auch was die Funktion des Staates als »Reproduktionsinstitution« und »Protektionssystem« anbelangt, zu geben. Zwischen bürgerlichem Staat und bürgerlicher Ökonomie besteht ein Strukturzusammenhang, der beispielsweise – worauf Friedrich Engels hingewiesen hat – aufgehoben wird, wenn die Armee als »Selbstzweck« zum »Hauptzweck des Staates« wird, wenn der Militarimus den bürgerlichen Staat verschlingt, wenn – so Marx im *18. Brumaire* – »liberté, égalité, fraternité« durch die unzweideutigen Worte Infanterie, Kavallerie, Artillerie ersetzt werden. Um diese Strukturbeziehung aufzudecken, darf man jedoch nicht bei den bürgerlichen Prämissen, einen »Normenstaat« als Instrument berechenbarer Politik zu konstituieren[222], stehenbleiben; vielmehr muß in den Begriff eingehen, daß der bürgerliche Staat, als »changierende Einheit« von Gesetz und Gewalt, Freiheit und Souveränität, immer schon als die stete Eventualität »antiproletarischer Maßnahmen« existiert.

»Man ist immer über den eigentümlichen Gedächtnisschwund bürgerlicher Ideologen in bezug auf die jüngere Geschichte der bürgerlichen Gesellschaft erstaunt. In den zwei Jahrhunderten seit der 1. industriellen Revolution wechselten die Staatsformen in Westeuropa zwischen aristokratischer Monarchie, plebiszitärem Cäsarismus, konservativ-liberalem Parlamentarismus (mit einem auf etwa 10%, manchmal sogar weniger als 5% der Bevölkerung beschränkten Wahlrecht) und ausgesprochener Autokratie, je nach dem Land, dessen politische Entwicklung man studiert.«[223]

Es muß daher festgehalten werden: Auch der »liberale Staat war immer so stark, wie die politische und soziale Situation und die bürgerlichen Interessen« es erfordert haben. »Er war stark genau in den Sphären, in denen er stark sein mußte und wollte.«[224] Hermann Heller hat diese reale »Ordnungsidee des Liberalismus« beschrieben, wobei er vor allem auf den Betrieb als den zentralen Bereich, dessentwegen der Staat stark ist, hingewiesen hat.* Der Betrieb als herrschaftsbestimmte Organisation, die vom Proletariat innerbetrieblich und übergreifend politisch in Frage gestellt wird, bedarf der staatlichen Bestandsgarantie:

* Antonio Gramsci (*Opere* Bd. 5, Torino 1949, S. 68) betont: »Im Westen [im Gegensatz zu Rußland, E. H.] herrschte zwischen Staat und bürgerlicher Gesellschaft ein ausgewogenes Verhältnis, und erzitterte der Staat, so entdeckte man sofort die kräftige Struktur der bürgerlichen Gesellschaft. Der Staat war ein vorgeschobener Schützengraben, hinter dem eine robuste Kette von Befestigungswerken und Kasematten lag.« – Diese Erfahrung hätte die SPD 1918/19 mit aller Entschiedenheit machen müssen.

»Die Idee des freien Spiels der selbstverantwortlichen Kräfte, des harmonischen Interessenausgleichs durch den freien Markt, sowie der gewaltlosen Konstituierung des Gesellschaftsganzen durch die sich von selbst einstellende Marktordnung, diese Ideen sind, soweit sie sich auf die Organisation von Staat und Gesellschaft beziehen, in Wahrheit die großartigen Verhüllungen eines geradezu konträren Zustandes, rechtfertigende Ideologien, die zwar nicht den bewußten Zweck, wohl aber die Funktion haben, der bürgerlichen Gesellschaft ein gutes Gewissen zu verschaffen. Denn die wirkliche bürgerliche Gesellschaft kennt keinen freien Tauschmarkt, keine freie Konkurrenz, keine freie Selbstverantwortung und Selbstbestimmung, sie kennt vor allem keine herrschaftslose Formung des Gesellschaftsganzen durch das freie und gleiche Spiel der Kräfte. Die wirkliche bürgerliche Gesellschaft ist Klassengesellschaft, zusammengehalten durch eine Klassenherrschaft, für die allerdings die Aufrechterhaltung der Freiheits- und Gleichheitsideologie lebensnotwendig ist. Die kapitalistische Klassengesellschaft ist nicht [. . .] dadurch gekennzeichnet, daß der ›schwache‹ Staat sich aller Eingriffe in das Wirtschaftsleben enthielte. Auch diese Vorstellung gehört in das Arsenal der Verhüllungsideologien. [. . .] Keineswegs Nichtintervention, sondern private Mobilisierung der staatlichen Macht und zwar zu sehr kräftiger Intervention auf dem Gebiet der Wirtschaft ist die wahre Parole der bürgerlichen Gesellschaftsordnung. Um das nur ausschlaggebende Beispiel zu nennen: Unternehmer und Handarbeiter stehen sich gewiß als juristisch gleiche und freie Vertragspartner gegenüber; der Unternehmer ist aber Herr im eigenen Hause, d. h. als Produktionsmittelbesitzer verfügt er in seiner Fabrikordnung souverän über die Arbeitsordnung und kann zu ihrer Einhaltung auch jederzeit über alle staatlichen Machtmittel verfügen.«[225]

Der bürgerliche Staat sorgt dafür, daß die politischen bürgerlichen Anforderungen und Prämissen aus der Zeit der Realisierung bürgerlich-kapitalistischer Verkehrsformen ihre Grenzen gegenüber dem Proletariat finden. Wie sich an der Herausbildung freier Lohnarbeit und am Auseinandertreten von »bourgeois« und »citoyen« zeigt, werden diese Grenzen vom Kapital gesetzt und machen die realen Inhalte der liberalen Leitvorstellungen aus. Kapital und Arbeit begegnen einander formal als gleichwertige und willensfreie Vertragspartner auf dem Arbeitsmarkt; aber diese Vertragssituation setzt faktisch mobile und nicht mehr im Besitz von Produktionsmitteln befindliche (»freie«) Arbeiter voraus, »die sich formal freiwillig, tatsächlich durch die Hungerpeitsche gezwungen, anbieten« (M. Weber).

Dies bedeutet nicht, die als qualitativ erachteten Unterschiede zwischen dem liberalen Staat – bzw. dem Staat vor der Weltwirtschaftskrise – und demjenigen Staat, der als ein Instrument des Interventionismus aus der Weltwirtschaftskrise hervorgegangen ist, zu negieren. Die Aufgabe der gesellschaftlichen Bestandsgarantie als eine politische Aufgabe ist in beiden Fällen weitgehend identisch; doch nach der Krise 1929 wird diese Aufgabe auch ökonomisch als Forderung an den Staat, die Krise in Konjunktur überzuleiten, herangetragen, um brachliegende Kapazitäten auszunutzen, um ein in großem Umfang kaum mehr mobiles Kapital vor seiner Entwertung zu schützen. Die Verknüpfung dieser ökonomischen mit der tradierten politischen Aufgabe bestimmt das Auftreten des Staates in den Klassenkämpfen und markiert die Differenz zwischen der faschistischen Zerschlagung der Arbeiterbewegung und dem Sozialistengesetz Bismarcks.

Die geänderte ökonomische Rolle des Staates führt im Nationalsozialismus zur Preisgabe der allgemeinen Kontrolle staatlicher Gewalt. Das Bild ist das eines in sich gespaltenen »Doppelstaates«[226], der im Grunde nur noch im Bereich des Zivilrechts seinen überkommenen Ansprüchen genügt.* Politischer Terror und rüstungswirtschaftliche Befriedigung industrieller Bedürfnisse werden zum Ausdruck der Auflösung des bürgerlichen Staates; der »non-state« (F. Neumann) übernimmt jetzt auch die ökonomische Funktion.

Gerade die Rolle des Staates wird von den Theorien des »staatsmonopolistischen Kapitalismus« hervorgehoben, nachdem der »Profitmechanismus« sich nicht mehr imstande zeigt, »die Stabilität des kapitalistischen Systems zu gewährleisten«[227]:

»Betrachten wir das Verhältnis von Ökonomie und Politik unter imperialistischen Bedingungen«, heißt es in einem Schulungs-Heft, das »mit Grundfragen des wissenschaftlichen Kommunismus« vertraut machen

* Bemerkenswert ist es, daß eine »dualistische Gestaltung der Herrschergewalt« (G. Jellinek) auch den ständisch-monarchischen Staat bestimmt. Gegenüber der fürstlichen Obrigkeit entwickeln die Stände ihren eigenen Apparat mit Beamten, Gerichten, Kassen und sogar Gesandten, um Forderungen einzubringen, durchzusetzen und um die Durchsetzung zu überwachen. – Diese Analogie spricht für F. Neumanns Ansicht, den faschistischen »non-state« vom bürgerlichen Staat strikt zu scheiden.

will. »Die Einwirkung des sozialistischen Weltsystems und die inneren Widersprüche des Imperialismus führen zu einer Modifizierung des Wechselverhältnisses von Ökonomie und Politik: Die Politik erhält im Entscheidungsprozeß der herrschenden Klasse zunehmend das Primat, d. h., die Frage der Macht wird für alle sozialen, ökonomischen, kulturellen u. a. Auseinandersetzungen zur entscheidenden Frage. Diese Tendenz [. . .] ist [. . .] Ausdruck der historischen Notwendigkeit, anstelle der privaten die gesellschaftliche, staatliche Leitung und Planung der ökonomischen Prozesse zu setzen.«[228]

Allerdings redet die historiographisch auf die Analyse des Nationalsozialismus bezogene Theorie des »staatsmonopolistischen Kapitalismus« von der »Primärfunktion der Monopole«[229]; Eberhard Czichon sowie Dietrich Eichholtz und Kurt Gossweiler kritisieren so Tim Mason von der Position eines »Primats der Industrie« aus. Aber dies ist nur möglich, weil die institutionelle Verfassung nationalsozialistischer Macht ausgeklammert bzw. nur sehr selektiv wahrgenommen wird. Man erwähnt zwar die Kontrolle des Arbeitsmarktes, die unter dem Aspekt der Herausbildung eines neuen Sklavenstatus definiert wird (auch dies ein Moment, das die Frage nach der Anwendbarkeit des Kapitalismusbegriffs aufwirft)[230]; so gut wie unerwähnt bleiben aber die Verfahren der Kontrolle des Preisniveaus, der Begrenzung von Dividenden, der erhöhten Besteuerung von Profiten, der Einflußnahme auf Investitionen, der Rohstoffbewirtschaftung und der Kontrolle des Außenhandels.[231]

Kurz, man zeichnet das Bild einer ausschließlich gegen die Arbeiterbewegung und den Wert der Ware Arbeitskraft gewendeten nationalsozialistischen Politik, obschon diese auch den individuellen Kapitalisten gravierenden Steuerungen unterworfen hat.[232] Eine Betrachtung der Genese politischer Entscheidungen hätte allerdings die These von der »Verselbständigung der Exekutivgewalt« im einzelnen Fall des Eingriffes in das Verfügungsrecht über Kapital genau zu überprüfen. Versteht man die »Machtergreifung« als eine konterrevolutionäre Anstrengung, die Folgen des Demokratisierungsversuchs 1918/19 auszulöschen, so wird die Rolle der Politik gegenüber der Wirtschaft aufgewertet. Das politische Gewicht der Nationalsozialisten – schließlich waren sie es, die die Arbeiterbewegung und jede Opposition unterdrückten – wird als Lenkungsfaktor zur ökonomischen Potenz. Diese Politik schafft einerseits einen profitablen Ausweg aus der Krise, sorgt für die rüstungswirtschaftliche Ausnutzung brachliegender Kapazitäten und die Finanzierung von Investitionen bzw. die Firmengründungen im Rahmen des Autarkiemodells, andererseits zieht sie dem Kapital Grenzen:

»The distinguishing characteristic of the National Socialist economy is the continous extansion of the functions of the state. The state becomes the largest customer of industry, absorbs private savings, monoplizes foreign trade, controls prices, completely regulates labor, allots raw materials, determines in what sectors of the economy new investments are necessary and decides on new manufactures. State control thus influences the way in which profit rates were earned and determines to a large extent their size.«[233]

Wenn also Faschisten behaupten, der Nationalsozialismus mache »Ernst mit einer *politischen* Ökonomie«[234], so ist dieser Behauptung im Rahmen unserer Fragestellung nachzugehen. Charakteristisch ist hierbei, daß die Marktförmigkeit kapitalistischer Ökonomie und die politischen Forderungen des liberalen Bürgertums gleichermaßen aufgehoben werden. Wenn es heißt, der Faschismus offenbare das monopolistische, gewalttätige und expansionistische »Wesen« des Imperialismus bzw. am Faschismus sei neu, daß Herrschaft unverhüllt und ungebändigt in Erscheinung trete, so ist zu fragen, ob nicht gerade die von Dimitroff propagierte Faschismusdefinition auf dem XIII. EKKI-Plenum auf einen nicht-kapitalistischen Charakter des Nationalsozialismus hindeutet. Kapitalismus meint neben Profit und Privatbesitz an Produktionsmitteln noch eine Reihe von politisch-kulturellen »Konnexinstituten«, die in den Begriffskomplexen »Rechtsstaat«, »allgemeines Gesetz« und (bürgerliche) »Öffentlichkeit« kulminieren und deren Wegfall bzw. Modifizierung die rückwirkende Frage nach der Permanenz von Kapitalismus legitimiert.

Um diesen Sachverhalt zu klären, wäre der Zusammenhang von kapitalistischer Wirtschaft und bürgerlicher Politik bzw. Staatlichkeit zu untersuchen, wäre der Begriff Kapitalismus in seine politischen und ökonomischen Bestandteile aufzulösen (wobei Franz Neumanns Analyse eines »totalitären Monopolkapitalismus« und Arthur Schweitzers Analyse eines »politischen Kapitalismus« weiterhelfen könnten). Kapitalismus bezeichnet die *Totalität* einer Gesellschaft. Um mit diesem Begriff sinnvoll arbeiten zu können, muß er ausdifferenziert werden. Dabei ergeben sich begriffliche Indikatoren, von denen einige hier in beliebiger Reihenfolge, illustrativ, genannt werden sollen. Als konstitutiv für Kapitalismus erscheinen: Marktförmigkeit der formal äquivalenten Austauschprozesse von Waren, Verfügungsgewalt über Kapital, freie Lohnarbeit, Akkumulation, Profitmotiv, Durchschnittsprofitrate mittels marktmäßiger vollständiger Konkurrenz, Privatbesitz an Produktionsmitteln, Minimierung außerökonomischer Gewalt, Berechenbarkeit auch der Politik durch Verrechtlichung/Domestizierung des Staates etc.

Unklar ist das Gewicht der einzelnen begrifflichen Bestandteile, d. h. welche partiellen Momente die spezifische Totalität des Kapitalismus (so wie er nach Marx seinem Begriff entspricht) in welchem Ausmaß bestimmen. Ebenfalls unklar ist, wie sich das Verhältnis der Einzelmomente zueinander und wie sich die Beziehung zwischen Politik und Ökonomie mit dem Prozeß der Zentralisation und Konzentration des Kapitals wandeln. Wenn der Konkurrenz die Demokratie und dem Monopol die Diktatur entspricht (so Lenin), kann dann das »Wesen« der ökonomischen Basis derart unterschiedlicher politischer »Überbauten« identisch sein? Im Hinblick auf den Faschismus ist vor allem das Problem, zu bestimmen, welchen Einfluß die Beeinträchtigung freier Lohnarbeit[235] und freier Dispositionsmacht über Kapital bei gleichzeitiger totaler Aufhebung der politischen Ansprüche des Liberalismus, des bürgerlichen Grund-Gesetzes, auf die Anwendbarkeit des Kapitalismus-Begriffs hat. Und in diesem Zusammenhang wäre auch die Redeweise von einer eigenständigen faschistischen Ökonomie[236] bzw. das Auseinandertreten von betrieblicher und volkswirtschaftlicher Kapitalrechnung[237] zu prüfen. Kurz: *Es müßte erforscht werden, inwieweit ein System der »Wirtschaftslenkung« und der politischen »Verselbständigung« noch als »kapitalistisch« begriffen werden kann.* Dieses Thema ist von den Faschismus- und Totalitarismustheorien bislang nicht nur nicht aufgegriffen, sondern – jedenfalls was die Totalitarismustheorie zur Zeit des »kalten Krieges«, ja bereits während des »Hitler-Stalin-Paktes« und die »sowjetmarxistische« Faschismustheorie anlangt – weitgehend sogar verdrängt worden.

Anmerkungen zur Eingrenzung des Untersuchungsgegenstandes

»Damit ein Problem als solches auch nur bezeichnet werden kann, müssen die Umrisse geschichtlich hervorgetreten sein. Um zur Frage zu werden, muß etwas schon praktisch Frage sein.«

(Werner Hofmann, *Ideengeschichte der sozialen Bewegung des 19. und 20. Jahrhunderts*, Berlin 1968[2], S. 86)

»Über den Faschismus wissen wir noch immer nicht genug; im Grunde haben wir kaum begonnen, ihn zu untersuchen.«[238] Diesen Satz schrieb der englische Historiker Hugh Seton-Watson in einem Bericht zur Bestimmung des Begriffs Faschismus. Und am Schluß einer umfangreichen Sammelrezension bemerkt der amerikanische Faschismusforscher A. James Gregor, »but we still find ourselves without a viable and comprehensive theory of fascism. Whatever ›understanding‹ we enjoy is partial – and must be painfully teased out of an inordinate amount of literature«. Gregor betont angesichts der vielfältigen Literatur: »One really doesn't know what to make of all this. Contemporary social science clearly has not provided us with a clear definition of fascism.«[239] Hans Maier zufolge ist eine Theorie des Faschismus »auch heute noch ein wissenschaftliches Desiderat«[240]; und Ernst Nolte stellt fest: »Das Problem des Faschismus bleibt ein Problem.«[241] Nun kann man die Position bzw. die Ansätze sowohl Maiers als auch Noltes kritisieren, weil beide den Problemkreis der sozioökonomischen Grundlage und Funktion des Nationalsozialismus aussparen. Diese Kritik trifft aber nicht die hier zitierten Aussagen. Und bezeichnenderweise werden ähnliche Einschränkungen und Zweifel auch von soziologisch-politologisch argumentierenden Autoren formuliert.[242] So vergleicht z. B. Helga Grebing in ihrer Auseinandersetzung mit den Arbeiten von Manfred Clemenz, Reinhard Kühnl und Axel Kuhn deren Arbeiten mit älteren materialistischen Faschismusanalysen, um daran eine methodenkritische Bemerkung zu knüpfen:

»In dem Maße, in dem die notwendig gewordene empirische Überprüfung und perspektivische Ergänzung der tradierten Ergebnisse erfolgt, geht die immanente methodische Stringenz und begriffliche Präzision der älteren Theorien vielfach verloren. Substitute aus Systemtheorie, Strukturanalyse, deskriptiver Regimenlehre, psychoanalytisch akzentuierter Sozialpsychologie, Verfahrensweisen und Nomenklatur aus der empirischen Soziologie, Anleihen bei den Typologisierungsverfahren der verstehenden Soziologie, Verwendung von Argumentationsresten aus geistesgeschichtlich orientierter Historiographie durchbrechen die ursprüngliche methodische Strenge in der Verwendung der Kategorien der Politischen Ökonomie. Entgegen dem gesetzten Anspruch setzt sich ein mehr oder weniger latenter Methodeneklektizismus durch.«[243]

Angesichts des von Seton-Watson, Gregor, Maier, Nolte und Grebing – also von sehr divergierenden Positionen aus – konstatierten inhaltlich, methodisch und theoretisch defizitären Forschungsstandes fallen Aussagen wie die folgenden: »Die historischen wie theoretischen Materialien für eine soziologische Erklärung des Phänomens Nationalsozialismus sind heute beisammen«[244]; oder: »Während heute nahezu jedes empirische Detail faschistischer Bewegungen und Systeme in mehr oder weniger gründlichen Spezialstudien analysiert oder zumindest beschrieben worden ist, sind Untersuchungen, die eine wissenschaftliche Erklärung des Faschismus, d. h. die Aufdeckung seiner gesellschaftlichen Ursprünge, intendieren, auffallend selten«[245], als Beispiele für und von Inkompetenz auf ihre Autoren zurück. Sie geben jedenfalls in keiner Weise den tatsächlichen Forschungsstand wieder und verraten eine unzureichende Reflexion der Bedingungen gegenwärtiger Faschismusanalyse.

Mittelbar trifft dieser Einwand auch auf Kühnls Bemühungen zu, mit seiner Darstellung der »Formen bürgerlicher Herrschaft: Liberalismus-Faschismus« »die Grundlinien [der behandelten Periode, E. H. nach Kühnl] deutlich und damit den Geschichtsverlauf begreifbar zu machen«.[246] Auch sie verdeckt zwangsläufig Probleme, da eine solche Gesamtschau heute nur um den Preis der Vereinfachung historischer Sachverhalte möglich ist. Dies bekundet sich z. B. in Formulierungen wie den folgenden:

»Daß die Entscheidungsfreiheit [der verselbständigten faschistischen, E. H.] Exekutive durch die Prinzipien der kapitalistischen Gesellschaftsordnung begrenzt ist, bleibt unbestritten.«[247] Oder: »Daß alle [. . .] Maßnahmen [der faschistischen Exekutive, E. H.] die kapitalistische

Wirtschaftsordnung und das Profitmotiv nicht einschränkten, sondern gerade zu ihrer Festigung dienten, ist angesichts der sozialen Grundlage des faschistischen Systems selbstverständlich.«[248] Oder: »Daß die Politik der Regierung sich innerhalb des kapitalistischen Systems zu halten habe und daß die großen Konzerne die berufenen Sprecher ›der Wirtschaft‹ seien, galt eben von vornherein als ausgemacht, bildet das sozialökonomische wie das ideologische Fundament des faschistischen Staates.«[249]

Hier treten Behauptungen an die Stelle von Beweisen, Primäreindrücke und Vor-Urteile an die einer schlüssigen, gründlichen Analyse. In einer der Arbeit Kühnls vergleichbaren kommentierten Dokumentation *Anteil der Industrie und Banken an der faschistischen Innenpolitik* heißt es etwa, der Faschismus an der Macht sei »Ausdruck eines bestimmten Grades der Vereinigung der Macht der Monopole und des Staates«[250]. Die entscheidende Frage nach Qualität und Quantität dieses »bestimmten Grades« wird erst gar nicht gestellt. – An derlei inhaltlichen und theoretischen Defiziten (mit durchaus praxisrelevanten Auswirkungen) hat gegenwärtig eine die Bedingungen ihrer Arbeit reflektierende Faschismusanalyse anzusetzen, will sie nicht die Anmaßung, endlich der zureichenden Fülle empirischer Befunde »die« Theorie nachzutragen (so Clemenz), oder die harmonistischen Problemverdrängungen (durch Kühnl) prolongieren. Seit in jüngerer Zeit mikroanalytische Forschungen etwa über die Beziehungen zwischen NSDAP und Staat[251] oder Strukturanalysen der inneren Geschichte des Nationalsozialismus[252] mehr oder weniger unbewußt Franz Neumanns[253] These von der »Strukturlosigkeit« des Nationalsozialismus aufnehmen, wird deutlich, wie wichtig es ist, sich strikt auf einen Teilbereich, z. B. den des Verhältnisses von Nationalsozialismus und Industrie, zu beschränken. Die Frage nach den Strukturen und der historischen Genese dieses Verhältnisses steht in einem engen Zusammenhang mit der Frage nach dem Aufbau des nationalsozialistischen Modells öffentlicher Herrschaft und mit der Frage nach einer möglichen Dynamik dieses Systems (»partial«-»full fascism« nach A. Schweitzer). Aber gerade Fragen nach dem Bau- und Entwicklungsplan des Nationalsozialismus lassen sich empirisch noch nicht hinreichend beantworten. Es gibt noch allzu viele unerkundete Zonen der interessenmäßigen Grundlage des Nationalsozialismus. Nicht zuletzt wegen der langjährigen Vorherrschaft einer wesentlich statischen und nicht herrschaftssoziologisch argumentierenden Totalitarismustheorie gilt heute:

»An immense amount of detailed work remains to be done on such factual questions as hours of work, real wages, diet, health, vocational training, differentiation among the skilled, semiskilled and unskilled groups within the working classes, management policy towards labour and towards the social institutions of the régime etc.; the list could be extended almost indefinitely.«[254]

Nicht minder stichhaltig ist Masons Bemerkung, daß die Erforschung der Wirtschaftsverhältnisse des »Dritten Reiches« noch am Anfang stehe.[255] Ein zusammenfassendes Urteil über diesen Tatbestand findet man bei Hans Mommsen:

»Die bisherige Forschung hat den Fragen der äußeren Politik, der Kriegsführung und Strategie, der Judenverfolgung, der Verwaltung der besetzten Gebiete, der Konzentrationslager, in gewissem Umfange auch der SS großes Interesse zugewandt, während für zentrale Probleme der inneren Struktur – der Entwicklung des Stabs des Stellvertreters des Führers und Parteikanzlei, der NSDAP zwischen 1933 und 1945, der Wirtschafts-, Sozial- und Finanzpolitik, der Rolle der gesellschaftlichen Verbände – nur vereinzelte Untersuchungen vorliegen.«[256]

Im Grunde handelt es sich um die *Diskussion der Rolle des Staates als eines »Protektionssystems« und einer »Reproduktionsinstitution« historisch spezifischer kapitalistischer Produktionsverhältnisse.**

1. Zeitliche Abgrenzung der Analyse

Der Themenkreis ›Nationalsozialismus und Industrie‹ wird hier auf die Periode der nationalsozialistischen Machtausübung bis zum Kriegsbeginn (1. September 1939) begrenzt. Es ist jedoch unerläßlich, aus Gründen einer zureichenden Erklärung auf die Zeit vor 1933 – vor einer zur revolutionären »Machtergreifung« stilisierten terroristischen Konsensusbildung – zurückzugreifen. Analoges gilt für die Ereignisse nach

* Ausführlicher vgl. zu dieser Schlußfolgerung meinen Beitrag in: Reinhard Kühnl (Hrsg.), *Texte zur Faschismusdiskussion I,* Reinbek b. Hamburg 1974, hier S. 156 ff.

1939. In der Regel allerdings bildet das Jahr 1938 die zeitliche Grenze.

Insbesondere die Berücksichtigung von Entwicklungen während der Weimarer Republik bringt es mit sich, daß an zentraler Stelle Sachverhalte erörtert werden, die es verbieten, den Nationalsozialismus als »revolutionär« im Sinne einer grundlegenden Veränderung von Machtstruktur, Gesellschaftsordnung und Produktionsverhältnissen zu bezeichnen. Der Hauptgeschäftsführer der Reichsgruppe Industrie hat dazu folgendes gesagt:

»Gewaltig ist der Aufschwung, den die Industrie seit der Machtübernahme [durch den Nationalsozialismus, E. H.] gewonnen hat.« – »[...] der grundlegende Wandel in der Auffassung vom Wesen der Wirtschaft und ihrer Stellung im gesamtvölkischen Leben, der 1933 eintrat, [konnte] niemals die Formen unberührt lassen, in denen sich bisher die Wirtschaft organisiert hatte. Die Organisation mußte als eine Lebensform der Wirtschaft neugestaltet werden, sobald die Voraussetzungen ihres Daseins anders geworden waren. Man hätte [...] in den Jahren nach dem nationalen Umbruch eine Organisation der gewerblichen Wirtschaft auf völlig neuer Grundlage errichten können. Daß man es nicht tat, sondern statt dessen den Weg einer sinnvollen Überleitung der in der Vergangenheit entstandenen Zusammenschlüsse wählte, zeigt die Lebensnähe der nationalsozialistischen Staatsführung. Sie zog es vor, die Werte, die sich als Ergebnis einer jahrzehntelangen Entwicklung herausgebildet hatten, nicht zu vernichten, sondern der neu zu schaffenden Ordnung dienstbar zu machen.«[257]

Von methodisch und in der Wertung so unterschiedlichen ›Schulen‹ wie den Faschismus- und den Totalitarismustheorien wird, mehr oder weniger nachdrücklich, die allmähliche, prozeßhafte Herausbildung des Nationalsozialismus hervorgehoben. Ich erinnere nur an den Begriff der »Faschisierung« und die Betonung der »schrittweisen Ausbildung der totalitären Eigenschaften« (C. J. Friedrich). Von hier aus erscheint der Rückgriff auf die Zeit der Weimarer Republik qualitativ wichtig. Er deckt Grundzüge des ausgewählten Segments der inneren Geschichte des Nationalsozialismus auf.

In der Periode 1933 bis 1938/39 sind die »wichtigste« Zäsur die Jahre 1936 und 1937 mit der Abfassung der Hitlerschen Denkschrift zum »Vierjahresplan« (August 1936), mit der Verkündung des »Vierjahresplanes« und der Übertragung seiner Durchführung an Göring als den »Beauftragten für den Vierjahresplan« (18. Oktober 1936) sowie mit der Ablösung Hjalmar Schachts durch Walter Funk als Reichswirtschaftsminister (26. November 1937 bzw. 4. Februar 1938). Es gilt, den gesamtgesellschaftlichen, d. h. politischen, sozialen und ökonomischen Stellenwert dieses Einschnittes historisch und herrschaftssoziologisch zu bestimmen. Erst dadurch kann der Zeitraum 1936/37 als »Zäsur« mit einer spezifischen gesellschaftlichen Qualität ausgewiesen werden. Vorerst folgt diese Bestimmung lediglich einem punktuellen Hinweis auf die »historischen Daten« bzw. einem formalistischen auf den »totalitären Durchbruch«.[258] – Martin Broszat[259] hat vom Jahr 1938 als einem Wendepunkt der nationalsozialistischen Verfassungsentwicklung gesprochen: 1938 kommen die organisatorischen Entscheidungen der Jahre 1936/37 und die personellen der Jahre 1937/38 voll zum Zuge, z. B. die Vierjahresplanung und die Abdankung von Schacht, Blomberg, Fritsch[260], Neurath, die in Wirtschaft, Armee und Diplomatie unverkennbar zugunsten der NSDAP wirkte:

»In Germany, fascism gained sufficient momentum to oust its allies. By the dismissal of Schacht, Werner von Blomberg, Werner von Fritsch, and Konstantin von Neurath in 1937-1938, the Nazis assumed control over the economy, the army, and the diplomacy, those exact three positions that their conservative allies of January 30, 1933, had deemed it most important to maintain.«[261]

Die totalitarismustheoretische Quintessenz dieser Bemerkung Wolfgang Sauers ist jedoch zu relativieren. Ihr Gewicht besteht darin, daß sie die Bedeutung des Jahres 1938 hervorhebt: die »Phase der unmittelbaren wirtschaftlichen Kriegsvorbereitung« (1936 bis 1939) ging zu Ende. Dafür sprechen u. a. die Wandlungen in Produktion und Zirkulation ab 1939[262], die verschärften Konsequenzen der Gesetzgebung zur Einschränkung der Mobilität der Lohnabhängigen[263], die Änderung der strategischen Konzepte[264] und der Herrschaftsmethoden.[265] (»Im Jahre 1938 erfolgte [. . .] nicht nur die Stabilisierung des Kurses der nunmehr dominierenden staatsmonopolistischen Gruppierung und die Konsolidierung dieser Gruppierung selbst [gemeint ist die »Gruppierung Göring/IG Farben«, E. H.]. Es vervielfachte sich im Zuge der inneren Expansion [. . .] und der beginnenden äußeren Expansion

[. . .] auch die Aktivität der zunächst von den vordersten Positionen abgedrängten Konzerngruppen [gemeint ist die »Gruppierung Schacht/Thyssen/Thomas«, E. H.].«[266]) Auch Broszat hat auf Entwicklungen aufmerksam gemacht, die 1938 »mit dem Ende der konservativen Stilisierung und Mäßigung des Nationalsozialismus im Innern« (seit 1934) und mit »dem Beginn aktiver Expansionspolitik nach außen« einhergingen.

Die Bedeutung des Jahres 1938 läßt sich, wie schon angedeutet, vor allem am Verhältnis von Faschismus und Konservativismus ablesen: die »letzten Konservativen [werden] ausgebootet«.[267] Es scheint somit gerechtfertigt, die »Kriegswirtschaft«, was die Details – nicht jedoch die Strukturen und damit die sozialgeschichtliche, ökonomische und politische Vorgeschichte – angeht, zunächst auszusparen und sich auf die »Kriegswirtschaft in Friedenszeiten« zu beschränken.[268] Der Kriegsbeginn am 1. September 1939 bezeichnet jedenfalls »einen qualitativen Einschnitt von grundsätzlicher Bedeutung«.[269]

2. Anmerkungen zum methodischen Vorgehen

Am Beispiel des Verhältnisses von Nationalsozialismus und Industrie bzw. Wirtschaftsordnung sollen einige Probleme einer systematischen Analyse der Beziehungen zwischen der ökonomischen »Basis« eines monopolistisch entwickelten und krisenhaften Systems der gesellschaftlichen Produktion und privaten (bzw. staatlichen) Aneignung der produzierten Waren mit eingeschlossenen Mehrwertanteilen (»Kapitalismus«) einerseits und der politischen, institutionellen, organisatorischen und sozialpsychologischen Verfassung einer antagonistischen (»kapitalistischen«) Gesellschaft andererseits abgehandelt werden. Da in diese Arbeit keine eigenen Untersuchungen von Archivbeständen und unveröffentlichten Dokumenten eingebracht werden, sondern vielmehr von den veröffentlichten Dokumenten[270] sowie den nachgerade als »klassisch« eingestuften Übersichten und Interpretationen[271] ausgegangen wird, läßt sich die skizzierte Verknüpfung von kritischer Theorie und Geschichtswissenschaft nur durchhalten, wenn die benutzten Sekundärquellen und Deutungen immer wieder daraufhin befragt werden, was sie zur Aufhellung des Vermittlungsprozesses von Ökonomie und Politik sowie von Politik und Ökonomie beitragen. Damit rückt auch das erkenntnisleitende Interesse der jeweiligen Deutungen ins Zentrum der Betrachtung. Dieses Interesse wird ideologiekritisch auf seine politischen Einschlüsse und Vorentscheidungen hin geprüft. Die ideologiekritische Frage: »Cui bono?« wird also in doppelter Absicht gestellt. Einmal gilt sie der nationalsozialistischen Gesellschaftsordnung selbst: Wer verspricht sich was warum von nationalsozialistischer Politik? Wer versucht warum und wie auf diese Politik Einfluß zu nehmen bzw. wie kommen die ökonomischen Vorstellungen und wirtschaftspolitischen Handlungen zustande und welchen Interessen lassen sie sich zuordnen? Wer gibt Geld, protegiert und tritt partiell Verfügungsgewalt ab, wann, wie, unter welchen Umständen und zu welchem Zweck?[272] Zum anderen wird sie an die herangezogenen Untersuchungen gerichtet. Es soll herausgefunden werden, inwieweit die »Gedanken der herrschenden Klasse« in eben diesen Untersuchungen als »herrschende Gedanken« auftauchen bzw. – im Hinblick auf den »historischen Prozeß« selbst – inwieweit zugunsten von politischen Macht- und ökonomischen Herrschaftsverhältnissen der Hoffnung auf eine grundlegende Verbesserung der menschlichen Existenz der Grund entzogen wird. Damit wird der Ideologiebegriff in den gesellschaftlichen Zusammenhang hineingestellt.

An den Nationalsozialismus – also an eine Ordnung der modifiziert-eingeschränkten »Erhaltung des Privateigentums an Wirtschaftsgütern und Unternehmen«[273] – und an die den Nationalsozialismus analysierenden Darstellungen werden die bürgerlichen Forderungen nach Freiheit, Gleichheit, Brüderlichkeit sowie die daraus abzuleitenden Forderungen nach Abschaffung der Herrschaft von Menschen über Menschen bzw. nach Etablierung der Herrschaft des Rechts als eines durch allgemeine, chancengleiche und aufgeklärte öffentliche Diskussion herrschaftsfrei zustande gekommenen gesellschaftlichen Regel- und Normensystem herangetragen.[274]

Das impliziert eine »Ideologiekritik der Ideologiekritik«. Sie mündet ein in den Versuch einer »materialistischen Analyse materialistischer Analysen«, die z. B., konsequent verfolgt, ermitteln helfen kann, wie auch »sowjetmarxistische Parteilichkeit« ideologische Ergebnisse zeitigt und das Verhalten sowie die Vorstellungen der KPD eher legitimiert als zur Diskussion stellt.[275] Gegenüber »marxistisch-materialistischen« Arbeiten wird eine »undogmatische und antidogmatische, historische und kritische und also im eigentlichen Sinne des Worts materialistische Auffassung des Marxismus« vertreten: die »Anwendung der materialistischen Geschichtsauffassung auch auf die materialistische Geschichtsauffassung selbst«.[276]

3. Dimensionen der Darstellung des Verhältnisses von Industrie und deutschem Faschismus

Um dieses Vorgehen systematisch zusammenzufassen, läßt sich – in Anlehnung an Werner Hofmanns Beschreibung ideologiekritischer Methodik[277] – sagen, daß beabsichtigt ist:

1. die Herstellung einer Argumentationskette verschiedener themengleicher Aussagen,
2. die Betonung und Untersuchung des Bezuges zwischen der Aussage und denjenigen gesellschaftlichen Interessenpositionen, die diese Aussage vermitteln und tragen, sowie denjenigen, an die sie adressiert ist,
3. die Betonung und Untersuchung des Bezuges zwischen der Aussage und dem Verhalten der sich mit dieser Aussage identifizierenden bzw. der sich ihrer bedienenden sozialen Gruppen- und Interessenverbände,
4. das Herausarbeiten des latenten Inhalts und der Zielsetzung der Aussage.

Eine derart strukturierte Analyse vereint quantitativ-empirische mit qualitativ-theoretischen Aspekten. Dabei wird zwischen verschiedenen thematischen Dimensionen unterschieden. Als Bereiche des Problemkreises ›Nationalsozialismus – Industrie‹ lassen sich anführen: 1. die innerparteiliche Entwicklung der NSDAP, 2. die Bündnispolitik sowie die Beziehungen 3. zur Industrie und 4. zu »Funktionseliten« in Justiz und Verwaltung.

Die zuerst genannte Dimension ist nicht zuletzt wegen ihrer machtpolitischen Konsequenz wichtig, wobei die autoritäre

Lösung parteiinterner Konflikte zwischen einem sich selbst als »revolutionär-nationalsozialistisch« verstehenden »linken« und einem »rechten« Flügel der NSDAP in ihrer gesamtgesellschaftlichen Bedeutung zu berücksichtigen ist. Ereignisse wie die Bamberger »Führertagung« (Februar 1926), die im selben Jahr einsetzende Annäherung an Vertreter der Schwerindustrie wie Emil Kirdorf, den Ehrenvorsitzenden der Gelsenkirchner Bergwerks AG, der Parteiaustritt Otto Strassers (Juli 1930), die erfolglose Rebellion des SA-Führers Walter Stennes (April 1931), der Rücktritt Gregor Strassers von sämtlichen Parteiämtern in Verbindung mit der Niederlegung seines Reichstagsmandats (Dezember 1932) und die Ermordung des SA-Stabchefs Ernst Röhm sowie anderer SA-Führer und Gregor Strassers (Ende Juni/Anfang Juli 1934)[278] markieren nicht nur Kulminationspunkte einer gegen die »nationalsozialistische Linke« gerichteten innerorganisatorischen Repression bzw. Gewaltanwendung; die Abkehr von jenem »nationalen Sozialismus«, den der Strasser-Flügel als antiliberale Synthese von bürgerlichem Nationalismus und »deutschem Sozialismus« begriffen hat, und die Hinwendung zur »strafferen Durchorganisierung und hierarchisch-befehlsautoritären Grundlagen- und Machterweiterung der traditionellen Gesellschaftsordnung«[279] verdeutlichen auch den machtpolitischen Anspruch der heterogenen nationalsozialistischen »Sammlungspartei«. Obwohl die Beobachtung, seit 1930 – seit, so Otto Strasser, die »Sozialisten« die NSDAP verlassen – habe »Hitlers opportunistische Hinneigung zum kapitalistischen, gewerkschaftsfeindlichen Unternehmertum«[280] in der NSDAP dominiert, ein (herrschafts)soziologisches und systembezogenes Problem unzulässig personalisiert, liefert sie das richtige Stichwort.[281]

Der Hinweis auf den politischen Gehalt der parteiinternen Auseinandersetzungen innerhalb der NSDAP verdeutlicht zugleich, daß die weiteren thematischen Dimensionen: Bündnispolitik im allgemeinen, Beziehungen zu »der« Industrie im allgemeinen und zur »Funktionselite« im besonderen, jeweils unter zwei Gesichtspunkten zu fassen sind: demjenigen der NSDAP und demjenigen der bürgerlich-konservativen Parteien und Organisationen, die sich 1931 mit der NSDAP zum organisatorisch losen – die NSDAP aber politisch aufwertenden und publizistisch protegierenden – Verband der »Harzburger Front« zusammengeschlossen haben (DVP, DNVP, Stahlhelm, Reichslandsbund, Wirtschaftsverbände, Wirtschaftspartei, Alldeutsche). Die Interessenlagen, die zum Bündnis geführt haben, gilt es zu erkennen und zu rekonstruieren. *Hypothetisch wird davon ausgegangen, daß ein einmal politisch, ein andermal sozial interpretiertes »Führerprinzip«:* »Autorität von oben, Vertrauen von unten«[282] bzw. »Autorität jedes Führers nach unten und Verantwortlichkeit nach oben«[283], *die gemeinsame Basis dieses Bündnisses und dieser Affinität zwischen (ökonomisch) herrschender Klasse und der nationalsozialistischen Bewegung gewesen ist.** Das *Gesetz zur Ordnung der nationalen Arbeit* (1934)[284], das vom Unternehmer als »Führer des Betriebes« und den Beschäftigten als »Gefolgschaft« ausgeht, erscheint als Paradigma dieser Kooperation auf der Grundlage des »Führerprinzips«. Das »Monopol der NSDAP-Führung im politischen Bereich [ist] der Preis [gewesen], den die Oberklassen für die Garantie ihrer gesellschaftlichen und wirtschaftlichen Führungspositionen zu entrichten hatten.«[285]

Die Dimensionen der innerparteilichen Entwicklung, der Beziehung zur Industrie und zu »Funktionseliten« sowie der Bündnispolitik schlechthin lassen sich in einem graphischen Begriffsrahmen veranschaulichen (Tafel 1). (Diese Tafel kann man sich auch als eine Matrix mit neun Feldern vorstellen; Interaktionen und innerparteiliche Entwicklung der NSDAP lassen sich auch quantifizieren. Bislang kann die Tafel allein der Klassifizierung und Verdeutlichung qualitativer Untersuchungsinteressen dienen, da die empirischen Daten für eine quantifizierend-theoretische Darstellung noch nicht aufbereitet sind.)**

Jedes Feld der Tafel wirft spezifische Fragen auf. Eine empirische und theoretische Bearbeitung jedes einzelnen Feldes ist nur dann möglich, wenn der politische, sozialökonomische und sozialpsychologische Bezug zum ganzen Klassifikationsschema hergestellt wird. – Insgesamt beinhaltet Tafel 2 die Analyse der von Bernhard Blanke konstatierten vier

* Vgl. dazu die Seiten 80-84 im Text.
** Vgl. auch die schematische Darstellung auf S. 83.

Tafel 2: Dimensionen des Themas
(Die Stellung der NSDAP zum Kapitalismus mit ihrer Auswirkung auf Interaktionen und parteiinterne Entwicklungstrends der NSDAP)

Interaktionen / Kapitalismus		Kontakte der NSDAP zur herrschenden Klasse:		innerparteiliche Entwicklung der NSDAP
		allgemein: Bündnispolitik	speziell: Industrie	
Intensität der Affinität der NSDAP zum Kapitalismus	fixiert intensiv	Kooperation mit »Funktionseliten« (1)	Arbeitsteilung: NS-Politik-kapitalistische Ökonomie (4)	»Führerprinzip« (Konfliktlösungen 1923, 1926, 1930, 1931, 1932, 1934) (7)
	ambivalent intensiv	Harzburger Front (2)	Parteifinanzierung und Protegierung (5)	Konflikt: »Links«-»rechts« (8)
	gering	»autonome« Existenz der NSDAP (3)	»autonome« Entstehung NSDAP (6)	»antikapitalistische Sehnsucht« (9)

Phasen der »Faschisierung einer durchkapitalisierten«, aber »refeudalisierten« Gesellschaftsordnung:

»1. Die ›Bewegung‹, die weitgehend ›autonom‹, d. h. aus der Mechanik der kapitalistischen Gesellschaft heraus, entstand; 2. die Phase der politischen Koalitionen mit bürgerlichen und traditionalistischen Kräften [. . .]; 3. die Phase der politischen Entmachtung bürgerlicher Parteien bei gleichzeitiger enger Kooperation mit den gesellschaftlichen Machtgruppen (Industrie, Militär . . .) und die Niederhaltung der ›Bewegung‹ durch die faschistischen Führungsgruppen; 4. die Phase des Aufbrechens der Widersprüche, Konkurrenz und teilweiser Gegnerschaft zwischen den faschistischen Führungsgruppen und ihren Verbündeten.«[286]

Exkurs: Ein realdefinitorischer Versuch zur Bestimmung der Begriffe »herrschende Klasse«, »Oberklassen«, »Funktionseliten« im Rahmen der Faschismusanalyse

Bevor die Analyse der NSDAP und des Verhältnisses von faschistischer Bewegung und bürgerlicher Gesellschaft in Deutschland vorangetrieben werden kann, erscheint es geboten, einige zentrale Begriffe zu erläutern.

Helga Grebing hat, wie oben angedeutet, an der neueren Faschismusdiskussion insbesondere deren »Methodeneklektizismus« kritisiert. Ihren Vorwurf stützt sie auf die »mangelnde begriffliche Präzision«[287] der Analysen beispielsweise von Wilhelm Alff, Reinhard Kühnl, Heide Gerstenberger und Manfred Clemenz. Kühnl habe[288] die für seine Argumentation konstitutiven Begriffe »System«, »Struktur« und ». . . form« unzureichend expliziert und gebrauche sie auch nicht widerspruchsfrei. Genau dies scheint, wenn man Grebings Kritik folgt, für den Stand der aktuellen Theorien über den Faschismus typisch zu sein und trifft insbesondere für die Definition der Industrie zu. So versucht z. B. Wilhelm Treue, »die Gruppe der Schicht der Unternehmer auf[zu]lösen in Individuen und diese als solche in ihrem eigenen Lebensbereich [zu] betrachten«[289]; d. h.: für ihn tritt die kapitalistische Klasse hinter der realen Erscheinung einzelner Industrieller zurück (der kapitalistische Klassencharakter nationalsozialistischer Macht wird von ihm in Abrede gestellt). Tim Mason dagegen operiert mit dem Begriff »besitzende« bzw. »ökonomisch herrschende Klasse«.[290] Er spricht sowohl von »herrschenden Gesellschaftsgruppen« als auch von einer »herrschenden Klasse«.[291] Seine Wahl des Begriffs »ökonomisch herrschende Klasse« begründet er folgendermaßen: man könne die Besitzer von Produktionsmitteln nicht anders beschreiben, »wenn sie keine *herrschende Klasse* zu bilden scheinen«[292], da sie im Kontext eines »Primats der Politik« agieren.

Die Konfusion der Begriffe ist, wie man sieht, beträchtlich; sie wurzelt in unterschiedlichen Interpretationen des Faschismus und wird durch deren immanente Widersprüche noch verschärft. In der ›Schule‹ der »sowjetmarxistischen« Faschismustheorie weist Jürgen Kuczynski für die Monopolgruppen den Begriff »herrschende Klasse« zurück, während Kurt Gossweiler ihn in diesem Sinne gebraucht. Vor allem Reinhard Kühnl, Vertreter eines modifiziert-bonapartismustheoretischen Ansatzes, hat einige Begriffsverwirrung angerichtet. In seiner Aufsatzsammlung *Deutschland zwischen Demokratie und Faschismus* benutzt er den Begriff »soziale Oberklassen«[293], in *Formen bürgerlicher Herrschaft: Liberalismus – Faschismus* dagegen bedient er sich überwiegend der Begriffe »soziale Oberklassen«[294], »Oberklassen«[295] und »herrschende Klasse«.[296] Manchmal spricht Kühnl von der »sozialen Herrschaft der Oberklassen«[297] oder von der »sozialen Herrschaft des Großbürgertums«.[298] Synonym gebraucht werden aber auch die Wendungen »ökonomische Führungsgruppen«[299], »ökonomisch herrschende Klasse«[300] bzw. »herrschende ökonomische Machtgruppen«[301]; dann wieder ist die Rede von der »Herrschaft einer privilegierten Klasse«[302], von »alten Führungsschichten«[303], von »Führungsgruppen der alten Oberklassen in Wirtschaft, Militär und Staatsapparat«[304], von »höheren Klassen«.[305] Bisweilen heißt es schlicht »Kapitalistenklasse«[306] oder »die Herrschenden«[307]; dann wieder werden »Kapital«, »Herrschaft« und »(Groß)Bürgertum« bemüht[308], um die Herrschaftsposition der Bourgeoisie zu bezeichnen. An einer Stelle propagiert Kühnl sogar eine »neue Klasse«, eine »neue Herrschaftselite (als Produkt einer partiellen Verschmelzung der alten Führungsschichten mit den Führungskadern der faschistischen Partei)«.[309] Kurz: Es werden wiederholt Elemente einer an der Produktion orientierten Klassentheorie mit einem an der Distribution orientierten Schichtenmodell und einer Elitentheorie vermischt, ohne daß dies jeweils begründet würde.

Für unsere Studie gilt: beschreibende (»historisch-narrative«) und theoretisch-kritische, kategoriale Momente werden amalgiert, d. h.: es werden die Begriffe »traditionelle Oberklassen« und »herrschende Klasse« sowohl voneinander geschieden als auch aufeinander bezogen, um ökonomische wie auch soziologische Momente des bürgerlichen Klassenbegriffs aufzunehmen[310] und um anzuzeigen, daß Klasse als »Zusammenfassung [. . .] funktionaler Personifikationen« (M. Tjaden-Steinhauer, K. H. Tjaden) eine politisch-ökonomische »Konstante« und zugleich eine subjektiv von einer konkreten historischen Situation her bestimmte »Variable« ist, daß sich also der Zustand einer Klasse »an sich« von dem einer Klasse »für sich« gravierend unterscheiden kann. Ferner soll die Differenzierung in »traditionelle Oberklassen« und »herrschende Klasse« andeuten, daß sich im Kaiserreich eine politisch motivierte widerspruchsvolle Einheit von Großagrariern und Großindustrie herausgebildet hat.

Mit der Verwendung der Begriffe »herrschende Klasse« – »traditionelle Oberklassen« soll versucht werden, die Ebenen der historischen Triebkräfte sowie der Verkörperung eben dieser Triebkräfte beispielsweise als »Antriebsstruktur des Subjektes« (H. Fleischer), die Ebenen des »Inhalts« und der »Form« in ein dialektisches[311] Verhältnis zu setzen. Das bedeutet, daß abgerückt wird von einem Konzept, das angesichts des Kapitalismus von einem konstanten »Inhalt« mit ständig wechselnden »Formen«[312], d. h. monokausal von einem »Primat der Ökonomie« ausgeht, dem gegenüber die konkrete politische Verfassung der Gesellschaft zur Nebensache wird.*

Gerade der »feedback« zwischen »politischer Form« (»Faschismus«) und »ökonomischem Inhalt« (»Kapitalismus«) ist das zentrale Problem einer Analyse des Nationalsozialismus. Keineswegs kann der Faschismus als ein sozioökonomisches System historisch hinreichend trennscharf aus dem »Wesen des Kapitalismus« herausdestilliert werden. Die abstrakten Kategorien der allgemeinen Wissenschaft politische Ökonomie werden dem konkreten Phänomen Faschismus nicht gerecht. Der »tendenzielle Fall des Durchschnittsprofits«, der strukturell die Weltwirtschaftskrise auslöst und durch diese seinerseits beschleunigt wird, vermag die Entwicklung zum offenen Faschismus nicht zu erklären.

Auch wenn Zeitgenossen den »looming shadow of Fascism over the world« warnend beschworen haben[313], muß gefragt

* Dazu eingehender Friedrich Eberle, Eike Hennig, *Anmerkungen zum Verhältnis von Theorie und Empirie,* in: *Gesellschaft. Beiträge zur Marxschen Theorie 2,* Frankfurt 1974, S. 85 ff.

werden, warum sich die düstere Ahnung gerade »linker« Autoren nicht erfüllt hat. Mit dieser Frage ist die begrenzte Reichweite einer abstrakten Verwendung des Instrumentariums der politischen Ökonomie angedeutet; denn die Krise hat die USA ähnlich nachhaltig erschüttert wie das Deutsche Reich.[314] Die Krisenlösungs-Versuche haben zwar alle das liberale Politik-Ökonomie-Verständnis aufgehoben, aber ihre konkreten Auswirkungen waren völlig verschieden: die deutschen Angestellten radikalisierten sich nach rechts, die amerikanischen nicht; in Deutschland wurden Sozialpolitik und Tariffreiheit abgebaut, in den USA wurden sie im Gefolge der Krise institutionalisiert; der Krisenüberwindung durch eine »Kriegswirtschaft in Friedenszeiten« in Deutschland standen die Infrastruktur- und Umverteilungsmaßnahmen des *New Deal* gegenüber.

Das bedeutet, daß abstrakt und kategorial Fragen wie: »Wer hat warum und wann Geld und Verfügungsgewalt gegeben bzw. abgetreten?« »Wer drängte warum und wann auf die Zerschlagung der Gewerkschaften und der Arbeiterbewegung?« nicht zureichend beantwortet werden können bzw. daß die Antworten, sofern sie gegeben wurden, undifferenziert, ja, präformiert sind. Wichtig ist, zwischen historischen Triebkräften »an sich« und »für sich« zu unterscheiden. Zu diesem Zwecke müssen sowohl Begriffe der politischen Ökonomie als auch solche der deskriptiven Soziologie eingesetzt werden.

Der Begriff Klasse kennzeichnet, um eine Äußerung Engels' umzukehren[315], in letzter Instanz ökonomische Verhältnisse. Als soziale und politische Erscheinung, als Ausdifferenzierungen der beiden kapitalistischen Hauptklassen Proletariat und Bourgeoisie sind Klassen jedoch nicht identisch mit ihrer kategorialen ökonomischen Definition[316], die auf die Stellung im Produktionsprozeß abzielt. Eine solche abstrakte Bestimmung benennt lediglich Einkommensarten und den spezifischen Warencharakter von Klassen:

»Die Eigentümer von bloßer Arbeitskraft, die Eigentümer von Kapital und die Grundeigentümer, deren respektive Einkommensquellen Arbeitslohn, Profit und Grundrente sind, also Lohnarbeiter, Kapitalisten und Grundeigentümer, bilden die drei großen Klassen der modernen, auf der kapitalistischen Produktionsweise beruhenden Gesellschaft.«[137]

Auf dieser kategorialen Bestimmungsebene werden Klassen lediglich durch ihre Stellung im System gesellschaftlicher Arbeit, d. h. im Prozeß der Produktion und Aneignung des Mehrprodukts sowie überhaupt der Produkte gesellschaftlicher Arbeit, definiert, also durch die »Verschiedenheit ihres Platzes in einem bestimmten System der gesellschaftlichen Wirtschaft« (Lenin):

»Als Klassen bezeichnet man große Menschengruppen, die sich voneinander unterscheiden nach ihrem Platz in einem geschichtlich bestimmten System der gesellschaftlichen Produktion, nach ihrem [...] Verhältnis zu den Produktionsmitteln, nach ihrer Rolle in der gesellschaftlichen Organisation der Arbeit und folglich nach der Art der Erlangung und der Größe des Anteils am gesellschaftlichen Reichtum, über den sie verfügen.«[318]

Von hier aus ist die konkrete Erscheinung von Klassen zu beschreiben; denn für die Klassenanalyse ist die Dualität von Klasse (»Klasse an sich«) und Klassenbewußtsein (»Klasse für sich«) von entscheidender Bedeutung. Klassenbewußtsein bezeichnet das politische Bewußtsein von den ökonomischen Verhältnissen[319], wobei die Verhältnisse selbst keine Konstante darstellen. (Die Beiträge der Wirtschaftssektoren zur volkswirtschaftlichen Wertschöpfung bilden einen groben Indikator für die ökonomische Konstellation als Bezug der drei großen Klassen. Für Deutschland zeigt sich, daß – vergleicht man etwa die Jahre 1870 und 1938 miteinander – vor allem der Anteil der Landwirtschaft, bis 1888 der bedeutendste Wirtschaftszweig, stark abnimmt [von 40,2 auf 15,2 Prozent], während der »tertiäre Sektor« konstant bleibt [31,6 bzw. 32,5 Prozent] und der Anteil des »produzierenden Gewerbes« wächst [von 28,2 auf 52 Prozent].[320])

Die Analyse der Klassen muß zugleich den Gesamtzusammenhang und die Details beachten. Sie darf nicht auf der Ebene der Produktivkräfte und der Kategorien der politischen Ökonomie verharren. Reale Klassen sind nämlich, wie Staatsverfassungen, politische Formen, die in durchaus unterschiedlicher Weise einer strukturell gleichen ökonomischen Basis zugeordnet werden können. Die Bemerkung: »In der politischen Ökonomie ist unter Proletarier der Lohnabhängige zu verstehen, der Kapital produziert und es Früchte tragen läßt«[321], besagt wenig über das tatsächliche Verhalten und

Schaubild 1:
Die im Erwerbsleben tätigen Personen nach ihrer sozialen Stellung 1882-1939

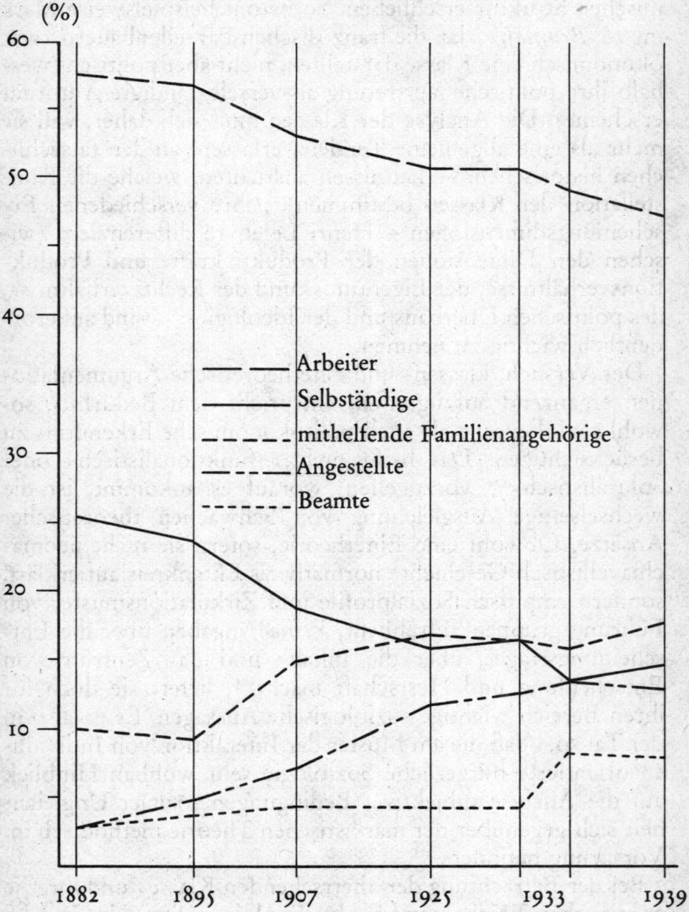

(Quelle: Helmut Steiner, *Soziale Strukturveränderungen im modernen Kapitalismus,* Berlin 1967, S. 11 – die entsprechenden absoluten und prozentualen Einzelwerte finden sich auf S. 12 f.)

über die Ausdifferenzierung z. B. dieser Hauptklasse. Die jeweilige Konstellation der Klassen und der jeweilige Stand der Klassenkämpfe läßt sich nur sehr indirekt aus der ökonomischen Struktur erschließen. So betont beispielsweise Marx im *18. Brumaire*, daß die französischen Parzellenbauern zwar ökonomisch eine Klasse darstellten, nicht aber politisch (weshalb ihre politische Vertretung als verselbständigte Autorität erscheine). Die Analyse der Klassen muß sich daher, will sie mehr als eine allgemeine Tendenz erfassen, an den tatsächlichen historischen Verhältnissen ausrichten, welche die Konstellation der Klassen bestimmen[322]; ihre verschiedenen Erscheinungsdimensionen – Henri Lefebvre differenziert zwischen den Dimensionen der Produktivkräfte und Produktionsverhältnisse, der Eigentums- und der Rechtsverhältnisse, des politischen Überbaus und der Ideologie[323] – sind außerordentlich wichtig zu nehmen.

Der Versuch, klassen- und elitetheoretische Argumentationen ergänzend aufzugreifen, entspricht dem Bedürfnis, sowohl soziologische als auch politökonomische Erkenntnis zu berücksichtigen. Das heißt nicht, »funktionalistisch« oder »pluralistisch«[324] vorzugehen; worauf es ankommt, ist die wechselseitige Ausgleichung von Schwächen theoretischer Ansätze. Obwohl eine Elitetheorie, sofern sie nicht neomachiavellistisch Geschichte normativ als Elitenkreislauf erklärt, sondern empirisch Sozialprofile und Zirkulationsmuster von Führungsgruppen aufschließt, keine Angaben über die Entscheidungsträger, über die Inhalte und das Zentrum von Entscheidung und Herrschaft macht[325], liefert sie doch für ihren Bereich wichtige soziologische Aussagen. Es ist also in der Tat so, »daß die am Muster der Interaktion von Individuen orientierte bürgerliche Soziologie sehr wohl in Hinblick auf die Analyse subjektiver Bedingungen sozialer Ungleichheit sich gegenüber der marxistischen Theorie methodisch im Vorsprung befindet«.[326]

Bei der Betrachtung der »herrschenden Klasse« und ihrer je spezifischen Erscheinungen als »Funktionseliten« im Prozeß der kapitalistischen Herrschafts- und Machtausübung sollen zwei unterschiedliche Vorstellungen miteinander in Beziehung gesetzt werden: 1. Klassen und Individuen als Verkörperungen von Klasseninteressen werden als Ausdruck ökonomischer Verhältnisse, letztlich von Produktionsverhältnissen, verstanden. 2. Interaktionen und Entscheidungen von Individuen werden unter dem Aspekt ihrer Zugehörigkeit zu gesellschaftlichen Klassen diskutiert. Beiden Konzepten wohnen besondere Schwächen und Gefahren inne. Das erste setzt sich leicht über den grundsätzlichen Unterschied zwischen der kategorialen (»theoretisch-konstruktiven«) und der konkreten (»historisch-narrativen«) Ebene der Marxschen Kapitalismus-Analyse hinweg; die Differenz von ökonomischem Bezugsrahmen und politisch realer Ausformung der Klassen wird verwischt; der politisch-ökonomische Klassenbegriff, so wie er sich aus der Stellung im Produktionsprozeß und aus dem Besitz an Produktionsmitteln ergibt, wird mechanistisch der realen Erscheinung einer Klasse gleichgesetzt. Das zweite Konzept operiert mit einem abstrakten Machtbegriff. Macht wird gleich Macht gesetzt, die einzelnen Träger von Macht und die einzelnen Entscheidungen werden vom Zentrum gesellschaftlicher Herrschaft oder den politischen und sozialen Zentren von Herrschafts- und Machtausübung in Staat und Betrieb abgelöst; die Trennungslinie zwischen den Klassen wird zugeschüttet, man verkennt, daß die in antagonistische Klassen polarisierte kapitalistische Gesellschaft auch dann Klassengesellschaft bleibt, wenn diesem »objektiven« Zustand kein Klassenbewußtsein entspricht oder wenn er politisch-staatlich bzw. offen gewaltsam durch einen Klassenkampf vorwiegend »von oben« überlagert wird.* Es bedarf somit der an der Distribution und an formalen gesellschaftlichen Zugangs- und Chancenkriterien orientierte (»pluralistische«) Erklärungsansatz der Korrektur durch einen Ansatz, der von der Stellung der Klassen im Produktionsprozeß ausgeht. Diese Korrektur ändert indes nichts daran, daß es aus empirischen Gründen legitim ist, zwischen »herrschender Klasse« und »herrschenden Eliten« zu unterscheiden.[327] Diese Unterscheidung ist nicht zuletzt für die Diskussion des deutschen Faschismus wichtig, sofern man das Verhältnis von sozialer

* Zur Fortdauer und zur Form von Klassenkampf im »Dritten Reich« vgl. jetzt die monumentale Studie von Timothy W. Mason, *Arbeiterklasse und Volksgemeinschaft*, Opladen, 1975. Zur Charakterisierung dieser Arbeit vgl. meinen Bericht in: *Sozialwissenschaftliche Informationen für Unterricht und Studium*, 6 (1977), H. 1, S. 43-46.

Herrschaft im Betrieb und politischer Machtausübung durch eine Oligarchie von Fachleuten für Manipulation und Terror in Verbindung mit »traditionellen Funktionseliten« in den öffentlichen Bürokratien und im Militär nicht von vornherein begrifflich verformen will.

Die Wahl eines »verdoppelten«, politökonomischen und soziologischen, Erklärungsansatzes findet seine Begründung auch in dem Doppelcharakter des bürgerlichen Staates, der nur im – allerdings aus dem gesellschaftlichen Antagonismus heraus stets drohenden – Ausnahmefall zur direkten Gewaltanwendung zum Zweck der Aufrechterhaltung der Gesetzmäßigkeiten des Tauschwerts und der Warenproduktion greift (und dann vornehmlich gegenüber Proletariat), denn:

»Außerökonomische, unmittelbare Gewalt wird [als Kennzeichen des Feudalismus und der ursprünglichen Akkumulation unter der Herrschaft des Kapitals über die Arbeit – E. H.] zwar immer noch angewandt, aber nur ausnahmsweise. Für den gewöhnlichen Gang der Dinge kann der Arbeiter den ›Naturgesetzen der Produktion‹ überlassen bleiben.«[328]

Die organisatorischen Momente der Ordnung der Produktion und Aneignung des Mehrprodukts wirken auf die Sphäre der Produktion, der Zirkulation und Vermarktung sowie der Arbeitsverhältnisse zurück. Die klassenspezifischen Einkommensquellen der »Eigentümer von bloßer Arbeitskraft« (der Arbeitslohn) und der »Eigentümer von Kapital« (der Profit) ebenso wie das klassenspezifische Erwirtschaften des Lebensunterhalts durch Verwertung der Arbeitskraft einerseits, des Kapitals andererseits sind durch »den« Staat und dessen Politik entscheidend beeinflußt. »Der« Staat ist keine vom ökonomischen Bereich und den Herrschaftsverhältnissen dort isolierte und »neutrale«, sondern eine durch diesen Bereich »vermittelte« Institution. Diese »Vermittlung« ist keine direkt mechanische. Staat bedeutet eben »Not und Verstandesstaat« (G. W. F. Hegel); der bürgerliche Staat ist gleichzeitig, neben- und ineinander, »Staat der Kapitalisten« und »die Organisation, welche sich die bürgerliche Gesellschaft gibt, um die allgemeinen äußeren Bedingungen der kapitalistischen Produktionsweise aufrechtzuerhalten gegen Übergriffe sowohl der Arbeiter wie der einzelnen Kapitalisten«[329]; er ist in einem das »illusorische ›Allgemein‹-Interesse« und »die Form der Organisation, welche sich die Bourgeoisie sowohl nach außen als nach innen hin, zur gegenseitigen Garantie ihres Eigentums und ihrer Interessen notwendig« gibt.[330] Diese »Doppelform« des Staates und die Überlegungen zur Dialektik von Staat und Industrie, Politik und Ökonomie gehen in die begriffliche Verdoppelung »herrschende Klasse« – »herrschende Elite« / »Funktionseliten« ein; die Verdoppelung »herrschende Klasse« – »traditionelle Oberklassen« versucht zusätzlich, die historische Erfahrung der Refeudalisierung der deutschen Bourgeoisie aufzunehmen. (Es wird nicht klar, ob sich Reinhard Kühnl, wenn er von »Oberklassen« redet, nicht ebenfalls auf das Bündnis von Großgrundbesitz und Teilen der Bourgeoisie bezieht.)

Das Spannungsfeld und das Oszillieren staatlicher Politik zwischen allgemeinen und partikularen Interessen hat selbst Hitler andeutungsweise beschrieben (wohl in unbewußter Anknüpfung an die sozialimperialistische Maxime Bismarcks: »denjenigen Wünschen der arbeitenden Klassen [. . .], welche [. . .] eine Berechtigung haben, durch Gesetzgebung und Verwaltung entgegen[zu]kommen, soweit es mit den allgemeinen Staatsinteressen verträglich ist«[331]), so als er vor den Mitgliedern des »Hamburger Nationalclubs von 1919« im Sinne einer machtpolitischen Manipulation der Massen forderte:

»ehrlichstes und tiefstes Verständnis für all das, was, rein menschlich betrachtet, diese breite Masse der Nation entfremden müßte; tiefstes Eindringen in alle die Sorgen und Nöte und lebendigsten Mittel, diesen Sorgen und Nöten zu steuern, zu helfen und zu bessern, soweit das nach menschlicher Voraussicht überhaupt geht.«[332]

Sogar hier zeigt sich noch, wie wenig der Staat mechanisch als »Staat der herrschenden Klasse« aufgefaßt werden kann, wie sehr die Antizipation sozialer und ökonomischer Krisen sowie die entsprechenden Vorbeugungsmaßnahmen in Form regulativer Eingriffe in die sozialen und ökonomischen Verhältnisse die verselbständigte staatliche Dienstleistungsfunktion gerade gegenüber kurzfristigen kapitalistischen Interessen ausmachen. (Allerdings beherzigt der Nationalsozialismus an der Macht vorrangig die zweite Maxime Bismarcks, nämlich die »sozialdemokratische Frage« – somit die autonome politische und soziale Organisation der Arbeiterschaft überhaupt – als ein militärisches Problem anzusehen, und macht dem Staat[333] die »Ausrottung« der organisierten Arbeiterschaft, des »Marxismus«, zur Auflage.)

Das Nebeneinander der Begriffe »herrschende Klasse« – »traditionelle Oberklassen« scheint notwendig, um die historische Besonderheit der Haltung der deutschen Bourgeoisie anzudeuten; auch die Diskussion des offenen Faschismus kann von dieser Besonderheit nicht abstrahieren.

Als »personifiziertes Kapital« beinhaltet die aus so charakterisierten Kapitalisten zusammengesetzte »herrschende Klasse« vor allem einen *strikten* Gegensatz zur vorkapitalistischen Herrschaft der Grundbesitzer und zu deren direkter Herrschaftsausübung. Diese qualitative Differenz der Herrschaftsformen des Feudalismus und des Kapitalismus und die dazugehörige revolutionäre Ersetzung der vordem »herrschenden Klasse« der Grundbesitzer durch diejenige des »personifizierten Kapitals« entspricht zwar in ihrem Antagonismus nicht der Differenz zwischen Kapitalismus und Sozialismus[334]; bemerkenswert im Falle Deutschlands ist aber, daß dieser qualitative Unterschied kaum verwirklicht worden ist. Während sich dort, wo der Kapitalismus seinem Begriff gemäße sozioökonomische Verhältnisse freigesetzt hat, die Aufhebung des Kapitalismus – weil das Kapital seinen »prozessierenden Widerspruch« einschließt – mit dem kapitalistischen Mittel der Bildung von Aktiengesellschaften (zur Eingliederung noch der kleinsten Geldmenge in die Produktion[335])[336] vollzog, ist sie im Deutschen Reich vorwiegend »Refeudalisierung«, »Verschmelzung« von Teilen der Großindustrie mit dem Großgrundbesitz und dem militaristischen Staat, gewesen. »Refeudalisierung« heißt, daß unterschiedliche Zeit- und Bewußtseinsstrukturen existierten, daß die deutsche Gesellschaft in entscheidenden Bereichen nicht auf der Höhe des Kapitalismus (so wie er seinem Begriff entspricht) stand. »Die Straße, welche das Kapital durchs ›organisch‹ überlieferte Land gebrochen hat, zeigt als deutsche jedenfalls besonders viel Nebenwege und Bruchstellen.«[337] So wurde die gesellschaftliche und politische Position der Großagrarier nicht revolutionär aufgehoben, vielmehr assimilierte sich insbesondere die Schwerindustrie dieser feudalen Tradition. Die wirtschaftliche

Oberschicht bildete mit dem Adel eine »feudal-kapitalistische Herrenklasse«[338]; nicht zu Unrecht spricht Leo Kofler von einem »bürgerlichen Kniefall vor dem Junkertum« und erblickt darin das »Vorspiel zum Verrat des Bürgertums an den eigenen Idealen und Ideen«[339]:

»Die historische Kette des Versagens des Bürgertums in Deutschland ist die ›Ursache des Preußentums‹ schlechthin. Der sichtbarste geistige Träger des Preußentums ist zwar die preußisch-junkerliche Klasse, aber in Wahrheit ordnet sich ihm die ganze deutsche Nation mehr oder weniger unter. Das bedeutet: In Deutschland behalten die feudalen Kräfte gesellschaftlich ein weitaus stärkeres Übergewicht als anderswo, ihr Wille und ihr Geist dringen in alle Fugen des nationalen Lebens, bemächtigen sich monopolistisch des Staates und dulden die bürgerliche Ökonomie einzig, soweit sie als Werkzeug der feudalen Staatsordnung gebraucht werden kann.«[340]

Diese spezifische Überwindung des Kapitalismus mit den nicht-kapitalistischen Mitteln der »Refeudalisierung« und des Militarismus ist als Besonderheit in eine Analyse des Nationalsozialismus aufzunehmen. Richard Löwenthal beschrieb den deutschen Faschismus als eine »neuartige Erscheinung«, »die aus dem Zusammenstoß der ökonomischen Entwicklungstendenzen des gegenwärtigen Kapitalismus mit einer voll entwickelten Interessendemokratie bei einer bestimmten Zuspitzung der Krise und der Klassengegensätze notwendig hervorgeht, sofern die sozialistische Gestaltung dieser Krise nicht gelingt«[341]. Und:

»Die Untersuchung der Besonderheiten der deutschen Entwicklung kann [. . .] nicht so erfolgen, daß diese Besonderheiten den allgemeinen Entwicklungstendenzen einfach hinzugefügt oder gar entgegengestellt werden, wie dies vielfach bei jenen der Fall ist, die den Nationalsozialismus als ein Produkt der geschichtlich gewordenen Eigenart des deutschen Volkscharakters betrachten. Vielmehr müssen die Besonderheiten in das Bild der Gesamtentwicklung eingegliedert, es muß gezeigt werden, in welcher konkreten Gestalt die Elemente dieser Entwicklung in Deutschland historisch vorhanden waren und durch welche konkreten ökonomischen Widersprüche sie zur Reife gebracht wurden.«[342]

Die Besonderheit einer »Zwischenzone institutioneller Verzahnungen von ›Staat‹ und ›Gesellschaft‹, in der die Grenzen zwischen privatem und öffentlichem Interesse fast völlig verschwimmen«[343] – einer Zone, die durch »staatliche [. . .] Verbandsdomestizierung«[344] und, vorab in der Rüstungsindustrie, durch Formen »quasi-staatsmonopolistischer« Zusammenarbeit von Staat und Konzernen[345] gekennzeichnet ist – deutet Löwenthal durchaus ähnlich wie neuerdings Barrington Moore. Die ungebrochen starke politische Stellung der Großagrarier[346] im Machtkartell von »herrschender Klasse« und »traditionellen Oberklassen«, von »Schlotbaronen« und »Krautjunkern« führte zu einer »Revolution von oben«[347], die – nach Moore – in den Faschismus mündete.[348] Moore zeichnet eine Entwicklungslinie, die zwar kapitalistisch ist, »but, in the absence of a strong revolutionary surge, it passed through reactionary political forms to culminate in fascism«.[349]

Die nicht-kapitalistische Aufhebung des Kapitalismus hatte zur Folge, daß auch »von rechts« (konter)revolutionäres Potential freigesetzt wurde, das, zusammengesetzt insbesondere aus Bauern, Großagrariern, »altem« Mittelstand und Schwerindustrie, das Prädikat »präfaschistisch« verdient.[350] Und schließlich hat die Agitation der Sammlungsbewegungen und des »Bundes der Landwirte« (BdL) entscheidend der Wirksamkeit nationalchauvinistischer, antiliberaler und antisemitischer Manipulation vorgearbeitet[351] (Vorläufer davon hatte es nach der Depression von 1873 gegeben[352]).

Mit der »Assimilierung der ehemals eher liberal-demokratisch votierenden bürgerlichen Vertreter in Industrie und Bürokratie mit der konservativ-preußischen Landaristokratie«[353] geht die »Kapitalisierung der Feudalität und Feudalisierung des Kapitalismus« (G. W. F. Hallgarten) einher; sie bezweckt die »Solidarität der nationalen Produktionsstände« (Bismarck).[354] Hierbei verbinden sich die »Pseudodemokratisierung der Rittergutsbesitzer« (H. Rosenberg) und die »Anziehungskraft aristokratischer Lebensformen« (F. Zunkel) und militaristisch garantierter innerpolitischer Verhältnisse auf die Schwerindustrie[355]. Diese Beziehung zwischen »herrschender Klasse« und »traditionellen Oberklassen« entfaltet sich im Gefolge der Börsenkrise und der »Absatz- und Produktionskrise« von 1873 bzw. 1874-1877. Zuerst plädieren Banken, Schwer- und Textilindustrie für ein Schutzzollsystem; doch noch Anfang 1876 engagieren sich die Agrarier für den Freihandel, so daß es erst 1879 zu einem Kartell der »Schlotbarone« und »Krautjunker« kommt. Die Gründe dafür sind die

Bedrohung durch den Sozialismus, die als neue »Integrationskraft« (H. Böhme) fungiert, und die allmähliche Wandlung Deutschlands von einem Weizenexportland in ein Weizenimportland ab 1876. Bemerkenswert ist jedenfalls daß die industrielle Option für eine Schutzzollordnung erst dann zum Zuge kommt, als sich ihr das politische Potential der Großagrarier zuordnet. Auch dies spricht dafür, die nicht-kapitalistische Aufhebung des Kapitalismus begrifflich festzuhalten, nicht zuletzt deshalb, weil der »Gleichklang konservativer und großindustrieller Ideologien«[356] z. B. mit dem »Kartell der schaffenden Stände« (1913), dem »Alldeutschen Verband« (1891) und der »Deutschen Vaterlandspartei« (1917) weit in das 20. Jahrhundert, ja, über die Weimarer Republik hinweg bis in die Zeit der Präsidialkabinette hineinreicht.[357]

Bewußt wird nicht auf den Beitrag der Monopolgruppen-Theorie und die vorschnelle Betonung des allgemeinen kapitalistischen Interesses – z. B. hinter den Konflikten der beiden monopolistischen Hauptgruppierungen Schwerindustrie und Chemie-Elektroindustrie – eingegangen. (Letzteres ist auch die Meinung Kurt Gossweilers, der sich gegen eine Verabsolutierung der Konflikte der beiden Hauptgruppen wendet.) In beiden Fällen wird nämlich die Bedeutung einer nicht-kapitalistischen Überwindung liberaler Prämissen unterschätzt.

1. Zur Verwendung der Begriffe

Der Begriff »herrschende Klasse« wird hier verwendet, wenn die Struktur der Subjekte gemeint ist; wenn auf die Erscheinungsform der Subjekte als der Personifizierung historisch-gesellschaftlicher Strukturen hingewiesen werden soll, ist von »traditionellen Oberklassen« oder, noch spezieller, von »Funktionseliten« die Rede. Die Bezeichnung »herrschende Klasse« wird als Strukturbegriff auch dann gebraucht, wenn es gilt, die innere Konsistenz allgemein der »Oberklassen« oder im besonderen der »Funktionseliten« zu betonen.[358]

Der Begriff »herrschende Klasse« umschließt das »personifizierte, mit Willen und Bewußtsein begabte Kapital« der ökonomisch mächtigsten, marktbeherrschenden und somit auch unter Kapitalisten Abhängigkeitsverhältnisse stiftenden Unternehmen. Demgegenüber greift der Begriff »traditionelle Oberklassen« wesentlich weiter. Er bezeichnet die im Rahmen der »improvisierten Demokratie« (H. Preuß – Th. Eschenburg) der Weimarer Republik in ihrem sozialen Status und ihrer politischen Einstellung kaum von revolutionären Eingriffen[359] betroffenen »Schichten« des Adels und Großagrariertums, des Offizierskorps, der höheren und leitenden Beamtenschaft in Verwaltung und Justiz, der Industriellen, der leitenden Angestellten in der Wirtschaftsbürokratie und in den Wirtschaftsverbänden sowie die universitäre Intelligenz – »Schichten«, die, soweit sie dem Bürgertum zuzurechnen sind, seit den achtziger Jahren des 19. Jahrhunderts »ihre bürgerliche [d. h. liberale – E. H.] Gesinnung abgelegt und die neufeudale angenommen« haben (E. Kehr). Relativ zu dem Oberbegriff »traditionelle Oberklassen« unterstreicht der Begriff »Funktionseliten« den Aspekt der »gesellschaftlichen Aufgabe der Führung in den verschiedenen institutionellen Bereichen«.[360] Hier dient die systembezogene Tätigkeit von Richtern, Verwaltungsbeamten, Militärs, Professoren, Industriebürokraten, Politikern und Angehörigen der Kommunikationselite als Zuordnungskriterium.

Eine entscheidende Konsistenz erwächst daraus, daß Ausbeutung ein gesellschaftliches Verhältnis der Herrschaft von »herrschender Klasse« und »traditionellen Oberklassen« (bzw. »Funktionseliten«) über »das« Proletariat ist. Dieses Verhältnis läßt sich differenzierend verstehen als »direkte« Aneignung (in Form exklusiven Eigentums) oder als »indirekte« (in Form bürokratischer »Dienstleistungen« gegenüber den »direkten« Aneignern) oder endlich als »Regulativ« in bezug auf Form und Inhalt der »direkten« Aneignung des Mehrprodukts. Anhand dieser Differenzierung lassen sich die Positionen der »Kapitalisten«, der »Funktionseliten« im weiteren und der öffentlichen »Funktionseliten« im engeren Sinn aufdecken. Konstitutiv bleibt jedoch stets das kollektive Verhältnis zum Mehrprodukt. In einer kapitalistischen Gesellschaft scheidet dieses die Gesellschaft in einen produzierenden und in einen Besitz ergreifenden Teil – eine Trennung, die zugleich ihre politische Organisationsform freisetzt[361]:

»In einer Gesellschaft, deren Mehrprodukt von *privaten* Großeigentümern angeeignet wird, die nicht mehr an die Verrichtung gesamtgesellschaftlicher Dienste und Funktionen gebunden sind, wird eine Organisation notwendig, die sowohl den Status quo der Mehrproduktaneignung und -verteilung gegen die exploitierten Produzenten und gegen äußere Bedrohung sichert als auch jene allgemeinen Aufgaben der Verwaltung und Koordination versieht, die – in jeder Gesellschaft notwendig – in der antagonistischen Epoche von den Produzenten getrennt werden. Diese politische Organisation der Klassengesellschaft ist der Staat.«[362]

Mittels und aufgrund dieser Begriffsbestimmungen sind die folgenden Probleme zu erörtern: – Konnten die »traditionellen«, weil »refeudalisierten« bzw. erst gar nicht »verbürgerlichten«, »Oberklassen« während der faschistischen Epoche in Deutschland nur mit Hilfe einer spezifisch politischen und »autonomen« Parteioligarchie Entscheidungen von gesamtgesellschaftlicher Tragweite durchsetzen? – Sind der »herrschenden Klasse« von dieser politisch mächtigen Parteielite Auflagen gemacht worden bzw. ist sie aus dem politischen Entscheidungsprozeß verdrängt worden?

Diesen Fragen übergeordnet ist die nach der Herrschaft der »herrschenden Klasse« – eine Frage, die auf der Regierungsebene das Verhältnis des Auseinandertretens von politischer Macht und sozialer Herrschaft bzw. von Politik und Ökonomie einschließt.

II. Bürgerliche Gesellschaft und Faschismus in Deutschland

Bezieht man die durch die einzelnen Felder der *Tafel 1* veranschaulichten Themenelemente auf die Darstellung der NSDAP, so heißt das, die Frage nach der »Autonomie« der NSDAP und/oder dem »Bündnis« von NSDAP und Oberklassen bzw. »herrschender Klasse« aufzuwerfen. Damit wird die Diskussion des Verselbständigungstheorems, auf dem die bonapartismustheoretischen Analysen beruhen, zunächst mit der Darstellung der nationalsozialistischen »Bewegung« verknüpft. Es geht vor allem darum, zu den Positionen der »Autonomie« oder der Charakterisierung der NSDAP als einer »Agentur des (Finanz)Kapitals« Stellung zu nehmen. Zugleich wird die konkrete Ausgestaltung des Verhältnisses zwischen NSDAP und bürgerlicher Gesellschaft – insbesondere der »herrschenden Klasse« – analysiert. (Die Entwicklung der NSDAP wird dabei nur insoweit berücksichtigt, als es in unserem Zusammenhang notwendig ist; unsere Erläuterungen sollen und können nicht an die Stelle der entsprechenden Monographien[363] treten.)

Die innerparteiliche Entwicklung der NSDAP. Anmerkungen zur »Autonomie« der faschistischen Massenbewegung

Um den »Funktionswandel der NSDAP«[364] ökonomisch und politisch begreifen zu können, ist es unerläßlich, die Konflikte zwischen der »Linken« und der »Rechten«, etwa dem Strasser-Flügel und Hitler sowie der SA und der SS, innerhalb der Partei ins Auge zu fassen. Dabei wird die innerparteiliche Spannung zwischen einem Flügel, der die »große antikapitalistische Sehnsucht«[365] gegen das »entartete kapitalistische Zeitalter«[366] zum Ausdruck zu bringen suchte, und der dominanten Partei-Führung berührt, die sozialistische Attribute als veräußerlichtes und werbewirksames Dekor gebraucht hat:

»Zu Ihrer Bemerkung, betreffend sozialistischer Arbeiterbewegung, Antikapitalismus«, schreibt am 18. Februar 1930 der Organisator der NSDAP in Dresden an einen Fabrikdirektor Fritsche in Weimar, »will ich Ihnen nur mitteilen: Lassen Sie sich doch nicht immer von dem Text unserer öffentlichen Plakate beirren! Der Zweck heiligt die Mittel. [...] Sind sie versichert, mein verehrtester Herr Direktor, wenn Ihnen um Ihre Zukunft bange ist (bezüglich Ihres zur Zeit schwankenden Unternehmens), dann sind Sie nirgends besser geborgen als bei unserer NSDAP. Gewiß, es sind Schlagworte, wie ›Nieder mit dem Kapitalismus, Juden usw.!‹, aber sie sind unbedingt notwendig, denn unter dem Banner ›deutschnational‹ oder auch nur ›national‹ allein, wissen Sie, kommen wir nicht zum Ziel, haben also keine Zukunft mehr. [...] Also – verstehen Sie nur recht – wir müssen die Sprache der verbitterten sozialistischen Arbeiter sprechen, um selbige an uns zu ziehen, sonst würden sie sich nicht bei uns zu Hause fühlen. Mit einem direkten Programm marschieren wir nicht auf – aus diplomatischen Gründen –, das behalten wir uns vor.«[367]

Es ist nur konsequent, wenn sich Gottfried Feder am 4. Dezember 1930 gegenüber dem Vorsitzenden der DVP, Dingeldey, im Reichstag dagegen wehrt, der NSDAP »sozialistische Tendenzen zu unterschieben«:

»Wir stehen grundsätzlich auf dem Boden des Privateigentums. [...] Was wir sozialisieren wollen, das ist das Geld- und Verkehrswesen. [...] Wir erkennen auch die gesellschaftliche Bedeutung der Bankiers an, die nicht beseitigt werden sollen. Wir sind nicht für die Beseitigung des Gewinnertrages.«[368]

Endpunkte des innerparteilichen Konflikts in der NSDAP bilden das Streitgespräch Hitlers mit Otto Strasser vom 21. und 22. Mai 1930[369] und die Durchsetzung der dort formulierten Positionen Hitlers etwa im *Gesetz zur Ordnung der nationalen Arbeit* (1934) oder in der »Ent-Gewerkschaftlichung« (M. Broszat) der DAF (1933) sowie der, ab Sommer 1934 faktisch ausgeschalteten, NSBO.[370].

Für die im Sinne der nationalsozialistischen Oligarchie vollzogene Auflösung des Konfliktes zwischen »Rechten« und »Linken« in der NSDAP werden in der Literatur durchaus unterschiedliche Termine angegeben. Max H. Kele (der meint, bis 1933 habe es gar keine Zäsur gegeben) macht darauf aufmerksam, daß Georg Franz-Willing 1921, Werner Maser 1922, Hanns H. Hofmann 1923, Reinhard Kühnl 1926, Dietrich Orlow 1927 und Joseph Nyormarky 1929 für das Jahr halten, in dem die Oligarchie um Hitler den Rechtskurs der Partei bestätigt und die Linke in die Schranken gewiesen hat.[371] Nun läßt sich zwar die Meinung Keles vergleichsweise leicht kritisieren (obwohl seine Arbeit *Nazis und Workers* von Henry Ashby Turner als die »beste Untersuchung des ›linken Flügels‹« der NSDAP geschätzt wird)*; aber jeder der zitier-

* Vgl. Anm. 281 und meinen kritischen Hinweis in: *Das Historisch-Politische*

ten Termine kann ein Moment Wahrheit für sich beanspruchen. Kele selbst engt die Ambitionen der Parteilinken auf eine spezifische Propaganda ein. Da die Propaganda nie ausgesetzt hat, kann Kele eine Zäsur in der innerparteilichen Entwicklung leugnen und Goebbels, »den Radikalsten, den Rötesten unter den Braunen« (V. Reimann), zu *dem* Vertreter der nationalsozialistischen Linken stilisieren. Keles Fehler besteht also hauptsächlich darin, daß er die Zusammenarbeit von Hitler und Goebbels nicht erkennt:

»Obwohl die Partei [die NSDAP, E. H.] inzwischen [im Herbst 1932, E. H.] selbst jeden Scheinsozialismus abgeschworen hat, wirkt die Demagogie von Goebbels noch fort, der sich ständig bemüht, das auszugleichen, was Hitler durch zu offensichtliche Entlarvung ›verdirbt‹. Er war gegen die zu deutliche Anlehnung an die Reaktion auf der Harzburger Tagung (Deutschnationale und Stahlhelm), er verschweigt die Verbindung mit den Industriellen und Monarchisten, er sucht eine Koalition mit dem Zentrum zu hintertreiben, damit die Arbeiter nicht weglaufen. Hitlers Hauptsorge aber ist, daß die Bürger nicht weglaufen. Das ist natürlich [!] nur ein taktischer Unterschied.«[372]

Diese Kooperation ist auf die Breitenwirkung faschistischer Propaganda bedacht; sie setzt jedoch die Ausschaltung des linken Flügels, die Abwehr der Forderung z. B. nach »deutschem Sozialismus«, bereits voraus. In derlei Arbeitsteilung kommt die Ambivalenz der NSDAP zum Vorschein. Die Mehrdeutigkeit formulierter Ansprüche trägt die Spannungen zwischen sozialer Basis und Funktion des Faschismus an der Macht in die »Bewegung« hinein; sie ist auch der Grund dafür, daß trotz der 1926 deutlich gewordenen Verwertung linker – besser: kleinbürgerlich egalitärer – Programmforderungen[373], »linke Idealisten« in der Partei verbleiben und immer wieder die Forderung nach sozialer Gerechtigkeit artikulieren, sie an die Partei adressieren. Genau diese Mischung von propagandistischem Gebrauch und tatsächlicher, politischer Unterdrückung linker Vorstellungen macht aber, vor allem zur Zeit der Weltwirtschaftskrise, die NSDAP für breite Schichten attraktiv (wobei dieses Wechselverhältnis nicht nur für das Verhältnis zur Linken, sondern auch zu eher konserva-

Buch, 21 (1973), H. 10; zur Kritik vgl. auch Henryk Katz, *Arbeiter, Mittelklasse und die NSDAP*, in: *IWK*, 10 (1974), hier S. 300-304, 311.

tiven Mitgliedern zutrifft[374]). Darin besteht die Ambivalenz der Partei, die einerseits die »herrschende Klasse« und die »traditionellen Oberklassen« besorgt stimmt[375], andererseits die NSDAP als Massenbewegung erstehen läßt:

»Das Sonderbare am Nationalsozialismus bestand [. . .] gerade darin, daß er der herrschenden Klasse versprach, ihr in der heutigen Wirtschaftskrise bei allen Unterdrückungsmaßnahmen Hilfe zu leisten, der wirksamste Sklavenhalter zu sein, und gleichzeitig den unterdrückten Klassen verhieß – getreu dem Motto des ›Angriffs‹: Für die Unterdrückten – gegen die Ausbeuter! – den Kampf gegen Not und Verelendung, Ausbeutung und Unterdrückung, Wirtschaftskrise und Arbeitslosigkeit zu führen. Das Wesen des Nationalsozialismus [. . .] besteht nicht nur darin, daß er die blutigste, gewalttätigste und brutalste Waffe im Dienste der Unternehmer gegen das Proletariat darstellt, sondern, daß er gleichzeitig vor den Unzufriedenen, Empörten sich als Befreier aufspielt, der nicht etwa ebenso radikal sei wie die Kommunisten, sondern ganz allein radikal sei, während das revolutionäre Ziel der Kommunisten in raffinierter Weise verdächtigt wird. Dadurch vermag der Nationalsozialismus nicht nur eine faschistische, unternehmerfreundliche Handlungsweise besser zu verstecken, als es beispielsweise dem Stahlhelm gelang, nein, er kann diese Handlungsweise geradezu noch als Tätigkeit zur Befreiung der breiten Massen hinstellen.«[376]

Diese Definition der NSDAP findet sich in einer 1932 von einem Kommunisten, Hans Jäger, vorgelegten Bestandsaufnahme, die sich nicht zuletzt dadurch auszeichnet, daß sie den Anteil der Arbeiter an der faschistischen Bewegung nicht unterschätzt. (»Er [der proletarische Anhang, E. H.] ist weder so klein, daß man ihn als belanglos vernachlässigen könnte, noch so groß, daß man von einem wesentlichen Einbruch in die Reihen der Arbeiterschaft sprechen könnte.«[377]) Mit seiner Definition erkennt Jäger im Grunde die »Autonomie« der NSDAP an, obschon die Formulierung anzeigt, daß er sich dessen nicht voll bewußt gewesen ist. Jäger verbindet die Erkenntnis einer partiellen Selbständigkeit und eigenen Motorik der »Bewegung« sogleich mit der politischen Hoffnung, daß der bislang unterschätzte proletarische und somit potentiellrevolutionäre Mitgliederanteil der NSDAP, also: »alle [. . .] aktivistischen Kräfte« (H. Jäger), die Fesseln sprengen und die Politik der Partei neu bestimmen werde. Es spricht freilich für den Realismus dieses Autors, daß er in dem »Gegensatz zwischen Unterdrückern und Unterdrückten« lediglich die »Achillesferse des Nationalsozialismus«, nicht schon die faktische revolutionäre Aufhebung der Ambivalenz selbst erblickt.[378] Den »Gegensatz« beschreibt Jäger als politische Chance einer revolutionären Wende und als Reflex der Furcht der Oberklassen vor einer vollständigen Identifizierung mit der NSDAP[379], nicht jedoch als Ambivalenz der NSDAP selbst. Er interpretiert den Arbeiteranteil letztlich doch im Sinne einer »Notlüge«, die es ihm erlaubt, die politische Situation 1932, gerade wegen der faschistischen Erfolge, als revolutionär zu deklarieren.[380] Die offizielle Einschätzung der politischen Szenerie durch die KPD verstellt auch ihm den Blick dafür, daß zur Ambivalenz der NSDAP die Ausschaltung der nationalsozialistischen Linken gehört.*

* *Zusatz 1977:* In diesem Zusammenhang ist insbesondere auf die propagandistische Darstellung der NSBO vor 1933 hinzuweisen. Dort wird z. B. die kommunistische Forderung – formuliert etwa durch G. Lukács in den »Blum-Thesen« (1928) –: »Der Betrieb soll unsere Burg werden. Der Betrieb ist der Ausgangspunkt unserer Strategie« aufgegriffen: »Unser Ziel: Jeder Betrieb – eine Burg des Nationalsozialismus« (Motto zur NSBO-Zeitschrift *Arbeitertum,* 1 (1931), F. 9). – Vor allem die SA und deren Präsentation als Propagandainstrument im »Kampf um die Straße« unterstreichen den unbürgerlichen Charakter des nationalsozialistischen Politikverständnisses und den veröffentlichten Bruch mit dem »System« bürgerlicher Politikformen; daß die Durchsetzung des »weißen Terrors« zwar die Arbeiterbewegung – von den Gewerkschaften bis zur KPD – ausschaltet, eine rüstungswirtschaftliche Konjunktur ermöglicht, gleichzeitig aber auch konservative Skepsis nährt, darin drückt sich die Ambivalenz der NSDAP ebenso aus wie in der Bereitschaft faschisierter Massen, die Einlösung ihrer Hoffnungen – deren Doppeldeutigkeit von E. Bloch unterstrichen wird – bis zur Zerschlagung aller internen und externen Feinde immer wieder zurückzustellen. Von solchen Überlegungen her gewinnt die Analyse sozialer Lernprozesse und politischer Öffentlichkeitsformen eine zentrale Bedeutung für die Analyse des deutschen Faschismus als einer politischen Massenbewegung. – Vgl. dazu als programmatisch-konzeptionelle Äußerungen meine Beiträge: *Faschistische Öffentlichkeit und Faschismustheorien,* in: *Ästhetik und Kommunikation,* 20, Juni 1975, S. 107-117 – weitergeführt in meiner Aufsatzsammlung: *Forholdet mellem Industrie og Fascisme, Fascistik Offentlighed og Fascismeteorier = Fagtryk Nr 58,* Aarhus 1977, S. 72 ff.; *Fascistisk offentlighed og småborgerskabets situation,* in: Bent Egaa Kristensen u. a. (Hrsg.), *Småborgerskab og Fascisme,* Kongerslev/Grenå 1977, S. 9-38, bes. S. 25 ff.; andeutungsweise vgl. auch meine Rez. v. Klaus Vondung, *Magie und Manipulation,* 1971, in: *Politische Vierteljahresschrift,* 15 (1974), S. 148/9.

Ambivalenz prägt übrigens auch die Parteistruktur der NSDAP selbst und gelangt dort zu ihrer vielleicht handgreiflichsten Erscheinungsform. Im Rahmen einer Analyse der Führungsgremien von DAF und NSBO tritt die sozialstrukturelle Differenz der Repräsentanten und der Bürokraten zutage: »der politische ›alte Kämpfer‹ mit hier und da sogar scheinproletarischer Vergangenheit wird auf die

In der Gesamtpartei spielt der linke Flügel faktisch bereits seit 1923 keine Rolle mehr. Seit 1923 reduziert sich die Funktion der Parteilinken darauf, die propagandistischen Effekte zu verstärken. (Diese These wird indirekt durch Keles Analyse nationalsozialistischer Propaganda, vor allem in den verschiedenen Publikationen und Periodika, gestützt). Gleichwohl artikuliert sich die revolutionäre Motorik (Jäger) der teilweise linken Basis der NSDAP immer wieder – bis hin zur Stennes-Revolte (1930/31) und zur Hoffnung auf die »zweite Revolution« (1933/34). Noch im Jahr 1931 geben oppositionelle SA-Mitglieder die Parole »Adolf verrät uns Proletarier!« aus:

»Wir proletarischen Elemente der Bewegung sind ja auch so zufrieden! Wir schieben ja so gern Kohldampf, damit es unseren lieben ›Führern‹ mit ihren 2000 bis 5000 Mk. Monatseinkommen recht wohl ergehe. Hocherfreut waren wir auch, als wir hörten, daß sich unser Adolf Hitler auf der Berliner Automobilausstellung einen neuen großen Mercedeswagen für Rm 40 000 gekauft hat.«[381]

Ab 1923 allerdings dominiert mehr und mehr der Einfluß Hitlers, d. h., wie noch zu zeigen ist, der Einfluß der an den Oberklassen orientierten Parteioligarchie. Bereits 1921 avanciert Hitler zum »ersten Vorsitzenden mit diktatorischer Machtbefugnis«, nachdem er am 11. Juli seinen Austritt erklärt, diesen am 14. Juli begründet und gleichzeitig die Forderung der »Diktatur über die Bewegung« (so der Gesamtausschuß der NSDAP) zur Bedingung seines Wiedereintritts gemacht hat, um dann auf einer außerordentlichen Mitgliederversammlung am 29. Juli 1921 in der gewünschten Position bestätigt zu werden.[382] Fortan gibt es – durch eine neue Satzung abgestützt – weder Diskussion noch Abstimmung und Beratung, sondern nur noch Anordnungen.[383] Es beginnt die Herausbildung des »Führer«-Bildes. Und die »allmähliche Gleichsetzung von ›Führer‹ und ›Idee‹« erreicht ihren ersten

bloße Repräsentation verwiesen oder allmählich ausgetauscht gegen den jüngeren Karrieristen aus den Mittelschichten mit kaufmännischer, verwaltungstechnischer oder akademischer Ausbildung« (Hans-Gerd Schumann, *Die Führungsspitzen der NSBO und der DAF*, in: *Herkunft und Mandat*, Frankfurt/Köln 1976, hier S. 158, s. auch S. 162). Dieses Erklärungsmuster dürfte sich auch als tauglich erweisen, wenn die Konflikte zwischen SA und SS behandelt werden.

Höhepunkt 1923, als es Hitler, dem »integrierenden Faktor einer wachsenden Anhängerschaft«, gelingt, »an die Spitze der nationalen Bewegung« zu gelangen.[384]

An diese Erfahrung knüpft Hitler 1925 bei der Neugründung der Partei an. Wegen des »Führerprinzips« kommt es jetzt zur Auseinandersetzung mit der nationalsozialistischen Linken, die Anfang 1926, anläßlich der Bamberger Führertagung, entschieden wird. Die im selben Jahr einsetzende verstärkte Hinwendung zu Industriekreisen, die Kritik an der Forderung nach Fürstenenteignung und an der nationalbolschewistischen Orientierung der nationalsozialistischen Linken zeigen ebenso wie die neuerliche Bestätigung des Programms der 25 Punkte als »unabänderlich« an, daß in der Folge die Bamberger Führertagung vom 14. Februar 1926 die Vorstellungen der Arbeitsgemeinschaft der nord- und westdeutschen Gaue der NSDAP[385], also der nationalsozialistischen Linken, zurückgedrängt werden. Obschon sich nach der Neugründung der NSDAP am 27. Februar 1925 das Gewicht der Partei nach Norden verlagert hat[386], so daß sich das Sozialprofil zu Ungunsten der Mittelschichten der Partei verändert[387], wird nunmehr die Rolle des linken Flügels allein im Rahmen der Ambivalenz bestimmt. Inhaltlich ist nicht länger die von der Arbeitsgemeinschaft Nord-West geforderte Präzisierung der 25 Punkte in Richtung auf einen »nationalen Sozialismus« maßgeblich[388], es dominiert vielmehr die »Bündnispolitik« der nationalsozialistischen Oligarchie und deren Wendung zur Taktik der »Legalität«, nicht mehr des Putsches. Die Auseinandersetzung zwischen »NS-Linken« und der »rechten« NS-Oligarchie wird jetzt auf der Grundlage dieser Dominanz geführt und festigt die spezifische Ambivalenz der NSDAP:

»An den gescheiterten Bemühungen der nationalsozialistischen Linken, eigene politische Konzeptionen in der NSDAP durchzusetzen, wurde beispielhaft deutlich, daß gegenläufige Bestrebungen keine Chance hatten, solange die Masse der Parteimitglieder den Anspruch der Führerideologie akzeptierte und in Hitler die Inkarnation des Nationalsozialismus erblickte, der, eben weil die Identität von ›Führer‹ und ›Idee‹ als konstante Größe galt, keine ›falschen‹ politischen Entscheidungen treffen konnte. Innerparteiliche Opponenten (diesen Begriff sehr weit gefaßt) befanden sich in dem Dilemma, objektive politische Gegensätze zu Hitler in Worte der Einigkeit mit dem ›Führer‹ zu kleiden, also gleichzeitig Hitler gegen Hitler auszuspielen, um sich in der Partei nicht als Gegner des ›Führers‹ zu desavouieren und damit selbst von vornherein den Resonanzboden für ihre Alternativen zu zerstören. Subtile Kritik erstickte indessen in der dröhnenden Propagandasprache der Partei und drang kaum bis zur Masse der Parteianhänger vor. Wurde der Konflikt mit dem ›Führer‹ unausweichlich, fiel es diesem nicht schwer, Opponenten und Kritiker in das negative Zerrbild des ›Feindes‹ einzufügen und fast geräuschlos zu eliminieren. Wo ein Eklat unvermeidlich war, wirkten die Angriffe gegen die Führerideologie in der Regel als neue Impulse für ihre Stabilisierung.«[389]

Die Durchsetzung des in feudaler Tradition[390] stehenden »Führerprinzips« zusammen mit der faktischen Ausschaltung der Parteilinken umschreibt die politische Funktion der NSDAP, die sich am besten mit Hilfe der Begriffe »Ambivalenz« und »Autonomie« begreifen läßt. Die Spannung zwischen sozialer Basis und politischer Funktion ist in der NSDAP selbst angelegt. Das bedeutet zugleich, daß die Dominanz der nationalsozialistischen Oligarchie nicht im Sinne einer Agenten- bzw. Agenturtheorie (etwa: »[. . .] der Faschismus, [. . .] das ist die Macht des Finanzkapitals selbst«[391]) interpretiert werden sollte. Es ist jedoch diese Interpretation, welche weitgehend die Argumente vor allem der KPD, der Komintern und heute noch der DDR-Historiographie bestimmt. Über die Aussagen Hans Jägers kommen diese Einschätzungen der NSDAP nicht hinaus. (Freilich sind auch Jägers Bemühungen in ihrer »Differenziertheit, Einfühlungsgabe und Kenntnis« [Th. Pirker] eine Episode geblieben.) Das zeigt sich schon an der Wirkung der von Dimitroff propagierten Faschismusdefinition auf dem XIII. EKKI-Plenum vom Dezember 1933, der zufolge der Faschismus als »die offene terroristische Diktatur der reaktionärsten, am meisten chauvinistischen, am meisten imperialistischen Elemente des Finanzkapitals« »richtig charakterisiert« sei.[392] Diese Definition und die damit angedeutete Richtung der Analyse haben zur Folge, daß »noch keine völlige Klarheit über die konkreten Ursachen von Hitlers Wirksamkeit«[393] besteht und daß, anders als in der Bundesrepublik, »die marxistische Geschichtsschreibung bislang ihre Aufmerksamkeit nur in geringem Maße der Anfangsphase der faschistischen Diktatur zugewandt hat«.[394] Aus der funktional und theoretisch wichtigen Feststellung, daß der

Faschismus entscheidend als eine gegen »die« Arbeiterbewegung gerichtete politische Bewegung agiert hat, wird so voreilig der Schluß gezogen, der Faschismus als System sei *direkt* von der »herrschenden Klasse« initiiert und an die Macht gebracht worden. Angesichts der Tiefe der Weltwirtschaftskrise

»weiß« die »herrschende kapitalistische Klasse« »sehr wohl, daß sie in dieser gespannten Zeit [die] rücksichtslose Abwälzung der Lasten der Krise auf die unteren Volksschichten nicht restlos mit den Mitteln der Demokratie und des Parlamentarismus durchführen kann und sie hat *eigens für diese ökonomische Situation die faschistische Bewegung, den Faschismus als ihre Kampfwaffe* geschaffen, mit der sie rebellierende Proletarier niederschlagen, mit der sie eventuell mit Gewalt dem Proletariat ihre Absichten aufzwingen will. *Das ist die wirkliche Aufgabe der faschistischen Bewegung,* die nicht eine Bewegung an sich ist, die zwischen den Klassenkampffronten steht, sondern die nur *ein Stück der kapitalistischen Klassenkampffront ist, die wichtigste Kampfwaffe* des herrschenden Monpolkapitalismus in dieser ökonomischen Krise.«[395]

Diese Auffassung von Max Seydewitz muß organisatorisch der SAPD zugerechnet werden, ist aber von KPD und Komintern geteilt worden. Jedenfalls haben die Kommunisten das »Faschisierungsprogramm der deutschen Bourgeoisie« (so die *Rote Fahne* vom 5. Januar 1932*) ganz ähnlich beschrieben; neben der SPD erschien die NSDAP als »außerparlamentarische Stütze der bürgerlichen Diktatur« (so Ernst Thälmann, Ende 1931). Diese Urteile fußen auf den entsprechenden Passagen des Programms der KI, das am 1. September 1928 vom VI. Weltkongreß der Komintern angenommen worden und für alle Sektionen verbindlich gewesen ist:

»Der Faschismus ist eine Methode der unmittelbaren Diktatur der Bourgeoisie. [...] Er ist eine Methode, die durch eine eigenartige soziale Demagogie (Antisemitismus, gelegentliche Ausfälle gegen das Wucherkapital, Entrüstung über die parlamentarische ›Schwatzbude‹) die Unzufriedenheit der Massen des Kleinbürgertums, der Intellektuellen u. a. ausnützt. [...] In Zeiten, die für die Bourgeoisie besonders kritisch sind,

* Zum Faschismus-Bild der *Roten Fahne* vgl. Karl-Egon Lönne, *Thesen zum publizistischen Tageskampf der KPD gegen den Faschismus: Die »Rote Fahne« – Zentralorgan der KPD,* in: *Gesellschaft. Beiträge zur Marxschen Theorie 6,* Frankfurt 1976, S. 242-291 (zum Zitat: S. 279) – vgl. auch meine Nachbemerkung: S. 292-300.

bedient sich der Faschismus einer antikapitalistischen Phraseologie; sobald er aber seine Macht gesichert sieht, erweist er sich immer mehr als terroristische Diktatur des Großkapitals und wirft den antikapitalistischen Plunder von sich.«[396]

An dieser Position hält die DDR-Historiographie fest – so wie die Position 1935 auf dem VII. Weltkongreß der KI und im Anschluß daran auf der Brüsseler und Berner Konferenz, also dem 13. und 14. Parteitag der KPD (1936, 1939), modifiziert worden ist. Die Modifikationen lassen sich unter den Stichworten »Einheits-« und »Volkfront« zusammenfassen und kulminieren im Kampf für die »Aufrichtung eines antifaschistischen, demokratischen Regimes, einer parlamentarisch-demokratischen Republik mit allen demokratischen Rechten und Freiheiten für das Volk« (Aufruf des ZK der KPD vom 11. 7. 1945). Die Modifikationen betreffen *nicht* die Einschätzung der NSDAP und ihrer Beziehung zur großen Industrie (Monopolkapital), sondern die Bestimmung der Rolle von SPD, Gewerkschaften und der »nicht-monopolistischen« Teile des Bürgertums. Nach der Berner Konferenz werden das Bündnis der »sozialistischen, kommunistischen und aller antifaschistischen Kämpfer« betont und – wie es in einem Aufruf an die Arbeiter Deutschlands und Österreichs vom 30. 3. 1939 heißt – die »Bundesgemeinschaft mit den werktätigen Mittelschichten in der Stadt, mit den Bauern auf dem Dorf, mit allen Schichten, die bereit sind, die Diktatur des Großkapitals und seiner faschistischen Partei in einer demokratischen Volksrevolution zu stürzen«, als politische Möglichkeit und historische Notwendigkeit der KPD-Politik bestimmt.*

Seit Mitte der sechziger Jahre – und für kurze Zeit schon 1945/46, im Gefolge der Vereinigung von KPD und SPD zur SED – besteht gegenüber der programmatischen Aussage von 1928 die einzige gravierende Variante der DDR-Historiographie darin, daß die Sozialdemokratie nicht mehr, neben der NSDAP, als soziale Stütze des Faschismus bzw. des Faschisierungsprozesses gilt, daß also die Sozialfaschismus-These als

* Vgl. dazu Arnold Sywottek, *Deutsche Volksdemokratie. Studien zur politischen Konzeption der KPD 1935-1946*, Düsseldorf 1971; zusammenfassend vgl. auch Peter Brandt, *Einheitsfront und Volksfront in Deutschland*, in: *Probleme des Klassenkampfs*, 6 (1976), S. 35-74.

»Fehler« eingestanden wird. Auf die Einschätzung der NSDAP selbst hat diese partielle Selbstkritik jedoch keine Auswirkung. Die Erfolge der Nazis werden als Effekt einer »beispiellosen sozialen und nationalen Demagogie« verstanden, »deren Verbreitung und Wirksamkeit durch die Gelder der Wirtschaft erst möglich wurden«.[397] Ähnliche Positionen werden in der UdSSR vertreten:

»In den kapitalistischen Ländern verstärkte sich Mitte der dreißiger Jahre die Offensive des Faschismus, die ein klarer Ausdruck der Reaktion der imperialistischen Bourgeoisie auf die Verschärfung der allgemeinen Krise des Kapitalismus, auf das Herannahen einer revolutionären Situation in einigen Ländern und auf die Erfolge des Sozialismus in der UdSSR war.«[398]

Man diskutiert die NSDAP nicht als »eigengewichtigen« politischen Faktor, eine Tendenz zur »Autonomie« und zur »Verselbständigung« wird geleugnet; die NSDAP wird lediglich als Mittler der als kapitalistisch bezeichneten Interessen der »herrschenden Klasse« angesehen. Die Berücksichtigung der Spannungen – von uns ausgedrückt durch den Begriff der Ambivalenz – zwischen sozialer Basis, vornehmlich in den Mittelschichten, und politischer Funktion, zugunsten des Finanzkapitals (entsprechend der Dimitroff-Definition), gilt als »revisionistisch«, als Ausfluß des »Sozialdemokratismus«.[399] Differenzierungen der klaren Konturen zerstören die politische Griffigkeit bzw. Verwertbarkeit der NSDAP-Definition.[400] Daß es gerade um solche Griffigkeit geht, zeigen einige, nahezu »klassisch« zu nennende, auf jeden Fall aber klare Äußerungen Walter Ulbrichts. Auf einer Massenkundgebung am 1. Juni 1946 in Dresden sagte er:

»Die kleine gewissenlose Gruppe faschistischer Konzern- und Bankherren, die unser Volk in die furchtbarste Kriegskatastrophe gestürzt und alle Völker gegen Deutschland aufgebracht hat, soll ihre gerechte Strafe erhalten. Den aktiven Verfechtern der faschistischen Kriegspolitik werden die Werkzeuge ihres Verbrechens, die Betriebe, genommen. Es werden ihnen die materiellen Mittel ihrer Kriegspolitik genommen, um die Fortsetzung ihres gewissenlosen Treibens gegen die Interessen der Nation zu verhindern.«

»Wenn einige Verfechter der faschistischen Kriegspolitik allein Hitler und Göring als die Schuldigen bezeichnen, so ist das offenkundig eine geschichtliche Unwahrheit. Es ist bekannt, daß die Hitlerclique nie zur

Regierungsmacht gekommen wäre, wenn ihnen nicht die Herren des Kohlensyndikats, des Stahltrusts, verschiedener Großbanken und militaristische Großgrundbesitzer zur Macht verholfen hätten.«[401]

Und am 2. April 1948 forderte er im *Neuen Deutschland:* »Die Betriebe der Kriegsverbrecher in die Hände des Volkes!« Zur Begründung zeichnete er abermals das Bild der NSDAP als eines Transmissionsriemens, der monopolistische Interessen und Optionen in politische Aktionen umsetzt. (Dabei zeigt sich, wie wichtig diese spezifische Faschismusinterpretation für das Selbstverständnis und das Demokratieverständnis der DDR ist*):

»Die Enteignung der Betriebe der Kriegsverbrecher durch die deutschen demokratischen Kräfte ist von größter geschichtlicher Bedeutung, weil damit die Wurzeln des Faschismus getroffen und ein Grundstein für den Neuaufbau gelegt wurde. Wir dürfen niemals vergessen, daß die Machtergreifung Hitlers 1933 durch die deutschen Konzernherren und Unternehmerorganisationen vorbereitet wurde, die die SA finanzierten, um die Arbeiterschaft niederzuwerfen und ihre Gewerkschaften zu zerschlagen. Der Übergang zu faschistischen Herrschaftsmethoden wurde damals von den Herren betrieben, die für die Wirtschaftskrise verantwortlich waren und durch Zerschlagung der Arbeiterbewegung im Innern und Vorbereitung des Eroberungskrieges nach außen ihre bankrotte Herrschaft retten wollten. Wenn man also den Faschismus ausrotten und den Frieden und eine demokratische Entwicklung sichern will, muß man mit der Axt die Wurzel des Übels treffen. Indem die Konzern- und Großbetriebe faschistischer Unternehmer in die Hände des Volkes übergegangen sind, wurde nicht nur die Vormachtstellung dieser reaktionären Kräfte beseitigt, sondern die Grundlage für die Entwicklung einer Wirtschafts- und Rechtsordnung geschaffen, in der die Arbeiter und Angestellten nicht mehr von Erwerbslosigkeit bedroht sind, die periodische Wiederholung von Krisen verhindert werden kann und mit Hilfe einer demokratischen Staatsverwaltung, in der die Arbeiterklasse bedeutenden Einfluß hat, die Wirtschaft in den Dienst des Volkes gestellt wird.«[402]

* Für die DDR/SBZ vgl. dazu jetzt Dietrich Staritz, *Sozialismus in einem halben Lande. Zur Programmatik und Politik der KPD/SED in der Phase der antifaschistisch-demokratischen Umwälzung in der DDR*, Berlin 1976. – Für die Westzonen vgl. in diesem Zusammenhang jetzt Lutz Niethammer, *Aktivität und Grenzen der Antifa-Ausschüsse 1945. Das Beispiel Stuttgart*, in: *Vierteljahreshefte für Zeitgeschichte*, 23 (1975), S. 297-331; ders. u. Ulrich Borsdorf (Hrsg.), *Zwischen Befreiung und Besatzung*, Wuppertal 1976; dies. u. Peter Brandt (Hrsg.), *Arbeiterinitiative 1945*, Wuppertal 1976; Peter Brandt, *Antifaschismus und Arbeiterbewegung*, Hamburg 1976; vgl. auch Rudolf Billerbeck, *Die Abgeordneten der ersten Landtage (1946-1951) und der Nationalsozialismus*, Düsseldorf 1971.

Über einen ungebührlich engen Begriff von Parteilichkeit – Parteilichkeit wird *nur* noch auf diejenige Partei bezogen, die sich selbst als »Avantgarde des Proletariats« versteht, so daß eine theoretische Kritik der politischen Praxis dieser Partei weitgehend ausgeschlossen ist – prägen diese Auffassungen der NSDAP als Agentur des finanzkapitalistischen Subjekts des Faschismus auch diejenigen Arbeiten, welche die Leerstellen »sowjetmarxistischer« Faschismusanalysen auffüllen möchten. Dies läßt sich an Manfred Weißbeckers Studie *Zur Herausbildung des Führerkults in der NSDAP*[403] nachweisen. Zwar betont Weißbecker, ähnlich wie Wolfgang Horn[404], die entscheidende Bedeutung der Jahre 1921 bis 1923, aber bei der Erklärung der in diesen Jahren vollendeten »Herausbildung des Führerkults in der NSDAP« rekurriert er auf unmittelbare und direkte Beziehungen zwischen »dem Monopolkapital« und der faschistischen »Bewegung«[405]:

»Nicht Hitler hat den Führerkult in die NSDAP getragen, sondern es zeichnen dafür jene Kräfte in und außerhalb der Partei verantwortlich, die Urheber und Taufpate dieser völkisch-faschistischen Partei waren.«[406]

»Von Anfang an wurde der faschistische Kult um Hitler bewußt und planmäßig als Mittel der politischen Massenbeeinflussung im Sinne der Verdummung der Massen, der Irreführung der Menschen und der Ablenkung von ihren ureigensten Interessen genutzt. So erfüllte m. E. der Führerkult eine ähnliche objektive Funktion wie der faschistische Terror, wie die nationale und soziale Demagogie und andere Faktoren der nationalsozialistischen Politik und Ideologie.«[407]

Das »Führerprinzip« erscheint hier durch den Begriff des »politischen Massenbeeinflussungsmittels« voll abgedeckt: als eine neue Form kapitalistischer Manipulation.[408] 1933 setzten sich die »reaktionärsten Kräfte des deutschen Finanzkapitals« nicht zuletzt deshalb durch, »weil ihre Partei über den größten Massenanhang« verfügte[409] bzw. weil sie am besten die manipulativen Formen der »ersten Periode der allgemeinen Krise des Kapitalismus« erkannt und umgesetzt haben (eben in Gestalt des »Führerkults«).[410]

Weißbecker beschränkt seine Arbeit und seine Programmatik[411] auf die »objektiven Funktionen der faschistischen Partei im Gefüge der bürgerlichen Organisationen« und leitet aus dieser als pro-kapitalistisch begriffenen Objektivität direkt und unvermittelt die Qualität der NSDAP ab. Lediglich für den innerparteilichen Bereich konstatiert auch er eine mit der Durchsetzung des »Führerprinzips« verbundene eigene Dynamik und Abhängigkeit in der NSDAP:

»Eine so stockreaktionäre Partei hatte unter den Bedingungen der Nachkriegsjahre wohl nur reale Aussicht auf die Gewinnung einer großen Massenbasis, wenn sie zum mythischen Führerkult griff, wenn sie einen Führer an der Spitze der Organisation herausstellte, dessen Entscheidungen jeder rationalen Beurteilung durch die breiten Massen entzogen waren. Der Kult um einen neuen ›Messias‹ entsprach dem Reifegrad breiter Teile der durch Krieg und Krise, durch die Inflation und die politischen Wirren hoffnungslos gewordenen Mittelschichten. Sie sollten ihr Heil in einem scheinbar über den Klassen stehenden und unfehlbaren Diktator suchen. Auf diese Kreise war das faschistische Führertum zugeschnitten; bei ihnen hatte es Erfolg. *Gleichzeitig widerspiegelte die Anwendung dieses Prinzips die Schwäche und Labilität der rechtsextremistischen Organisationen. Sie mußten sich auf einen Führer festlegen und waren in hohem Maße von den Zufälligkeiten seiner persönlichen Entwicklung abhängig* [. . .]. Die Anwendung des faschistischen Führerprinzips verlangte vor allem Konsequenz und ununterbrochene Überhöhung, wenn die Organisation und damit die kleine Clique der hinter ihr stehenden Monopolkreise die Massenbasis nicht wieder einbüßen wollten. So mußte ein riesiger Apparat der NSDAP, gespeist von nahezu unerschöpflichen Finanzquellen, für die Verbreitung der Hitlerlegenden sorgen, bis diese sich schließlich ins Überdimensionale steigerten.«[412] (Hervorhebung: E. H.)

»Die NSDAP war als Partei bis zum Ausbruch der Weltwirtschaftskrise nur ein Teil im System der politischen Reaktion in der Weimarer Republik und innerhalb der faschistischen Bestrebungen der reaktionärsten Kräfte des deutschen Finanzkapitals . . . In einer Zeit der sich schnell polarisierenden Klassenfronten und in der Zeit des wachsenden antiimperialistischen Kampfes breiter Teile des werktätigen Volkes, des sinkenden Einflusses der rechten sozialdemokratischen Politiker, in dieser Zeit baute die NSDAP eine den Interessen des deutschen Imperialismus und Militarismus dienende Massenbasis auf. Im wesentlichen ist die für das deutsche Volk so unheilvolle Entwicklung des deutschen Faschismus darauf zurückzuführen, daß der Nazipartei die größtmögliche Verschmelzung der beiden, von W. I. Lenin charakterisierten Methoden in der politischen Massenbeeinflussung gelang, also der Methode der Gewalt und der ›Methode des Betrugs, der Schmeichelei, [. . .] der Zugeständnisse im Unwesentlichen, der Erhaltung des Wichtigen.‹ Keine andere bürgerliche Partei hat in der Weimarer Zeit sowohl die nationale als auch die soziale Demagogie in solcher Einheitlichkeit beherrscht. Die Nazis erreichten mit Hilfe der Verschmelzung der beiden Grundmethoden in der politischen Massenbeeinflussung und mit Hilfe der Verschmelzung von nationaler und sozialer Demagogie eine Zusammenfassung fast aller möglichen Anhänger vor allem aus kleinbürgerlichen Schichten und aus deklassierten proletarischen Elementen. Die NSDAP schuf die für die Herrschaft des Imperialismus unter den Bedingungen der Weltwirtschaftskrise in Deutschland notwendige relativ stabile – wenn auch nur für eine historisch kurze Frist – ideologische und organisatorische Bindung bestimmter Bevölkerungsteile an die aggressive, revanchistische und militant-antikommunistische Politik der herrschenden Klasse. Daher konnte sie parteipolitischer Träger der faschistischen Diktatur und der Entwicklung des staatsmonopolistischen Kapitalismus in Deutschland werden.«[413]

Nicht nur wegen der Finanzierung läßt sich diese Abhängigkeit auch in dem Verhältnis der NSDAP zu ihren Fördererkreisen wiederfinden. Was für die Parteimitglieder und für die an die Existenz der Partei geknüpften Hoffnungen gilt, das gilt nicht minder für die mit der Partei verbundenen Interessen der Oberklassen. Dieses Spannungsverhältnis wechselseitiger Abhängigkeiten soll der Begriff der »Autonomie« der NSDAP umschreiben. Die Annahme eines »Doppelcharakters der Nazibewegung«[414] muß aber *nicht unbedingt* zur totalitarismustheoretischen Version des »Primats der Politik« überleiten, wie an den Arbeiten solcher »marxistischer« Autoren abgelesen werden kann, die nicht an die diskussionsfeindliche offiziöse Faschismus-Definition der Komintern gebunden sind.[415]

Otto Bauer zufolge wächst der Faschismus den »kapitalistischen Klassen« über den Kopf[416], weil die Hoffnung, die Faschisten zu kaufen, sich zerschlägt und nur ein faschistischer Bonapartismus die soziale Herrschaft des Kapitals zu stabilisieren vermag.[417] Ähnlich – wenn auch nicht so widersprüchlich wie Bauer[418] – interpretiert Arthur Rosenberg den verselbständigten Machtwillen der faschistischen Oligarchie.[419] Am deutlichsten bringt Daniel Guérin diese Auffassung zum Ausdruck. Nach Guérin sind die »Plutokraten, die den Faschismus unterstützt und an die Macht gebracht haben, [. . .] mit ihrer Schöpfung nicht vollauf zufrieden«.[420] Die Gründe dafür sieht Guérin[421] 1936 in den hohen finanziellen Kosten zum Unterhalt des Faschismus, in den unberechenbaren Folgen faschistischer Demagogie, in der möglicherweise schlecht fundierten Kriegspolitik und in der Bindung an das »Führungsprinzip« (»Bedeutung behält nur noch die ganze persönliche Macht, die von Cäsar ausgeübt wird, worin die Herrschaft des Geldes verschwindet«). Auch im Bereich der Wirtschaftspolitik notiert Guérin Spannungen zwischen NSDAP und Industrie:

»So günstig die Wirtschaftspolitik des Faschismus für sie auch sein mag, so befriedigt sie die kapitalistischen Plutokraten doch nicht mehr ganz. Während sie eifrig den reichlichen Gewinn einstecken, den ihnen die Aufträge für öffentliche Arbeiten und Rüstung einbringen, erschrecken sie vor den Folgen dieser Politik; sie leben in der Angst vor einer finanziellen Katastrophe, die den Mittelstand gegen sie aufbringen könnte. Ebenso werfen sie der faschistischen Regierung vor, ihre Ausgaben in einem ›unklugen‹ Rhythmus zu erhöhen. Weiterhin befürchten sie, daß das Regime der ›Kriegswirtschaft‹ ihnen immer schwerere staatliche Beschränkungen auferlegt und die geheiligte ›Privatinitiative‹ immer mehr einengt.«[422]

Spurenelemente einer solchen Interpretation der NSDAP finden sich, ebenfalls Mitte der dreißiger Jahre, in den ansatzweise selbstkritischen Diskussionen in der KI und der KPD. So hebt Dimitroff 1935 auf dem VII. Weltkongreß der Komintern die Labilität der »faschistischen Diktatur der Bourgeoisie« hervor: Der Faschismus verschärfe »die Meinungsverschiedenheiten und Gegensätze im Lager der Bourgeoisie« und verleihe »den innerhalb der Bourgeoisie entstehenden Konflikten den Charakter scharfer und nicht selten blutiger Zusammenstöße«.[423] Ähnlich argumentiert im Oktober 1935 Wilhelm Pieck auf der »Brüsseler Konferenz« der KPD. Pieck[424] macht auf Differenzen zwischen Reichswehrgeneralität und NSDAP sowie zwischen Kirche und NSDAP aufmerksam und erwähnt, unter Berufung auf die Königsberger Rede des Reichsbankpräsidenten und beauftragten Reichwirtschaftsministers Hjalmar Schacht (vom 18. August 1935), Meinungsverschiedenheiten über den wirtschaftspolitischen Kurs des deutschen Faschismus an der Macht.[425]

Sowohl Pieck als auch Dimitroff machen nur wenige Angaben zur ursächlichen Begründung dieser Konflikte unter den Herrschaftsträgern im Faschismus. Dies Wenige aber fügt sich durchaus jenen Auffassungen ein, die die Konflikte aus dem Autonomietrend der NSDAP erklären wollen. So führt Pieck an, daß die Leitung der Reichswehr – »das sind hauptsächlich die aus den alten deutschnationalen und konservativen Kadern hervorgegangenen Offiziere und die mit ihnen verbundenen Elemente im Staatsapparat« – »eine Zurückdrängung der Bürokratie der Hitlerpartei« erstrebe, der »lediglich die Aufgabe der Agitation und Propaganda« bleiben solle.[426]

Die Spannungen und Konflikte innerhalb der NSDAP erörtert »die« »sowjetmarxistische« Faschismusanalyse auf zwei Ebenen. Die Bemerkungen von Pieck und Dimitroff bezeichnen die Diskussionsstufe »der« Monopolgruppen-Theorie, welche die Fraktionierung der Monopolbourgeoisie in zwei Hauptgruppen (Schwerindustrie – Chemie-/Elektroindustrie) mit – nach Kurt Gossweiler allerdings lediglich quantiativ – unterschiedlichen politischen Modellen und Stilen verknüpft (Wolfgang Ruge schreibt der Chemie-/Elektroindustrie eine »wendig-parlamentarische« und der Schwerindustrie eine »abenteuerlich-militaristische« Verfahrensweise zu, während Gossweiler von »liberalisierend-imperialistischer« und »konservativ-imperialistischer« Strategie redet). Andererseits werden die Konflikte zwischen »herrschender Klasse« und »traditionellen Oberklassen« sowie der nationalsozialistischen Oligarchie bzw. dem an die Macht gebrachten Faschismus auf der Ebene der vom Faschismus praktizierten Institutionalisierung von Planungskonzepten diskutiert: »Unter Anwendung von teilweise planwirtschaftlichen Methoden« versuche das Monopolkapital, »mit Hilfe« des Faschismus die gesellschaftlichen und ökonomischen Antagonismen zu paralysieren.[427] Aus dieser, in der zitierten Fassung noch durchaus »orthodoxen«, Feststellung im Kontext einer »staatsmonopolistischen« Deutung (der zufolge die Produktion für den Markt tendenziell durch eine für »den Staat« ersetzt wird[428]) erläutern einzelne Autoren ihrerseits die Konflikte zwischen NSDAP und Oberklassen – nunmehr anhand des Gegensatzes von Wert – und Plangesetzmäßigkeiten bzw. von unternehmerischer Initiative und »staatsmonopolistischer« Direktive: faschistische Politik als Ausdruck eines kapitalistischen Gesamtinteresses, dem kapitalistische Einzelinteressen disharmonisch gegenüberstehen. Vor allem der sowjetische Autor A. Galkin vertritt diese Position, der zugleich eine Verselbständigungstendenz der NSDAP an der Macht beobachtet:

»Natürlich begriff die herrschende Klasse das [in bezug auf sie hilfreiche, E. H.] Wesen des Faschismus [. . .] nicht gänzlich und nicht sofort.«

»In Deutschland z. B. erhielt die nazistische Partei anfangs hauptsächlich die Unterstützung regionaler und vor allem bayerischer Industriegruppen. Ungeachtet der sich entwickelnden Verbindungen konnte sie lange nicht das Vertrauen der stärksten Monopole gewinnen. Und erst Anfang der 30er Jahre, als sie schon eine mächtige politische Kraft war, erreichte sie ein positives Verhältnis, das dann zur Übergabe der politischen Macht an sie führte.«

»Das wurde mit vielen Begründungen erklärt. Eine wichtige Rolle spielte es, daß die Verwirklichung der staatsmonopolistischen Maßnahmen, die den Interessen der herrschenden Klasse und ihrer Machthaber gänzlich entsprach, notwendig verbunden war mit der Verletzung konkreter Interessen ihrer einzelnen Vertreter und ganzer Fraktionen. Man muß auch beachten, daß der Übergang zum staatsmonopolistischen System der Herrschaft in ihrer faschistischen Variante nicht nur mit einem Wechsel der Herrschaftsform verbunden ist, sondern auch mit einer Veränderung der Beziehungen zwischen den Trägern der ökonomischen und der politischen Macht. Eine Erweiterung der ökonomischen und sozialen Funktionen des Staates führt dazu, daß sich die Sphäre vergrößert, in der unmittelbar die politische Elite handelt. Die Entscheidung von Fragen, die für hunderte von Jahren Privileg von Großbesitzern war, stellt sich in irgendeiner Form als Funktion von staatlich-bürokratischen Organen dar. [. . .] Deshalb bedeutete die Übergabe der Macht an die Faschisten für die Monopole gleichzeitig auch eine Unterordnung unter dieses Regime im Namen der Erhaltung und Ausweitung ihrer Positionen. Die Beziehung der einzelnen Fraktionen der herrschenden Klasse [. . .] zum Faschismus komplizierte sich auch durch andere Umstände. Einer von ihnen war verbunden mit dem Problem des Vertrauens. Der Glaube, die ihnen gestellten Aufgaben zu erfüllen, reifte nur allmählich.«[429]

Daß Galkin diese Tendenz zur Autonomie als die Herausbildung eines »Primats der Politik«, bei struktureller Gebundenheit dieser Politik an die Basis des Kapitalismus, begreift, wird an anderer Stelle deutlich:

»Im nazistischen Deutschland erwiesen sich die Möglichkeiten der Monopole, auf staatliche Beschlüsse einzuwirken, als begrenzt. Der von Hitler geschaffene totalitäre Staat schloß seinem Wesen entsprechend besonders auf politischem Gebiet einen Dualismus aus. Nachdem sie die Macht in ihre Hände bekommen hatte, wollte die faschistische Leitung die absolute Herrschaft und liquidierte deshalb jegliche selbständigen Erscheinungen. Das von den Nazis errichtete Regime diente den Interessen der Monopole, war aber kein Spielzeug in ihren Händen.«[430]

Auf beiden Diskussionsebenen – in der Monopolgruppen-

Theorie und in der These von den planwirtschaftlichen Elementen des deutschen Faschismus an der Macht[431] – gibt es also Hinweise darauf, daß auch »die« »sowjetmarxistische« Faschismustheorie sich auf Beobachtungen und Einsichten stützt, die den Gebrauch der Begriffe »Autonomie« und »Ambivalenz« zur Charakterisierung der NSDAP erlauben, wenn nicht sogar erfordern. Besonders A. Galkin bringt den Dualismus zwischen dem historiographischen und dem gegenwartsbezogenen Strang »der« Theorie des »staatsmonopolistischen Kapitalismus« in die »sowjetmarxistische« Faschismusanalyse hinein. Dabei zeigt sich, daß da, wo überhaupt versucht wird, Ursachen für die Ausbildung des »Primats der Politik« zu benennen, stets auch Andeutungen zur »relativen Autonomie« der NSDAP zu finden sind; allerdings werden diese Andeutungen nicht entfaltet.[432]

Bislang hat die Formel[433] von der relativen Selbständigkeit der NSDAP bzw. des Faschismus an der Macht unter der Vorherrschaft der Monopole bzw. der monopolkapitalistischen Interessen die Vertiefung der Debatte verhindert (weil sich nur noch so die Dimitroff-Definition aufrechterhalten läßt). Obschon es nach wie vor zutrifft, daß die Rolle des »Führerprinzips« und der faschistischen Partei in der »marxistischen« Literatur weitgehend ausgespart wird[434], ist der »sowjetmarxistische« Interpretationsstrang nicht so fest und stringent, daß er die Analyse gegen die Tendenzen von »Autonomie« und »Ambivalenz« in der NSDAP immunisieren könnte. Die NSDAP auf den Status einer Agentur der großen »Monopolherren« zu verkürzen, würde die kommunistische Fehleinschätzung fortsetzen, welche die Energien der in der NSDAP organisierten konterrevolutionären und militaristischen Optionen, Interessen und Einstellungen gröblich vernachlässigt hat.

2. Die »Autonomie« der NSDAP

Ohne Zweifel sind Entstehung und Ausbreitung der NSDAP bzw. DAP von der bayerischen Reichswehr, von Freikorps (Röhm, Epp, Ehrhardt) und durch den von Hitler in *Mein Kampf* ausdrücklich gelobten Münchner Polizeipräsidenten

Ernst Pöhner[435] begünstigt worden; dennoch ist die »Bewegung« anfänglich in dem Maße »autonom« gewesen, wie sich die Herausbildung »autoritärer Persönlichkeiten« und der gegenrevolutionären und antimarxistischen Politik nach dem Ersten Weltkrieg und nach der Niederschlagung der Münchner Räterepublik vollzogen hat. *»Autonomie« bezeichnet hier eine von direkt kapitalistischer Urheberschaft unterschiedene gesellschaftliche Vermitteltheit,* bezeichnet vor allem die von Theodor W. Adorno u. a. in *The Authoritarian Personality* mittelbar dargelegte Entstehung des nationalsozialistischen Gesellschaftssystems aus »der« bürgerlichen Gesellschaft. Fritz Sternbergs Schilderung nationalsozialistischer »Autonomie«:

»Das war die Situation, die die Nazis nach der Machtergreifung vorfanden: eine ökonomische Krise, die so tief war wie keine zuvor in der deutschen Geschichte; eine Regierung, die auf sie rein passiv reagiert hatte; eine Oberschicht, die keine Vorstellung besaß, wie aus der Krise herauszukommen sei; eine Arbeiterschaft, die durch die Spaltung aktionsunfähig war; ein Volk, das immer verzweifelter wurde und nach Aktion verlangte, nach Führung, um die Krise wie auch immer zu überwinden«[436], entspricht dem hier verwendeten Autonomiebegriff nicht, sondern bezeichnet nur wichtige sozialstrukturelle, politische und sozialpsychologische Bedingungsfaktoren für die Entwicklung nationalsozialistischer »Eigendynamik« und »Autonomie«.

Zugleich gilt es, sich von »Übertreibungen« des Manipulations- bzw. Demagogiekonzepts und der Partei-Finanzierung abzusetzen. Die Widersprüchlichkeiten solcher Deutungen sind am Beispiel der »sowjetmarxistischen« Faschismusanalyse bereits angezeigt worden. Bemerkenswert ist, daß es in diesem Punkt eine Entsprechung zwischen »sowjetmarxistischer« Faschismusanalyse und den (sozial)psychologischen Studien der »Frankfurter Schule« zur faschistischen Propaganda gibt.

Die Aufgabe des »Führers« sieht Max Horkheimer darin, eine »Gefolgschaft« zustande zu bringen und sie »zu blindem masochistischem Gehorsam zu verlocken«: Der »Führer« »transformiert seine Zuhörer in eine unterwürfige, unkritische und höchst irrationale Masse, die durch Identifikation mit dem [. . .] Führer zusammengehalten wird«.[437] Die Schwäche dieser Argumentation ist, daß sie diese Funktion des »Führers« weder begründet noch empirisch aufzeigt; es heißt lediglich, sie bestehe darin, »die bereits bestehende Tendenz zu intellektueller und seelischer Passivität einen Schritt voranzubringen«. Es wird also das, was die Manifestation faschistischer Propaganda und des »Führerprinzips« ausmacht, als latent vorausgesetzt. Das Manifestwerden dieser latenten Präformation deutet die »Frankfurter Schule« ebenso wie die »sowjetmarxistische« Faschismusanalyse als einen »Kaufakt«; über den »mühselig hochgespielten und teuer bezahlten politischen Kandidaten« ›Hitler‹ gelingt die »Manipulation der nationalsozialistischen ›Machtergreifung‹ durch die deutsche Großindustrie« (E. Czichon[438]). Adorno betont:

»Die sogenannte Psychologie des Faschismus wird weitgehend manipulativ erzeugt. Was man naiv als die ›natürliche‹ Irrationalität der Masse ansieht, wird durch rational berechnete Tendenzen hervorgebracht. Diese Einsicht hilft uns die Frage zu beantworten, ob der Faschismus als Massenphänomen überhaupt psychologisch erklärt werden kann. Während es außer Zweifel steht, daß eine potentielle Anfälligkeit für Faschismus bei den Massen existiert, ist es andererseits ebenso sicher, daß die Manipulation des Unbewußten [. . .] für die Aktualisierung dieses Potentials unentbehrlich ist. Das aber heißt, daß der Faschismus eigentlich *kein* psychologisches Problem ist, und daß jeder Versuch, seine Wurzeln und seine historische Rolle psychologisch zu erklären, noch auf der Ebene solcher Ideologien wie der von den irrationalen Kräften‹ verbleibt, die vom Faschismus selbst verbreitet werden. So gewiß der faschistische Agitator bestimmte innere Tendenzen derer aufgreift, an die er sich wendet, so tut er das doch als Agent mächtiger wirtschaftlicher und politischer Interessen. Es ist nicht so, daß psychologische Dispositionen wirklich Faschismus verursachen, sondern ›Faschismus‹ bezeichnet eigentlich ein psychologisches Gebiet, das von Kräften, die ihn aus ganz unpsychologischen Interessengründen fördern, erfolgreich ausgenutzt werden kann. Wenn Massen von der faschistischen Propaganda ergriffen werden, so ist dies kein spontan-ursprünglicher Ausdruck von Trieben und Instinkten, sondern eine quasi wissenschaftliche Wiederbelebung ihrer Psychologie.«[439]

Faschistische Propaganda wird zur Vermittlungsinstanz zwischen der Latenzphase eines »autoritär-masochistischen Charakters« und seiner faschistischen Aktualisierung als »Gefolgschaft« eines »Führers« erklärt. Lenkung, Formung, Manipulation der Massen setzen Propaganda voraus. Die finanziellen Aufwendungen für diese Propaganda binden den »Führer« an seine Geldgeber, die diesen gesamten Prozeß durchschauen, initiieren und kontrollieren. Das heißt: auch in der psychologischen Argumentation der »Frankfurter Schule« ist kein Platz mehr für eine »Autonomie« der NSDAP bzw. für einen faschistischen »Primat der Politik«. Die psychologische Argumentation geht schließlich in eine ökonomistische Interpretation über. Das Bild der Darstellung deckt sich mit der ebenfalls ökonomistischen »sowjetmarxistischen« Analyse, für die psychologische Erklärungsansätze lediglich untergeordnete Hilfsmittel sind (wenn sie überhaupt beachtet werden).

Dagegen hat Klaus Horn die begrenzte Reichweite einer ökonomischen Interpretation[440] hervorgehoben; sie sei außerstande, das irrationale Moment – vor allem den Antisemitismus – eines faschistischen Regimes und einer ebensolchen Massenbewegung zu erfassen. (Tatsächlich vermag »sowjetmarxistische« Analyse auch nur zu behaupten, weil der Imperialismus irrational sei, sei es auch der Faschismus.[441]) Horn meint, jeder psychoanalytische Ansatz enthalte »von vornherein eine Entscheidung für den Primat der Politik«[442], und wendet sich explizit auch gegen die spekulative Vermittlung philosophischer, soziologischer und psychoanalytischer Erklärungsmomente der »Frankfurter Schule«.[443] Horn weist die Überschätzung der Propaganda – also die Übernahme eines wesentlichen Punktes des faschistischen Selbstverständnisses – zurück. Auch die im Sinne der »herrschenden Klasse« Agierenden sowie die »herrschende Klasse« selbst haben jenseits ihrer Propaganda »keine zweite, nun durchaus zureichende, aufgrund von Interessen zynisch zurückgehaltene Theorie ihres Handelns«.[444] Vor allem jedoch erklärt der Wille zur manipulativen Ausnutzung irrationaler individueller und kollektiv-schichtenspezifischer Deformationen nicht die Irrationalität selbst. Anders ausgedrückt: Die Finanzierung der NSDAP begründet noch nicht die Wirksamkeit faschistischer Demagogie. Um diese Wirkung als Element einer partiellen »Autonomie« auch gegenüber ökonomischer Zweckrationalität zu begreifen, um zeigen zu können, warum »objektive« Interessen von Beherrschten sich nur als herrschaftsstabilisierende »magische Sinndeutung«[445] einer Abhängigkeits- und Unterdrückungsverhältnisse hervorbringenden Gesellschaftsordnung artikulieren, ist eine systematische Kooperation von Sozialpsychologie und politischer Ökonomie notwendig. Derartige Bemühungen gibt es erst ansatzweise:

»What is needed is a new kind of history, a history that tells us how men responded to end felt about the great political and economic events that shaped their lives, a history that gives due place to the irrational, the unconscious, and the emotions not only of men, but also of the child in the man.«[446]

Solange Geschichte primär aus der Sicht der »großen Männer« oder der bestimmenden gesellschaftlichen Strukturen mitsamt den dazugehörenden Agenten geschrieben wird, kann das Problem, warum Beherrschte – unter Preisgabe ihrer Interessen – zur Stabilisierung von Herrschaft beitragen, lediglich spekulativ erörtert werden. Der Hinweis auf die Allmacht der Manipulation, die, um zu wirken, bloß der Zahlungen der »herrschenden Klasse« an den »Führer« bedarf, ist, bezogen auf den Nationalsozialismus, die vorherrschende spekulative Lösung (zudem, nach »sowjetmarxistischer« Ansicht, die einzige, die sich nicht »politisch desorientierend« auswirkt). Angesichts derartiger Spekulation verdient die »Autonomie«-These eine Diskussion; zumindest sollte sie als eine alternative Erklärung überprüft werden.

Es können die 2000 Teilnehmer der von Hitler organisierten Veranstaltung vom 24. Februar 1920, auf der er die Umbenennung der »Deutschen Arbeiterpartei« in »Nationalsozialistische Deutsche Arbeiterpartei« bekanntgegeben und das Programm, die *25 Punkte*, verlesen hat, oder die rund 3000 eingeschriebenen Mitglieder, die der NSDAP Anfang 1921 angehörten[447], nicht schlicht »gekaufte Vasallen« der »herrschenden Klasse« gewesen sein; sie fühlten sich – um aus der »Parteierzählung« (M. Domarus) in Hitlers *Mein Kampf* zu zitieren[448] – »zu einer Erhebung der deutschen Nation sowie zur Heilung [der] inneren Schäden« dieser Nation getrieben. In welcher Weise und aus welchen Gründen die nationalsozialistische Propaganda derart erfolgreich gewirkt hat, fragt man sich zu Recht angesichts des Mitgliederwachstums der NSDAP (so zählte die Partei im Herbst 1919 193, am 1. Januar 1920 64, im Januar 1921 rund 3000, im Januar 1922 rund 6000, Anfang 1923 15 000 und bis zum 9. November 1923, dem Tag des Hitlerschen »Bierhallen-Putsches« [H. J. Gorden]), 55 287 Mitglieder[449]).

»Autonomie« in diesem Zusammenhang meint, daß die Initiative nicht allein von den traditionellen Oberschichten ausgegangen sein kann. Dabei tauchen folgende Fragen auf[450]:

– Unter welchen psychologischen, sozialen, ökonomischen und politischen Umständen konnte nach dem Ersten Weltkrieg die nationalsozialistische Massenbewegung entstehen?

– Auf welche Traditionen von Verbänden etc. und »politischer Kultur« kann sich diese faschistische Aktualisierung »rechtsradikalen« Potentials stützen?

– Welche Arbeits- und Verfügungsverhältnisse wurden stabilisiert durch die Ablenkung der mittelständischen Existenzängste und Aggressionen auf »Sündenböcke« wie »Juden«, »Marxisten«, »Intellektuelle«, »Liberale«, »Freimaurer«, die allesamt unter den Begriffen»System« und »Sowjetjudäa« zusammengefaßt wurden?

Obschon der Nationalsozialismus eine sozioökonomisch vermittelte, psychologisch beschreibbare Massenbewegung gewesen ist, wobei sich der sozio-ökonomische Ausgangszusammenhang sozialpsychologisch ausgedrückt hat[451], zeigten sich sehr schnell die Grenzen der »Autonomie« der »Bewegung«. Bayerische Reichswehrkreise z. B. haben der DAP mehr als jene »Neugierde« entgegengebracht, von der Hitler geredet hat.* Im Herbst 1919 standen von den 193 Mitgliedern der DAP mindestens zwanzig Prozent als Offiziere, Soldaten oder entlassene Studenten in mehr oder weniger engem Verhältnis zur Reichswehr[452], knapp acht Prozent der Parteimitglieder waren aktive Truppenangehörige. Wichtiger aber ist, daß Hitler durch Ernst Röhm schon früh für Offiziere und konservative Politiker »gesellschaftsfähig« gemacht worden ist[453]; ähnlich hat Dietrich Eckart für Hitler gewirkt. Eckart hat der NSDAP insbesondere Zugang zur »Gesellschaft« und

* Vgl nur folgenden Hinweis aus einer NS-Broschüre: Hans Georg Hofmann (seit 1931 Reichswehroberst a. D., seit dem 6. 11. 1932 NSDAP-MdR) »veranlaßte schon im Jahre 1919 [als Bildungsoffizier im 1. Bayerischen Schützenregiment, E. H.] das Auftreten Hitlers außerhalb des Regiments vor der damaligen bayer. Einwohnerwehr in Passau und vor den Oberklassen der dortigen Oberrealschule« (*Die Braunhemden im Reichstag. Die nationalsozialistische Reichstagsfraktion 1932, VII. Wahlperiode*, München 1933, S. 51).

zur Reichswehr eröffnet. Im Dezember 1920 wurde der *Münchner Beobachter* erworben und als *Völkischer Beobachter* zur Parteizeitung ausgebaut, wozu die bayerische Reichswehr eine »stattliche« (K. D. Bracher) Summe zugeschossen hat. Besonders diese Transaktion – und in Verbindung damit die Entwicklung der Parteifinanzen – lassen die Grenzen und strukturellen Bezüge der »Autonomie« hervortreten, wenngleich an die Stelle der »Autonomie« keine Identität von NSDAP und »herrschender Klasse« tritt (Ignazio Silones Bemerkung: »Die kleinbürgerliche Zusammensetzung der faschistischen Partei bestimmte die Form der faschistischen Aktion; die Kräfte, die dem Handeln der faschistischen Führung Richtung und Inhalt gaben, waren zu allen Zeiten das Großbürgertum«[454], ist daher dahin abzuschwächen, daß sie nur eine Tendenz beschreibt – die Tendenz zur »Bündnispolitik« der NSDAP*). Ein aufschlußreiches Indiz bilden die Parteifinanzen. Mitte September 1919 erwähnt Hitler ein Guthaben von 7,50 Mark[455]; mit Hitlers Parteieintritt ändert sich jedoch die Finanzlage. Anfang 1920 besitzt die Partei rund 700 Mark; am 20. Dezember 1920 werden als Spende im »Partei-Tagebuch« 11 000 Mark verzeichnet, und schon ab 1920 gerät die Partei, will sie ihren hauptamtlichen Apparat aufrechterhalten, in Abhängigkeit von Spendeneingängen.[456] Bei ihrer Auflösung, nach dem Putsch vom 9. November 1923, verfügt die NSDAP über ein Vermögen von rund 170 000 Goldmark.[457]

In der Finanzgeschichte der frühen NSDAP stellt der Erwerb des *Völkischen Beobachter (VB)* das herausragende Ereignis dar: »Sowohl der Ankauf wie die Unterhaltskosten der Zeitung stellten derartige Anforderungen an die finanzielle Leistungskraft, daß das Blatt bis zu dem Verbot und zur Auflösung der NSDAP im November 1923 nicht nur das schlimmste Sorgenkind blieb, sondern die Partei auch mehrfach in lebensgefährliche Finanzkrisen stürzte«[458]; vor allem aber zeigen sich an dieser Transaktion die Übergänge der »Autonomie« zum »Bündnis« bzw. die Verbindung von »autonomer« NSDAP und »Oberklassen«.

Bevor die NSDAP den *VB*[459] am 17. Dezember 1920 für

* Vgl. dazu S. 127 ff. im Text.

120 000 Mark (wozu noch die Übernahme von Schulden in Höhe von 250 000 Mark kam) von der »Thule-Gesellschaft« erwarb, war das Blatt ein Hauptorgan der völkischen Propaganda in Bayern.[460] Dietrich Orlow hat von dem Kauf als einem »sehr wichtigen Meilenstein in der Organisationsgeschichte der NSDAP« gesprochen, vor allem weil dadurch die innerparteiliche Machtposition Hitlers gestärkt wurde (die Zeitung gehörte zum Wirkungsbereich Hitlers als Werbeobmann). Realisiert wurde der Zeitungsankauf[461] durch Dietrich Eckart, der, unter Einschaltung Ernst Röhms, von der Reichswehr – über Generalmajor Franz Ritter von Epp[462] – ein Darlehen von 60 000 Mark erhielt: »Der VB war also mit Schulden erworben worden, von denen ein großer Teil Reichswehrmittel waren und der andere Teil Privatmittel von Gesinnungsfreunden der Partei und Hitlers. Praktisch wurden diese Schulden nie zurückbezahlt.«[463] Aus guten Gründen hat sich daher Hitler bei Eckart am 18. Dezember 1920 für dessen Mitwirkung bedankt (»Ohne Ihr hilfreiches Einspringen wäre die Sache vermutlich nicht so gekommen . . .«).[464, 465]

Die Bedeutung Eckarts besteht nicht nur darin, daß er entscheidenden Anteil an der Ausformulierung des »Antisemitismus der Vernunft« (A. Hitler) hat; er hat überdies der NSDAP Finanzmittel zugeführt und sie mit Repräsentanten der »Oberklassen« in Kontakt gebracht.[466] Otto Dietrich, seit Ende 1937 »Pressechef der Reichsregierung«, seit 1931 »Reichspressechef der NSDAP«, hat beide Funktionen Eckarts benannt:

»Eckart war der Mann, der nach Hitlers eigenen wiederholten Äußerungen die größte Bedeutung für seinen Lebensweg gehabt hat. Er war Hitlers bester Freund, und man kann ihn als seinen geistigen Vater bezeichnen. Sein fanatischer völkischer Patriotismus und sein radikaler Antisemitismus haben auf Hitler gerade am Ausgangspunkt seiner politischen Laufbahn den größten Einfluß ausgeübt.«

»Aus den Erträgnissen und Tantiemen, mit denen [Eckart] seinem Freunde Hitler unter die Arme griff, hat er ihm den Parteiaufbau in seinen ersten Anfängen überhaupt erst ermöglicht. Eckart kannte einen Kreis begüterter Bürger, die er zwecks Unterstützung seiner Zeitschrift [*Auf gut deutsch. Wochenschrift für Ordnung und Recht,* E. H.] aufsuchte und führte auch Hitler bei ihnen ein. Sie waren die ersten aus allgemeinen patriotischen Empfindungen opfernden Förderer oder, wenn man will, Geldgeber Hitlers.«[467]

Eckarts Vermittlerrolle deutet an, daß die NSDAP (bzw. die DAP) bereits in ihrer bayerischen Aufbauphase nur im Bündnis mit Reichswehr, Justiz und Teilen des Bürgertums ihre Position als endlich (1923) maßgebliche Kraft der Rechten erlangt hat[468]. Erklärlich ist zwar die »autonome« Entstehung einer kleinen rechtsradikalen und antisemitischen Gruppe im München der Revolutionszeit[469], der Übergang zur Massenbewegung aber wird nur dann verständlich, wenn die Grenzen der »Autonomie« und die Ambivalenz der NSDAP in Rechnung gestellt werden. Daß der Erfolg der »Bewegung« »an dem Grade der Vernichtung des Marxismus und der verbreiteten Aufklärung über seine Urheber, die Juden«[470] gemessen werden soll, daß Hitler den Kampf gegen das »Industriekapital« ablehnt[471], daß eine partielle Kapitalismuskritik (partiell deshalb, weil sie die Zirkulation vor allem von Geld in jüdischem Besitz als das Ganze kritisiert) in Antisemitismus und Antibolschewismus umschlägt[472]: diese Topoi nationalsozialistischer Propagandatätigkeit deuten die inhaltlichen Schranken der »Autonomie« der NSDAP an. –

Nachdem Hitler im Juli 1921 den »Posten des ersten Vorsitzenden mit diktatorischer Machtbefugnis« beansprucht und erhalten hatte, wurden die Beziehungen zur Münchner »Gesellschaft« – zu Bechstein, Hanfstaengl, Scheubner-Richter und zum Hause Wagner bedeutsam. Sie grenzen die ausdrückliche »Autonomiephase« auf das frühe Anfangsstadium ein.[473] Max Erwin von Scheubner-Richter war hierbei ein wichtiger Kontaktmann; er hat 1923 die Verbindung zwischen Hitler und Erich Ludendorff hergestellt.[474]

Mit der Besetzung des Ruhrgebiets durch Frankreich und dem »Ruhrkampf«, mit Inflation, Seperatistenbewegung und mit der widerrechtlichen Absetzung der durch Koalitionen von SPD und KPD gebildeten »Regierungen der republikanisch-proletarischen Verteidigung«[474a] durch die Reichswehr bei gleichzeitiger Tolerierung der bayerischen Gegenregierung Kahr – Lossow hat das Jahr 1923 der NSDAP »den ersten Durchbruch zur Massenbewegung ermöglicht«.[475] Zugleich macht das Jahr 1923 offenbar, daß der NSDAP nur unter Mitwirkung der traditionellen Oberschichten die endliche »Machtergreifung« gelingen konnte. 1923/24 hätten eine nicht konservative bayerische Justizverwaltung und Rechtsprechung, ein anderer Justizminister als Franz Gürtner, kurz: Hitlers Ausweisung nach Österreich oder die Einhaltung der fünfjährigen Gefängnisstrafe Hitlers höchstwahrscheinlich das Ende der kaum konsolidierten nationalsozialistischen Partei bedeutet.[476]*

Zur soziologischen Struktur der NSDAP
Anmerkungen zur »Ambivalenz« der faschistischen Massenbewegung

Der Begriff »Autonomie« muß, wie gezeigt werden sollte, relativiert werden. Er ist zu den Begriffen »innerparteiliche Ambivalenz« und »Bündnispolitik« bzw. mit einer umfassenden Spannung zwischen Funktion und Basis der NSDAP in Beziehung zu setzen. *Auf keinen Fall* impliziert der Begriff »Autonomie«, so wie er hier eingeführt worden ist, die Leugnung struktureller Verbindungen zwischen den »Oberklassen« und der nationalsozialistischen »Bewegung«. Er bezeichnet *nicht* die Allein- und Eigenverantwortlichkeit der NSDAP bzw. der nationalsozialistischen Oligarchie an der in diesem Kontext zumeist auf Krieg und Judenvernichtung reduzierten Strategie des Faschismus an der Macht.

Im Rahmen der »Links« und »Rechts« gleichsetzenden Totalitarismustheorie dient eine verabsolutierte Vorstellung von nationalsozialistischer »Autonomie« der ideologischen Verteidigung der Industrie, deren Beteiligung am sozioökonomischen System des Nationalsozialismus durch Hinweise auf die politische Macht der Oligarchie an der Spitze der Massenbewegung sowie durch Betonung des totalitär plebiszitären Charakters dieser Bewegung eskamotiert werden soll. So heißt es bereits 1943: »Es ist einfach nicht wahr [. . .], daß ›big business‹ den Faschismus förderte. [. . .] Es ist gleichfalls unwahr, daß ›big business‹ vom Faschismus profitiert; von allen Klassen leidet es wahrscheinlich am meisten an wirtschaftlichem Totalitarismus und Wehrwirtschaft.«[477] Hier wird die insgeheime Trauer der »herrschenden Klasse«, unter der Macht der

* Bemerkenswert ist auch Gösta v. Uexkülls strafrechtliche Interpretation von Hitlers Potempa-Telegramm (1932), das mit mindestens drei Monaten Gefängnis zu bestrafen wäre: »Drei Monate Gefängnis hätten genügt, Hitler als Politiker unmöglich zu machen« (*Prozeß gegen Deutschland*, 1944[1], Neudruck Zug 1974, S. 33).

Nationalsozialisten bloß noch ökonomisch und sozial »herrschende Klasse« gewesen zu sein, stilisiert und zu Apologiezwecken mißbraucht. Dieser »Rationalisierung« zufolge hat faschistische »Autonomie« keine strukturellen Ursprünge in einer spezifisch durchkapitalisierten Gesellschaft. Der Nationalsozialismus erscheint dann als das Werk letztlich eines genialen, dämonischen Demagogen und Emporkömmlings. Da Hitler jedoch auch gewählt worden ist, sind die Wähler mitschuldig.[478] Diese Verteidigung wird in den Mantel einer autoritären, elitären »Angst vor den Massen«, vor dem Pöbel, gehüllt.[479] So wie Fritz Thyssen in *I paid Hitler* das deutsche Volk für Chaos und Anarchie der Weimarer Republik verantwortlich gemacht und es für die Demokratie nicht »reif« gehalten hat (um sein eigenes Interesse an einem »starken Mann« nachträglich zu rechtfertigen)*, so wird im Rahmen dieser von der »Autonomie« der NSDAP ausgehenden Argumentation dasselbe Volk für den Nationalsozialismus haftbar gemacht. Und nur darum geht es dieser gegen die Urteile des Nürnberger Prozesses gerichteten Rechtfertigungslehre. Im Grunde betreibt diese ›Verteilung‹ der Schuld auf Hitler und die Massen die Absolution der traditionellen Oberschichten im allgemeinen (20. Juli 1944) und der Industrie im besonderen.

Eine solche Verwendung des »Autonomie«-Begriffs ist hier nicht beabsichtigt. Er soll vielmehr die auch innerparteilich aufspürbare Spannung und Ambivalenz von Funktion und Basis des Nationalsozialismus bezeichnen, aber auch die Nicht-Identität der Interessen der von der NSDAP organisierten Mitglieder und mobilisierten Wähler mit den Interessen der »Oberklassen«, des »Bündnispartners« der NSDAP, deren zentrales (Rechts)Institut, das Eigentum an Produktionsmitteln, garantiert (wenn auch zum Teil profitabel eingeschränkt) worden ist. Auf diese Nicht-Identität weist auch die »sowjetmarxistische« Faschismusanalyse hin, allerdings bislang eher beiläufig. Einerseits wird der deutsche Faschismus als Agentur monokapitalistisch-imperialistischer Interessen definiert, die Massenbewegung geht in diese Definition nicht ein. Andererseits wird verschiedentlich die potentiell revolu-

* Vgl. dazu die S. 230 ff. im Text.

tionäre Orientierung von Teilen der NSDAP betont. Es gibt in der KPD und in der Komintern durchaus taktische Vorstellungen, die an diesem innerparteilichen Widerspruch der NSDAP ansetzen. So macht Hans Jäger[480] auf die unterschiedliche Rekrutierungsbasis von SA und SS aufmerksam, appelliert er an die SA, in welcher der »proletarische Bestand« überwiege.[481] Noch weiter geht Dietrich Eichholtz, der nicht das Unterschichten-Potential der SA, sondern die ambivalente Mittelschichten-Basis der NSDAP hervorhebt. Eichholtz bedauert, daß »die Forschung über Entwicklung und Verhalten der Mittelschichten unter dem Faschismus« vernachlässigt worden sei, und fährt fort:

»Werktätige Bauern, Handwerker und Einzelhändler, Schichten der Angestellten und der Intelligenz – das waren gerade diejenigen Volksschichten, die als Verbündete der Arbeiterklasse für die Volksfrontpolitik gewonnen werden mußten. [...] Ohne die Mittelschichten wäre die Geschichte Deutschlands unter der faschistischen Diktatur auch von einem anderen Blickpunkt her nicht erklärbar. Sie bildeten die Massenbasis und das Kräftereservoir der Nazipartei. Sie wählten in ihrer Mehrheit Hitler, wählten ihn, solange er Erfolg hatte, und unterstützten sehr lange die faschistische Politik der Monopole. [...] Die zwiespältige Rolle der Mittelschichten und die Wandlungen in dieser Rolle erklären ihre ganze Misere in der Zeit des Faschismus, erklären aber auch ihre große Bedeutung für die Politik des Proletariats, für die Strategie und Taktik seiner revolutionären Partei.«[482]

Diese Position wirkt heute in der Unterscheidung von Monopolbourgeoisie einerseits und nicht- bzw. antimonopolistischer Bourgeoisie andererseits fort, in der Begründung einer Volksfront-Strategie und in dem Konzept einer »antimonopolistischen Demokratie«. In der Zeit des Faschismus sind diese (und ähnliche) Vorstellungen primär an die proletarischen und deklassierten Mitglieder der nationalsozialistischen Massenorgane, z. B. an die »SA-Proleten«, adressiert gewesen und in die »Taktik des Trojanischen Pferdes« eingeflossen – d. h. in eine Politik, welche die ambivalente nationalsozialistische Propaganda in den faschistischen Massenorganisationen beim Wort zu nehmen suchte.[483]

Um »Autonomie« und Ambivalenz der NSDAP sowie – ausgehend von der Partei selbst und vermittelt über die »notwendige« Propaganda einer partiellen Kritik an »jenem schamlosen kapitalistischen System«[484] – des deutschen Faschismus an der Macht zu verdeutlichen, soll jetzt mit einem Materialbericht die Sozialstruktur der Parteimitglieder, der »Führerschaft« und der Wähler der NSDAP umrissen werden.

1. Die Mitgliederstruktur der NSDAP

Anhand eines Aufsatzes von Michael H. Kater – *Zur Soziographie der frühen NSDAP* – und einiger ergänzenden Angaben in Georg Franz-Willings *Die Hitlerbewegung* sowie in Werner Masers *Die Frühgeschichte der NSDAP* lassen sich Indikatoren der Mitgliederstruktur der NSDAP bis 1923 gewinnen. Die Studien zur Struktur der NSDAP-Mitglieder ab 1925 rekurrieren allesamt auf die seinerzeit vertraulichen Informationen der vom Reichsorganisationsleiter der NSDAP mit Stand vom 1. Januar 1935 herausgegebenen *Partei-Statistik;* wie noch zu zeigen ist, übernehmen sie von dieser Quelle eine folgenschwere Falschaussage und, vor allem Martin Broszat, die groben Kategorien der *Partei-Statistik*. Kater kennzeichnet deshalb den Stand der neueren Diskussion der Sozialstruktur der NSDAP ab 1930 als einen Rückschritt selbst gegenüber den Ansätzen Franz-Willings und Masers.[485]

Georg Franz-Willing hat die Anwesenheitslisten bei DAP-Veranstaltungen Ende 1919 ausgewertet. Daraus geht hervor, daß »Arbeiter« und Angehörige des »kleinen Mittelstandes« den Hauptanteil an den Besuchern gebildet haben (allerdings wird nicht ausgeführt, was unter diese Kategorien subsumiert worden ist).[486] Die älteste aufgefundene Mitgliederliste der DAP vom Januar 1920 enthält 190 Angaben. Ohne Berücksichtigung des Frauenanteils (von 10,5 Prozent) schlüsselt Franz-Willing den Mitgliederbestand nach Berufsgruppen auf (wobei die Kategorien nicht bestimmt werden)[487]:

Facharbeiter und Handwerker	33 %
Freie akademische Berufe	14,5 %
Beamte und Angestellte	14 %
Soldaten und Offiziere	13 %
Kaufmännische Berufe	12 %
Studenten	7 %
Geschäftsinhaber	4 %
Ungelernte Arbeiter	2,5 %

Der hohe Anteil von Facharbeitern und Handwerkern erklärt sich aus dem hohen Anteil von Schlossern und Mechanikern der Eisenbahnwerkstätte, wo auch Anton Drexler, der erste Vorsitzende der DAP, beschäftigt war. Gegenüber der für 1923 von Kater vorgenommenen Untersuchung fällt vor allem auf, daß Anfang 1920 der Anteil ungelernter Arbeiter noch sehr niedrig war (1923 belief sich dieser Anteil nach Kater auf 9,5 Prozent eines für 40 000 Parteimitglieder – von insgesamt 55 287 Mitgliedern – »repräsentativen« Samples). Die frühe NSDAP bzw. die DAP wird deshalb von Franz-Willing als eine Fortsetzung der traditionellen Mittelstandsbewegung, die sich gegen die Industrialisierung – und damit gleichermaßen gegen Kapitalismus und Sozialismus – richtet, interpretiert.[488]

Werner Maser hat die Angaben zu 675 auf einer bis zum 29. Mai 1920 reichenden Liste von Parteimitgliedern ausgewertet, dazu Listen für Rosenheim, Passau, Landshut und Mannheim aus dem Jahr 1922. Da Maser über die bei der Auswertung benutzten Kategorien und über die Repräsentanz bzw. den Stellenwert der lokalen Listen keine Angaben macht, so daß die teilweise signifikanten Abweichungen von der Liste der Gesamtpartei von 1920 nur konstatiert, nicht aber interpretiert werden können, seien hier nur die auf die Liste der 675 Mitglieder bis zum 29. Mai 1920 bezogenen Daten mitgeteilt[489]:

Facharbeiter und Handarbeiter, darunter Geschäftsinhaber	27 %
Akademische Berufe	8,5 %
Beamte und Angestellte, darunter Akademiker	14,6 %
Soldaten und Offiziere	5,2 %
Kaufleute, darunter Geschäftsinhaber	13,3 %
Geschäftsinhaber	3,1 %
Studenten	7,2 %
Ungelernte Arbeiter	2,9 %
Landwirte	–
Frauen, Schüler, Mitglieder mit ungenauen Angaben	18,2 %

Tabelle 1:
Prozentualer Anteil der Berufsgruppen an der NSDAP[490]
(Aufgegliedert nach Wohngebieten)
1923

	Gesamt-	Süd-	Nord-	Groß-	Klein-	Land
		Deutschland			Städte	
(1)	9,5	10,1	6,9	9,4	7,3	10,4
(2)	8,5	8,0	10,5	10,5	11,4	6,3
(3)	1,7	1,9	0,7	1,7	1,3	1,8
(4)	20,0	21,1	15,1	14,1	16,0	24,3
(5)	11,1	9,8	16,9	14,8	12,4	8,9
(6)	6,2	6,5	4,8	5,4	7,8	5,9
(7)	0,6	0,5	0,8	1,1	0,9	0,2
(8)	10,4	12,0	3,1	0,3	0,7	18,9
(9)	13,6	12,1	20,5	16,7	21,4	9,1
(10)	1,4	1,5	0,9	2,9	1,1	0,7
(11)	2,6	2,7	1,8	2,8	2,3	2,6
(12)	1,8	1,6	2,6	2,0	2,2	1,6
(13)	0,4	0,4	0,5	0,4	0,4	0,4
(14)	1,7	1,4	2,9	2,0	2,2	1,3
(15)	–	–	0,1	–	0,1	–
(16)	3,8	4,1	2,5	4,4	4,3	3,3
(17)	4,2	3,6	6,6	6,4	5,6	2,6
(18)	1,3	1,1	1,9	1,6	1,7	0,9
(19)	0,3	0,4	0,1	0,6	0,4	0,2
(20)	1,1	1,2	0,6	2,7	0,7	0,5
N	4726	3858	868	1143	1043	2540

(1) Ungelernte Arbeiter, (2) Facharbeiter, (3) Dienende, (4) Handwerker, (5) U. u. m. Angestellte, (6) U. u. m. Beamte, (7) Militärs, (8) Landwirte, (9) Kaufleute, (10) Künstler, (11) Unternehmer, (12) Leitende Angestellte, (13) Höhere Beamte, (14) Akademiker, (15) Arbeitslose, (16) k. A., (17) Studenten, (18) Lehrlinge, (19) Wohlfahrtsempfänger, (20) Hausfrauen. – Im Original enthält die Statistik noch weitere Kategorien zur Untergliederung des Begriffes Wohngebiet (München, Berlin); ferner werden die Kategorien Groß- und Kleinstädte sowie Land für Nord- und Süddeutschland getrennt aufgeführt.

Maser liefert keinerlei Interpretation zu diesen Angaben; daß das Material für ihn lediglich Illustrationswert hat, zeigt bereits die Kategorienbildung, die – wie bei Georg Franz-Willing – nicht kontrolliert werden kann und keine Differenzierung der Mittelschichten erlaubt. Im Vergleich zu den Daten bei Franz-Willing ist der Anteil der ungelernten Arbeiter weitgehend gleich, der Anteil der Facharbeiter und Handarbeiter ebenso wie derjenige der Soldaten geringer, während sich alle anderen Angaben soweit sich das bei den verwendeten Kategorien überprüfen läßt, durch eine weitgehende Konstanz auszeichnen. Das so gewonnene Bild stimmt in der Tendenz mit dem von Kater analysierten sozialen Charakter der NSDAP des Jahres 1923 als einer Partei wesentlich des »unteren Mittelstandes« überein.

Kater hat eine Mitgliederliste ausgewertet, die den Zeitraum Ende September bis Anfang November 1923 umfaßt und Angaben über etwa 4800 Mitglieder enthält. Von dieser Gesamtzahl hat Kater 4726 beachtet. Dies entspricht 8,5 Prozent aller NSDAP-Mitglieder bis zum 9. November 1923 und wird von Kater als »repräsentativ« für die 1923 von der NSDAP neugewonnenen 40 000 Mitglieder erachtet.[491]

Bei der Kategorienbildung[492] bemüht sich Kater vor allem darum, zwischen »oberen« und »unterem Mittelstand« zu differenzieren. Die Unterscheidung»alter« und »neuer Mittelstand« wird von ihm ohne Begründung zurückgewiesen[493]; auch auf die schichtenspezifischen Definitionsvarianten des Mittelstandsbegriffs geht er nicht ein.[494] Unklar bleibt vor allem, warum er die Facharbeiter insgesamt zum »unteren Mittelstand» zählt.[495] Doch trotz solcher Einschränkungen bleiben Katers Ermittlungen bedeutend. Sie führen den Trend der Aussagen Franz-Willings und Masers fort. Es kann daher gesagt werden, daß sich der von Heinrich Bennecke für den Herbst 1919 festgestellte hohe Anteil (mindestens 20 Prozent) der Militärs an den Parteimitgliedern auf diese Frühphase beschränkt: 1923 machen Soldaten nur mehr 0,6 Prozent des analysierten Samples aus.

Kater weist nach, daß die NSDAP bereits vor dem Putsch nicht auf Bayern beschränkt war; 18,4 Prozent der Untersuchungseinheit bilden norddeutsche Parteimitglieder. Eine zweite Korrektur der bisher gängigen Vorstellung relativiert die Rolle Münchens, eine dritte den Anteil der Landwirte. Da bisher (Franz-Willing, Maser) nur städtische Mitgliedereinheiten ausgewertet worden sind, ist nicht beachtet worden, daß bereits 1923 der Anteil der Landwirte nahezu so hoch war wie

1933. Auf dem Land stellten Handwerker den größten Prozentsatz der NSDAP-Mitglieder[496], in den Kleinstädten dominierten die Kaufleute, in Großstädten die Angestellten, von denen allerdings rund 40 Prozent auf dem Lande wohnten.

Gering ist der von der NSDAP organisierte Teil des »oberen Mittelstandes« der leitenden Angestellten, höheren Beamten und Akademiker, die nur knapp 4 Prozent der Mitglieder ausmachten. Offensichtlich hat die vorwiegend antisemitische Propaganda[497] diese Berufsgruppen nicht zu einem direkten Engagement bewegen können. Ähnliches gilt für die Arbeiter. Diejenigen Arbeiter, die in der NSDAP organisiert waren (9,5 Prozent), hatten sich laut Kater bereits vorher von den Arbeiterparteien entfernt.[498]

»[Bei] NSDAP-Arbeitern [muß es sich] um verbürgerlichte Gruppen handeln. [...] 59,1% der ungelernten Arbeiter lebten auf dem Lande, wo die Sozialdemokratie oder die Kommunistische Partei nur wenige Zellen besaßen. Nur 23,9% wohnten in den Großstädten, den Hochburgen der Roten [...]; in München machte der Anteil der Arbeiter an der Partei nur 6,9% aus. [...] Überhaupt liegt der Prozentsatz in Norddeutschland niedriger als im Süden, was eingedenk der Aktivität der Linken in gewissen industriellen Ballungszentren (Ruhr), aber auch in Sachsen und Thüringen bis zum Herbst 1923 nicht verwundert.«[499]

Insgesamt gesehen zeichnet Kater das Bild der NSDAP von 1923 als das einer Partei vorwiegend der »unteren Mittelschichten«, insbesondere also der Facharbeiter, Handwerker, unteren und mittleren Angestellten und Beamten, der Landwirte, Kaufleute und Lehrlinge. Nach Kater[500] ergibt sich folgende Grobeinteilung des prozentualen Anteils der Sozialschichten am Mitgliederstand der NSDAP (1923):

»Unterer Mittelstand	»Oberer Mittelstand«	»Proletariat«
76	11,8	12,2

Die Bilanz lautet, »daß die NSDAP im Herbst 1923 überwiegend ländlichen Charakter [hat] und fast ausschließlich als untere Mittelstandspartei anzusehen ist«.[501] Immanent begreift Kater die NSDAP als die Partei der Deklassierten. Die Organisation der Übergangsklassen erfaßte Kater zufolge in erster Linie diejenigen Berufsgruppen, die sich akut oder ihrem Selbstverständnis nach durch die Organisation des Proletariats und durch die Konzentration des Kapitals in ihrem Status bedroht fühlten. Obwohl er nicht ausdrücklich davon spricht, nähert sich Kater mit dieser Deutung demjenigen Begriff der »Autonomie« der NSDAP, den Wolfgang Sauers Darstellung der »Revolte der Deklassierten« einschließt.[502]

Resümiert man die Arbeiten zur Sozialstruktur der frühen NSDAP, so fällt auf, daß der Arbeiteranteil gering ist (wenn man die Facharbeiter hier berücksichtigt, so erhöht sich der von Kater berechnete Prozentanteil des Proletariats 1923 auf ein Fünftel aller Mitglieder). Der »große [. . .] Topf der nationalsozialistischen Idee«[503] und das Konzept des »Heranzuziehen[s] kräftiger Massen, am besten aus dem ganz rechten und ganz linken Flügel«[504], so wie der Anspruch, »Zerbrecher des Marxismus« zu sein[505], haben organisatorisch auf die Arbeiter nicht gewirkt; das »Herüberziehen« der Arbeiter aus den Organisationen der Arbeiterbewegung in die NSDAP gelang nicht. *Arbeiter waren in der NSDAP stark unterrepräsentiert.*[506]

Zu dem Zeitraum nach 1925, seit der Neugründung der Partei, liegen keine Analysen vor, die sich auf dem Niveau der Untersuchung Katers bewegten (obwohl die NSDAP ihren bürokratischen Apparat zur Erfassung der Angaben über die Mitglieder damals ausgebaut hat[507]). Daher gibt es eine Kontroverse über den Arbeiteranteil – liegt er für den Zeitraum vor dem 30. September 1930 bei 8,5 oder 28,1 Prozent? –; daher beruhen Gesamtinterpretationen, ohne diese Kontroverse ausgetragen zu haben, auf dem offiziellen Material der NSDAP. Angesichts dieses einigermaßen unsicheren Datenbestands über die Sozialstruktur der NSDAP vor 1933 ist es ein Gewinn, daß Albrecht Tyrell eine Aufschlüsselung der bis zum Dezember 1930 eingetretenen Parteimitglieder vorgelegt hat – unverständlich aber ist, daß dies in Form eines unausgewerteten Faksimiles der Berufsstatistik der Parteimitglieder 1 bis 386 000 (1925-1930) geschehen ist.[508] Der desolate Forschungsstand ist also noch nicht behoben; vor allem fehlt eine Realdefinition, die soziologische und politische Momente, also Basis und Funktion der NSDAP miteinander verbindet.

Die Zeitspanne von 1925 bis 1930 ist hauptsächlich eine Phase der innerparteilichen Konsolidierung und der Ausbildung eines Organisationsnetzes gewesen.[509] Nur so konnte wohl der Mitgliederzuwachs seit Ende der zwanziger Jahre und ganz besonders nach dem Erfolg bei den Reichstagswahlen vom September 1930 – die »Septemberlinge«[510], Vorläufer der »Märzgefallenen« von 1933 – aufgefangen werden, ohne gleichzeitig eine Änderung der Parteilinie einzuleiten. Der Mitgliederzuwachs belief sich 1929 gegenüber 1928 im Reichsdurchschnitt auf 65 Prozent, aber auf 300 Prozent in Schleswig-Holstein und Ostpreußen.[511] Bezogen auf die Mitgliedsnummern bezifferte sich die Erweiterung der Mitgliedschaft seit 1928 auf 149,3 (1928), 161,5 (1929), 221 (1930), 207,2 (1931) und 175,5 Prozent (1932).[512] Zwischen 1930 und 1933 traten der NSDAP insgesamt rund 720 000 neue Mitglieder bei.[513] Doch der Mitgliederstand der NSDAP seit 1925 ist bislang nicht genau ermittelt. Es ist vielfach nicht klar, ob sich die entsprechenden Angaben auf Mitgliedsnummern oder den tatsächlichen Mitgliedsstand beziehen. Seit 1925 wurden die Nummern fortlaufend ausgegeben, wobei mehrere Zahlenblöcke freiblieben. Durch Austritt frei gewordene Nummern wurden nicht neu vergeben. Da es eine erhebliche Fluktuation gab – manche Gauleiter gaben sie mit 10 bis 15 Prozent an[514] –, müssen die realen Mitgliederangaben entsprechend niedriger angesetzt werden.[515]

Ein Vergleich der beiden Statistiken zeigt, wie vage die Kenntnise von der Entwicklung der NSDAP ab 1925 sind. Hält man sich vor Augen, daß Angaben zum Mitgliederstand die Grundlage prozentualer Aufgliederungen der Partei darstellen, so wird deutlich, wie nahe die soziologische Darstellung der NSDAP noch dem Nullpunkt ist. Ihr politisches Selbstverständnis als »einzige nichtmarxistische Partei, die fest entschlossen ist, sich mit der Faust durchzusetzen« (A. Hitler,

Tabelle 2:
Mitgliedsnummern der NSDAP[516]
(1925-1933)

Aufnahmedatum	Nr.	Aufnahmedatum	Nr.
März 1925	1	Nov. 1930	350 000
Sept. 1925	20 000	Dez. 1931	800 000
Dez. 1926	50 000	April 1932	1 000 000
Nov. 1927	70 000	30. 1. 1933	1 435 530
1. Okt. 1928	100 000	März 1933	1 500 000
Sept. 1929	150 000	Mai 1933	3 262 698

Tabelle 2a:
»Mitgliederstand« der NSDAP[517]
(1925-1933)

Ende	1925	27 117	Ende	1930	398 000
	1926	49 523	Ende	1931	806 294
	1927	72 590	1. 1.	1932	686 000
	1928	108 717	Ende	1932	1 378 000
	1929	176 426	31. 1.	1933	1 849 000
bis 14. 9.	1930	293 000	Aug.	1933	3 900 000

1931), kann daher nur mit einer sehr allgemeinen Charakterisierung der NSDAP als »einer ›jungen‹ Partei des Mittelstandes und Kleinbürgertums«[517] korreliert werden. Denn der von Albrecht Tyrell erreichte Forschungsstand erlaubt die Zurückweisung der offiziellen »Partei-Statistik«, die sich bemüht, den Arbeiteranteil der Partei möglichst hoch erscheinen zu lassen und daher zu einer falschen Bezugsgröße greift.[518] Für die bis Dezember 1930 eingetretenen rund 380 000 Mitglieder ermittelte Tyrell eine »geringe Zahl« der Frauen, den »überaus hohen Anteil der mittelständischen Bevölkerungsschichten«, das »rapide Zunehmen der landwirtschaftlichen Berufsgruppe seit 1928/29« und einen niedrigen Arbeiteranteil von 8,5 Prozent.[519] Demgegenüber gelangt die offizielle NSDAP-Statistik zu einem Arbeiteranteil von 28,1 Prozent vor dem 30. September 1930[520] (weil sie sich auf die falsche Grundsumme von nur 129 563 Parteimitgliedern vor dem 1930er Wahlerfolg bezieht).

Die Absicht der offiziellen Statistik ist durchgängig, den Arbeiteranteil der NSDAP möglichst hoch erscheinen zu lassen, um den Anforderungen der Parteinamens gerecht zu werden. Das zeigt sich bereits daran, daß Arbeiter, Angestellte, Selbständige, Beamte, Bauern und eine Residualkategorie »Sonstige« zur Gruppe der Erwerbspersonen zusammengefaßt werden. Auf diese Weise kann der Nachweis geführt werden, daß sich die Partei Anfang 1935 zu 94,5 Prozent aus Erwerbspersonen zusammensetzt.[521] Doch selbst die »Partei-Statistik« vermag die Sozialstruktur der NSDAP nicht völlig zu verschleiern. Zu einem Vergleich der Berufsgruppenaufteilung auf die Bevölkerung und die NSDAP[522] heißt es: »Bemerkenswert ist, daß die Partei bei einem Vergleich mit dem

Volk in der Gruppe Arbeiter und Bauern zurücksteht, während die Partei bei der Gruppe Angestellte, Selbständige und Beamte (im Vergleich) weit vor dem Reich steht.«[523] Für künftige Parteiaufnahmen wird daraus folgender Schluß gezogen:

»Beamte (mit Lehrern) und Selbständige sind nur dann aufzunehmen, wenn es sich um wirklich verdiente, rassisch einwandfreie Volksgenossen handelt, die die Partei zur Erfüllung besonderer Aufgaben benötigt. [. . .] Arbeiter und Bauern sind [. . .] mit erhöhter Energie für die Partei zu werben. Es muß hier von dem Grundsatz abgegangen werden, demzufolge die in die Partei aufgenommen werden, die in die Partei kommen wollen. Man sollte hier wie in der Kampfzeit wieder daran gehen, Männer für uns zu werben, die die Partei als Mitglied haben will.«[524]

Tabelle 3:
Soziologische Struktur der NSDAP[526]
(Prozentanteil der Berufsgruppen an der Gesamtmitgliedschaft)
Bis zum 1. 1. 1935

	Parteieintritt		Parteimitglieder
	v. d. 30. 1. 1933	n. d. 30. 1. 1933	1925 - 1. 1. 1935
Arbeiter	31,5	29,7	30,3
Angestellte	21,0	18,6	19,4
Selbständige	17,6	19,8	19,0
darunter:			
Handwerker	7,9	8,6	8,3
Kaufleute	6,9	7,8	7,5
Freie Berufe	2,8	3,4	3,2
Beamte	6,7	15,2	12,4
darunter:			
Beamte	5,2	10,9	9,0
Lehrer	1,5	4,3	3,4
Bauern	12,6	9,0	10,2
Sonstige	3,7	3,0	3,2
Rentner, Pensionäre	1,7	1,4	1,5
Hausfrauen	4,0	1,9	2,6
Studenten, Schüler	1,2	1,4	1,4
N	849 009	1 644 881	2 493 890

Dieser Verhaltensvorschlag wird durch eine Betrachtung des Organisationsgrades der einzelnen Berufsgruppen unterstützt. Demnach waren 7,3 Prozent aller Erwerbstätigen Anfang 1935 Mitglieder der NSDAP; von den einzelnen Berufsgruppen waren Beamte zu 20,7, Selbständige zu 15,2, Angestellte zu 12, Arbeiter zu 5,1 und Bauern zu 3,8 Prozent in der Partei organisiert.[525]

Um einer besseren Einordnung der Prozentanteile von Berufsgruppen an der Gesamtmitgliedschaft der NSDAP willen sei darauf hingewiesen, daß 1925 von je 100 Erwerbstätigen auf die im folgenden bezeichneten Wirtschaftsabteilungen folgende Anteile entfallen (wobei Angaben und Kategorien aus dem 49. Jahrgang 1930 des *Sstatistischen Jahrbuchs für das Deutsche Reich* – Berlin 1930, S. 23 – entnommen sind):

Land- und Forstwirtschaft	30,5
Industrie und Handwerk	41,4
Handel und Verkehr	16,5
Verwaltung, Heeresverwaltung, Kirche und freie Berufe	4,7
Gesundheitswesen	1,8
Häusliche Dienste	5,1

Vergleicht man die Kategorien des Statistischen Reichsamtes mit denjenigen der NS-*Partei-Statistik*, so zeigt sich, daß hier wie dort das Kriterium der arbeitsrechtlichen Stellung der Erwerbstätigen maßgeblich ist. Die Mängel der offiziellen Statistik, die ebenfalls mit Aggregatdaten und Globalkategorien (z. B. »Arbeiter«, »Beamte und Angestellte« – letztere werden statistisch erst ab 1931 voneinander unterschieden –, »Selbständige«) operiert, wiederholen sich in der *Partei-Statistik*. Anders ausgedrückt, die Kritik an den, soziologisch gesehen, unpräzisen und undifferenzierten Kategorien der *Partei-Statistik* wird relativiert, wenn man sich die Berichterstattung der offiziellen Statistik vergegenwärtigt. Um dies zu verdeutlichen und um eine weitere Bezugsfolie für die Gewichtung der Prozentteile einzelner Berufsgruppen am Gesamtmitgliederstand der NSDAP zu ermöglichen, sei auf die Stellung der Erwerbspersonen hingewiesen.

Tabelle 3a:
Erwerbspersonen im Deutschen Reich
1925-1939
Erwerbspersonen (in 1000 bzw. in Prozent aller Erwerbspersonen) nach Wirtschaftsbereichen

	1925	1933	1939
Insgesamt	32 009	32 296	35 732
Land- und Forstwirtschaft	9 762	9 343	8 946
in %	30,5	28,9	25,0
Produzierendes Gewerbe	13 239	13 053	14 580
in %	41,4	40,4	40,8
Handel und Verkehr	5 274	5 932	6 066
in %	16,5	18,4	17,0
Dienstleistungen	3 734	3 968	6 140
in %	11,7	12,3	17,2

Erwerbspersonen (in 1000 bzw. in Prozent aller Erwerbspersonen) nach der Stellung im Beruf

	1925	1933	1939
Selbständige	5 288	5 303	4 804
in %	16,5	16,4	13,4
Mithelfende Familienangehörige	5 437	5 312	5 651
in %	17,0	16,4	15,8
Beamte und Angestellte	5 525	5 513	7 732
in %	17,3	17,1	21,6
Arbeiter	15 759	16 168	17 545
in %	49,2	50,1	49,1

Quelle: Statistisches Bundesamt (Hrsg.), *Bevölkerung und Wirtschaft 1872-1972*, Stuttgart/Berlin/Köln/Mainz 1972, S. 142.

Dort finden sich ferner Angaben für die Jahre 1882, 1895 und 1907. – Die Angaben beziehen sich auf die Ergebnisse von Berufszählungen (Stichtage: 16. 6. 1925 und 1933, 17. 5. 1939). Soldaten werden unter »Dienstleistungen« und »Beamte und Angestellte« nachgewiesen. –

Orientiert man sich an der Arbeit Katers, so ermöglichen diese Angaben der »Partei-Statistik« keine Differenzierung der Mittelschichten. Angestellte, Handwerker und Kaufleute addieren sich für alle drei Zeiträume zu 35 Prozent; aber das besagt wenig, da nicht ersichtlich ist, was die jeweiligen Kategorien meinen. Die Kategorie ›Angestellter‹ umfaßt umsatzbeteiligte Manager und Bürodiener; diejenige der Selbständigen

– worauf Rudolf Heberle hingewiesen hat – schließt Schuster und Besitzer von Schuhfabriken ein; dasselbe gilt für die Kategorie ›Bauer‹, die sowohl Kleinbauern als auch Gutsherrn einschließt. Ebenso allgemein ist die Kategorie ›Arbeiter‹ gefaßt, die unterschiedslos Facharbeiter, Hilfsarbeiter und Arbeitslose subsumiert. Die nicht-transparenten Kategorien der nationalsozialistischen »Partei-Statistik« suggerieren also die Vergleichbarkeit nicht vergleichbarer Daten. Sie stützt deshalb keine Interpretation, die das Drittel »Arbeiter« als Mitglieder der NSDAP intensiv zu interpretieren sucht. Die Statistik erlaubt nur sehr allgemeine Aussagen: Es gibt einen unbedingt zu diskutierenden größeren Arbeiteranteil in der NSDAP – keinesfalls aber hat die NSDAP den Charakter eines »halb proletarischen Unternehmens«[527] –; bedeutender ist der Mittelschichtenanteil, er ist aber nicht allein dominierend. (Im Grunde gestattet diese Statistik nur triviale Feststellungen: Die Zahl der Beamten hat sich nach der »Machtergreifung« vervierfacht, die der Lehrer sogar versechsfacht.[528])

Die soziologische Darstellung der NSDAP ist noch nicht über das Stadium der Primärerfahrungen (und ersten Auswertungen vor allem von Wahlergebnissen[529]) von Zeitgenossen hinausgelangt. Auf die kommunistische Arbeit von Hans Jäger *(Das wahre Gesicht Hitlers und der NSDAP)* ist bereits hingewiesen worden. Aus dem Umkreis der SPD stammt Carl Mierendorffs Aufsatz *Gesicht und Charakter der nationalsozialistischen Bewegung;* als »bürgerliche« Interpretation sei Theodor Heuss' *Hitlers Weg* erwähnt. (Bezeichnend ist, daß gerade Heuss' Position heute wiederentdeckt und als bestätigt angesehen wird.[530]) Jüngere wissenschaftliche Untersuchungen haben das Niveau von Hans H. Gerths »immer noch guter« (D. Orlow) Analyse der NSDAP *(The Nazi Party: Its Leadership and Composition)* nicht übertroffen. Die Konfusion läßt sich – konträr zur Wertschätzung Max H. Keles – nach wie vor mit Theodor Heuss' Bemerkungen zur sozialen Schichtung der NSDAP umschreiben:

»Es genügt [. . .] nicht, wenn man von ›versinkendem Mittelstand‹ redet. Das ist viel zu eng. Ganz unzweifelhaft befindet sich in der Partei auch ein starker Bestand von Arbeitern – Leute, die, ohne politische Vergangenheit, zu dieser jungen Gemeinschaft stießen, solche, die von den Sozialdemokraten oder Kommunisten, herkamen, weil ihnen die Art, wie hier ›Sozialismus‹ vorgetragen wurde, besser gefiel. Dessen kann sich Hitler mit Recht berühmen, daß er eine Gemeinschaftsgesinnung zu wecken verstand, die eindringlicher als bei den andern Gruppen (das Zentrum ausgeschlossen) die ständischen oder klassenbetonten Unterschiede niederlegte.« »Im übrigen wird für die Zusammensetzung der NSDAP gelten, daß sie ihre Vertreter in allen Ständen besitzt.«[531]

Wie immer man den Arbeiteranteil quantitativ und qualitativ gewichten mag, seine Existenz an sich spricht für »Autonomie« und Ambivalenz der NSDAP bzw. für das Spannungsverhältnis von Basis und Funktion faschistischer »Machtergreifung« und Machtanwendung. Dies wird zu wenig beachtet, wenn die NSDAP als »eine ›bürgerliche‹ Partei mit vergleichsweise sehr hohem Arbeiteranteil und damit in ihrer Zeit [als] eine ausgeprägte Volkspartei«[532] klassifiziert wird; schon die zahlreichen »Entlehnungen aus der Kommune« (E. Bloch) zeigen, daß die NSDAP nicht-bürgerlich ist; und den von den »catch-all parties« (O. Kirchheimer) z. B. der Bundesrepublik her geprägten Begriff der »Volkspartei« sollte man ebenfalls nicht auf die NSDAP anwenden, nur weil man sie nicht als »kleinbürgerlich« charakterisieren will[533] und erkennt, daß sie sich aus mehreren Berufsgruppen rekrutiert hat.

Für Ambivalenz und »Autonomie« der NSDAP spricht noch ein anderer Topos der Parteidarstellung: der ihrer Jugendlichkeit[534] Der Altersaufbau erklärt wohl zu einem Großteil den Arbeiteranteil der NSDAP; denn junge Arbeitslose machten neben gewerkschaftlich nicht organisierten Arbeitern das Hauptkontingent des nationalsozialistischen Arbeiteranteils aus (und waren die hauptsächliche Rekrutierungsquelle der SA, in der Arbeitslose[535] Wohnung, Nahrung und Kleidung erhielten und so ihre physische Existenz reproduzieren konnten). Zwischen 1930 und 1933 lag das Durchschnittsalter der NSDAP-Mitglieder – im Gegensatz zu anderen Parteien (außer der KPD) – bei 25 bis 26 Jahren. Hiermit korreliert, daß nach 1928 die Zahl derjenigen, die auf eine »bürgerliche« Weise an der Partei partizipierten, abnahm; »stattdessen steigt die Zahl der mit Marschieren, Mitgliederwerbung und brachialer Gewaltanwendung Beschäftigten sprunghaft an.«[536] (Diese »Herrschaftsfreudigkeit der Jugend« [R. Michels] setzte sich bis in die Reichstagsfraktion der NSDAP durch.[537]) – Für die These, daß die Jugendlichkeit bzw. der hohe Anteil proletarischer Jugendlicher an der NSDAP (H. Jäger) Ambivalenz und »Autonomie« der »Bewegung« stützten, spricht ferner, daß nach 1933 die Quote der Jungen gesunken ist. Dies sowie Funktion und Größe des Arbeiteranteiles wären aber exakt erst noch zu analysieren.

Tabelle 4:
Prozentuale Verteilung der NSDAP-Mitglieder und der Bevölkerung nach Alters- und Jahrgangsgruppen
1930-1933, 1933-1935

Jahrgangsgruppe	Altersgruppe	Parteieintritt v. 15. 9. 30 – 30. 1. 33	insges. v. d. 30. 1. 33	n. d. 30. 1. 33	Parteimitglieder am 1. 1. 1935	Bevölkerung am 16. 6. 1933
1916-1914	18-20	2,1	1,8	4,4	3,5	5,3
1913-1904	21-30	41,3	40,4	31,0	34,1	25,3
1903-1894	31-40	26,3	27,8	27,9	27,9	22,0
1893-1884	41-50	17,1	17,1	20,8	19,6	17,1
1883-1874	51-60	9,2	9,3	12,1	11,2	14,5
1873 u. früher	61 u. m.	3,4	3,6	3,8	3,7	15,3

Quelle: Reichsorganisationsleiter der NSDAP (Hrsg.), *Partei-Statistik,* Bd. I: *Parteimitglieder,* München o. J. (1935), S. 155, 162.

Die hier am Beispiel der Sozialstruktur der NSDAP vorgestellten ambivalenten Züge der faschistischen Bewegung werden von einer Regionalanalyse der Ruhrgebiets-NSDAP bestätigt.[538] Bemerkenswert ist insbesondere, daß selbst im Ruhrgebiet der Arbeiteranteil verhältnismäßig gering war. Auf der Grundlage der offiziellen *Partei-Statistik* des Jahres 1935 läßt sich sagen, daß, infolge der Auswirkungen der Weltwirtschaftskrise, der Arbeiteranteil in der NSDAP des Ruhrgebiets zwischen 1930 und 1933 deutlich gestiegen ist. Allerdings kann dieser Anstieg ebenso wie der Arbeiteranteil anhand der *Partei-Statistik* nicht quantifiziert werden. Diese setzt den Arbeiteranteil zu hoch an, weil die Kategorie »Arbeiter« aus politischen Gründen viel zu weit und zu unscharf gefaßt ist:

»Es wird nämlich nicht zwischen Industriearbeitern und Handwerkern unterschieden, und es fehlt eine Differenzierung in erwerbslose und beschäftigte Arbeiter. Die Gruppe der ›Arbeiter‹, wie die Parteistatistik sie nennt, setzt sich also aus beschäftigten und unbeschäftigten Arbeitern in Industrie und Handwerk zusammen. [. . .] Daß der in der Parteistatistik genannte hohe Anteil an Arbeitern [von 39,6, 37,5 und 43,8 Prozent für die Gaue Essen, Westfalen-Nord und -Süd bis zur ›Machtergreifung‹, E. H.] sich neben Handwerkern und zu einem Teil aus der Gruppe der arbeitslosen Industriearbeiter rekrutiert haben muß, geht eindeutig aus dem geringen Stimmenanteil hervor, den die NSBO im Ruhrgebiet bei den Betriebsrätewahlen erringen konnte. [. . .] Die Mehrheit der ›Arbeiter‹, die in der Parteistatistik genannt werden, setzte sich höchstwahrscheinlich aus Handwerkern und erwerbslosen Industriearbeitern zusammen.«[539]

Gegenüber den zitierten hohen Arbeiteranteilen, von denen die *Partei-Statistik* wegen der manipulativen Bestimmung der Kategorie redet, hält Wilfried Böhnke eine Angabe des Regierungspräsidenten von Düsseldorf für realistisch. Für Ende 1930 differenziert diese Quelle die Sozialstruktur der NSDAP des Regierungsbezirks Düsseldorf folgendermaßen: Landwirte 5, Handwerker und Kleingewerbetreibende 34, kaufmännische Angestellte 34, Industriearbeiter 14, Landarbeiter 5, freie Berufe 5 und Angestellte 3 Prozent.[540]*

2. Zur Struktur der nationalsozialistischen Oligarchie**

Sowohl Anfang 1935 als auch nach der Umorganisierung der Partei 1936/37 galten rund 500 000 Mitglieder der NSDAP als »Politische Leiter« (1936/37 waren dies allerdings nur die Hoheitsträger, die politischen Leiter in den Stäben parteiinterner Ämter und in Fachämtern angeschlossener Verbände waren noch nicht berücksichtigt[541]). Am 1. Januar 1935 zählte die NSDAP genau 502 662 politische Leiter, wovon 55,9 Prozent Hoheitsträger (Gau-, Kreis-, Ortsgruppen-, Stützpunkt-, Zellen- und Blockleiter) und 44,1 Prozent politische Leiter in den Stäben (der Gau- und Kreisleitungen, der Ortsgruppen und Stützpunkte) waren. Mehr als 60 Prozent der Leiter in Stäben

* Als sehr informative Weiterentwicklung der soziologisch-historischen Analyse der NSDAP-Mitglieder und -Oligarchie vgl. Michael H. Kater, *Sozialer Wandel in der NSDAP im Zuge der nationalsozialistischen Machtergreifung,* in: Wolfgang Schieder (Hrsg.), *Faschismus als soziale Bewegung,* Hamburg 1976, S. 25-67.

** An neueren Arbeiten vgl. Michael H. Kater, *Sozialer Wandel in der NSDAP im Zuge der nationalsozialistischen Machtergreifung,* a.a.O., hier bes. S. 36 ff., 53; Hans-Gerd Schumann, *Die Führungsspitzen der NSBO und der DAF,* in: *Herkunft und Mandat,* Frankfurt/Köln 1976, hier bes. S. 160 f.

waren politische Leiter in Fachämtern mit angeschlossenen Verbänden (z. B. in der NS-Frauenschaft, der NSBO, in den Ämtern für Volkswohlfahrt, für Agrarpolitik und für Beamte).[542]

Auf diese Gesamtheit von rund 500 000 politischen Leitern beziehen sich die im zweiten Band der offiziellen *Partei-Statistik* enthaltenen Angaben. Gut die Hälfte – nämlich 259 335 oder 51,6 Prozent – dieser Bezugsgröße rekrutierte sich aus den beiden letzten Gliedern der nationalsozialistischen Hierarchie[543] (Gauleiter – Kreisleiter – Ortsgruppen-, Stützpunktleiter – Zellenleiter – Blockleiter), nämlich aus den Zellenleitern (54 976 = 10,9 Prozent) und den Blockleitern (204 359 = 40,7 Prozent). Allein deswegen kann die nationalsozialistische Oligarchie mit Hilfe der *Partei-Statistik* nur sehr bedingt nachgezeichnet werden. Bezogen auf die Grundgesamtheit aller politischen Leiter Anfang 1935 machten nämlich beispielsweise die 30 Gau- und 827 Kreisleiter noch nicht einmal ein Prozent aus.

Um also die Führungsgruppe der NSDAP analysieren zu können, bedarf es weitergehender, größtenteils aber noch nicht erarbeiteter Angaben.[544] Das Problem besteht zunächst darin, mittels einer Reihe von Untersuchungen einzelner Entscheidungsprozesse die nationalsozialistische Oligarchie konkret zu lokalisieren und intern sowie extern – d. h. gegenüber anderen gesellschaftlichen Machtzentren und Machtträgern – zu gewichten. Sodann wären die Differenzen zwischen Funktion und Basis nicht nur gesamtgesellschaftlich als konstitutiv für das Verhältnis von Faschismus und Kapitalismus, sondern auch innerorganisatorisch als bestimmendes Moment der Beziehungen zwischen Parteimitgliedern und Parteioligarchie zu erörtern. Vor allem aber gilt es, »zwischen der Zusammensetzung der Anhängerschaft und des Führungskorps zu unterscheiden«.[545]

Die im Zusammenhang der Betrachtung der Mitgliederstruktur vorgebrachten Einschränkungen können hier wiederholt werden; hinzu kommen weitere spezifische Datenlücken, die daher rühren, daß trotz der unzulänglichen Grundgesamtheit der zweite Band *Politische Leiter* der *Partei-Statistik* immer noch eine wichtige Quelle darstellt. Um die Frage nach den Differenzen zwischen Basis und Oligarchie der NSDAP zu beantworten, werden in der Regel Daten zur Darstellung der Gauleiter, der politischen Leiter überhaupt und der nationalsozialistischen Reichstagsfraktionen benutzt. Der einzige Versuch, die nationalsozialistische Oligarchie *(The Nazi Elite)* als »a counter elite ›specialized in the use of organization, propaganda, and violence to gain power‹«[546] auszuweisen, ist – unter Mitwirkung von Ithiel de Sola Pool und George K. Schueller – von Daniel Lerner unternommen worden.[547] Lerner fragt u. a. nach den Differenzen innerhalb des politischen Führungskorps der NSDAP, um den Kern der Machtträger in seinen ihn vom Rest der Nazi-Elite, von den Parteimitgliedern, von den traditionellen Eliten und von der Bevölkerung unterscheidenden Merkmalen erfassen zu können. Es wird aber noch zu zeigen sein, in welchem Ausmaß der Gang dieser Analyse durch totalitarismustheoretische Erklärungen entwertet wird. Auch diese Daten haben somit lediglich Illustrationswert.

Im Hinblick auf die – erst vage identifizierte – nationalsozialistische Oligarchie bekunden sich »Autonomie« und Ambivalenz im gegenläufigen Altersaufbau der Mitgliederschaft und der politischen Leiter, in der Nicht-Identität der Sozialprofile der Parteimitglieder und des Führungskorps[548] sowie in den Differenzen der nationalsozialistischen Oligarchie der »newcomer« zur »herrschenden Klasse« und zu den »Oberklassen«. Vor allem, daß die NSDAP-Oligarchie eine »newcomer«-Elite gewesen und daß in der Oligarchie der Anteil der Arbeiter noch geringer ist als in der Partei überhaupt, deuten auf »Autonomie« und Ambivalenz der NSDAP hin. Der niedrige Arbeiteranteil läßt sich selbst im Ruhrgebiet nachweisen.[549] Böhnkes Auswertung von rund 100 Biographien von Nazi-»Führern« zeigt, daß der größte Teil (rund 80 bis 85 Prozent) den unteren und mittleren Mittelschichten entstammte. Mit rund 15 bis 20 Prozent waren die Arbeiter im Kreis der Parteioligarchie – selbst im Vergleich zu ihrem ohnedies geringen Anteil an der NSDAP – deutlich unterrepräsentiert. Sogar Unterorganisationen wie SA und NSBO wurden von Vertretern des neuen Mittelstandes geleitet; einzig im Gau Essen wurde die NSBO von einem Arbeiter geführt. Böhnke hält – ebenso wie Hans-Gerd Schumann

– das Verhältnis von 3:2:1 für diejenige Relation zwischen Angestellten, Handwerkern und Arbeitern, welche die Besetzung der Führungspositionen der NSBO ziemlich genau wiedergibt. Das durch einen Blick auf die Kandidatenlisten belegte Fazit Böhnkes lautet: »Vertreter mittelständischer Berufs- und Sozialgruppen führten [...] die NSDAP im Ruhrgebiet.«[550]

Tabelle 5:
Prozentuale Aufgliederung der Politischen Leiter und der Mitglieder der NSDAP nach Berufsgruppen[551]
1. Januar 1935

Berufsgruppen	Politische Leiter (1)	Politische Leiter (2)	Parteimitglieder
Arbeiter	14,9	23,0	32,1
Angestellte	22,8	22,6	20,6
Selbständige	20,0	19,5	20,2
Beamte und Lehrer	28,0	17,6	13,0
Bauern	28,2	14,7	10,7
Sonstige	18,2	2,6	3,4

(1) Bezogen auf die jeweilige Gruppe der Parteimitglieder – also: 20,7 Prozent aller Parteimitglieder sind Politische Leiter, 14,9 Prozent aller in der NSDAP organisierten Arbeiter sind Politische Leiter etc. –, (2) bezogen auf die Gesamtheit (100 Prozent) aller Politischen Leiter.

Zu diesen Daten findet sich in der *Partei-Statistik* folgender Kommentar:

»Der Einbau bzw. die Anteilnahme der Parteigenossen als Politische Leiter, nach Berufen unterteilt, läßt folgende Tatsachen erkennen:
1. Arbeiter als politische Leiter
Der prozentuale Anteil der Arbeiter in der Partei ist an und für sich wesentlich geringer als der prozentuale Anteil der Arbeiter im Volk. Besonders gering ist der Anteil der Berg- und Landarbeiter in der Partei. [...]

Der Anteil der Arbeiter als Politische Leiter ist darüber hinaus ebenfalls geringer, als dies auf Grund des prozentualen Anteils der Arbeiter in der Partei sein dürfte.
[...]
2. Angestellte als Politische Leiter
Entsprechend der Tätigkeit der Angestellten, die zumeist geistig *und*

handwerklich ... tätig sind, ist die Anteilnahme der Angestellten als Politische Leiter besonders hoch. Da hierbei noch hinzukommt, daß ein verhältnismäßig hoher Prozentsatz der in der Partei verankerten Angestellten bereits vor der Machtübernahme seinen Partei-Eintritt vollzog, ist die Anteilnahme der Angestellten als Politische Leiter als in Ordnung gehend anzusehen.

3. Selbständige Parteigenossen als Politische Leiter

Die Anteilnahme der selbständigen Parteigenossen (Kaufleute, Handwerker und in freien Berufen Tätige) als Politische Leiter ist entsprechend ihrem Prozentsatz in der Partei, zwar etwas geringer, aber im allgemeinen als normal anzusehen.

4. Beamte und Lehrer als Politische Leiter

Der prozentuale Anteil der Beamten und Lehrer in der Partei ist ca. 2½mal so groß wie im Volk. *Der Anteil der Beamten und Lehrer als Politische Leiter übersteigt dieses Ergebnis noch um ein beträchtliches.*

[...]

Die starke Anteilnahme der Beamten und Lehrer als aktiv Tätige in der Partei läßt einerseits die Bereitwilligkeit derselben erkennen, am Aufbau des nationalsozialistischen Deutschland mitzuwirken. Andererseits besteht zweifellos die Möglichkeit einer langsamen aber sicheren Verbeamtung der NSDAP, insbesondere in führenden Stellungen. Damit erwächst die Gefahr, daß die dienstmäßige Auffassung des Beamten, die für die Staatsverwaltung zweifellos Vorteile hat, mehr und mehr in die Partei eindringt. Da die Partei jedoch keine verwaltende sondern eine volksbezogene Aufgabe hat, muß dies beachtet werden.

Zu dieser Überlagerung der Partei durch Beamte kommt noch hinzu, daß diese mitgliedsmäßig zu über 80 Prozent erst nach der Machtergreifung in die Partei Einbau gefunden haben.[552]

[...]

5. Bauern als Politische Leiter

Im Verhältnis zum Anteil im Volk hat *die Partei zu wenig Bauern* als Mitglieder. Im Verhältnis zum Anteil in der Partei sind wesentlich mehr Bauern als Politische Leiter tätig. Dies entspricht der Ausbreitung der Partei auf dem flachen Lande, wo im wesentlichen Bauern zur Mitarbeit bereit sein müssen. Dies bedeutet aber auch, daß der Bauer in der Partei in besonderem Maße aktiv tätig ist.

6. Rentner und Pensionäre, Hausfrauen und Studenten als Politische Leiter usw.

Der geringe Anteil dieser Gruppen entspricht dem geringen Anteil in der Partei selbst.«[553]

Ebenso wie für die Über- bzw. Unterrepräsentationen einzelner Berufsgruppen liefert die *Partei-Statistik* auch einen deutlichen Hinweis auf die geringe Repräsentanz der (in der

NSDAP ohnehin schwach vertretenen) Arbeiter in der Parteioligarchie. Diese Kluft zwischen Basis und Funktion belegen auch Daten über die Gauleiter und die Reichstagsfraktionen der NSDAP.

Die aus den Reichstagswahlen vom 14. September 1930 mit 107 – gegenüber vorher 12 – Mandaten fast verneunfacht hervorgegangene Reichstagsfraktion der NSDAP bestand, entgegen der Mitglieder- und Wählerstruktur, zu einem knappen Viertel aus Angehörigen der Oberschicht. Werner Stephan hat folgende Gliederung dieser Reichstagsfraktion der NSDAP ermittelt[554]:

Beamte (20,6%)	
Offiziere a. D.	3
(12 ehemalige Offiziere sind in andere Berufe abgewandert)	
Oberbeamte	8
Mittlere Beamte u. Lehrer	11
Selbständige (23,4%)	
Freie Berufe	7
Selbst. Kaufleute	4
Handwerker	3
Industrielle	1
Landwirte	10
Arbeitnehmer (27,1%)	
Angestellte	17
Arbeiter (11,2%)	12
(darunter 2 Landarbeiter)	
Parteifunktionäre (28,9%)	
Parteiangestellte	15
Schriftleiter der Parteiblätter	6
Schriftsteller	10

Die 196 nationalsozialistischen Mitglieder des am 6. November 1932 gewählten 7. Reichstages sollen, nationalsozialistischem Selbstverständnis zufolge, über ihre Lebensbeschreibungen einen »Abriß der in der NSDAP verankerten Volksgemeinschaft« vermitteln. Unter der Überschrift *Die Reichstagsfraktion der NSDAP; ein Abbild der Volksgemeinschaft* gibt die Broschüre zur RT-Fraktion 1932/II (*Die Braunhemden im Reichstag*, München 1933, S. 14) folgenden Überblick über die Berufszugehörigkeit der 196 RT-Mitglieder:

»Landwirte, Hofbesitzer, Gärtner	36
Reichs-, Staats-, Kommunalbeamte, Lehrer	30
Fabrik- und Landarbeiter, Angestellte	24
Handwerker, Gewerbetreibende, Vertreter	25
Selbständige Kaufleute	14
Schriftsteller, Schriftleiter, Verleger	15
Ehemalige Offiziere	14
Ingenieure, Techniker, Architekten	11
Rechtsanwälte	6
Volkswirte	4
Ärzte und Apotheker	4
Fabrikanten	3
Bankbeamte	2
Gauleiter (die früher andere Berufe hatten)	4
Sonstige Berufe (freie Berufe)	4.«

Der Anteil der Oberschicht dürfte sich auch in diesem Fall auf mindestens ein Viertel belaufen. Jedoch kommt den gewählten Kategorien ein stark verschleiernder Charakter zu. Dies zeigt sich an der Angleichung der »Hofbesitzer«, an der Gleichsetzung von »Fabrik- und Landarbeitern« und »Angestellten«, an der mangelnden Unterscheidung zwischen leitenden und nicht-leitenden Angestellten sowie zwischen verschiedenen Laufbahnstufen/-gruppen der Beamten. Bereits die solcherart unzulängliche Aufgliederung der NSDAP-Mitglieder des 7. RT zeigt aber gravierende Abweichungen von der Verteilung der Erwerbspersonen (vgl. Tabelle 3a auf S. 167). 1933 beläuft sich z. B. der Anteil des Agrarsektors auf knapp 29 Prozent aller Erwerbspersonen, während darauf nur 18 Prozent der NSDAP RT-Mitglieder entfallen. Daß 50 Prozent aller Erwerbspersonen 1933 Arbeiter, aber nur 16 Prozent Selbständige sind, spiegelt sich in der Verteilung der nationalsozialistischen RT-Mitglieder ebenfalls nicht wider.

Ein ähnliches Bild ergibt die Analyse des nationalsozialistischen Reichstages von 1938. Ernest M. Doblin und Claire Pohly stützen auf die Analyse dieses Reichstages ihre Darstellung der sozialen Zusammensetzung des nationalsozialistischen Führerkorps. Ohne ihren Ansatz ausreichend zu begründen, gehen sie davon aus, daß die Untersuchung der 717 Mitglieder des 1938er Reichstages eine soziologische Darstellung der NS-Oligarchie zu fundieren vermöge: »The list of

Reichstag members offered a fairly representative cross-section through this inner circle.«[555] Obschon der Oligarchie-Begriff in diesem Rahmen nicht zu verifizieren ist, weil der Reichstag nicht das Zentrum von Entscheidungsprozessen war, nähern sich die Mitglieder dieser Institution weit mehr dem Kreis der tatsächlichen Entscheidungsträger als die von der *Partei-Statistik* immer nur sehr allgemein bezeichneten »politischen Leiter« überhaupt. Die Berufstätigkeit der Reichstagsmitglieder von 1938 liefert also wohl einen Näherungswert zur Charakterisierung der NS-Oligarchie.*

1938 hatte die große Mehrheit der Reichstagsabgeordneten Führungspositionen in Partei und Verwaltung inne (so wie schon 1930 die Parteibürokratie einen Großteil der Reichstagsfraktion stellte – nicht zuletzt, um als Inhaber von Freifahrtscheinen und als »I. d. I.«, als »Inhaber der Immunität« [J. Goebbels], leichter, geschützter und billiger für die NSDAP propagandistisch-politisch tätig sein zu können[556]). Industrielle – z. B. Albert Vögler, Fritz Thyssen, Fritz Springorum, Hans v. Stauss und Alfred Hugenberg – gehörten dem zweiten (vom 12. November 1933), dem dritten (vom 29. März 1936) und dem vierten (vom 10. April 1938) nationalsozialistischen Reichstag als »Gäste« oder als Mitglieder der »Liste des Führers« an[557]; im Reichstag von 1938 gab es 28 derartige Mitglieder, darunter 11 »Gäste der Partei«. Diese Industriellen und Konservativen haben Doblin und Pohly aber nicht berücksichtigt; in ihrer Bezugsgröße von 717 Abgeordneten sind sie ebenso wie 81 Abgeordnete aus Österreich nicht enthalten. – Um die nicht zuletzt politisch bedingte berufliche Homogenität der Abgeordneten des Jahres 1938

* Kater (*Sozialer Wandel in der NSDAP* . . ., S. 37 f., 40, 62-Anm. 92) weist jetzt – kritisch gegenüber Doblin/Pohlys These bezüglich der Repräsentativität des RT für die NS-Oligarchie – darauf hin, daß ab 1928 die »Personalstandards« bei den Gauleitern und in der RT-Fraktion der NSDAP sinken, während sich gleichzeitig in der Partei ab 1929 eine »Vorrangigkeit technologischer und administrativer Komplexe« herausbildet und die »Intelligenz des oberen Mittelständlers« begünstigt. Der RT wird zu einem »Reservoir der kleinbürgerlichen Impotenz«; besonders ab 1933 kommt der Gratifikation einer RT-Mitgliedschaft mehr und mehr ein »Pensionscharakter« zu (ein RT-Mitglied erhält monatlich 600 RM – zum Vergleich s. die Angaben in: Dietrich Orlow, *The History of the Nazi Party: Vol. II, 1933-1945*, New Abbot 1973, S. 219 f. – zum NS-RT s. dort auch S. 175).

aufzulösen, greifen Doblin und Pohly auf deren frühere Berufe vor der »Machtergreifung« zurück:

Tabelle 6:
Berufszugehörigkeit der Mitglieder des nationalsozialistischen Reichstages von 1938[558]
1914, 1923, 1932
(N = 717)

Berufszugehörigkeit	1914	1923	1932
Landwirtschaft	46	93	93
Unternehmer und Manager	27	60	80
Angestellte	38	104	63
Arbeiter	21	28	21
Handwerker	39	62	51
Bankangestellte	8	32	15
Freie Berufe	10	28	38
Schriftsteller	1	19	37
Partei-Funktionäre	–	7	176
Militär	75	23	1
Beamte	27	68	67
Lehrer	17	31	26
Studenten	68	69	8
k. A. und in nichtarbeitsfähigem Alter	340	88	41

Dieses Bild der Berufsgeschichte der Reichstagsmitglieder von 1938 entspricht weitgehend der Verteilung von Berufen auf die NSDAP-Reichstagsfraktion nach dem großen Durchbruch der Septemberwahlen 1930. Insbesondere Arbeiter sind gering vertreten. Partei-Funktionäre und an die NSDAP gebundene Intellektuelle stellen einen Großteil der nationalsozialistischen Abgeordneten; wie in der Mitgliederschaft nimmt auch hier der Anteil der Militärs ab. Der Anteil der Oberschichten ist in jedem Fall größer als unter den Parteimitgliedern, so daß man annehmen kann, die »antikapitalistische Sehnsucht« (G. Strasser) der Mitgliederbasis artikuliere sich bereits im Reichstag abgeschwächt, gefiltert und reduziert auf ein taktisches Kalkül propagandistischer Außenwirkung und der Abgrenzung von den konservativen Bündnispartnern.[559] – Doblin und Pohly kommen im Hinblick auf das nationalsozialistische Führerkorps zu folgendem Schluß:

»Der durchschnittliche Nazi-Führer [so wie er sich einer vom Reichstag 1938 ausgehenden Analyse darstellt, E. H.] war nicht übermäßig jung. Zu der Zeit, als die Partei die Macht ergriff (1933), war er rund 38 Jahre alt. Im Vergleich zum Bevölkerungsdurchschnitt kam er häufiger aus städtischen als aus ländlichen Gegenden, häufiger kam er aus mittelgroßen Städten als aus Klein- oder Großstädten. [...] Sein Bildungsniveau war mittelmäßig, aber nicht niedrig. Die Hälfte der Führer hat Oberschulbildung; fast 25 Prozent haben wenigstens zeitweise die Universität besucht, Wirtschafts- und Rechtswissenschaften sind die bevorzugten Studienabbrüche. Drei Viertel der Führer im militärfähigen Alter waren nach dem Kriege Mitglied der Schwarzen Reichswehr. Die Berufsgliederung der Gruppe unterscheidet sich beträchtlich vom Durchschnitt der männlichen Bevölkerung Deutschlands. Unterrepräsentiert sind Landwirtschaft, Industrie und Handel. Andererseits liegt der Anteil der Handwerker, Lehrer, der freiberuflich Tätigen, Beamten [...] weit über dem nationalen Durchschnitt. Der Anteil der Handarbeiter erreicht nicht das nationale Verhältnis, Gehaltsempfänger machen den Großteil aus. ›Selbständige‹ kommen vorwiegend aus der Gruppe der unteren Einkommensschichten; es sind besonders kleine Bauern und Handwerker. Der Anteil der Intellektuellen, von Studenten, Schriftstellern und hohen Beamten bzw. leitenden Angestellten, lag weit über der entsprechenden Vergleichszahl der Gesamtbevölkerung.«[560]

Tabelle 7:
Aufgliederung der politischen Leiter und der Mitglieder der NSDAP nach Jahrgangs- und Altersgruppen[561]
(Stand: 1. Januar 1935)

Jahrgangs- Gruppen	Alters- Gruppen	Politische Leiter (1)	Parteimitglieder (2)
1916-1914	18-20	1,1	3,5
1913-1904	21-30	24,9	34,1
1903-1894	31-40	37,3	27,9
1893-1884	41-50	24,9	19,6
1883-1874	51-60	9,9	11,2
1873 u. früher	61. u. m.	1,9	3,7

Legende: (1) Vgl. auch Reichsorganisationsleiter der NSDAP (Hrsg.), *Parteistatistik*, Bd. II: *Politische Leiter*, München 1935, S. 220. – Dort finden sich, aufgegliedert nach Altersgruppen, Angaben zum Parteieintritt der politischen Leiter. (2) Zu den Parteimitgliedern insgesamt vgl. die entsprechende Tabelle im Text 170.

Zwar nehmen Doblin und Pohly auch die soziale Zusammensetzung des untersuchten Segments der nationalsozialistischen Führung für ein Indiz der »Revolte der unteren Mittelklasse«; aber das von ihnen ausgebreitete Material weist doch bedeutende Differenzen zur Mitgliederstruktur der NSDAP insgesamt auf. – Zu dem nämlichen Ergebnis gelangt man, wenn man die unterschiedliche Altersstruktur der politischen Leiter und der Mitglieder der NSDAP betrachtet (s. Tabelle 7, S. 180).

Die Differenzen treten mit noch größerer Deutlichkeit zutage, wenn man die soziale Zusammensetzung und die Altersstruktur der Gauleiter ins Auge faßt. Für den Zeitraum von 1925 bis 1932/33 lassen sich die entsprechenden Daten einer Zusammenstellung Albrecht Tyrells entnehmen. Nach dieser Quelle können zur Berufs- und Ausbildungssituation der Gauleiter vor der »Machtergreifung« folgende Angaben gemacht werden[562]:

Abgeschlossenes Hochschulstudium	18 (davon 12 promoviert)
davon	
Freie Berufe	9
Schul-, Hochschuldienst	4
höhere Beamte	1
Angestellte	4
Lehrer an Volks- und Handels-Schulen	13
Studenten	3
ehemalige Berufsoffiziere	3
ehemaliger Berufssoldat	1
Beamte (ohne höhere)	7
Kaufleute (teilweise selbständig)	11
Angestellte	10
Journalisten	3
Gutsbesitzer	1
Matrose/Schlosser	1
Arbeiter	2
(N = 73)	

Ein ähnliches Bild vermitteln die von Peter Hüttenberger[563] gemachten Angaben über die »wichtigsten« Gauleiter (N = 28) vor und nach 1933. (Als »wichtig« gelten diejenigen Gauleiter, die schon vor 1933 Gauleiter waren und dieses Amt nach 1933 noch längere Zeit innehatten. »Es handelt sich [...] mithin um jenen Teil der ›alten Garde‹ der Gauleiter, der sich nicht nur in der Kampfbewegung der NSDAP bewährt hatte, sondern auch für die veränderten Aufgaben des NS-Regimes einigermaßen qualifiziert erscheint.«[564])

Tabelle 8:

Berufe der »wichtigsten« Gauleiter
(N = 27; 1 Doppelnennung)

Unternehmer	1
Lehrer	7 (25%)
mittlere Beamte	4 (14,3%)
Angestellte	6 (21,4%)
leitende Angestellte	2
Freie Berufe	2
Offiziere	3
Arbeiter	2
Bauer	1
Landarbeiter	1

Berufe der Väter der »wichtigsten« Gauleiter
(N = 21; 2 Doppelnennungen)

Unternehmer	1
Freie Berufe	1
hohe Beamte	1
kleine und mittlere Beamte	6 (27,2%)
Selbständiger Kaufmann	2
Handwerker	1
Facharbeiter	1
Bauer	5 (22,7%)
Unteroffizier	1
Arbeiter	3
Landarbeiter	1

Schulbildung der »wichtigsten« Gauleiter
(N = 27; Mehrfachnennungen)

Volksschule	13 (30,2%)
Mittel-, Handelsschule	6 (13,9%)
Gymnasium	10 (23,2%)
(davon 3 nicht bis zum Abitur)	
Lehrerseminar	7 (16,4%)
Studium	7 (16,4%)

Auch die Altersstruktur der Gauleiter weist eine erhebliche Abweichung von derjenigen der Parteimitglieder auf (vgl. Tab. 7):

Jahrgangsgruppen	Tyrell-Erhebung (N = 72)		Hüttenberger-Sample (N = 28)	
	abs.	%	abs.	%*
1913-1904	–	–	1	3,6
1903-1894	38	52,8	13	47,9
1893-1884	22	30,6	10	37,1
1883-1874	9	12,5	4	14,3
1873 u. früher	3	4,2	–	–

* Abweichungen von 100 Prozent kommen durch Aufrundungen zustande.

Gewissermaßen eine Zusammenfassung dieser Daten zur Soziologie der Gauleiter gibt Böhnkes Analyse der NSDAP-»Führer« (vor 1933) des Ruhrgebiets. Er weist im Resümee seiner Auswertung von 100 Biographien die auch durch die Angaben zur Schulbildung und Berufstätigkeit der Gauleiter nicht gestützte These Daniel Lerners und Wolfgang Sauers zurück, die NS-Oligarchie habe sich vorwiegend aus »Deklassierten« zusammengesetzt:

»Die meisten Repräsentanten waren zu Beginn ihrer politischen Tätigkeit noch sehr jung (die Mehrheit war zwischen 1895 und 1900 geboren) und hatten zum größten Teil in der NSDAP ihre politische Laufbahn begonnen. Wenn sie alt genug waren, nahmen sie in den meisten Fällen am 1. Weltkrieg teil und wurden dann auch auffallend häufig ausgezeichnet bzw. befördert.

Zur schulischen Vorbildung ist zu sagen, daß ein relativ hoher Anteil ein Gymnasium bzw. eine Oberrealschule besucht hatte (ca. 30%). Ungefähr 20% der untersuchten Personen hatten ein Studium an einer Universität oder Technischen Hochschule abgeschlossen. Bei denen, die lediglich die Volksschule absolviert hatten, ist der Besuch von weiterbildenden Schulen, wie Fachschulen, Handels-, Meister- oder Ingenieurschulen auffällig. Ca. 25% hatten auf diese Art ihre Ausbildung ergänzt und damit für ein mögliches berufliches Vorwärtskommen Sorge getragen.

Nur geringe Anhaltspunkte lassen sich innerhalb des untersuchten Personenkreises für die These finden, die NSDAP bzw. genauer an dieser Stelle ihre Führungsschicht habe sich aus ›Deklassierten‹ zusammengesetzt. Es zeigen sich im Gegenteil in den Reihen der führenden Persönlichkeiten der Ruhrgebiets-NSDAP weitaus mehr Beispiele dafür, daß Vertreter der NSDAP aufgrund ihrer parteipolitischen Betätigung in der

NSDAP ihre berufliche Stellung aufgeben mußten, d. h. ›deklassiert‹ wurden. Vor allem bei den Beamten, hier offensichtlich besonders bei den Lehrern, war das der Fall.«[565]

Alle genannten Daten über die Gauleiter und das nationalsozialistische Führungskorps zeigen nicht viel mehr als realtypische Rekrutierungsfelder und Abweichungen von der Parteistruktur. Typisch dafür ist eine Bemerkung Franz Neumanns: »Ein stilisiertes Bild des Gauleiters zeigt, daß er um 1880 geboren ist, die Volksschule besucht hat [diese Aussage wäre zu korrigieren, E. H.], als Offizier im 1. Weltkrieg diente, Schullehrer war – wenn er überhaupt einen Beruf hatte – und sich der Partei in ihren frühen Jahren angeschlossen hat.«[566] *Das allgemeine Ergebnis derartiger spezifischer Charakterisierungen von Gruppen in Annäherung an eine Charakterisierung der nationalsozialistischen Oligarchie ist die Nicht-Identität des NSDAP-Führungskorps mit der Masse der Parteimitglieder und mit den traditionellen »Funktionseliten« bzw. den »Oberklassen«.*

Beide Aspekte können mit Hilfe der von Daniel Lerner, unter Mitwirkung von Ithiel de Sola Pool und George K. Schueller, verfertigten Elitestudie weiter konkretisiert werden. Ergänzend ist, um den totalitarismustheoretischen »bias« von Lerners *The Nazi Elite* zu korrigieren, Franz Neumanns Darstellung des Bündnischarakters der herrschenden Klasse in der neuen Gesellschaft des deutschen Faschismus an der Macht heranzuziehen.

Lerners Studie basiert hauptsächlich auf Angaben des *Führerlexikon*[567] von 1934. Dieses Lexikon enthält Angaben über rund 1600 Personen. Indem er nach dem Alphabet jeden zehnten Namen auswählt, bildet Lerner ein »random sample« von 10 Prozent (N = 159). Ferner werden alle Personen berücksichtigt, die als Nazi-Propagandisten (N = 128), als NSDAP-Funktionäre (N = 151) und als Nazi-Terroristen bzw. Militärs (»Nazi coercers«) (N = 139) eingestuft werden können. Insgesamt findet so gut ein Drittel aller Angaben des *Führerlexikon* Berücksichtigung (N = 577). Die Gruppen der Propagandisten, Funktionäre und Militaristen stehen deshalb im Mittelpunkt, weil Lerner die »Machtergreifung« als »a clearly victory for a political strategy based on the organized use of voice and violence to gain power«[568] ansieht. Für die

Bereiche der Parteiverwaltung, der Propaganda und der Gewaltanwendung werden spezifische Funktionsträger – Mitarbeiter des Propagandaministeriums, der Reichskulturkammer und der Reichspropagandaleitung der NSDAP, Journalisten etc. als Propagandisten; Gauleiter, Landesbauernführer, Gauarbeitsführer, Reichsleitung der NSDAP etc. als Partei-Funktionäre; Soldaten und Polizisten als Militärs (»coercers«) – ausgewählt. Diese dem Begriff der »Machtergreifung« entsprechenden Spezialgruppen werden dann mit dem »random sample«, dem allgemeinen Querschnitt durch das *Führerlexikon,* verglichen, um die Spezifika der einzelnen faschistischen Funktionsgruppen herauszufinden. Abgerundet wird die Studie durch Vergleiche mit den Mitgliedern der NSDAP überhaupt, der deutschen Bevölkerung und den traditionellen Eliten der »Oberklassen«.

Mit dieser Aufgabenstellung eröffnet Lerner zwar neue Perspektiven; da er aber die Bündnispolitik und die Grenzen der »Autonomie« nicht beachtet, da er die Elitenstudie aus einer totalitarismustheoretischen Sicht aufnimmt[569], vermag auch er nur Materialien zu liefern. Lerners Absicht ist es, die Nazi-Elite als Trägerin monopolisierter Staatsmacht vorzustellen. Er gebraucht einen identifizierend-totalitarismustheoretischen und historisch an Talmon orientierten Erklärungsansatz, den er organisationssoziologisch und elitetheoretisch anwendet. Faschismus erscheint als eine von spezifischen Funktionseliten arrangierte und inszenierte Form der »politics of the street«, der Revolte der Unterschichten. Aufgabe der Elitestudie ist es nun, diejenigen, nämlich die nationalsozialistischen »Führer«, vorzustellen, welche diesen Prozeß – als einen Teil der gegenwärtigen »Weltrevolution« – einleiten und »tragen«.[570]

Lerners Bemühen ist hier besonders deshalb bedeutsam, weil er versucht, die globale Einheit der politischen Leiter aufzugliedern. Dabei kommt er zu dem Ergebnis, daß die *führenden* Parteifunktionäre durch große Distanz zu den Wertmustern der traditionellen »Oberklassen« geprägt waren. Die »Machtergreifung« der NSDAP habe so den Aufstieg der Plebejer verwirklicht (»rise of the plebeians«). Diese Aussage bleibt freilich so allgemein, daß Franz Neumann sie im Vorwort kommentiert: »It must be kept in mind that the category of the ›Plebians‹, from which the Nazi administrators mostly came, is not a working-class but a middle-class group with strong increments from the agrarian and non-industrial urban lower classes.«[571]

Lerner betont nachdrücklich die Gegensätze der, aus der Perspektive traditioneller Wertmuster, »entfremdeten« und »marginalen« nationalsozialistischen »Führer«, während er die Differenzen zu den Mitgliedern geringer einschätzt. Darauf deutet vor allem das »composite portrait« der Funktionäre der NSDAP hin:

»Weitgehend auf dem Land oder in der Kleinstadt geboren als Kinder von Eltern mit geringem Einkommen und Ansehen, erhielten [die Funktionäre] nur eine mäßige Schulbildung und wurden nach dem Kriegsdienst mit einem harten und undankbaren Arbeitsleben konfrontiert, das ihnen wie ihren Vätern geringes Einkommen und wenig Prestige versprach. [...] Diese Männer, durch den Weltkrieg entwurzelt (in dem sie Gefreite oder Unteroffiziere geworden waren) und durch die bittere Folgezeit der Nachkriegsjahre (in denen die Möglichkeiten, sich wenigstens auf dem niedrigen Stand des überkommenen Status zu halten, ernsthaft eingeschränkt waren) – diese Männer aus den unteren Schichten (men of plebeian origins) rebellierten gegen ein miserables Leben, das sie der verachteten herrschenden Elite verdankten.«[572]

Dieses Bild der nationalsozialistischen Oligarchie widerspricht den oben referierten empirischen Befunden der Analysen der Gauleiter und der Reichstagsmitglieder. Lerner kommt zum gleichen Ergebnis wie die bereits vorgestellten Studien, indem er zu diesem harten plebejischen Kern der nationalsozialistischen Funktionäre Spezialisten für Propaganda, Verwaltung und Gewaltanwendung addiert. Diese zusätzlichen Gruppen der »politischen Leiter« insgesamt bewirkten eine Art Anpassung an die Oberschichten, Verschiebungen in der Struktur der NS-Oligarchie, denn die Funktionsträger von Propaganda und Gewaltanwendung entstammten den alten Eliten. Nur die Arbeiterschaft blieb unterrepräsentiert. Im Zentrum der Macht standen indes stets die plebejischen »Führer«.[573] Sie waren am wenigsten in die traditionelle Gesellschaft integriert[574] (»Alienation«) und stiegen von allen Elitenteilen am deutlichsten auf.[575] Um die »deutschen Plebejer« der nationalsozialistischen Funktionäre gruppiert Lerner die anderen Elitenbestandteile; die Außenseiterelite der Funktionäre war »the *echt*-Nazi corps of the Nazi elite«[576].

Lerner geht nicht darauf ein, daß Funktionäre, Propagandisten und Terroristen untereinander ein »Bündnis« schlossen, um letzten Endes auch mit der »herrschenden Klasse« zu kooperieren. Es spricht gegen Lerners totalitarismustheoretische Verabsolutierung der nationalsozialistischen Funktionäre, daß Gewalt und Propaganda einer »Politik der Straße« keine neuen sozioökonomischen Strukturen freisetzten. Die »Außenseiter des Weimarer Deutschlands« (D. Lerner), nämlich die politischen Funktionäre der NSDAP, gaben zusammen mit den Propagandisten, den Militärs und Angehörigen der »traditionellen Oberklassen« ihre Außenseiterrolle qualitativ jedenfalls insoweit auf, daß die Verwaltung der Ökonomie weitgehend eine Domäne der »herrschenden Klasse« blieb, daß die Eigentumsrechte gewahrt wurden. »Entfremdung« und »Marginalität« gegenüber herrschenden Normen sind deshalb nicht die absoluten Werte, für die Lerner sie hält, sondern müssen im Kontext einer strukturell begrenzten »Autonomie« der NSDAP diskutiert werden. Lerners Elitestudie ist daher zu relativieren und durch Ergebnisse der Analyse Franz Neumanns[577] zu ergänzen. Neumann betont nämlich nicht nur die führende Position von Industriellen im Bereich der Wirtschaftsverwaltung, sondern er weist auch auf den grundsätzlichen Bündnischarakter des Zusammenspiels der Eliten aus den Bereichen der NSDAP, der Verwaltung, des Militärs und der Industrie hin:

> »[. . .] Die Armee braucht die Partei [. . .] Die Armee kann die Gesellschaft nicht ›total‹ organisieren; das bleibt der Partei überlassen. Auf der anderen Seite braucht die Partei die Armee, um den Krieg zu gewinnen und so ihre eigene Macht zu stabilisieren und zu vergrößern. Beide brauchen die monopolistische Industrie als Garanten für die fortwährende Expansion. Und alle drei brauchen die Bürokratie, um die technische Rationalität zu erlangen, ohne die das System nicht arbeiten kann.«[578]

3. Zur Struktur der NSDAP-Wähler*

Die bisherigen Anmerkungen zur Geschichte und Sozialstruktur der NSDAP haben dazu gedient, die »Autonomie« der faschistischen Massenbewegung auch gegenüber dem direkten Einfluß der »herrschenden Klasse«[579] und die Ambivalenz der Bewegung zu illustrieren. Mit Ambivalenz der NSDAP ist nicht zuletzt der »symbiotische Antagonismus zwischen kleinbürgerlichem, potentiell antikapitalistischem Faschismus der Massen und dem großbürgerlich-bürokratischen Faschismus ›von oben‹« gemeint; sie manifestiert sich als »doppelte Bestimmung des Faschismus [...] als Bewegung, die gleichzeitig massenmobilisierenden und massendisziplinierenden Charakter hat«.[580] Unter Ambivalenz verstehen wir neben der vielschichtigen Sozialstruktur der NSDAP und neben der Sammlung der »großen antikapitalistischen Sehnsucht« gegen das »Börsengetriebe der heutigen Politik« (G. Strasser) bei gleichzeitiger Stabilisierung des sozialen und politischen Führertums vor allem das Problem, daß sich der NSDAP massenhaft Gruppen und Individuen als Wähler und/oder Mitglieder anschlossen, die in der NSDAP, insbesondere in der Parteioligarchie, nicht repräsentiert waren[581] und deren reale Interessen (arbeitslose Jungarbeiter oder Angestellte) von der faschistischen Bewegung nur insoweit ausgedrückt und aufgenommen wurden, als sie sich zur Bekämpfung der Arbeiterorganisationen verwerten und sich dem durch »Führerprinzip« und rüstungsorientierte Arbeitsbeschaffung prokapitalistisch definierten Strukturrahmen einfügen ließen. Ambivalenz war das Medium der faschistischen Ästhetisierung der Politik, die genuine Ausdrucksform der »Autonomie« der NSDAP. Ansetzend an der ambivalenten Motivation der Parteimitglieder erscheint der Faschismus als jene Ästhetisierung des politischen Lebens, die, in Ritual und

* Als knappen Überblick (mit Literaturangaben) vgl. S. 40 ff., 166 ff. – Anm. 85-93, meiner *Thesen zur deutschen Sozial- und Wirtschaftsgeschichte 1933 bis 1938*, Frankfurt 1973. – An dieser Stelle möchte ich einen Fehler korrigieren: Auf S. 42 oben sind Gewinn und Verlust verwechselt worden; denn gegenüber der Reichstagswahl 1924/II *verliert* die NSDAP 1928 97 000 Wähler oder 0,4 Prozent der für sie abgegebenen gültigen Stimmen. Vgl. auch Thomas Childers, *The Social Bases of the National Socialis Vote*, in: *Journal of Contemporary History*, 11 (1976), S. 17-42.

Veranstaltung, bemüht ist, »die Massen zu ihrem Ausdruck (beileibe nicht zu ihrem Recht) kommen zu lassen« (W. Benjamin). Die Massen werden zur Staffage erniedrigt, wobei es die Funktion von »Autonomie« und Ambivalenz ist, diesen Prozeß (der die Basis für die prokapitalistische Wirkung der faschistischen Bewegung und des Faschismus an der Macht ergibt) den Betroffenen gegenüber zu verhüllen. Erst auf der

Tabelle 9:
Wahlen in der Weimarer Republik (1924-1932) und die erste Wahl während der Herrschaft des Nationalsozialismus (März 1933)

	4.5. 1924	7.12. 1924	20.5. 1928	14.9. 1930	31.7. 1932	6.11. 1932	5.3. 1933
Wahlberechtigte (in Mio.)	38,4	39,0	41,2	43,0	44,2	44,4	44,7
abgegebene gültige Stimmen (in Mio.)	29,7	30,7	31,2	35,2	37,2	35,7	39,7
Wahlbeteiligung (in %)	77,4	78,8	75,6	82,0	84,0	80,6	88,7
Stimmenanteile jeweils in % der abgegebenen gültigen Stimmen:							
SPD	20,5	26,0	29,8	24,5	21,6	20,4	18,3
KPD	12,6	9,0	10,6	13,1	14,6	16,9	12,3
NSDAP	(6,6)	(3,0)	2,6	18,3	37,4	33,1	43,9
DNVP	19,5	20,5	14,2	7,0	5,9	8,8	8,0
DVP	9,2	10,1	8,7	4,5	1,2	1,9	1,1
DDP	5,7	6,3	4,9	3,8	1,0	1,0	0,9
Zentrum	13,4	13,6	12,1	11,8	12,5	11,9	11,2
	1924/I	1924/II	1928	1930	1932/I	1932/II	1933
gültige Stimmen (aufgerundet in Mio.):							
SPD	6,0	7,9	9,1	8,6	7,96	7,2	7,2
KPD	3,7	2,7	3,3	4,6	5,3	5,98	4,8
NSDAP	1,9	0,9	0,8	6,4	13,8	11,7	17,3
DNVP	5,7	6,2	4,4	2,5	2,2	2,959	3,1
DVP	2,7	3,0	2,7	1,6	0,4	0,7	0,4
DDP	1,7	1,9	1,5	1,3	0,4	0,3	0,3
Zentrum	3,9	4,1	3,7	4,1	4,6	4,2	4,4

Quelle: Walter Tormin, *Geschichte der deutschen Parteien seit 1848*, Stuttgart/Berlin/Köln/Mainz 1968, S. 286 f.; Alfred Milatz, *Wähler und Wahlen in der Weimarer Republik*, Bonn 1968, passim (bes. S. 151).

Grundlage von »Autonomie« und Ambivalenz der faschistischen Bewegung wie des faschistischen Systems kann angesichts der politischen und ökonomischen Bedingungen der dreißiger Jahre (Wahlerfolge der KPD, Unfähigkeit der Präsidialkabinette, mit der Weltwirtschaftskrise »fertig« zu werden, beginnende Dekapitalisierung etc.) die in der NSDAP versammelte »antikapitalistische Sehnsucht« *Sehnsucht* bleiben statt in antikapitalistische Praxis umzuschlagen. Die Existenz eines »linken« Parteiflügels (bis 1934) und zahlreiche emotional-antikapitalistische und -antikonservative Aktionen der SA[582] sowie die Fluktuation zwischen NSDAP bzw. SA und KPD zeigen an, wie schwer die prokapitalistische Bändigung der »gegen das System« (G. Strasser) gerichteten Bestrebungen und Sehnsüchte gewesen ist.

So verstandene »Autonomie« und Ambivalenz der NSDAP lassen sich im Zusammenhang einer wahlsoziologischen Betrachtung weiter veranschaulichen. Dem sollen einige wahlstatistische Angaben für den Zeitraum 1930 bis 1933 vorangestellt werden, bevor dann auf die begrenzte Reichweite isoliert wahlsoziologischer Fragestellungen eingegangen wird.

Tabelle 10:
Die Entwicklung parteipolitischer Blöcke, 1928-1933[583]
(Angaben in Prozent der abgegebenen gültigen Stimmen)

RT-Wahlen	soz. Parteien (SPD, KPD)	NSDAP	Zentrum (+ BVP)	andere bürgerliche Parteien
20. 5. 1928	40,5%	2,6%	15,1%	41,8%
14. 9. 1930	37,6	18,3	14,8	29,3
31. 7. 1932	36,2	37,4	15,7	10,7
6. 11. 1932*	37,3	33,1	15,0	(11,2)**
5. 3. 1933*	30,6	43,9	13,9	(10,0)**

Legende:
(*) ergänzt nach Angaben von Alfred Milatz, *Wahlen und Wähler in der Weimarer Republik*, Bonn 1968.
(**) Deutsche Staatspartei + DVP + DNVP; Splitterparteien (z. B.: Wirtschaftspartei, Christlich-Nationale und Landvolk-Partei, Deutsche Bauernpartei, Deutsch-Hannoversche Partei, Christlich-Sozialer Volksdienst, Konservative Volkspartei) bleiben unberücksichtigt.

Betrachtet man die Tabelle über die Wahlen in der Weimarer Republik, so fällt für die Endphase ab 1928 die »Einschrumpfung der bürgerlichen Parteien« und der damit verbundene Aufstieg der NSDAP auf. Gruppiert man die Parteien, dem Vorbild Martin Broszats folgend, zu politischen Blöcken, so tritt dies ebenso klar wie die weitgehende Konstanz des Zentrums, d. h. der katholischen Wähler, und auch der Arbeiterparteien (bei einer starken internen Wählerwanderung von der SPD zur KPD) hervor (Tab. 10).

Die von Broszat gewählte Kategorie »andere (›bürgerliche‹) Parteien« verdeckt noch den Rechtstrend, der die Wahlentwicklung ab 1928 kennzeichnet. Broszats Kategorie faßt nämlich unvergleichliche Parteien zusammen: Mittelparteien und DNVP. Deutlicher tritt der Rechtstrend zutage, wenn man die Stimmen von NSDAP und DNVP, also die Stimmen der »Harzburger Front«, zusammenzählt[584]:

1928	1930	1932 (I)	1932 (II)	1933
18,4	25,8	43,9	42,3	51,9.

Im Rahmen dieser Entwicklung wird auch die Schwächung der die Weimarer Republik lange Jahre tragenden Parteikoalitionen ersichtlich. Zur Veranschaulichung dieser Schwächung bietet sich die Addition der Stimmanteile (1) für die Große Koalition von SPD, DDP, Zentrum/BVP und DVP sowie (2) für die »Weimarer Koalition«, gebildet aus SPD, DDP und Zentrum, an:

	1928	1930	1932 (I)	1932 (II)	1933
(1)	61,2	50,4	39,6	38,2	34,2
(2)	48,6	40,0	34,9	33,1	33,1

Auf diesen statistischen Hintergrund müssen die folgenden Ausführungen zur Struktur der NSDAP-Wähler und zur wahlsoziologischen Betrachtung der NSDAP bezogen werden.

Am Anfang einer Betrachtung der Wahlerfolge der NSDAP zur Zeit der Weltwirtschaftskrise (vgl. die Tabelle 19) steht der Hinweis, daß die mit den Begriffen »Machtergreifung« oder »Machtübertragung« beschriebenen Positionen des nationalsozialistischen Selbstverständnisses bzw. der letztlich kapitalaffirmativen Betonung des totalitär-demokratischen[585] Ursprungs faschistischer Macht oder der »sowjetmarxistischen« Faschismustheorie (für die Hitler nur »von Gnaden schwerindustrieller Gönner«[586] Diktaturgewalt ausübt) *beide* wichtige Momente desjenigen Prozesses angeben, durch den der deutsche Faschismus zur Macht gelangt ist. Ein isoliertes Studium der Wahlergebnisse und Wählerwanderungsbewegungen bleibt jedoch blind für die Bedeutung des Bündnisses der nationalsozialistischen Oligarchie mit den »traditionellen Oberklassen« im weiteren und der »herrschenden Klasse« im engeren Sinn:

»Tatsächlich kam es zum eigentlichen Dammbruch der Republik auch nicht durch das Gewicht des Stimmzettels, zumal die NSDAP auch zur Zeit ihrer größten Erfolge noch weit von der absoluten Mehrheit entfernt blieb. [Selbst der mit allen staatlichen, finanziellen und terroristischen Mitteln geführte Wahlkampf vom März 1933 erbringt der NSDAP ›lediglich‹ gut 40 Prozent der abgegebenen gültigen Stimmen; knapp 40 Prozent der Wahlberechtigten entscheiden sich für die NSDAP. – E. H.] Vielmehr in erster Linie dadurch, daß die Bereitschaft zum Arrangement und zum Paktieren mit Hitler mehr und mehr in das Lager der Regierung und Exekutive übergriff und sich zunehmend auch bei den agrarischen und gewerblichen Interessenverbänden bemerkbar machte.«[587]

Die seit 1926 angebahnten Beziehungen zu Industriellen und die 1929 durch Zusammenarbeit mit Hugenberg (für die DNVP), mit Franz Seldte (für den »Stahlhelm«) und mit Claß (vom »Alldeutschen Verband«) im »Reichsausschuß für das deutsche Volksbegehren« gegen den Youngplan gewachsene bürgerliche Reputation Hitlers und der NSDAP sind Tatbestände, welche Gewicht und Wirkung der Wahlergebnisse erst voll erklären helfen. Im Bündnis mit Konservativen und Kapitalisten ist die NSDAP (bzw. die nationalsozialistische Oligarchie) wie vor 1923 so auch nach ihrer Neugründung 1925 zu politischer Bedeutung gelangt. Hitler ist bis 1929, bis zu seiner Mitarbeit am Volksbegehren gegen den Youngplan, »in der deutschen Politik eine Quantité négligeable gewesen, eine bayerische Bierkeller-Größe, eine von den zahlreichen und meist reichlich skurrilen völkischen Figuren« (H. Heiber)[588]; auch die Reichstagswahl 1928 zeigt die NSDAP noch als einen relativ bescheidenen Faktor im Kontext bürgerlicher und agrarischer Parteien:

Tabelle 11:
Zahl der Mandate und der abgegebenen gültigen Stimmen (in Prozent), die in der Reichstagswahl vom 20. Mai 1928 auf bürgerliche Parteien entfallen[589]

	Mandate	Stimmenanteile
NSDAP	12	2,6
DDP*	25	4,8
Zentrum, BVP	78	15,2
DVP	45	8,7
DNVP	73	14,2
Wirtschaftspartei	23	4,9
kleinere rechtsorientierte Parteien**	26	6,4

* Ab 1930 »Deutsche Staatspartei«.
** I. S.: Landbund, Landvolkpartei, Bauernpartei, Volksrechtspartei, Deutsch-Hannoversche Partei.

1928 zählte die NSDAP 810 000 Wähler. In 11 der 35 Reichstags-Wahlkreise gelang ihr jedoch bereits 1928, ihren Stimmanteil z. T. erheblich über den Reichsdurchschnitt auszuweiten.[590] An der Spitze standen dabei die Wahlkreise 26 (Franken), 24 (Oberbayern-Schwaben/München-Augsburg) und 27 (Rhein-Pfalz) mit 8,1, 6,2 und 5,2 Prozent NSDAP-Stimmen. (Bemerkenswert, gerade im Sinne der »Autonomie«- und Ambivalenz-Thesen, ist, daß mit den Wahlkreisen 11 [Merseburg] und 30 [Chemnitz-Zwickau] auch zwei industriegeprägte Wahlkreise mit 2,7 bzw. 4,3 Prozent über dem Reichsdurchschnitt lagen.)

1928 schaffte die NSDAP noch nicht den Einbruch in die schon zersplitterten bürgerlichen Parteien. Wie von den späteren Reichstagswahlen her deutlich wird, bildete eine Reihe kurzlebiger und punktiell agierender Interessenparteien das Zwischenglied der massiven Wählerwanderung von den bürgerlichen Parteien zur NSDAP. Unter dem Eindruck der wachsenden Arbeitslosigkeit und Verschuldung der bäuerlichen Betriebe – zwei Indikatoren für die Tiefenwirkung der Weltwirtschaftskrise[591] – deutete sich dann 1929 jene Rechtswendung an, die schließlich 1930 zum NSDAP-Wahlerfolg führte. (Dies gilt es zu berücksichtigen, wenn man die Rat- und Hilflosigkeit der zeitgenössischen Interpreten angesichts des Wahlergebnisses von 1930 beobachtet.)

Der auf die NSDAP entfallende durchschnittliche Stimmenanteil der 6 Landtagswahlen von 1928 betrug 3,58 Prozent, während die ebenfalls 6 Landtagswahlen des Jahres 1929 für die NSDAP einen Durchschnitt von 6,45 Prozent erbrachten (1930 betrug der Durchschnitt von 3 Landtagswahlen für die NSDAP 20,67 Prozent).[592] In einzelnen lokalen Wahlen erzielte die NSDAP bereits 1929 den Durchbruch[593]; doch übergreifende Analysen bestätigen, daß die 1930 bestimmend werdende Anbindung der nichtproletarischen Stadtbevölkerung und der Bauern vorab in protestantischen Gebieten tendenziell 1928 eingesetzt hat.[594]

Die von Eberhart Schön vorgelegte Regionalstudie zur Entstehung des Nationalsozialismus in Hessen erlaubt eine detaillierte Beurteilung der Jahre 1928 bis 1930. 1928 entdeckt Schön »erste [. . .] Anzeichen für eine Auszehrung der demokratischen Substanz«[595], die er – hierin allerdings nicht frei von Einflüssen einer sozialdemokratisch gefärbten Totalitarismustheorie[596] – an dem in Hessen geringeren SPD-Stimmenzuwachs als im Reich (von −1,4% gegenüber +3,8%, wenn man die Wahlen 1928 und 1924/II miteinander vergleicht) und am Einbruch der KPD in vormalige SPD-Hochburgen (z. B. Offenbach) festmacht. Während 1928 partiell eine Trendwende ankündigte, zeigten die Kommunalwahlen vom 17. November 1929 die NSDAP dann unverkennbar auf dem »Vormarsch«.[597] Die NSDAP (bisher kein Mandat) gewann bei dieser Wahl 21 Kreistagsmandate, und in den Großstädten Kassel, Wiesbaden, Frankfurt und Darmstadt vermochte sie ihre Mandatszahl von bisher 11 auf ebenfalls 21 zu erhöhen. Ihre Wähler kamen vor allem von der DNVP und den bürgerlichen Mittelparteien[598]. Neben den katholischen Landesteilen (Fulda, Limburg) zog die »Grenzen des nationalsozialistischen Vormarsches« schon damals eindeutig die rhein-mainische Industriearbeiterschaft.[599]

Der 1928 und 1929 sich abzeichnende Trend kam dann in der 1930er Reichstags-Wahl in Hessen voll zum Zuge. Die in einigen Gebieten – größtenteils in alten, schon im Kaiserreich hervorgetretenen antisemitischen Zentren (wie z. B. dem Kreis Marburg) – 1928 massiv einsetzende Wählerbewegung zur NSDAP setzte sich nun ebenso durch wie die Abwanderung der DNVP-Wähler zu der 1928 gegründeten »Christlich-

Nationalen Bauern- und Landvolkpartei« und von dieser dann zur NSDAP. Das Ergebnis war – vom Wählerpotential, nicht von der Parteifunktion her betrachtet – die Entwicklung der NSDAP zu einer »bäuerlichen Interessenpartei«.[600] Insbesondere in den vormals konservativen Landgebieten verbuchte die NSDAP 1930 bei großen Verlusten der DNVP und der Landvolkpartei Erfolge.[601] Im Landesdurchschnitt entfielen auf die NSDAP 24,1 Prozent der gültigen Stimmen – ein Resultat, das nur von Schleswig-Holstein (27 Prozent) übertroffen und in Wahlkreisen von Pommern, Breslau und Südhannover-Braunschweig erreicht wurde.

Die Kontakte mit den »traditionellen Oberklassen« und konservativen Politikern sind sicher *ein* Faktor, der den Wahlerfolg der NSDAP in der Reichstagswahl vom 14. September 1930 erklären hilft. Wichtiger ist jedoch auch hier die »Autonomie« der NSDAP, die sich darin äußert, daß es ihr (nunmehr »hoffähig« geworden) gelingt, an die im Gefolge der Wirtschaftskrise aktualisierten Statusängste der »Übergangsklassen«, der Bauern und, zu einem Großteil, der Jugend[602] organisatorisch und wahlagitatorisch anzuknüpfen. Bei den Reichstagswahlen vom 14. September 1930 wird die NSDAP auf diese Weise zur größten »bürgerlichen« Partei (und, nach der SPD mit 143 Mandaten bzw. einem Stimmentanteil von

Tabelle 12:
Zahl der Mandate und der abgegebenen gültigen Stimmen (in Prozent), die in der Reichstagswahl vom 14. September 1930 auf bürgerliche Parteien entfallen[603]

	Mandate	Stimmen-anteile
NSDAP	107	18,3
Deutsche Staatspartei	20	3,8
Zentrum, BVP	87	14,8
DVP	30	4,5
DNVP	41	7,0
Wirtschaftspartei	23	4,0
Kleinere rechtsorientierte Parteien*	35	6,1

* Konservative Volkspartei, Landbund, Landvolkpartei, Bauernpartei, Deutsch-Hannoversche Partei.

24,5 Prozent, zur zweitstärksten Fraktion im neugewählten Reichstag):

Die Reichstagswahl 1930 – jene »kalte Revolution«, wie *Die Tat* im Oktober 1930 schrieb – zeichnete sich wegen der politisierenden und mobilisierenden Effekte der Weltwirtschaftskrise gegenüber der Wahl von 1928 durch ein Plus von 4 Millionen abgegebener gültiger Stimmen aus. Verglichen mit 1928 nahm die Wahlbeteiligung um 6,4 Prozent zu – eine derart hohe Beteiligung hatte vor 1930 nur die Wahl zur Nationalversammlung 1919 mit 83 Prozent aufzuweisen. Überhaupt ist für die Wahlen während der Weltwirtschaftskrise ein immenser Anstieg der Wahlbeteiligung von 75,6 (1928) auf 84,1 Prozent (1932/I) bedeutsam gewesen. Nicht minder bedeutsam war, daß sich gegenüber 1928 die Zahl der Wahlbeteiligten um 1,8 Millionen erhöhte. Auch dies ist für alle Wahlen der dreißiger Jahre typisch; die Zahl der Wahlberechtigten erhöhte sich von 41,2 (1928) auf 44,4 oder 44,7 Millionen (1932/II oder 1933).[604] Und der Erfolg der NSDAP dokumentierte sich nicht zuletzt darin, daß sie ihre Abgeordnetenzahl um 729 Prozent steigern konnte.[605]

Der nationalsozialistische Wahlerfolg kam für die Mehrzahl der zeitgenössischen Beobachter unerwartet wie ein »politischer Herbststurm« oder ein »elementarer Ausbruch«.[606] Der Soziologie Svend Riemer schrieb im theoretischen Organ des ADGB über die Reichstagswahl des Jahres 1930:

> »Die marxistische Soziologie ist durch das Ausmaß und die Plötzlichkeit der ›Revolution von rechts‹ überrumpelt worden, und es fehlt noch heute [1932] an einem verfeinerten Begriffsapparat, der dem Wesen dieser Bewegung gerecht würde.«[607]

Die gleiche Stimmung prägt die »unter dem Eindruck der Reichstagswahlen vom 14. September 1930« entstandene Dissertation Walther Scheunemanns. Dem einführenden Kapitel über die Wahl ist ein Satz des Kommunisten Hans Jäger vorangestellt:

> »Der Wahlerfolg der Nationalsozialisten ist eine geradezu abnorme Sensation in der Geschichte des deutschen, ja des internationalen Parlamentarismus.«[608]

Wie sehr damals politische Ratlosigkeit um sich griff, mag der folgende Kommentar belegen, der die Aufnahme des

Wahlergebnisses durch die SPD veranschaulicht:

»Die Reichstagswahl [von 1930] schlug im republikanischen Lager ›wie eine Bombe‹ ein. Zwar hatte man allgemein mit einem Anwachsen der nationalsozialistischen Stimmenzahl gerechnet, aber dieser Erdrutsch übertraf alle Erwartungen. ›Panischer Schauer‹, ›Fassungslosigkeit‹ und ›Niedergeschlagenheit‹: mit solchen Worten umschreibt ein Beobachter die Stimmung im zentralen Wahlbüro der SPD, als die Wahlergebnisse nach und nach durchgegeben wurden.«[609]

Die »Fieberwahlen« (G. Bäumer) sind meist als Ausdruck der Weltwirtschaftskrise mit ihren Deklassierungsprozessen verstanden worden. (Otto Braun, der preußische Ministerpräsident, meinte dazu: »Die Mehrheit der radikalen Wähler stimmte für die extremen Parteien, weil sie zu versuchen wünschten, ihre persönliche Lage zu verbessern.«[610]) Aber nicht die Arbeitslosen wählten die NSDAP[611] – auch wenn die Parallelität der NSDAP-Wahlstimmen und der Arbeitslosenziffern[612] eine solche Kausalität suggeriert –, vielmehr profitierte die NSDAP von der hohen Wahlbeteiligung und dem Schwund der bürgerlichen Parteien.[613] Das Wahlergebnis von 1930 ist vor allem durch Neuwähler, aktivierte bisherige Nichtwähler und hohe Wahlbeteiligung bei gleichzeitiger Unfähigkeit der bürgerlichen Parteien, ihre Wähler zu binden, zustande gekommen. Eberhart Schöns regional auf Hessen bezogene Analyse belegt dies. Die folgende Übersicht bestätigt, daß die wesentlich höhere Wahlbeteiligung 1930 gegenüber 1928 signifikant der NSDAP zugute gekommen ist.

Tabelle 13:
Wahlbeteiligung und NSDAP-Stimmenanteil in Hessen[614]
(Reichstagswahl 1930)

Zunahme der Wahlbeteiligung in den Gemeinden gegenüber 1928	Anteil der NSDAP an der Gesamtzahl der gültigen Stimmen in der Gemeinden
bis 5,9 v. H.	13,0 v. H.
von 6 bis 10,9	15,4
von 11 bis 15,9	18,0
von 16 bis 25,9	20,3
von 26 v. H. und mehr	28,3

Schön faßt die Momente, die den Wahlerfolg der NSDAP 1930 in Hessen begründet haben, folgendermaßen zusammen:

»Die Nationalsozialisten verdankten ihren Wahlerfolg hauptsächlich der Mobilisierung der Neu- und der seitherigen Nichtwähler. Am erfolgreichsten waren sie auf dem flachen Land zum Nachteil der seither dort dominierenden Landvolkpartei. Außerdem konnte die NSDAP Gewinne auf Kosten der bürgerlichen Rechtsparteien erzielen, in der katholischen Bevölkerung und unter der Arbeiterschaft bleiben ihr dagegen nennenswerte Erfolge versagt.«[615]

Obschon alle Wahlanalysen wie Schön auf die positive Korrelation von hoher Wahlbeteiligung und NSDAP-Wahlerfolg hinweisen, so verdient doch auch ein empirischer Gegenbeweis erwähnt zu werden: Herbert Kühr hat in einer auf Essen bezogenen Lokalstudie erhärtet, daß die hohe Wahlbeteiligung dem Zentrum zugute gekommen ist, und daß sie dort, wo NSDAP (aber auch KPD) viele Stimmen erringen konnte, unterdurchschnittlich niedrig gewesen ist.[616] Auf die stärksten Bezirke in Essen entfielen bei der Reichstagswahl vom 31. Juli 1932 folgende Nichtwähler-Anteile (in Prozent bezogen auf die Summe der Wähler)[617]:

NSDAP	Zentrum	SPD	KPD
19,3	12,1	13,4	16,7

Der zwischen 1928 und 1930 erkennbare »Zusammenbruch der bürgerlichen Parteien« (W. Stephan) setzte sich 1932 fort. Vor allem die kleineren rechtsgerichteten Parteien und die »Reichspartei des deutschen Mittelstandes (Wirtschaftspartei)«[618] büßten ihre Wählersubstanz ein, nachdem schon die Landtagswahlen in Preußen (24. April 1932)[619] der Wirtschaftspartei und dem Landvolk gezeigt hatten, daß die Wähler statt dieser ständischen Gruppen »dann schon lieber die richtigen Nationalsozialisten« (M. Schumacher) bevorzugten.

In der Reichstagswahl vom 31. Juli 1932 erreichte die NSDAP den Zenit ihrer Wahlerfolge; in einigen Kreisen freilich setzte der in der Reichstagswahl vom 6. November 1932 kulminierende Abschwung bereits im Juli ein.[621] Werner Kaltefleiter betont, daß die Wähler der NSDAP »potentielle Wechsler« geblieben seien, »wie sie es zuvor als Wähler der Deutschnationalen, der Deutschen Volkspartei, der Deut-

Tabelle 14:
Zahl der Mandate und der abgegebenen gültigen Stimmen (in Prozent), die in der Reichstagswahl vom 31. Juli 1932 auf bürgerliche Parteien entfallen[620]

	Mandate	Stimmenanteile
NSDAP	230	37,3
Deutsche Staatspartei	4	1,0
Zentrum, BVP	97	15,7
DVP	7	1,2
DNVP	37	5,9
Wirtschaftspartei	2	0,3
Kleinere rechtsorientierte Parteien*	6	1,1

* Landbund, Landvolkpartei, Bauernpartei, Volksrechtspartei.

schen Demokraten usw. gewesen waren«.[622] Beim ersten Anzeichen des 1932 in der zweiten Jahreshälfte einsetzenden Wirtschaftsaufschwungs sowie nach den apathisierenden fünf großen Wahlkämpfen, die 1932 fast im gesamten Deutschen Reich geführt worden waren und die zu einem Rückgang der Wahlbeteiligung um 3,4 Prozent der abgegebenen Stimmen (1932/II gegenüber 1932/I) führten, verlor die NSDAP 1932 im zweiten Reichstagswahlkampf gegenüber dem ersten 2,03 Millionen Wähler.

Tabelle 15:
Zahl der Mandate und der abgegebenen gültigen Stimmen (in Prozent), die in der Reichstagswahl vom 6. November 1932 auf bürgerliche Parteien entfielen[623]

	Mandate	Stimmenanteile
NSDAP	196	33,1
Deutsche Staatspartei	2	1,0
Zentrum, BVP	90	15,0
DVP	11	1,9
DNVP	52	8,8
Wirtschaftspartei	1	0,3
Kleinere rechtsorientierte Parteien*	11	2,2

* Landbund, Landvolkpartei, Bauernpartei, Deutsch-Hannoversche Partei, Christlich-Sozialer Volksdienst.

Die zwischen 1930 und 1932 erfolgten Umgruppierungen lassen sich gut erkennen, wenn man die Parteien zu politischen Gruppen zusammenfaßt. Auf diese Gruppen entfielen folgende Stimmenanteile[624]:

	Reichstagswahlen vom	
	14. 9. 1930	31. 7. 1932
NSDAP	18,3	37,3
alte bürgerliche Parteien	28,9	10,6
katholische Mitte	14,8	15,7
sozialistische Parteien	37,6	36,1

Hier wird deutlich, daß angesichts der Wählerbewegung von den bürgerlichen Parteien und, wenn auch in geringerem Umfang, von den Arbeiterparteien[625] zur NSDAP allein das Zentrum und der Arbeiterblock noch eine gewisse Resistenz aufwiesen. (Einer solchen Beobachtung kommt jedoch lediglich ein statistischer bzw. bestenfalls ein für die Zukunft verpflichtender moralischer Wert zu. Die beiden politischen Gruppierungen zeigten sich zwar relativ resistent, die internen Spannungen – zwischen KPD und SPD – und die Rechtsentwicklung des Zentrums unter Kaas, in dessen Reihen beispielsweise im Herbst 1931 eine Koalition mit der NSDAP diskutiert wurde, verhinderten aber, daß diese Resistenz mehr als eine statistische Größe wurde. Keinesfalls darf der statistische Hinweis auf die beiden Barrieren organisierte Arbeiterschaft und organisierter Katholizismus gegen die NSDAP so verstanden werden, als bezeichne er einen gemeinsamen antifaschistischen Kampf.)*

Nachdem die NSDAP 1930 augenscheinlich als eine »absolutistische Integrationspartei« (S. Neumann) mit zahlreichen formellen und informellen Kontakten zu den »traditionellen Oberklassen« ihre nützliche Funktion bewiesen hatte, »in

* Es muß im übrigen noch viel genauer analysiert werden, wie stark die antifaschistischen Barrieren Zugehörigkeit zur Arbeiterklasse und zum (politischen) Katholizismus tatsächlich sind. Insbesondere das Ergebnis der Saar-Abstimmung vom 13. Januar 1935 mit über 90% Stimmen für den »Anschluß« (dazu Gustav Regler, *Das Ohr des Malchus,* Köln/Berlin 1958, S. 306 ff.) erfordert eine solche neuerliche Überprüfung, die auch ausfindig zu machen hätte, was diese Barrieren *heute* noch gegen rechtsradikale und/oder technokratisch-konservative Trends taugen.

Tabelle 16:
Stimmenanteile (in Prozent der abgegebenen gültigen Stimmen), die in den Reichstagswahlen von 1928 bis 1933 auf SPD, KPD und Zentrum entfallen

	20. 5. 1928	14. 9. 1930	31. 7. 1932	6. 11. 1932	5. 3. 1933
(1) SPD	29,8	24,5	21,6	20,4	18,3
(2) KPD	10,6	13,1	14,6*	16,9	12,3
(1) + (2)	40,4	37,6	36,2	37,3	30,6
(3) Zentrum, BVP	15,2	14,8	15,7	15,0	13,9
(1) + (2) + (3)	55,6	52,4	51,9	52,3	44,5

* Diese Angabe findet sich bei W. Stephan und W. Tormin; A. Milatz gibt 14,3 Prozent an.

allen von der Proletarisierung bedrohten bürgerlichen Schichten [...] riesige Rekrutendepots«[626] zu finden, die Verelendung der Mittelschichten aufzufangen und diese an der Herausbildung eines bewußten Antikapitalismus zu hindern, entwickelte sich auch in der »herrschenden Klasse« ein Bedürfnis nach intensiveren Beziehungen und finanzieller Absicherung durch Unterstützung. »Autonomie« und Ambivalenz sowie die sichtbare Leistung des Wahlerfolges von 1930 stifteten die Verdichtung der Beziehungen gerade zur »herrschenden Klasse«: Erst 1930, als die NSDAP bereits eine machtvolle »Bewegung« geworden war, »begriff«, unter dem Druck der Tatsachen und Tatbestände, die »herrschende Klasse« das »Wesen des Faschismus« (so A. A. Galkin) und gewann ein »positives Verhältnis« (Galkin) zu der ambivalenten, gebändigt-bedrohlichen Partei.[627]

Die Beurteilung der nationalsozialistischen Wahlergebnisse steht, wie angedeutet werden sollte, im Zusammenhang mit den Begriffen »Autonomie« und Ambivalenz. Es scheint, als ließe sich so der Streit über die verabsolutierten Positionen »Machtergreifung« oder »Machtübertragung« aufheben – indem man einerseits die Bedeutung der Wahlergebnisse im Rahmen der Kooperation mit den »traditionellen Oberklassen« bzw. der »herrschenden Klasse« und andererseits die Intensivierung der Kontakte der NSDAP zu Konservativen und Unternehmern ab 1930 im Rahmen der nationalsozialistischen Wahlerfolge interpretiert. Die Untersuchung der

NSDAP-Wählerschaft liefert hierbei, ähnlich wie die der Differenzen zwischen der Partei-Mitgliederschaft und der Partei-Oligarchie, Hinweise insbesondere zur weiteren realbegrifflichen Darstellung der Ambivalenz der NSDAP. – Vor allem zeitgenössische soziologische Studien zur Struktur der Wähler und Mitglieder der NSDAP haben diese Ambivalenz hervorgehoben: als Ausdruck der Heterogenität ebenso der Wähler wie der Mitglieder. Sowohl bürgerliche als auch sozialdemokratische und kommunistische Autoren sind auf dieses Phänomen eingegangen. (Und es war nur konsequent, daß Ende 1932 mit dem Streik bei der Berliner Verkehrsgesellschaft [BVG] und mit Schleichers Bemühungen, Gregor Strasser in die Regierung zu integrieren, zwei politisch diametrale Versuche unternommen wurden, die Ambivalenz der NSDAP in eine Parteispaltung umzumünzen.)

Die KPD hat sich vor 1933 immer wieder auf den erheblichen Anteil proletarischer Jugendlicher und Aktionisten in der NSDAP berufen (Hans Jäger), um die Situation als revolutionär zu definieren. Unter der Devise: »Tiefer in die Massen!« (W. Ulbricht) bemühte man sich, die proletarischen und proletarisierten Gruppen aus der NSDAP (»SA-Proleten«) herauszulösen und in die »eigentlich« revolutionäre Partei, die KPD, einzubinden. Auch die Zusammenarbeit von RGO und NSBO bei dem vom ADGB nicht unterstützten Streik der Arbeiter der BVG dürfte (was freilich noch näher zu prüfen wäre) im Rahmen dieser Taktik zu begreifen sein. – Die Beobachtung der Ambivalenz der NSDAP mündete für die kommunistischen Analytiker in eine politische Aufgabenstellung ein: agitatorisch-politisches Tätigwerden der KPD.

»Wir Kommunisten haben besonders stark gerade unter den landwirtschaftlichen Klassen aufzuholen. [...] Um zur stärksten Partei und zur Massenpartei des gesamten werktätigen Volkes in Stadt und Land zu werden, die gleichmäßiger im ganzen Reiche verwurzelt ist, bedarf es auch einer besonders angestrengten politischen Tätigkeit auf dem Lande.« »[...] vor allem der Zustrom aus dem Lager der Angestellten und Beamten zu der NSDAP [dauert an]. Diesen Prozeß aufzuhalten und umzubiegen, ist eine der großen Aufgaben der KPD. In dem allgemeinen Kampf gegen den Faschismus ist die Werbekraft der KPD beim Ringen um Anhang in diesen Schichten insofern von außerordentlicher Bedeutung, als hier die Aufgabe zu lösen ist, gerade die stärkste Massenbasis der NSDAP in den Städten zu zerschmettern.«[628]

Besonders deutlich äußerte sich in diesem Sinn Walter Ulbricht im Herbst 1932:

»Der Kampf um die Mehrheit der Arbeiterklasse ist in Deutschland komplizierter, weil in Deutschland neben der Sozialdemokratischen Partei und dem Einfluß der sozialdemokratischen Gewerkschaftsbürokratie eine breite nationalsozialistische Massenbewegung besteht, die breite Massen der Werktätigen hindert, den Weg zum Kommunismus zu gehen. Vergleichen wir die Gesamtstimmenzahl der Reichstagswahlen von 1930 mit 1932, so zeigt sich, daß die NSDAP im Rahmen ihres Stimmenzuwachses auch etwa 1,5 Millionen Angehörige der Arbeiterklasse gewonnen hat. Ein großer Teil der Werktätigen in der NSDAP wollte ehrlich gegen den Kapitalismus und für den Sozialismus kämpfen. Diese Werktätigen müssen wir für den Kommunismus gewinnen. *Die gesamte Parteimitgliedschaft* [der KPD, E. H.] *muß erkennen, daß angesichts des Masseneinflusses der NSDAP, ohne Einbruch in die Reihen der NSDAP der Sieg der proletarischen Revolution in Deutschland nicht möglich ist.* Die ideologische Offensive gegen die NSDAP, die Gewinnung jener Truppen, die heute noch als Anhänger der NSDAP, wenn auch unbewußt die Kapitalsdiktatur unterstützen, ist eine ernste Aufgabe der gesamten Parteiorganisation und der revolutionären Massenorganisationen. Dabei genügt es nicht, die NSDAP von außen durch Flugblätter oder durch Versammlungs- und Hausagitation zu bearbeiten, sondern es ist notwendig, *in allen Organisationen der NSDAP, in allen nationalsozialistischen Betriebszellen, in allen SA-Stürmen Verbindungen zu schaffen,* um von innen heraus unseren Einfluß auszuüben. Das bedeutet keineswegs eine Vernachlässigung des Massenselbstschutzes, des wehrhaften Massenkampfes gegen faschistischen Terror. Wir müssen aber *alle Kräfte einsetzen, um die Arbeiter und Werktätigen in der NSDAP in den gemeinsamen Kampf der Arbeiter hineinzuziehen.*«[629] (Hervorhebungen im Original)

Wahlsoziologisch gesehen geht diese Handlungsanleitung auf die Heterogenität der nationalsozialistischen Wähler zurück. Ulbricht rechnete dieser heterogenen Wählermasse einen durchaus relevanten Arbeiteranteil zu (wobei bemerkenswert ist, daß Hans Jäger in der *Internationalen Pressekorrespondenz* [1932/46] die Zahl der Arbeiterstimmen für die NSDAP auf 2 bis 3 Millionen veranschlagt hat). Je nachdem, ob man Ulbrichts Schätzung eines 1,5 Millionen starken Arbeiteranteils auf die erste oder auf die zweite Reichstagswahl des Jahres 1932 bezieht, betrug der Arbeiteranteil 11 oder 13 Prozent der gesamten NSDAP-Stimmen. Darin ging Ulbricht mit anderen zeitgenössischen Schätzungen einig. So stufte z. B. Gerhard Friters den Arbeiteranteil der NSDAP auf 10 bis 15 Prozent ein, die sich hauptsächlich aus Jungarbeitern zusammensetzten, die wegen der Weltwirtschaftskrise nur sehr kurz oder noch gar nicht im Arbeiterprozeß gestanden hatten. (Arbeitslosigkeit machte Jungarbeiter empfänglich für die nationalsozialistische Demagogie, weil sie Betrieb und Gewerkschaft noch nicht als einen die Herausbildung von Klassenbewußtsein fördernden Handlungs- und Kommunikationsbereich erfahren hatten.)[630] Auch Hans Neisser ist in seiner Analyse der Septemberwahl 1930 und bei seinem Plädoyer, die »Festhaltung der Jugendlichen« als »Hauptaufgabe« der SPD zu verstehen, von einem relevanten Arbeiteranteil am Wahlerfolg der NSDAP ausgegangen:

»Mehr als 20 v. H. aller Industriearbeiter haben nicht sozialistisch [d. h. weder SPD noch KPD, E. H.] gewählt. Davon dürfte auf das Zentrum die reichliche Hälfte entfallen ... Der Rest, d. h. 10 v. H. der industriellen Arbeiterschaft, hat zum größten Teil nationalsozialistisch gewählt. [...] Erwägt man, daß die Gesamtzahl der Jugendlichen zwischen 20 und 25 etwa 15 v. H. der Wahlberechtigten ausmacht, so läßt sich die Vermutung nicht von der Hand weisen, daß 25 bis 50 v. H. dieser jugendlichen Wähler es sind, die die Reihen der Nationalsozialisten verstärkt haben.« – »Die Nationalsozialisten rekrutieren sich [...] wahrscheinlich zu 15 bis 20 v. H. aus der industriellen Arbeiterschaft, zu 20 bis 25 v. H. aus der Landwirtschaft, im übrigen aus dem Mittelstand, den Angestellten und Beamten und den Rentnern.«[631]

Übereinstimmend gelangen also die zitierten Autoren zu der Ansicht, daß ein wesentlicher Arbeiteranteil zur nationalsozialistischen »middle-class revolt« (G. Friters) gehört. Dieser Anteil ist in einzelnen Wahlbezirken bereits 1930 erkennbar. So hat Friedrich-Wilhelm Witt nachgewiesen, daß 1930 in Hamburg (wie übrigens im Reich insgesamt) die Verluste der SPD überwiegend Gewinne der KPD nach sich gezogen haben. Da aber auch der Gesamtstimmenanteil der beiden Arbeiterparteien zurückging, schließt Witt auf eine Abwanderung von Arbeiterwählern zur NSDAP.

»Die Nationalsozialisten hatten auch in Stadtteilen mit überwiegender Arbeiterbevölkerung erhebliche, z. T. sogar überdurchschnittliche Gewinne zu verzeichnen, so daß die Annahme, daß sie auch bei der Arbeiterschaft, vor allem wohl bei den arbeitslosen Jungarbeitern, gewisse Erfolge erreichten, durchaus gerechtfertigt scheint.«[632]

Ebenfalls für die Reichstagswahl 1930 legt Hans Jäger einen, allerdings »mehr intuitiven, als wissenschaftlich fundierten« (W. Scheunemann) Bericht vor. Jäger schätzt, daß sich die Wählerzahl wie folgt auf einzelne Sozialschichten aufteilte:

»Bourgeoisie«	5,1 Prozent
Mittelstand	28,2 Prozent
Bauern	17,8 Prozent
Angestellte	27,4 Prozent
Arbeiter	21,4 Prozent.[633]

Besonders deutlich wird der Arbeiteranteil an den NSDAP-Stimmen, wenn man den Sonderfall der Stimmverteilung des zweiten Wahlganges der Reichspräsidentenwahl (10. April 1932) betrachtet. In dem Augenblick, als die Kandidatur Thälmanns für aussichtslos gehalten wurde, wechselten offensichtlich viele vormalige Thälmann-Wähler zu Hitler über. So vereinigte Hitler beispielsweise in Essen im zweiten Wahlgang 19 343 Stimmen auf sich, während Thälmann 27 002 Stimmen oder 6 Prozent verlor (bei einem gleichzeitigen Verlust von 3 213 Stimmen für Hindenburg).[634] In Hamburg hielt diese Wanderung bis zur Landtagswahl vom 24. April 1932 an; nach Meinung von Witt[635] ist »ein nicht unbeträchtlicher Teil der kommunistischen Wählerschaft [...] in den Sog der erfolgreichen Nationalsozialisten geraten. [...] Vor allem in den Bezirken mit einem hohen Anteil an unqualifizierten Arbeitern hatte die NSDAP offensichtlich von den Verlusten der KPD profitiert.«

Angesichts solcher Wanderungsbewegungen – die die SPD in ihrer unter dem Motto »Lieber in einem deutschen Zuchthaus als in Sowjetrußland als Arbeiter!« geführten Agitation gegen die »kommunistischen Bonzen« und gegen die Einheitsfront von »Nazis und Kozis« totalitarismustheoretisch ›verwertet‹ hat[636] – verwundert es nicht, wenn nahezu alle zeitgenössischen Autoren Heterogenität und Ambivalenz der NSDAP hervorheben. Differenzen zwischen den zeitgenössischen Analytikern gibt es weniger in der Beurteilung dieser Heterogenität selbst als vielmehr in den daraus gezogenen politischen Schlußfolgerungen. Theodor Geiger beschreibt die Ambivalenz als potentielle Handlungsunfähigkeit:

»Der Bruch der Wirtschaftsmentalitäten innerhalb des Mittelstandes wird in der NSDAP deutlich. Und mehr als das; auch sonst werden die Schwierigkeiten recht groß, für jede der tausend Bedrängnisse Abhilfe in Aussicht zu stellen, ohne jweils andere Kreise bedenklich zu machen; der Großlandwirt will Getreideschutzzoll, der Kleinbauer billige Futtermittel, der Handwerker billige Lebensmittel; der Beamte und Angestellte erhofft Wiederherstellung seines Besoldungsstatus – dem Handwerker und Händler ist jeder Groschen für Beamtenbesoldung zuviel.«[637]

Aus diesem Zustand manifester innerparteilicher Interessengegensätze – einem Zustand, der sich im Spannungsverhältnis von sozialer Basis und politischer Funktion des Nationalsozialismus an der Macht reproduziert – ist im Extremfall (etwa von den sozialdemokratischen und kommunistischen Autoren Carl Mierendorff und Hans Jäger) eine Zusammenbruchstendenz abgeleitet worden, während Sigmund Neumanns Strukturanalyse 1932, unter Ausschaltung der »unbedingtesten Kämpfer« und »härtesten Menschen«, eine Wendung zur offenen Entscheidung für die ökonomischen Vorstellungen der Konservativen und Kapitalisten für wahrscheinlich hielt.[638] Neumanns Vermutung ist durch die gewaltsam-endgültige Niederschlagung der »zweiten Revolution« 1934 nicht widerlegt worden; vor allem hat er bereits vor 1933 die strukturellen Grenzen der »Autonomie« und der Ambivalenz angedeutet. Potentiell wohnte der heterogenen Mitglieder- und Wählerstruktur zwar Sprengkraft inne – was die konservativen Reserven gegenüber den faschistischen Plebejern erklären hilft –, faktisch aber wurde diese Spannung *konsequent* einzig von der nationalsozialistischen Oligarchie aufgegriffen – um sie in Schranken zu halten. Die Entwicklung der NSDAP, etwa mit den Stationen 1926, 1930, 1931 und, vor allem, 1934, liefert hierfür zahlreiche Beispiele.

Ambivalenz der NSDAP meint auch – das haben die zitierten Zeitgenossen nicht gesehen (nicht sehen können?) –, daß die NSDAP schon vor 1933 intern als Organisationsprinzip für eine heterogene Mitglieder- und Wählerschaft die »Atomisierung« gewährleistet hat – d. h.: die gewaltsame Verhinderung der kollektiven, organisierten und programmatischen Austragung gesellschaftlicher Konflikte –, die den Einzelnen, obwohl sie ihn emotional in die Hierarchie der Partei einbettet[639], auf seine angeblich individuellen Interessen zurückwirft. Öffentlich ist allein der Kampf gegen das politische »System« (Parlamentarismus, Demokratie, Parteienherrschaft etc.) geführt worden; die Wahrnehmung sozialer Interessen ist weitgehend unorganisiert geblieben.[640] Zudem ging man davon aus, daß die individuelle Not infolge der Wirtschaftskrise behoben sei, wenn erst der Kampf gegen das politische »System« erfolgreich beendet sein würde.[641]

Ohne einer detaillierten Analyse des Verhältnisses von Mittelklassen und Faschisierung vorgreifen zu wollen, scheint die Hypothese gerechtfertigt, daß die Weltwirtschaftskrise die Differenzen[642] zwischen den »alten« und »neuen« Teilen des Mittelstandes überdeckt hat. Das Medium dieser Kaschierung waren Ambivalenz und »Autonomie« der NSDAP. Gerade die ökonomischen Proletarisierungstendenzen[643], die durch Kriegsanleihen, Inflation, Rationalisierung und Weltwirtschaftskrise forciert wurden, setzten in dem heterogenen Mittelstand Statusängste frei, die diesen um so nachdrücklicher an der objektiv schwindenden Grenze gegenüber dem Proletariat festhalten ließen:

> »Das einzig Einheitliche einer überaus heterogenen und von Klassengegensätzen zerrissenen Schicht [d. h. des Mittelstandes, E. H.] ist ihre Proletarisierung und ihre aggressive Abschließung gegen das Proletariat. [. . .] Gerade in der Proletarisierung des Mittelstandes liegt das Problem. Das einzig bindende Element, durch das sich das Vorhandensein des Mittelstandes erklären läßt, ergibt sich nun gerade aus der Antithese seiner Existenz: er will Mittelstand sein; sein Wollen und Fühlen macht ihn dazu.«[644]

Diese Einstellung, verstärkt durch die nicht-liberale politische Tradition[645], »prädisponierte« zum Beitritt zu bzw. zur Wahl einer antimarxistischen und zugleich gebändigten – also: »autonomen« und ambivalenten – antikapitalistischen Bewegung, die propagandistisch dem »System« der mit der Weimarer Republik identifizierten Parteien alle Schuld zuschrieb. In der Doppelstrategie von Antimarxismus und Antikapitalismus erhärtete sich zugleich die nationalsozialistische Version des Antisemitismus: die Unterscheidung von »raffendem« Bankkapital und »schaffendem« Industriekapital, wobei jenes negativ, dieses positiv besetzt war. – Die partielle Kritik an der *Zirkulation* des Kapitals entsprach derjenigen des »alten« Mittelstandes[646], die sich nicht prinzipiell gegen die freie Verfügung über und den privaten Besitz von Produktionsmitteln, sondern lediglich gegen die Dynamik der Konzentration und Zentralisation des Kapitals richtete. Sie entsprach ebenfalls, wenn auch auf andere Art, der Haltung des »neuen« Mittelstandes, der sich von der wachsenden Zahl der lohnabhängig Arbeitenden und der Angestellten sowie von den durch die Krise forcierten Angleichungstendenzen bedroht fühlte.[647]

Als Hypothese sei formuliert, daß so zeitweilig die Gegensätze zwischen den verschiedenen Fraktionen des Mittelstandes überspielt werden konnten. Der nationalsozialistische Antimarxismus bildete den Kitt. Die Konflikte zwischen der gewerkschaftlichen Interessenvertretung der Angestellten[648] (des von Hugenberg als »marxistisch« bezeichneten DHV) und dem gewerblichen Mittelstand, der gegen Tarifverträge, Sozialstaatlichkeit und Lohnpolitik ankämpfte, wurden für eine Weile stillgestellt. Doch gerade der Widerstreit zwischen der Verteidigung der bürgerlichen Existenz der Angestellten mit proletarischen Mitteln und dem Auftreten des gewerblichen Mittelstandes als einer gegen die sozialpolitischen Errungenschaften der Weimarer Republik agierenden immanent großkapitalistischen »Partisanentruppe« (E. Grünberg) vertieften die Ambivalenz der NSDAP und machten die Bewegung mit ihrer »Führerideologie« (W. Horn) um so attraktiver.

Zeitgenössische Analysen eröffnen wichtige Einblicke in die Struktur der nationalsozialistischen Wählerschaft. Meist gehen sie von den Wählerbewegungen zwischen 1928 und 1930 aus und kulminieren in der »Binsenwahrheit«: »Breite Teile des Kleinbürgertums haben die Sache des Nationalsozialismus zu der ihrigen gemacht.«[649]

Theodor Geiger[650] hat, ohne sich allerdings quantitativ festzulegen, zur Erklärung des Wahlerfolges 1930 auf den Anteil junger Arbeiter bzw. jugendlicher Dauererwerbsloser[651], Kleinbürger bzw. Angehöriger des gewerblichen Mittelstandes, Bauern, Angestellten, Angehöriger der unteren und mittleren Beamtenschaft an der NSDAP und auf die Aktivierung von Nichtwählern durch die NSDAP hingewiesen. Dominante Faktoren sind für ihn die Wählerbewegung innerhalb des Bürgertums und, als Erklärung derselben, dessen Statusangst:

»Der ganze Zudrang zur NSDAP ist durch Verschiebungen innerhalb der bürgerlichen Parteien (mit Ausnahme des Zentrums) und durch den [. . .] Zugang aus den Reihen der jugendlichen Erwerbslosen hinreichend motiviert.« – »Ein Bürgertum, das seine weltanschauliche Orientierung, Erbgut der 48er und 70er Jahre, in Interessenängste verloren hatte, das in positiv wirtschaftsbestimmtem Sozialdenken seine Einheit nicht finden konnte, warf sich der eignen Verzweiflung in die Arme.«[652]

Andere Autoren haben ebenfalls auf die von Geiger bezeichneten Komponenten der Wählerstruktur der NSDAP aufmerksam gemacht. Sigmund Neumann hat 1932, wie Geiger, die soziologische Struktur der Partei als die einer »absolutistischen Integrationspartei« definiert[653] und daran die propagandistische Intention der Bewegung festgemacht. Die Zielrichtung der Propaganda sei »antiproletarisch und antiplutokratisch« und von der »vagen Grundstimmung eines vor- oder frühkapitalistischen Wirtschaftsideals« gekennzeichnet gewesen.[654] Im Rahmen dieser propagandistischen Zielsetzungen hätten der Mittelstand, insbesondere die Angestellten, Jugendliche und Bauern das Hauptkontingent der Wähler der NSDAP gestellt. Um den Erfolg der Wahl vom 14. September 1930 zu erklären, verweist Neumann auch auf die Bedeutung des Partei-Apparates der NSDAP.[655]

Beide Darstellungen sind in ihren Aussagen, bis hin zur Feststellung der innerparteilichen Ambivalenz der NSDAP, weitgehend schon 1930 von Carl Mierendorff in dem Aufsatz *Gesicht und Charakter der nationalsozialistischen Bewegung* vorweggenommen worden. Mierendorff stützte seine Diagnose auf die Ergebnisse eines Vergleichs der Reichstagswahlen von 1924 bis 1928 mit den Ergebnissen der Kommunalwahlen in Preußen und Hessen vom 16. November 1929. Dabei stellte er bereits 1928 einen Aufschwung der NSDAP fest, der sich dann in den Kommunalwahlen vom Herbst 1929 beschleunigte[656] und stellenweise zu »geradezu sensationellen Vervielfachungen der nationalsozialistischen Stimmen«[657] führte. In diesem Zusammenhang erwähnt Mierendorff den Aufbau des Partei-Apparates:

»Heute [Frühjahr 1930, E. H.] gibt es nicht nur in jeder größeren und mittleren Stadt Ortsvereine der NSDAP, sondern auch an kleinen ländlichen Plätzen und an Orten, wo teilweise nicht einmal die Sozialdemokratie bis jetzt organisatorisch festen Fuß fassen konnte.«[658]

Die Struktur der NSDAP sieht Mierendorff bestimmt durch die bürgerlichen Mittelschichten[659], die Angestellten insbesondere[660], und die Bauern.[661] Durch »Eroberung jugendlicher Elemente« sei der NSDAP ein Einbruch in das proletarische Wählerreservoir gelungen.[662] Jugendliche[663], Frauen[664] und kleinere und mittlere Beamte[665] hätten neben den Mittelschichten und den Bauern, wenn auch minder bedeutsam, die NSDAP sozialstrukturell geprägt. Von großem Gewicht sei überdies die »Mobilisierung der Nichtwähler« gewesen, die bei den Reichstagswahlen bis 1928 durchschnittlich zehn Millionen Wähler an die Urnen gebracht hätte.

»[Die NSDAP] erfaßt Gruppen, die von den bis jetzt vorhandenen politischen Parteien nicht erfaßt werden. Das gilt aber nicht bloß für die jugendlichen Schichten, die zweifellos ein großes Kontingent der Nichtwähler gestellt haben, sondern für alle Gruppen der Nichtwähler, ja sie ist geradezu die ›ideale‹ Partei der Nichtwähler.«[666]

Zu diesem Befund kommen auch andere zeitgenössische Untersuchungen. Werner Stephan, der neben einer soziologischen Studie drei detaillierte Wahlanalysen vorgelegt hat, spricht im Hinblick auf die Reichstagswahl vom 14. September 1930 davon, daß der Hauptteil der nationalsozialistischen Wähler auf dem Lande beheimatet war. (»Niemals ist das Dorf in solchem Maße mobil gemacht worden wie jetzt durch die Anhänger Hitlers, die auch die kleinsten Orte aufgesucht und sie mit Plakaten, Flugzetteln und gemeinverständlichen Reden bedacht haben.«[667]) In den Städten wählten im Durchschnitt[668] hauptsächlich bürgerliche Stadtviertel die NSDAP.

»Es ist schon zweifelhaft, ob die Arbeiterstimmen, die für die Hitler-Partei abgegeben worden sind, auch nur ausgereicht hätten, um die zwölf Handarbeiter, die sich unter den 107 nationalsozialistischen Reichstagsabgeordneten befinden, in den Reichstag zu entsenden.«[669]

Diese Vermutung stützt sich auf eine Analyse des Wahlverhaltens einiger Berliner und Bremer Stadtbezirke, die nach soziologischen Schwerpunkten unterschiedlicher Wählerschichten ausgewählt worden sind.

Die Angaben lassen sich ergänzen durch Forschungsergebnisse von S. Erkner, die in der *Zeitschrift für Praxis und Theorie des Marxismus: Die Internationale* veröffentlicht worden sind. Erkner hat die drei Berliner Wahlkreise, von

Tabelle 17:
Aufgliederung der Stimmenanteile der Parteien bzw. Parteigruppen auf drei Berliner Stadtteile[670]
(Reichstagswahl: 14. September 1930)

	NSDAP	bürgerl. Rechte	bürgerl. Mitte	SPD	KPD
(1)	8,9	9,8	9,4	28,0	43,0
(2)	25,8	19,6	23,5	18,4	11,6
(3)	17,7	26,5	27,5	19,7	7,4
(4)	14,6	14,8	15,1	27,2	27,3

Legende: (1) Wedding (Arbeiterbezirk), (2) Steglitz (Mittelstandsbezirk), (3) Zehlendorf (Villenbezirk), (4) Groß-Berlin insgesamt.

denen jeder eine »Hauptklasse (oder auch eine politisch bedeutsame Zwischenklasse)« repräsentiert, zugrunde gelegt. Der Wahlkreis Berlin steht für die »städtische Arbeiterschaft«, Potsdam I für die »landwirtschaftliche Bevölkerung« und Potsdam II für die »besitzende Klasse«. Die NSDAP nun gewann 1930 ihre Wähler am zahlreichsten in Potsdam I; es folgten Potsdam II und dann erst Berlin.[671] Aus dem Vergleich der drei Wahlkreise schließt Erkner,

»daß die landwirtschaftlichen Klassen außerordentlich viel zur Verstärkung des Nazierfolges bei der letzten Reichstagswahl beigetragen haben, ohne diesen starken Anhang auf dem Lande hätten die Erfolge der NSDAP bei der letzten Reichstagswahl bedeutend bescheidener ausgesehen und was dem Aufstieg der NSDAP bei dieser Wahl den ›sensationellen‹ Anstrich gab, waren nicht zuletzt gerade ihre Erfolge auf dem Lande.«[672]

Neben einem hohen Anteil von Bauern hat Erkner auch beträchtlich viele Angestellte und Beamte unter den Wählern der NSDAP ermittelt.[673] Er hat zugleich die Angaben von Werner Stephan zum Wahlverhalten der Berliner Stadtteile Wedding, Steglitz, Zehlendorf ergänzt, die allgemein Arbeitern, Mittelschichten und Großbürgertum zugeordnet werden.

Zusammenfassend ist die Übereinstimmung der Wähler und der Mitglieder der NSDAP hervorzuheben, wobei allerdings Bauern stärker dazu neigten, die NSDAP zu wählen als ihr beizutreten. Übereinstimmung im Grundsatz besteht bei den

Tabelle 18:
Aufgliederung der Stimmen von NSDAP, SPD und KPD in den Berliner Verwaltungsbezirken[674]
(Reichstagswahl: 14. September 1930)
Verwaltungsbezirke mit stärkstem NSDAP-Anteil:

	Von 100 Stimmen entfallen auf: NSDAP	KPD + SPD	Von 100 Berufstätigen entfallen auf: Angestellte u. Beamte	Arbeiter
Steglitz	23,9	30,6	38,9	23,3
Schöneberg	19,9	38,6	35,6	23,5
Wilmersdorf	18,8	31,4	32,9	16,0
Charlottenburg	18,5	42,6	31,7	29,3
Verwaltungsbezirke mit schwächstem NSDAP-Anteil:				
Wedding	8,9	71,0	20,6	57,0
Neukölln	11,0	67,5	25,6	51,4
Friedrichshain	11,6	66,7	21,7	52,1
Prenzlauer Berg	11,9	63,6	27,1	45,2

zeitgenössischen Analysen darüber, daß Angehörige der Mittelschichten, des »alten« und des »neuen« Mittelstandes, Bauern, Jugendliche – auch aus der Arbeiterschaft – und bisherige Nichtwähler das hauptsächliche Wählerreservoir der NSDAP waren. Überall dort, wo die Arbeiterparteien und das Zentrum auf dem flachen Land stark vertreten waren, gelang der NSDAP allerdings kein entscheidender Einbruch in die ländlichen und bäuerlichen Wählerschichten.[675]

Den Großteil der bürgerlichen Wähler, soweit es sich nicht um bisherige Nichtwähler handelte, gewann die NSDAP aus dem Zusammenbruch der bürgerlichen Parteien – das Zentrum ausgenommen. Seit 1930 waren lediglich die beiden Arbeiterparteien SPD und KPD und die konfessionell-katholischen Parteien Zentrum und BVP gegenüber der nationalsozialistischen »Bewegung« resistent. Die zeitgenössischen Arbeiten betonen daher allesamt den geringen Arbeiteranteil an der Wählerschaft der NSDAP. Die Schätzung Walther Scheunemanns, die einen Arbeiteranteil von 21,4 Prozent unter den 1930er Wählern der NSDAP annimmt[676], steht vereinzelt da. Alle anderen Autoren wagen keine exakte Quantifizierung;

die »qualitativen«, nur auf einer sehr allgemeinen Stufe quantifizierenden Studien gehen von einem wesentlich niedrigeren Arbeiteranteil aus und weisen darauf hin, daß der NSDAP nur aus den Gruppen der proletarischen Jugendlichen und der Arbeitslosen Wähler (und Mitglieder) erwachsen (wobei sich beide Komponenten vielfach vereinen, da jugendliche Dauererwerbslose, die sich den politischen und/oder gewerkschaftlichen Organisationen »der« Arbeiterbewegung nicht angeschlossen haben, als am wenigsten immun gegenüber der nationalsozialistischen Propaganda beschrieben werden).

Weitere Angaben über die Verbindungen zwischen NSDAP-Wählern und den Wählern der Arbeiterparteien lassen sich gewinnen, wenn man die Wählerfluktuation betrachtet. Die Fehlerquote eines derartigen Verfahrens ist allerdings relativ hoch, weil es nur von ausgezählten Stimmblöcken – also von Aggregatdaten – ausgehen kann. Wählerwanderungen können somit nur per saldo festgestellt werden. Dabei aber differieren die einzelnen Saldenposten intern sehr stark durch die Aktivierung von Nichtwählern, durch den Zugang von Jungwählern und das Sterben alter Wähler. (Die bloße Betrachtung der Salden gibt ein falsches Bild, was sich besonders am Beispiel der SPD zeigen läßt, weil dort die relative Stabilität der Wählerschaft über die Stagnation dieser Partei ab 1930 hinwegtäuschen könnte.) Die Bewegung der Wähler zwischen 1928 und 1933 ist so groß, daß die notwendige Beschränkung auf eine per saldo aufzeigbare Wählerfluktuation unzulänglich bleiben muß; sie suggeriert leicht eine nicht vorhandene innere Identität der Wählerblöcke. So gibt es bei den Reichstagswahlen 1930 5,7 und 1933 2,5 Millionen neue Wähler bzw. Jungwähler und aktivierte bisherige Nichtwähler. Unter den aktivierten Nichtwählern dominieren die Jungwähler: 1928 beispielsweise haben 3,5 Millionen Erstwähler nicht von ihrem Stimmrecht Gebrauch gemacht. Zu erwähnen ist noch, daß zwischen 1928 und 1933 3 Millionen alte Wähler gestorben, daß in diesem Zeitraum 6,5 Millionen Jungwähler stimmberechtigt geworden sind.[677]

Gegenüber 1928 erhöhte sich 1930 bei der Reichstagswahl die Zahl der Wahlberechtigten um 1,7 Millionen, insgesamt wurden rund 4 Millionen gültige Stimmen mehr abgegeben (1930 35,2 gegenüber 31,2 Millionen 1928). Unter diesen

Neuwählern sollen nach Max H. Kele[678] Arbeitslose und Jugendliche überwiegen. – Von diesen bisherigen Nichtwählern und Jungwählern will die KPD nach eigener Aussage[679] etwa 1,5 Millionen Jungwähler für sich gewonnen haben. Diese Angabe dürfte aber weit übertrieben sein; denn insgesamt bekam die KPD gegenüber 1928 nur 1,3 Millionen Stimmen mehr. Realistischer dürfte die Schätzung sein, daß die KPD 700 000 Neu- und Jungwählerstimmen und 600 000 Überläufer der SPD auf sich gezogen hat.[680] Rund 500 000 neue Wähler bevorzugten die katholischen Parteien Zentrum und BVP.[681] Die SPD vermochte am Zuwachs der Wahlberechtigten durch Jungwähler und seitherige Nichtwähler nicht zu partizipieren; es gelang ihr auch nicht, aus den Verlusten bürgerlicher Parteien Nutzen zu ziehen. Zwar waren ihre Verluste gering (577 000 Stimmen), aber die Partei begann zu stagnieren.[682] Dagegen vereinigte die NSDAP 1930 rund 3 Millionen Neuwähler auf sich.[683] Die hauptsächlichen Wählerverluste der DNVP (fast 2 Millionen) und der DVP (1,1 Millionen) kamen ebenfalls der NS-»Bewegung« zugute. Diese Tendenzen weist auch eine auf den Regierungsbezirk Aachen beschränkte Lokalstudie nach:

»Gerade in den Eifelkreisen wird deutlich, daß die NSDAP ihren aus dem Nichts hochschnellenden Stimmengewinn vom September 1930 (Zunahme der NSDAP-Stimmen im Reichsdurchschnitt um das 8fache, im Kreise Monschau um das 17fache, in Schleiden um das 45fache) in erster Linie den zurückkehrenden Nichtwählern verdankte, die 1928 und früher mit dem Zentrum den Wahlen überhaupt den Rücken gekehrt hatten. Ein Aufrechnen der Gewinne und Verluste im Kreis Schleiden zeigt, daß eine große Zahl der reaktivierten Nichtwähler sich für die rechtsradikalen Gruppen, NSDAP und Landvolk, entschieden haben müssen, selbst wenn man unterstellt, daß alle Jungwählerstimmen und alle der DNVP und DVP verlorengegangenen Stimmen der NSDAP zugute gekommen sind.«[684]

Die NSDAP kam vor allem in ländlichen protestantischen Gebieten (besonders in Schleswig-Holstein, Pommern und Osthannover) zu Erfolgen; in nichtkatholischen Klein- und Mittelstädten schloß sich ihr vorwiegend der gewerbliche Mittelstand an.[685] In den Industriegebieten – abgesehen von Chemnitz-Zwickau – ›eroberte‹ sie außer den Angestellten einen Großteil der Jungwähler. »Über die Trümmer der liberalen und der Rechtsparteien [zieht] mit Hilfe der Jung- und bisherigen Nichtwähler die NSDAP mit 107 Abgeordneten (1928: 12) in den Reichstag ein.«[686] Alfred Milatz zufolge hat bei der Reichstagswahl 1930 die Mobilisierung der Nichtwähler den Ausschlag gegeben; danach erweiterte die NSDAP ihr Stimmenpotential durch den Zusammenbruch der bürgerlichen Parteien (ausgenommen das Zentrum).[687] Der geänderte Trend zeigte sich deutlich im Ergebnis der Landtags-Wahlen in Preußen, Bayern, Württemberg, Anhalt und Hamburg vom 24. April 1932 (Landtagswahlen, die etwa 80 Prozent der deutschen Wähler betrafen).[688]

Die Frühjahrswahlen und die beiden Wahlgänge der Reichspräsidentenwahl vom 13. März und 10. April 1932[689] sind für die Ergründung der Wählerfluktuation deshalb von Belang, weil die Präsidentenwahl eine Wanderung von der KPD zur NSDAP bzw. von Ernst Thälmann zu Hitler aufdeckte.[690] Zwar konnte die KPD diese Fluktuation in den beiden Reichstagswahlen 1932 wiederauffangen – in der zweiten Reichstagswahl 1932 gab es eine Wählerwanderung von der NSDAP zur KPD[691] –, aber die Frühjahrswahlen machten vor allem klar, daß die Verluste der SPD auch nicht mehr annähernd durch Stimmengewinne der KPD aufgewogen wurden. Diese Wanderungsbewegung mit einem näherungsweisen Ausgleich von Gewinn und Verlust innerhalb der Arbeiterparteien kennzeichnete die Wahlen von 1928 bis zum Frühjahr 1932. In den Landtagswahlen vom April 1932 kam es zu keiner Wanderung von der SPD zur KPD.[692] Eine Reihe katholischer Arbeiter schloß sich jetzt dem Zentrum an[693], ein »beträchtlicher Rest« (A. Milatz) der rund 800 000 Stimmen Verlust von KPD und SPD in den fünf Landtagswahlen vom 24. April 1932 gegenüber 1930 kam der NSDAP zugute. Vermutlich wechselten 500 000 Wähler von den Arbeiterparteien zur NSDAP.[694]

Die Beachtung der Wählerfluktuation zeigt an, daß es – was von einigen KPD-Politikern zugegeben worden ist, und was Carl Mierendorff für die SPD schon vor der Reichstagswahl 1930 befürchtet hat – durchaus auch Wanderungen von den Arbeiterparteien zur NSDAP gegeben hat. Die Ambivalenz der »Bewegung« hat auch Arbeiterwähler angezogen. Es wäre töricht, dies zu ignorieren; es gibt keine ontologische Barriere, die Arbeiter gegen faschistische Propaganda immunisierte. Allerdings zeigt sich, daß vor der »Machtergreifung« die Fluktuation von SPD und KPD hin zur NSDAP nicht entscheidend zu den Wahlerfolgen der Nationalsozialisten beigetragen hat. Unbekannt ist die besondere soziale und psychische Verfassung derjenigen Arbeiter, die sich vor 1933 der NSDAP angeschlossen haben. So ist z. B. ungeklärt, aus welchen Berufsgruppen, regionalen und branchenspezifischen Bereichen sowie aus welchen Sozialbezügen diese Arbeiter stammen. Auch die Motive ihrer Hinwendung zur NSDAP, ihre Erwartungshaltungen und die Gratifikationen der Partei sind noch nicht zureichend erforscht. Unklar ist auch, welche Elemente des von den Arbeiterparteien und den Gewerkschaften spezifizierten Arbeiterbewußtseins hauptsächlich zur Resistenz der Arbeiterklasse gegenüber dem Faschismus beitrugen. (An dieser negativen Bilanz hat Max H. Keles *Nazis and Workers* nichts geändert.) (Für eine vergleichende Analyse wäre bei der Bewertung der NPD-Wahlergebnisse wichtig, zu untersuchen, ob die antifaschistischen Barrieren: Zugehörigkeit zum bzw. Orientierung am Katholizismus, an der Sozialdemokratie und an der Gewerkschaftsbewegung, auch in der Bundesrepublik Mitte der sechziger Jahre noch so hoch gewesen sind wie während der Weimarer Republik.)

Selbst die Reichstagswahl vom 5. März 1933[695] verdeutlicht, daß noch nach der »Machtergreifung« und nach dem unter Berufung auf den Reichstagsbrand (27. Februar 1933) ausgeübten Terror gegen die Arbeiterbewegung – insbesondere gegen die KPD, aber auch gegen linke Sozialdemokraten – die Fluktuation von Wählern der Arbeiterparteien zur NSDAP relativ unbedeutend geblieben ist. Edouard Calic spricht in diesem Zusammenhang von 200 000 bis 300 000 kommunistischen und rund 50 000 sozialdemokratischen Wählern, die zur NSDAP überwechselten:

»Diese Wahlen haben noch einmal unter Beweis gestellt, daß Hitler die nationalkonservative, die christliche, die sozialdemokratische und kommunistische Wählerschaft mit seiner gesamten Organisation und Propaganda nicht zu seinen Gunsten zu beeinflussen vermochte. Da eine von Hitlers Hauptparolen lautete, er wolle das Proletariat der Nation zuführen, bedeutete für ihn auch diese Wahl eine Niederlage, denn von etwa 16 Millionen Arbeitern hatten sich 12 Millionen für die SPD und die KPD ausgesprochen. Weil die christlichen Gewerkschaften für das Zentrum stimmten, ergibt sich, daß mindestens 13-14 Millionen Arbeiter zu Hitler ›nein‹ gesagt hatten. Zählen wir nun noch diejenigen hinzu, die aus Angst den Wahlurnen fernblieben [Calic nimmt an, daß dies z. B. für 900 000 kommunistische Wähler gelte – E. H.], dann stellen wir fest, daß Hitler kaum 10% der Arbeiterschaft hinter sich hatte. Und von diesen 10% war ein guter Teil arbeitslos.«[696]

Zeitgenössische Erklärungen des positivistischen Befundes, daß hauptsächlich Bauern und Angehörige der Mittelschichten die NSDAP gewählt haben, sind ziemlich desolat. Daran hat sich in der Zwischenzeit wenig geändert.[697] Der folgende Blick auf einige zeitgenössische Erklärungsversuche soll deshalb vorrangig auf nach wie vor offene Probleme aufmerksam machen.

Sozialdemokratische und kommunistische Autoren haben die Erfolge der NSDAP gleichermaßen weit weniger aus der psychologischen und soziologischen Struktur der nationalsozialistischen Wähler und Mitglieder als aus der Wirkung der nationalsozialistischen Demagogie erklärt. Es wird auf die Proletarisierungstendenzen hingewiesen und betont, daß »der« Mittelstand noch nicht das seiner objektiven Lage angemessene Bewußtsein gefunden habe. Die nationalsozialistische Propaganda, heißt das, war das Instrument zur politischen Aufhebung der ökonomisch-objektiven Angleichung der Angestellten an die Arbeiterschaft. Die Wirkung derartiger Propaganda begründet man damit, daß die Mittelschichten sich selbst voluntaristisch von den Arbeitern abgrenzten. So lesen wir bei Carl Mierendorff:

»Statt den Kameraden im Klassenkampf erblickt die überwiegende Mehrzahl der Angestelltenschaft im Arbeiter noch immer den Gegner im Kampf um die Existenz und empfindet die gesellschaftlichen Aspirationen der Arbeiterklasse, wie sie im Eindringen ihrer politischen Vertreter in die Staatsverwaltung weithin sichtbaren Ausdruck gefunden hat, zunächst als Herausforderung und Bedrohung der eigenen Chancen und Positionen.«[698]

Die nationalsozialistische Propaganda – eine »Verbindung zwischen Rassenressentiment und dem Ressentiment der sozialen Lage, zwischen ökonomischen Einzelinteressen und elementaren Haßgefühlen verschiedenster Art«[699] – hat diesen Willen, nicht dem Proletariat zugeschlagen zu werden bzw., für den gewerblichen »alten« Mittelstand, an dem Bild ökonomischer Selbständigkeit festzuhalten, politisch aufgenommen. Für KPD und SPD reduzierte sich die Erklärung der großen und wachsenden Anhängerschaft der NSDAP überaus schnell auf Selbstkritik: Der Erfolg nationalsozialistischer Propaganda sei nichts anderes als der Mißerfolg der eigenen Agitation bei den Angestellten, Beamten und Bauern. Eine durch Selbstkritik befruchtete Agitation, so hoffte man, würde sie zu den Arbeiterparteien »herüberziehen«. Damit ist jedoch die Gefahr des deutschen Faschismus soziologisch und sozialpsychologisch verkannt[700]; sie wird zu einem Problem der Perfektionierung der Gegenpropaganda.

Theodor Geiger hielt – ganz in diesem Sinne – nach der Septemberwahl 1930 die »Panik im Mittelstand« für eine vorübergehende »geistige Verwirrung«. Sie werde schnell beendet sein – und d. h. auch: der Nationalsozialismus werde in sich zusammenfallen –, wenn es der Sozialdemokratie gelinge, den Angestellten die Maxime »Solidarisierung mit dem Proletariat« als das Gebot der Stunde zu vermitteln.[701] Es handle sich also lediglich um eine agitatorische Umorientierung. Solche Neubesinnung, als Folge der selbstkritischen Bestandsaufnahme bisheriger Erfolgslosigkeit, implizierte, ebenfalls gleichermaßen für SPD und KPD, die Beachtung der »staatsbürgerlich-nationalen Gesinnung« der Mittelschichten. In den Annäherungen kommunistischer Agitation an die nationalsozialistische Verdammung der »Youngsklaverei« etc. bekundeten sich eine Einstellung und ein Konzept, die in Ansätzen und von der Tendenz her bei Carl Mierendorff und Theodor Geiger vorgezeichnet sind. Geiger kritisierte die »Doktrinärideologie und Phraseologie der Arbeiterbewegung«, welche die »tatsächliche Wendung zur nationalen Staatsbürgerlichkeit nicht voll zum Ausdruck« bringe[702]; Mierendorff beklagte, daß die rationale Aufklärung der SPD bislang nicht der emotionalen Demagogie der NSDAP zu entgegnen vermochte.[703] – Nicht diskutiert wurde, warum antiaufklärerische Propaganda und Ritualisierung von Politik durch die NSDAP überhaupt wirken und ob man nicht durch eine Anpassung an diesen Duktus den Trend der Faschisierung geradezu verstärkte.

Es scheint, als sei Talcott Parsons' Theorem, der Faschismus stelle eine Abweichung vom Modell eines gleichgewichtigen – d. h. eines industrialisierten *und* in einem liberalen Sinne demokratisierten – sozialen Systems dar, besonders gut geeignet, die Mängel zeitgenössischer Erklärungsversuche zu illustrieren.[704] Parsons geht ebenfalls nur beiläufig auf die konkrete Lage der Mittelschichten ein, die er als eine »schwierige Wettbewerbsposition«, verbunden mit Frustration, bezeichnet.[705] Gleichwohl scheint es nützlich, von Parsons' Erkenntnissen Gebrauch zu machen, denn der Übergang der Mittelschichten ins politische und soziale Lager des Proletariats, so wie ihn die sozialistischen Analytiker ökonomisch-objektiv und von den wirklichen Interessen her bereits für vollzogen erachten, fällt durchaus mit der gesellschaftsbezogenen Anomie-Problematik, die Parsons diskutiert, zusammen. (Es ist bezeichnend, daß Charles P. Loomis und J. Allen Beegle die Verhaltenssicherheit stiftende Leistung der Arbeiterbewegung in die Nähe derjenigen Befriedigungen rücken, »which the frustrated middle-class groups suffering form anomie found in the Nazi movement«.[706])

Parsons bestimmt den Masseneinfluß des Faschismus und damit dessen Differenz zum Konservativismus als eine Folge gesellschaftlicher Anomie. Der Begriff Anomie[707] bezeichnet ein Verhältnis von Individuum und gesellschaftlichen Normen, in dem – aufgrund gesellschaftlicher Wandlungsprozesse – Normen für das soziale und politische Verhalten des Individuums nicht mehr naiv wirksam werden. Das internalisierte gesellschaftliche Normensystem (»conscience collective«) existiert nicht mehr, die Individuen sind richtungs- und bindungslos. Die Ursache solcher Anomie ist der Industrialisierungsprozeß, der insbesondere in den Primärbeziehungen des Familien- und Gemeinschaftsbereichs Intensitätsabschwächung und Orientierungsverfall mit sich bringt.[708] Die organische Qualität der Sozialbeziehungen weicht rationalen Vertragsbeziehungen und einem von der Kapitalrechnung ausgehenden Zweck-Mittel-Kalkül. Diese »social disorganization« bedeutet »progressive increase in the acuteness of a generalized state of anomie«, und diese gesellschaftliche Verhaltensunsicherheit gebietet, nach intakten Traditionen und nach einer neuen und festen Orientierung zu suchen. Beides liefert der Nationalsozialismus, so daß er, gewissermaßen naturnotwendig, zur Massenbewegung wird, und so daß – weil Parsons, wie heute die Modernisierungstheoretiker, eine sachgesetzliche Korrelation zwischen Industrialisierung und liberaler Demokratie annimmt und unbefragt als Bewertungskriterium verwendet[709] – Faschismus und Arbeiterbewegung gleichermaßen antiliberal erscheinen und miteinander in Beziehung gebracht werden.[710]

Parsons Darstellung »entspricht« somit der primär als agitatorische Herausforderung begriffenen Reaktion der Arbeiterparteien auf die nationalsozialistische Massenbewegung. Daß diese so auf die NSDAP reagiert hat, ist für ihn nicht Ausdruck eines Kampfes letztlich um jene Demokratisierung, deren Mangel er für das Aufkommen des deutschen Faschismus verantwortlicht macht[711], sondern einer gleichen nicht-liberalen Antwort auf Anomie und eben deshalb Ausdruck der »Symmetrie von abweichenden Gruppen« (J. E. Bergmann). Parsons Konzept liefert so einen Schlüssel zum Verständnis der totalitarismus-theoretischen Gleichsetzung unterschiedlicher nicht-angepaßter – bzw. im Falle der NSDAP: ambivalenter – politischer Organisationen wie der KPD und der NSDAP. Es verweist auf die Abstraktheit der antifaschistischen Agitation der Arbeiterbewegung und zugleich auf die ungeklärten Prämissen der »Links« und »Rechts« identifizierenden Totalitarismustheorie eines sich von rechts und links bedrängt fühlenden liberalen Bürgertums. Und es unterstreicht die Ambivalenz der NSDAP. Auch hier »entspricht« Parsons Abstraktheit der Analyse sozialdemokratischer und kommunistischer Autoren. Auch er verbindet seine Erklärung des Massencharakters des Faschismus nicht mit einer konkreten Analyse der Mittelschichten. Im Grunde erklärt er die faschistische Massenbewegung mit derart allgemeinen Kategorien, daß ihre konkreten soziologischen Träger und ihre konkrete politisch-ökonomische Ausgangssituation nicht mehr zum Vorschein kommen (was der sozialistischen These vom Ursprung des Faschismus in den allgemeinen Verwertungsschwierigkeiten des Kapitals korrespondiert).

Parsons allgemeine Faschismustheorie, die erklärend von den »inneren Spannungen und Konflikten« »in der gesamten Struktur der westlichen Gesellschaft« ausgeht, kann ebensowenig die NSDAP in ihrer und ihrer Anhänger gesellschaftlichen Motivation darstellen, wie sie zu erklären vermag, warum es in anderen »westlichen Gesellschaften« nicht zu einer ähnlichen »Faschisierung« gekommen ist. Parsons Analyse *Democracy and Social Structure in Pre-Nazi-Germany* wird deshalb konsequenterweise mit der auf dem Anomie-Begriff aufgebauten allgemeinen Faschismustheorie nicht verknüpft. Hier gibt Parsons den allgemeinen Erklärungsansatz ganz auf und leitet die Entstehung des Nationalsozialismus aus der deutschen »Sonderentwicklung«, einer ausgebliebenen Parallelentwicklung von Industrialisierung und liberaler Demokratie, ab. Auch dies »entspricht« der Schwierigkeit marxistischer Faschismustheorien, Faschismus als Gattungsbegriff und als Begriff spezifischer politischer Bewegungen sowie Machtverhältnisse zu fassen bzw. vergleichende und spezifische Faschismusanalysen aufeinander zu beziehen.

Die konstruierten Analogien zwischen Parsons' strukturell-funktionalistischer Faschismustheorie und einigen Topoi einer marxistischen Faschismustheorie sollten auf offene Fragen einer erklärenden Darstellung der nationalsozialistischen Wähler aufmerksam machen. Seit den dreißiger Jahren hat sich nämlich an diesen Problemen nichts geändert. Es besteht Übereinstimmung, daß sich die Wählerschaft der NSDAP überwiegend aus Bauern, selbständigem Mittelstand, Angestellten und Beamten zusammengesetzt hat.[712] Und auch Lipsets Sozialprofil des durchschnittlichen nationalsozialistischen Wählers dürfte weithin akzeptiert sein:

> »Im Jahre 1932 war der idealtypische Wähler der nationalsozialistischen Partei ein selbständiger protestantischer Angehöriger der Mittelklasse, der entweder auf einem Hof oder in einer kleinen Ortschaft lebte und der früher für eine Partei der politischen Mitte oder eine regionale Partei gestimmt hatte, die sich der Macht und dem Einfluß von Großindustrie und Gewerkschaften widersetzte.«[713]

Über diesen soziologischen Befund hinaus aber herrscht nach wie vor Unklarheit. Es ist zu nahezu jeder der genannten soziologischen Komponenten der NSDAP-Wählerschaft inzwischen eine Theorie entwickelt worden, die jeweils einen Faktor verabsolutiert. Peter Loewenberg verabsolutiert den

Faktor Jugendliche, Rudolf Heberle[714] den der Bauern, Seymour Martin Lipset den des Mittelstandes[715], Reinhard Bendix[716] den der Nichtwähler, Ferdinand A. Hermens[717] den des Verhältniswahlrechts und Heinrich Bennecke[718] den der Arbeitslosen, und Max H. Kele hat sich bemüht, den Arbeiteranteil der NSDAP aufzuwerten. Jede dieser Erklärungen interpretiert eines der Momente, die zusammengenommen die nationalsozialistischen Wahlerfolge der Periode von 1930 bis 1932 bzw. 1933 bedingen. Insgesamt läßt sich über die Struktur der nationalsozialistischen Wählerschaft sagen:

»die NSDAP erfaßte vor allen Dingen Wähler der sozialen Mittelschichten, die sich durch eine allgemein geringere Bindung an die bisherige Wahlpräferenz kennzeichnen ließen und deren extreme Wahlentscheidung ausgelöst wurde durch die Wirtschaftskrise mit all ihren (schwer erfaßbaren) Folgen für den einzelnen«.[719] »Zusammenfassend kann man feststellen, daß für den Wahlerfolg der NSDAP [...] in der Zeit der Weltwirtschaftskrise vier Faktoren von Bedeutung waren: 1. Die protestantisch-landwirtschaftliche Bevölkerung tendierte zur NSDAP. 2. Industriestädte mit einer mittelständischen Wirtschaftsstruktur und einem hohen Anteil des Mittelstandes tendierten zur NSDAP. 3. Innerhalb des Mittelstandes neigte der gehobene Mittelstand stärker als der niedere Mittelstand zur NSDAP. 4. Am widerstandskräftigsten gegen NSDAP-Erfolge erwiesen sich die Parteien, die ihre Wähler durch weltanschauliche oder organisatorische Faktoren zu binden vermochten, SPD, KPD und das Zentrum.«[720]

Anhand dieser Beobachtungen ist in den vorangegangenen Notizen eine Relativierung der verabsolutierenden Interpretationen versucht worden. Die Verwendung der Begriffe »Autonomie« und Ambivalenz erlaubte, partei- und wahlsoziologische Arbeitsschritte in Beziehung zur politisch-gesellschaftlichen Funktion der faschistischen Massenbewegung zu setzen. In beide Begriffe geht die politische Funktion der von der nationalsozialistischen Oligarchie in Kooperation mit den »traditionellen Oberklassen« und der »herrschenden Klasse« geführten NSDAP ein. Gegen Lipsets Bemühungen, den deutschen Faschismus vorrangig vom Sozialprofil und vom Wahlverhalten seiner Anhänger her zu bestimmen, läßt sich einwenden:

»Tatsächlich gibt es keine politische Bewegung, die sich einer ausschließlich soziologischen Betrachtungsweise in einem solchen Maß entzieht wie die faschistischen Bewegungen der Zwischenkriegszeit. Eine Analyse der Massenbasis dieser Bewegung sagt [für sich genommen, E. H.] noch wenig aus über ihre gesellschaftliche Funktion, und aus einer Analyse ihrer gesellschaftlichen Funktion [gemeint ist Lipsets Analyse der NSDAP-Programmatik, E. H.] läßt sich so gut wie nichts über die strategischen Zielsetzungen ihres Machtzentrums ermitteln.«[721]

Tabelle 19:
NSDAP – Stimmen und – Mandate
(Reichstagswahlen: 1924-1933)

	4. 5. 1924	7. 12. 1924	20. 5. 1928	14. 9. 1930	31. 7. 1932	6. 11. 1932	5. 3. 1933
(1) Wahlberechtigte (in Mio.)	38,4	39,0	41,2	43,0	44,2	44,4	44,7
(2) abgegebene gültige Stimmen (in Mio.)	29,7	30,7	31,2	35,2	37,2	35,7	39,7
Wahlbeteiligung (2) in % von (1)	77,4	78,8	75,6	82,0	84,0	80,6	88,7
NSDAP-Stimmen:							
abs. in Mio.	1,9	0,9	0,8	6,4	13,7	11,7	17,3
in % von (1)	4,9	2,3	1,9	14,8	30,9	26,4	38,7
in % von (2)	6,5	3,0	2,6	18,3	37,3	33,1	43,9
Abgeordnete	472	493	491	577	608	584	647
NSDAP-Mandate	32	14	12	107	230	196	288
in % aller Abgeordneten	6,8	2,8	2,4	18,5	37,8	33,6	44.5

Quellen:
Alfred Milatz, *Wähler und Wahlen in der Weimarer Republik*, Bonn 1968[2] (= Schriftenreihe der Bundeszentrale für politische Bildung, H. 66), S. 112, 128; Walter Tormin, *Geschichte der deutschen Parteien seit 1848*, Stuttgart/Berlin/Köln/Mainz 1968[3], S. 286 f. – zit. n. Ernst Rudolf Huber (Hrsg.), *Dokumente zur deutschen Verfassungsgeschichte*, Bd. III, Stuttgart 1966, S. 606 f.

Abbildung 1:
NSDAP-Plakat für die Reichstagswahl vom 31. Juli 1932
(Das Original befindet sich in der Sammlung politischer Plakate des Bundesarchivs in Koblenz.)

Arbeiter-Verräter!

Mit dem Schlagwort: Alle Räder stehen still, wenn dein starker Arm es will, haben die roten Bonzen die deutsche Arbeiterschaft geködert. — Nun stehen die Räder still, aber der starke Arm wollte, sie gingen weiter. Der Marxismus hatte 14 Jahre die Macht. Aber er hat nichts zuwege gebracht.

WAS HABEN DIE ROTEN BONZEN IN DIESEN 14 JAHREN GETAN?

Sie haben sich wohnlich im Kapitalismus eingerichtet. Sie sind fette und brave Bourgois geworden. Das Betriebsrätegesetz sollte euch Recht und Gerechtigkeit bei der Arbeit geben. Die Arbeiterschaft sollte in den Staat eingegliedert werden. Jedermann hatte das Recht auf Arbeit und Lohn. Dem Volk sollte seine Freiheit auf alle Zeiten garantiert werden.

UND HEUTE!

Das Betriebsrätegesetz ist ein Museumsstück geworden. Aus dem Achtstundentag wurde ein Nullstundentag. Ihr steht an den Stempelstellen und Wohlfahrtsämtern Reihe, um die Bettelpfennige des Systems zu erhalten.

Schlagt die marxistischen Bonzen, die die Macht hatten, euch Arbeit und Brot zu geben, aus der Macht, denn sie haben dir nur Notverordnungen gebracht und gehen mit deinen Feinden an einen Tisch.

In Berlin stand einer dieser SPD-Bonzen vor Gericht. Er verdiente 72000 RM im Jahr. Dafür müßt ihr ein ganzes Leben lang schuften und bringt nicht die Hälfte zuwege. Er hatte sich von den Sklareks mit feinen Herren-Anzügen ausstatten lassen und als der Richter ihn fragte, wieso er bei seinem hohen Einkommen sich dazu hergegeben hätte, da erklärte er, er bekäme sein Gehalt nur vierteljährlich.

So sehen deine Führer aus. Sie haben sich die Wangen mit Fett gepolstert, sie haben sich einen dicken Spießerbauch umgebunden, sie wohnen in vornehmsten Villen, sie fressen Kaviar und Austern.

DAS MUSS JETZT GEÄNDERT WERDEN

Wir machen keine eitlen und unerfüllbaren Versprechungen.

Aber das geloben wir feierlich: Wir werden dem Volke Arbeit und Brot geben. Wir werden die Schmarotzer der SPD aus ihren Verstecken herausholen und sie der Verachtung und der Strafe des Volkes preisgeben.

Jetzt rechne ab mit den Verbrechern der Nation!

WÄHLE NATIONALSOZIALISTEN LISTE 2

DRUCK: H. HOHMANN, DARMSTADT

Abbildung 2:
NSDAP-Plakat für die Reichstagswahl vom 31. Juli 1932 (Das Original befindet sich in der Sammlung politischer Plakate des Bundesarchivs in Koblenz.)

Aufruf
an das Deutsche Volk

Vierzehn Jahre lang hat das System und seine Parteien in einer beispiellosen Mißwirtschaft das deutsche Volk und seine innere Kraft zermurbt und aufgebraucht. Und nun stehen wir am Ende dieser furchtbaren Entwicklung. Am morgigen Tag soll es sich entscheiden, ob diese Entwicklung noch einmal fortgesetzt werden kann, oder ob von dieser Stunde an eine neue Epoche der deutschen Geschichte beginnt.

12 Jahre lang haben wir an das deutsche Volk appelliert

Wir sind in die Proletarierviertel hineingegangen und haben der roten Klassenfront Mann um Mann abgerungen. Wir gingen in die Kleinstadte und eroberten das Burgertum. Uebers Land zogen unsere Agitatoren und haben den Bauernstand mobil gemacht. Aus Stadt und Land, in Nord und Sud und Ost und West stromen die Menschen zu Adolf Hitlers Fahnen. Die alten Klassen- und Konfessionsgegensatze sind uberwunden und millionenfach legen die deutschen Menschen Bekenntnis ab fur die Nation, nehmen ihr furchtbares Schicksal mutig auf ihre Schulter und sind entschlossen, komme was da mag, dem Schicksal mit Kraft und Mut entgegenzutreten.

Es ist nicht wahr, wenn heute die Parteipapste der burgerlichen und marxistischen Parteien erklaren, die Menschen kamen zu uns nur aus ihrer Not. Das deutsche Volk ist nicht von selbst aufgewacht. Wir haben es wachgetrommelt! Wir haben Tag und Nacht geschuftet und gearbeitet. Wir ließen uns schweigend und geduldig von der Oeffentlichkeit verlachen und verhohnen. Unsere Organisationen wurden zerschlagen, unsere Zeitungen wurden verboten und unsere Versammlungen aufgelost.

360 ermordete Kameraden hat unser Kampf gefordert!

Aber aus deren Gräbern ist die stolze, braune Armee auferstanden, deren harter und unerbittlicher Marschtritt heute alluberall in Deutschlands Straßen widerhallt.
Wenn Deutschland noch einmal seine Zukunft gewinnen soll, dann ist das die Stunde seiner Wiedergeburt. Und wo noch einer an die nationale Bewegung unseres Volkes glaubt, da fragen wir: Worauf wartest du noch?

An unserer Zeit ist das Wort des Dichters wahr geworden:

Das Volk steht auf, der Sturm bricht los!

Männer und Frauen in Stadt und Land!

Es ist nun genug des Elends, des Jammers und der Hoffnungslosigkeit. Ueber ein Jahrzehnt haben wir auf die Hilfe der anderen gewartet und mußten erkennen, daß niemand uns helfen kann, es sei denn, wir hülfen uns selbst.
Nun denn, wohlan! Noch einmal bietet dir das Schicksal die Möglichkeit, mit den verräterischen Parteien des Systems ein Ende zu machen und Deutschland nach innen und außen zu reinigen. Zwolf Jahre haben wir dem Volke in der Opposition gedient. Nun ist die Stunde gekommen, daß die nationalsozialistische Bewegung unter der siegreichen Führung des Volksmannes Adolf Hitler aus der Opposition in die Verantwortung vorrückt und den deutschen Dingen eine andere Wendung gibt.

Mit harten Fäusten klopfen Millionen Deutsche an die Tore der Macht, hinter denen sich zitternd das System und seine Parteien verbergen, millionenfach gellt durch Deutschland der Erlösungsschrei:

Wir wollen an die Macht!

Wir wollen die Verantwortung auf unsere starken Schultern nehmen und scheuen vor keiner Konsequenz zurück. Was gehen uns die Parteien an? Sie haben ausgespielt und sind damit überfällig geworden. Die Entscheidung liegt beim Volk. Du Volk, gib dein Urteil ab.

Wir betteln nicht um Gnade, wir wollen nur unser Recht. Wir haben zwölf Jahre lang gekämpft, während die anderen das Reich ruinierten. Nun entscheide du, ob unser Kampf gut war und vor deinen Augen bestehen kann.
Sagst du, Volk, nein, dann wähl die Parteien, die für die vergangenen vierzehn Jahre die Verantwortung tragen.
Sagst du, Volk, aber ja, dann reiß die Tore auf und gib Adolf Hitler und seiner stolzen Bewegung den Weg zur Macht frei. Für des deutschen Volkes Einheit und für des deutschen Reiches Kraft und Größe!
Dafür haben wir zwolf Jahre lang in der Opposition gekämpft. Dafür werden wir, wenn du, Volk, uns die Macht gibst bis zum letzten Atemzuge in der Verantwortung stehen und fechten.

Deutsches Volk, erhebe dich!
Deine große Stunde ist da!
Zerstampf das System und seine Parteien!
Legt alle Macht in Hitlers Hand!

Wählt Liste 2
Nationalsozialisten

Zu Abbildung 1: Die Schneiderfirma Sklarek hat sich bei Lieferungen an die Berliner Stadtverwaltung unrechtmäßig bereichert, wegen Bestechung sind daran Mitarbeiter der Verwaltung beteiligt, schwer kompromittiert worden ist auch der Berliner Oberbürgermeister Böß (DDP). Ende September 1929 wird in diesem Fall Anzeige erhoben; im Juni 1932 werden die Gebrüder Sklarek zu 4 Jahren Zuchthaus verurteilt. Vgl. dazu Ferdinand Friedensburg, *Die Weimarer Republik,* Berlin 1946, S. 206 f.; Arthur Rosenberg, *Geschichte der Weimarer Republik,* Frankfurt 1961, S. 200 f., 210; vgl. auch: *Anti-Anti,* 6. Aufl., o. O. o. J., S. 18a, b, 2; Parteivorstand der SPD (Hrsg.), *Materialsammlung gegen die Nationalsozialisten,* Berlin, Juni 1930, S. 26. – Zu den Gehältern vgl. aus dem Umkreis des NS-Selbstverständnisses bes. Curt Rosten, *Vom Bonzentum zum Dritten Reich,* Berlin 1933, S. 64 ff. (zu Sklarek s. dort S. 69).
Zu Abbildung 2: Zu dem Hinweis auf »360 ermordete Kameraden« vgl. aus dem Umkreis des NS-Selbstverständnisses ferner: Martin H. Sommerfeldt (ORegR, Leiter der Pressestelle des Preußischen Staatsministeriums), *Kommune!,* Berlin 1934 (Tenor: »Nein, Kommunismus ist keine Partei, ist keine Weltanschauung – er ist organisiertes Verbrechertum« – S. 80); Adolf Ehrt, Hans Roden, *Terror. Die Blutchronik des Marxismus in Deutschland,* Berlin/Leipzig 1934. Vgl. dagegen z. B.: *Der Anti-Nazi. Handbuch im Kampf gegen die NSDAP,* Berlin 1932, S. 119 f.; zum Ausmaß der politischen Gewalt in der WR vgl. jetzt auch die Monographie von Hsi-Huey Liang über *Die Berliner Polizei in der Weimarer Republik,* Berlin/New York 1977.

Bürgerliche Gesellschaft und Faschismus in Deutschland

Nachdem im Zusammenhang mit den Anmerkungen zur innerparteilichen Entwicklung und zur soziologischen Struktur der NSDAP die Begriffe »Autonomie«, Ambivalenz und Heterogenität mit ihrem spezifisch pro-kapitalistischen Bedeutungsgehalt vorgestellt worden sind (wobei dieser pro-kapitalistische Charakter jedoch keine Identität mit »dem« Kapitalismus bezeichnet, vielmehr bringt der hier gebrauchte »Autonomie«-Begriff gerade die *Gleichzeitigkeit* von affirmativen *und* nicht-partizipatorischen Tendenzen bzw. die *Ungleichzeitigkeit* von kapitalistischen *und* vor-kapitalistischen Tendenzen und Momenten der heterogenen und ambivalenten faschistischen Bewegung gegenüber den »traditionellen Oberklassen« und gegenüber der »herrschenden Klasse« zum Ausdruck)*, sollen jetzt die Hinweise zur Bündnispolitik der NSDAP weiter ausgeführt werden. Das heißt: Auf der Grundlage der realanalytischen Ausführungen zur Charakterisierung der nationalsozialistischen *Massen*bewegung sollen nun die Beziehungen zwischen der heterogenen NSDAP und der pro-kapitalistisch fixierten Parteioligarchie um Hitler zu den Oberklassen im allgemeinen und zur Industrie im besonderen betrachtet werden. Diese Betrachtung mündet, wenn sie an das Gruppierungskriterium »Primat der Politik« versus »Primat der Ökonomie« gebunden wird, in einige Notizen zur *Arbeitsteilung* zwischen Industrie und deutschem Faschismus ein. Damit wird den aus der Analyse der NSDAP gewonnenen Begriffen »Autonomie«, Ambivalenz und Heterogenität ein weiterer Begriff zugeordnet, in dem sich die »nicht-identische Identität« (H. C. F. Mansilla) der Beziehungen zwischen Kapitalismus und Faschismus ausdrückt. So wie sich die Ambivalenz – beispielsweise in Form der von Max H. Kele

* Dem entspricht die sozial- und wirtschaftsgeschichtliche Charakterisierung nationalsozialistischer Macht als antiproletarisch. Vgl. dazu meine *Thesen zur deutschen Sozial- und Wirtschaftsgeschichte 1933 bis 1938*, Frankfurt 1973, passim bes. S. 125 ff.).

beschriebenen Dominanz »links-faschistischer« Propagandamittel – als Ausdrucksmittel der »Autonomie« darstellt, so kann die Arbeitsteilung zwischen faschistischer Machtordnung und der stabilisierten, rekonsilidierten und wieder profitablen sozialen Herrschaft der *Groß*industrie als politisch-institutionelle (»dual state«) und informelle (»Keppler-Kreis«, »Freundeskreis Himmler«) Erscheinungs- bzw. übergreifende Ausdrucksweise ebenfalls jenem mit dem Stichwort »Autonomie« bezeichneten gebrochenen und nichtidentischen Verhältnis der NSDAP zur bürgerlichen Gesellschaft zugeordnet werden.

(Eine gewichtige Schwäche der folgenden Anmerkungen besteht darin, daß – aus Gründen des Umfangs – die Kontinuitätsperspektive »von Bismarck zu Hitler« ausgeklammert bleiben muß.[721a])

1. Die Bündnispolitik von NSDAP und »traditionellen Oberklassen«

Es ist oben darauf hingewiesen worden, daß bereits 1923 die Grenzen der nationalsozialistischen »Autonomie« erkennbar geworden sind. Stinnes und Seeckt interessierten sich für Hitler und die NSDAP; finanzielle Zuwendungen an die Partei (und damit auch an die 1921 gegründete SA) aus Industriekreisen erlangten Bedeutung. Die NSDAP empfing Geld u. a. vom Leiter des bayerischen Industriellenverbandes, Geheimrat Aust, sowie von dessen Schwiegersohn, dem Verbandssyndikus Kuhlo, von dem Kulmbacher Fabrikanten Hornschuh und dem Münchner Industriellen Ritter von Maffei, von den Berliner Borsig-Werken, von der Pianofabrik Bechstein, vom Kunstverlag Hanfstaengl, von dem »Verein der Eisenhüttenleute« (Ruhrgebiet), von der württembergischen Maschinenindustrie, von Geheimrat v. Phillipps (Sachsen) und von Albert Pietzsch, dem Leiter der Elektrochemischen Werke (München).[722] In allen diesen Fällen ist jedoch die Höhe der (einmaligen oder kontinuierlichen) Zahlungen nicht bekannt; die Angaben sind vage. So heißt es beispielsweise nur, der »Verein der Eisenhüttenleute« habe »erhebliche Summen« (R. Lewinsohn) an die NSDAP überwiesen. Gänzlich ungeklärt sind die Relationen dieser Zahlungen, d. h., es ist nichts bekannt über die Bedeutung der Spendeneingänge relativ zu den Mitgliederbeiträgen, über die Unterstützung der NSDAP verglichen mit der Finanzierung anderer Parteien und politischer Verbände durch Angehörige der »traditionellen Oberklassen« und der Industrie. Auch angesichts von Mitteilungen über eine frühe Finanzierung der NSDAP aus dem Ausland – u. a. durch die Skoda-Werke, aus der Schweiz und Holland sowie durch Deutsch-Amerikaner – ist Vorsicht geboten.[723] Die bedeutendste Zahlung vor der Neugründung der NSDAP 1925 dürften jene 100 000 Goldmark gewesen sein, die Fritz Thyssen 1923 der »Bewegung« gespendet hat (auch wenn die Höhe dieser Spende jetzt von Henry Ashby Turner angezweifelt wird[724]).

Die vor 1923 erfolgte Unterstützung der NSDAP durch die »traditionellen Oberklassen« und die »beherrschende Klasse« hat Alan Bullock in ihrem Volumen und ihrem Gewicht als gering eingestuft.[725] Die bislang umfangreichste Darstellung der »Gönner Hitlers« und der Finanzierung der NSDAP vor 1925 bzw. bis Ende 1923 kommt indes zu einem anderen Ergebnis. Werner Maser betont in seiner *Frühgeschichte der NSDAP*, daß sowohl die in- als auch die ausländischen Zahlungen an die NSDAP nicht unterschätzt werden sollten.[726] Allerdings wird auch Masers Darstellung den oben formulierten Ansprüchen nicht gerecht. Die Erforschung der Parteifinanzierung hat bis heute den Stand der zeitgenössischen Schätzungen nicht wesentlich übertroffen.* Eckart Kehrs Hoffnung in

> »30 Jahren werden wir ja auch genug Material haben, hoffe ich, um im Einzelnen zeigen zu können, was Adolf und seine 13 Millionen wildgewordenen Idiotenbürger für Huren der Thyssen etc., waren. Und wenn Geschichtsschreibung überhaupt einen Sinn hat, dann ist es heute der, die innere Verlogenheit all der Schichten aufzudecken, die heute wieder an die Macht kommen und denen das kopflose Spießbürgertum die Steigbügel hält«[727],

ist bislang nur in Form einer Agententheorie eingelöst worden. Kehrs Formulierung selbst legt dies zwar nahe, sofern sie

* Vgl. jetzt Horst Matzerath, Henry A. Turner, *Die Selbstfinanzierung der NSDAP 1930–1932*, in: *Geschichte und Gesellschaft*, 3 (1977), S. 59–92 (bes. S. 65, 66 f., 69, 74, 76 f.).

aber eine empirischen Wissenschaftsansprüchen genügende Forderung aufstellt, ist ihr bis heute nicht entsprochen worden. Wie im *Braunbuch über Reichstagsbrand und Hitler-Terror* vom Juli 1933 gibt es heute zur Einschätzung von Volumen und Relation der finanziellen Zuwendungen an die NSDAP durch die Oberklassen, vor allem der großen Industrie, lediglich einen qualitativen politischen »Beweis«, der sich auf die strukturelle Bevorzugung der großen Industrie im »Dritten Reich« stützt:

»Dokumentarisch wird man alle [. . .] dunklen Geldquellen [vorausgegangen sind einige Hinweise auf frühe industrielle Zahlungen an Hitler, E. H.] des ›Arbeiterführers‹ Hitler wohl erst dann im einzelnen nachweisen können, wenn die Archive in einem kommenden sozialistischen Arbeiter-Deutschland rücksichtslos geöffnet sein werden. Der politische Nachweis ist aber heute [1933, E. H.] schon möglich. Die ganze Politik der NSDAP, die ihr später offene Sympathieerklärungen aus großkapitalistischen Kreisen (Thyssen, Schacht usw.) eingebracht hat, bestätigt das große Interesse, das die herrschenden Klassen an ihrer Förderung haben mußten. Die Schulden Hitlers, der ungeheure Aufwand für die Propaganda und für die Unterhaltung der SA haben 1923 eine gewisse Rolle gespielt und ihn zum Losschlagen mit veranlaßt.«[728,729]

Mittels der von Emery Revens veröffentlichten Biographie Fritz Thyssens läßt sich die Interessenlage der industriellen Förderer der NSDAP im Jahre 1923 wenigstens in groben Konturen erschließen. Bezeichnend ist jedenfalls die Bewertung der Ereignisse dieses Jahres (eines Jahres, dessen Sommer Arthur Rosenberg als die ungenutzte Chance für eine Revolution bezeichnet und dessen Ende, ebenfalls nach Rosenberg, Großkapital und Reichswehr als »unbestrittene Sieger« gesehen hat). Thyssen bot sich im Oktober 1923 folgendes Bild:

»We were at the worst time of inflation. [. . .] In Berlin the government was in distress. It was ruined financially. Authority was crumbling. In Saxony a Communist government had formed and the Red Horror, organised by Max Hoelz[730], reigned through the countryside. In Hamburg a Communist revolt had broken out. Hundreds were said to have been killed. After Saxony, Thuringia had given itself a Communist government. In the Rheinland, Separatist revolts, [. . .] had taken place. [. . .] The German Reich which had resisted the ordeals of war and defest, was now about to crumble.

Admidst all this chaos, Bavaria seemed to be the last fortress of order and patriotism. [. . .] Bavaria, among all the German states, had recovered first. A Catholic government, supported by the majority of Bavarians, had succeeded in liquidating the revolution. Munich had become the centre of all those who desired to re-establish discipline an authority.«[731]

Angesichts dieser Beurteilung erstaunt es nicht, daß sich Thyssen im Oktober in München mit Ludendorff getroffen hat. Ludendorff wies Thyssen auf Hitler hin; und bevor sich Thyssen und Hitler im Hause Scheubner-Richters kennenlernten, hatte sich Thyssen durch Besuch von NSDAP-Veranstaltungen bereits ein Bild gemacht:

»I attended several public meetings organised by Hitler. It was then that I realised his oratorial gifts and his ability to lead the masses. What impressed me most, however, was the order that reigned in his meetings, the almost military discipline of his followers.«[732]

Hitlers »Führereigenschaften« und die militarisierten Nationalsozialisten beeindruckten Thyssen so sehr, daß er den Plan Hitlers und Ludendorffs, zuerst Sachsen, dann die gesamte Weimarer Republik – die doch nur zur Anarchie führe – militärisch einzunehmen, unterstützte. Denn: »Funds were lakking.«[733] Unabhängig davon, daß Ludendorff Hilfe von Friedrich Minoux, einem langjährigen Generaldirektor von Hugo Stinnes, erwartete, unterstützte Thyssen das geplante Unternehmen Hitlers und Ludendorffs mit 100 000 Goldmark.[734]

Henry Ashby Turner hat die, bislang meist sehr hoch veranschlagte[735], Glaubwürdigkeit von Thyssens Darstellung als historische Quelle untersucht und überdies die Frage nach der Authenzität bzw. nach der Autorschaft Fritz Thyssens gestellt. Turner relativierte den dokumentarischen Wert von Thyssens politischer Biographie, indem er auf die umstrittene quellenmäßige Präsentation des zentralen Abschnitts *My Personal and Financial Relations with the Nazi Party*[736] und auf Auslassungen hinwies.[737] Turner gelangt zu dem Schluß, daß Thyssens *I paid Hitler* »nicht als glaubwürdiges Dokument« gelten könne. Er bestreitet allerdings nicht, daß der Text Auskunft über die »Mentalität« eines Industriellen gibt, »der in den frühen dreißiger Jahren im Nationalsozialismus die Rettung für sein Vaterland« gesehen hat.[738] Die von uns zur Erläuterung der 1923 geknüpften Beziehungen zwischen Thyssen und Hitler herangezogenen Passagen sind von Turners Einschränkungen nicht betroffen. Dort, wo Turner eine solche frühe Verbindung in Zweifel zieht, liefert er dafür keinerlei Belegmaterial, stützt er sich vielmehr auf andere Stellen des Buches, das er ansonsten als Quelle nachdrücklich kritisiert.[739] Auch die Zahlung der 100 000 Goldmark zweifelt er einzig aufgrund von Mutmaßungen an: Thyssen habe nach 1945 den Betrag einmal auf 200 000 Goldmark beziffert; im übrigen habe Thyssen, worauf Turner mit Nachdruck aufmerksam macht, diese Zahlung an Ludendorff und nicht direkt an Hitler geleistet.[740]

Turners Quellenkritik mindert nicht entscheidend den Wert unserer Einschätzung des Jahres 1923. Bemerkenswert an Thyssens Darlegungen ist[741], daß Teile der Oberklassen die zweite Hälfte des Jahres 1923 offensichtlich für eine »Totalrevision« der Weimarer Republik nutzen wollten. Dazu benötigten sie eine Massenbewegung, welche die Gesellschaft in ihrem Sinn disziplinierte und die Folgen der politischen Demokratisierung von 1918/19 aufhob. An der Spitze dieser Bewegung mußte ein Redner stehen, der die »Sprache des Volkes [spricht] und selbst bürgerlich sein muß« (H. Stinnes). Dieser Parteiführer sollte von der Industrie finanziert werden. – Als Diktatoraspirant genügte – wie August Thalheimer 1929 festgestellt hat –, »nachdem« die sozialen und ökonomischen Bedingungen« gegeben waren, die »ordinärste Blechfigur«.[742]

Stinnes' Äußerung beschreibt die einzige (aber wichtige) Bedingung, die der Diktator erfüllen mußte, da ja – aus der Perspektive der »traditionellen Oberklassen« – seine Aufgabe darin bestehen sollte, dem Konservativismus einen Massenanhang zu verschaffen den dieser selbständig nicht mehr erringen kann. In diesem Sinn fragte beispielsweise Hans Jäger: »Wer ist Hitler, wie kam er zu der Bewegung, was ist sein Ziel?«, um zu antworten:

»[. . .] gerade solch einen Typ brauchte die deutsche Bourgeoisie als – Rattenfänger. Dafür ist weder ein General zu gebrauchen, denn er kann keine Massenbewegung entfesseln, wie man in Spanien sah, noch ein Industrieller oder zu offensichtlicher Angehöriger der herrschenden Klasse. Solche Leute muß man hübsch im Hintergrund halten. So wie die NSDAP ihren Thyssen im Hintergrund hält, ihren Schacht schamhaft verleugnet und auch aus agitatorischen Gründen vom Bekenntnis des Exkronprinzen zu Hitler nicht entzückt war. Geeignet ist aber ein solcher Kleinbürger wie Hitler.«[743]

Die Aufhebung der in ihren politischen Konsequenzen nicht mehr eindeutig berechenbaren parlamentarischen, auf Koalitionsregierungen angewiesenen Weimarer Republik reduzierte sich in der Sicht der Oberklassen auf die großzügige Unterstützung eines »Führers«. Er hatte die Finanzierung sodann in eine kapitalistisch redressierte, antimarxistische Massenbewegung umzusetzen. In diesem mechanistischen Konzept fungiert Hitler (und über ihn die NSDAP) als Marionette; die Möglichkeit eines Konflikts zwischen Kapital und Nationalsozialismus wird ausgeschlossen. Der so an die Macht gebrachte Nationalsozialismus verwirklichte allein die Vorstellungen der Industrie. Stinnes zufolge[744] sollte die von Bayern ausgehende Bewegung nach ihrem Sieg den Achtstundentag aufheben; die Arbeiterschaft müßte wieder »länger und schwerer« arbeiten; »Ordnung und normale Produktion« würden wieder einkehren. All dies geschähe sozusagen automatisch, wenn nur die Industrie ausreichend finanzielle Hilfe leistete. Die Industriekreise, die sich 1923 mit Thyssen und Stinnes identifizierten, haben nicht bedacht, daß spezifische Voraussetzungen gegeben sein müssen, damit sich eine faschistische Massenbewegung entwickeln kann.* Diese Voraussetzungen wurzeln in politischer Tradition und im krisenhaften Wirtschaftsprozeß: Konzentration und Inflation haben den »alten Mittelstand« der selbständig Kleingewerbetreibenden objektiv »proletarisiert«. Von ihrem Rollenverhalten und von ihren Rollenerwartungen her orientieren sich diese ökonomisch abgestiegenen Schichten aber weiterhin, ja nun erst recht an dem Bild ihrer ehemaligen autonomen Marktmacht.[745] Eine Funktion des Nationalsozialismus ist deshalb, diese Kluft zwischen dem ökonomischen Statusverlust und den normativen Werten, Leitmotiven und sozialen Rollener-

* Die Schwäche der folgenden sozialpsychologischen Ausführungen liegt darin, daß sie nicht – bzw. nur abstrakt – auf diejenigen spezifischen Erscheinungen und Motive eingehen, die in Deutschland vorherrschten und die Entstehung der NSDAP als einer Massenbewegung erklären. Es mußten dringend diejenigen Vermittlungen herausgefunden werden, die in Deutschland (nicht z. B. in den USA) die »Deklassierten« dazu bewogen, sich der NSDAP anzuschließen. Vor allem Reinhard Kühnls Arbeiten (zu dem hier interessierenden Aspekt vgl. zusammenfassend: *Zu Ursachen und Funktion faschistischer Ideologie*, in: Axel Silenius, Hrsg., *Antisemitismus-Antizionismus*, Frankfurt 1973, S. 23–36) dürften dazu beigetragen haben, diese Arbeitsperspektive durch ein allzu eilfertiges Paraphrasieren von Wilhelm Reichs *Massenpsychologie des Faschismus* zu verdrängen.

wartungen der Mittelschichten zu überbrücken. Das geschieht durch Projektion der durch die »Proletarisierung« freigesetzten Aggressionen auf das verursachende »System« – also auf die parlamentarische Demokratie und die ökonomische Zirkulationssphäre, auf die Weimarer Koalition von DDP[746], Zentrum und SPD, auf den ADGB, die KPD und auf das als omnipotent deklarierte jüdische »raffende Kapital«, das zur »Zinsknechtschaft« führe.

Die sozialpsychologische Systemstabilisierung ließ sich jedoch nicht so gradlinig bewerkstelligen, wie es das anhand der Aussagen Thyssens entwickelte kapitalistische Modell voraussetzt. Den konkreten Erfahrungen der niederkonkurrierten Kleinhändler und der lohnabhängigen kleinen und mittleren Angestellten mußte Rechnung getragen werden. Ihr latenter und emotioneller »Antikapitalismus« wurde durch die Kritik am »politischen Bürgertum« und durch einen nicht zuletzt ökonomisch bedingten Antisemitismus mit Propaganda gegen Warenhäuser und Banken, das »raffende Kapital«, aufgefangen.[747]

Der ökonomische Antisemitismus impliziert als eine »Transformation des Klassenkampfes in einen Rassenkampf« die sozioökonomische Steuerung der Aggressionen, so daß die ökonomischen und sozialen Strukturen nicht nur nicht berührt, sondern sogar noch verfestigt werden. Die von Gottfried Feder propagierte »scharfe Scheidung des Börsenkapitals von der nationalen Wirtschaft« bot sich Hitler an als eine »Möglichkeit, der Verinternationalisierung der deutschen Wirtschaft entgegenzutreten, ohne zugleich mit dem Kampf gegen das Kapital überhaupt die Grundlage einer unabhängigen Selbsterhaltung zu bedrohen«.[748] D. h., es wurde *nur eine Erscheinungsform* des Kapitals, nämlich das (jüdische) Finanzkapital – dessen tatsächlicher Einfluß zugunsten des Industriekapitals bereits wieder geschwunden war[749] – angegriffen, ohne daß damit der Kapitalismus gemeint und die Produktionssphäre kritisiert wäre.

Gegenüber dem »raffenden« wurde das »schaffende«, deutsche, Kapital positiv bewertet, womit man den mittelständischen Wertvorstellungen und Rollenerwartungen Rechnung trug. »Ertrag und Gewinn für die Gewerbetreibenden, Fabrikanten und die ehrlichen Kaufleute«[750] galten als legitim (was nicht zuletzt – durch die Betonung des »ehrlichen Kaufmannes« – zeigt, daß zumindest Gottfried Feder als anfänglich maßgeblicher nationalsozialistischer Wirtschaftstheoretiker keinen Begriff vom Mehrwert, von der Aneignung des Mehrprodukts hatte).

»Männer wie Alfred Krupp, Mannesmann, Werner Siemens, Thyssen, Borsig, Krauß, Maffei usw, haben sich auch in sozialer Hinsicht einen Ehrenplatz in der Geschichte der deutschen Industrie gesichert. Sie alle waren nicht von einseitigem Gewinnstreben beherrscht, sie alle blieben für ihre Person einfach und bescheiden, nur das Gedeihen ihrer Werke war ihr Leitstern.«[751]

Es überrascht nicht, daß eine Reihe der genannten Industriellen zu den frühen Finanziers der NSDAP gehörten.[752] Die Grenzen der programmatischen nationalsozialistischen Sozialisierungsforderungen und der Forderung nach Gewinnbeteiligung[753] (die die nationalsozialistische Linke 1926 ausweiten wollten) treten hier deutlich zutage. Die Argumentation der nationalsozialistischen Oligarchie richtete sich primär gegen die Zirkulationssphäre. In einer Parteiversammlung vom 27. April 1920 kritisierte Hitler z. B., daß man »nicht gegen das internationale Großkapital« kämpft, »sondern nur gegen das Industriekapital«, wodurch man »die Industrie« vernichte.[754] Im Zusammenhang mit einer Interpretation der Novemberrevolution findet sich diese Argumentation auch im ersten Flugblatt der im April 1920 gegründeten Rosenheimer Ortsgruppe der NSDAP:

»Bekämpft wurde [. . .] nur das Arbeitskapital, das in Gestalt von Werkzeugen, Maschinen, Schiffen und allen Betriebsmitteln Ernährerin des werktätigen Volkes war.

Das Leihkapital hingegen, das auf unserem eigenen Grund und Boden, auf unseren Bauten, Häusern und Mietskasernen lastet, wurde nicht nur *nicht* bekämpft, sondern geradezu gefördert. Die Vertreter und Agenten dieses Kapitalismus setzten sich an die Spitzen der von ihnen selbst organisierten Kampftruppen gegen das Kapital und leiteten den Kampf auf das ihnen im Wege stehende Arbeitskapital. Mit dem Arbeitskapital ist das werktätige Volk auf Gedeih und Verderb verbunden, und es muß – unter Verhinderung jeder Ausbeutung der Arbeitskräfte – geschützt werden.

Das Börsen- und Leihkapital hingegen, das mühelos durch fremde Arbeit wächst, das durch den ewigen Zins und Zinseszins ins Unermeßliche steigt, unter dessen Last heute schon alle Wirtsvölker schmachten, das nichts Geringeres als die Vertrustung der gesamten menschlichen Arbeitskräfte anstrebt – unter Vernichtung jeder mittelständischen Existenz –, das muß mit allen Mitteln bekämpft werden.«[755]

Diese Argumentationsweise der NSDAP – zwar das »raffende« Kapital und die Zirkulationssphäre, nicht aber die Aneignung des Mehrprodukts und die Produktion von Mehrwert sowie die Akkumulation und Konzentration des Kapitals in Frage zu stellen – folgte sowohl der sozialpsychologischen Verfassung der Mittelschichten[756] als auch – und in erster Linie – den Geboten der Bündnispolitik mit der Industrie. Der Effekt solcher Kanalisierung eines vom Ursprung her latent systemoppositionellen »Potentials«* war so eindeutig, daß 1932 selbst der *Große Brockhaus* mit der Autorität eines »Handbuches des Wissens« feststellen konnte:

»[Der] Nationalsozialismus wird dem Marxismus schroff entgegengesetzt; er will die gesamte kapitalistische Wirtschaftsordnung und das Privateigentum nicht beseitigen, sondern die Allgemeinheit vor den Auswüchsen des kapitalistischen Systems schützen; er richtet sich in erster Linie gegen das Bankkapital.«[757]

Gerade die systemaffirmative Bändigung der von diesem System erzeugten Aggressionen und terroristischer Organisationen zur Zerschlagung der Arbeiterbewegung begründeten die politische Machtstellung und partielle »Autonomie« – im oben relativierten Sinn – der NSDAP.

Das anhand der Äußerungen Fritz Thyssens skizzierte kapitalistische Modell und die daraus abgeleitete Strategie politischen Handelns helfen freilich nicht, die sozioökonomischen und sozialpsychologischen Komponenten des gesellschaftlichen und politischen Prozesses zu begreifen – und zwar deshalb nicht, weil das Modell mechanistisch am Bild eines Staates im direkten Besitz der »herrschenden Klasse« festhält, weil es eine »Verselbständigung« der Politik ausschließt und weiterhin von der ökonomischen *und* politischen Omnipo-

* Zusatz 1977: Für die latente Oppositionshaltung in NSDAP und SA sei auch auf den im »Kampf um die Straße« vollzogenen Bruch mit dem System »bürgerlicher« Politikformen und -präsentationen hingewiesen. Diese Komponente nationalsozialistischer Öffentlichkeitsarbeit ist ebenso wesentlich wie die Funktion des ökonomischen Antisemitismus (wenngleich weniger erforscht).

tenz des Faktors Kapital ausgeht.

Für die kapitalistische Strategie reduziert sich in dieser Perspektive die politische Problematik auf zwei Komponenten:

1. auf den Automatismus der Durchsetzung kapitalistischer Politik vermittels des Mediums des »Führers« einer faschistischen Bewegung, der »die Zertrümmerung und Vernichtung der marxistischen Weltanschauung«, ja, ihre Ausrottung verspricht[758] sowie, und darin liegt die Andeutung einer Einsicht in den Wandel des politischen Prozesses beschlossen,

2. auf Angst vor jedweder Politisierung von Massen, auf Angst vor dem »Druck der Straße«, auch in Form der nationalsozialistischen Massenbewegung. (Harold D. Lasswells Interpretation der Finanzierung der NSDAP durch Industrielle verknüpft beide Momente miteinander: »Die deutsche Wirtschaft zahlte zunächst, um höhere Gewinne zu erzielen; dann zahlte sie für ihre Sicherheit; und sie endete damit, daß sie für ihre eigene Zerstörung bezahlte.«[759])

Beide Sachverhalte drücken sich in den politischen Strategien sowohl der »traditionellen Oberklassen« und der »herrschenden Klasse« als auch der nationalsozialistischen Oligarchie aus. Hier sind vor allem drei Punkte zu bedenken: die Legalitätsstrategie der NSDAP (seit 1924), die funktionale Interpretation der »traditionellen Eliten« durch die nationalsozialistische Oligarchie und das 1932/33 von Konservativen vertretene Konzept einer »Zähmung« der NSDAP.

1924 änderte Hitler seine taktischen Vorstellungen, an die Stelle der Putsch-Konzeption trat die Politik der Legalität: »The Putsch of 1923 was a lesson in political fickleness which Hitler neither forgot nor forgave.«[760] Unter dem Eindruck des gescheiterten Putsches, dem keine absichernde »Bündnispolitik« mit den »traditionellen Oberklassen« vorangegangen war, modifizierte Hitler sein politisches Handlungsprogramm. Vor 1923 glaubte er, die von der Revolution vom 7. bis 9. November 1918 geschaffenen Verhältnisse müßten durch eine zweite Revolution beseitigt werden. Anton Drexler betonte im Frühjahr 1921 gegenüber der Polizei, mit deren Hilfe er sich gegen Hitler durchzusetzen hoffte, »daß es heute in der Nationalsozialistischen Partei zwei einander sich scharf bekämpfende Richtungen gäbe, nämlich die Hitlersche, welche die Parteiziele auf revolutionärem Wege [erreichen wolle], eventuell unter Aussendung von Terror, Gewalt und anderer Mittel. Dieser stehe die Drexler-Partei gegenüber, die alle Ziele auf legalem parlamentarischen Wege erreichen wolle«.[761] Und Hitler selbst sagte am 8. November 1936 anläßlich der traditionellen jährlichen Erinnerung an den Putschversuch 1923 im Münchner Bürgerbräukeller: »Ich kann es ganz ruhig eingestehen, daß ich von 1919 bis 1923 überhaupt an nichts dachte als an einen Staatsstreich.«[762]

Mit der Wendung zur Legalität vollzog Hitler, parallel zum politischen Interesse der Industrie, eine Umorientierung. In dem Maße, wie die sozialistische Einflußnahme auf die Politik nachließ – ab 1923 regierte die Weimarer Koalition nicht mehr –, und angesichts der günstigen wirtschaftlichen Konjunktur (1924 bis 1928) gab »die« Industrie die »schroffe Ablehnung des neuen Staates« (K. Rössler) auf.[763] (Zudem hatten die »traditionellen Oberschichten« mit dem Fehlschlag des Kapp-Putsches eine dem Fehlschlag des Hitler-Putsches vergleichbare Erfahrung gemacht.) Die nationalsozialistische Wendung zur Taktik der Legalität, die ab 1926 durch Kontaktaufnahme zu Industriellen ergänzt wurde*, entsprach so der taktischen Akzeptierung des republikanischen Staates. In beiden Fällen verband sich damit eine Kritik an den Inhalten der Weimarer Republik. Als Paul Silverberg am 4. September 1926 auf der Mitgliederversammlung des »Reichsverbandes der Deutschen Industrie« erklärte: »Das deutsche Unternehmertum steht heute restlos auf staatsbejahendem Standpunkt«, stieß er damit auf Widerspruch, obwohl er selbst von dieser Zustimmung »diejenigen Verteidiger der Republik« – also: die SPD und den ADGB – ausnahm, »die in der Verfassung heute noch vornehmlich ein Instrument wirtschaftsrevolutionärer Ziele sehen«. Auch wandte sich Silverberg gegen den »Fürsorgestaat« und gegen das »Eindringen des Staates in die Privatwirtschaft«; sein Bekenntnis zum Staat schloß somit nur Institutionen ein, die respektierten, daß Existenz und Kultur der Welt »auf kapitalistischen Wirtschaftsmethoden« beruhten. In einer zusätzlichen Erläuterung der Staatsbejahung führte Silverberg ebenfalls 1926 in einem anderen Vortrag aus: »[...]

* Vgl. dazu Dokument 1 im Anhang, S. 417 f.

ich stelle an die Spitze als erste Forderung: die grundsätzliche Einstellung der Staatsgewalt auf das bei uns und in allen Kulturländern geltende Wirtschaftssystem.«[764]

Auch eine Bemerkung Robert Boschs illustriert, wie sehr diese bedingte Hinnahme der Weimarer Republik zur Zeit ihrer Konjunkturphase taktisch bestimmt war. (Wenn man sich ferner bewußt macht, daß sowohl Silverberg als auch Bosch »nicht zu den radikalen Wirtschaftsführern« [K. Rössler] zählten, sondern der (formal) demokratisch ausgerichteten Monopolgruppe der Chemie-Elektro-Industrie zugehörten, wird verständlich, warum sich die Rechtswendung »der« Industrie so unkompliziert vollzog, nachdem 1928 erneut eine sozialdemokratische Koalitionsregierung gebildet worden war und nachdem 1929 die Weltwirtschaftskrise mit voller Wirkung einsetzte.) Robert Bosch drückte seine Einschätzung der neuen Staatsverfassung zu Anfang der Republik folgendermaßen aus:

»Ich bin sonst ein Mann, der das Ende mit Schrecken dem [Schrecken] ohne Ende vorzieht. In diesem Fall bin ich aber doch auf dem Standpunkt, daß ein scharfes Vorgehen den Wirrwar, d. h. den Bolschewismus sicher herbeiführt, während so dem Rausch doch vielleicht der Katzenjammer noch folgt, bevor eben alles hin ist.« – »So bin ich z. B. nicht überzeugt davon, daß eine Republik für uns das Beste ist, ich halte es aber für den größten Fehler, wenn in der Nationalversammlung in der bürgerlichen Partei Äußerungen gegen die Republik gemacht werden. Jetzt gegen die Republik vorgehen wollen, heißt eine Zwietracht säen, und ich meine, wir müssen doch vor allem sofort uns verständigen. [. . .] Wenn einmal das Haus brennt, löscht man auch mit Jauche, so man kein Wasser hat. Das ist aber nur bildlich gemeint. Ich stehe persönlich auf dem Standpunkt, daß wir bei der Republik bleiben sollen, nachdem wir sie einmal haben.«[765]

In einem solchen taktischen Kompromißrahmen bewegte sich auch der Legalitätsbegriff der Nationalsozialisten. Beide politischen Positionen waren Voraussetzungen der »Bündnispolitik«, die unter dem Einfluß der Weltwirtschaftskrise immer konkretere Züge annahm. Die Legalitätstaktik der NSDAP seit 1925 bedeutet keine inhaltliche Zustimmung zur Weimarer Verfassung und zum »System« der Republik. Legalität wurde vielmehr als rein formale Beachtung bestehender juristischer Verfahrensregelungen verstanden; an die durch derartige Verfahrensvorschriften normierten Inhalte fühlte sich die nationalsozialistische Oligarchie nicht gebunden[766], was insbesondere zahlreiche zynistisch-realistische Kommentare von Goebbels in der Berliner NS-Zeitschrift *Der Angriff* belegen. 1934 betonte Goebbels:

»Wir haben offen erklärt, daß wir uns demokratischer Mittel nur bedienten, um die Macht zu gewinnen, und daß wir nach der Machteroberung unseren Gegnern rücksichtslos alle die Mittel versagen würden, die man uns in Zeiten der Opposition zugebilligt hatte.«[767]

Legalität steht für die NS-Oligarchie synonym für eine Haltung, die als die nationalsozialistische Variante »revolutionärer Geduld« betrachtet werden kann:

»Ein Revolutionär muß alles können [. . .], aber vulkanische Leidenschaften entfesseln, Zornesausbrüche wecken, Menschenmassen in Marsch setzen, Haß und Verzweiflung organisieren, mit eiskalter Berechnung, sozusagen mit legalen Mitteln, das unterscheidet den Revolutionär vom Revoluzzer. Warten können, darauf kommt es jetzt an, für die oben und für die unten. An die revolutionäre Kraft der Bewegung glauben, auch wenn sie honett und friedlich in scheinbar bürgerlichen Pfaden wandelt.«[768]

Die rein taktische und okkasionalistische Auffassung des Legalitätsbegriffs kam ab 1930 mehr und mehr zum Zuge. Legalität meinte und deckte die Obstruktionspolitik im Reichstag, den Bezug der Abgeordnetendiäten von monatlich 750 RM[769], den Gebrauch der Freifahrtkarte und die Ausnutzung der parlamentarischen Immunität. Und sie bildete das Fundament für das politische Interesse der »traditionellen Oberschichten« und der »herrschenden Klasse« an der NSDAP als der stärksten »bürgerlichen« Partei. Inhaltlich jedoch war die Legalitätstaktik nichts anderes als eine Blankoformel. In der Eröffnungssitzung des am 14. September 1930 gewählten Reichstages, in dem die NSDAP mit 107 Abgeordneten vertreten war, brachte Gregor Strasser dies mit aller Deutlichkeit zum Ausdruck:

»Lassen wir es doch, solange diese Demokratie noch besteht, beim alten System. Sehen Sie, wenn Herr Löbe heute Verschärfungen der Geschäftsordnung angekündigt von einem bisher nie dagewesenen Ausmaße, so sagen wir: Bitte sehr, wissen Sie denn, wann sich diese Maßregel nicht gegen Sie richten werden? Sie haben einmal das Republikschutzgesetz gemacht, und Sie glaubten damit Ihre Partei- und Bonzenherrschaft gesichert. Heute schon haben wir ein paar Länder in Deutschland, in denen wir das Republikschutzgesetz gegen Sie anwenden werden.

Wir sind jetzt für die Verfassung, wir sind für die Demokratie Weimars, wir sind für das Republikschutzgesetz, solange es uns paßt. Und so lange werden wir jede Machtposition auf der Grundlage dieser Demokratie verlangen und erhalten, solange wir wollen. Sie haben das alles geschaffen, nicht wir, und wenn es sich heute gegen Sie wendet, dann gehen Sie nur gegen die Verfasser aus Ihren Reihen vor!«[770]

Legalität war die formale Prozedur zur Erringung politischer Macht (was jedoch nicht heißen soll, die »Machtergreifung« sei tatsächlich legal verlaufen[771]). Die Bindung politischer Machtausübung an die »Herrschaft des Gesetzes« wurde völlig negiert, der Inhalt rechtlicher Regelungen zur politischen Disposition gestellt; Legalität verkam so von einem antifeudalen Kampfinstrument des liberalen Bürgertums, das auch den Staat auf berechenbare und rational diskutierte Verfahrensweisen festlegen wollte, zum juristischen Schein und Verfahrensmodus. Das zeigen in einer durch Eid verbindlich gemachten Form Hitlers Zeugenaussagen am 25. September 1930 vor dem Leipziger Reichsgericht. Elf Tage nach der für die NSDAP erfolgreichen Reichstagswahl 1930 sagte Hitler als Zeuge im Hochverratsprozeß gegen drei Offiziere des Ulmer Artillerie-Regiments, die wegen Beziehungen zur NSDAP und wegen nationalsozialistischer Umtriebe im Heer angeklagt waren, aus[772]:

»Für uns ist das alte Deutsche Reich eine ehrwürdige Erinnerung, denn wir haben für es gekämpft. Aber dieser alte Staat hat vom ersten Tag an innere Schwächen gehabt. Es ist nach diesem Staat der heutige gekommen. Er ist die Verkörperung der Demokratie und des Internationalismus. Dieser zweite Staat wird dem deutschen Volk keine Männer hinterlassen, die der anderen Welt gegenüber seine Rechte wahrnehmen können. Wir hoffen deshalb auf ein neues Reich, in dem alle Institutionen – angefangen von der Organisation des Staates bis zu denjenigen, die der Erhaltung des Volkes dienen – das Volk weiterführen in eine gute Zukunft. Daß dieses dritte Reich sich auseinandersetzen muß mit den Kräften des Zerfalls von heute, das ist selbstverständlich. Deshalb der Versuch unserer Gegner, unsere Mittel als illegal hinzustellen und uns eine Tendenz anzudichten, die uns nicht liegt.« – »[. . .] eine Bewegung [wird] immer eine Erhebung repräsentieren, sie braucht sie aber nicht mit vorzubereiten mit illegalen Mitteln. Wenn wir heute noch zwei bis drei Wahlen haben, dann hat auch die nationalsozialistische Bewegung im Reichstag die Mehrheit und wird dann die nationalsozialistische Revolution vorbereiten.«[773]

Unüberhörbar und unmißverständlich war Hitlers Hinweis, daß bei dem geschilderten Kampf »Köpfe [. . .] in den Sand rollen [werden]«:

»Die Verfassung schreibt nur den Boden des Kampfes vor, nicht aber das Ziel. Wir treten in die gesetzlichen Körperschaften ein und werden auf diese Weise unsere Partei zum ausschlaggebenden Faktor machen. Wir werden dann allerdings, wenn wir die verfassungsmäßigen Rechte besitzen, den Staat in eine Form gießen, die wir als die richtige ansehen.«[774]

Dieser Legalitätseid ist berechnet auf eine etatistische Haltung[775] und selbst Ausdruck der Traditionen der »Revolution von oben« in Deutschland. Er steht im Kontext einer bewußten politischen Taktik, die »über die Etappe eines sogenannten Rechtskabinetts« legal das Ziel der Macht im Bündnis mit den »traditionellen Oberklassen« zu erreichen sucht, um »dann später im Besitze der Macht an die Durchführung der Grundidee des Nationalsozialismus von einer viel stärkeren und mächtigeren Basis aus[zu]gehen«.[776] Aus diesem Grund unterstrich Hitler 1931 gegenüber Richard Breiting, dem Chefredakteur der *Leipziger Neuesten Nachrichten*, die Legalität seines Vorgehens.[777] Auch als Zeuge vor dem Leipziger Reichsgericht brüstete er sich, auf die Durchsetzung dieses Legalitätskonzepts in der Partei zu achten:

»Meine gesamten politischen Gegner und der Staat können meine Reden und Anweisungen kontrollieren. Überdies steht über allen meinen Befehlen der Grundsatz: Wenn die Anordnung gegen die Gesetze verstößt, darf sie nicht ausgeführt werden. Ich habe bei Nichtbefolgung meiner Befehle auch stets augenblicklich durchgegriffen. Zahlreiche Parteigenossen sind deshalb ausgeschlossen, zu ihnen gehört auch Otto Strasser. Otto Strasser hat tatsächlich mit dem Gedanken der Revolution gespielt. Ich habe mich damit niemals einverstanden erklärt.«[778]

Obschon das überlieferte Gespräch zwischen Otto Strasser und Hitler nicht erkennen läßt, daß die Legalitätstaktik dort eine bedeutende Rolle gespielt hat[779], so offenbaren doch die Reaktionen auf die Stennes-Krise und die Veröffentlichung des »Boxheimer-Dokumentes«[780] das Bemühen der nationalsozialistischen Oligarchie, ihre »bewußte Anpassungstaktik« (K. D. Bracher) der Legalität glaubwürdig zu erhalten. Nach der Veröffentlichung des »Boxheimer-Dokuments« am 25. November 1931 – u. a. eines »Entwurfs der ersten Bekanntmachung unserer Führung nach dem Wegfall der seitherigen obersten Staatsbehörden und nach Überwindung der Kommune in einem für einheitliche Verwaltung geeigneten Gebiet« – mit seinen Plänen für den Fall einer Machtübernahme gab Göring am 26. November vor dem Reichsinnen- und Reichswehrminister Wilhelm Groener eine neue Legalitätserklärung ab.[781] Eine Zentrums-Zeitung würdigte diese Erklärung[782], während sich Brüning durch die Veröffentlichung des Dokuments in vertraulichen Gesprächen über die Bildung einer Koalitionsregierung von Zentrum und NSDAP in Hessen gestört fühlte.[783] Insgesamt jedoch blieb das Dokument folgenlos[784], obschon es – so wie die Teilnahme der NSDAP an den Koalitionsregierungen von Braunschweig und Thüringen – bereits vor 1933 einen »aufschlußreichen Blick in die konkreten Vorstellungskreise nationalsozialistischer Funktionäre« (K. D. Bracher) gestattete – die »Intimität zwischen Oskar von Hindenburg und Göring« beispielsweise nahm von Tag zu Tag zu (H. Brüning).

Noch entschiedener reagierte Hitler in der Stennes-Krise; und auch hier läßt sich der enge Zusammenhang zwischen der Legalitätstaktik und der durch die nationalsozialistische Oligarchie kontrollierten Ambivalenz der NSDAP aufzeigen. Legalität *und* Ambivalenz sowie »Autonomie« waren die Grundpfeiler der Kooperation mit den »traditionellen Oberklassen«, und erst dieses »Mischungsverhältnis« machte die NSDAP attraktiv für die »Oberklassen« (die ihre finanziellen Zuwendungen mit dem Hinweis zu rechtfertigen suchten, sie hätten den mäßigenden Einfluß der Münchner Parteileitung gegenüber den radikalen Elementen in der NSDAP stärken wollen [so verfährt u. a. Fritz Thyssen]).

Diese Kooperationsbasis hat Hitler im Fall der Stennes-Krise[785] durch sein Eingreifen selbst hergestellt. Stennes, Stellvertreter Ost des Obersten SA-Führers (OSAF), wandte sich gegen die Legalitätstaktik[786], obwohl es beispielsweise 1930 vom OSAF-Stellvertreter Süd, Schneidhuber, einen SA-Befehl gab, der besagte: »Ein SA-Mann [. . .] hat hieb- und stichfest zu wissen, was das 3. Reich ist, wie Hitler auf legalem Wege die Eroberung dieses Reiches plant.«[787] Vor 2000 Berliner SA-Männern legte Hitler am 1. September 1930 dar, daß die NSDAP gegen das »System« einen »gradlinigen Kampf«

führe. Zu Experimenten werde er sich nicht verleiten lassen. Er werde deshalb nicht nur den kürzesten, sondern auch den sichersten Weg wählen; denn er habe aus den Ereignissen von 1923 und aus seiner Festungshaft in Landsberg gelernt. Die Legalitätstaktik bezeichne diesen Weg:

»Wir werden uns an die Verfassung halten, an die man uns gezwungen hat, aber nicht nur an ihre Pflichten, sondern auch an ihre Rechte. Nach dem aus dem heutigen System geborenen Recht werden wir nach und nach alle Machtpositionen des Staates erobern, wir werden eine Polizei-Direktion nach der anderen besetzen und die ungesetzliche Haltung des Staates unserer Bewegung gegenüber zurückführen auf den Weg des verfassungsmäßig auch uns gewährleisteten Rechts.«[788]

Das Legalitätskonzept intendierte eine Kooperation mit der »herrschenden Klasse« und den »traditionellen Oberschichten«. Den Charakter dieser Kooperation bestimmte in der Sicht der NSDAP der Faktor »Autonomie«, während in der Perspektive der konservativen Bündnispartner 1932/33 die Vorstellung dominierte, die »Bewegung« zähmen zu können.

Für die nationalsozialistische Oligarchie bestand eine Verbindung zwischen der legalen Erlangung der Macht und einer funktionalen Interpretation der »traditionellen Oberklassen« und Funktionseliten im Rahmen nationalsozialistischer Machtausübung. So sagte Hitler 1931 zu Breiting: »Wir brauchen die Köpfe des Bürgertums zur Verwaltung des neuen Reiches. Das sind aber nur Spezialisten [. . .] und diese Spezialisten haben sich blindlings unterzuordnen.«[789] Gegenüber Hermann Rauschning äußerte er sich in der Konsolidierungsphase des deutschen Faschismus an der Macht ähnlich:

»Herrschaft wird nie durch Humanität begründet, sondern [. . .] durch Verbrechen. Der Terror ist absolut unentbehrlich bei der Begründung einer neuen Macht. Die Bolschewisten haben das noch auf die alte Weise gemacht. Sie haben die ganze frühere Herrschaftsklasse getötet. Das ist das alte, klassische Mittel. [. . .] Ich gehe weiter. Ich bediene mich der alten herrschenden Klasse selbst. Ich halte sie in Furcht und Abhängigkeit. Ich bin überzeugt, ich werde keine willigeren Helfer haben. Und werden sie aufsässig, dann steht mir das alte, klassische Mittel immer noch zu Gebote.«[790]

Diese Strategie galt sowohl den bürokratischen und juristischen Funktionseliten als auch der Industrie; denn auch gegenüber der Industrie betonte Hitler stets den Primat nationalsozialistischer Politik bei Respektierung des Profitmotivs und des privaten Eigentums an Produktionsmitteln. – Mit diesen Vorstellungen verweisen das nationalsozialistische Legalitätskonzept und die vom Primat der Politik bestimmte Deutung des in den »traditionellen Oberklassen« und der »herrschenden Klasse« akkumulierten herrschaftsrelevanten Sachverständnisses auf Faschismustheorien, die – zumindest zeitweilig für die Phase eines »partial fasciscm« – die Herrschaftsordnung des Faschismus an der Macht als ein Kompromißsystem zwischen NSDAP, »traditionellen Funktionseliten« und »herrschender Klasse« erörtern (A. Schweitzer, F. Neumann). Ebenfalls in einer bonapartismustheoretischen Tradition stehend nähern sich einem so *interpretierten* (bzw. stilisierten) Selbstverständnis der nationalsozialistischen Oligarchie Interpretationen an, die den Einfluß der nationalsozialistischen Politik auch gegenüber ökonomischen Interessen hervorheben (T. Mason). Die konservative Zähmungshoffnung dagegen steht in Beziehung zum totalitarismustheoretischen Ansatz. Sie geht nicht davon aus, daß die nationalsozialistische »Machtergreifung« einzig im Bündnis mit den Oberklassen möglich gewesen ist (was sich entfernt selbst noch in der nationalsozialistischen Legalitätstaktik ausdrückt), sondern davon, daß sich Konservative und Kapitalisten um ein Arrangement mit der NSDAP bemüht haben, um einen »Versuch der Bändigung«[791] zu unternehmen. Da dieser Versuch fehlgeschlagen ist – bis hin zum Scheitern der Widerstandsaktion am 20. Juli 1944 –, hat sich die Totalität des nationalsozialistischen Herrschaftsanspruches ungehemmt verwirklicht. Diese Deutung verabsolutiert die Autonomie der NSDAP (ohne daß geklärt würde, warum denn die nationalsozialistische Oligarchie 1932/33 die Kooperation gesucht, warum sie ihre »nationale Revolution« lediglich »rein politisch«[792] aufgefaßt und von strukturellen Eingriffen in die Eigentumsordnung Abstand genommen hat). So wird selbst für die Finanzierung der NSDAP und für die Eingaben von Industriellen, Bankiers und Großagrariern an Reichspräsident Hindenburg (November 1932)[793] Verständnis gezeigt[794], denn der Appell an den Reichspräsidenten, »den Führer der größten nationalen Gruppe« (die gerade eine Wahlniederlage erlitten hatte) zum Kanzler und zur »verantwortlichen Leitung eines mit den besten sachlichen und persönlichen Kräften ausgestatteten Präsidialkabinetts« zu ernennen, erscheint nun als ein Versuch, »ein[en] Ausweg aus der furchtbaren Staats- und Wirtschaftskrise« zu finden (W. Conze).

Die Zähmungskonzeption setzt an der Zurückhaltung der nationalsozialistischen Oligarchie gegenüber den Massen an (so erklärte Hitler, er sei kein Freund der »Masse Mensch«; Masse und Persönlichkeit seien Gegensätze: »Die Massen müssen geführt werden. Ohne eine straffe Führung der Masse sind große geschichtliche Entscheidungen undurchführbar. Das Volk muß in eine autoritäre Ordnung eingegliedert werden«[795]). Ferner macht sie sich den Zielkonflikt nationalsozialistischer Propaganda zunutze, weil diese Propaganda leicht »in der Verfolgung sozialistischer Forderungen zwar für den Bürger zuviel, für den Proletarier jedoch zu wenig«[796] bringt, während die »traditionellen Oberklassen« und vor allem die »herrschende Klasse« seit 1926 erfahren haben, daß die nationalsozialistische Oligarchie ihre Kooperation sucht und »Autonomie« sowie Ambivalenz der NSDAP begrenzt. Jene »alte[n] Konservative[n], denen jede Massenbewegung ein Greuel« ist (W. Kunkel), bekundeten zwar, wegen der Ambivalenz der NSDAP[797], stets auch Befürchtungen und Verachtung gegenüber der faschistischen Massenbewegung[798], aber gerade der Umstand, daß die NSDAP im Gegensatz zu den Konservativen (und mehr noch im Gegensatz zu den Liberalen) eine Massenbewegung war[799], begründete ihre Notwendigkeit und ihre »Autonomie«. Um dieses Dilemma aufzuheben, knüpften die »traditionellen Oberklassen« und die »herrschende Klasse« im Kontext ihrer Bändigungsabsicht an die nationalsozialistische Verwendung der Funktionseliten an. In diesem Sinne verabschiedete sich Schumpeter am 20. Juli 1932 von den Bonner Studenten:

»Wir stehen einer gewaltigen Bewegung gegenüber, die einzigartig ist in der Geschichte. Nie ist es einer Organisation gelungen, gegenüber den etablierten Parteien sich durchzusetzen. Dieser gewaltige Machtapparat gleicht einem Ungeheuer von unendlichem Impuls, und er kann für das deutsche Volk Katastrophe oder Glorie bedeuten, je nachdem er verwendet wird. Aber wie wichtig wäre es, wenn dieser Koloß ökonomisch richtig beraten wäre; und wenn es unter ihnen Leute gäbe, die nationalsozialistisch fühlen und trotzdem die ökonomische Technik nicht verachten

- welche ungeheuren subjektiven Möglichkeiten für einen jungen Mann! Man bedeutet nur etwas, wo noch nichts durchdacht ist. Daß man sich Parteien zuwenden soll, die nicht-rationale Programme haben, haben alle bedeutenden Politiker gewußt.«[800]

Als Schumpeter diese Hoffnung formulierte und gleichzeitig seine Studenten nach Abschluß ihrer Ausbildung zum Eintritt in die NSDAP motivierte, wußten »traditionelle Oberklassen« und »herrschende Klasse« bereits von der Kooperationsbereitschaft der NSDAP und beherzigten Schumpeters Ratschlag. »Man sollte gut unterscheiden«, sagte Hitler zu Breiting, »was bei uns Gefühl und was Vernunft ist. Im Propagandafeldzug geben wir selbstverständlich den Gefühlen den Vorzug. Bei den wirtschaftlichen und sozialen Problemen handeln wir ausschließlich mit Sachlichkeit und Vernunft.«[801] Die aus der Wirtschaftspublizistik oder der Privatindustrie kommenden Wirtschaftsberater (besonders Schacht, Keppler, Funk und Dietrich) hatten denn auch die nationalsozialistischen Ökonomen (besonders Feder) bereits in lediglich propagandistische Tätigkeit abgedrängt:

»Tatsächlich hatte Hitler sich seit eh und je auch auf andere [wirtschaftliche, E. H.] Ratgeber [als auf die nationalsozialistische Wirtschaftsabteilung, E. H.] gestützt. Zu ihnen gehörte u. a. der Leiter der Elektrotechnischen Werke in München-Höllriegelskreuth, Albert Pietzsch (seit 1933 Präsident der Münchener Industrie- und Handelskammer), der Hitler und die Partei schon seit 1923 auch finanziell unterstützt hatte; der Generaldirektor der Allianz-Versicherung, Dr. Kurt Schmitt (1933/34 Wirtschaftsminister Hitlers); ferner, seit Ende 1931 der Inhaber einer fototechnischen Fabrik in Ebersbach (Bayern), Wilhelm Keppler, der Verbindungen zum IG-Farben-Konzern zu schaffen half und 1931/32 auch maßgeblich an der Bildung jenes industriellen ›Freundeskreises‹ der NSDAP beteiligt war, vor dem Hitler am 18. 5. 1932 im Hotel ›Kaiserhof‹ in Berlin eine Ansprache hielt und für den Fall nationalsozialistischer Machtergreifung u. a. die Beseitigung der Gewerkschaften versprach. Hinzu kamen persönliche Kontakte mit prominenten Wirtschaftsführern (Fritz Thyssen, Schacht, v. Stauß u. a.), die vor allem Göring seit 1930 von Berlin aus vermittelte.

Vergleicht man diese persönlichen Verbindungen und das Feld der mit ihrer Hilfe ins Werk gesetzten wirtschaftspolitischen Stimmungsmache und vertraulichen Versprechungen mit den parteiamtlichen Verlautbarungen, so ergibt sich ein sehr unterschiedliches Bild. Der nationale Sozialismus und Antikapitalismus, der in der offiziellen Parteiliteratur theoretisch und propagandistisch noch immer eine erhebliche Rolle spielte, wurde auf dem Wege vertraulicher Adressen und Kontakte zumindest weitgehend abgeschwächt, wenn nicht gar unter der Hand desavouiert.«[802]

Diese Einflußmöglichkeiten und Kontakte, die sich politisch bis hin zu einer von Brüning[803] ins Auge gefaßten arbeitsteiligen Einbeziehung der außenpolitischen Opposition der NSDAP in seine Reparations- und Kreditpolitik erstreckten, bildeten die Grundlage für die Zähmungsparolen 1932/33. Unter Verkennung der nationalsozialistischen »Autonomie«, in Überschätzung der eigenen Möglichkeiten, die NSDAP zu kontrollieren, und aufgrund einer Fehleinschätzung der Reichswehr äußerte Vizekanzler Papen am 30. Januar 1933 vertraulich: »In zwei Monaten haben wir Hitler in die Ecke gedrückt, daß er quietscht«[804], und die Konservativen hätten Hitler »engagiert«.[805] Hugenberg faßte das Programm in der Maxime zusammen: »Machen wir Hitler zum Lieferanten der Massen, wir werden die Gehirne liefern.«[806]

Diese Urteile sind zwar unrealistisch gewesen; sie belegen aber die These: *»Es waren die konservativsten Kräfte der deutschen Gesellschaft, in den Mittelschichten wie unter den traditionellen Eliten, die den größten Anteil an der Machtergreifung Hitlers hatten.«*[807] Dies konnte den »Oberklassen« gemeinsam mit der mittelständischen Massenbasis[808] und der nationalsozialistischen Oligarchie gelingen, weil die NSDAP auf derartige Kontakte angelegt und angewiesen war und weil die »Bewegung« bei aller Ambivalenz gerade wegen dieser »Bündnispolitik« eine strukturell lediglich begrenzte politische »Autonomie« aufwies.

Gleichwohl sind in dieses Kooperationsmodell auch Bedenken, ja sogar offene Furcht vor der politischen Macht der nationalsozialistischen – oftmals mit der Attitüde des Bildungsbürgers abgelehnten – »Bewegung« und Oligarchie eingeflossen. Dies läßt sich im Sinne einer weiteren Bestimmung des hier gebrauchten Begriffs der »Autonomie« anhand der Thyssenschen Biographie unschwer illustrieren:

»In a crisis-ridden state, as Germany was from 1918 to 1933 [sic!], an industrialist is drawn, willy-nilly, into the vortex of politics. After 1930 the aspirations of German industry may be summed up in one phrase: ›a sound economy in a strong state.‹ [. . .] I, too, approved this slogan. To surmount the crisis it was necessary to reinforce the authority of the state. That is why I was in favour of the restoration of the monarchy, for the German people had clearly shown it was not fitted for a republic. But I also believed that by backing Hitler and his party I could contribute to the reinstatement of real government and of orderly conditions, which would enable all branches of activity – and especially business – to function normally once again.

[. . .] The strong state of which I then dreamed hat nothing in common with the totalitarian state, or, rather, caricature of a state, erected by Hitler and minions.«[809]

Obschon der Hinweis auf den totalitären Staat und die von Thyssen vielfach behauptete Ähnlichkeit zwischen Nationalsozialismus und/oder Hitler einerseits der Sowjetunion und/oder Stalin andererseits nach Abschluß des deutsch-sowjetischen Nichtangriffspaktes (23. August 1939) ein Topos der totalitarismustheoretischen Argumentation geworden sind[810], läßt sich die zitierte Bemerkung Thyssens in einen größeren Zusammenhang stellen. Ihn beschreiben beispielsweise Thyssens eigene Bemühungen um einen Ständestaat.[811] Zu erwähnen sind ferner die heterogenen (teilweise normativen, teilweise realisierten) Positionen und Begriffe des »Tat«-Kreises, des »Neuen Staates« und der Marburger Rede Papens sowie die Vorstellungen von Ernst Forsthoff, Ernst Rudolf Huber, Edgar J. Jung, Heinz O. Ziegler, Carl Schmitt und Oswald Spengler.[812] Jeweils in unterschiedlicher Weise wenden sich all diese autoritären Konzeptionen gegen die »Herrschaft der Minderwertigen« (E. Jung), gegen die mit dem Bolschewismus gleichgesetzte Demokratie (O. Spengler). *Die Formel vom »total starken« Staat (welcher der wirtschaftlichen Selbstverwaltung in einer ansonsten »formierten« Gesellschaft freien Raum beläßt) erweist sich zur Zeit der Wirtschaftskrise als das genuine Modell kapitalistischer Krisenbewältigung* – ein Modell, das von der Angst vor der Politisierung der Massen und vor der politischen Macht der nationalsozialistischen Bewegung mitgeprägt ist, und gleichzeitig die NSDAP zu »engagieren« versucht (um Papen noch einmal zu zitieren).[812a]

Eine »Logik der antiliberalen Entwicklung«[813] hat gegen Ende der Weimarer Republik unverkennbar Konservative und

Nationalsozialisten miteinander verbunden. Gerade diese Verbindung offenbart das Dilemma des Konservativismus in Gestalt eines politischen Zielkonfliktes: zwischen Verachtung und/oder pervertierende Ausnutzung demokratischer Momente und politischer Partizipation.* Im Verhältnis zum Nationalsozialismus dominierte in der Schlußphase der Weimarer Republik, seit Brünings Verhandlungen mit der nationalsozialistischen Oligarchie, die Hoffnung, über die NSDAP zu erlangen, was man selbst nicht ausreichend hatte – Massenanhang. Zugleich waren diese Hoffnung und diese Verbindung gekoppelt mit einer Agitation gegen die »Diktatur von unten« (O. Spengler). Die Massen zu gewinnen war notwendig[814], gleichzeitig herrschten Furcht vor den Massen und Sorge um die staatliche Form einer berechenbaren Politik, so daß die Einstellung zur Massenbewegung die Scheidelinie von Faschisten und Konservativen markierte. Der Konservativismus erblickte in den faschisierten Massen dasjenige Machtmittel der nationalsozialistischen Oligarchie, das sich seinem Zugriff weitgehend entzog. Das eindimensionale Modell, über eine Finanzierung des »Führers« Kontrolle auszuüben und die Initiative zu behalten, erwies sich in dem Moment als brüchig, als die Kooperation akut wurde. Allerdings wirkte dieses Modell entscheidend im Papenschen Zähmungskonzept fort, während die Anhänger einer »konservativen Revolution« – vor allem Edgar Julius Jung[815] –, die Arnim Mohler als die »›Trotzkisten‹ des Nationalsozialismus« bezeichnet hat, seine Fragwürdigkeit angesichts der »Autonomie« und Ambivalenz der NSDAP vergleichsweise klar erkannten. Die Theoretiker einer »konservativen Revolution« scheinen die NSDAP als das Machtmittel der nationalsozialistischen Oligarchie den Machtmitteln der »traditionellen Oberklassen« – Sachwissen, Privatbesitz an Produktionsmitteln, integrative politische

* Edgar J. Jung drückt diesen Zielkonflikt folgendermaßen aus: Auch ein »stürmischer Massenerfolg« der NSDAP könne »die große konservative Gegenrevolution« nicht in ihrer »Grundrichtung« (= »Aufstand des Blutes gegen das Geld, des Menschen gegen den Apparat, der Würde gegen die Sklaverei«, der »gerechte Einbau in die gestufte Gesellschaft«, das »organische Führerwachstum«, die »innere Verantwortung echter Selbstverwaltung«) beirren. Der Nationalsozialismus ist lediglich die »Bereitung der großen Brache« (Edgar J. Jung, *Deutschland und die konservative Revolution,* in: *Deutsche über Deutschland,* München 1932, S. 369–383).

Symbole (vor allem Hindenburgs Nimbus) – und der Wehrmacht gegenübergestellt zu haben. Dabei sahen sie durchaus den ›Gebrauchswert‹ und die Dynamik der NSDAP. Deshalb entschieden sie sich für eine Einflußnahme auf die NSDAP. Während jedoch Papen und Hugenberg unrealistisch-optimistische Anhänger des eindimensionalen Modells kapitalistischer Omnipotenz gegenüber der nationalsozialistischen Oligarchie und »Bewegung« waren, war E. Jungs ohnmächtiges Plädoyer für eine konservativ-revolutionäre Kritik am Nationalsozialismus geprägt von Skepsis vor dem Zähmungskonzept, der »Rolle der revolutionären Bremse«, und dem Bewußtsein von der Form- und Staatslosigkeit des Nationalsozialismus.[816]

In einem auf den März 1933 datierten Vorwort zu sechs »Reden zur nationalen Revolution«: *Appell an das deutsche Gewissen,* skizzierte Franz v. Papen als Vizekanzler der »Regierung der nationalen Erhebung« die NSDAP als einen Versuch, »to make reaction and conservativism popular and plebeian« (B. Moore), dessen Bewegung allerdings vom konservativen Bündnispartner bestimmt werde:

> »So erhebend der gefühlsmäßige Umschwung des deutschen Volkes und seine Bereitschaft, sich führen zu lassen, auf jeden wirken, den die Erstarrung und die Unfruchtbarkeit des politischen Lebens in Deutschland bisher gequält hatte, so sehr wird man sich bewußt sein müssen, daß die eigentliche revolutionäre Aufgabe der Erneuerung nicht auf der Ebene der Volksbewegung, sondern auf der der geistigen Schöpferkraft und der staatsmännischen Leistung liegt. Die Entfesselung des Elementaren war notwendig, um einen lähmenden und hemmenden Mechanismus zu sprengen. Der Ungeist der Demokratie, der jeden wahren Wert zu vernichten drohte, mußte wohl mit seinen eigenen Waffen geschlagen werden. Diese Erkenntnis ist mir nicht leicht geworden, denn der folgerichtige und eindeutige Weg zur Überwindung der pluralistischen Kräfte schien mir der, den ich in Form der sogenannten präsidentiellen Politik im vergangenen Sommer eingeschlagen hatte. Es hat sich aber herausgestellt, daß die Demokratisierung in Deutschland zu weit fortgeschritten, die Volksstimmung ein allzu entscheidender Faktor geworden war, als daß es gelingen konnte, unmittelbar vom Staate her die Brücke zum Volke zu schlagen. Es mußte der Umweg über die großen nationalen Organisationen und Bewegungen gegangen werden.«[817]

Papen erkannte, belehrt durch Edgar Jung, daß »alles, was [sich] dem Prozeß der Demokratisierung im Interesse einer

Erhaltung eines Status quo [. . .] entgegenstellt, [. . .] notwendig selbst in demokratische Formen eingekleidet«[818] werden muß. Allerdings erblickte er, im Gegensatz zu Jung, in der »Koalition der Massenbewegung, wie sie sich in der heutigen Regierung verkörpert, ein notwendiges Zugeständnis an den demokratischen Ungeist unserer Zeit«[819]; d. h., er glaubte, aus der »nationalen Regierung« heraus diesen »Ungeist« und seine Folgen aufheben zu können. Darin zeigt sich, daß er die in die Koalitionsregierung, in das »Bündnis« zwischen »traditionellen Oberklassen« und Nationalsozialismus eingebrachten unterschiedlichen Machtmittel nicht analysiert hatte. Den »revolutionäre[n] Drang im Nationalsozialismus« (Jung) nimmt er nicht zur Kenntnis und glaubt der NS-Bewegung aus der Regierung heraus die Aufgabe, »selber Staat zu werden« (Papen), stellen zu können. Die immateriellen Gemeinsamkeiten – Antiliberalismus und Antirationalismus[820] – von Nationalsozialismus und Konservativismus[821] erschienen ihm selbst schon als Momente der Bändigung des Nationalsozialismus. Jung war ebenfalls dieser Meinung, erkannte aber die praktisch-politische Irrelevanz dieser Meinung. Im Zusammenhang der »Gleichschaltung« kritisierte er die Ausbildung eines »Staatstotalismus« mit seinen Eingriffen in »autonome Lebensbezirke« mit »Eigengesetzlichkeit«.[822] Eng verwoben mit dieser Kritik war das Votum für das arbeitsteilige Konzept eines »starken Staates« mit »gesunder Wirtschaft« (C. Schmitt: »Das Endziel der deutschen Revolution soll nicht der totale Staat sein, sondern der Hoheitsstaat, der die sozialen Lebensbereiche überwacht, miteinander ausgleicht und im Sinne völkischer Entfaltung lenkt, sie aber in ihrer Autonomie ungekränkt läßt und ihre Eigengesetzlichkeit schont«[823]). Diese Arbeitsteilung schien Jung bedroht, solange das »autonome« Machtmittel der NSDAP der nationalsozialistischen Oligarchie zur Verfügung stand:

»[. . .] in der revolutionären Volksbewegung [lebt] eine gegen den Staat gerichtete Dynamik, die nicht schlagartig gestoppt werden kann . . .

Wo liegt der Gefahrenschwerpunkt? Während die Apparatur des Staates rechtlich bis ins kleinste geordnet ist, beruht die einer Volksbewegung auf freiwilliger Disziplin. In der Verwaltung pflanzt sich der Wille von oben bis unten widerstandslos fort. In der Volksbewegung gibt es einen Willen von unten nach oben. Er ist um so kräftiger, je rücksichtsloser und heftiger die Agitation war, die ihn entfesselte. Jede Agitation besteht aus Wechseln, die zur Einlösung angeboten werden. Je umfangreicher die Volksbewegung, um so größer die Zahl derer, die sich zur Präsentation von Wechseln befugt fühlen. Gewiß wirkt die straffe Parteiorganisation der Versuchung, solche Wechsel vorzuzeigen oder sich gar zu diesem Zweck eine Gefolgschaft zu sichern, entgegen. Immerhin bleibt die Willensäußerung von unten die Gefahr jeder Revolution. Nichts stellt deshalb an das politische Fingerspitzengefühl und an die Nerven des revolutionären Führers größere Anforderungen als die Bestimmung des Zeitpunktes, in welchem der Staat die Volksbewegung abdankt. Nicht um die Revolution zu beenden, sondern um die Staatsmacht zu festigen, mit deren Hilfe das revolutionäre Recht geschaffen wird. Wer die Revolution als rechtlosen Zustand forterhalten möchte, ist in Wahrheit kein Revolutionär, sondern ein bewußter oder unbewußter Förderer der Anarchie.«[824]

Die Zurücknahme der Ergebnisse der »halben Revolution« von 1918/19 (R. Luxemburg) unter Verwendung der demokratischen Form einer ästhetisierten Politik (W. Benjamin) und Verwandlung demokratischer Interessenartikulation und -durchsetzung in das Ritual von Massenkundgebungen zur Präsentation von »Magie statt Revolution« (K. Vondung)[825] hielt Jung für eine notwendige Konsequenz mit einer Neigung zur Verselbständigung. Das Koalitionskabinett Hitler – v. Papen galt ihm als »Umweg über die große Volksbewegung« der NSDAP (denn: »Von Papen hatte [1932 als Kanzler, E. H.] die letzte Gelegenheit, ohne Mobilisierung der Massen, die pluralistischen Kräfte [Parteien und Wirtschaftsinteressen] von oben her auszuschalten und den Staat in Reinheit wiederherzustellen«).

»Warum ein Umweg? [D. h.: warum ist der ›Umweg über die große Volksbewegung‹ des Nationalsozialismus ein Umweg? – E. H.] Weil dieses Ziel der deutschen Revolution die Entpolitisierung der Massen, ihre Ausschaltung aus der Staats*führung*, sein muß. Diese Revolution [des Nationalsozialismus, E. H.] führt zu einem antidemokratischen Herrschaftsprinzip oder sie ist verloren.«[826]

Die beiden zuletzt zitierten Bemerkungen Edgar Jungs machen deutlich[827], daß die Ermordung der Konservativen im Zusammenhang mit der Ermordung Röhms, Gregor Strassers und einer Reihe oberer SA-Führer 1934 nicht nur als Entladung privater Rachegelüste verstanden werden darf. Sie bezweckten erstens die Verhinderung der »zweiten Revolution«, wodurch die Kooperationsbasis der NSDAP mit den Oberklassen – besonders mit den Militärs – verbreitert wurde; zweitens – um die »Autonomie« nicht gänzlich einzubüßen – die Unterdrückung einer »konservativen Revolution« (E. J. Jung) bzw. eines letzten »bürgerlichen« Versuches, die Möglichkeiten nicht-nationalsozialistischer Politik durch die Gewinnung einer neben der NSDAP existierenden und durch den »politischen Mehrwert« auf den legalen Besitz der Staatsgewalt abgesicherten und verstärkten Massenbewegung zu garantieren (K. v. Schleicher[828]).[829]

Darauf gründete sich das arbeitsteilige Zusammenwirken von nationalsozialistischer Oligarchie, »traditionellen Oberklassen« bzw. »Funktionseliten« und »herrschender Klasse«. Vor allem rüstungswirtschaftliche Erfordernisse (vgl. 3.3.) der spätestens seit 1937[830] manifest auf Krieg eingestellten nationalsozialistischen Politik verringerten die Friktionen dieser Arbeitsteilung. Um die kapitalistische »Sachgesetzlichkeit« zu stabilisieren, berief sich deshalb Hjalmar Schacht am 18. August 1935 anläßlich der Königsberger Ostseemesse auch auf rüstungspolitische Gründe. Gleichzeitig zeigte dies, daß die aus der Ambivalenz und »Autonomie« der NSDAP erwachsenden Spannungen immer noch existierten:

»Deutschland steht mitten in einer größten Aufgabe, die die Geschichte ihm jemals zugewiesen hat, und die ganze Welt ist erfüllt von dem Staunen, wie ein durch Krieg und Kriegstribute, durch Inflation und Deflation ausgesogenes Volk die ungeheuren wirtschaftlichen Opfer zu bringen imstande ist, die diese Aufgabe mit sich bringt. Welche finanz- und wirtschaftspolitischen Anstrengungen die Lösung dieser Aufgabe erfordert, davon haben jene leichtfertigen Dilettanten nicht die blasseste Ahnung . . . Wessen Herz würde nicht höher schlagen, wenn er Sätze liest wie diese: ›Die Fahne ist mehr als ein Bankkonto‹, ›Das Volk ist das Primäre und nicht die Wirtschaft‹. Solche Sätze sind entwaffnend richtig, aber was soll der Wirtschaftspolitiker damit für seine praktische Arbeit anfangen? Als ich kürzlich einmal öffentlich darauf hinwies, daß die deutsche Wirtschaft von Beunruhigung frei gehalten werden müsse, konnte ich lesen, daß diese Fragestellung, ob eine Maßnahme die Wirtschaft beunruhige, ›liberalistisch‹ sei. Mein Hinweis, daß die Wehrhaftmachung unseres Volkes die Konzentration aller, aber auch aller wirtschaftlichen und finanziellen Kräfte voraussetze, wurde mit dem Hinweis abgetan, nur alte Tanten könnten noch die Hände über dem Kopf zusammenschlagen und fragen: ›Wer soll das alles bezahlen?‹ Auf die

Gefahr hin, als alte Tante angesprochen zu werden, möchte ich mit aller Deutlichkeit erklären, daß die Frage nach der materiellen Durchführung der uns gestellten Aufgabe mir erhebliches Kopfzerbrechen macht.

Meine deutschen Volksgenossen, über den Ernst unserer deutschen Aufgabe mit billigen Redensarten hinwegzuleiten, hat nicht nur keinen Sinn, sondern ist verdammt gefährlich.« –

»Ein in zwei Jahrzehnten der Not erschöpftes Volk schüttelt unter seinem Führer die lähmende Schwäche ab, erhebt sich inmitten einer ihm nicht wohlgesinnten Welt ehemaliger Kriegsgegner zu neuer Wehrhaftigkeit und gewinnt seine nationale Ehre und Freiheit vor aller Welt zurück, um sich für alle Zukunft seine materiellen und kulturellen Grundlagen wieder zu sichern. Von dieser geschichtlichen Aufgabe ist die gesamte Staatspolitik beherrscht; alle Zweige dieser Staatspolitik, zu denen in erster Linie die Finanz- und Wirtschaftspolitik gehört, sind auf dieses eine Ziel ausgerichtet. Wer in diese Wirtschafts- und Finanzpolitik unbefugt und störend eingreift, ist ein Schädling. [. . .] Genau wie der Soldat in der Wehrmacht seine Pflicht tut, so muß jeder Volksgenosse das Gefühl haben, daß er im Dienst des Ganzen steht. Der Wehrpflicht und dem Wehrwillen entspricht die Wirtschaftspflicht und der Wirtschaftswille.

Leider ist dieses Bewußtsein noch nicht bei allen Volksgenossen vorhanden. Da sind zuerst die zehn Prozent der Unbelehrbaren, der bewußten Opponenten und Saboteure. [. . .] Dann aber gibt es einige Zeitgenossen, deren man am liebsten mit dem Stoßgebet gedenkt: ›Herr, bewahre mich vor meinen Freunden‹. Das sind die Leute, die nächtlicher Weile heldenhaft Fensterscheiben beschmieren, die jeden Deutschen, der in einem jüdischen Geschäft kauft als Volksverräter plakatieren, die alle ehemaligen Freimaurer für Lumpen erklären, und die im berechtigten Kampf gegen politisierende Pfarrer und Kapläne nun ihrerseits die Unterscheidung zwischen Religion und Kanzelmißbrauch nicht machen können. Das Ziel, das diese Leute im Auge haben, ist überall richtig und gut. Für Geheimbünde, auch wenn sie harmlos sind, ist kein Platz im Dritten Reich. Die Pfarrer und Kapläne sollen Seelsorge treiben und keine Politik. Die Juden müssen sich damit abfinden, daß ihr Einfluß bei uns ein für allemal vorbei ist. [. . .] Aber die Lösung aller dieser Aufgaben muß unter staatlicher Führung geschehen und kann nicht ungeregelten Einzelaktionen überlassen bleiben, die eine schwere Beunruhigung der Wirtschaft bedeuten und die deshalb auch immer wieder von den staatlichen wie von den Parteiorganen verboten worden sind. [. . .] Alle diejenigen [. . .], die sich dieser Einstellung der Regierung nicht unterwerfen, handeln disziplinlos, und ich werde sie dafür verantwortlich machen, wenn die finanz- und wirtschaftspolitische Durchführung der uns vom Führer gestellten Aufgabe unmöglich gemacht wird.

Die Wirtschaft ist ein äußerst empfindlicher Organismus. Jede Störung, von welcher Seite sie auch kommen mag, wirkt wie Sand in der Maschine.

Da unsere Wirtschaft auf das engste mit derjenigen des Auslandes verflochten ist, so kann es keinem von uns und besonders mir nicht, als dem für die Inganghaltung der deutschen Wirtschaftsmaschinerie verantwortlichen Minister, gleichgültig sein, welche Folgen die erwähnten Störungen für uns im In- und Ausland haben. Es ist für die Führung unserer Wirtschaftspolitik unerläßlich, daß das Vertrauen in Deutschland als einen Rechtsstaat unerschüttert bleibt.«[831]

Über Thyssens biographischen, der Selbstrechtfertigung dienenden Bericht *I paid Hitler* hinausgehend, läßt sich die kapitalistische Zielproblematik der traditionellen Oberschichten in der Weimarer Republik am besten an einer Äußerung Carl Schmitts aus dem Jahre 1935 ablesen:

»Wir, die wir im Stande sind, überschauend die Ereignisse zu betrachten, wir müßten uns kühlen Kopfes die Frage vorlegen, die Frage, die *die* entscheidende sei. Solle man sich mit den Mächten der Beharrung, [...] Bürokratie und Wehrmacht, verbünden, um mit ihrer Hilfe die unzufriedenen Massen niederzuhalten und zu zähmen, oder solle man jene zündenden Parolen zu finden suchen, mit deren Hilfe man die unzufriedenen Massen über ihre Unzufriedenheit hinwegtäuschen könne und solle man sich mit Hilfe dieser zündenden Parolen an die Spitze der darbenden Massen setzen, um über die Mächte der Beharrung hinwegzuschreiten.«[832]

Ein besonderes Problem war, daß jene »zündenden Parolen«, von denen Carl Schmitt als zweiter Möglichkeit redet, eben nicht *direkt* von der »herrschenden Klasse«, sondern von der nationalsozialistischen Massenbewegung und von Hitler als »Trommler« propagiert wurden.[833] Genau darin liegt ein Dilemma beschlossen, das den Schlüssel zur Beurteilung der Hypothese von der Arbeitsteilung zwischen nationalsozialistischer Politik und kapitalistischer Herrschaft liefern kann. Das ist auch und gerade nach 1933 deutlich geworden:

»Die Großindustrie, dankbar für die weitgehende Autonomie auf verbandspolitischem Gebiet im Zuge der ›Neuordnung‹, erfolgreich in ihrem Bemühen, wichtige außenwirtschaftliche und strukturpolitische Gesetzgebungsakte (Kartellgesetz) in ihrem Sinne zu beeinflussen [...], band sich seit dem Sommer 1933 eng an den neuen Staat. [...] Erst mit der Niederschlagung des sog. Röhm-Putsches wurden alle Befürchtungen vor einer sozialrevolutionären Umgestaltung der Verhältnisse zum Verstummen gebracht und auch in diesem Bereich [dem der Sozialpolitik, E. H.] eine relative Konsolidierung im konservativen Sinne erreicht. Plebejischer, anti-elitärer und autoritärer, aristokratischer Konservatismus gingen bis 1936 eine Koalition auf der Basis des Interessenkompromisses ein.

Der deutsche Faschismus stellt sich in dieser Perspektive allein als eine Sonderform traditioneller autoritärer Herrschaftstechnik dar.«[834]

Und diese Sonderform drückte sich in jener Kooperation *und* Trennung von kapitalistischer Herrschaft im Sozialbereich und politischer Macht des Faschismus aus.

2. Beziehungen zwischen NSDAP und Industrie*

»Gewiß, unsere Vergangenheit strotzt seit Anbeginn von einer nicht abreißenden Kette von Freveln, von Gemeinheit und Brutalität [. . .], aber dies ist nicht die einzige Perspektive, die es lohnt, Historie zu betreiben. Es ist noch nicht einmal die wichtigste. Das, worauf es ankommt, ist die Gewissensschärfung, ist das Bessermachen. Und wir sind auf dem Wege dazu.«

(*Blick auf Hoechst. Eine Zeitung für unsere Nachbarn,* Hrsg. Farbwerke Hoechst, 4. Jg., Okt. 1974, S. 4)

Die Herausbildung derjenigen Interessen und politischen Modelle, die in der »Harzburger Front« (11. Oktober 1931) sich gebündelt haben, verdient besondere Beachtung, wenngleich die »Harzburger Front« schon im März/April 1932, anläßlich der Reichspräsidentenwahl, faktisch aufgelöst worden ist. Zusammen mit dem Volksbegehren gegen den Young-Plan (Herbst 1929) – das zwar eine klare Niederlage Hugenbergs bedeutete (dem Volksbegehren schlossen sich nur gut 10 Prozent und dem nachfolgenden Volksentscheid lediglich 14 Prozent an), aber den gestiegenen publizistischen Bekanntheitsgrad der NSDAP anzeigte[835] – hat das Bündnis der »Harzburger Front« finanziell und publizistisch der NSDAP den Weg zur »Machtergreifung« entscheidend geebnet »durch die offensichtliche Begünstigung Hitlers gegen den sozialistischen Flügel seiner Partei bis zu Hitlers buchstäblicher Errettung vor dem Ende 1932 drohenden Bankrott«.[836] In diese finanzielle Rettungsaktion der Industrie hat sich vor allem die Montanindustrie des Ruhrgebiets, beispielsweise der »Stahlverein«, eingeschaltet (»Hitler wurde finanziell von denjeni-

* Zu der ausgesparten monopolgruppentheoretischen Perspektive vgl. meine Auseinandersetzungen mit Kurt Gossweilers *Großbanken, Industriemonopole, Staat* (Berlin 1971) in: *Leviathan,* 1 (1973), H. 1, und *NPL,* 18 (1973), H. 2.

gen gerettet, die ihrerseits politische Rettung bei ihm suchten«[837]). Auf einer höheren Stufe reproduzierte sich hier also die schon 1923/24 in Bayern spürbar gewordene Auswirkung des Bündnisses mit den konservativen »traditionellen Oberklassen«.*

Zur Überwindung der Wirtschaftskrise forderte »die« Industrie[838], beginnend mit der Denkschrift des Präsidiums des »Reichsverbandes der Deutschen Industrie« *Aufstieg oder Niedergang?*, als inhaltliche Elemente eines zu schaffenden autoritären – vom Einfluß der SPD und des ADGB befreiten – starken Staates die Minderung der »schleichenden Sozialisierung« infolge staatlicher Beteiligungen an wirtschaftlichen Projekten[839], Lohnsenkungen und kostensenkende Eingriffe in das Tarifsystem sowie einen Abbau der Sozialleistungen.[840].

Die politische Absicherung dieses »starken Staates mit gesunder Wirtschaft« (C. Schmitt) ist von den einzelnen Monopolgruppen unterschiedlich verstanden worden. Während der »rationale Kapitalismus« (K. Stechert) der Chemie- und Elektroindustrie ein Bündnis mit den immer stärker nach »rechts« neigenden und ab Mitte 1932 sich mehr und mehr von der SPD distanzierenden »freien« Gewerkschaften[841] suchte und den Versuch des Kabinetts Schleicher, über eine Zusammenarbeit mit den Gewerkschaften und Teilen der NSDAP eine Massenbasis zu gewinnen, unterstützte, setzte der »Feudalkapitalismus« (K. Stechert) der Schwerindustrie auf das von den »traditionellen Oberklassen« vertretene Zähmungskonzept, das er finanzieren half. Auch Wilhelm Treue räumt ein,

> »daß [. . .] auf dem Höhepunkt der Krisis 1931/32 die meisten Großunternehmer den starken Mann [herbeiwünschen], der Ruhe und Ordnung wiederherstellen, Deutschland politisch-militärisch stärken, den Versailler Vertrag beseitigen und Deutschlands Ansehen in der Welt auf den Stand von 1913/14 anheben, kurz, der Wirtschaft das alte starke Fundament aus Wohlstand [will heißen: Gewinnträchtigkeit, E. H.], innenpolitischer Stabilität und außenpolitischen Prestige wiederherstellen [soll], und daß sie bereit [sind], zu diesem Zweck auch einen Mann wie Hitler zu akzeptieren.«[842]

Die mit der NSDAP verbundenen Absichten und Wünsche industrieller Politik lassen sich am Verhalten der Anfang 1928

* Vgl. Dokument 2, S. 419 f.

gegründeten »Ruhrlade«, des »inoffizielle[n] Kabinett[s] der tonangebenden Kreise der deutschen Schwerindustrie« (H. A. Turner), gut ablesen. Dieses »geheime Kabinett der Schwerindustrie« bestand aus zwölf Mitgliedern, zu denen u. a. Paul Reusch (Generaldirektor der Gutehoffnungshütte), Gustav Krupp v. Bohlen und Halbach, Fritz Thyssen, Ernst Poensgen (Direktor des »Stahlvereins«, also der Vereinigten Stahlwerke AG), Paul Silverberg (Aufsichtsratsvorsitzender u. a. der Rheinischen AG für Braunkohlenbergbau und Brikettfabrikation), Fritz Springorum (Generaldirektor der Hoesch AG) und Albert Vögler (Vorstandsvorsitzender des »Stahlvereins«) gehörten.[843] Zur Zeit seiner Gründung fungierte dieses Gremium als Clearing-Stelle zum Ausgleich einerseits der Interessen von Eisen- und Kohleindustrie, andererseits der von Schwerindustrie und Landwirtschaft; bedeutsam war ferner seine Beteiligung an einer Neubestimmung des Verhältnisses von Kapital und Arbeit, welche die sozialen Errungenschaften der Novemberrevolution aufhob (während des »Ruhreisenkampfes« war die »Ruhrlade« 1928 der »Generalstab [. . .], der die Strategie der Stahlindustrie« plante [H. A. Turner]). Ab März 1928 wirkte die »Ruhrlade« auch als Sammelstelle industrieller Spenden[844]; sie verwaltete den größten politischen Fonds der Industrie, den sogenannten »Ruhrschatz«. In diesen Fonds zahlte die Stahlindustrie von 1928 bis 1930 jährlich rund 620 000 RM ein, 1931 rund die Hälfte, 1932 abermals rund 620 000 Mark. Von 1928 bis 1930 kamen dazu rund 930 000 RM jährlicher Spenden der Kohlenindustrie. Der »Ruhrschatz« hatte also von 1928 bis 1930 ein Volumen von rund 1,2, vielleicht sogar von 1,5 Millionen Mark; 1931 belief er sich auf rund 600 000 Mark, 1932 wurden dort nur noch die Gelder der Stahlindustrie verwaltet.

Mit diesen Geldern hat man Zeitungen und Organisationen subventioniert.[845] Bei der Reichstagswahl 1928 wurden außer einzelnen Kandidaten DVP, DNVP, Zentrum und BVP unterstützt. 1930 versuchte die »Ruhrlade«, Einfluß auf die Gründung einer bürgerlichen Einheitspartei zu nehmen. Die NSDAP galt bis 1930 als Splitterpartei; nach der Septemberwahl geriet die »Bewegung« zwar ins Blickfeld, wurde aber ihrer Ambivalenz wegen mit Skepsis beobachtet.[846] An diesem Punkt setzte die Finanzierung »der« NSDAP durch die

»Ruhrlade« an, mittels derer die proindustrielle Eingrenzung der Ambivalenz und der »Autonomie« der NSDAP gefördert werden sollte.* Im Sommer 1931 wurde beispielsweise der von Hitler als Kontaktperson zur Industrie gewählte ehemalige Chefredakteur des Wirtschaftsteiles der *Berliner Börsenzeitung*, Walther Funk, unterstützt. Das Finanzierungsprogramm folgte also dem Zähmungskonzept – Henry Ashby Turner redet von einer »Mäßigung« –, so daß es nicht verwundert, daß 1931 auch Edgar Jung finanzielle Hilfe empfing. Vor allem wurde die »Dr. Hjalmar Schacht Arbeitsstelle« gefördert, welche die Interessen der Industrie wahren half, indem sie mit Wilhelm Keppler, einem weiteren nationalsozialistischen Verbindungsmann zur Industrie[847], »Fühlung« hielt, »um nach Möglichkeit sicherzustellen, daß die wirtschaftspolitischen Auffassungen, die in der Arbeitsstelle zum Ausdruck kommen werden, mit den von nationalsozialistische Partei in der kommenden Gestaltung der Dinge voraussichtlich einen entscheidenden Einfluß ausüben wird.«[848]

Die Bemühungen hatten Erfolg. Der »Arbeitsstelle Schacht« gelang es, im Rahmen einer »Umarmungsstrategie« (D. Stegmann) »die nationalsozialistischen Wirtschaftsideen im vernünftigen [d. h. im eigenen, E. H.] Sinne zu beeinflussen«[849]; sie traf bei Hitler auf eine entsprechende (seit 1926 erkennbare) Disposition. Die Umbildung der Wirtschaftspolitischen Abteilung der Reichsorganisationsleitung im September 1932 (nachdem Hindenburg Hitler am 13. August 1932 die Macht verweigert hatte) und die mit dieser Umbildung verbundene Entmachtung von Vertretern des »linken« Parteiflügels (G. Strasser, Feder, v. Renteln) waren hierfür ein deutliches Signal[850], das auch für die Zeit nach der »Machtübertragung« noch die Richtung wies.[851]

»Daß Hitler so prompt auf die industrielle Kritik an seinem linken Flügel reagierte, war nicht zuletzt auch ein Reflex auf die gewandelte innenpolitische Situation im Sommer und Herbst 1932. Spätestens nach seinem Gespräch mit Hindenburg am 13. August 1932, als ihm kategorisch die ungeteilte Macht verweigert worden war, war Hitler klar geworden, daß er nur mit Hilfe der alten Machteliten darauf rechnen konnte, die Reichskanzlerschaft zu erhalten. Sein Ziel mußte es also sein, sich mit aller Kraft der Schützenhilfe dieser Kreise zu versichern.«[852]

* Vgl. Dokument 2, S. 419 f.

Ergänzt wurde die beschriebene finanzielle Einwirkung auf die NSDAP durch Kontakte von Industriellen mit Hitler im Herbst 1931 – Vögler und Thyssen trafen am 9. Dezember 1931 mit Hitler zusammen –, durch die im Herbst 1931 auf Initiative Brünings einsetzenden Koalitionsverhandlungen zwischen Zentrum und NSDAP, durch Vöglers Mitgliedschaft im Keppler-Kreis, durch Silverbergs Versuch einer Einflußnahme auf Hitler[853], durch Fritz Thyssens im *Völkischen Beobachter* vom 14. März 1932 öffentlich vorgetragenes Votum für die NSDAP bzw. für die Präsidentschaftskandidatur Hitlers etc.

Hinter dieser Einstellung, die sich Ende 1932 aus Gegnerschaft zum Kabinett Schleicher immer mehr verdichtete, stand die Erkenntnis, daß Hitler »der einzige Politiker der Rechten ist, der es verstanden hat, Massen hinter sich zu bringen«.[854] Hitler wurde für »entwicklungsfähig« erachtet[855]; man vertraute so sehr auf die bändigende Wirkung einer Koalitionsregierung, daß Paul Reusch z. B. auf die *Münchner Neuesten Nachrichten* (an denen er finanziell beteiligt war) Einfluß nahm, um eine Kritik dieser Zeitung an der NSDAP zu verhindern.[856]

»Der Todfeind des Marxismus [die NSDAP, E. H.] ist trotz des Widerstands der bürgerlichen Welt emporgekommen, mit der ihn im Innern noch viel verbindet. [. . .] Sollte es nicht doch gelingen können, diesen Mann zur nutzbringenden Mitarbeit am Staate heranzuziehen und die Energien und nationale Begeisterung, die er in einer so begeisterungsarmen Zeit zu entfachen versteht, in vernünftige Bahnen zu lenken und für eine Besserung unserer Verhältnisse einzuspannen?«[857]

Von diesem Kommentar der großindustriellen *Deutschen Allgemeinen Zeitung* vom Herbst 1930 spannt sich über die Eingabe von Industriellen, Bankiers und Großagrariern an Hindenburg (November 1932) ein Bogen bis hin zu der Erklärung Papens vor Mitgliedern der »Ruhrlade« am 7. Januar 1933, in der dieser an die Zähmungsvorstellungen[858] der Ruhrindustriellen anknüpfte und Hitler als »Juniorpartner« in einer bürgerlich bestimmten Regierung bezeichnete.[859] Ohne das Machtmittel der »Autonomie« aufzugeben, bestätigte Hitler bzw. die nationalsozialistische Oligarchie diese Hoffnung, die sich in der Finanzierung der NSDAP ausdrückte, durch

Einrichtung einer Koordinierungsstelle (Keppler-Kreis) bzw. durch die Berufung von Verbindungsleuten (Schacht, Funk, Keppler und Dietrich), durch eine entsprechende Werbetätigkeit von Heß und Göring und durch die Vernichtung einer Industriekreisen nicht genehmen Broschüre der Reichs-Propaganda-Leitung der NSDAP.[860] Die »Mitarbeit erfahrener Wirtschaftskenner« wurde, wie die *Deutsche Allgemeine Zeitung* schon am 15. Dezember 1930 meldete, von der NSDAP geschätzt; und am 12. November 1931 tat Graf Keyserlingk – im November 1932 einer der Unterzeichner der die Kanzlerschaft Hitlers fordernden Eingabe an Hindenburg – in der *Kölnischen Zeitung* kund: »Wie viel vernünftiger reden [die Führer der NSDAP, E. H.] heute schon als vor einem Jahr!«[861]

Es sollte hier – mit einer vorläufigen Skizze – angedeutet werden, daß die Bündnispolitik über die konservativen bürgerlichen Parteien hinausgriff in den Bereich direkter Kontakte mit »der« Industrie. Diese Kontaktaufnahmen sind im Zusammenhang mit der seit Hitlers Haftentlassung (20. Dezember 1924) und der Neugründung der NSDAP (Februar 1925) verfolgten Strategie der »legalen Revolution«[862] zu sehen. Karl Dietrich Bracher hat die Annäherung an Industrielle als »wirtschaftspolitische[s] Analogon zum ›Legalitätskurs‹«[863] beschrieben.

So bereist Hitler 1926 und 1927 mehrmals das rheinische Industriegebiet, um den Industriellen in persönlichen – nicht für die Öffentlichkeit bestimmten – Vorträgen seine Meinung darzulegen* (wohl in der Hoffnung auf Wiederholung des Beispiels der Unterstützung durch den Bayrischen Industriellenverband, der Hitler 1923 finanziert hatte, nachdem sein Vorsitzender, Geheimrat Aust, privat »über die bis dahin noch nicht veröffentlichten Ziele Hitlers auf wirtschaftlichem Gebiet« aufgeklärt worden war[864])[865]. Hitler sprach am 28. Februar 1926 in Hamburg vor dem Nationalklub von 1919[866], vor Ruhrindustriellen am 18. Juni und 3. Dezember 1926 sowie am 27. April und 5. Dezember 1927 in Essen und am 1. Dezember 1926 in Königswinter.[867] Über die Reden des Jahres 1926 schrieb Rudolf Heß an den ehemaligen Landsberger Mitgefangenen Walter Hewel:

* Vgl. dazu Dokument 1, S. 417 f.

»Interessieren wird Sie wohl vor allem, daß [Hitler] im letzten Jahre drei Mal vor geladenen rheinisch-westfälisch[en] Industriellen usw. gesprochen hat, zwei Mal in Essen, ein Mal in Königswinter. Jedes Mal mit einem Erfolg wie seinerzeit im Atlantik-Hotel in Hamburg. Da er sich in seiner Rede auf ein ziemlich einheitliches Publikum einstellen konnte, vermochte er eine durchgehende Linie zu halten. Wie in Hamburg, so war auch hier die Stimmung erst ziemlich kühl, ablehnend, teils saß man mit spöttischem Lächeln dem Volkstribunen gegenüber. Ich hatte große Freude daran beobachten zu können, wie sich die Herren allmählich umstellten, wobei man ihnen ihr innerliches Sträuben anmerkte. Zum Schluß wurde geklatscht, wie *diese* Herren wohl selten klatschen. Das Ergebnis war, daß bei der zweiten Essener Industriellen-Versammlung schon etwa 500 Herren der Einladung gefolgt waren. Am 27. April wird Hitler voraussichtlich ein drittes Mal vor Industriellen sprechen; es ist vorgesehen, dabei auch die Damen zu bitten, die, einmal gewonnen, oft wichtiger sind als die Männer und die einen nicht zu unterschätzenden Einfluß auf ihre Männer ausüben.«[868]

Einen ersten publizistisch-propagandistisch wichtigen Erfolg erzielte Hitler bei Emil Kirdorf (Hauptaktionär und Ehrenvorsitzender der Gelsenkirchener Bergwerksgesellschaft sowie Gründer des Ruhrkohlensyndikats).[869] Kirdorf[870] hörte Hitler entweder im Herbst 1926 oder im Frühjahr 1927 (er selbst datierte den Zeitpunkt des Zusammentreffens wahlweise auf 1925, 1926 oder 1927).[871] Im Sommer 1927 trat er der NSDAP bei, nachdem er durch Frau Bruckmann, die Frau des Verlegers und frühen Hitler-Förderers Hugo Bruckmann, 1927 Hitler kennengelernt hatte. Im August 1928 verließ Kirdorf dann allerdings, wegen der als Kränkung empfundenen Kritik eines nationalsozialistischen Linken am Kohlensyndikat, die NSDAP wieder (um ihr zum 1. April 1934 abermals beizutreten).[872] Doch auch nach dem Parteiaustritt 1928 blieb er Hitler in Freundschaft und Wertschätzung verbunden.[873] 1929 nahm Kirdorf sogar als Ehrengast am nationalsozialistischen Parteitag teil.[874] (Dieser Parteitag signalisierte eine Wandlung im Gefolge der Agitation gegen den Young-Plan bzw. der wachsenden Bekanntheit durch Kooperation mit Hugenberg. Ebenfalls auf diesem Parteitag zog Alfred Rosenberg einen klaren Trennungsstrich zwischen den Zielen des Nationalsozialismus und Kommunismus und versäumte nicht hervorzuheben, daß die »nationalsozialistische Auffassung [...] die stärkste Schützerin und Hüterin des echten deutschen Eigentumsbegriffes« sei.[875])

Kirdorf begann 1927, auf andere Industrielle zugunsten der nationalsozialistischen Oligarchie einzuwirken. Zu diesem Zweck verteilte er den gedruckten Text jenes Vortrages, den ihm Hitler am 4. Juli 1927 im Hause Bruckmann gehalten hatte. Auf Bitten Kirdorfs hatte Hitler diesen Vortrag in einer Broschüre festgehalten: *Adolf Hitler. Der Weg zum Wiederaufstieg; überreicht von Emil Kirdorf*, deren Vorwort ein vom August 1927 datierter Brief Hitlers an Kirdorf bildet.[876] Diese Broschüre war »von Anfang an dazu bestimmt, exklusiv von Deutschlands führenden Industriellen gelesen und beherzigt zu werden« (H. A. Turner), und sie ist eines der wichtigsten bekannten Dokumente der frühen Anstrengungen der nationalsozialistischen Oligarchie, bei Industriellen Unterstützung zu finden. Rückblickend äußerte sich Kirdorf dazu am 3. Januar 1937 in einem Zeitungsinterview:

> »Die unerbittliche Folgerichtigkeit und klare Zusammenfassung seiner [Hitlers] Gedankengänge [des Vortrags vom 4. Juli 1927, E. H.] begeisterten mich derart, daß ich mich völlig einverstanden erklärte mit dem, was er mir vorgetragen hatte. Ich bat den Führer, den mir gehaltenen Vortrag in einer Broschüre zusammenzufassen. Diese Broschüre habe ich dann in meinem Namen in Kreisen der Industrie und der Wirtschaft verbreitet. In der Erkenntnis, daß nur die Politik Adolf Hitlers zum Ziel führen werde, habe ich mich in der Folgezeit ganz seiner Bewegung zur Verfügung gestellt [sic!]. Kurz nach der Münchner Unterredung fanden dann als Auswirkung der vom Führer verfaßten und von mir verbreiteten Broschüre mehrere Zusammenkünfte des Führers mit leitenden Persönlichkeiten des Industriereviers statt, in denen Adolf Hitler in knappen und klaren Worten seine Ansichten darlegte.«[877]

Zunächst, ab 1927, fungierte Kirdorf als ein Mittler und »Bürge« (H. A. Turner) Hitlers, der propagandistisch »die Brücke vom Errichter des Zweiten Reiches, Bismarck, zum Erbauer des Dritten Reiches, Adolf Hitler«, schlug (J. Winschuh). In den Beziehungen der Partei zu »der« Industrie spielte er eine ähnlich bahnbrechende Rolle wie bei der Zusammenarbeit mit Hugenberg gegen den Young-Plan und in der »Harzburger Front« für die »traditionellen Oberklassen«.[878]

Nach Aussage von Reichspressechef Otto Dietrich (der sich 1927 Hitler angeschlossen hatte und der über seinen Schwiegervater, Reismann-Grone, Verbindung zu Industriekreisen des Ruhrgebiets, zum Alldeutschen Verband, zu Hugenberg und zur DNVP unterhielt[879]), führte Hitler im Sommer 1931 »plötzlich« »vertrauliche Besprechungen« mit Industriellen:

»Adolf Hitler, der wie kein anderer den Wert der Persönlichkeit von jeher in den Mittelpunkt seines Denkens und Handelns gestellt hatte, erkannte bald, daß neben dem Ringen um die breiten Massen auch hier bei den Persönlichkeiten der Wirtschaft als den stärksten Stützen des Systems der Hebel mit aller Kraft angesetzt werden mußte. Vereinzelt war auch hier im Laufe der letzten Jahre schon manches geschehen.«[880]

Nachdem dieser Entschluß gefaßt worden war, bemühte sich Hitler, wiederum Otto Dietrich zufolge,

»die im Zentrum des Widerstandes stehenden maßgeblichen Persönlichkeiten der Wirtschaft und der von ihnen getragenen bürgerlichen Mittelparteien systematisch zu bearbeiten, um hier Stein für Stein aus dem Regierungsgebäude herauszubrechen.«[881]

Walther Funk hat die Versuche, 1931 und 1932 Kontakte mit Industriellen zu knüpfen, ebenfalls beschrieben. Funk trat Ende 1930 in die NSDAP ein, weil er, seinen Worten vom 26. Juni 1945 zufolge, die konfusen wirtschaftlichen Vorstellungen der NSDAP ordnen und im Sinne der Privatwirtschaft organisieren wollte, wobei er von Industriellen unterstützt und wozu er von diesen auch aufgefordert wurde.[882] Funk wurde von Hitler in die Reichsleitung der NSDAP berufen und zu seinem persönlichen wirtschaftlichen Berater ernannt.[883] Eine politische Biographie schildert Funks Tätigkeit in den Jahren 1931 und 1932 folgendermaßen:

»Nicht weniger wichtig als das, was Funk auf programmatischem Gebiet in den Jahren 1931 und 1932 geleistet hat, war seine damalige Tätigkeit als Mittelsmann des Führers zu den leitenden Männern der deutschen Wirtschaft in Industrie, Gewerbe, Handel und Finanz. Seine persönlichen Beziehungen zu den deutschen Wirtschaftsführern waren auf Grund seiner bisherigen Arbeit [bis zum 31. Dezember 1930 ist Funk Chefredakteur der *Berliner Börsenzeitung*, E. H.] groß und weitreichend. Er konnte sie jetzt in den Dienst Adolf Hitlers stellen und so manchem nicht nur authentisch Rede und Antwort stehen, sondern ihn auch überzeugen und zum Förderer der Partei werben. Das war damals eine ungeheuer wertvolle Arbeit. Jeder in ihr erzielte Erfolg bedeutete eine moralische, politische und wirtschaftliche Stärkung der Kampfkraft der Partei und trug dazu bei, das Vorurteil zu zerstören, auch der Nationalsozialismus sei nur eine Partei des Klassenhasses und des Klassenkampfes. Von solcher Tätigkeit sieht und erfährt die Öffentlichkeit wenig oder nichts.«[884]

Den Höhepunkt dieser Kontaktaufnahme bildete Hitlers Rede vor dem Düsseldorfer »Industrieklub« (26. Januar 1932)[885], mit der er den »Angriff« auf die verbliebenen »stark[en] Herde des wirtschaftlichen Widerstandes« einleitete.[886] Gleichwohl klagte Hjalmar Schacht noch am 12. November 1932: die »Schwerindustrie [. . .] trägt ihren Namen ›Schwerindustrie‹ mit Recht von ihrer Schwerfälligkeit«.[887]

Derlei Aussagen sind freilich aus einem mechanistischen und personalisierenden »frame of reference« herauszulösen. Dazu müssen zunächst einmal Datenketten gebildet werden. So wird die politische Bedeutung der schon vor der Weltwirtschaftskrise aufgenommenen Kontakte deutlicher, wenn man die Korrespondenz industrieller Handlungen und nationalsozialistischer Aktivitäten untersucht. Dies sei an einem Beispiel gezeigt:

1. 1927/28 bildeten sich in verschiedenen Großbetrieben nationalsozialistische Betriebszellen aus Werkmeistern, Angestellten und Facharbeitern. Diese Ausgangstätigkeiten der NSBO waren gegen die Gewerkschaften, insbesondere den ADGB, gerichtet. 1928 wurde von der Münchner Parteileitung das Verbot einer nationalsozialistischen Gewerkschaft ausgesprochen. Mitte 1928 begann der *Völkische Beobachter* eine Kampagne gegen Tariflöhne. – Theodor Geiger hat belegt, daß es Übereinkünfte mit Unternehmern gab, die Betriebe durch bevorzugte Einstellung nationalsozialistischer Arbeitsloser zu gewinnen. Und Otto Strasser hat erwähnt, daß im Herbst 1930 zwischen der nationalsozialistischen Oligarchie und der nationalsozialistischen Linken über die Beteiligung an einem Streik der Metallarbeiter in Sachsen ein öffentlicher Streit ausbrach. Hitlers Position in dieser Angelegenheit sei durch ein Telegramm des sächsischen Industriellenverbandes beeinflußt worden und habe sich in einem im *Völkischen Beobachter* veröffentlichten »Parteibefehl« ausgedrückt, der »die weitere Beteiligung der sächsischen Parteigenossen am Streik« untersagte.[888]

2. Ende 1928 kulminierte die Opposition der Unternehmer gegen das staatliche Schlichtungswesen und die kollektivrechtliche Tarifordnung in der Nichtbeachtung eines verbindlichen staatlichen Schlichtungsversuchs.[889] Die nordwestliche Gruppe, »Eisen Nordwest«, des »Vereins deutscher Eisen- und Stahlindustrieller« greift entgegen der Verbindlichkeitserklärung des Schiedsspruches des Sozialdemokratischen Reichsarbeitsministers zum Mittel der Aussperrung von rund 200 000 Beschäftigten. Dies war eine Warnung und eine Kampfansage gegen einen – nach dem Ausgang der Reichstags-Wahl vom 20. Mai 1928 befürchteten – Ausbau sozialstaatlicher Einrichtungen.

Die Artikelserie des *Völkischen Beobachters* und die gegen den ADGB gerichtete Gewerkschaftspolitik können zwar die Motivation der Kontakte zwischen Industrie und NSDAP nicht stringent exemplifizieren; doch erscheint es Karl Dietrich Bracher »bemerkenswert und nicht ohne bittere Ironie«[890] – was als politologische Bewertung aber nicht annähernd ausreicht –, daß ab 1929 über Emil Kirdorf aus dem »Ruhrschatz«, dem Fonds des »Bergbaulichen Vereins« und der Gruppe »Eisen Nordwest« Gelder an die NSDAP flossen.[891] Obschon Henry Ashby Turner diese Darstellung zurückweist, weil der politische Fonds des »Vereins für die bergbaulichen Interessen in Rheinland und Westfalen« und des »Arbeitgeberverbandes für den Bezirk der nordwestlichen Gruppe des Vereins deutscher Eisen- und Stahlindustrieller« von der »Ruhrlade«, nicht aber von Emil Kirdorf, verwaltet wurde, macht er doch seinerseits Andeutungen, daß die NSDAP ab 1930 von Industriellen unterstützt worden sei.[892] Die ab 1930 offenkundige »pronationalsozialistische Einstellung weiter Kreise der industriellen Führungsschicht« (J. Liesebach) fand – rationalisiert im Rahmen des unrealistischen Zähmungskonzepts Papens – auch einen finanziellen Ausdruck.

Dieses Beispiel soll lediglich illustrieren, auf welche Weise das Verhältnis zwischen Industrie und NSDAP zu analysieren wäre und wie Datenketten gebildet werden müßten. Dabei ist es wichtig, die innerparteiliche Struktur der NSDAP zu differenzieren; *auch das Verhalten »der« Industrie ist auf seine einzelnen Komponenten, auf die Haltung einzelner Industriezweige hin zu untersuchen.*[893] Es stellen sich z. B. Fragen wie die folgenden:

– Warum wurde die NSDAP vor 1933 bevorzugt von der Schwer- und Montanindustrie unterstützt?

– Warum partizipierte dieser Industriezweig nach 1933 – anders als die Chemie- und Elektroindustrie – entscheidend am Nationalsozialismus?

– Wie kam es dazu, daß ab 1936 der Einfluß der Chemieindustrie dominierte?

– Welche politischen und ökonomischen Interessenkonstellationen bestimmten die Bildung und Absetzung der Präsidialkabinette Brüning, Papen und Schleicher? (Vor allem das Scheitern Papens und Schleichers müßte auf seine herrschafts- und interessensoziologischen Hintergründe und Ursprünge geprüft werden; dabei wären auch monopolgruppentheoretische Gesichtspunkte systematisch zu berücksichtigen. (Selbst wenn, was Karl Dietrich Bracher behauptet[894], die *politische* Entwicklung ab 1930 als »Machtverlust« [Brüning] und als Entstehung eines »Machtvakuums« [Papen] charakterisiert wird, darf der Begriff Macht nicht bloß ein »Zauberwort« – so Bracher – bleiben. Zwischen politischer Macht und ökonomischer Herrschaft ist zu unterscheiden; der Begriff »Machtvakuum« müßte, was Bracher nicht versucht, im Zusammenhang einer Klassenanalyse und somit als temporäres und fragiles *politisches* Klassengleichgewicht, das zusätzlich durch die politischen Friktionen innerhalb der beiden gesellschaftlichen Hauptklassen potenziert und aktualisiert wird, sowie als Grundlage eine »Verselbständigung des Exekutivgewalt« eingeführt werden.)

Die Beantwortung dieser Fragen ist auch ökonomisch zu fundieren. Die erste Frage zum Beispiel gebietet, auf die unterschiedliche Betroffenheit der Industriezweige von der Weltwirtschaftskrise einzugehen. So belief sich der Produktionsrückgang der Investitionsindustrie auf rund 70 Prozent, derjenige der Verbrauchsgüterindustrie nur auf 25 Prozent.[895] Dieser qualitativen Differenz gilt es hinsichtlich ihrer Auswirkung auf die politischen Vorstellungen und Verhaltensweisen der Industriezweige nachzuspüren.[896]

Aus der Perspektive der NSDAP wäre zu untersuchen, ob diese Partei bestrebt war – um die Charakterisierung des Wiener Bürgermeisters Karl Lueger durch Hitler aufzunehmen –, »sich all der einmal schon vorhandenen Machtmittel zu bedienen, bestehende mächtige Einrichtungen sich geneigt zu machen, um aus solchen alten Kraftquellen für die eigene Bewegung möglichst großen Nutzen ziehen zu können«.[897] Um herauszufinden, ob in einem gegen eine selbstbestimmte Politisierung der Massen gerichteten Kompromiß mit den traditionellen Oberschichten und Funktionseliten der politische Kern des Faschismus liegt[898], ist eine historische und systematische Betrachtung erforderlich; sie muß die Dimensionen der sozioökonomischen Situation und damit der Inflation und Weltwirtschaftskrise sowie der gruppen- und klassenspezifischen Normen und Rezepturen umfassen.*

Von hier aus dann stellt sich die Frage nach Status, Funktion und *politischem* Eigengewicht der nationalsozialistischen Bewegung im Rahmen dieses Kompromisses, dessen politische Grundlage ja die NSDAP gestiftet hat (insofern sie die »antikapitalistische Sehnsucht« institutionalisierte und in systemkonforme Aktivitäten umsetzte), dessen sozioökonomische Grundlage aber die *strukturell unangetasteten* kapitalistischen Besitz- und Verfügungsverhältnisse waren – ja, diese Struktur wurde *sozial* sogar qualitativ verstärkt, worauf z. B. die Reprivatisierung der Aktien der Gelsenkirchener Bergwerks-AG, des wichtigsten Teilunternehmens der Vereinigten Stahlwerke, und, allgemeiner, die »Verbesserung der Rentabilitätsbedingungen privater Investitionen«, die »positive Kartellpolitik« und die regelrechte »Kartellwelle« nach dem 30. Januar 1933 hindeuten.[899]

Die Interessenkonstellation von Industrie, Oberschichten im allgemeinen und Nationalsozialismus wäre also in ihrer allseitigen Vermitteltheit zu erfassen. Zugleich ließe sich auf diese Weise die innere Dynamik des Nationalsozialismus bestimmen; die von den Totalitarismustheorien anfänglich behauptete Statik und monolithische Struktur des Nationalso-

* Zusatz 1977: Eine Verklammerung der genannten Dimensionen sowie vor allem die Verbindung und Ausdifferenzierung sozialstrukturell und subjektiv ausgerichteter Analyseschritte erscheinen in Verfolgung des Konzepts »Faschistische Öffentlichkeit« möglich zu sein (vgl. die Programmatik in: *Ästhetik und Kommunikation,* 20. Juni 1975, hier bes. S. 114 ff.). – Vgl. auch meine Vortragssammlung: *Forholdet mellem industri og fascisme. Fascistik offentlighed og fascismeteorier = Fagtryk 58,* Aarhus 1977.

zialismus erweist sich, blickt man auf die Jahre 1933/34 und 1936/37 und auf die Entwicklung des wehrwirtschaftlichen Instrumentariums, als eine Fiktion. In einer solchen Untersuchungskonzeption fungieren die Probleme der Finanzierung der NSDAP sowie der Fomulierung bzw. Umformulierung und der Verwirklichung des von der NSDAP politisch getragenen Wirtschaftsprogramms lediglich als wichtige Unterpunkte. Dem letzten Punkt kommt dabei eine besondere Bedeutung zu. Hier gilt es vor allem, die Formulierung und Durchsetzung wirtschaftspolitischer Maßnahmen in ihrer Genese zu betrachten; denn es scheint, als resultiere die Dominanz der Monopolgruppen aus der Wahl des strategischen Konzepts.

Die Bedeutung der Chemieindustrie, bis hin zur quasi öffentlich-rechtlichen Aufwertung der I.G. Farben-Bürokratie (die im Laufe des Krieges ein Drittel der akademisch vorgebildeten Mitarbeiter des Reichsamtes für Wirtschaftsaufbau und beim Generalbevollmächtigten für Fragen der Chemischen Erzeugung stellte)[900], war gebunden an die von ihr vertretenen Vorstellungen der Autarkie und des »Blitzkrieges«. Das Autarkiekonzept stützte die mit dem Benzinvertrag vom 14. Dezember 1933 eingeleitete hohe Bewertung der Produktion synthetischer Güter. Die I.G. Farben konnte so zwar ihre Investitionskosten und ihr Risiko auf das Reich abwälzen, zugleich aber mußte sie die »Autonomie« des deutschen Faschismus an der Macht akzeptieren, so daß ihre Gewinnchancen ebenfalls begrenzt wurden.[901] Gegenüber der Schwerindustrie bekundete sich diese »Autonomie« noch deutlicher – bei der Gründung der »Reichswerke Hermann Göring« und bei der Verhüttung der hohe Mehrkosten verursachenden inländischen Erze.[902] Gerade diese Mehrkosten nicht nur in Geldform (die Differenz bei der Verhüttung der eisenarmen deutschen Erze gegenüber ausländischen Erzen machte rund 50 RM je Tonne oder 1942 insgesamt gut 60 Millionen RM aus), sondern auch in Form zusätzlicher Arbeitskräfte und von zusätzlich benötigtem Hüttenkoks bestärkten, zusammen mit der auf dem rüstungswichtigen Bereich der Stahlerzeugung nicht zu realisierenden Autarkie[903], das Konzept des »Blitzkrieges«, so daß die beiden Monopolgruppen in diesem zuerst von der Chemiefraktion forcierten strategischen Modell auf der Basis der notwendigen Ausplünderung der eroberten Gebiete wieder zusammenfanden.

Durch den Ausbau einer Kriegswirtschaft in »Friedenszeiten«[904] wurde nicht nur der Weg »von der Weltwirtschaftskrise zur Staatskonjunktur« (G. Kroll) eröffnet[905]; diese Programmatik spielte vielmehr schon 1932/33, während der Durchsetzungsphase des Nationalsozialismus im Zeichen schwerindustrieller »Dominanz«, eine herausragende Rolle. Das belegt beispielsweise das Affidavit des Kölner Bankiers Freiherr Kurt v. Schroeder über den Inhalt des Gesprächs vom 4. Januar 1933 zwischen Papen und Hitler.[906] Vor allem machte einer der wichtigsten Programmpunkte: »die Wiederherstellung eines sowohl in militärischer als auch in wirtschaftlicher Hinsicht starken Deutschlands« (so Schroeder in seiner eidesstattlichen Erklärung), ein Arbeitsbeschaffungsprogramm durch »Reagrarisierung« und »Schaffung gesunder Wohnverhältnisse«[907] oder die Verwirklichung des von Gregor Strasser 1932 verkündeten wirtschaftlichen Sofortprogramms obsolet. Diese Verdrängung war so eindeutig, daß Fritz Sternberg als ein emigrierter Beobachter der nationalsozialistischen Verhältnisse schon im Herbst 1934 feststellte:

Tabelle 20:
Rüstungsausgaben des Deutschen Reiches (I)
(1932-1939, in Milliarden RM)

	Stuebel	Fischer	Schweitzer	Carroll	Schwerin Krosigk	v. Erbe	Eichholtz
1932	0,63	0,6	–	0,8	–	0,62	–
1933	0,746	0,7	–	1,9	0,746	0,72	1,5
1934	4,197	4,2	4,433	4,1	4,197	3,3	2,8
1935	5,487	5,5	5,934	6,0	5,487	5,15	5,5
1936	10,273	10,3	10,743	10,8	10,273	9,0	11,0
1937	10,961	11,0	14,515	11,7	10,961	10,85	14,1
1938	17,247	17,2	20,325	17,2	17,247	15,5	16,6
1939	11,906	32,3	13,907	30,0	–	–	16,3
Summe	59,971	81,2	69,86	81,7	(48,9)	(44,52)	71,8

Tabelle 20a:
Rüstungsausgaben des Deutschen Reiches (II)
(1932-1939, in Milliarden RM)

	Länderrat[1]	Schacht	Kuczynski	Klein	Hillmann	Köllner	Wagenführ
1932/33	–	–	1	–	–	0,6	–
1933/34	1,9	–	3	1,9	1,9	0,7	1,9
1934/35	1,9	2,25	5,5	1,9	2,8	4,1	1,9
1935/36	4,0	5,0	10	4,0	6,2	5,5	4
1936/37	5,8	7,0	12,5	5,8	10,0	10,3	5,8
1937/38	8,2	9,0	16	8,2	14,6	11,0	8,2
1938/39	18,4	11,0	27	18,4	16,0	17,2	18,4
Summe	40,2	34,25	75,0	50,2	51,5	(48,1)	40,2

Quelle zu Tabelle 20 und 20a: Alle Angaben (Erläuterungen, Zitationen, weiterführende Hinweise) finden sich in Eike Hennig, *Industrie, Aufrüstung und Kriegsvorbereitung im deutschen Faschismus (1933–1939)*, in: *Gesellschaft. Beiträge zur Marxschen Theorie 5*, Frankfurt 1975, S. 68–148, hier S. 122 f., s. auch die graphischen Darstellungen: S. 124 f. – Für die Entwicklung im Zweiten Weltkrieg vgl. jetzt Willi A. Boelcke, *Kriegsfinanzierung im internationalen Vergleich*, in: Friedrich Forstmeier, Hans-Erich Volkmann (Hrsg.), *Kriegswirtschaft und Rüstung 1939–1945*, Düsseldorf 1977, S. 14–72.

»Beim deutschen Faschismus [. . .] handelt es sich im Rahmen des Arbeitsbeschaffungsprogramms zum größten Teil um militärische Produktion, bei der der Staat den Kapitalisten den Absatz organisiert.«[908]

Die Einlösung der Versprechungen Hitlers von Anfang 1933 erfolgte somit ohne Verzögerung. Am 3. Februar 1933 hatte Hitler dem Reichswehrbefehlshaber dargelegt, eine Änderung der wirtschaftlichen Lage am besten durch »Eroberung neuen Lebensraumes im Osten und dessen rücksichtslose Germanisierung« zu bewerkstelligen[909]; denn im »Siedeln liegt [die] einzige Mögl[ichkeit], [das] Arbeitslosenheer z[um] T[eil] wieder einzuspannen.«[910] (Innenpolitisch bedeutete das außer »Aufbau der Wehrmacht« vor allem: »[. . .] Ausrottung des Marxismus mit Stumpf und Stiel. [. . .] Straffste autoritäre Staatsführung. Beseitigung des Krebsschadens der Demokratie.«[911]) Vor dem Kabinett definierte Hitler dann am 8. Februar 1933 das Handlungsprinzip für die nächsten vier bis fünf Jahre: alle öffentlichen Arbeitsbeschaffungsmaßnahmen hätten der »Wehrhaftmachung« zu dienen.[912]

Es ist die Frage, ob in Hitlers wirtschaftlichen »Dilettantismus« (W. Sauer) ein System steckte, »nämlich das System der Eliminierung von Tatsachen zugunsten einer fixen Idee, die schließlich, ausgesprochen oder nicht, immer wieder auf den Krieg hindeutet«.[913] – Nun umfaßte freilich das nationalsozialistische Rüstungsprogramm der Jahre 1933 bis 1939 nach Angaben des Reichsfinanzministeriums rund 61 Milliarden RM. Da die tatsächliche Höhe der Rüstungsausgaben statistisch noch nicht exakt erfaßt worden ist, seien die beiden extremen – gleichermaßen irrealen – Abweichungen von den Angaben des Reichsfinanzministeriums angeführt: Dem zufolge kostete die Rüstung von 1933 bis 1939 maximal 90 Milliarden (so Hitler am 1. September 1939 vor dem Reichstag) oder minimal 34,25 Milliarden RM (so Schacht vor dem Internationalen Militärgerichtshof in Nürnberg).[914]*

Tabelle 21:
Rüstungsausgaben und Bruttosozialprodukt des Deutschen Reiches, Großbritanniens und der USA 1929-1939

	Deutsches Reich			USA			Großbritannien		
	Mrd. RM BSP	Rüstungsausgaben	(2) in % von (1)	Mrd. Dollar			Mrd. Pfund		
	(1)	(2)	(3)	(1)	(2)	(3)	(1)	(2)	(3)
1929	89	0,8	1	104	0,7	1	4,2	0,1	2
1932	58	0,8	1	59	0,6	1	–	0,1	–
1933	59	1,9	3	56	0,5	1	3,7	0,1	3
1934	67	4,1	6	65	0,7	1	3,9	0,1	3
1935	74	6,0	8	73	0,9	1	4,1	0,1	2
1936	83	10,8	13	83	0,9	1	4,4	0,2	5
1937	93	11,7	13	91	1,0	1	4,6	0,3	7
1938	105	17,2	17	85	1,0	1	4,8	0,4	8
1939	130	30,0	23	91	1,3	1	5,0	1,1	22
Summe 1933-1939	611	81,7	13,4	544	6,3	1,2	30,5	2,3	7,5
Ø 1933-1939	87,3	11,7	11,9	77,7	0,9	1	4,4	0,3	7,1

Quelle: Berenice A. Carroll, *Design for Total War. Arms and Economics in the Third Reich*, The Hague/Paris 1968, S. 184 – zur Berechnung der Daten vgl. S. 262-267.

* Vgl. dazu meinen Forschungsüberblick in: *Gesellschaft* 5, Frankfurt 1975, S. 110-133.

Die derzeit wohl sorgfältigste und abgewogenste Schätzung der Rüstungsausgaben stammt von Berenice A. Carroll. Carrolls Angaben seien daher ebenfalls zitiert, was nicht zuletzt deshalb geboten erscheint, weil diese methodisch reflektierten Daten einen Vergleich mit den englischen und amerikanischen Ausgaben ermöglichen und auch die Relation von Rüstungsausgaben und Bruttosozialprodukt vorstellen.

Im Gefolge der wachsenden Rüstungsausgaben (die im Durchschnitt der Jahre 1934 bis 1936 zu 45 Prozent mit Mitteln des »deficit spending« aufgebracht wurden) stieg der Anteil des Staates an den gesamten Investionen an; zugleich ordnete sich dieser Anteil neuen Schwerpunkten zu:

Tabelle 22:
Anteil staatlicher Investitionen an den gesamten Bruttoinvestitionen
(1933-1938, in Milliarden RM)

	1933	1934	1935	1936	1937	1938
staatl. Investitionen	2,5	4,5	6,3	7,2	8,9	10,6
Privatinvestitionen	2,6	3,7	4,8	6,6	7,1	7,9
Gesamtinvestitionen	5,1	8,2	11,1	13,8	16,0	18,5
% der staatl. Investitionen	49	54	56	52	55	57

Quelle: Arthur Schweitzer, *Die wirtschaftliche Wiederaufrüstung Deutschlands von 1934-1936*, in: *Zeitschrift für die gesamte Staatswissenschaft*, 114 (1958), hier S. 627.

Im gleichen Zeitraum veränderten sich innerindustriell die Investitionsströme. Während 1933 von den geschätzten Investitionen noch 66,2 Prozent auf den zivilwirtschaftlichen Bereich und nur 14,7 Prozent auf den militärischen Bereich entfielen, sank der Anteil der zivilwirtschaftlichen Anlagen 1938 auf 26,9 Prozent, während derjenige der industriell aufgewendeten Investitionen für militärische Zwecke auf 45, Prozent anstieg.

Die bereits angedeutete Veränderung in der Ausgaben- und Anlagenrichtung der öffentlichen Investitionen vermögen die folgenden Angaben zu veranschaulichen:

Tabelle 23:
Geschätzte Investitionen der deutschen Industrie (1928-1938, in Milliarden RM)

	(1)	(2)	(3)	(4)	(5)
1928	13,8	0,5	2,7	1,3	9,3
1933	6,8	1,0	0,5	0,8	4,5
1934	10,6	3,4	1,0	1,2	5,0
1935	14,4	5,0	1,6	1,4	6,4
1936	21,1	9,3	3,0	1,6	7,2
1937	23,2	9,5	4,3	1,8	7,6
1938	29,8	13,6	5,6	2,6	8,0

(1) Gesamtinvestitionen, (2) militärische Investitionen, (3) Grundstoffindustrien, (4) Beförderungsmittel, Straßenbau, (5) Zivilwirtschaft.

Quelle: Berenice A. Carroll, *Design for Total War*, The Hague/Paris 1968, S. 188 (dort finden sich auch nähere Angaben zu den einzelnen Kategorien).

Tabelle 24:
Die öffentlichen Investitionen in Deutschland (1928, 1933, 1938)

	1928	1933	1938
	(in Mill. RM, brutto)		
1. Wehrmacht	827	720	15 500
2. Verkehr	2 234	1 238	3 376
3. öffentl. Verwaltung	1 830	810	1 200
4. Versorgungsbetriebe	1 023	200	700
5. Wohnungsbau	1 330	185	250
6. Total	7 240	3 150	21 030

Indexzahlen (nominal, aufgerundet)

	1928	1938	1933	1938
	1933 = 100		1928 = 100	
1.	115	215	87	187
2.	180	273	55	151
3.	226	148	44	66
4.	512	350	20	68
5.	719	135	14	19
6.	230	668	44	290

Quelle: René Erbe, *Die nationalsozialistische Wirtschaftspolitik 1933-1939 im Lichte der modernen Theorie*, Zürich 1958, S. 25 (zu den Kategorien vgl. S. 25-27);

vgl. auch Wolfram Fischer, *Deutsche Wirtschaftspolitik 1918-1945*, Opladen 1968, S. 99, 102; Berenice A. Carroll, *Design for Total War*, The Hague/Paris 1968, S. 187.

Der Wohnungsbau ging von 1928 bis 1933 im Laufe der Wirtschaftskrise um fast neun Zehntel zurück und nahm im »Dritten Reich« nur geringfügig zu. Die Verteidigungsausgaben sanken ebenfalls, obschon von allen Ausgabenposten am wenigsten. Ab 1933 stiegen sie dann rapid an, wenngleich, wie die tabellarische Zusammenstellung vorliegender Informationen aufzeigt, man darüber kaum eine exakte Aussage machen kann. Es sieht so aus, als hätten die Rüstungsausgaben erst ab 1936 stark zugenommen; 1938 übertrafen sie dann den Stand vor der Weltwirtschaftskrise um fast das Doppelte. Ein derart dimensioniertes Rüstungsprogramm in Höhe von wahrscheinlich rund 64 Milliarden RM (T. Mason), das 1938/39 15 bis 21 Prozent des Bruttosozialprodukts ausmachte[915], läßt sich ökonomisch, soziologisch und politisch in keiner Weise als das Produkt der »fixen Idee« einer Person, Hitlers, erklären. Auch eine Interpretation, welche die Aufrüstung auf die verborgene Aktivität Hitlers, Görings und Blombergs zurückführt[916], versagt hier als Erklärung. Gegenüber solchen Deutungen muß die Rüstung – als eine Form der besonderen, effizienten Ausnutzung zunächst einmal der schwerindustriellen Kapazitäten[917] – mit in die Analyse des Bündnisses zwischen NSDAP und »traditionellen Oberklassen« bzw. ökonomisch »herrschender Klasse« einbezogen werden: *Aufrüstung bildete – neben der Zerschlagung der Arbeiterbewegung – die Basis des Kompromisses zwischen NSDAP und (Schwer)Industrie, zwischen politischer Macht und ökonomischer Herrschaft. Die Chemie- und Elektroindustrie »wuchs« bis 1936 in dieses Konzept »hinein«, um danach im Rahmen des »Autarkiemodells« einen dominanten Einfluß zu erlangen.*

Die Weltwirtschaftskrise* der Jahre 1929 bis 1932/33 hatte Deutschland von allen europäischen Industriestaaten an stärk-

* Zum folgenden vgl. ausführlicher meine *Thesen zur deutschen Sozial- und Wirtschaftsgeschichte 1933 bis 1938*, Frankfurt 1973, S. 40-80; zur politökonomischen Lage schwerindustrieller Bankrotteure vgl. Alfred Sohn-Rethel, *Ökonomie und Klassenstruktur des deutschen Faschismus*, Frankfurt 1973, bes. S. 41 ff., 53 ff., 120 ff., 173 ff., 186 ff.

sten getroffen. Der Rückgang der Industrieproduktion begann im Frühjahr 1929 und hielt, mit einer kurzen Unterbrechung Anfang 1931, bis zur Jahresmitte 1932 an. Besonders betroffen war die Investitionsgüterindustrie, also mittelbar und unmittelbar auch die Schwerindustrie. Um die Krise zu überwinden, befürwortete die Industrie seit Anfang 1932 mehr und mehr ein expansives staatliches Wirtschaftsprogramm etwa anstelle von Brünings Deflationspolitik.[918] Dieser Wendung trug schon das »Ankurbelungsprogramm« von Papens »Neuem Staat« Rechnung – jedoch mehr mittels Steuerermäßigung als durch direkte Arbeitsbeschaffung –, wobei es, wie man einer durch eine Einleitung Papens quasi-autorisierten Programmschrift entnehmen kann, um einen »kapitalistischen Effekt«[909a] ging. Das heißt, daß die Wirtschaft die politische Aufhebung sozialistischer Einrichtungen wie beispielsweise der Sozialpolitik und des Arbeitsrechts betrieb.[910a] Die Schwerindustrie zeichnet sich dadurch besonders aus, »daß in diesem Bereich, der von jeher national und schroff antisozialistisch gewesen [ist] – man denke an Alfred Krupp und Stumm-Halberg –, die Führungsschicht so verhältnismäßig geschlossen auf dem rechten Flügel der Parteien bis in den Nationalsozialismus hinein [steht].«[911a] Diese politische Einstellung der Schwerindustrie war zweifach – sowohl allgemein als auch spezifisch – vermittelt:

1. durch eine gewisse »strukturelle Affinität« zum Nationalsozialismus, da das »Führerprinzip« zur täglichen Funktionsweise der Wirtschaft gehört,
2. durch eine spezifische aktive Partizipation am nationalsozialistischen Programm der Arbeitsbeschaffung über extensives rüstungspolitisches »deficit spending«: »Instrumentalisierung der Wirtschaftspolitik zu einem Mittel der Aufrüstung« (D. Petzina).

Beide Punkte lassen sich anhand der Rede Hitlers am 26. Januar 1932 im Düsseldorfer »Industrieklub« vor rund 400 bis 500 Hörern verifizieren. Die organisatorisch-strukturelle Gleichartigkeit von Industrie und Nationalsozialismus, also das »Führerprinzip«, hat er dort durch Hinweis auf zwei antagonistische Prinzipien verdeutlicht: das »Prinzip der Demokratie« und das »Prinzip der Autorität der Persönlichkeit«. Damit appellierte Hitler geschickt an die Interessen der Industriellen an der Wahrung ihres Besitzstandes und ihres Status. Der immanente Zusammenhang dieser Ausführungen mit dem Streitgespräch mit Otto Strasser am 20. und 21. Mai 1930 erhellt diese Aussage über die momentane politische Absicht, eine Interessenidentität von Nationalsozialismus und industrieller Herrschaft herzustellen, als Topos des Bündnisses mit den traditionellen Oberschichten. Das gilt auch für die Folgerung:

»[...] Es ist Widersinn, wirtschaftlich das Leben auf dem Glauben der Leistung, des Persönlichkeitswertes, damit praktisch auf der Autorität der Persönlichkeit aufzubauen, politisch aber diese Autorität der Persönlichkeit zu leugnen und das Gesetz der größeren Zahl, die Demokratie, an dessen Stelle zu schieben.«[912a]

Diese allgemeine Identität zwischen kapitalistischer Industrie und Nationalsozialismus wird sodann in eine spezifische umgemünzt, indem Hitler eine Politik in Aussicht stellt, die – orientiert am »Primat der Wiederherstellung eines gesunden, nationalen und schlagkräftigen deutschen Volkskörpers«[913a] – für die unausgenutzten Kapazitäten der Schwerindustrie einen staatlichen, rüstungspolitischen Absatzmarkt zu errichten verspricht.[914a] Über diese Rüstungspolitik sowie über die Finanzierungsmodalitäten haben später, was beispielsweise das zitierte Affidavit Kurt von Schroeders andeutet, konkrete Gespräche mit Schwerindustriellen und dem Bankfachmann Schacht stattgefunden.[915a]

Diese Politik, an deren *Konkretisierung* Industriekreise mitwirkten, deren politische Realisierung jedoch ohne die NSDAP unmöglich war, stieß auf intensive Vorbereitungen bei den schwerindustriellen Unternehmen. So erwähnt beispielsweise die Firma Krupp in ihrem Geschäftsbericht 1937/38, das Unternehmen produziere bereits seit 1933 »wieder Kriegsgeräte in großem Umfange«. »Jahrzehntelang gar nicht oder unzulänglich beschäftigte Werkstätten wurden wieder in Betrieb genommen und waren nach kurzer Anlaufzeit in voller Tätigkeit.«[916a] Im selben Bericht erinnert Krupp daran, die Firma habe unter Umgehung der Bestimmungen des Versailler Vertrages Werke und Anlagen für die Rüstungsproduktion ständig instandgehalten:

»Das Versailler Diktat verbot der Gesellschaft nahezu völlig die Anfertigung von Waffen und Heeresgerät und forderte die Zerstörung hierfür bestimmter Maschinen und Anlagen. [. . .] Trotz aller erdenklichen Schwierigkeiten wurden jedoch die Werkstätten durchgehalten. Für das neue Fertigungsprogramm wurden Gegenstände gewählt, bei denen die Gefolgschaftsmitglieder ihre Erfahrungen in der Werkstoffbearbeitung und -verfeinerung erhalten und verbessern konnten, obwohl Herstellung und Vertrieb dieser Erzeugnisse zum Teil mit großen Verlusten verbunden waren.«[917a]

Der »Reichsverband der Automobilindustrie« war schon vor 1933 an Papen herangetreten mit Vorschlägen, wie der Kraftfahrzeugindustrie – nach italienischem Vorbild – »die Überwindung des gegenwärtigen wirtschaftlichen Tiefstandes« ermöglicht werden soll, damit sie »ihre wehrpolitische Aufgabe erfüllen kann«.[918a] (Alle derartigen Absichten sind im Affidavit des Gastgebers des Hitler-Papen Gespräches vom 4. Januar 1933, Kurt von Schroeder, angedeutet.[919]) Die Voraussetzung für die Wirksamkeit solcher Konzepte war (ein in den dreißiger Jahren offensichtlich noch möglicher) schneller und relativ reibungsloser Übergang von der Zivil- zur Rüstungsproduktion. Die Spezialisierung der Rüstungstechnologie war noch nicht weit fortgeschritten, so daß brachliegende Kapazitäten durch Rüstungsaufträge, ohne lange Umstellungsphasen mit Zerstörung des investierten fixen Kapitals, wieder reaktiviert werden konnten.[920]

Die manifesten Interessen der Schwerindustrie trafen auf eine nationalsozialistische, militärstrategisch wesentlich am Modellfall des Ersten Weltkrieges geschulte Politik, die im Osten den »Lebensraum« des deutschen Volkes erblickte. Diesem Ziel wurden Staat und Wirtschaft zugeordnet[921], so wie es bei der Revision der Niederlage des Ersten Weltkrieges zu begreifen galt, »daß [. . .] der Wirtschaft nur die zweite oder gar dritte Rolle zufällt und politischen, sittlich-moralischen sowie blutsmäßigen Faktoren die erste«.[922] *Die Wirtschaft wurde auf diese Weise als eine in ihrer Binnen- und damit Herrschaftsstruktur unangetastete Größe funktional den politischen Zielsetzungen subsumiert.* Diese Zielsetzungen waren jedoch keine abstrakten Markierungen, sondern selbst wieder, nicht zuletzt – direkt und indirekt – ökonomisch vermittelte, gesellschaftliche Produkte. Es war allerdings ein Topos der nationalsozialistischen Propaganda, daß der Politik vor der Wirtschaft ein Primat zukomme. Dies ging mit der nicht-liberalen politischen Tradition der Schwerindustrie überein. Sie hat den preußischen Staat stets als protektionistischen Garanten, ja, Promoter, kapitalistischer Akkumulation erfahren. Ein imperialistisches Primat der Politik befremdete sie daher nicht.

»Eine der Hauptursachen einer auch heute noch vorhandenen optimistischen Auffassung der deutschen Lage ist der Irrtum, daß die ›Wirtschaft‹ wohl in der Lage wäre, den ›Wiederaufbau‹ Deutschlands durchzuführen. Ein Irrtum deshalb, weil Wirtschaft laut geschichtlicher Erfahrung immer eine secundäre Erscheinung im Völkerleben ist, gebunden an die primäre Voraussetzung des Staatsgedankens und Staatserhaltungstriebes einer Nation.

Ein Irrtum aber besonders deshalb, weil ja auch in dem uns betreffenden Falle nicht die Wirtschaft der versagende Teil war, sondern auch hier und heut in Deutschland noch immer der Mangel an Nationalgefühl und Staatserhaltungstrieb die Ursache dessen ist, was wir mit dem ›deutschen Zusammenbruch‹ bezeichnen.

Die Frage einer Genesung unseres deutschen Volkes ist nicht die der Genesung unserer Wirtschaft, sondern die der Wiedergewinnung jener inneren Einstellung unseres Volkes, die allein staatliche Größe, damit aber auch wirtschaftliche Wohlfahrt zu gewährleisten vermag.«[923]

Oder: »Die Macht ist immer die Wegbereiterin in der Wirtschaft gewesen.«[924]

Diese Programmthesen Hitlers haben den obrigkeitsstaatlichen Vorstellungen der Schwerindustrie durchaus entsprochen.

Die Verwirklichung der politischen Ziele »Aufrüstung« und »Gewinnung von Lebensraum« setzte eine konfliktarm funktionierende, instrumentalisierte und produzierende Wirtschaftsordnung voraus. Eine solche am Begriff der Massenproduktion abstrakt fixierte Wirtschaftsordnung stand sichtlich im Zentrum des Hitlerschen Ökonomiebegriffs.[925] Die Beschaffenheit der Produktionsverhältnisse, das »Wie« der Produktion, wurde weitgehend ignoriert; d. h., der kapitalistische Charakter dieser Verhältnisse galt als naturwüchsig-selbstverständlich[926] (was nicht nur der Kooperation mit der »herrschenden Klasse« förderlich war, sondern auch dem Verhalten »der« Mittelschichten entsprach).

Die Verteilung von Herrschaft und Abhängigkeit im ökonomischen Bereich erscheint, worauf nicht zuletzt das Gespräch mit Otto Strasser hindeutet, als eine Funktion rassischer Höher- oder Niedrigwertigkeit. »Halten Sie mich für so verrückt, daß ich die deutsche Großindustrie zerstören will? Nur wenn ihre Tätigkeit den Interessen der Nation zuwiderläuft, dann, und nur dann müßte der Staat intervenieren«[927], entgegnete Hitler Otto Strasser auf die Frage, was nach einer Machtübernahme der Nationalsozialisten mit Krupp geschehen solle. Bemerkenswert an diesem Satz ist, daß die Produktion der Großindustrie mit einem allgemeinen Interesse verquickt wird, das unter Umständen auch intervenierende Akte legitimiert und fordert. Damit ist das liberale, etwa im Sayschen Gesetz verankerte, Axiom der Marktautomatik und Marktselbstregulierung angezweifelt, woraus »gerade auch bei grundsätzlicher Anerkennung des Privateigentums an den Produktionsmitteln«, die Berechtigung einer »gesamtwirtschaftlichen Organisation«[928] abgeleitet wird. Und auch dies deckte sich mit Vorstellungen der Schwerindustrie. Ausgehend von ihrem Rüstungsinteresse vertrat sie nämlich das »Ideal einer kundenfreien Wirtschaft« (M. J. Bonn), d. h. einer Produktion nicht für den überaus unberechenbaren Markt, sondern für den Staat als Aufkäufer von Rüstungswaren.[929]

Die Formel »Gemeinnutz geht vor Eigennutz« bedeutet nicht mehr, als daß Effizienz und Produktionsausstoß der Industrie in Hinsicht auf deren Fähigkeit zur »Bedarfsdekkung« betrachtet werden. Konkret heißt das, daß die Tätigkeit der Industrie am Grad der Erfüllung staatlich gesetzter, rüstungspolitischer Zielsetzungen gemessen wird. Von hier aus erhält die 1936 in der Denkschrift über den »Vierjahresplan« enthaltene Bemerkung, es sei »nicht die Aufgabe staatlichwirtschaftlicher Einrichtungen, sich den Kopf über Produktionsmethoden zu zerbrechen«[930], seinen Sinn. Aufgabe des Staates ist es vielmehr, Produktionsziele zu bestimmen, die als Formulierung des Allgemeinwohls legitimiert werden. Der Maxime »Gemeinnutz geht vor Eigennutz« wird auf der Seite »der« Industrie Genüge getan, indem sie die rüstungspolitischen Zielsetzungen verwirklicht (dabei ist entscheidend, daß die industriellen Spitzenverbände von vornherein und allseitig, d. h. was Umfang und Kosten der Produktion anlangt, in die entsprechenden Planungsvorgänge eingeschaltet werden).

Hitler hat die obige Interpretation der Formel vom Vorrang des »Gemeinwohls« und der »Bedarfsdeckung« selber verdeutlicht:

»Das Wirtschaftsministerium hat nur die national-wirtschaftlichen Aufgaben zu stellen, und die Privatwirtschaft hat sie zu erfüllen. Wenn aber die Privatwirtschaft glaubt, dazu nicht fähig zu sein, dann wird der nationalsozialistische Staat aus sich heraus diese Aufgabe zu lösen wissen. [. . .] Die deutsche Wirtschaft [. . .] wird die neuen Wirtschaftsaufgaben begreifen, oder sie wird sich eben unfähig erweisen in der modernen Zeit, in der ein Sowjet-Staat einen Riesenplan aufrichtet, noch weiter zu bestehen. Aber dann wird nicht Deutschland zugrunde gehen, sondern es werden dies höchstens einige Wirtschaftler.«[931]

Der drohende Ton erklärt sich aus der 1936 vollzogenen Wendung zur forcierten Aufrüstung im Rahmen eines »Autarkiemodells« sowie aus den Problemen mit der Gründung der »Reichswerke Hermann Göring«; vor allem aber ist er ein Indiz der politischen Macht des Nationalsozialismus. Ebenso bedeutsam ist jedoch, *daß sich diese Macht auf das Aufzeigen einer Möglichkeit beschränkt.* In der Realität nämlich kommt es nur zur Umverteilung der Einflußchancen innerhalb der Industrie zum Vorteil der Chemieindustrie.

Es kann also behauptet werden, die übergeordnete Organisation des Nationalsozialismus habe sich inhaltlich dadurch ausgezeichnet, daß sie die kapitalistisch-ökonomische Ordnung politisch stabilisierte. Dem dienten die Zerschlagung der sozialen und politischen Arbeiterorganisationen sowie die Stabilisierung der Löhne auf dem niedrigen Stand der Weltwirtschaftskrise. So wie durch die rüstungspolitische Auftragserteilung wurden damit kapitalistische Interessen erfüllt. Die an die Stelle der überholten Marktmechanismen tretende »gesamtwirtschaftliche Organisation« (H. Bräutigam) läßt sich durchaus als ein unter *offener* Gewaltanwendung entstandenes und funktionierendes »Gesamtunternehmen« »Industriegesellschaft«[932] begreifen. Darin besteht die letzte Konsequenz des nationalsozialistischen Ökonomieverständnisses. Hierin – nicht in direkten, persönlichen Kontakten zu Industriellen – hat sich die nationalsozialistische Politik als ein strukturelles Produkt einer spezifisch-kapitalistischen Gesellschaft erwiesen.

Schon vor der im Detail sicherlich dezisionsträchtigen Aufnahme von Beziehungen mit den »traditionellen Oberklassen« orientierte sich der Nationalsozialismus am Leistungsprinzip, indem er den individuellen und politisch-gesellschaftsbezogenen Beitrag zur Produktion bzw. Produktionssteigerung hervorhob. Das Leistungsprinzip wurde dabei verabsolutiert, so daß sein inhaltlicher und organisatorischer Charakter, seine Auswirkungen auf die Produzenten und sein gesellschaftlicher Stellenwert gar nicht mehr in einer von den Strukturen des Status quo abweichenden Weise thematisiert wurden. Diejenigen Organisationen – vor allem SPD, KPD, ADGB und RGO –, die – jeweils unterschiedlich – eine solche Thematisierung betrieben haben und Gegenöffentlichkeiten herstellten, wurden eliminiert; ja, die Institutionalisierung eines nationalsozialistischen politischen Monopols und die Verlagerung politischer Probleme in die NSDAP und ihre Suborganisationen verdrängten schließlich sogar die bürgerlichen Parteien – sie wurden entweder aufgelöst oder zur Selbstauflösung gezwungen. Das hatte zur Folge, daß sich das Bürgertum auf die Formulierung seiner ökonomischen, auf das Profitmotiv verkürzten Interessen in den Industrieverbänden sowie auf deren Durchsetzung in der NSDAP beschränkte.

In diesem Sinne erscheinen das nationalsozialistische Ökonomieverständnis und der darin enthaltene Begriff von Politik primär als leistungsorientiert, d. h. orientiert an Leistung und (rüstungspolitischer) Produktion als solcher. Die Regelung der Organisation, der Besitz- und Verfügungsverhältnisse, der Produktionskosten blieb der »herrschenden Klasse« überlassen, das Problem der Produktivität und damit der Effizienz des Faktors »abhängige Arbeit« sowie der »human conditions« wurde, obschon unter propagandistisch erheblichem Aufwand, nur am Rande aufgenommen[933] – als soziale Betreuung des schaffenden Volksgenossen »beispielsweise durch »Maßnahmen zur Ertüchtigung und Leistungssteigerung der schaffenden Menschen im Betriebe«.[934] Die im Rahmen des »Führerprinzips« ausgeschlossene Bestimmung der Arbeitsbedingungen durch die abhängig Arbeitenden selbst sollte durch folgende Aktionen, die alle der »Schönheit der Arbeit« dienten, kompensiert werden: »Saubere Menschen im sauberen Betrieb«, »Grün in die Betriebe«, »Kampf dem Lärm«, »Gutes Licht – gute Arbeit«, »Gesunde Luft im Arbeitsraum«

und »Warmes Essen im Betrieb«.[935] Adressat solcher Aktionen war das »Idealbild des modernen Arbeitsmenschen«: »Aufgeschlossen und gesund, fleißig und treu, froh und intelligent, arbeitsam und hoffnungsvoll, zuverlässig und kameradschaftlich im Betrieb, wie jedem gegenüber, den er Freund nennt, ein überzeugter Nationalsozialist der Tat.«[936] Aber die affektierte »Betriebsgemeinschaft« blieb als Grundlage hoher Produktionsergebnisse bloßes Ziel des »wahren Sozialismus«: denn das produktionsorientierte nationalsozialistische Ökonomieverständnis mußte – hier zeigen sich die Grenzen des Terrors gegen die Arbeiterklasse – die Bedeutung der Produktivität außer acht lassen. Das ging so weit, daß nach Angaben eines Direktors der Gelsenkirchener Bergwerksgesellschaft Knepper, Ende 1937 von 51 000 Beschäftigten 5000 nur deshalb beschäftigt wurden, um den Produktivitätsabfall aufzufangen.[937] Selbst wenn man die seit Sommer 1935[938] zunehmende Verknappung der Arbeitskräfte, die vor allem im Bergbau spürbar war, als zusätzlich indirekt produktivitätsmindernden Faktor in Rechnung stellt, bleibt die Aussage Kneppers ein Indiz für die innerbetrieblichen Folgen nationalsozialistisch produktionsorientierter Politik.

Das verweist auf eine partielle Neutralisierung der nationalsozialistischen Absichten, denn nationalsozialistische Politik implizierte ja Übernahme, Bewahrung und unter Durchsetzung des »Führerprinzips« praktizierte Effizienzsteigerung einer (monopol)kapitalistischen Wirtschaftsordnung. Die Gründe dafür sind der Terror, die erst Mitte 1937 gelungene Überwindung der Arbeitslosigkeit und – damit verbunden – die aus der militärstrategischen Erfahrung des Ersten Weltkrieges und dem imperialistischen Konzept der Eroberung von »Lebensraum« abgeleitete Aufrüstung. Jeder Eingriff, jede »zweite Revolution«, hätte zu Friktionen und somit zu Produktionsminderungen geführt. Das wiederum hätte die Realisierung des nationalsozialistischen, politisch-ökonomischen Imperialismus erst nach einer Umstellungs- und Aufbauphase erlaubt. Dagegen heißt es in der auf Unterlagen des IG Farben-Konzerns beruhenden Denkschrift über den »Vierjahresplan«:

»Das Ausmaß und das Tempo der militärischen Auswertung unserer Kräfte können nicht groß und nicht schnell genug gewählt werden! [...]

Wenn es nicht gelingt, in kürzester Frist die deutsche Wehrmacht in der Ausbildung, in der Aufstellung der Formationen, in der Ausrüstung und vor allem auch in der geistigen Erziehung zur ersten Armee der Welt zu entwickeln, wird Deutschland verloren sein!«[939]

Es sind die Erfahrungen des Ersten Weltkrieges, des ersten »totalen Krieges«, welche die Bedeutung der »Kriegswirtschaft in Friedenszeiten« erhellen. Derartige Überlegungen hat Hitler mehrfach angestellt:

»Ich [Hitler] habe in diesem Kriege vorgesorgt, wie in keinem Krieg vorgesorgt worden war, und es hat sich reichlich gelohnt. [. . .] Was wir in diesem bisherigen Kampf als Munition verschossen haben, das ist im wesentlichen nur der Teil einer Monatsproduktion. Die Reserven sind so ungeheuer, daß ich auf manchen Gebieten die Produktion jetzt einstellen muß, weil es keine Möglichkeit gibt, diese Massen irgendwie unterzubringen. [. . .]

Die deutsche Produktionskapazität ist die höchste der Welt, und wir werden davon nicht heruntergehen, denn wir sind in der Lage, heute die Kräfte so ziemlich ganz Europas zu mobilisieren – und daß ich das industriell tue, das kann man mir schon glauben! Die materielle Rüstung ist daher eine ganz ungeheuerliche, und sie wächst jetzt erst. Wenn wir auch jahrelang die industrielle Mobilisierung vorbereitet hatten, so wissen Sie, daß das Ausstoßen im großen Maße ja doch erst nach ein- bis eineinhalb Jahren Zeit geschieht. Und das ist jetzt der Fall.

[. . .]

Wirtschaftlich lohnen sich jetzt die langen Vorbereitungen, die wir schon im Frieden getroffen haben.«[940]

»Über sechs Jahre habe ich nun am Aufbau der deutschen Wehrmacht gearbeitet. In dieser Zeit sind über 90 Milliarden* für den Aufbau unserer Wehrmacht aufgewendet worden. Sie ist heute die am besten ausgerüstete der Welt und steht weit über jedem Vergleich mit der des Jahres 1914!«[941]

Es muß also der zeitliche Aspekt von Aufrüstung und Arbeitslosenbeseitigung in die Analyse des Verhältnisses von Nationalsozialismus und Industrie miteinbezogen werden.

Sieht man von der indirekt-grundsätzlichen Affinität einmal ab, so ist ein weiterer Punkt der Kontinuität der industriellen Verbandsordnung von der Weimarer Republik über den Nationalsozialismus bis in die Bundesrepublik[942], daß sich der Nationalsozialismus von seiner imperialistischen Intention her keine Zeit »nehmen« konnte, grundlegend in die Organi-

* Vgl. die Tabellen 20 und 20a.

sation und Struktur der Wirtschaft einzugreifen. Nicht zuletzt aus diesen zeitlichen Gründen schrieb er der Wirtschaft lediglich als organisatorischen Rahmen das »Führerprinzip« vor, das innerbetrieblich den Interessen vor allem der Schwerindustrie entgegenkam und dessen Eingriffe in die Direktionssphäre auch des Kapitals (z. B. Preiskontrolle, Außenhandelsbeschränkungen, Beeinflussung von Investitionen) der großen Industrie profitabel mit rüstungswirtschaftlichen Extraprofiten vergolten wurden.

Zusammenfassung

> »Der Klasseninhalt der Nazis ist nicht schön genug, um ihn zu sagen: Schutz des Kapitals, Vorbereitung des Zweiten Weltkriegs. So griff die Bourgeoisie – nach gründlicher Vorbereitung – zur schwarzen Magie, zum Einsatz falscher irrationaler Elemente, zum Mißbrauch der echten. Der Nazi nahm ja nicht nur die *schlicht*-ökonomische Verzweiflung seiner Bauern und Kleinbürger auf. Das dritte Reich versprach ihnen auch, was sie als Entmenschte, Entseelte, Mechanisierte, als die Entäußerten des Marxschen Sinns entbehrten; das Niflheim der Versprechungen gab für alles Platz. Faschistische Propaganda hat derart die gesamte menschliche Vermissung zum Faktor seiner Verführungslüge gemacht: hier vor allem machte der Nazi Eindruck, hier gab er sich als Retter und einzig wahren Jakob aus. Das aber hätte nicht entfernt im gleichen Maß gewirkt, hätten die echten Revolutionäre dies Feld besetzt gehalten, wären sie einer spezifischen und sehr komplizierten [. . .] Wirklichkeit geneigter gewesen, der des falschen Bewußtseins.« (Ernst Bloch, *Zur Methodenlehre der Nazis*, November 1936, abgedr. in ders., *Vom Hasard zur Katastrophe*, Frankfurt 1972, S. 101)

Ernst Blochs Bemerkung über Erfolg und Notwendigkeit nationalsozialistischer Propaganda faßt wesentliche Aspekte *und* Fragen dieses Berichts über Literatur und Problematik des Verhältnisses von »bürgerlicher Gesellschaft« und »Faschismus« zusammen:

– Die strikte Gegenüberstellung eines »Primats der Politik« oder eines »Primats der Ökonomie« verabsolutiert Dimensionen des Gesamtkomplexes der sozialen, ökonomischen und politischen Reproduktion in der Endphase der Weimarer Republik (ab 1930) bis zur Konsolidierung des deutschen Faschismus an der Macht (1934) und während der den Zweiten Weltkrieg vorbereitenden Aufrüstung.

– Die Verabsolutierung und Trennung von nationalsozialistischer Politik und »kapitalistischer« Ökonomie muß zugunsten der Analyse der Formen, Inhalte und Genese der Arbeitsteilung von nationalsozialistischer Oligarchie (in friktionsreicher Beziehung zu ihrer eigenen Massenbewegung) und den Monopolgruppen sowie Interessenvertretern der großen Industrie aufgegeben werden. (Vgl. dazu meine *Hypothesen zur Realdefinition des Verhältnisses von Industrie und Faschismus* in der von Reinhard Kühnl herausgegebenen Sammlung: *Texte zur Faschismusdiskussion I*, Reinbek bei Hamburg 1974, S. 156-163.)

– Strukturelle Vorgaben dieser Arbeitsteilung und arbeitsteiligen Kooperation sind auf der Seite der großen Industrie die Interessen an einer profitablen und kurzfristigen Ausnutzung brachliegender Kapazitäten, an einer Beendigung der latenten – ja, teilweise sogar schon manifesten – Dekapitalisierung während der Weltwirtschaftskrise und an einer *Total*revision von Weimarer Republik und Demokratie; auf der Seite der NS-Oligarchie ist es die Gelegenheit zur siegreichen Beendigung des »Kampfes um die Straße«, zur Zerschlagung und terroristischen Unterdrückung der *gesamten* Arbeiterorganisation, einschließlich der Gewerkschaften.

– Strukturelle Grundlage der Arbeitsteilung ist ein rapide inszeniertes Aufrüstungskonzept, wobei das forcierte Tempo der Kriegsvorbereitung ein zusätzlicher Garant »kapitalistisch« verfaßter Ökonomie ist, weil die NSDAP sich gar keine Zeit für sozialstrukturelle Änderungen und entscheidende Eingriffe in die Kompetenz »bürgerlicher« Funktionseliten nehmen kann, will sie nicht ihr Ziel ›Aufrüstung – Revision des Ersten Weltkrieges‹ gefährden oder seine Verwirklichung zumindest erheblich verzögern.

– Strukturelle Grundlage für die Stellung der NS-Oligarchie in der arbeitsteiligen Kooperation mit großer Industrie, Wehrmacht und Verwaltung ist die (»relative«) Autonomie der NSDAP als einer politischen Massenbewegung, als der größten »pro-bürgerlichen« Partei (deren »stark zunehmende« Tendenz seit den RT-Wahlen vom 14. 9. 1930 bekannt ist – beispielsweise weist Hermann Remmele, Mitglied des ZK der KPD und ein Führer des »Kampfbundes gegen den Faschismus«, schon am 8. Juli 1930 in der Rede *Sowjetstern oder Hakenkreuz* auf die »stark zunehmende faschistische Bewegung« hin).

– Der Begriff Autonomie bringt zum Ausdruck, daß Massenhaftigkeit und Engagement des deutschen Faschismus auf sozialstrukturelle und sozialpsychologische Ursachenkomplexe, nicht auf ökonomische ›Bestechung‹ mittels industrieller Spenden an die Parteikasse der NSDAP zurückgeführt werden müssen. Die Bedeutung »kapitalistischer« Finanzhilfen besteht lediglich darin, daß die NSDAP vorgegebene Möglichkeiten per Propaganda, permanenter Wahlkampfführung und Gratifikation – insbesondere an die SA als den Träger der Massenaktivität – ausschöpfen konnte; die Umsetzungsleistung blieb aber stets Aufgabe der NSDAP selbst. Viel wichtiger als derartige Finanzhilfen war die Verbesserung der Reputation und des Wählbarkeitsimages der NSDAP durch frühe Formen arbeitsteiliger Kooperation etwa mit Hugenberg in der »nationalen Einheitsfront« des Volksbegehrens gegen den Youngplan (1929), in der »Harzburger Front« (11. Oktober 1931) oder durch die lokal- und regionalanalytisch nachweisbaren Kontakte/Zusammenarbeit mit »bürgerlichen« und bäuerlichen Honoratioren: Ab 1930 schwindet die Massenbasis konservativer und agrarischer Parteien, wobei sie – in letzter blutiger Konsequenz 1934 und 1944 – die Erfahrung machen (müssen) –, daß sie die autonome und gewaltsame NSDAP und deren Oligarchie nicht »zähmen« können, daß sie folglich die Arbeitsteilung nicht als ökonomische *und* politische Omnipotenz »bürgerlicher« Politik(er) redefinieren können. Dafür ist das als Autonomie bezeichnete Verselbständigungspotential des faschistischen Elements von Staatlichkeit zu groß; die Aufgabe der Unterdrückung der Arbeiterbewegung begründet die ›Unersetzlichkeit‹ der NSDAP sowie deren terroristische und repressiv-planerische Kompetenzen (SA, SS).

– Die Autonomie der NSDAP stützt sich innerparteilich auf die Ambivalenz dieser Partei. Der Begriff Ambivalenz bezeichnet die heterogene Sozial- und Motivationsstruktur der NSDAP. Diese Ambivalenz kann durch den Hinweis auf den Charakter der NSDAP als »Volkspartei« und auf den Zielwert der »zweiten Revolution« beleuchtet werden. Weil jedoch die Ambivalenz der NSDAP nicht unabhängig von Autonomie und Arbeitsteilung dargestellt werden kann, liefert ein Hinweis auf die »zweite Revolution« und die ansatzweise »volksparteiliche« Mitglieder- und Wählerstruktur der NSDAP nur Perspektiven, in denen die letztlich im Arbeitsteilungskonzept gebändigte Ambivalenz der NSDAP deutlich wird. Während wegen des Autonomiepotentials der NSDAP der konservative »Zähmungsversuch« 1933/34 gescheitert ist (soweit er sich nicht als Arbeitsteilungs-Programm auf die Vorgabe des sozialstrukturellen Fundaments gründet), ist es der NS-Oligarchie sehr wohl gelungen, die Zentrifugalkraft der »NS-Linken« einzubinden und das Potential nationalsozialistischer Ambivalenz zu »zähmen«.

– Die Begriffe Autonomie, Ambivalenz und Arbeitsteilung erlauben, die Schlagworte von der Ziel- und Interessenidentität von (Groß)Industrie und NSDAP bzw. NS-Oligarchie kritisch zu diskutieren. Sie liefern die Perspektive für eine differenzierte Analyse, die nicht bei der kurzgeschlossenen Frage nach »den sozialen Auftraggebern und Finanziers der faschistischen Partei« stehenbleibt (vgl. demgegenüber beispielsweise den bornierten Duktus einer Rezension von Böhnkes Arbeit *Die NSDAP im Ruhrgebiet* in der DDR-*Zeitschrift für Geschichtswissenschaft*, 1975, S. 728 f., und/oder den bemühten Eskapismus zugunsten der Großindustrie, der – bei allem Materialreichtum – Henry Ashby Turners Arbeiten prägt).

Grundsätzlich kommt es darauf an, die mit den Begriffen Autonomie, Ambivalenz und Arbeitsteilung bezeichneten Arbeitsdimensionen miteinander zu verbinden. Jede isolierte Analyse z. B. nur des Verhältnisses von Industrie und NS-Oligarchie, der Struktur von Wählern und Mitgliedern der NSDAP, der Politikkonzeptionen und ökonomischen Vorstellungen von Industrie/Monopolgruppen und NS-Oligarchie oder einzig der Beziehungen zwischen NSDAP, bürgerlichen und ländlichen Parteien sowie der Arbeiterbewegung läuft Gefahr, einzelne Begründungszusammenhänge überzuinterpretieren und aus dem Gesamtzusammenhang herauszulösen. Die Fehler der absoluten Betonung des Primats der Politik oder desjenigen der Ökonomie wiederholen sich auf anderer Ebene, wenn nicht in der Analyse des Verhältnisses von »bürgerlicher Gesellschaft« und »Faschismus« die ganze Spannweite dieses Themenkomplexes beachtet wird. Autonomie, Ambivalenz und Arbeitsteilung sind als Realbegriffe eingeführt worden, um wesentliche Punkte derartiger Dimensionenvielfalt (»Totalität«) markieren und ansatzweise forschungsstrategisch »operationalisieren« zu können.*

– Die Ambivalenz der NSDAP zeigt sich anschaulich im gewaltsamen »Kampf um die Straße«, in der Präsentation faschistischer Politik und Gewalt in der Öffentlichkeit und, damit verbunden, im artikulierten Bruch mit »den« Formen »bürgerlichen« Politikverständnisses und »bürgerlich-parlamentarischer« Politikdarstellung. Indem sich die NSDAP als Massenbewegung, vor 1933 vor allem in der SA, selbst zum Medium von und für Politik stilisiert und in dieser Form insbesondere mittels permanenter Wahlkampfführung den »Kampf um die Straße« mit der Arbeiterbewegung aufnimmt, bezeichnet ihre systematische politische Gewaltsamkeit einen Bruch mit Aufklärung, Diskussion, Repräsentativsystem und Honorigkeit als Formen »bürgerlicher« Politikpräsentation und Öffentlichkeit. Der Bruch drückt sich darin aus, daß die nationalsozialistische »Ritualisierung des politischen Konflikts« (M. Edelmann) »vom Muster proletarischer Demonstrationen und Feiern« (G. L. Mosse) stark beeindruckt und beeinflußt ist und sich damit öffentlich sicht- und erfahrbar in Form und Inhalt von »bürgerlichem« Politikverständnis absetzt (und doch zugleich – im Wunsch seiner »Mittelschichten«-Anhänger – auf »ursprüngliche« und »einsichtige« Formen und Inhalte von Politik, Ritual und Symbolik hinarbeitet). Die Selbstbiographie eines sogenannten »alten Kämpfers« aus Hessen deutet diesen Bruch an: *»Kampf gegen bürgerliche Feigheit und marxistischen Terror«* (W. Madre). Vermittelt wird dieses Motto durch den Eindruck, daß die Niederschlagung der Arbeiterbewegung den Bruch mit »bürgerlichen« politischen Wertvorstellungen und Verhaltensweisen voraussetzt, daß Gewalt genuiner und öffentlich demonstrierter

* Die mit der als Motto vorangestellten Äußerung Ernst Blochs (S. 287) indirekt angeschnittenen Fragen deuten auf diese »Totalität« hin. Mit Bezug auf dieses Zitat ist z. B. zu fragen: Welches ist der Klasseninhalt faschistischer Herrschaft? Wie ist die Beziehung zwischen NSDAP und Bürgertum zu charakterisieren? Welches – wie entstandene – »falsche« Bewußtsein »der Mittelschichten« wird durch faschistische Propaganda angesprochen und verfestigt? Welche Fehler/Unterlassungen hat »die« Arbeiterbewegung bezüglich »der Mittelschichten« begangen, so daß diese für »faschistische Öffentlichkeit« empfänglich geworden sind? – Diese Fragen zielen auf die Analyse von Autonomie, Ambivalenz und Arbeitsteilung.

Bestandteil von Politik ist. In diesem Sinn agiert die NSDAP »gewiß sehr unbürgerlich«, indem ihr Motiv – und ihre Mitgift für den Eintritt in die arbeitsteilige Kooperation mit den traditionellen Eliten – lautet: »Die Straße frei den braunen Battailonen/Die Straße frei dem Sturmabteilungsmann . . .« Im »Horst Wessel«-Roman von Hanns Heinz Ewers (Stuttgart u. Berlin 1933, S. 50 f.) taucht das erwähnte Motiv in folgender Überlegung des Romanhelden auf:

»Und dazu [gemeint ist der Wille, ›allen Klassenkampf niederzutreten, das Volk von fremden Einfluß jeder Art zu befreien, Deutsch wieder deutsch empfinden zu lassen‹ – E. H.] gehörte auch, und nicht zum geringsten, der Kampf um die Straße. Denn die Straße war unbestritten in der Hand der Roten seit den Novembertagen [1918, E. H.], die von der Straße gemacht wurden; daß aber ohne die Straße es keinen Weg zur Macht gab, das hatte die nationale Front bis heute nicht begriffen! Die Freikorps konnten Schlachten schlagen, konnten Städte erobern, konnten Kleinkrieg führen am Rhein und an der Ruhr – vom Kampf um die Straße begriffen sie nicht das erste Wort. So wenig wie die anderen Verbände [der nationalistischen Rechten, E. H.] . . . Ganz anders die Sturmabteilungen . . . Sie waren gedacht als Ordnungstrupps, um die eigenen Versammlungen zu schützen, die der Gegner zu sprengen; dann auch, um dem Volke auf allen Gassen, in allen Städten und Dörfern immer wieder zu zeigen: Ein neuer Gedanke lebt . . .«

Im Nachwort dieses Romans über ein »deutsches Schicksal« charakterisiert Ewers im Herbst 1932 Horst Wessel als ideale Verkörperung eines (italienischen) Faschisten (»Libro e moschetto – fascista perfetto!«) – auch dies ein »unbürgerliches« Ideal – und betont, die SA wisse, »daß noch immer breite Bürgerschichten diesem Kampf [um die Straße E. H.] verständnislos gegenüberstehen, auch jetzt noch nicht begreifen können, daß ohne die sichere Herrschaft über die Straße eine gefestete staatliche Macht nicht denkbar ist«. Damit deutet Ewers (dessen Roman auf Wunsch Hitlers geschrieben worden ist) die Wendung von Ambivalenz und Autonomie hin zur Arbeitsteilung an; und Goebbels hofft vor der Machteinsetzung 1933 als Reaktion auf den »Kampf um Berlin« (Teil I: *Der Anfang 1926-1927*, Berlin 1932², S. 127): »Vielleicht wird das Bürgertum uns noch einmal auf Knien danken, daß wir das Recht auf freie Meinungsäußerung auch auf der Straße unter blutigem Einsatz in Deutschland wieder erkämpft haben.« (Tatsächlich lagen 1934 und 1944 Bürger und Adlige auf den Knien – oder hingen in Berlin-Plötzensee am Fleischerhaken.*)

Zur Ambivalenz und Autonomie der NSDAP gehört, daß vor dem 30. Januar 1933 insbesondere die SA zum Instrument und Kraftsymbol von Massenpropaganda und politischer Gewalt wird. 1932/33 geht es darum – und dies mündet dann in die Arbeitsteilung ein –, »bürgerliche Skrupel« gegenüber der offen gewaltsamen Durchsetzung politischer Positionen aufzugeben und in terroristischen Einzel- und Massenaktionen die gesamte (auf der Ebene der Lenkungsorgane in sich antagonistisch zerspaltene) Arbeiterbewegung zu zerschlagen. Diese Leistung setzt *praktische* Distanz zu den Formen »bürgerlicher Existenz«, Politik und Öffentlichkeit voraus. Ambivalenz und Autonomie sind gerade aus der Sicht der konservativ-autoritären Bündnispartner notwendige Bestandteile der nationalsozialistischen Massenbewegung, ohne die man eine Arbeitsteilung – institutionalisiert als endliche Machteinsetzung am 30. 1. 1933 – nicht eingehen und akzeptieren müßte. Andererseits begründet dieses Politikkonzept gleichzeitig die *Nicht*-Identität von NSDAP, NS-Oligarchie und traditionellen Funktionseliten; denn als ambivalente und autonome Massenbewegung weckt die NSDAP »bürgerliche« Angst vor »den Massen« und die Sehnsucht nach funktionierenden, berechenbaren und abgeschotteten Repräsentativsystemen, in denen »bürgerliches Räsonieren« unter und bei sich bleiben kann. Das Konzept des »Doppelstaates« trägt dieser Konstellation ebenso Rechnung wie die – vor allem als Signal an die Wehrmacht adressierte – Ermordnung Röhms (30. Juni 1934), die sichtbar gemachte Niederlage der »zweiten Revolution«

* An dieser Stelle distanziert sich Armin Mohler (*Der faschistische Stil,* in: Gerd-Klaus Kaltenbrunner, Hrsg., *Konservatismus international,* Stuttgart 1973, S. 172-198, hier S. 181) zugunsten des italienischen Faschismus vom deutschen Nationalsozialismus, den er, »ein verwirrend uneinheitliches Gebilde«, durch Formlosigkeit und Entindividualisierung charakterisiert sieht. Über faschistische Gewalt urteilt Mohler: »Die anonymen Massenaktionen [. . .], wie sie der russische Bolschewismus seit dem Bürgerkrieg und der deutsche Nationalsozialismus in seiner Kriegsphase kennen, finden wir bei Regimen mit stark faschistischem Akzent nicht, [. . .] der anonyme Terror ist nicht ihre Sache. [. . .] Faschistische Gewalt ist direkte, nämlich plötzliche, sichtbare, demonstrative Gewalt, die immer zugleich auch symbolisch wirken soll.«

und »Zähmung« der SA. – (Die Autonomie der NSDAP bekundet sich bei der Ermordung Röhms in der gleichzeitigen Ermordung von Vertretern des »bürgerlichen Konzepts«, so daß Mitte 1934 die Arbeitsteilung noch einmal besiegelt worden ist.)

Ausblick
Aspekte einer polit-ökonomischen und kontinuitätsperspektivischen Analyse des deutschen Faschismus

Die Frage nach dem Verhältnis von »bürgerlicher Gesellschaft« und »Faschismus« in Deutschland wirft angesichts des Forschungsstandes erhebliche Probleme der Entwicklung eines ausdifferenzierten analytischen Instrumentariums auf (dieser Aufgabe ist bislang nachgegangen worden); sie weist aber auch auf die Problematik der Analyse von Kontinuitätsbezügen hin. Auf diesen letzteren Punkt soll abschließend noch kurz eingegangen werden, da er an mehreren Stellen ausgespart blieb (etwa im Zusammenhang der Behandlung der Frühphase der NSDAP bzw. DAP oder der Herausbildung autoritär-politischer Orientierungsmuster in der Schwerindustrie).

Kontinuität kann kurzfristig-direkt oder langfristig-indirekt aufgefaßt und analysiert werden (wobei in jedem Fall der Nachweis von Identitäten einen extremen Sonderfall darstellt). Kontinuität kurzfristig-direkt aufzufassen bedeutet, das Verhältnis von Ideologien und Organisationen institutionen- und personenbezogen zu analysieren. Der Kontinuitätsbegriff wird dabei vornehmlich als politischer Kampfbegriff verwendet (etwa durch Hinweis auf die nationalsozialistische Vergangenheit von Politikern, Juristen, Wissenschaftlern, Industriellen etc.); in der Regel wird er auf den Nachweis personeller Kontinuität verkürzt. Von dem relativ wenig aussagekräftigen Indikator, daß bestimmte Personen in »einflußreichen« Positionen geblieben sind, wird auf Kontinuitätsbezüge politischer und ökonomischer Systeme zurückgeschlossen oder es wird aus der Existenz »rechter« Organisationen und Parteien nach 1945 – dem anderen Indikator dieser Blickrichtung – gefolgert, daß die direkte Anknüpfung an die faschistische Vergangenheit gesucht und offiziell toleriert wird.

Eine solche Betrachtungsweise reduziert die Kontinuitätsperspektive auf handgreifliche Bezüge, über deren Stellenwert im politischen und ökonomischen System jedoch keine Ausführungen gemacht werden. Der Hinweis, daß nationalsozialistisch »vorbelastete« Personen »einflußreiche« Positionen bekleiden bzw. daß rechtsradikale Organisationen bestehen, wird erst dann aussagekräftig, wenn er mit einem Begriff der Rekrutierungsmuster, Einfluß- und Kontrollmöglichkeiten des politischen und ökonomischen Systems verbunden wird; ohne einen solchen Hinweis auf Quantität und Qualität der Anknüpfung an faschistische Vergangenheit ist der Verweis auf personelle und organisatorische Kontinuitätsbezüge soziologisch und politologisch nicht ausreichend begründet. Im Kontext eines derartigen Kontinuitätsbegriffs degeneriert »Faschismus« leicht zu einer inflationär gebrauchten Kampfparole.

Die Analyse der Beziehungen zwischen Organisationen- und Personen-Kontinuität und der Qualität und Quantität von Entscheidungsprozessen und Organisationsgründungen bzw. -beziehungen überschreitet den Rahmen des kurzfristig-direkten beschränkten Kontinuitätsbegriffs.

Die langfristig-indirekte Ausprägung dieses Begriffs umfaßt Analysen, die sich auf den strukturellen Zusammenhang von Herrschafts-, Organisations- und Öffentlichkeitsformen sowie von sozialen und politischen Institutionen und Normen beziehen. Solche Analysen bemühen sich um die theoretische und empirische Konstruktion von Verbindungslinien zwischen zeitlich unterschiedlichen und erscheinungsmäßig nicht-identischen historischen Phänomenen; vermittels der genannten Indikatoren und gestützt auf den Nachweis sozialstruktureller, institutioneller und sozialpsychologischer Muster und ideologischer Traditionen wird die »Frage einer undurchschauten Logik der deutschen Geschichte« (W. Alff) formuliert. Beispielsweise werden Form und Inhalt »außerökonomischer Gewalt« und damit der Beziehungen von staatlicher und nicht-staatlicher Repression (im Sinne der offen-gewaltsamen oder antizipierenden Limitierung des Bewegungsspielraums für Gegenmacht-Organisatoren), die Verlaufsmuster eines politisch und ökonomisch nicht-linearen Durchkapitalisierungs- und Reproduktionsprozesses, die Wirkungen sowie Modifizierungen von Ideologien (im Sinne »langfristig

›gelernter‹ Einstellungssyndrome« – A. Lüdtke) und von sozialen und politischen Lern- und Verhaltensformen untersucht (wobei das primär theoretisch zu fassende Problem in der Eingrenzung und Auswahl vergleichbarer Indikatoren besteht*).

Die Frage nach Kontinuität (und Diskontinuität) schließt eine Ausweitung der Problemstellung über die Zeit von 1933 bis zur bedingungslosen Kapitulation und Befreiung vom Faschismus am 8. Mai 1945 nach vorn und die Gegenwart ein. Dabei sind etwa die Beziehungen der NSDAP zu vorangegangenen »Sammlungsbewegungen« im Kaiserreich zum einen und die Entnazifizierungspraktiken in den Besatzungszonen zum anderen zu berücksichtigen; dies gilt im Hinblick auf die Gegenwart und vergleichend auch für die Rechtsradikalismus-Forschung und für die Themenkomplexe »Gesellschaftsformierung«, »Neofaschismus«, »Rechtskartell«, »neuer« oder »Staats-Faschismus«. Ferner gehört zu den Kontinuitätsbezügen das sozialpsychologische Strukturmerkmal »der« »autoritären Persönlichkeit«, das in seiner jeweiligen konkreten Erscheinung, Vermitteltheit und Wirkung auf bzw. in seiner Verwertung durch die politische Öffentlichkeit, Kommunikation und das politisch-soziale Verhalten zu analysieren ist.

* Die Probleme einer Analyse der Beziehungen zwischen »klassischem« und »neuem« Faschismus bzw. die Frage, ob es überhaupt einen »neuen Faschismus« oder »Staatsfaschismus« gibt, resultieren aus dem Problem der »Operationalisierung« der dem »klassischen« Faschismus gewidmeten Diskussion. D. h., es muß angegeben werden, welche sozialen, politischen und ökonomischen Indikatoren gemeint sind, wenn von »Faschismus« die Rede ist. Z. B. ist es unklar, ob – wie dies von der Mehrzahl der Propagandisten eines »neuen Faschismus« getan wird – von der Existenz einer terroristisch-politischen Massenbewegung abgesehen werden kann oder ob ein System des Monopols (rechts)staatlicher Gewaltausübung »faschistisch« ist, wo doch z. B. die SA vor dem 30. Januar 1933 wesentlich außerstaatlich »außerökonomische Gewalt angewendet hat. Derartige Fragen ließen sich beliebig vermehren. Es dürfte klar sein, daß angesichts des gegenwärtigen Standes der Faschismus*theorie* eine empirisch wie theoretisch gehaltvolle Analyse von Kontinuitätsbeziehungen noch nicht möglich ist. Die hier als Ausblick vorgetragenen Hinweise können lediglich auf Arbeitsfelder hinweisen, Problembewußtsein und »soziologische Phantasie« wecken. – Vgl. auch Helga Grebing, *Aktuelle Theorien über Faschismus und Konservatismus. Eine Kritik,* Stuttgart/Berlin/Köln/Mainz 1974, hier bes. S. 49-81 (»Über die Grenzen der heuristischen Brauchbarkeit der These von der deutschen Sonderentwicklung. Zugleich ein Beitrag zur Kritik des Theorems von der dem Kapitalismus immanenten Entwicklungslogik«).

Zentral für die Kontinuitätsfrage sind die Bereiche »der« »autoritären Persönlichkeit« und der sozioökonomischen Verfassung der kapitalistischen Eigentums-, Enteignungs- und Aneignungsbeziehungen. Damit sind die »subjektive« und »objektive« Ebene des Kontinuitäts-/Diskontinuitätsproblemfeldes angegeben, denen die Ebene politisch-institutioneller Kontinuitäten etwa im Hinblick auf Gewalt- und Staatsformen, Organisationsstrukturen, Konfliktlösungsmuster und Öffentlichkeitsmodelle zugeordnet wird.

Sozialpsychologie (als »Psycho-History«) und politische Ökonomie beziehen sich auf »subjektive« und »objektive« Kontinuitätsmomente im Prozeß der Darstellung der vermittelnden Sozialverhältnisse der Produktion und des Austauschs von Waren. Diese Gesellschaftsverhältnisse sind als Prozeß, nicht als Konstante zu begreifen; denn der »Grundwiderspruch« von »Kapital« und »Arbeit« existiert als alltägliche Erscheinung in Form sozialer Dynamik und wechselnder inhaltlicher Beziehungen, so wie er durch Klassenkonflikte stets neu definiert wird. Die Frage nach Kontinuität(en) kann daher nur als die Frage nach kontinuierlichen Strukturen, Einfluß-, Verhaltens-, Entscheidungs- und Verlaufsmustern gefaßt werden. Erst diese Perspektive ermöglicht den Vergleich formal unterschiedlicher nicht-gleichzeitiger sozialer und politischer Systeme; erst vor diesem Hintergrund wird deutlich, daß Kontinuität weder mit Identität noch mit Analogie verwechselt werden darf.

Im Hinblick auf den Faschismus ist das weitverbreitete Kontinuitätsargument der Hinweis auf die »Ungleichzeitigkeit« von politischem und ökonomischem Entwicklungsstand. Aus dieser Ungleichzeitigkeit von ökonomisch fortgeschrittener und politisch vorbürgerlicher Entwicklung resultiert als Kontinuitätsmuster – dies die leitende Hypothese – die politische Technik, »durch partielle Reformen im kritischen Moment neue Elemente aus der modernen Welt [des politischen Liberalismus und Sozialreformismus, E. H.] hereinzuholen, um somit das alte System [der Produktionsverhältnisse, E. H.] besser zu konservieren« (J. Geiss), so daß der Faschismus an der Macht sowohl durch Kontinuität als auch durch Diskontinuität geprägt sei. Die Diskontinuität resultiert aus den gegenüber der Arbeiterklasse nur gering ausgeprägten

Integrationsmomenten. Diese »Diskontinuität in der Kontinuität« ist bereits von Paul Sering (alias Richard Löwenthal) bei der Bestimmung der »historische[n] Voraussetzungen des deutschen Nationalsozialismus« hervorgehoben worden:

»Aus dem traditionellen Material und mit Hilfe der alten reaktionären Mächte, aber unter dem Antrieb neuer gesellschaftlicher Prozesse und um ein neues politisches Zentrum ist [. . .] der deutsche Nationalsozialismus formiert worden.« (*Zeitschrift für Sozialismus*, 3. Jahrgang, März 1936, S. 975)

»Diskontinuität in der Kontinuität« kennzeichnet – so die Hypothese – die Beziehung zwischen Faschismus und konservativ-autoritären Traditionen. Dies läßt sich vor allem am Beispiel der Einstellung zur politischen *Massen*bewegung verdeutlichen. Zwar steht der Faschismus in der Kontinuität konservativ-gegenaufklärerischer Agitation, zwar betrachtet er, wie konservative Theoretiker, Liberalismus, Sozialismus und Kommunismus als verwandte Produkte der Französischen Revolution; aber als »plebejischer Konservatismus« (K. Stechert) unterscheidet sich der Faschismus mit seiner »Schubkraft sozialer Dynamik« (M. Broszat) gleichwohl vom traditionell massenfeindlichen »aristokratischen Konservatismus« (K. Stechert).

Nach vorn, in die die Weimarer Republik und das Kaiserreich hinein (manifest bis zur Großen Depression von 1873), wird Kontinuität als »Diskontinuität in der Kontinuität« überwiegend aus der deutschen Sonderentwicklung abgeleitet. Daß »die« Revolution nicht eingetreten ist, ist dann eben auch der deutschen Besonderheit geschuldet. Vor allem aber stützt die Erklärung des Nationalsozialismus aus deutscher Sonderentwicklung für die Zeit nach 1945 den Glauben an die Möglichkeit einer Zeitgleichheit von liberaler Demokratie und durchkapitalisierter Gesellschaft. Eine derartige Bestimmung des Kontinuitätsproblems erlaubt die »Bewältigung der Vergangenheit« ohne sozialstrukturelle Eingriffe allein durch Anhebung der Politik auf die Höhe des Entwicklungsniveaus der Wirtschaft. Diese verborgene normative Orientierung an der Gleichzeitigkeit von Liberalismus und Kapitalismus macht z. B. Hans August Winkler klar:

»Die Erfolge der faschistischen Bewegungen desavouierten [...] nicht die liberale Demokratie als politisches Prinzip. Die Macht ergreifen konnte jene Bewegung nur dort, wo die Trägerschichten des Ancien régime einen guten Teil ihrer Machtpositionen über die Industrielle Revolution hinweggerettet und sich als politische Partner konservativer Industriegruppen etabliert hatten. Die klassischen Demokratien hingegen konnten sich auch in der ökonomischen Krise behaupten. Organisierter Kapitalismus führte mithin nicht notwendig zu Faschismus.«[943]

In dieser Sicht erscheint der deutsche Faschismus an der Macht geradezu als Modernisierungsschub (R. Dahrendorf, Ch. E. Frye, H. Gerth, D. Schoenbaum), so daß er schließlich kein Kontinuitätsproblem mehr darstellt: Das Jahr 1945 stellt einen »Nullpunkt«, ein vom »Totalitarismus hinterlassenes Vakuum« (Merkl) in der deutschen Geschichte dar. Die Frage nach Kontinuitätsbezügen der Besatzungszeit und der Bundesrepublik zum Faschismus an der Macht wird zurückgewiesen.

Ohne die Kontinuitätsproblematik für die Zeit nach 1945 über die bereits gemachten Andeutungen und Hinweise hinaustreiben zu wollen, sei gegenüber der »Vakuum«-These darauf beharrt, daß 1945 die deutsche Sozialverfassung – was am Schicksal der spontan gegründeten antifaschistischen Ausschüsse belegt werden kann – nicht zur Disposition »der« deutschen Gesellschaft gestanden hat. Vielmehr gibt es in den Westzonen feste soziale und über die Besatzungsmächte auch politisch vermittelte Kontinuitätsbezüge. Man muß darauf hinweisen,

»daß die Westmächte insbesondere bei ihren Bombardierungen offenbar stärker auf Zermürbung der Bevölkerung durch Luftterror als auf Zerrüttung des industriellen Potentials abhoben: 1945 waren ca. 1/3 des großstädtischen Wohnraums im Zonendurchschnitt ganz und ein noch größerer Teil partiell zerstört, während der industrielle Kapazitätsausfall ›nur‹ ca. 1/7 betrug. Der Krieg ist insofern nicht als der große Gleichmacher, sondern eher als Ursache für eine willkürliche Durchlöcherung der Eigentumsordnung anzusehen; ja, die Polarisierung der Besitzstruktur war beim Umbruch eher extremisiert als vermindert, und der Stillstand der industriellen Produktion, der primär durch den Zusammenbruch von Organisation, Kommunikation und Distribution veranlaßt war, täuschte nur einen völligen Nullpunkt vor, umfaßte aber tatsächlich ein weitgehend reaktivierbares Potential. Auch die Umorientierung der gesellschaftlichen Eliten des Dritten Reiches auf eine Verflechtung mit dem Westen ist offenbar nicht erst eine Folge der Nachkriegskonstellation, sondern hat sich aus der gesellschaftlichen Desintegration des NS-Systems entwikkelt, seitdem dessen Erfolglosigkeit unübersehbar geworden war.« (944)

Von derartigen Daten und Plausibilitäten aus gilt die Kontinuitätsfrage auch für den Zeitraum nach 1945. Damit stellt sich dringlich die Frage nach einem Indikatorsystem, vermittels dessen die Kontinuitätsanalyse betrieben bzw. die Bestimmung von Diskontinuitäten vorgenommen werden kann. Hypothetisch betrachtet erscheint es so, als spielten insbesondere die Präsidalkabinette ab 1930 (Brüning, von Papen, von Schleicher) und die Anbahnung der Arbeitsteilung von NSDAP und traditionellen und Funktions-Eliten eine Rolle für die Bestimmung von Kontinuitäten zur Gegenwart. In diese Annahme geht die These ein, daß es eine Lernfähigkeit des politischen Systems und der politischen Eliten gibt, daß für bürgerliche und sozialdemokratische Interessenvertreter ein faschistisches System, weil kaum berechenbar und kalkulierfähig, zu wenig »rational« und staatlich-verrechtlicht, als Lösungsvariante sozioökonomischer Krisen ausscheidet. Um diese Hypothesen bearbeiten zu können, ist es geboten, auf einige Themenkomplexe aufmerksam zu machen, aus denen sich Indikatoren zur Beantwortung der Kontinuitätsfrage nach 1945 gewinnen lassen, wobei es im Hinblick auf folgende Punkte notwendig erscheint, nach Kontinuität *und* Diskontinuität zu fragen:

– Rolle und Funktion einer faschistischen Massenbewegung und »massenintegrativer« Apparate,

– Rolle und Funktion öffentlich verwendeter Legitimationen für Politikkonzeptionen,

– Motiv- und Sozialstruktur rechtsradikaler Organisationen nach 1945 und der NSDAP,

– Resistenzpotential antifaschistischer Barrieren und Potentiale (Katholizismus, Arbeiterbewegung) vor 1933 und nach 1945,

– Verhältnis von staatlicher und nichtstaatlicher Repression gegenüber sozialen und politischen Oppostionsbewegungen,

– Verhalten oppositioneller politischer Gruppen,

– Verhältnis von faschistischem Terror zur »Aushöhlung« bzw. (gegenüber 1949) »Redressierung« von Rechtsstaatlichkeit in der Bundesrepublik,

– Formen und Inhalte staatlicher Repression,

– Verhältnis der Krisenüberwindungspolitik 1930-1932/33 und 1933-1936 und der Konjunkturpolitik seit der Großen Koalition 1968,

– Krisentiefe und ökonomische Möglichkeiten, die Krise durch Ausweichgeschäfte (Exportorientierung) in Konjunktur umzuwandeln,

– Formen und Inhalte unternehmerischer und gewerkschaftlicher Aktivitäten und Reproduktionsvorstellungen.

Bevor nicht diese und ähnliche Sachverhalte vergleichend ergründet worden sind, kann die Frage nach Kontinuität des deutschen Faschismus über die Zäsur des 8. Mai 1945 hinaus immer nur sozial*philosophisch* beantwortet werden. Hierauf zu beharren im Sinne eines Plädoyers für die Verringerung der Ungewißheit und der mit ihr korrelierenden Dogmatik durch reflektierte Vorläufigkeiten – Friedrich Engels redet 1890 drastischer von der »allmählichen Beseitigung dieses [urzuständlichen] Blödsinns [. . .] durch neuen, aber immer weniger absurden Blödsinn« –, eröffnet die Perspektive für Primäranalysen.

III. Anhang

Verzeichnis der Abkürzungen für Zeitschriften und Periodika:

ÄuK	Ästhetik und Kommunikation
AHR	The American Historical Review
APSR	American Political Science Review
APuZG	Aus Politik und Zeitgeschichte = Beilage zur Wochenzeitung »Das Parlament«
atz	Das Atomzeitalter
Blätter	Blätter für deutsche und internationale Politik
DArg	Das Argument
DAZ	Deutsche Allgemeine Zeitung
DNG	Die Neue Gesellschaft
FAZ	Frankfurter Allgemeine Zeitung
FS	Festschrift
GM	Gewerkschaftliche Monatshefte
GSE	Gesellschaft – Staat – Erziehung
GWU	Geschichte in Wissenschaft und Unterricht
Hamburger JB	Hamburger Jahrbuch für Wirtschafts- und Gesellschaftspolitik
HPB	Das Historisch-Politische Buch
HR	Hessischer Rundfunk
HZ	Historische Zeitschrift
IMT	Internationales Militär-Tribunal
Inprekorr	Internationale Pressekorrespondenz
IWK	Internationale wissenschaftliche Korrespondenz zur Geschichte der deutschen Arbeiterbewegung
JB	Jahrbuch
JBdöM	Jahrbuch der öffentlichen Meinung
JWG	Jahrbuch für Wirtschaftsgeschichte
KJ	Kritische Justiz
KZfSS	Kölner Zeitschrift für Soziologie und Sozialpsychologie
MEW	Marx/Engels-Werke
MGM	Militärgeschichte Mitteilungen
MS	Manuskript
NPL	Neue Politische Literatur
NVO	Notverordnung
PoBi	Politische Bildung
ProKla	Probleme des Klassenkampfs
PVS	Politische Vierteljahresschrift
RGBl.	Reichsgesetzblatt

Schmollers JB	Schmollers Jahrbuch für Gesetzgebung, Verwaltung und Volkswirtschaft
SF	Südwest-Funk
SJP	Sozialwissenschaftliches Jahrbuch der Politik
SoPo	Sozialistische Politik
UdBdM	Unter dem Banner des Marxismus
VB	Völkischer Beobachter
VfZG	Vierteljahreshefte für Zeitgeschichte
VO	Verordnung
WDR	Westdeutscher Rundfunk
ZfG	Zeitschrift für Geschichtswissenschaft
ZfgSt	Zeitschrift für die gesamte Staatswissenschaft
ZfS	Zeitschrift für Sozialismus

Verzeichnis der Anmerkungen mit statistischen Hinweisen

Anmerkungen

1 Vgl. Otto Kirchheimer, *Weimar – und was dann?* 1930, abgedr. in: *Politik und Verfassung,* Frankfurt 1964, bes. S. 28 f., 42 ff., 55. – Zur Konsequenz dieses »Mißverhältnisses zwischen politischer Mechanik und ökonomischer Gewalt« bzw. zwischen ökonomischer »Direktions-« und politischer »Distributionssphäre« vgl. S. 14; dazu auch Hermann Heller, *Staatslehre,* hrsg. v. Gerhart Niemeyer, Leiden 1963[3], bes. S. 137 f.

2 An kürzeren Begriffsklärungen vgl. bes. Wilhelm Alff, *Der Begriff Faschismus,* in: *Der Begriff Faschismus und andere Aufsätze zur Zeitgeschichte,* Frankfurt 1971, S. 14-50 (bes. S. 50); vgl. ferner Karl Dietrich Brachers Ausf. zum Stichw. »Faschismus« in: Ernst Fraenkel, Karl Dietrich Bracher (Hrsg.), *Staat und Politik,* 101.-125. Tsd., Frankfurt 1959, S. 63; Hans Maier, *Faschismus,* in: Hans Jürgen Schultz (Hrsg.), *Politik für Nichtpolitiker,* Stuttgart/Berlin 1969, Bd. 1, S. 149 ff.; Wolfgang Schieder, Stichw. »Faschismus«, in: C. D. Kernig (Hrsg.), *Sowjetsystem und demokratische Gesellschaft,* Bd. 2 (Diplomatie bis Identität), Freiburg/Basel/Wien 1968, Sp. 439; Franz Greß, *Faschismus,* in: Axel Görlitz (Hrsg.), *Handlexikon zur Politikwissenschaft,* München 1970, S. 104 ff.; Reinhard Kühnl, *Faschismus,* in: Hanno Drechsler, Wolfgang Hilligen, Franz Neumann, *Gesellschaft und Staat.* Lexikon der Politik, Baden-Baden 1970, S. 124 ff.; Kühnl, *Faschismus, Faschistische Bewegungen,* in: Carola Stern u. a. (Hrsg.), *Lexikon zur Geschichte und Politik im 20. Jahrhundert,* 1. Bd. (A-K), Köln 1971, S. 239-242, 242-244; Georg Klaus, Manfred Buhr (Hrsg.), *Marxistisch-Leninistisches Wörterbuch der Philosophie,* 1964[1] – Lizenzausg. Reinbek b. Hamburg 1972, Bd. 1 (A-Geschichte), S. 363 f.; *Sachwörterbuch der Geschichte und der deutschen Arbeiterbewegung,* Berlin 1969, Bd. 1 (A-K), Stichw. »Faschismus«, S. 571-576; Manfred Weißbecker, *Nationalsozialistische Deutsche Arbeiterpartei,* in: *Die bürgerlichen Parteien in Deutschland. Handbuch der Geschichte der bürgerlichen Parteien und anderer bürgerlicher Interessenorganisationen vom Vormärz bis zum Jahre 1945,* Berlin 1968, Bd. II, S. 384-437; *Bol'saja Sovetskaja Enciklopedija,* Bd. 44 *(Uzi-Fidel'),* Moskau 1956[2], S. 555-558; für den italienischen Faschismus vgl. bes. Jens Petersen, Stichw. »Faschismus«, in: *Meyers Enzyklopädisches Lexikon,* Mannheim/Wien/Zürich 1973, Bd. 8, S. 543-546.

Neben diesen lexikalischen Stichworten vgl. folgende Monographien: Francis L. Carsten, *Der Aufstieg des Faschismus in Europa,* Frankfurt 1968; Ernst Nolte, *Die Krise des liberalen Systems und die faschistischen Bewegungen,* München 1968; *Internationaler Faschismus 1920-1945,* München 1966; S. J. Woolf (Hrsg.), *European Fascism,* London 1968; Eugen Weber, *Varieties of Fascism,* Princeton/Toronto/New York 1964; Hans Rogger, Eugen Weber (Hrsg.), *The European Right,* Berkeley/Los Angeles 1965. Als frühes Beispiel für diese Sammlung von Länderstudien vgl. auch Carl Landauer, Hans Honegger (Hrsg.), *Internationaler Faschismus,* Karlsruhe 1928.

3 Vgl. z. B. Reinhard Kühnl, *Deutschland zwischen Demokratie und Faschismus,* München 1969, S. 143 ff.; Kurt Kliem, Jörg Kammler, Rüdiger Griepenburg, *Zur Theorie des Faschismus,* Einl. zu Wolfgang Abendroth (Hrsg.), Otto Bauer, Herbert Marcuse, Arthur Rosenberg u. a., *Faschismus und Kapitalismus,* Frankfurt/Wien 1967, S. 5 ff.; Hans-Manfred Bock, *Das faschistische Modell öffentlicher Herrschaft,* in: Wolfgang Abendroth, Kurt Lenk (Hrsg.), *Einführung in die politische Wissen-*

schaft, Bern u. München 1968, S. 119 ff.; Arno Klönne, *Was heißt Faschismus?,* in: *links,* Nr. 6, Dez. 1969, S. 10/11; Schieder, a.a.O., Sp. 438-477, bes. Sp. 440, 472-474.

4 Dazu Ernst Nolte, *Der Faschismus in seiner Epoche,* München 1965², S. 23-58, bes. S. 32, 42; ders. (Hrsg.), *Theorien über den Faschismus,* Köln/Berlin 1967, bes. S. 65 ff., 69 ff.

5 Dazu z. B. Karin Priester, *Anmerkungen zum Thema Italienischer Faschismus,* in: *Blätter,* 19 (1974), S. 797-819; Alff, a.a.O.; Reinhard Kühnl, *Formen bürgerlicher Herrschaft: Liberalismus-Faschismus,* Reinbek b. Hamburg 1971, bes. S. 79 ff., 99 ff.; Manfred Clemenz, *Gesellschaftliche Ursprünge des Faschismus,* Frankfurt 1972, bes. S. 150 ff., 205 ff.; A. F. K. Organski, *Fascism and Modernization,* G. Germani, *Fascism and Class,* beide in: S. J. Woolf (Hrsg.), *The Nature of Fascism,* London 1968, S. 19 ff., (34 ff.), 65 ff.; zur Problematik und zu neuerer Lit. vgl. auch den Bericht von A. James Gregor, *On Understanding Fascism: A Review of Some Contemporary Literature,* in: APSR, 67 (1973), S. 1332-1347. –

Zu den Differenzen zwischen dem deutschen und italienischen Faschismus ist eine kurze Anmerkung notwendig. Derartige Differenzen, die vor allem den Staatsaufbau, das Verhältnis Staat – Partei sowie die Judenverfolgung betreffen, werden insbes. von nationalsozialistischer Seite formuliert. Das geht so weit, daß Staatsrechtler, die – in Anlehnung an den »stato totale« – für den Primat des Staates über die Partei eintreten, als Faschisten bezeichnet und abgelehnt werden. Vgl. Hans Buchheim, *Die SS – das Herrschaftsinstrument,* in: ders., Martin Broszat, Hans-Adolf Jacobsen, Helmut Krausnick, *Anatomie des SS-Staates,* München 1967, Bd. 1, S. 22; Peter Diehl-Thiele, *Partei und Staat im Dritten Reich,* München 1969, bes. S. 29 f.; für die nationalsozialistische Position zu diesem Punkt vgl. zusammenfassend etwa Ludwig Häberle, *Das Verhältnis von Staat und Wirtschaft,* Berlin 1938, Bd. 1, S. 24 – Anm. 14 (Häberle sieht die Differenz darin, daß im Nationalsozialismus das Volk den Staat bestimme, während im Faschismus der Staat die Nation schaffe).

Vgl. auch Äußerungen Hitlers während der »Tischgespräche«: Andreas Hillgruber (Hrsg.), Henry Pickert. *Hitlers Tischgespräche 1941-1942,* München 1968, z. B. S. 57, 236 f. Anfang 1945 verurteilt Hitler Italien und die Italiener vollständig, wovon nur Mussolini ausgenommen wird (vgl. Nolte, *Faschismus in seiner Epoche,* a.a.O., S. 343 – grundsätzlich s. dort S. 50). – Auf der anderen Seite ist sich der Nationalsozialismus auch der Gemeinsamkeiten bewußt, vgl. hierfür Joseph Goebbels, *Der Faschismus und seine praktischen Ergebnisse,* 1934, abgedr. in: Nolte (Hrsg.), *Theorien über den Faschismus,* a.a.O., S. 314 ff. Insges. vgl. auch Klaus-Peter Hoepke, *Die deutsche Rechte und der italienische Faschismus,* Düsseldorf 1968, bes. S. 125 ff.; zur Haltung der »NS-Linken« vgl. Reinhard Kühnl, *Die nationalsozialistische Linke 1925-1930,* Meisenheim a. Gl. 1966, S. 203 ff., S. 366.

6 Beispielhaft vgl. hierfür Reinhard Bollmus, *Das Amt Rosenberg und seine Gegner,* Stuttgart 1970, S. 10 ff., 236 ff., hier ganz bes. S. 245 f. – vgl. meine Rez. in: *DArg,* Sonderbd. 70 *(Kritik der bürgerlichen Geschichtswissenschaft I),* 1972, S. 301 f.

7 Wolfgang Wippermann, *Faschismustheorien,* Darmstadt 1972; Axel Kuhn, *Das faschistische Herrschaftssystem und die moderne Gesellschaft,* Hamburg 1973; Helga Grebing, *Aktuelle Theorien über Faschismus und Konservativismus,* Stuttgart/Berlin/Köln/Mainz 1974; Gerhard Schulz, *Faschismus-Nationalsozialismus. Versionen und theoretische Kontroversen 1922-1972,* Frankfurt/Berlin/Wien 1974; mit Bezug auf den italienischen Faschismus vgl. A. James Gregor, *Interpretations of Fascism,* Morristown, N. J., 1974; als Vorläufer vgl. etwa Martin Broszat, *Der Staat Hitlers,*

München 1969; Renzo de Felice, *Le interpretazioni del fascismo,* Bari 1969; aus der DDR vgl. bes. die Beiträge 10-12 (für die Jahre 1917-1945) zum *Lehrbuch der deutschen Geschichte,* Berlin 1967, 1969, 1970.

Vgl. auch die Fülle neuerer Forschungsberichte. Ohne Anspruch auf Vollständigkeit sei hier auf folgende Arbeiten verwiesen: Andrew G. Whiteside, *The Nature and Origins of National Socialism,* in: *Journal of Central European Affairs,* 17 (1957), S. 48-73; Dieter Petzina, *Hitler und die deutsche Industrie,* in: *GWU,* 17 (1966), S. 482-491; Wolfgang Sauer, *National Socialism: Totalitarianism or Fascism?,* in: *AHR,* 73 (1967), S. 404-424; Johannes Agnoli, *Zur Faschismus-Diskussion,* in: *Berliner Zeitschrift für Politologie,* 9 (1968), I: Nr. 2, S. 24-32, II: Nr. 4, S. 32-49 – beide Teile sind wiederabgedr. in: Agnoli, *Zur Faschismus-Diskussion,* Hamburg 1973, S. 37-63; Wolfgang Schieder, Stichw. »Faschismus«, in: C. D. Kernig (Hrsg.), *Sowjetsystem und demokratische Gesellschaft,* Bd. 2, Freiburg/Basel/Wien 1968, Sp. 438-477; Bernhard Blanke, *Thesen zur Faschismus-Diskussion,* in: *SoPo,* 3, 1 (1969), S. 52-63; Heinz Hürten, *Neuerscheinungen zur Geschichte des Faschismus,* in: *Historisches JB,* 89 (1969), S. 420-427; Arno Klönne, *Was heißt Faschismus?,* in: *links,* Nr. 6, Dez. 1969, S. 10/11; Ernst Nolte, *Der Faschismus als Problem in der wissenschaftlichen Literatur der jüngsten Vergangenheit,* in: *Fascism and Europa. An International Symposium,* Prague: 28th-29th August 1969, Bd. I, Prag 1969, S. 17-46 – abgedr. in: Nolte, *Der Nationalsozialismus,* Frankfurt/Berlin/Wien 1970, S. 197 ff.; Reinhard Kühnl, *Probleme einer Theorie über den internationalen Faschismus. Teil I: Die Faschismuskonzeption Ernst Noltes,* in: *PVS,* 11 (1970), S. 318-341; ders., *Probleme der Interpretation des deutschen Faschismus,* in: *DArg,* 58, 12 (1970), S. 258-279; Wolfgang Schieder, *Was ist Faschismus?,* Rundfunk-MS, SWF, 2. Programm, 11. 5. 1970; *Faschistische Diktatur in Deutschland* (Themenheft), in: *PoBi,* 5 (1972), H. 1; Walter Fischer, *Geschichtswissenschaft als politische Waffe,* in: *DArg,* 75, Sonderbd. 1972 = *Kritik der bürgerlichen Geschichtswissenschaft II,* S. 148-183; A. James Gregor, *On Understanding Fascism: A Review of Some Contemporary Literature,* in: *APSR,* 67 (1973), S. 1332-1347; Kühnl, *Der deutsche Faschismus in der neueren Forschung,* in: *DArg,* 78, 15 (1973), S. 152-182; Erwin Viefhaus, *Kritische Anmerkungen und . . . ein Nachwort,* in: Hans Kehrl, *Krisenmanager im Dritten Reich,* Düsseldorf 1973, S. 505-529, 531-546; Jens Flemming, *Mittelstand und Faschismus: Neuere Studien zur regionalen Entwicklung von NSDAP und NPD,* in: *Archiv für Sozialgeschichte,* 13 (1973), S. 641-649; Hans-Erich Volkmann, *Zur Interdependenz von Politik, Wirtschaft und Rüstung im NS-Staat,* in: *MGM,* 1974/1, S. 161-172; Gunnar Stollberg, *Theorie und Erfahrung. Die Faschismusschriften Rosenbergs, Serings und Sternbergs im Lichte der Marxschen Theorie,* in: *IWK,* 10 (1974, H. 1, S. 1-39 (Zusatz 1977: vgl. dazu *IWK,* 1973, H. 3, S. 314 ff., und 1975, H. 3, S. 347 ff.); vgl. ferner die *Argument*-Hefte 30, 32, 33, 41, 47 und 58 und zahlreiche Arbeiten in der Rezensionszeitschrift *NPL* (bes. von Hennig, Hildebrand, Horn, Kühnl, Radkau und Schieder). – Für die DDR-Historiographie vgl. bes. Dietrich Eichholtz, *Probleme einer Wirtschaftsgeschichte des Faschismus in Deutschland,* in: *JWG,* 1963/III, S. 97-127; ders., *Alte und ›neue‹ Konzeptionen. Bürgerliche Literatur zur Wirtschaftsgeschichte des Faschismus in Deutschland,* in: *JWG,* 1971/III, S. 231-255; vgl. auch die zahlreichen Arbeiten zur Kritik von BRD-Neuerscheinungen vor allem in der *ZfG* (s. Anm. 197), als letzte Arbeit vgl. Elfriede Lewerenz, *Neue bürgerliche Angriffe auf die Einschätzung des Faschismus durch die KI,* in: *BzG,* 16 (1974), S. 587-599; für die DDR-Diskussion sind auch Artikel typisch, die sich mit der Selbstverständigung über die Traditionen »sowjetmarxistischer« Faschismusanalyse beschäftigen – vgl. dazu etwa Erwin Lewin, *Zur*

Faschismus-Analyse durch die Kommunistische Internationale (1922-1933), in: *BzG*, 12 (1970), S. 44-59; Elfriede Lewerenz, *Zu einigen Fragen der Faschismus-Analyse der Kommunistischen Internationale in Vorbereitung des VII. Weltkongresses (1933-1935)*, in: *BzG*, 13 (1971), S. 733-750; ferner werden in der DDR in der letzten Zeit, etwa seit 1970, zu einer Reihe von zeitlich spezifizierten Detailproblemen Dissertationen angefertigt, vgl. z. B. die Arbeit von Lewerenz, *Die Analyse von Wesen und Funktion des Faschismus in Vorbereitung und Durchführung des VII. Weltkongresses der Kommunistischen Internationale (1933-1935)*, phil. Diss., Berlin 1971; ebenfalls in diesem Kontext ist auf die Veröffentlichung bislang nicht publizierter Dokumente hinzuweisen, vgl. Klaus Mammach (Hrsg.), *Die Berner Konferenz der KPD*, Frankfurt 1974; Ernst Thälmann, *Geschichte und Politik*, Frankfurt 1974.

Zusatz 1977: So wichtig dies wäre, eine Fortführung dieses Überblicks kann hier nicht gegeben werden. Es seien nur einige neuere Arbeiten hervorgehoben: Reinhard Opitz, *Über Entstehung und Verhinderung von Faschismus*, in: *DArg*, 87, 16 (1974) S. 543-603 (bei *DArg* 87 handelt es sich um ein Themenheft: »Faschismus. Entstehung/Verhinderung«); zur Kritik von Opitz vgl.: *ÄuK*, 20, 6 (1975), hier S. 112; Alf Lüdtke, *Faschismus-Potentiale und faschistische Herrschaft oder Theorie-Defizite und antifaschistische Strategie*, in: *Gesellschaft. Beiträge zur Marxschen Theorie 6*, Frankfurt 1976, S. 194-241; an neueren Sammelrez.en vgl. auch Wolfgang Wippermann, *The Post-War German Left and Fascism*, in: *Journal of Contemporary History*, 11 (1976), S. 185-219 (bei H. 4, 1976, dieser Zeitschr. handelt es sich um ein Themenheft: »Theories of Fascism«); Peter Hüttenberger, *Nationalsozialistische Polykratie*, in: *Geschichte und Gesellschaft*, 2 (1976), S. 417-442; Anson G. Rabinbach, *Marxistische Faschismustheorien: Ein Überblick*, I: *ÄuK*, 7 (1976), S. 5-19, II: *ÄuK*, 8 (1977), S. 89-103; A. S. Blank, *Der deutsche Faschismus in der sowjetischen Historiographie*, in: *ZfG*, 23 (1975), S. 443-452; zum derzeitigen Forschungs- und Diskussionsstand vgl. auch Reinhard Kühnl (Hrsg.), *Texte zur Faschismusdiskussion I*, Reinbek b. Hamburg 1974, hier S. 7 ff. (Einl.); *Gesellschaft 6*, a.a.O. – hier bes. meine Einl.: *Was heißt und zu welchem Ende studiert man Faschismus?*, S. 7-18; Richard Saage, *Faschismustheorien*, München 1976; Niels Kadritzke, *Faschismus und Krise*, Frankfurt/New York 1976; Wolfgang Schieder (Hrsg.), *Faschismus als soziale Bewegung*, Hamburg 1976, hier bes. S. 11-23 (Vorw.). – Zur Diskussion des italienischen Faschismus vgl. jetzt vor allem Renzo De Felice (Interview mit Michael A. Ledeen), *Fascism*, New Brunswick, N. J., 1976; für den Diskussionsstand in der BRD über Italien vgl. die durchweg vorzüglich informierenden neueren Arbeiten von Jens Petersen: *Faschismus und Industrie in Italien 1919-1929*, in: *Gesellschaft. Beiträge zur Marxschen Theorie 7*, Frankfurt 1976, S. 133-189; *Wählerverhalten und soziale Basis des Faschismus in Italien zwischen 1919 und 1928*, in: Schieder (Hrsg.), *Faschismus als soziale Bewegung*, a.a.O., S. 119-156; *Der italienische Faschismus zwischen Polemik und historischer Analyse*, in: *GWU*, 27 (1976), S. 257-272. – Für die außerdeutsche Faschismusdiskussion vgl. für die USA etwa die Arbeiten von James A. Gregor und Henry Ashby Turner, für Frankreich vgl. diejenigen von Nicos Poulantzas und Riccardo Lucchini, *Sociologie du Fascisme*, Fribourg 1973; für Italien vgl. etwa das Themenheft »L'Economia Italiana nel Periodo Fascista« von *Quaderni Storici*, 29/30, Maggio/Dicembre 1975 (engl. summaries: S. 751-755).

8 Diese Arbeit setzt damit meine M. A.-Arb. (*Zur ökonomischen und politischen Funktion des Nationalsozialismus*, Marburg/L. 1970/71) fort; von der Intention her ist sie den neueren Bestandsaufnahmen (Anm. 7) verbunden, ihre Tendenz wird aber

– mit Ausnahme von Helga Grebings Kritik (Anm. 7) – eher von einigen unveröffentlichten Arbeiten geteilt: Dieter Bernbeck, *Die nationalsozialistische Wirtschaft,* unveröffentl. Dipl. soz. Arb., München 1970; Helmuth Tammen, *Das »Primat der Politik« als Problem der nationalsozialistischen Wirtschaftspolitik 1933-1936,* Dipl. pol. Arb., Berlin (FU) 1972; Michael Wilson, *Politics and Economics in the Third Reich,* M. A.-Arb., Univ. of Chicago 1973.

9 Friedrich Engels, Brief an Paul Ernst v. 5. 6. 1890 (*MEW* Bd. 37, Berlin 1967, S. 411).

10 Alexander Schifrin, *Die Internationale und die deutsche Krise,* in: *Die Gesellschaft,* 8 (1931/II), S. 204-213, hier S. 212.

11 Franz Borkenau, *Zur Soziologie des Faschismus,* 1932, abgedr. in: Nolte (Hrsg.), *Theorien über den Faschismus,* a.a.O., hier S. 171 f.

12 Zu den Totalitarismustheorien vgl. überblickhaft Bruno Seidel, Siegfried Jenkner (Hrsg.), *Wege der Totalitarismus-Forschung,* Darmstadt 1968; Klaus Hildebrand, *Stufen der Totalitarismus-Forschung,* in: *PVS,* 9 (1968), S. 397-422; Alexander J. Groth, *The ›Isms‹ in Totalitarianism,* in: *APSR,* 58 (1964), S. 888-901; vgl. bes. Martin Jänicke, *Totalitäre Herrschaft,* Berlin 1971; Walter Schlangen, *Theorie und Ideologie des Totalitarismus,* Bonn 1972; Schlangen hat auch eine »kritische Auseinandersetzung mit Martin Jänicke« vorgelegt: *Der Begriff totalitärer Herrschaft und seine politisch-theoretischen Bezüge,* in: *PVS,* 13 (1972), S. 429-448; Martin Greiffenhagen, Reinhard Kühnl, Johann Baptist Müller, *Totalitarismus. Zur Problematik eines politischen Begriffs,* München 1972. Als Überblick vgl. jetzt meine Sammelrez.: *Zur Theorie der Totalitarismustheorien,* In: *NPL,* 21 (1976), S. 1-25.

13 Vgl. den Hinw. b. Isaac Deutscher, *Trotzki,* III: *Der verstoßene Prophet 1929-1940,* Stuttgart/Berlin/Köln/Mainz 1972, S. 427-430; zum Aspekt einer bürokratiekritischen Totalitarismusvariante s. auch Otto Rühle, *Schriften,* hrsg. v. Gottfried Mergner, Reinbek b. Hamburg 1971.

14 Vgl. *DArg,* 41, 8 (1966), H. 6, u. 47, 10 (1968), H. 3; dazu Eike Hennig, *Faschismus und Kapitalismus. Primat der Politik oder Primat der Industrie,* unveröffentl. MS, Institut für Politikwiss., Frankfurt a. M. 1970; Dieter Bernbeck, *Die nationalsozialistische Wirtschaft – Ein Beitrag zur Frage des Primats der Wirtschaft oder der Politik im nationalsozialistischen Deutschland,* unveröffentl. Dipl. soz. Arb., München 1970; vgl. auch die knappen Hinw. in: Heinrich August Winkler, *Mittelstand, Demokratie und Nationalsozialismus,* Köln 1972, S. 161 (ff.)

15 Zum »klassischen« Stand der Behandlung z. B. von Thalheimer durch »Sowjetmarxisten« vgl. z. B. Reinhard Opitz, *Über Faschismus-Theorien und ihre Konsequenzen,* in: *Blätter,* 15 (1970), S. 1267-1284, bes. S. 1280, wo Thalheimer ein »verhältnismäßig hohe[r] Grad an Schwachsinn« zugesprochen wird; als tiefergehende, aber immer noch ungenügende Auseinandersetzungen vgl. jetzt auch Kurt Gossweiler, *Über Wesen und Funktion des Faschismus,* in: ders., Kühnl, Opitz, *Faschismus: Entstehung und Verhinderung,* Frankfurt 1972, S. 14; Lewerenz, *Neue bürgerliche Angriffe auf die Einschätzung des Faschismus durch die KI,* a.a.O., S. 589. Zusatz 1977: An neueren »sowjetmarxistischen« Beschäftigungen mit Thalheimer vgl. ferner: Opitz, *Über die Entstehung und Verhinderung von Faschismus,* a.a.O., S. 575 ff.; Gert Hautsch, *Faschismus und Faschismusanalysen,* Frankfurt 1974, S. 38 ff.; Lewerenz, *Die Analyse des Faschismus durch die Kommunistische Internationale,* Frankfurt 1975, S. 170 ff. (es handelt sich um die gedruckte Version der 1971er Diss., a.a.O.); bemerkenswert ist auch, daß für Dietrich Eichholtz im Rahmen seiner kritischen Auseinandersetzung mit meinen *Thesen zur deutschen Sozial- und Wirtschaftsgeschichte 1933 bis 1938* (in: *DArg,* 93, 17 [1975], S. 905-907)

»des Pudels ganzer Kern« sich »am Ende« als ein Bezug auf Thalheimer und Trotzki »herausschält«.

16 Manfred Clemenz, *Gesellschaftliche Ursprünge des Faschismus,* Frankfurt 1972, S. 13.

17 Ebd., S. 17; vgl. dagegen die Kritik in meinen *Thesen zur deutschen Sozial- und Wirtschaftsgeschichte 1933 bis 1938,* Frankfurt 1973, S. 9 f., 130 f., 149 – Anm. 20, 240; s. auch Dirk Stegmann, *Zum Verhältnis von Großindustrie und Nationalsozialismus 1930-1933,* in: *Archiv für Sozialgeschichte,* 13 (1973), S. 399-482, hier S. 400 – Anm. 5. Im übrigen hat Ralf Dahrendorf 1965 schon den Fehler vorweggenommen: »die historischen wie theoretischen Materialien für eine soziologische Erklärung des Phänomens Nationalsozialismus sind heute beisammen«.

18 Ich teile in gar keiner Weise die mir borniert erscheinende Meinung etwa von Ernst Nolte, *Zeitgeschichtsforschung und Zeitgeschichte,* in: *VfZG,* 18 (1970), S. 1-11, hier S. 2: »[...] alles, was ich vorzuweisen habe, besteht in ein paar glücklichen Griffen und, wie ich hoffe, in derjenigen Sorgfalt, die keine relevante Korrektur durch Einzelforschung zu befürchten braucht.« – Mit Bezug auf Nolte selbst vgl. dagegen nur Wolfgang Sauer, *National Socialism: Totalitarianism or Fascism?,* in: *AHR,* 73 (1967), hier S. 413-415, bes. S. 414 f.

19 Vgl. etwa die Aussagen: »Eine allseitige historische Würdigung jener Periode steht noch immer aus« und: »eine wirkliche Analyse der historischen Wirksamkeit einer ökonomischen Theorie kann man durch genaue Kenntnis der realen Prozesse in der gesellschaftlichen Basis und der vielfältigen Erscheinungen in der Ideologie erreichen. [...] Die weißen Flecken in der wirtschaftshistorischen und anderen gesellschaftswissenschaftlichen Forschung haben naturgemäß den leichtfertigen Verallgemeinerungen Vorschub geleistet. In bezug auf die vorliegende Thematik kann sich die marxistische Theoriekritik weder auf eine detaillierte Analyse der Wirtschaft im faschistischen Deutschland noch auf eine ausreichende Aufbereitung des Ideengutes jener Zeit stützen« (so Werner Krause, *Wirtschaftstheorie unter dem Hakenkreuz,* Berlin 1969, S. 207 – Anm. 3, S. 9). – Vgl. ferner Eichholtz, *Probleme einer Wirtschaftsgeschichte des Faschismus in Deutschland,* a.a.O., passim.

20 C. Wright Mills, *Die amerikanische Elite,* Hamburg 1962, S. 368.

21 So Eichholtz, *Probleme einer Wirtschaftsgeschichte des Faschismus in Deutschland,* a.a.O., S. 125, s. auch S. 107; vgl. auch die methodologischen Äußerungen von Kurt Gossweiler in: *Großbanken, Industriemonopole, Staat,* Berlin 1971, S. 9, denen zufolge es Aufgabe der »marxistisch-leninistischen Gesellschaftswissenschaft« ist, die Beschlüsse etc. der KP's und der KI »durch neue Forschungsergebnisse [...] zu untermauern und zu vertiefen«. (»Parteilichkeit« zugunsten der gesamtgesellschaftlichen Durchsetzung von Freiheit, Selbstbestimmung und Humanität reduziert sich so auf »Parteinahme«, wobei das Selbstverständnis einer politischen Organisation, einer selbsternannten Avantgarde, vorschnell als Realität angesehen wird.)

22 Zu letzterem vgl. Karl Marx, *Grundrisse der Kritik der politischen Ökonomie* (Rohentwurf) 1857-1858, Berlin 1953, S. 430, s. S. 423-432.

23 Erich Paterna, Werner Fischer, Kurt Gossweiler, Gertrud Markus, Kurt Pätzold, *Deutschland von 1933 bis 1939,* Berlin 1969, S. 98.

24 Jürgen Kuczynski, *Darstellung der Lage der Arbeiter in Deutschland von 1933 bis 1945 = Die Geschichte der Lage der Arbeiter unter dem Kapitalismus,* Bd. 6, Berlin 1964, S. 144 (ff.); ders., *Studien zur Geschichte des staatsmonopolistischen Kapitalismus in Deutschland 1918 bis 1945 = Die Geschichte der Lage der Arbeiter unter dem Kapitalismus,* Bd. 16 = *Dokumente und Studien zu Bd. 6,* Berlin 1963, S. 123; als Quintessenz der Ausführungen vgl. Bd. 16, S. 156: »Man muß ganz ernstlich

die Frage stellen, ob man nicht von einer Verstaatlichung der gesellschaftlichen Arbeitskraft im Interesse des Monopolkapitals sprechen sollte. [...] erst der staatsmonopolistische Kapitalismus schafft nach der Sklaverei wieder Zustände, unter denen die Werktätigen nicht anders können, als eine ganz bestimmte, konkrete Arbeit, die außerhalb ihrer Wahl [...] liegt, leisten müssen. Sie sind wieder, wie die Sklaven, zu sprechenden Werkzeugen geworden. Aber während in der Sklavenhaltergesellschaft Griechenlands und Roms der einzelne Sklavenhalter über ihre Arbeit bestimmt, unterliegen sie jetzt den Anordnungen des mit den privaten Monopolen verschmolzenen imperialistischen, für den Krieg rüstenden Staates.«

Prototypisch ist auch folgende Formulierung: »Der Faschismus stellte sich zum Ziel, [...] die Werktätigen in ergebene Sklaven des Finanzkapitals zu verwandeln« (Institut für Marxismus-Leninismus beim ZK der KPdSU, *Die Kommunistische Internationale*, Berlin 1970, S. 425).

Vgl. ferner – ohne Anspruch auf Vollständigkeit – Eichholtz, *Probleme einer Wirtschaftsgeschichte des Faschismus in Deutschland*, a.a.O., S. 116 ff. (*Die Rolle des außerökonomischen Zwanges*); ders., *Zur Lage der deutschen Werktätigen im ersten Kriegsjahr 1939/40*, in: *JWG*, 1967/I, hier bes. S. 149; Klaus Drobisch, *Der Werkschutz – betriebliches Terrororgan im faschistischen Deutschland*. in: *JWG*, 1965/IV, S. 217-247, bes. S. 217 f.; Lotte Zumpe, *Die Textilbetriebe der SS im Konzentrationslager Ravensbrück*, in: *JWG*, 1969/I, S. 11-40, bes. S. 17 f.; dies., *Arbeitsbedingungen und Arbeitsergebnisse in den Textilbetrieben der SS im Konzentrationslager Ravensbrück*, in: *JWG*, 1969/II, S. 11-51, bes. S. 38 f.; Horst Bednareck, *Die Gewerkschaftspolitik der Kommunistischen Partei Deutschlands*, Berlin 1969, S. 44; zusammenfassend vgl. für die KZ's und die Zwangsdeportationen Eva Seeger, *Zwangsarbeiter in der faschistischen Kriegswirtschaft*, Berlin 1964; Janis Schmelzer, *Das hitlerfaschistische Zwangsarbeitersystem und der antifaschistische Widerstandskampf der ausländischen Kriegsgefangenen und Deportierten (1939-1945)*, phil. Diss., Wittenberg 1963.

25 Zusammenfassend vgl. Broszat, *Der Staat Hitlers*, a.a.O., S. 180 ff.: *Die Stellung der Arbeitnehmer: Von der Zerschlagung der Gewerkschaften bis zum gelenkten Arbeitseinsatz*.

26 Vgl. bes. Gert Schäfer, *Ökonomische Bedingungen des Faschismus*, in: *Blätter*, 15 (1970), S. 1257-1267; als massive Kritik, die das Problem jedoch nur verdrängt, vgl. ebd., S. 1267-1284, Reinhard Opitz, *Über Faschismus-Theorien und ihre Konsequenzen*.

Schäfer (bes. S. 1259, 1260 ff., 1263) verbindet die Anwendbarkeit des Kapitalismusbegriffs mit der gesellschaftsprägenden Existenz »freier Lohnarbeit« und »›freier‹ Verfügung über Kapital« und begreift Faschismus als Veränderung dieser objektiven Basis der Gesellschaftsformation, indem – zumindest partiell, beispielsweise durch die Einführung des »Arbeitsbuches« (1935) (so Schäfer, S. 1263 – Anm. 19, in Anlehnung an Broszat, a.a.O., S. 205) – Momente eines Planprinzips eingeführt werden.

Gegen die Replik Opitz' (bes. S. 1273 ff., 1275 f., 1277) ist zwar festzustellen, daß einer vorschnellen Zurückweisung der Schäferschen Ausführungen entgegenzutreten ist; es ist aber doch wichtig anzumerken, 1. daß nicht jeder staatliche Eingriff in den marktmäßigen Warentausch, nicht jede außerökonomische Gewaltmaßnahme das Wertgesetz aufhebt – was in bezug auf den Faschismus impliziert, klassenanalytisch-konkret einzelne Maßnahmen der Exekutive zu untersuchen –, 2. daß der Marxsche Begriff der »freien Lohnarbeit« zwei Bedeutungskomponenten einschließt. Bes. letzteres entgeht Schäfer, der »freie Arbeit« wesentlich nur als Mobilität der Arbeiter aufzufassen scheint.

Für Marx beinhaltet »freie Arbeit« 1. Freiheit von Produktionsmitteln – »Trennung des Eigentums von der Arbeit« und Definition von Arbeit als der »existierende Nicht-Wert«, da die Arbeitsbedingungen als Kapital existieren – und 2. die Existenz des Arbeiters als (formal und juristisch) freie Person, also Mobilität. Expropriation und Freizügigkeit fallen für Marx insofern zusammen, als sie beide durch den Prozeß der ursprünglichen Akkumulation zu einer bestimmenden gesellschaftlichen Realität werden. Keineswegs aber läßt sich »Freiheit der Arbeit« als bloße (vorwiegend horizontale) Mobilität fassen: »kapitalistische Produktions- und Akkumulationsweise, also auch kapitalistisches Privateigentum, bedingen die Vernichtung des auf eigener Arbeit bestehenden Privateigentums, d. h. die Expropriation des Arbeiters.« – »Solange [. . .] der Arbeiter für sich selbst akkumulieren kann, und das kann er, solange er Eigentümer seiner Produktionsmittel bleibt, ist die kapitalistische Akkumulation und die kapitalistische Produktionsweise unmöglich. Die dazu unentbehrliche Klasse der Lohnarbeiter fehlt« (Marx, *Kapital* I *MEW* Bd. 23, S. 802, 794 – s. auch S. 184, 795 f. sowie vor allem die Kap. 24 u. 25; ders., *Grundrisse,* a.a.O., S. 203 f.).

Der Faschismus aber hat, was Schäfers Hinweise empirischer Art nur noch einmal belegen, vorrangig die Mobilität eingeschränkt; das andere Moment, nämlich die »Scheidung des Arbeiters von den Arbeitsbedingungen« (Marx), bleibt jedoch erhalten.

Weitere Hinw. zur Problematik finden sich bes. b. T. W. Mason, *Labour in the Third Reich,* in: *Past & Present,* No. 33, Apr. 1966, S. 112-141, hier S. 126 ff. (128 f.); ders., *Der Primat der Politik – Politik und Wirtschaft im Nationalsozialismus,* in: *DArg,* 41, 8 (1966), hier S. 482 ff., 485 ff.; David Schoenbaum, *Die braune Revolution,* Köln/Berlin 1968, S. 129 ff.; Arthur Schweitzer, *Labor in Organized Capitalism. Nazi Domination of Labor Markets,* in: *Schweizerische Zeitschrift für Volkswirtschaft und Statistik,* 95 (1959), S. 478-499; L. Hamburger, *How Nazi Germany has Controlled Business,* Washington 1943, S. 38 ff., ders., *How Nazi Germany has Controlled Labor,* Washington 1940, passim; Otto Nathan, *The Nazi Economic System,* Durham 1944, S. 170 ff. *(Control of Labor),* bes. S. 173; eine gedrängte Darstellung der Lenkungsmaßnahmen auf dem Lohn- und Arbeitsmarkt findet sich bei Gerhard Bry, *Wages in Germany 1871-1945,* Princeton 1960, S. 44 f., 233 ff. Von der entsprechenden nationalsozialistischen Literatur vgl. bes. Gerhard Hachtmann, *Die Wandlungen des industriellen Arbeitsverhältnisses. Ein Vergleich kapitalistischer und nationalsozialistischer Arbeitsverfassung,* Bleicherode am Harz 1936 (Diss. rer. pol., Halle-Wittenberg 1936). Hachtmann vergleicht den »›freien‹ Arbeitsvertrag in der industriellen Frühzeit« mit der »Neuordnung des Arbeitsverhältnisses« durch den Nationalsozialismus und kommt zu folgendem »Schluß« (S. 89): »In der Gegenüberstellung der Arbeitsverfassungen seit Beginn der Industrialisierung hatte sich gezeigt, daß der Zunftverband und die Verbindung mit dem Kunden durch die Herrschaft des freien Arbeitsvertrages zerrissen war. Der Kampf der Gewerkschaften um Lohn und Arbeitszeit war nur die notwendige Folge des Aufbegehrens gegen Unterdrückung und Entrechtung. Die nationalsozialistische Arbeitsverfassung knüpft deshalb, in Überwindung der liberalistischen Epoche, an die vorindustrielle Zeit an. Allerdings ist zu bedenken, daß die sozialen Grundlagen wesentlich andere geworden sind. Die Aufwärtsentwicklung vom Lehrling über den Gesellen zum Meister als Grundlage des gemeinsamen Standes und der gleichen Ehre ist in der modernen Großindustrie als Prinzip undurchführbar. Die Arbeit ist zu differenziert geworden [. . .]: Trennung in leitende, verwaltende und ausführende

Arbeitsleistungen ist unumgänglich. Diese notwendige Aufspaltung der Gesamtheit ist nur durch die gemeinsame Ehre der Arbeit überwindbar. Die Standesehre des Arbeiters im weitesten Sinn schlingt das Band um alle schaffenden Volksgenossen und läßt demgegenüber Unterschiede in der Lebenshaltung zurücktreten.« Zum Hintergrund dieser Aussage vgl. Hans Freyer, *Revolution von rechts,* Jena 1931, bes. S. 19 ff.; vgl. auch meine *Thesen zur deutschen Sozial- und Wirtschaftsgeschichte 1933 bis 1938,* a.a.O., S. 220 f. – Anm. 323, 104 ff.

27 Darüber hinaus hätte eine empirische Untersuchung u. a. folgende Instrumente zur Kontrolle des Arbeitsmarktes zu berücksichtigen:

+ Lohnstopp (1933/34)

+ Notverordnung über die Verteilung von Arbeitskräften (1934)

+ Gesetz über die Arbeitsvermittlung (1935).

Diese Gesetze und Verordnungen markieren den Beginn der Arbeitsmarktregulierung, verschärfend wirken:

+ Verordnung zur Durchführung des Vierjahresplanes (1936)

+ Anordnung zur Regelung des Arbeitseinsatzes in den einzelnen Betrieben (1938)

+ Dienstpflichtverordnung (1938)

+ Anordnung über den Einsatz weiblicher Arbeitskräfte in der Landwirtschaft (1938).

Als langfristige Lenkungsinstrumente zur Direktion des qualitativen Arbeitsangebots fungiert:

+ Anordnung zur Meldung aller Schulentlassenen bei den Arbeitsämtern (1938).

Vgl. den Abdr. einzelner Gesetze etc. in: Uwe Brodersen, *Gesetze des NS-Staates,* B. Homburg v. d. H./Berlin/Zürich 1968, S. 151 ff.; vgl. auch die Schilderung von Hans-Heinrich Rubbert, *Die ›gelenkte Marktwirtschaft‹ des Nationalsozialismus,* in: *Hamburger JB* 8. J., 1963, S. 215-234.

28 Dazu Reinhard Kühnl, *Deutschland zwischen Demokratie und Faschismus,* München 1969, bes. S. 148 ff.; eine derartige Fragestellung wird heute jedoch viel zu wenig verfolgt, worauf Joachim Streisand (*Über Faschismus und Neofaschismus,* in: *Blätter,* 15 [1970], S. 472) mit Recht hinweist.

29 Fritz Sternberg, *Die deutsche Kriegsstärke,* Paris 1939, S. 226.

30 Ebd., S. 229.

31 A. A. Galkin, *Sociologija neofašizma (Soziologie des Neofaschismus),* Moskau 1971, S. 41; vgl. auch ders., *Socialno-političeskaja struktura kapitalističeskogo občestva i fašizm (Die sozial-politische Struktur der kapitalistischen Gesellschaft und der Faschismus),* in: *Voprosy filosofii,* 1970/2, S. 87-97; s. auch ders., *Capitalist Society and Fascism,* in: *Social Science. Soviet Academy of Science,* 2 (1970), S. 128-138.

31a Die Unterscheidung ist von Alfred Sohn-Rethel in die Diskussion engeführt worden; inhaltlich geht sie auf Eugen Schmalenbach zurück (vgl. Anm. 40).

32 Aus der Position des nationalsozialistischen Selbstverständnisses vgl. dazu Oskar Lorenz, *Um eine neue Wirtschaftswissenschaft,* Berlin o. J. (1936), S. 37: »Wie wir der marxisitischen Theorie die Maske der Wissenschaftlichkeit vom Gesicht gerissen haben und die volksfeindlichen jüdischen Interessen entlarvt haben, die sich hinter dieser ›Wissenschaftlichkeit‹ verbargen, so werden wir auch der liberalen Wirtschaftslehre die Maske der Wissenschaftlichkeit vom Gesicht reißen und die volksfeindlichen kapitalistischen Ausbeuterinteressen enthüllen, die sich hinter dieser Theorie verbergen.« Vgl. zu diesem Aspekt auch Louis R. Franck, *An Economic and Social Diagnosis of National-Socialism,* in: *The Third Reich. A study published under the auspice of the International Council for Philosophy and Huma-*

nistic Studies and with the assistance of UNESCO, New York 1955, S. 539-575, bes. S. 542: »[...] reputation of democratic liberalism and humanitarian socialism, which, despite their apparent antagonism, were seen as the two sides of a materialism which was hedonistic, individualist, and anthropocentric: reputation of free trade unionism, of the right to strike, and of the Marxist class struggle: reputation of internationalism, both capitalist and proletarian.« – S. auch S. 560.

33 Kühnl, *Formen bürgerlicher Herrschaft: Liberalismus – Faschismus,* a.a.O. (Anm. 5), bes. S. 139 ff. – Die Schwäche von Kühnls Arbeit besteht darin, daß sie ohne eine ausreichende empirische Analyse die Verselbständigungsthese aufhebt: »[...] Daß die Politik der [nationalsozialistischen] Regierung sich innerhalb des kapitalistischen Systems zu halten habe und daß die großen Konzerne die berufenen Sprecher ›der Wirtschaft‹ seien, galt eben von vornherein als ausgemacht, bildete das sozialökonomische wie das ideologische Fundament des faschistischen Staates« (S. 144). Zur Verselbständigungsthese äußern sich auch Niels Kadritzke, *Faschismus als gesellschaftliche Realität und als unrealistischer Kampfbegriff,* in: *ProKla,* 8/9, 3 (1973), S. 103-143; Gunnar Stollberg, *Theorie und Erfahrung. Die Faschismusschriften Rosenbergs, Serings und Sternbergs im Lichte der Marxschen Theorie,* in *IWK,* 10 (1974), H. 1, S. 1-39.

34 Clemenz, a.a.O. (Anm. 16), S. 205 ff.

35 Vgl. Karl Marx, *Der 18. Brumaire des Louis Bonaparte* (Nachwort von Herbert Marcuse), Frankfurt 1965, bes. S. 61 ff., 116 ff., 131 ff.; ders., *Die Klassenkämpfe in Frankreich 1848 bis 1850, MEW* Bd. 7, S. 9-107; ders., *Der Bürgerkrieg in Frankreich* (Adresse des Generalrats vom 30. 5. 1871), in: Marx-Engels, *Studienausgabe* IV, Frankfurt 1966, S. 194 ff. – Die relevanten Passagen der Bde. 7, 8 und 17 der *MEW* sind abgedr. in: Eike Hennig, Joachim Hirsch, Helmuth Reichelt, Gert Schäfer (Hrsg.), Karl Marx, Friedrich Engels, *Staatstheorie,* Frankfurt/Berlin/Wien 1974, S. 539 ff., vgl. auch ebd. meine Bemerkungen zu den politischen Schriften von Marx und Engels: S. LIX ff., 511 ff.

36 Vgl. Hans-Ulrich Wehler, *Sozialökonomie und Geschichtswissenschaft,* in: *NPL,* 14 (1969), hier S. 348, 354, 356; ders., *Bismarck und der Imperialismus,* Köln-Berlin 1969, S. 454 ff. (vgl. *NPL,* XI/1970, S. 192 ff., 202 ff., 305 ff.); ein untauglicher Versuch war Gustav Adolf Rein, *Bonapartismus und Faschismus in der deutschen Geschichte,* Göttingen 1960.

37 Marx, *Der 18. Brumaire,* a.a.O., S. 63.

38 Vgl. dazu Arthur Schweitzer, *Die Nazifizierung des Mittelstandes,* Stuttgart 1970; ders., *The Nazification of the Lower Middle Class and Peasants,* in: *The Third Reich,* a.a.O., S. 576 ff.

39 Vgl. dazu meine Rez. von Willi A. Boelcke (Hrsg.), *Krupp und die Hohenzollern in Dokumenten,* Frankfurt 1970, in: *DArg,* 75, Sonderh. 1972 = *Kritik der bürgerlichen Geschichtswissenschaft II,* S. 323-325.

40 Vgl. Alfred Sohn-Rethel, *Geistige und körperliche Arbeit,* S. 182 ff. (die zit. Formulierung findet sich im *Kursbuch,* 21, Sept. 1970, S. 31).

Von Sohn-Rethel vgl. jetzt vor allem: *Ökonomie und Klassenstruktur des deutschen Faschismus,* hrsg. u. eingel. v. Johannes Agnoli, Bernhard Blanke u. Niels Kadritzke, Frankfurt 1973, hier bes. S. 68 ff., 173 ff. – Zu Sohn-Rethel vgl. Kadritzke, *Faschismus als gesellschaftliche Realität und als unrealistischer Kampfbegriff,* a.a.O., S. 122-133; E. Berliner (Pseudonym), *Das monopolistische Problem der Massenbasis, die ›Deutschen Führerbriefe‹ und Alfred Sohn-Rethel,* in: Blätter, 19 (1974), S. 154-174; in H. 12 der *Blätter,* 19 (1974), S. 1285-1301, findet eine Kontroverse zwischen Sohn-Rethel und »E. Berliner« statt; vgl. auch die entsprechenden Passagen meiner Arbeit *Industrie, Aufrüstung und Kriegvorbereitung im deutschen Faschismus* in: Friedrich Forstmeier, Hans-Erich Volkmann (Hrsg.), *Wirtschaft und Rüstung am Vorabend des Zweiten Weltkriegs,* Düsseldorf 1974, s. ferner meinen Beitr. in: *Gesellschaft 5,* Frankfurt 1975; zum Verständnis von Sohn-Rethels ökonomischer Position vgl. E. Schmalenbach, *Die Betriebswirtschaftslehre an der Schwelle der neuen Wirstschaftsverfassung,* in: *Zeitschr. f. Handelsw. Forschung,* 22 (1928), S. 241-251.

41 Dazu Sohn-Rethel in: *Kursbuch,* a.a.O., S. 31: »Das gesamte deutsche Großkapital war durch die Weltkrise entzweigespalten, in die defizitären Teile, für die es einen Ausweg nur noch in einer Ökonomie der nicht-reproduktiven Werte, also Rüstungsproduktion und Krieg geben konnte, und die finanziell starken, nur momentan gelähmten Gruppen, die nicht gewillt waren, sich einer Diktatur der Defizitäre zu unterwerfen und sich um ihre Aktiva betrügen zu lassen.« – Ders., *Ökonomie und Klassenstruktur des deutschen Faschismus,* a.a.O., S. 69, 173: »Der Übergang zum Faschismus in Deutschland beruhte auf dem politischen Sieg der defizitären Teile der Bourgeoisie, gesammelt in der ›Harzburger Front‹ (Damals auch die ›Fronde der faulen Debitoren‹ genannt), über die hinter Brüning versammelten konkurrenzfähigen Teile.« – Ähnlich auch die monopolgruppentheoretische Variante, die Kurt Stechert *(Wie war das möglich?* Stockholm 1945, S. 281 ff.) vorlegt.

42 Sohn-Rethel in: *Kursbuch* 21, a.a.O., S. 28; vgl. auch ders., *Geistige und körperliche Arbeit,* a.a.O., S. 184 f.

43 G. Schäfer, a.a.O., (Anm. 26), bes. S. 1259-Anm. 4, 1262 f., 1266 – Schäfers Arb. *Ökonomische Bedingungen des Faschismus* ist abgedr. in: Detlef Horster, Marios Nikolinakos (Hrsg.), *Ist die Epoche des Faschismus beendet?* Frankfurt 1971, hier bes. S. 71 – Anm. 4, s. auch S. 79 f., 86.

44 Ebd. in: Horster, Nikolinakos, a.a.O., S. 86, s. auch S. 80, 88, in den *Blättern* (Anm. 26) s. S. 1266, 1263, 1267.

45 Zum Problem eines »politischen Kapitalismus« wäre vor allem die Beziehungen von Franz Neumann und Arthur Schweitzer zum soziologisch gefaßten Max Weberschen Begriff eines »politischen Kapitalismus« (Imperialismus) zu entfalten. Andeutungen zur Problematik finden sich bei Gabriel Kolko, *Marx and Weber: Economics vs. Politics,* in: *The Triumph of Conservatism,* London 1963, S. 287-301; für die DDR-Historiographie vgl. andeutungsweise Eichholtz, *Alte und ›neue‹ Konzeptionen,* a.a.O., (Anm. 7), S. 238 f., 245 ff.; ders., *Geschichte der deutschen Kriegswirtschaft 1939-1945,* Bd. I: 1939-1941, Berlin 1971², S. 385 f.

46 H. C. F. Mansilla, *Faschismus und eindimensionale Gesellschaft,* Neuwied u. Berlin 1971, S. 17, vgl. dort auch S. 121 ff. *(Das cui bono des Faschismus am Beispiel der Wirtschaft);* s. auch ders., *Neomarxistische Kritik des Faschismus,* in: *Berliner Zeitschrift für Politologie,* 9 (1968), Nr. 3, S. 27-42, hier bes. S. 27-29.

47 Vgl. Anm. 12; zu der im Text angedeuteten Argumentation vgl. meine Rez. von Jänicke, a.a.O., in: *DArg,* 82, 15 (1973), S. 847-850; *Der Staat,* 12 (1973), S. 261-263.

48 Dies kann man gut am Verhältnis von Arthur Schweitzer zu identifizierend-totalitarismustheoretischen Argumentationsgängen belegen. Schweitzer distanziert sich so auf der Ebene seiner wissenschaftlichen Analyse vom Terminus der »Zwangswirtschaft« ohne aber gleichzeitig (vgl. nur das *Preface* zu: *Big Business in the Third Reich,* Bloomington 1965) mit dem politisch-ideologischen Implikat der dem Kalten Krieg verhafteten identifizierenden Totalitarismustheorie zu brechen. – Vgl. dazu die Rez. durch Joachim Radkau in: NPL, 15 (1970), S. 263-267.

49 Vgl. etwa die Auseinandersetzungen zu den Punkten Berufsverbot und Abgrenzung der SPD von Kommunisten; vgl. vor allem aber die BT-Beratungen über »Fragen der inneren Sicherheit« (188. Sitzung des 6. BT am 7. Juni 1972, Protokoll, S. 10975-11053), ganz bes. vgl. aber Beratungen über die Ostverträge im 6. BT (171. Sitzung am 23. Februar., 172, Sitzung am 24. Febr., 173. Sitzung am 25. Febr. 1972, Protokoll, S. 9737-9771, 9784-9826, 9833-9872, 9885-9935, 9941-10003, s. bes. S. 9752 ff., 9804 ff., 9859 ff., 9899 ff., 9909 ff., 9941 ff., 9949 ff., 9960 ff., 9987 ff.); vgl. dazu auch: Die Beratung der Ostverträge im Bundesrat, Erster Durchgang, Bonn 1972 (= 376. Sitzung des Bundesrates am 9. Februar 1972). – Allgemein vgl. Reinhard Kühnl, *Zur politischen Funktion der Totalitarismustheorien in der BRD,* in: Greiffenhagen, Kühnl, Müller, *Totalitarismus,* a.a.O., (Anm. 12), S. 7 ff. (13 f., 19-21).

50 Zur Verdeutlichung sei angemerkt: Dieses Spannungsverhältnis von Funktion und Basis ist nicht identisch mit den Vermittlungsproblemen von ökonomisch begründeter Herrschaft und individueller Abhängigkeit, so wie sie sich einer Sozialpsychologie stellen. So wie sich allerdings Klaus Horn dieser Problematik annimmt, tauchen Bezüge auf. Vgl. Klaus Horn, *Zur Sozialpsychologie des Faschismus,* in: *Psychoanalyse – Kritische Theorie des Subjekts,* Frankfurt 1972, S. 57 ff.; ausführlicher ders., *Sozialpsychologische Aspekte des Faschismus,* in: *Fascism and Europe. An International Symposium,* hrsg. v. Institute of History Czechoslovak Academy of Sciences, Bd. II, Prag 1970, S. 107-151 (S. 151: »[...] sozialpsychologische Argumentation [...] bringt wichtige Vermittlungen zur Sprache: Die Perpetuierung und Potenzierung von Herrschaft durch die Beherrschten selber.«).

51 Vgl. vor allem die Beitr. in: *DArg,* 41 u. 47, vgl. aber auch die Hefte 30, 32, 33 u. 58.

52 Gert Schäfer, *Ökonomische Bedingungen des Faschismus* – Reinhard Opitz, *Über Faschismus – Theorien und ihre Konsequenzen,* in: *Blätter,* 15 (1970), S. 1257-1267, 1267-1284.

53 Zur Gruppierung der Literaturfülle vgl. Wolfgang Fritz Haug u. a., *Ideologische Komponenten in den Theorien über den Faschismus,* in: *DArg.,* 33, 7 (1965), S. 31 f.

54 Von Reinhard Kühnl. vgl. bes.: *Formen bürgerlicher Herrschaft: Liberalismus – Faschismus,* Reinbek b. Hamburg 1972, u. *Kapitalismus und Faschismus,* in: Gossweiler/Kühnl/Opitz, *Faschismus: Entstehung und Verhinderung,* Frankfurt 1972, . 39 ff.

55 Vgl. hier nur meinen Hinweis in: *Monopolgruppentheorie in der DDR diskutiert an ›Großbanken, Industriemonopole, Staat‹ von Kurt Gossweiler,* in: *Leviathan,* 1 (1973), S. 150 – Anm. 38; vgl. Anm. en 182, 183; vgl. allgemeiner zur Entwicklung der neueren Staatsdiskussion etwa Wolf-Dieter Narr, *Notizen zur Frage der Autonomie des politischen Systems,* in: *Österreichische Zeitschrift für Politikwissenschaft,* 1 (1972), S. 5-21; zu einigen Gegensätzen der DDR-Historiographie, die aus einer verschwiegenen Annäherung an die These der verselbständigten Exekutivgewalt resultieren, vgl. Hinweise in meinen *Anmerkungen zum Stand der neueren Faschismusdiskussion: Industrie, Aufrüstung und Kriegsvorbereitung im deutschen Faschismus,* in: Friedrich Forstmeier, Hans-Erich Volkmann (Hrsg.), *Wirtschaft und Rüstung am Vorabend des Zweiten Weltkriegs,* Düsseldorf 1974, hier S. 409f.

56 Vgl. von Kurt Gossweiler bes. *Über Wesen und Funktion des Faschismus,* in: Gossweiler/Kühnl/Opitz, *Faschismus: Entstehung und Verhinderung,* a.a.O., S. 3 ff. – zu den im Text angedeuteten Widersprüchen vgl. bes. S. 12-15, 17. Diese

Widersprüche werden mit prototypischer Deutlichkeit auf S. 17 verdeutlicht, dort zeigt sich zugleich auch die Zwanghaftigkeit mit der eine kapitalistische Lösung aufgesetzt wird: »[...] Zwischen [dem politischen] Apparat und seiner spezifischen Funktion und rein am Profit orientierten Interessen gab es unvermeidlich Interessenkollisionen, bei denen aber letzten Endes immer wieder die Interessen der Monopole auf der Grundlage des bestimmenden Gesamtinteresses der Monopolbourgeoisie den Ausschlag gaben.«

57 Beispiele dafür finden sich ebd., S. 27: »Aus dem Bedürfnis des Monopolkapitals nach Zerschlagung der Arbeiterbewegung, Ausrottung des Sozialismus und Errichtung der eigenen unumschränkten Allmacht entstand der Faschismus«, vgl. S. 29 ff.; Bernh. Kockel, *Mittelstand und Nationalsozialismus*, in: *Einheit*, 2 (1947), S. 177-181, bes. S. 177: »In den Krisenjahren nach 1929, die in Deutschland stärker als in den anderen Ländern der Welt fühlbar wurden, mußte die Großindustrie und das Agrariertum des Ostens mit der Möglichkeit rechnen, daß dieses eklatante Versagen der kapitalistischen Wirtschaft immer mehr Menschen an die Seite der sozialistischen Parteien treiben könnte. Das Monopolkapital hielt deshalb seine wirtschaftliche Herrschaft im Rahmen der formalen Demokratie der Weimarer Republik für nicht mehr unbedingt gesichert und schlug in dieser Situation, [...], den Weg zur faschistischen Diktatur ein. Der Nationalsozialismus war also ein Werkzeug des Monopolkapitals im Kampfe um die Sicherung seiner Herrschaft, Waffe zur Zerstörung der Organisation der sozialistischen Arbeiterschaft. Wenn dieses Werkzeug wirkungsvoll sein sollte, mußte es sich auf eine möglichst große Zahl von Menschen stützen. Der Nationalsozialismus mußte also zu einer Massenbewegung werden. Das gelang ihm in den Jahren 1928-1932, in denen die Zahl der nationalsozialistischen Reichstagsabgeordneten von 12 auf 230, die der Wähler also von einer halben auf fast 14 Millionen stieg.« – Vgl. auch Eberhard Czichon, *Wer verhalf Hitler zur Macht?* Köln 1967 – dazu Eike Hennig, *Industrie und Faschismus*, in: *NPL*, 15 (1970), hier S. 436 – 441; vgl. auch den Hinweis bei Dietrich Eichholtz, *Probleme einer Wirtschaftsgeschichte des Faschismus in Deutschland*, in: *JWG*, 1963/III, hier S. 126 (»Ganz vernachlässigt ist die Forschung über Entwicklung und Verhalten der Mittelschichten unter dem Faschismus ...«); vgl. ferner die von W. Schieder und Th. Pirker vertretene These, die kommunistische Diskussion zeichne sich ab 1923 durch wachsende Unkonkretheit – u. a. auch was die Berücksichtigung der Mittelschichten angeht – aus: Theo Pirker, *Komintern und Faschismus 1920-1940*, Stuttgart 1966, bes. S. 53-57; Wolfgang Schieder, Stichw. »Faschismus«, in: C. D. Kernig (Hrsg.), *Sowjetsystem und demokratische Gesellschaft*, Bd. 2 (Diplomatie bis Identität), Freiburg/Basel/Wien 1968, hier Sp. 454-459; vgl. auch John M. Cammet, *Communist Theories of Fascism, 1920-1935*, in: *Science and Society*, 31 (1967), S. 149-163, bes. S. 150; als Versuch, diese These zurückzuweisen, vgl. Lev Israelevič Ginzberg, *Auf dem Wege zur Hitlerdiktatur*, in: *ZfG*, 17 (1969), S. 825-827; vgl. bes. Elfriede Lewerenz, *Zu einigen Fragen der Faschismus-Analyse der Kommunistischen Internationale in Vorbereitung des VII. Weltkongresses (1933-1935)*, in: *BzG*, 13 (1971), S. 733-750, bes. S. 738 f.; Erwin Lewin, *Zur Faschismus-Analyse durch die Kommunistische Internationale (1922-1933)*, in: *BzG*, 12 (1970), S. 44-59, bes. S. 49 ff. (51); neuerdings vgl. bes. Lewerenz, *Neue bürgerliche Angriffe auf die Einschätzung des Faschismus durch die KI*, a.a.O. (Anm. 7), S. 587 ff. (590 f.).

58 Gossweiler, *Über Wesen und Funktion des Faschismus*, a.a.O., S. 12.

59 O. Kuusinen, *Faschismus, Kriegsgefahr und die Aufgaben der Kommunistischen Parteien. Referat auf dem XIII. Plenum des EKKI*, Moskau-Leningrad 1934, S. 38 f., 39, 39 f., vgl. auch Freimuth auf der 24. Sitzung des V. Weltkongresses der

KI, 2. Juli 1924: »Der Faschismus ist nicht eine politische Bewegung des Kleinbürgertums. [. . .] Gewiß trifft das bis zu einem gewissen Grade zu, aber das ist nicht der Wesenskern des Faschismus. [. . .] Der Faschismus ist die Waffe, das Instrument der Bourgeoisie gegen das revolutionäre Proletariat. Gewiß ist das Kleinbürgertum, sind die bürgerlichen Mittelschichten das Material, aus dem das Instrument gefügt ist. Aber es ist nicht entscheidend, aus welchem Material ein Instrument gefügt ist, sondern welchen Zwecken es dienen soll, und der Faschismus dient keinem andern Zweck als eben dem, die Klassenherrschaft der Bourgeoisie aufrechtzuerhalten und zu sichern.« (*Fünfter Kongreß der Kommunistischen Internationale,* Protokoll, Bd. II, Hamburg 1924, S. 754); vgl. auch die 1935 gehaltenen Vorlesungen von Palmiro Togliatti, *Lektionen über den Faschismus,* Frankfurt 1973, S. 7 ff., bes. S. 8: »Beide Reden [die von C. Zetkin und von Bordiga auf dem IV. Weltkongreß der KI, E. H.] lassen die begriffliche Anstrengung vermissen, zwei Elemente zu vereinigen, miteinander in Verbindung zu bringen: die Diktatur der Bourgeoisie und die Bewegung der kleinbürgerlichen Massen. Ohne Zweifel bereitet das Verständnis einer wechselseitigen Beziehung, die Verbindung zwischen diesen beiden Komplexen, vom theoretischen Standpunkt her Schwierigkeiten. Und doch muß man gerade diese wechselseitige Beziehung verstehen. Man läßt die große Linie der geschichtlichen Entwicklung des Faschismus sowie den Klassengehalt außer acht, beschränkt man sich bei der Betrachtung des Faschismus auf den zuerst genannten Komplex. Klammert man umgekehrt diesen Bereich zugunsten der Bewegung der kleinbürgerlichen Massen aus, so verliert man die Perspektiven aus den Augen.«

60 Lewerenz, *Zu einigen Fragen der Faschismus-Analyse der Kommunistischen Internationale in Vorbereitung des VII. Weltkongresses (1933-1935),* a.a.O., S. 739; vgl. auch Eichholtz, *Alte und ›neue‹ Konzeptionen,* a.a.O. (Anm. 7), bes. S. 231 ff., 241.

61 Renzo De Felice, *Le interpretazioni del fascismo,* Bari 1969 – zit. n. Wolfgang Schieder, *Faschismus und kein Ende?,* in: *NPL,* 15 (1970), hier S. 176; vgl. auch Wippermann, a.a.O. (Anm. 7), S. VII f.; zum Problem einer Typologie des Faschismus vgl. auch Wolfgang Schieder, Stichw. »Faschismus«, a.a.O. (Anm. 7), Sp. 473 f.

62 Ernst Nolte, *Der Faschismus als Problem in der wissenschaftlichen Literatur der jüngsten Vergangenheit,* in: *Fascism and Europe. An International Symposium,* hrsg. vom Institute of History Czechoslovak Academy of Sciences August 1969, Bd. I, S. 20 f. – abgedr. auch in: Nolte, *Der Nationalsozialismus,* Frankfurt/Berlin/Wien 1970, S. 198 f.

63 Ebd., S. 20 *(Fascism and Europe I)* – S. 198 *(Der Nationalsozialismus).*

64 Ernst Nolte, *Der Faschismus in seiner Epoche,* München 1965², S. 42 – vgl. S. 42-58; vgl. ders. – weitgehend identisch –, *Zur Phänomenologie des Faschismus,* in: *VfZG,* 10 (1962), S. 373-407; zu den kritischen Notizen des Textes vgl. die entsprechenden Ausführungen von Richard Saage, *Bemerkungen zur Faschismusinterpretation Ernst Noltes,* in: *DArg,* 58, 12 (1970), S. 292-304; Reinhard Kühnl, *Probleme einer Theorie über den internationalen Faschismus.* T. I: *Die Faschismuskonzeption Ernst Noltes,* in: *PVS,* 11 (1970) S. 318-341; vgl. sogar einige kritische Nebentöne bei Thomas Nipperdey, *Der Faschismus in seiner Epoche. Zu den Werken von Ernst Nolte zum Faschismus,* in: *HZ,* 210 (1970), S. 620-638, bes. S. 624 f., 629 f., 634 f.; vgl. auch meine Kritiken an Nolte, *Der Nationalsozialismus,* a.a.O. (Anm. 62), in: *Blätter,* 15 (1970), S. 988-990; *DArg,* 70, 1972 = Sonderbd. *Kritik der bürgerlichen Geschichtswissenschaft I,* S. 310-313.

65 Zu den »Auslegungen des Faschismus« vgl. von Ernst Nolte vor allem auch die Einl. *(Vierzig Jahre Theorien über den Faschismus)* in: ders. (Hrsg.), *Theorien*

über den Faschismus, Köln/Berlin 1967, S. 15-75, bes. S. 15 ff., 49 ff. – z. T. abgedr. als: *Zeitgenössische Theorien über den Faschismus,* in: *VfZG,* 15 (1967), S. 247-268. – Ohne daß er sich hier mit dem teilweise abweichenden Einteilungsschema von *Der Faschismus in seiner Epoche* auseinandersetzt, gruppiert Nolte die Literatur in *Vierzig Jahre Theorien über den Faschismus* primär zeitlich. Als zeitliche Unterteilung wählt er die – weitgehend von der Ereignisgeschichte des deutschen und italienischen Faschismus gesetzten – Jahresspannen 1921-1925 (S. 18 ff.), 1925-1933 (S. 31 ff.), 1933-1939 (S. 49 ff.), 1939-1945 (S. 62 ff.) und 1945-1960 (S. 65 ff.). In jeder Jahresgruppe wird auf die entsprechenden sozialistischen (S. 15 f.), kommunistischen (S. 16), liberalen (S. 17), konservativen (S. 17) und faschistischen (S. 16 f.) Beiträge zur Darstellung des Faschismus eingegangen. Die Theoriebeiträge werden daraufhin befragt, ob es sich um »autonomistische« oder »heteronomistische« bzw. um »singularisierende« oder »generalisierende« Ansätze handelt. Diese Einteilung bezieht sich darauf, ob der Faschismus mit einer gegebenen Größe identifiziert wird, oder ob er als eine nur auf Italien bzw. Deutschland beschränkte Besonderheit oder als allgemeine Erscheinung bzw. Möglichkeit aufgefaßt wird. Dieser Gliederung schließt sich Wippermann, a.a.O., S. VIII (vgl. aber, relativierend, S. X), an. Zu den »singularisierenden« und »generalisierenden« Interpretationsansätzen vgl. auch meine *Thesen zur deutschen Sozial- und Wirtschaftsgeschichte 1933 bis 1938,* a.a.O. (Anm. 17), S. 37 ff. – Zu den typologischen Bemühungen Noltes vgl. *Die Krise des liberalen Systems und die faschistischen Bewegungen,* München 1968, S. 441; ders., *Die Frage nach dem Faschismus,* in: *Sinn und Widersinn der Demokratisierung in der Universität,* Freiburg i. Br. 1968, S. 57 ff.

66 Karl Dietrich Bracher, *Voraussetzungen des nationalsozialistischen Aufstiegs,* in: ders., Wolfgang Sauer, Gerhard Schulz, *Die nationalsozialistische Machtergreifung,* Köln u. Opladen 1962, S. 5; vgl. dagegen Wippermann, *Faschismustheorie,* a.a.O., S. 74. (Von Bracher vgl. jetzt – 1977 – ein Votum *für* eine »empirische Totalitarismustheorie«: *Zeitgeschichtliche Kontroversen von Faschismus, Totalitarismus, Demokratie,* München 1976.)

67 Nolte, *Der Faschismus in seiner Epoche,* a.a.O., S. 7, 54 f.

68 Ebd., S. 24 – vgl. S. 53 ff.

69 Ebd., S. 5. In der Auseinandersetzung mit Reinhard Kühnl hat Nolte diese Position präzisiert. Zu der von Kühnl u. a. verfaßten NPD-Kritik bemerkt Nolte: »[. . .] Nicht der Gegenwartscharakter der Partei, nicht die Gegnerschaft des Autors gefährden von vornherein Wissenschaftlichkeit des Buches, wohl aber das negative allgemeine ›Vorurteil‹, und am meisten dann, wenn es richtig ist. Über die gegenwärtige Tätigkeit der Mafia in den Vereinigten Staaten kann man keine wissenschaftliche Untersuchung schreiben, sondern allenfalls eine Anklageschrift. Daher darf, wie mir scheint, ein wissenschaftliches Buch über die NPD nicht ohne eine gewisse Noblesse geschrieben werden, d. h. nicht ohne ein besonders pronounciertes Bemühen, alle Seiten des Phänomens zu beleuchten . . .« (Ernst Nolte, *Universitätsinstitut oder Parteihochschule?,* Köln 1971, S. 19 f.; Fachbereich Gesellschaftswissenschaften der Philipps-Universität, *Gutachten und Stellungnahmen im Habilitationsverfahren Dr. Reinhard Kühnl,* Neuwied u. Berlin 1971, S. 10 f.) – Als bes. deutlich vgl. auch Noltes Äußerung: »Eine politische Erscheinung, [. . .] deren Interpretation [. . .] ganz aktuelle Konsequenzen nach sich ziehen kann, scheint noch nicht wissenschaftsreif [. . .] zu sein« *(Die Frage nach dem Faschismus* a.a.O., S. 62) – in der ursprünglichen Fassung *[Liebten die Massen Hitler? Die Frage nach dem Faschismus,* in: *FAZ,* Nr. 162, 16. Juli 1968, S. 10] lautet diese Passage anders: »[. . .] Es ist nicht ausgemacht, daß der Faschismus bereits mit wissenschaftlicher Objektivität

behandelt werden kann«; beide Aussagen interpretieren sich gegenseitig. – Gegen diese Kritik an Nolte vgl. Wippermann, a.a.O., S. 85 (mit Bezug auf Nolte, *Die Krise des liberalen Systems und die faschistischen Bewegungen,* a.a.O., S. 440 [dies ein ganz schwacher »Beweis«]; ders., *Faschismus. Von Mussolini zu Hitler,* München 1968, S. 385-387 [387] – Wippermann gibt hier falsche Seiten an!).

70 Nolte, *Der Faschismus in seiner Epoche,* a.a.O., S. 53.

71 Kuhn, *Das faschistische Herrschaftssystem und die moderne Gesellschaft,* a.a.O. (Anm. 7), S. 8; zur Einlösung dieses Anspruchs vgl. jetzt z. B. Stollberg, a.a.O. (Anm. 7).

72 Otto-Ernst Schüddekopf, *Bis alles in Scherben fällt. Die Geschichte des Faschismus,* München/Gütersloh/Wien 1973; vgl. meinen kritischen Hinw. in: *HPB,* 22 (1974), H. 7/8.

73 Bei Schulz, *Faschismus-Nationalsozialismus,* a.a.O. (Anm. 7), s. bes. S. 167; bemerkenswert ist, daß sich Schulz auch mit der Frage »Primat des Politischen oder Primat des Ökonomischen?« befaßt (S. 30 ff.).

74 Vgl. Anm. 65; s. Wippermann, *Faschismustheorien,* a.a.O., S. VII ff.

75 Wippermann, a.a.O., S. X.

76 Ebd., z. B. S. 42 ff.

77 Ebd., S. 138.

78 Kuhn, a.a.O., S. 11-45.

79 Ebd. Kuhn ordnet dem Kriterium »Zur Geschichte der Faschismustheorien« nur die Totalitarismustheorien und die länderspezifisch individualisierenden Aussagen über einen »Nationalfaschismus« zu. Bei der »Klassifizierung nach politischen Kriterien« unterscheidet er zwischen konservativen, marxistischen und liberalen Faschismustheorien; und bei derjenigen nach »systematischen Kriterien« differenziert er zwischen der transpolitischen Faschismustheorie Noltes, zwischen heteronomistischen (bes. der Agententhese) und autonomistischen Faschismustheorien (bes. der Mittelstandsthese). – Daß z. B. der marxistische Theorieansatz auch eine Geschichte hat etc., wird von Kuhn ebenso wenig berücksichtigt, wie daß z. B. die Totalitarismustheorien auch und gerade politisch motiviert sind.

79a Als neuere *problemorientierte* Bestandsaufnahme vgl. Saage, *Faschismustheorien,* a. a. O. (Anm. 7.)

80 Hierin folge ich der Argumentation von Reinhard Kühnl, *Deutschland zwischen Demokratie und Faschismus,* München 1969, S. 143 ff.

81 Vgl. dazu Reinhard Kühnl, *›Linke‹ Totalitarismusversionen,* in: Greiffenhagen, Kühnl, Müller, *Totalitarismus,* a.a.O. (Anm. 12), S. 97-119, hier bes. S. 99, 105 ff.; Gert Schäfer, *Demokratie und Totalitarismus,* in: Gisela Kress, Dieter Senghaas (Hrsg.), *Politikwissenschaft,* Frankfurt 1969, hier S. 129 ff.; Walter Schlangen, *Theorie und Ideologie des Totalitarismus,* Bonn 1972, S. 55 ff.; Gert Schäfer, *Behemoth. Franz Neumanns Faschismusanalyse,* RF-MS, WDR, III. Programm, 27. 1. 1973, S. 15 f.: »Im Gegensatz zu den Totalitarismustheorien der Zeit des Kalten Krieges, die formale Strukturmerkmale von Herrschaftstechniken ›totalitärer Systeme‹ auf eine äußerliche Weise gleichsetzten und so Faschismus und Kommunismus identifizierten, erklärt Franz Neumann aus den Entwicklungsrichtungen des Monopolkapitalismus, jenen gesamtgesellschaftlich bedeutsamen Transformationsprozeß, der im deutschen Faschismus kulminierte. Wenn Neumann vom totalitären Monopolkapitalismus spricht, so besteht er auf der Kontinuität und den besonderen, im Faschismus institutionalisierten Formen des Kapitalismus, die diesen zu einer neuen ›ursprünglichen Akkumulation‹ zu treiben schienen – einem Prozeß, in dem sich auch die Zusammensetzung der herrschenden Klasse veränderte, ›Wirtschafts-

führer‹ zu ›Praktikern der Gewalt‹ wurden und die ›Praktiker der Gewalt‹ zu ›Wirtschaftsführern‹. Diese Entwicklungstendenz setzt Strukturmerkmale monopolkapitalistischer Klassengesellschaften fort und verwandelt sie gegenüber jenen mit einem Überbau demokratischer politischer Institutionen auf charakteristische Weise. In diesem ökonomischen Wandlungsprozeß erhalten auch Kategorien wie Eigentum, Vertrag, Recht und Politik eine neue Bedeutung; nur dem Wort nach fällt diese Transformation jedoch mit der bis vor wenigen Jahren vorherrschenden Totalitarismustheorie zusammen.« – Zur Diskussion der Totalitarismustheorien vgl. auch meine M.A.-Arb. (a.a.O., Anm. 8), S. 112-159.

82 Dazu vor allem Dante L. Germino, *The Italian Fascist Party in Power. A Study in Totalitarian Rule,* Minneapolis 1959 – vgl. Nolte, *Vierzig Jahre Theorien über den Faschismus,* a.a.O., S. 70; vgl. auch den Abdruck *(Der italienische Faschismus in vergleichender Perspektive)* in: Nolte (Hrsg.), *Theorien über den Faschismus,* a.a.O., S. 426 ff. (429 ff., 433 ff., 442 f.); gegen Germino vgl. Alberto Aquarone, *L'organizzazione dello Stato totalitario,* Turin 1965; Wolfgang Schieder, Stichw. »Faschismus«, a.a.O. (Anm. 7), Sp. 470.

83 So Ernst Fraenkel, *Deutschland und die westlichen Demokratien,* Stuttgart/Berlin/Köln/Mainz 1968 (3. Aufl.), S. 188; vgl. auch Schäfer, *Demokratie und Totalitarismus,* a.a.O., S. 105 ff.; Reinhard Kühnl, *Zur politischen Funktion der Totalitarismustheorien in der BRD,* in: Greiffenhagen, Kühnl, Müller, *Totalitarismus,* a.a.O., S. 7 ff.; Walter Schlangen, *Der Begriff totalitärer Herrschaft und seine politisch-theoretischen Bezüge,* in: *PVS,* 13 (1972), S. 429; für die USA vgl. z. B. Les K. Adler, Thomas G. Paterson, *Red Fascism: The Merger of Nazi Germany and Soviet Russia in the American Image of Totalitarianism, 1930's-1950's,* in: *AHR,* 75 (1970), S. 1046-1064 (mit Lit. hinw.en).

84 Im Falle der Totalitarismustheorien mag diese Aussage auf Widerspruch stoßen. Verwiesen sei deshalb auf eine programmatische Äußerung Carl J. Friedrichs: »It is evident that totalitarianism is not only, nor even primarily, a form of government. [. . .] But totalitarianism [. . .] is indeed ›total‹: it engulfs the whole man who participates in it, and hence has its economic, sociological, and other aspects beyond the political and governmental« (Carl J. Friedrich, *The Problem of Totalitarianism – An Introduction,* in: ders. [Hrsg.], *Totalitarianism. Proceedings of a Conference Held at the American Academy of Arts and Sciences,* March 1953, Cambridge 1954, S. 4, s. auch S. 5). – Im übrigen sei darauf verwiesen, daß die Totalitarismustheorien Analysen der kulturellen Tradition, der politischen Institutionen, der Planwirtschaft, der Ideologie, des Erziehungswesens, der Gesellschaftsverfassung und Technologie einschließen. – Vgl. auch die Feststellung von William Ebenstein, *The Study of Totalitarianism,* in: *World Politics,* 10 (1958), S. 276: »To concentrate . . . on the analysis of totalitarianism as a form of government [. . .] is to miss the very core of totalitarianism, its substance: the limitlessness of goals (total subjection of the individual to the group at home and world domination abroad [dazu ebd., S. 277]) and of means (ranging from monopolistic propaganda to the gas chamber). In the vast range of these tasks, government is only one of the instrumentalities.«

85 Kühnl, *Deutschland zwischen Demokratie und Faschismus,* a.a.O., S. 146.

86 Maxine Y. Woolston, *The Structure of the Nazi Economy,* New York 1968 (1941[1] – unter dem Autorennamen Maxine Yaple Sweezy), S. 239.

87 Vgl. Wolfgang Sauer, *National Socialism: Totalitarianism or Fascism?,* in: *AHR,* 73 (1967), S. 405.

88 Karl Mannheim, *Die Gruppenstrategie der Nazis,* 1941[1], in: *Diagnose unserer Zeit,* Zürich/Wien/Konstanz 1951, S. 134-139.

89 Vgl. nur Carl J. Friedrich, *The Unique Character of Totalitarian Society,* in: ders. (Hrsg.), *Totalitarianism,* a.a.O., S. 47 – übers. *(Der einzigartige Charakter der totalitären Gesellschaft)* in: Bruno Seidel, Siegfried Jenkner (Hrsg.), *Wege der Totalitarismus-Forschung,* Darmstadt 1968, S. 179. – An diesem Punkt weichen die »linken« Totalitarismustheorien diametral ab, was es gerechtfertigt erscheinen läßt, sie tendenziell den Faschismustheorien zuzuordnen.

90 Sauer, *National Socialism: Totalitarianism or Fascism?,* a.a.O., S. 406.

91 Vgl. W. Schieder, *Faschismus,* a.a.O., Sp. 468; für diese Abwehrhaltung vgl. bes. Francesco Nitti, *Bolschewismus, Fascismus und Demokratie,* München 1926, S. 69 ff.: »Bolschewismus und Fascismus als gleichartige Phänomene. Die Kritik am Wirken der Parlamente. Unmöglichkeit einer dauernden absoluten Verfassung in der heutigen Gesellschaft« (S. 69: »Bolschewismus und Fascismus bedeuten in dieser Epoche des europäischen Lebens die zwei vollkommenen Verleugnungen des liberalen Systems und der Demokratie . . .«).

92 Kühnl, *Deutschland zwischen Demokratie und Faschismus,* a.a.O., S. 145; vgl. ders., *Zur politischen Funktion der Totalitarismustheorien in der BRD,* a.a.O., S. 21.

93 Gerhard Schulz, *Der Begriff des Totalitarismus und der Nationalsozialismus,* 1961, abgedr. in: Seidel, Jenkner (Hrsg.), *Wege der Totalitarismus-Forschung,* a.a.O., S. 450. – Mit dieser unkritisch vorgetragenen Feststellung fällt Schulz hinter seine Kritik an der identifizierenden Totalitarismustheorie (bes. S. 439 ff.) wieder zurück.

94 Vgl. beispielsweise die *Stellungnahmen von Juristen zu den von der Ministerpräsidentenkonferenz beschlossenen ›Grundsätzen zur Frage der verfassungsfeindlichen Kräfte im öffentlichen Dienst‹ sowie zur gemeinsamen Erklärung des Bundeskanzlers und der Ministerpräsidenten der Länder vom 28. Januar 1972,* in: *Blätter,* 17 (1972), H. 2 u. 3; vgl. auch die »herrschende« Tendenz der Diskussion der DKP und, vor allem, der NPD; zu letzterem vgl. zusammenfassend Reinhard Kühnl, *Der Rechtsextremismus in der Bundesrepublik,* PVS, 9 (1968), S. 423-442; ders. u. a., *NPD,* Frankfurt 1969, S. 294 ff.; Hans D. Klingemann, Franz U. Pappi, *Politischer Radikalismus,* München/Wien 1972.

95 Vgl. die »herrschende« Tendenz der Diskussion der Studentenbewegung; vgl. etwa Willi Schickling, *Von Goebbels bis Dutschke,* Velbert 1969; Giselher Schmidt, *Hitlers und Maos Söhne. NPD und Neue Linke,* Frankfurt 1969; Manfred Hättich, *Totalitäre und inhumane Tendenzen der radikalen Protestbewegung,* in: Alexander Schwan, Kurt Sontheimer (Hrsg.), *Reform als Alternative,* Köln u. Opladen 1969, S. 136 ff.; Erwin K. Scheuch (Hrsg.), *Die Wiedertäufer der Wohlstandsgesellschaft,* Köln 1968 (passim – bes. S. 188 ff.); Wulf Schönbaum, *Die Thesen der APO,* Mainz 1969, bes. Kap. II; Gerhard A. Ritter, *Der Antiparlamentarismus und Antipluralismus der Rechts- und Linksradikalismus,* in: *APuZG,* B 34/69, S. 3-27; zusammenfassend vgl. etwa die Literaturberichte von Uta Stolle, *Literatur zum studentischen Widerstand,* in: *Blätter,* 14 (1969), S. 36-48; dies., *Die Ursachen der Studentbewegung im Urteil bürgerlicher Öffentlichkeit,* in: *DArg,* 58, 12 (1970), S. 375-394. – Vgl. auch Ernst Fraenkel, Kurt Sontheimer, Bernard Crick, *Beiträge zur Theorie und Kritik der pluralistischen Demokratie,* Bonn 1969[3] (= Schriften der Bundeszentrale für politische Bildung); Heribert Kohl, *Pluralismuskritik in der Bundesrepublik,* in: *APuZG,* B 12/70, S. 3-40, bes. S. 9 ff., 29 ff.; Horst Heimann, *Wissenschaftskonzeption, Pluralismuskritik und politische Praxis der Neuen Linken,* in: *APuZG,* B 14/70, S. 3-38. – Vgl. ferner Wolfgang Fritz Haug, *Der hilflose Antifaschismus,* Frankfurt 1970, 3. überarb. u. erg. Aufl., S. 143 ff.

96 Schulz, *Der Begriff des Totalitarismus und der Nationalsozialismus,* a.a.O.,

(zit. n. Seidel, Jenkner [Hrsg.], a.a.O.), S. 461 f.

97 W. Schieder, *Faschismus,* a.a.O., Sp. 468.

98 Vgl. etwa N. S. Timasheff, *Totalitarianism, Despotism, Dictatorship,* in: C. J. Friedrich (Hrsg.), *Totalitarianism,* a.a.O., S. 42 – Anm. 7: »[...] Sorokin [...], who identifies the dimension liberalism – totalitarianism with the *number* of relationships (activities) controlled by the state and the dimension legalism-despotism [...] with the *intensity* of the measures of control«; S. 43: »Concerning the auxiliary functions of the state, the units can be distributed along a continuum beginning with liberal society and finishing with totalitarian society. A society is totalitarian if the number of the auxiliary functions of the state is so high that almost all human activities are regulated by it. A society is liberal if the number of the auxiliary functions is so small that the state's activities are almost confined to its logical minimum.« – Vgl. auch Karl Dietrich Bracher, *Faschismus und Nationalsozialismus,* in: Wilhelm Bernsdorf (Hrsg.), *Wörterbuch der Soziologie,* Stuttgart 1969², S. 262 f.

99 Kurt L. Shell, Stichw. *Totalitarismus,* in: Axel Görlitz (Hrsg.), *Handlexikon zur Politikwissenschaft,* München 1970, S. 421 f.

100 Vgl. aber die uneingelöste relativierende Forderung G. Schulz' (*Der Begriff des Totalitarismus und der Nationalsozialismus,* zit. n. Seidel, Jenkner [Hrsg.], a.a.O., S. 465): »Die Aufdeckung totalitärer Elemente in der nichttotalitären Gesellschaft und schließlich allgemein die politische Forschung könnten nach ausreichender Zurüstung wohl auch prohibitive Wirkungen vorbereiten und erzielen. Sie bilden die notwendige Ergänzung zur Totalitarismus-Forschung im engeren Sinne.« – Vgl. auch ebd., S. 451.

101 Umgedreht argumentiert die positive Deutung des totalen (des »total starken«) Staates in der »präfaschistischen deutschen Staatslehre« (M. Jänicke). Vgl. bes. deutlich Ernst Forsthoff, *Der totale Staat,* Hamburg 1933, S. 7: »Der totale Staat ist eine Formel, die dazu dienen soll, einer noch an die liberale Begriffswelt gewöhnten politischen Welt durch Setzung des reinen Gegenbildes den Anbruch eines neuen Staates anzukündigen und zu verdeutlichen.« – Vgl. dazu Jänicke, *Totalitäre Herrschaft,* a.a.O., S. 36 ff.; Schlangen, *Theorie und Ideologie des Totalitarismus,* a.a.O., S. 27 ff.

102 Gerhard Leibholz, *Strukturprinzipien des modernen Verfassungsstaates,* in: *Franz Lieber-Hefte,* 1960/4, S. 25 – hier zit. n. Schulz, *Der Begriff des Totalitarismus und der Nationalsozialismus,* in: Seidel, Jenkner (Hrsg.), *Wege der Totalitarismus-Forschung,* a.a.O., S. 440 – Anm. 1.

103 Zbigniew Brzezinski, *Totalitarismus und Rationalität,* 1956, zit. n. Seidel, Jenkner (Hrsg.), a.a.O., S. 273; das Zitat findet sich auch bei Schäfer, *Demokratie und Totalitarismus,* a.a.O., S. 107 – Anm. 11 – zu den »ideologischen Implikationen dieser [...] Definition« vgl. ebd., S. 123 ff.

104 Arno Klönne, *Was heißt Faschismus?,* in: *links,* Nr. 6, Dez. 1969, S. 10: »[...] in der Totalitarismustheorie [liegt] ein Moment von Wahrheit insofern, als diese Theorie kenntlich macht, daß unter den Bedingungen einer hochindustrialisierten Gesellschaft einer Machtelite, die sich in den Besitz des Staatsapparates gesetzt hat, ganz neue und früher ungeahnte Möglichkeiten der Herrschaftstechnik zur Verfügung stehen und daß diese Machtelite, will sie ihre Position absichern, von diesen neuen Herrschaftstechniken Gebrauch zu machen geradezu gezwungen ist ...« – Stärker relativierend vgl. zu diesem Punkt William Ebenstein, *The Study of Totalitarianism,* in: *World Politics,* 10 (1958), S. 274-288, hier bes. S. 281 ff.

105 Schäfer, *Demokratie und Totalitarismus,* a.a.O., S. 108.

106 Zur Differenz von Konservativismus und Faschismus vgl. in diesem Zusam-

menhang Grebing, *Konservative gegen die Demokratie,* a.a.O., bes. S. 49 ff. (68 ff.), 424 ff.; Reinhard Kühnl, *Formen bürgerlicher Herrschaft: Liberalismus – Faschismus,* Reinbek b. Hamburg 1971, S. 102 ff., 119 ff., 122 ff., 130 ff.; bes. aber Barrington Moore, jr., *Social Origins of Dictatorship and Democracy,* Boston 1968, bes. S. 433 ff. (447 f.), s. auch S. 413 f.; als affirmativen Beleg zu Moores These: »[. . .] Fascism was an attempt to make reaction and conservativism popular and plebian . . .« (S. 447) vgl. Franz v. Papen, *Appell an das deutsche Gewissen,* Oldenburg i. O. 1933, S. 7-11 (7 f.); vgl. dazu Kurt Steckert, *Wie war das möglich?* Stockholm 1945, S. 322, 359; zu Moores These vgl. auch Eike Hennig, Rez. v. Bernhard Jenschke, *Zur Kritik der konservativ-revolutionären Ideologie in der Weimarer Republik,* München 1971, in: *DArg,* 75, 1972, Sonderh. *Kritik der bürgerlichen Geschichtswissenschaft II,* S. 368-370. –

Vgl. auch die Unterscheidung von »totalitär« und »autoritär« in der Regimenlehre, dazu bes. Martin Greiffenhagen, *Der Totalitarismusbegriff in der Regimenlehre,* in: *PVS,* 9 (1968), S. 372-396, bes. S. 390 ff. zur Charakterisierung des Nationalsozialismus als »autoritär« (der Aufs. ist abgedr. in: Greiffenhagen, Kühnl, Müller, *Totalitarismus,* a.a.O., dort bes. S. 50 ff.).

107 Von hier aus wird es auch verständlicher, daß Karl Dietrich Bracher für die Synthese der Ansätze von Totalitarismus- und Faschismustheorie plädiert. Vgl. Karl Dietrich Bracher, *Die deutsche Diktatur,* Köln/Berlin 1969, S. 531-534; Brachers Synthesevorschlag lautet (S. 533): »das Faschismuskonzept für den Zusammenhang von Rechtsdiktatur und bürgerlicher Demokratie in der Krise parlamentarischer und kapitalistischer Systeme, das Totalitarismuskonzept zur Erhellung der Strukturprinzipien im Herrschaftsgefüge und in der Herrschaftstechnik sowohl rechter wie linker Diktaturen im Unterschied zum politischen Prozeß in pluralistisch verfaßten Mehrparteiendemokratien« heranzuziehen. Vgl. auch ders., Vorw. zu Schlangen, *Theorie und Ideologie des Totalitarismus,* a.a.O., S. 7: »[mir scheint] eine differenzierte Anwendung des Totalitarismusbegriffs nach wie vor möglich, sofern sie auf die besonderen historisch-politischen Voraussetzungen und den totalitären Anspruch eines machtmonopolistisch – nicht notwendig monolithisch – strukturierten Herrschaftssystems gerichtet ist. Die gegenwärtige Renaissance einer allgemeinen Faschismustheorie bietet mit ihrer einseitigen Ausrichtung auf die ideologischen und sozioökonomischen Komponenten der modernen Diktatur keinen Ersatz für den politisch-herrschaftstechnischen Ansatz der Totalitarismusforschung.« Vgl. Anm. 66.

108 Vgl. Sauer, *National Socialism: Totalitarianism or Fascism?,* a.a.O., S. 407: »An unfortunate effect of using the totalitarianism approach is the emergence of a striking imbalance in covering the field of Nazi history. While we have an abundance of studies on Nazi terror system, we know little or nothing about the problems of Nazi domestic politics and social history after 1934. The feuds within and between the bureaucracy and the party, the organization and social composition of the party and most of its affiliated organizations, the Nazi economic policy, particularly the Four-Year Plan, the effects of this policy and of the war on German society, and the attitude of various social groups, particularly of the workers, toward the Nazi government are subjects of major importance that are neglected to a surprising degree by studies of Nazism. Even in the case of Nazi ideology, we know more about its roots and about its propaganda system than about its structure and its functional role in the social system.« – Vgl. gleichlautend Hans Mommsen, *Beamtentum im Dritten Reich,* Stuttgart 1966, S. 16; Martin Broszat, *Der Staat Hitlers,* München 1969, S. 9 f.

109 Zur sozioökonomischen und prozessualen Fragestellung vgl. Alexander J. Groth, *The ›Isms‹ in Totalitarianism,* in: *APSR,* 58 (1964), S. 888-901; zur entscheidungstheoretischen Fragestellung vgl. die konflikttheoretisch intendierten Pluralismusanalysen etwa von H. Mommsen, M. Broszat, R. Bollmus, P. Diehl-Thiele, P. Hüttenberger, H. Matzerath, E. N. Peterson, A. Schweitzer – die allerdings alle dran kranken, daß sie den Entscheidungs- und Konfliktbegriff nicht differenzieren; nach dem Stellenwert der Konflikte nationalsozialistischer Kulturverwaltung etwa im Konzept eines gesamtgesellschaftlichen »decision making« wird so nicht gefragt. – Immer noch gilt: »In any event, the ›totalitarian‹ similarities among Fascist Italy, Nazi Germany and Soviet Russia have not been such as to warrant predictions of the future developments of each from a pattern common to all. The characteristics of totalitarianism commonly emphasized during the 1950s are certainly valid and important descriptions so far as they go, at least of Nazi Germany and of Soviet Russia. But the entire construct ist too static, narrow and substructurally insensitive to support significant predictions on the future of the presently surviving totalitarian regimes« (Groth, s. o.,. S. 901).

110 Bernhard Blanke, *›Rot gleich Braun‹,* in: *DArg,* 33, 7 (1965), S. 27-31 (29); Kühnl, *Deutschland zwischen Demokratie und Faschismus,* a.a.O., S. 143, 145; Wolfgang Fritz Haug, *Der hilflose Antifaschismus,* Frankfurt 1967, bes. S. 136 ff. Haug weist dort nach, daß die identifizierende Totalitarismustheorie in den Ringvorlesungen zur Thematik Nationalsozialismus und die deutsche Universität (1965/66) sehr wohl eine Rolle spielt, was Ernst Nolte, *Die deutsche Universität und der Nationalsozialismus,* in: *NPL,* 12 (1967), S. 236-239 (238), bestreitet; vgl. auch Groth, *The ›Isms‹ in Totalitarianism,* a.a.O., passim, allerdings mit Skepsis gegenüber einem »Marxist bias« (s. bes. S. 889, 890, 891 – Anm. 12); Johann Baptist Müller, *Kommunismus und Nationalsozialismus. Ein sozioökonomischer Vergleich,* in: Greiffenhagen, Kühnl, Müller, *Totalitarismus,* a.a.O., S. 61 ff. – Diese Kritik trifft hauptsächlich auf Carl J. Friedrich, Zbigniew K. Brzezinski, *Totalitarian Dictatorship and Autocracy,* Cambridge 1956, 2. überarb. Aufl. 1965, bzw. auf Friedrich, *Totalitäre Diktatur,* Stuttgart 1957, zu. Eine von dieser Publikation ausgehende Darstellung (William Ebenstein, *The Study of Totalitarism,* in: *World Politics,* 10 [1958], S. 277) weist denn auch darauf hin, daß Friedrich und Brzezinski die ökonomische Literatur zur Totalitarismusproblematik weitgehend ignorieren. Von den früheren Ansätzen vgl. vor allem Michael T. Florinsky, *Fascism and National Socialism. A Study of the Economic and Social Policies of the Totalitarian State,* New York 1936; Frank Munk, *The Legacy of Nazism. The Economic and Social Consequences of Totalitarianism,* New York 1943; vgl. auch Max Seydewitz, *Civil Life in Wartime Germany,* New York 1945, S. 406 ff. – Chap. V.: *The Capitalists and Totalitarian Party Rule.*

111 W. Schieder, *Faschismus,* a.a.O., Sp. 454.

112 Ebd., Sp. 460.

113 Kühnl, *Deutschland zwischen Demokratie und Faschismus,* a.a.O., S. 145; vgl. auch den von Kühnl aufgestellten Forderungskatalog an eine Faschismustheorie in: *Probleme einer Theorie über den internationalen Faschismus,* a.a.O. (Anm. 7), S. 319 f.

114 Nolte, *Der Faschismus in seiner Epoche,* a.a.O., S. 32 – zum Totalitarismusbegriff vgl. ebd., vor allem, auch S. 34 f., 281, 470 f.

115 W. Schieder, *Faschismus,* a.a.O., Sp. 472; vgl. auch Urs Müller-Plantenberg in: *DArg,* 30, 6 (1964), S. 145; Eike Hennig in: *DArg,* 70, 1972, Sonderh. *Kritik der bürgerlichen Geschichtswissenschaft I,* S. 310-313.

116 Vgl. Nolte, *Der Faschismus in seiner Epoche*, a.a.O., S. 53-57.

117 Sauer, *National Socialism: Totalitarianism or Fascism?*, a.a.O., S. 415; diese Formulierung kommentiert jetzt Lewerenz, *Neue bürgerliche Angriffe auf die Einschätzung des Faschismus durch die KI*, a.a.O. (Anm. 7), S. 599 – Lewerenz meint, daß W. Schieders Stichw. *Faschismus* (in: *Sowjetsystem und demokratische Gesellschaft I*, a.a.O.) diese Forderung einlöst.

118 Sauer, *National Socialism: Totalitarianism or Fascism?*, a.a.O., S. 409.

119 Sauer, *Die Mobilmachung der Gewalt*, 3. T., in: Bracher, Sauer, Schulz, *Die nationalsozialistische Machtergreifung*, a.a.O.,

120 Sauer, *National Socialism: Totalitarianism or Fascism?*, a.a.O., S. 412 – Anm. 23.

121 So charakterisiert Sauer (ebd., S. 405) verkürzend die marxistischen Ansätze einer Faschismustheorie. Grotesk ist es, wenn er als »outstanding example of this approach«: »the rise of fascism« auszugeben als »a desperate last effort of monopoly capitalists to reassert their control over the masses against the tide of socialism« (S. 405), Franz Neumanns *Behemoth* anführt.

122 Ebd., S. 410. – Mit Hinw. auf A. Schweitzer, E. Weber, E. Nolte betont Sauer: »the authors agree that fascism is not, as the Marxist interpretation holds, merely a manipulation by monopoly capitalists: it is a mass movement with a character and aim of its own, indicating a major crisis in liberal democracy and capitalism. [. . .] Second, it is now established beyond doubt that the lower middle classes, both rural and urban, were at least one of the major social components of fascit movements.«

123 Ebd., S. 416.

124 Ebd., S. 417. – Als Faschismus-Definition einer nicht marxistischen Faschismustheorie erwähnte Sauer: »In terms of a theory of economic growth revised in this way, fascism can be defined as a revolt of those who lost [. . .] by industrialization. Fascism is a revolt of the déclassés. The workers and industrialists do not fall under this definition; it applies mainly to most of the lower middle class. [. . .] fascist movements represented the reaction of the lower-class losers, while the upper-class losers tended to react in a nonfascist way, but were potential allies of fascist regimes.«

125 Ebd., S. 418: »The analysis of fascism in terms of economic growth also offers a way to define more precisely the fallacy in the Marxist-Leninist concept of fascism. The fallacy lies in that Marxism blurs the distinction between early commercial and late industrial capitalism. Fascism indicated a conflict within capitalism, between traditional forms of commercialism and the modern form of industrialism. [. . .] It is true, therefore, that fascism was capitalist by nature; it is not true that it was industrial.«

126 Mit bes. Berücksichtigung des »Hitlerismus« vgl. zu dieser Aussonderung Kühnl, *Deutschland zwischen Demokratie und Faschismus*, a.a.O., S. 147; Klönne, *Was heißt Faschismus?*, a.a.O., S. 10; Kurt Kliem, Jörg Kammler, Rüdiger Griepenburg, Einl.: *Zur Theorie des Faschismus*, in: Wolfgang Abendroth (Hrsg.), Otto Bauer, Herbert Marcuse, Arthur Rosenberg, *Faschismus und Kapitalismus*, Frankfurt/Wien 1967, S. 15 f. Vgl. besonders Wolfgang Fritz Haug u. a., *Ideologische Komponenten in den Theorien über den Faschismus*, in: *DArg*, 33, 7 (1965), hier S. 7-10 (»Führerpersönlichkeiten«), S. 13-17 (»Dämonie«). – Diese Position wird sogar von Vertretern der Totalitarismustheorie geteilt, vgl. z. B. Carl Joachim Friedrich, Zbigniew Brzezinski, *Die allgemeinen Merkmale der totalitären Diktatur*, 1965, abgedr. in: Seidel, Jenkner (Hrsg.), *Wege der Totalitarismus-Forschung*, a.a.O., S. 605 f.

127 Vgl. bes. Michael Freund, *Deutschland unterm Hakenkreuz*, Gütersloh 1965, S. 9-20 *Dämon Hitler* – wieder abgedr. (unter dem Titel *Dämonie der Revolution. Adolf Hitler. 1889-1945*) in ders., *Propheten der Revolution. Biographische Essays und Skizzen*, hrsg. v. Walter Bernhardt, Bremen 1970, S. 199-213 (dort gekennzeichnet als Abdr. des Kapitels *Dämon Hitler* aus: *Deutsche Geschichte*, Bd. 7, Gütersloh 1968²); ders., Vorw. zu Walter Bernhardt, *Die deutsche Aufrüstung 1934-1939. Militärische und politische Konzeptionen und ihre Einschätzung durch die Alliierten*, Frankfurt 1969. – Dem »Hitlerismus« sollen hier auch auf Hitler beschränkte Darstellungen zugerechnet werden, vgl. dazu u. a. Eberhard Jäckel, *Hitlers Weltanschauung. Entwurf einer Herrschaft*, Tübingen 1969; Andreas Hillgruber, *Hitlers Strategie, Politik und Kriegführung 1940/41*, Frankfurt 1965; Hugh Redwald Trevor-Roper, *Hitlers Kriegsziele*, in: Burghard Freudenfeld (Hrsg.), *Stationen der deutschen Geschichte*, Stuttgart 1962, S. 9 ff.; Gert Buchheit (Hrsg.), *Der Führer ins Nichts*, Rastatt/Baden 1960; Georg Franz-Willing, *Die Hitlerbewegung*, Hamburg/Berlin 1962, S. 5 ff., 235 ff.; vgl. jetzt bes. Werner Maser, *Adolf Hitler. Legende, Mythos, Wirklichkeit*, München u. Esslingen 1972⁴ (Nov. 1971¹!). Zusammenfassend vgl. die Sammelrez. v. Klaus Hildebrand, *Der ›Fall Hitler‹. Bilanz und Wege der Hitler-Forschung*, in: *NPL*, 14 (1969), S. 375-386; ders., *Hitlers ›Mein Kampf‹: Propaganda oder Programm*, in: *NPL*, 14 (1969), S. 72-82; vgl. auch Reinhard Kühnl, *Der deutsche Faschismus*, in: *NPL*, 15 (1970), S. 13 ff. – Als totalitarismustheoretische Fassung dieser Position vgl. Rudolf Vierhaus, *Faschistisches Führertum*, in: *HZ*, 198 (1964), S. 614-639, bes. S. 621 ff., 633 ff.; vgl. auch die methodischen Prämissen der Phänomenologie Noltes (dazu die Bemerkungen im Text und Teil V dieser Arbeit); dazu bes. Kühnl, *Probleme einer Theorie über den internationalen Faschismus. Teil I: Die Faschismuskonzeption Ernst Noltes*, a.a.O., bes. S. 339 f.; W. Schieder, *Faschismus*, a.a.O., Sp. 471 f.

128 So Golo Mann, Vorw. zu Edouard Calic, *Ohne Maske*, Frankfurt 1968, S. 5, 8; ähnlich Alan Bullock, *Hitler*, Düsseldorf 1969, S. 793 ff.

129 Erich Preiser, *Bildung und Verteilung des Volkseinkommens*, Göttingen 1963, S. 3 (Vorw. 1956); vgl. dagegen Werner Hofmann, *Universität, Ideologie, Gesellschaft*, Frankfurt 1968, S. 111 f., 132 f.

130 Hjalmar Schacht, *Abrechnung mit Hitler*, Hamburg 1948 (Rotationsdruck), S. 31 – vgl. passim Kap. XI *(Der Schuldige)*, S. 29-33 – dass., Berlin/Frankfurt 1949, S. 134 (vgl. dort S. 127 ff.); vgl. auch Freund, *Deutschland unterm Hakenkreuz*, a.a.O., S. 16. – Auch Ernst Niekisch erklärt das »Hitlerreich« einmal als »ein Beispiel [. . .] Demagogentriumphes über geistige Eliten.«

131 Haug u. a. *Ideologische Komponenten in den Theorien über den Faschismus*, a.a.O., S. 7 ff., 13 ff. (7 f.); Haug, *Der hilflose Antifaschismus*, a.a.O., (1. Aufl.), bes. S. 33 ff. – Vgl. auch: »Gerade die neueste Literatur über [. . .] die Anarchie der Persönlichkeiten, Ämter und Strömungen im Nationalsozialismus zeigt auch, daß Hitler absolut – das unterstreiche ich, da sind wir uns vollkommen einig – die immer entscheidende, bestimmende Schlüsselfigur in allen Wendepunkten ist. Aber ganz ist die Geschichte damit nicht erschöpft« (Hans Herzfeld, Diskussionsbeitr., in: Burghard Freudenfeld [Hrsg.], *Stationen der Deutschen Geschichte*, Stuttgart 1962, S. 143). Herzfeld »charakterisiert damit vor allem noch die gegenwärtige pluralistische« Diskussion des Nationalsozialismus – vgl. etwa *DArg*, 70, Sonderh. 1972, S. 302.

132 Vgl. Haug u. a., a.a.O., S. 7: »Historische Tendenz verliert dieser Ansatz ebenso aus dem Blick wie die soziale Struktur des personalisierend beschriebenen Gegenstands.«

133 Ebd., S. 15.

134 *Sozialismus wie ihn der Führer sieht,* zus. gest. v. F. Meystre, München 1935[3], S. XI (Vorw.); vgl. F. A. Six (Hrsg.), *Dokumente der Deutschen Politik,* Bd. 1 = *Die nationalsozialistische Revolution 1933,* bearb. v. Axel Friedrichs, Berlin 1941[7], S. 2 f. (passim).

135 Vgl. den Hinw. bei Hajo Holborn, *Origins and Political Character of Nazi Ideology,* in: *Political Science Quarterly,* 79 (1964), hier S. 544 – Anm. 5.

136 Hier zit. n. Haug u. a., a.a.O., S. 8; zu diesem Punkt vgl. jetzt Wolfgang Horn, *Führerideologie und Parteiorganisation in der NSDAP (1919-1933),* Düsseldorf 1972 (dazu ein kritischer Hinw. in: *HPB,* 20 [1972], H. 11).

137 *Bayernkurier,* 1971/32, S. 7 – zit. n. Karl Glas, Karl Tramer, *Zur Genese und Ausprägung des Konservatismus in der BRD am Beispiel des Bayernkurier,* unveröffentl. Staatsexamensarbeiten, Frankfurt 1973, S. 137.

138 Freund, Vorw. zu Bernhardt, *Die deutsche Aufrüstung 1934-1939,* a.a.O., S. 7. – Wenn man den vollen Kontext berücksichtigt, wird Freunds Aussage erst verständlich. Mit Bezug auf das 6. Kap. Bernhardts (S. 159 ff.: *Der verspätete Präventivkrieg*) verfolgt Freund (S. 7) nämlich die Tendenz, die Verantwortung am Zweiten Weltkrieg auf England und Frankreich abzuwälzen: »Man hat sich immer gefragt, warum ein so wenig geschichtsmächtiges Gebilde wie das Dritte Reich – im großen gesehen war es ein epileptischer Anfall des deutschen Volkes – nur durch einen Weltkrieg beseitigt werden konnte. Es spricht nicht für die politische Kraft und Fähigkeit der Welt der 30er Jahre dieses Jahrhunderts [. . .], daß ein so widersinniges und mit dem Kainsmal vergänglicher Narrheit gezeichnetes Regime nicht auf eine unmerkliche und überlegenere Weise erledigt wurde, daß ein so schrecklicher Holokaust, ein riesenhaftes Menschenopfer notwendig war, um zu überwinden, was bei etwas Überlegen, bei etwas Staatskunst so gut wie ohne Blutopfer hätte weggewischt werden können. Ein wenig Weisheit und Einsicht hätte es verhindern können, daß Millionen von Menschen geopfert werden mußten, daß Europa verblutete, und – zerschlagen und erschöpft – seine Führungsrolle in der Welt verspielte. Solche fast philosophischen Betrachtungen stützen sich auf zwei Tatsachen: Auf unser Wissen, daß die Rheinlandbesetzung Hitlers im Jahre 1936 mühelos zu verhindern war und daß Hitler selbst bei den ersten Anzeichen einer wirklichen militärischen Gegenwehr die deutschen Truppen aus dem Rheinland wieder zurückgenommen hätte [. . .] Die zweite Tatsache, auf die sich die Behauptung von der ›Überflüssigkeit des zweiten Weltkriegs‹ stützt, ist die Aussage des Chefs des Wehrmachtsführungsstabes, Jodl, im Nürnberger Kriegsverbrecherprozeß, wonach England und Frankreich 1939 durch eine Offensive an der deutschen Westfront eine militärische Katastrophe des Reiches herbeiführen und mit ganz wenigen Opfern den zweiten Weltkrieg [. . .] hätten beenden können.«
Zu Bernhardts Darstellung vgl. Jost Dülffer, Rez. in: *NPL,* 15 (1970), S. 585 f.

139 Zit. n. Bracher, *Die deutsche Diktatur,* a.a.O., S. 541; zu Strauß vgl. in diesem Zusammenhang bes.: *Gutachten von Prof. Dr. Reinhard Kühnl, Marburg, über die von Franz Josef Strauß repräsentierten politischen Kräfte und ihr Verhältnis zum Faschismus,* in: *Blätter,* 17 (1972), S. 531-553. – Im *Bayernkurier* (1971/35, S. 1 f.) betont Strauß: »Der historische Irrtum, der diesem Weltbild [der Entwaffnung Deutschlands und Japans nach dem Zweiten Weltkrieg] zugrundelag, war doppelter Natur. Er bestand einmal in einem gründlichen Irrtum über Grundsätze und Ziele der Machtpolitik Moskaus, zum anderen in der Verkennung der Tatsache, daß Deutschland und Japan bestimmte geschichtliche Funktionen in ihrem Bereich wahrgenommen hatten. Daß diese Funktion in einem Fall ins verbrecherische

Herrenmensch-Denken mit übergreifendem Macht- und Versklavungsanspruch umgefälscht, im andern Falle zu einem die natürlichen Grenzen übertretenden Machtpolitikmißbrauch wurde, ändert nichts an der Tatsache, daß diese Funktionen bestanden und noch bestehen« (zit. n. Glas, Tramer, a.a.O., S. 138). Diese Funktionen werden zwar nicht definiert, es dürfte aber nicht falsch sein, in ihnen wesentlich auch einen »Antikommunismus« zu sehen. – Vgl. Glas, Tramer, a.a.O., S. 136 ff., 139 ff., 145 ff.

140 So Robert Ley, 1936, zit. n. Edgar Alexander, *Der Mythos Hitler,* 1937, abgedr. in: Nolte (Hrsg.), *Theorien über den Faschismus,* a.a.O., S. 324. Als Beispiele dieses faschistischen »Hitlerismus«, alias »Führerkults«, vgl. bes. Robert Ley in: *Schulungsbrief der NSDAP,* 4 (1937), 4. F. – zit. in: Helga Grebing, Der Nationalsozialismus, München/Wien 1964[17], S. 71 (ff) – Faksimile in: Walter Tormin, *Die Jahre 1933-1934,* Hannover 1965[5], S. 44; vgl. auch Richard Suchenwirth, *Deutsche Geschichte. Von der germanischen Vorzeit bis zur Gegenwart,* Leipzig 1937 (301. – 320 Tsd.), S. 593.

141 Im »Dritten Reich« wird der Hinw. auf die gebrochene Existenz der Omnipotenz des »Führers« an der Spitze einer hierarchischen Ordnung tabuisiert. – Vgl. Reinhard Bollmus, *Das Amt Rosenberg und seine Gegner,* Stuttgart 1970, S. 239 ff.

142 Vgl. beispielsweise Wanda v. Baeyer-Katte, *Das verlockende im NS-Führerprinzip,* in: *Autoritarismus und Nationalismus – Ein deutsches Problem?* Frankfurt 1963, S. 35 ff. – Baeyer-Katte (S. 49) setzt aber »äußere, soziologische Bedingungen für die Möglichkeit eines massenweisen Auftretens [der] Neigungen«, sich dem »Verlockenden im NS-Führungsprinzip« hinzugeben, auch nur voraus. – Vgl. dazu auch Manfred Weißbecker, *Zur Herausbildung des Führerkults in der NSDAP,* in: *Monopole und Staat in Deutschland 1917-1945,* Berlin 1966, S. 115 ff.; zur Kritik vgl. W. Horn, *Führerideologie und Parteiorganisation in der NSDAP* (1919-1933), Düsseldorf 1972, S. 424 – Anm. 2, vgl. dort auch S. 25 ff., 330 ff., 421 ff.; Werner Maser, *Die Organisierung der Führerlegende,* Diss. phil., Erlangen 1954; K. Horn geht in seiner Arbeit *Sozialpsychologische Aspekte des Faschismus* (a.a.O.) leider nur auf den Antisemitismus ein.

143 Dazu bes. Hans-Eckardt Kannapin, *Wirtschaft unter Zwang,* Köln 1966, S. VII f. sowie die ges. Einl.

144 So Gerhard Meinck, *Hitler und die deutsche Aufrüstung 1933-1937,* Wiesbaden 1959, bes. S. V, 187 f, sowie der zweite Abschn., *Mobilisierung der Wirtschaft,* des dritten Kap., *Hitlers Absichten,* S. 157-173.

145 Ernst Niekisch, *Deutsche Daseinsverfehlung,* Berlin 1946, S. 83.

146 Vgl. Helmuth Plessner, *Die verspätete Nation,* Stuttgart/Berlin/Köln/Mainz 1969[5], bes. S. 9 ff., 72 ff. (dazu Jürgen Habermas in: *Philosophisch-politische Profile,* Frankfurt 1971, S. 222 ff.); Barrington Moore, jr., *Social Origins of Dictatorship and Democracy,* Boston 1968, bes. T. III (dazu Knut Borchardt in: *Der Staat,* 7 [1968] S. 513-516; einschränkend vgl. die knappen Anm. durch Henry Ashby Turner, jr., *Faschismus und Kapitalismus in Deutschland,* Göttingen 1972, S. 161 – Anm. 8); Kurt Lenk, *Volk und Staat. Strukturwandel politischer Ideologien im 19. und 20. Jahrhundert,* Stuttgart/Berlin/Köln/Mainz 1971; vlg. auch Ernst Blochs Arbeiten zur Ungleichzeitigkeit abgedr. etwa in: Nolte (Hrsg.), *Theorien über den Faschismus,* a.a.O., S. 182 ff.; Ernst Bloch, *Politische Messungen, Pestzeit, Vormärz,* Frankfurt 1970; zur Position von Thorstein Veblen (*Imperial Germany and the Industrial Revolution,* New York 1915) vgl. in diesem Zusammenhang Ebenstein, *The Study of Totalitarianism,* a.a.O., S. 282 f.; immanent vgl. auch Nolte, *Der Faschismus in seiner Epoche,* a.a.O., S. 369 ff., 445 ff. (*Praxis als Vollendung* – bes. z. B. 470 f.).

– Georg Lukács Darstellung des deutschen Irrationalismus (*Die Zerstörung der Vernunft,* Neuwied u. Berlin 1962; vgl. bes. den Ausz., mit neuem Vorw.: *Von Nietzsche bis Hitler oder Der Irrationalismus in der deutschen Politik,* Frankfurt u. Hamburg 1966) steht dagegen, wegen seiner geringen Distinktion (J. Habermas, Th. W. Adorno), in einer gewissen Nähe zum Vansittartismus (vgl. bes. den Abschn. *Die ›nationalsozialistische Weltanschauung‹ als demagogische Synthese der Philosophie des deutschen Imperialismus*).

147 Ein weiteres Moment stellt die bürgerliche Erkenntnis dar, daß liberale Forderungen gegenüber dem Feudalismus, beim Wort genommen, in sozialistische Ansprüche gegenüber der Realität der bürgerlichen Gesellschaft umschlagen. – Vgl. dazu bes. Karl Marx, *Der 18. Brumaire des Louis Bonaparte,* 1852[1], Frankfurt 1965 (bes. S. 13, 29, 61 ff.); für Deutschland vgl. Friedrich Engels, *Die Rolle der Gewalt in der Geschichte,* 1887/88, zit. n. Karl Marx, Friedrich Engels, *Deutsche Geschichte im 19. Jahrhundert,* hrsg. v. Iring Fetscher, Frankfurt 1969, S. 216, 237, 256, 258 f.; als Darstellung vgl. Arthur Rosenberg, *Entstehung der Weimarer Republik,* hrsg. v. Kurt Kersten, Frankfurt 1961 (1928[1] unter dem Titel: *Die Entstehung der deutschen Republik 1871-1918),* S. 11 ff., 35 ff. – Vgl. Anm. 116.

148 Vgl. dazu Alfred Meusel, *Bürgertum,* in: Alfred Vierkandt (Hrsg.), *Handwörterbuch der Soziologie,* Stuttgart 1931, S. 90-99; Ernst Engelberg, *Zur Entstehung und historischen Stellung des preußisch-deutschen Bonapartismus,* in: Fritz Klein, Joachim Streisand (Hrsg.), *Beiträge zum neuen Geschichtsbild. Zum 60. Geburtstag von Alfred Meusel,* Berlin 1956, S. 236 ff. (dort auch weitere Hinw.e auf Äußerungen Friedrich Engels'); Max Weber, *Der Nationalstaat und die Volkswirtschaftspolitik,* 1895, abgedr. in: *Gesammelte politische Schriften,* hrsg. v. Johannes Winckelmann, Tübingen 1958, hier bes. S. 18 ff. (20 f.); darstellend vgl. Hans-Ulrich Wehler, *Bismarck und der Imperialismus,* Köln/Berlin 1969, hier bes. S. 412 ff. (zu dem hier relevanten Aspekt vgl. Eike Hennig, Rez. v. Wehler, s. o., in: *Der Staat,* 11 [1972], S. 414-417); zum Bezug dieser Fragen zu einer Theorie des Faschismus vgl. mit Einschränkung, Wippermann, *Faschismustheorien,* a.a.O., S. 104 ff.

149 Vgl. Erich Matthias, *Sozialdemokratie und Nation,* Stuttgart 1952, S. 269 – s. dort S. 268 ff. *(Die Emigrationssozialdemokratie und der ›Vansittartismus‹).* – Zum Tenor des Vansittartismus vgl. auch einen Aufs. eines früheren US-Botschafters in Deutschland, der darauf hinweist, man übersehe »gerne die Tatsache, daß historisch gesehen, [Deutschland] nicht weit vom Primitivzustand entfernt ist. [. . .] Die Deutschen [. . .] sind ein hoffnungsloses Problem für die Welt. Ihre Fortentwicklung zu einem Zustand, in dem sie nicht länger eine Bedrohung der Zivilisation sind, geht so langsam vor sich, wie der Evolutionsprozeß selbst [. . .] Der biertrinkende Deutsche der alten Schule ist genauso schlecht wie der fanatische junge Nazi. [. . .] Sie haben den gemeinsamen nationalen Charakterzug des Militarismus.« (1944 – hier zit. n. Joachim Radkau, *Die Exil-Ideologie vom ›anderen Deutschland‹ und die Vansittartisten,* in: *APuZG,* B 2/70, hier S. 39). – Vgl. bes. auch Dorsey J. C. Hearnshaw, *Germany, the Aggressor throughout the Ages,* London 1940; Rohan D' Olier, *The Roots of National Socialism 1783-1933,* London 1941; Louis Nizer, *What to do with Germany?,* London 1944.

150 Robert G. Vansittart, *Black Record,* Toronto 1941, S. 16 – hier zit. n. Lutz Niethammer, *Entnazifizierung in Bayern,* Frankfurt 1972, S. 42 – zum Vansittartismus s. dort S. 41-47.

151 Hans-Peter Schwarz, *Vom Reich zur Bundesrepublik,* Neuwied u. Berlin 1966, S. 93 – s. dort bes. S. 92-97.

152 Vgl. etwa Paul Winkler, *The Thousand-Year Conscpiracy: Secret Germany behind the Mask,* New York 1942; Frederick Martin, *The Junker Menace,* New York 1945 – dazu Schwarz, a.a.O., S. 93 ff., dort auch (S. 95, 715-Anm. 129) zum Interessenhintergrund dieser Anschauung; mehr dazu bei Niethammer, a.a.O., S. 34 ff., 41 f., 46 ff.; Rolf Badstübner, *Restauration in Westdeutschland 1945-1949,* Berlin 1965, S. 54 ff. (61 ff.).

153 William M. McGovern, *From Luther to Hitler,* Boston 1941. Vgl. bes. die Einl. *The Liberal and the Fascist Traditions* (S. 3-17, bes. S. 7, 14 f.), zur Durchführung vgl. S. 596 ff., Chap. XII: *The Political Philosophy of National Socialism* (S. 616 ff.: *The Ideological Background,* S. 644 ff.: *The Nazis and Etatism,* S. 666 ff.: *The Nazis and Authoritarianism*).

154 Ebd., S. 7, 8.

155 Vgl. z. B. ebd., S. 646 ff., 657; zu diesem Aspekt der Verbindung von Vansittartismus und Totalitarismustheorie vgl. auch Douglas Miller, *You Can't Do Business with Hitler,* New York 1942 (1941[1]).

156 Zu dieser Position vgl. die Charakterisierung des (deutschen) Liberalismus durch Friedrich Julius Stahl, *Die gegenwärtigen Parteien in Staat und Kirche,* Berlin 1863, bes. S. 73 – zit. in Jürgen Habermas, *Strukturwandel der Öffentlichkeit,* Neuwied u. Berlin 1965[2], S. 152 – Anm. 142; Kurt Lenk, Franz Neumann (Hrsg.), *Theorie und Soziologie der politischen Parteien,* Neuwied u. Berlin 1968, S. 84 ff. (86 f.).

157 McGovern, a.a.O., S. 672; man denke an die totalitarismustheoretischen Beiträge vor allem von Hannah Arendt, *Elemente und Ursprünge totaler Herrschaft,* Frankfurt 1955; Emil Lederer, *State of the Masses,* New York 1940; William Kornhauser, *The Politics of Mass Society,* London 1960.

158 Radkau, *Die Exil-Ideologie vom ›anderen Deutschland‹ und die Vansittartisten,* a.a.O., S. 47; vgl. auch Niethammer, *Entnazifizierung in Bayern,* a.a.O., S. 43; Matthias, *Sozialdemokratie und Nation,* a.a.O., S. 273; in diesem Zusammenhang vgl. zur Kritik des Vansittartismus vor allem Victor Gollancz, *Shall our children live or die? A reply to Lord Vansittart on the German problem,* London 1942; Julius Braunthal, *Need German survive?* London 1943; vgl. auch Robert Koehl, *Feudal Aspects of National Socialism,* s. *APSR,* 54 (1960), hier S. 923.

159 Gegen den Vansittartismus richtet sich das Konzept eines »anderen Deutschland«, das von SPD (dazu Matthias, *Sozialdemokratie und Nation,* a.a.O., bes. S. 165 ff., 190 ff., 268 ff.), KPD, liberalen und konservativen Emigranten vertreten worden ist (zu letzterem vgl. Radkau, a.a.O.; s. auch Ulrich v. Hassell, *Vom anderen Deutschland,* Zürich u. Freiburg i. Br. 1946). Legitimiert fühlen sich diese Gruppen durch ihren antifaschistischen Kampf bzw. durch Kultur- und Herrschaftstraditionen. – So fühlen sich die Sozialdemokraten »als Repräsentanten für ›Das Andere Deutschland‹, das Land deutscher Arbeit und deutscher Kultur, ein Deutschland der Sicherheit und der Gerechtigkeit, der Freiheit und der Weltverbundenheit. Das andere Deutschland ist das wirkliche Deutschland, das seinen deutschen Namen zu Recht trägt, das ›Vaterland der Vielen‹, das die Sozialdemokraten erstreben. Sie drücken ›den wahren, den unterdrückten Willen des Volkes‹ aus und ›reden zu den Kräften in der Tiefe des Volkes, die nach Befreiung von diesem wahnwitzigen, verbrecherischen System lechzen‹. Wenn die deutsche Sozialdemokratie den Nationalsozialismus als den ›Todfeind und die Lebensgefahr Deutschlands‹ bekämpft, geht es ihr um die ›Wiedererringung eines deutschen Vaterlandes, in dem Freiheit und Recht über Sklaverei, Barbarei und Tyrannei der jetzigen Gewaltherrscher triumphieren‹« (Matthias, a.a.O., S. 167 f. – die Zitate im Zitat beziehen sich auf

Äußerungen von Exil-Sozialdemokraten, s. Matthias, S. 319); und Otto Braun redet mit Bezug auf das »wahre Preußentum und wahre Deutschland« sogar von einem »anderen Preußen« (Matthias, S. 169 f., 172). – Von der Faschismusdefinition Dimitroffs her entlastet auch die KPD a priori das deutsche Volk. So reden die KPD-»Richtlinien für die Ausarbeitung einer politischen Plattform der deutschen Volksfront« (Juli 1936) von der »undeutschen, faschistischen Diktatur«, und das Nationalkomitee »Freies Deutschland« (NKFD) plädiert für die »Bildung einer wahrhaft deutschen Regierung«. Vgl. Werner Berthold, *Zum Kampf der Führung der KPD gegen die faschistische Geschichtsideologie und die Miserekonzeption in der deutschen Geschichte,* in: *ZfG,* 17 (1969), S. 689-703. Der politisch zumindest zweideutigen Position des »anderen Deutschland« (vgl. Radkau, a.a.O., S. 38) kommt für das Selbstverständnis der DDR – bes. für die Darstellung ihrer »antifaschistisch-demokratischen« Konstitutionsphase – eine zentrale Rolle zu. Vgl. dazu bes. folgende Beiträge in der *ZfG: Der deutsche Staat, der die Lehren der Geschichte beherzigt,* 9 (1961), S. 5-12; *Die geschichtlichen Aufgaben der Deutschen Demokratischen Republik und die Zukunft Deutschlands«,* 10 (1962), S. 758-786; Joachim Streisand, *Progressive Ideen der deutschen Vergangenheit und ihre Verwirklichung in der DDR,* 12 (1964), S. 1335-1339; Heinz Heitzer, *Grundprobleme des Übergangs von der antifaschistisch-demokratischen Ordnung zur sozialistischen Revolution in der DDR 1949/50,* 16 (1968), S. 715-738; *Die historischen Traditionen der DDR,* 17 (1969), S. 1105-1107; Leo Stern, *Die DDR – Verkörperung der progressiven Tradition der deutschen Geschichte,* 17 (1969), S. 1108-1116; Hans-Joachim Teller, *Zum 25. Jahrestag der Befreiung vom Hitlerfaschismus,* 18 (1970), S. 1348-1350; vgl. auch Werner Berthold, *Marxistisches Geschichtsbild, Volksfront und antifaschistisch-demokratische Revolution. Zur Vorgeschichte der Geschichtswissenschaft der DDR und zur Konzeption der Geschichte des deutschen Volkes,* Berlin 1970. Vgl. auch (ebenfalls in der *ZfG*): Fritz Knittel, *Die KPD – die einzige führende und organisierte Kraft des antifaschistischen Widerstandskampfes in Deutschland 1933-1945,* 6 (1958), Sonderh., S. 190-201; Wolfgang Schumann, *Zur führenden Rolle unserer marxistisch-leninistischen Partei und ihres Zentralkomitees im Kampf gegen Faschismus und Krieg (1933-1945),* 10 (1962), S. 1017-1045. Gegen diese Position vgl. Eike Hennig, *Industrie und Faschismus,* in: *NPL,* 15 (1970), hier bes. S. 448; zur Kritik der DDR-Positionen vgl. jetzt auch Horst Duhnke, *Die KPD von 1933 bis 1945,* Köln 1972 (dazu die Kritik von Heinz Kühnrich in: *BzG,* 14 [1972], S. 1028-1030); Arnold Sywottek, *Deutsche Volksdemokratie Düsseldorf* 1971 (dazu die Kritik von Rainer Holzer in: *IWK,* 15, Apr. 1972, S. 85 f.).

160 Für die Nachkriegszeit wären auch die Bezüge zwischen Vansittartismus und einer Bewegung gegen die Kollektivschuldthese, der Zurücknahme der Entnazifizierungsforderungen und der affirmativen Vergangenheitsbewältigung zu berücksichtigen. Es scheint, als seien diese drei Teilmomente des Restaurationsprozesses durch den Vansittartismus sehr gefördert worden. – Als (indirekte) Belege vgl. Rudolf Billerbeck, *Die Abgeordneten der ersten Landtage (1946-1951) und der Nationalsozialismus,* Düsseldorf 1971, z. B. S. 69, 143 ff., 222, 261 f.; Walter Dirks, *Folgen der Entnazifizierung,* in: *Sociologica,* FS für Marx Horkheimer, Frankfurt 1953, S. 445 ff.

161 Werner Hofmann, *Zum Gesellschaftsbild der Nationalökonomie von heute,* 1959, *Das Elend der Nationalökonomie,* 1968, abgedr. in: *Universität, Ideologie, Gesellschaft,* Frankfurt 1968, S. 92 ff., 117 ff. – vgl. dazu Joachim Radkau, *Geschichtswissenschaft heute – Ende der Selbstmystifikation,* in: *NPL,* 17 (1972), S. 1-14, hier S. 9 f.

162 Hofmann, a.a.O., S. 129 (129 f.).

163 Ebd., S. 133.

164 Ebd., S. 129.

165 Burton H. Klein, *Germany's Economic Preparations for War,* Cambridge 1959, S. 81: »An adequate account of the importance of pressure groups in Nazi Germany will have to wait the studies of political scientists who were close to the situation. When such studies are made, it is likely that it will be found that the resistance of particular group's to Hitler's aims, for one reason or another, was as effective in circumscribing the German war potential as a lack of iron ore or oil.« (vgl. S. 35 ff., 53, 80/81).

Zu Kleins Hinweis, das »Stahlkartell« habe gegen das Eisen- und Stahl-Rüstungsprogramm opponiert, vgl. jetzt Petzina, *Autarkiepolitik im Dritten Reich,* a.a.O., S. 102 ff. (104 f.); Klein nähert sich der Position der kapitalaffirmativen Totalitarismustheoretiker, vgl. etwa Ernst Poensgen, *Hitler und die Ruhrindustriellen,* unveröffentl. MS., Febr. 1945 – mit einem Nachtr. v. 20. 6. 1945, bes. S. 10 ff.

Zur zeitgenössischen Überschätzung der nationalsozialistischen Kriegsvorbereitung im Rahmen der »War Economics in Peace Time« (M. Y. Sweezy [R. Erbe]) vgl. jetzt auch Bernhardt, *Die deutsche Aufrüstung 1934-1939,* a.a.O., passim (vgl. Anm. 97); s. auch Alan S. Milward, *Die deutsche Kriegswirtschaft 1939-1945,* Stuttgart 1966, S. 15 ff., 91 ff.; Berenice A. Carroll, *Design for Total War,* The Hague/Paris 1968, S. 179 ff.; dagegen Dietrich Eichholtz, *Geschichte der deutschen Kriegswirtschaft 1939-1945,* Bd. I: 1939-1941, Berlin 1971², S. 17 ff.

166 (Rolf Wagenführ, Verf.), *Die deutsche Industrie im Kriege 1939-1945,* Berlin 1954, S. 129; als Beispiel für die Abstraktheit Wagenführs vgl. S. 14 u. 16. Nur durch die Kombination der dort gemachten, isolierten Aussagen wird ersichtlich, daß durch Aufrüstung die Industriekapazitäten wiederausgenutzt worden sind. – Vgl. dagegen Wolfram Fischer, *Deutsche Wirtschaftspolitik 1918-1945,* Opladen 1968³, S. 60 ff.; René Erbe, *Die nationalsozialistische Wirtschaftspolitik 1933-1939 im Lichte der modernen Theorie,* Zürich 1958, passim (bes. S. 162 f., 165, auf S. 177 charakterisiert Erbe die deutsche Wirtschaft ab 1934 als eine »Kriegswirtschaft in Friedenszeiten«; dieser Terminus findet sich, von Erbe nicht erwähnt, schon bei Maxine Y. Woolstone [= M. Y. Sweezy], *The Structure of the Nazi Economy,* 1941¹, New York 1968, S. 7 ff.: *I. War Economics in Peace Times*).

167 Von Erich Preiser vgl. bes. *Wesen und Methoden der Wirtschaftslenkung,* 1941 – *Wettbewerbspreis und Kostenpreis,* 1942 – *Der Begriff des Preisniveaus und das Problem der Kaufkraftstabilisierung,* 1943 – alle Aufsätze sind abgedr. in: *Bildung und Verteilung des Volkseinkommens,* Göttingen 1963, S. 321-365, 366-388, 389-410; vgl. ferner ders., *Das Rationalprinzip in der Wirtschaft und in der Wirtschaftspolitik, Dynamische Wirtschaftstheorie,* beide in: *Politische Ökonomie im 20. Jahrhundert,* München 1970, S. 94-116, 116-141.

168 Preiser, *Wesen und Methoden der Wirtschaftslenkung,* hier zit. n.: *Bildung und Verteilung des Volkseinkommens,* Göttingen 1957, S. 239-283, S. 243, 260; Preisers Abstraktheit ist so total, daß sich sogar keine nationalsozialistischen Wertungen finden.

Ähnlich abstrakt wie Preiser argumentiert Walter Huppert (1943-1945 Referent für volkswirtschaftliche und wirtschaftspolitische Grundsatzfragen im Planungsamt des Reichsministers für Rüstung und Kriegsproduktion), *Wirtschaftslenkung,* Meisenheim 1955, S. 207-210 zur »deutschen Wirtschaftslenkung 1933-1945«. Gegen den Einwand, »Wirtschaftslenkung« beinhalte einen Zwang zur Totalität, führt Huppert aus: »Indessen beweist die Erfahrung, daß es zu jeder Zeit und überall gewisse Lenkungsmaßnahmen gegeben hat und gibt, die weder total waren noch die Wirtschaft funktionsunfähig machten« (S. 187 f.). Zum Inhalt der »Wirtschaftslenkung« (als Ergänzung der »Marktwirtschaft«) heißt es: »Bisher ist die Wirtschaftslenkung hauptsächlich als Instrument der Kriegswirtschaft und Aufrüstung erprobt worden« (S. 205, dazu S. 207 mit Bezug auf den Nationalsozialismus). – Zum Inhalt der nationalsozialistischen »Wirtschaftslenkung« wird lediglich auf die Aufrüstung, die Verschlechterung der »Versorgung des privaten Verbrauchsbedarfs« und auf den Kaufkraftüberhang hingewiesen. – Zum Kaufkraftüberhang vgl. Lutz Graf Schwerin v. Krosigk, *Wie wurde der Zweite Weltkrieg finanziert?*, in: *Bilanz des Zweiten Weltkrieges,* Oldenburg/Hamburg 1953, bes. S. 318 f. – Krosigk betont den Zusammenhang von Kaufkraftüberhang und Sparen, S. 327 f.: »Die Methoden der geräuschlosen Kriegsfinanzierung, die jeden Sparer zu 90% seiner Einlagen zum Reichsgläubiger werden ließ, ohne daß er es wußte, führte zu einem wachsenden Übergewicht der kurzfristigen Verschuldung und endete, als die Vertrauenserschütterung die Grundlage des Systems zerstörte, in rasch fortschreitender Inflation.« – Auf einem ähnlich begriffslosen Interpretationsniveau steht auch der Beitr. v. Hans Kehrl, *Kriegswirtschaft und Rüstungsindustrie,* in: *Bilanz des Zweiten Weltkrieges,* a.a.O., S. 265-285. (Der ges. Sammelband stellt ein Beispiel einer abstrakten und apologetischen Verdrängung der gesellschaftstheoretischen Behandlung seines Themas dar.) – Vgl. auch: *Probleme der gelenkten Wirtschaft,* hrsg. v. Wirtschafts-Hochschule Berlin, Berlin 1942; orientiert an Preiser ist Hans-Heinrich Rubbert, *Die ›gelenkte Marktwirtschaft‹ des Nationalsozialismus,* in: *Hamburger JB,* 8. Jg., Tübingen 1963, S. 215-234. Zum Problem vgl. allgemein auch Werner Krause, *Wirtschaftstheorie unter dem Hakenkreuz. Die bürgerliche politische Ökonomie in Deutschland während der faschistischen Herrschaft,* Berlin 1969, S. 51, 139 ff.(*Die ›gelenkte Wirtschaft‹ und die ökonomischen Theorien*).

169 Vgl. dazu Preiser, a.a.O., (Anm. 128), S. 260 ff., 265 ff.; dazu auch Krause, a.a.O., S. 178 ff. (*Die Entstehung des Neoliberalismus in Deutschland*).

170 Preiser, a.a.O. (Anm. 128), S. 240 f.

171 Ebd., S. 274.

172 Ebd., S. 244; dagegen Fischer, *Deutsche Wirtschaftspolitik,* a.a.O., S. 63 f.

173 Preiser, a.a.O. (Anm. 128), S. 251, s. S. 271 f.

174 Dazu Fritz Vilmar, *Rüstung und Abrüstung im Spätkapitalismus,* Frankfurt 1970[5], bes. S. 54 ff., 62 ff., allgem. vgl. die Kap. VI und VII.

175 Schacht übt unter dem Nationalsozialismus folgende Funktionen aus: Präsident des Reichsbankdirektoriums (17. März 1933-19. Jan. 1939), Generalbevollmächtigter für die Kriegswirtschaft (31. Mai 1935-26. Nov. 1937), Reichswirtschaftsminister (kommissarisch ab 2. Aug. 1934, definitiv ab 30. Jan. 1935, beurlaubt am 5. Sept. 1937, mit der Wahrnehmung der Geschäfte bis zum 26. Nov. 1937 betraut), Minister ohne Geschäftsbereich (1937-1943). Seit 1937 ist Schacht auch Träger des Goldenen Parteiabzeichens der NSDAP. – Vgl. Amos E. Simpson, *Hjalmar Schacht in Perspective,* The Hague/Paris 1969; Eike Hennig, *Der ›Antifaschismus‹ des Hjalmar Schacht,* in: *Die Tat,* Nr. 20, 16. Mai 1970, S. 6.

176 So Schacht, *Abrechnung mit Hitler,* a.a.O., passim – das Zitat findet sich auf S. 174 (Rotationsdruck, a.a.O., S. 41); ders., 1933, Düsseldorf/Wien 1968, S. 86 ff., 107 f., 110 f., 114; dazu Simpson, a.a.O., bes. S. 82 ff., 111 ff.; Norbert Mühlen, *Der Zauberer. Leben und Anleihen des Dr. Hjalmar Horace Greeley Schacht,* Zürich 1938, S. 166 ff., 172 ff.; vgl. auch E. W. Peterson, *Hjalmar Schacht for and against Hitler,* Boston 1954. Das Verhältnis Schacht–Thomas ist im übrigen, gerade im Zusammenhang mit dem zweiten Vierjahresplan, nicht friktionsfrei – dazu Petzina,

Autarkiepolitik im Dritten Reich, a.a.O., z. B. S. 37 ff.; vgl. auch Georg Thomas, *Geschichte der deutschen Wehr- und Rüstungswirtschaft (1918-1943/45),* hrsg. v. Wolfgang Birkenfeld, Boppard 1966, bes. S. 120-124; zu Thomas vgl. bes. Berenice A. Carroll, *Design for Total War,* The Hague/Paris 1968, S. 37 ff.; Eichholtz, *Geschichte der deutschen Kriegswirtschaft I,* a.a.O., S. 15, 17 ff. – Dazu Tim Mason, *Primat der Industrie?,* in: *DArg,* 47, 10 (1968), bes. S. 196; mit großer Einschränkung vgl. auch Louis P. Lochner, *Die Mächtigen und der Tyrann,* Darmstadt 1955, Kap. X: »Wollte die Industrie den Krieg?« (mit Hinw. auf Thomas: S. 222 f.)

177 Thomas, a.a.O., S. 85.

178 Vgl. zum Interessenhintergrund die knappe Bem. v. Dietrich Eichholtz, Kurt Gossweiler, *Noch einmal: Politik und Wirtschaft 1933-1945,* in: *DArg,* 47, 10 (1968), S. 221. Zum militärtheoretischen Hintergrund vgl. Gerhard Förster, *Totaler Krieg und Blitzkrieg,* Berlin 1967. – Vgl. auch Eichholtz, *Geschichte der deutschen Kriegswirtschaft I,* a.a.O., S. 36 ff.; Wolfgang Bleyer, *Staat und Monopole im totalen Krieg,* Berlin 1970, S. 22 ff.

179 Breitenrüstung beinhaltet: Betriebe werden zu Rüstungszwecken umgestellt und/oder erweitert; Tiefenrüstung heißt, daß neue Anlagen mit dem spezifischen Zweck der Herstellung von Kriegs- bzw. von kriegswichtigen Gütern errichtet werden. – Vgl. Georg Thomas, *Kriegführung und Wirtschaft,* in: *Wehrtechnische Monatshefte,* 1937, S. 146 ff.; ders., *Breite und Tiefe der Rüstung,* in: *Militärwissenschaftliche Rundschau,* 2 (1937), S. 189 ff. – dazu bes. Förster, a.a.O., S. 94 ff., bes. S. 99 ff.; Petzina, *Autarkiepolitik im Dritten Reich,* a.a.O., S. 25 ff.

180 Thomas am 25. April 1939 im Auswärtigen Amt – zit. n. Eichholtz, *Geschichte der deutschen Kriegswirtschaft I,* a.a.O., S. 18.

181 Vgl. Anm. 178; Eichholtz und Gossweiler weisen darauf hin, daß sich die Monopolgruppen gerade über der Frage des strategischen Konzepts entzweien: »Nach Ansicht der Gruppe um Schacht, Thomas und führende Kreise der Montanindustrie (Thyssen, Poensgen und andere) sollte das Tempo der Rüstung zeitweilig zugunsten des Exports – von Waren wie von Kapital – beschränkt, d. h. es sollte nicht so stark forciert werden wie vorgesehen. Das lag insbesondere im Interesse verschiedener Montankonzerne, die die augenblicklich günstige Konjunktur auf dem Weltmarkt zu nutzen und ihre Positionen auf den Außenmärkten zu erweitern trachteten. Ihre Linie deckt sich mit den Vorstellungen bestimmter Wehrmachtskreise von einer längerfristigen Rüstung konventionellen Stils und Tempos, der sogenannten Tiefenrüstung« (Eichholtz, *Geschichte der deutschen Kriegswirtschaft I,* a.a.O., S. 51).

182 Schacht, *Abrechnung mit Hitler,* a.a.O., S. 174 (Rotationsdruck, a.a.O., S. 41).

183 Franz Neumann, *Behemoth. The Structure and Practice of National Socialism 1933-1944,* 1944^2, New York and Evanston 1966, S. 37 (ff.); vgl. auch G. S., *Die Literatur der deutschen Faschisten vor Antritt der Macht,* in: *UdBdM,* 8 (1934), S. 112-133, S. 257-271, S. 113: »Die aktiven revolutionären Arbeiter vermögen mit größerem Erfolg den deutschen Faschismus und auch den Faschismus in anderen Ländern zu entlarven, wenn sie systematisch die faschistische Literatur, besonders die an die breiten Volksmassen gerichtete, studieren werden.« – Vgl. auch F. Perelmann, *Zur Ideologie des Faschismus,* in: *UdBdM,* 8 (1934), S. 365-395, S. 543-566.

184 Hans Buchner, *Grundriß einer nationalsozialistischen Volkswirtschaftstheorie,* München 1935 (5. Aufl.), S. 10 (S. 10 ff.: *Politik vor Wirtschaft!*).

185 Zit. n. Max Domarus, *Hitler. Reden und Proklamationen 1932-1945,* Bd. I/1:

1932-1934, München 1965, S. 80, 84.

186 Zit. n. Dietrich Eichholtz, Wolfgang Schumann (Hrsg.), *Anatomie des Krieges,* Berlin 1969, S. 272 f.

187 Deutsches Industrieinstitut (Hrsg.), *Die Legende von Hitler und der Industrie* (Köln 1963), S. 10.

188 Kannapin, *Wirtschaft unter Zwang,* a.a.O., S. IX; vgl. auch Dr. O., *Hitler und die Unternehmer,* in: *Arbeitgeber,* Nr. 23 v. 1. 12. 1951, S. 5-9.

189 *Die Legende von Hitler und der Industrie,* a.a.O., S. 1; vgl. Lochner, a.a.O., S. 19.

190 Dieter Petzina, *Hitler und die deutsche Industrie,* in: *GWU,* 17 (1966), S. 483.

191 Sauer, *National Socialism: Totalitarianism or Fascism?,* a.a.O., S. 415.

192 Petzina, *Hitler und die deutsche Industrie,* a.a.O., S. 491.

193 Krause, *Wirtschaftstheorie unter dem Hakenkreuz,* a.a.O., S. 54.

194 Gerhard Bondi, *Die Weltwirtschaftskrise im Spiegel westdeutscher Geschichtsschreibung,* in: *JWG,* 1965/II, S. 24/25.

195 Zit. in: XIII. Plenum des EKKI, Dezember 1933, *Der Faschismus in Deutschland,* Moskau-Leningrad 1934, S. 277 (These des XIII. EKKI-Plenums); VII Congress of the Communist International. Abridged Stenographic Report of Proceedings, Moscow 1939, S. 126; Wilhelm Pieck, Georgi Dimitroff, Palmiro Togliatti, *Die Offensive des Faschismus und die Aufgaben der Kommunisten im Kampf für die Volksfront gegen Krieg und Faschismus,* Berlin 1957, S. 87; VII. Weltkongreß der Kommunistischen Internationale. *Referate, Aus der Diskussion, Schlußwort, Resolutionen,* Frankfurt 1971, S. 75. – Zu dieser Definition vgl. Dietrich Eichholtz, *Probleme einer Wirtschaftsgeschichte des Faschismus in Deutschland,* in: *JWG,* 1963/III, S. 97-127, bes. S. 125: Zu den »wichtigsten und aktuellsten« Problemen der Faschismusinterpretation gehört u. a. »die Bestimmung derjenigen Kreise des Finanzkapitals, die in der Definition des Faschismus genannt sind.«

196 Eichholtz, *Probleme einer Wirtschaftsgeschichte des Faschismus in Deutschland,* a.a.O., S. 107 – vgl. Anm. 155.

197 Eichholtz, *Geschichte der deutschen Kriegswirtschaft I,* a.a.O., S. 385 – vgl. S. 385 f.; s. ders., *Alte und ›neue‹ Konzeptionen. Bürgerliche Literatur zur Wirtschaftsgeschichte des Faschismus in Deutschland,* in: *JWG,* 1971/III, S. 231-255 (zu A. Schweitzer, W. Birkenfeld, D. Petzina); grundlegend vgl. auch Gerhard Lozek, *Genesis, Wandlung und Wirksamkeit der imperialistischen Totalitarismus-Doktrin,* in: *ZfG,* 14 (1966), S. 525-541; ders., Horst Syrbe, *Geschichtsschreibung kontra Geschichte,* Berlin 1964, S. 104 ff.; ders., *Die antikommunistische ›Totalitarismus‹-Doktrin,* in: *Kritik der bürgerlichen Geschichtsschreibung,* hrsg. v. Werner Berthold u. a., Köln 1970, S. 39 ff.; vgl. im übrigen zahlreiche Aufsätze bes. in der *ZfG* – z. B.: Werner Berthold, Gerhard Lozek, Helmut Meier, *Entwicklungstendenzen im historisch-politischen Denken in Westdeutschland,* 12 (1964), S. 585-602; Siegfried Schwarz, *Ansätze realistischen Denkens bei einigen westdeutschen Ideologen nach 1961,* 12 (1964), S. 1158-1171; Hans Schleier, *Neue Tendenzen in der westdeutschen Geschichtsschreibung,* 15 (1967), S. 1087-1090; Gerhard Lozek, *Zur Methodologie einer wirksamen Auseinandersetzung mit der bürgerlichen Geschichtsschreibung. Das Problem der Strukturelemente und die Hauptrichtung der Auseinandersetzung,* 18 (1970), S. 608-616; Gerhard Lozek, Horst Syrbe, *Die moderne Epoche, die Perspektive der deutschen Nation und die Sorgen imperialistischer westdeutscher Historiker,* 11 (1963), S. 1229-1251; vgl. auch Gerhard Lozek, *Neueste Tendenzen in der westdeutschen bürgerlichen Geschichtsschreibung und -ideologie,* in: *Einheit,* 25

(1970), S. 1334-1346.

198 Eichholtz, Schumann, Einl. zu: *Anatomie des Krieges,* a.a.O., S. 17 f; vgl. auch Eichholtz, *Alte und ›neue‹ Konzeptionen,* a.a.O. (Anm. 7), bes. S. 241: »Die von Schweitzer und Petzina vertretene Richtung entspricht objektiv [...] einer [...] geschickteren, elastischeren politisch-ideologischen Taktik der imperialistischen Bourgeoisie in der heutigen, erbitterten, weltweiten Auseinandersetzung zwischen Sozialismus und Kapitalismus.«

199 Zusammenfassend vgl. jetzt Wolfgang Horn, *Führerideologie und Parteiorganisation in der NSDAP (1919-1933),* Düsseldorf 1972; zur Frühzeit bis 1924 vgl. auch Albrecht Tyrell, *Vom Trommler zum Führer,* München 1975.

200 Vgl. Heinrich August Winkler, *Unternehmerverbände zwischen Ständeideologie und Nationalsozialismus,* in: *VfZG,* 17 (1969), S. 341-371, bes. S. 345 ff., 363 ff.

201 Dazu Carl Böhret, *Aktionen gegen die »kalte Sozialisierung« 1926-1930,* Berlin 1966. – Zur geänderten Intention nach 1930 vgl. beispielsweise Dieter Petzina, *Germany and the Great Depression,* in: *Journal of Contemporary History,* 4 (1969), S. 65: »The State power ›above the parties‹ that Hindenburg and Schleicher strove to establish meant in fact the victory of the conservative-bourgeois groups over the Left.«

202 Vgl. Winkler, *Unternehmerverbände zwischen Ständeideologie und Nationalsozialismus,* a.a.O., S. 368. – Es muß aber betont werden, daß diese Ablehnung des Parlamentarismus zur Zeit der Weltwirtschaftskrise grotesk wirkt, weil die Präsidialkabinette gerade nicht mehr parlamentarisch kontrolliert und beeinflußt werden. Vielmehr wird die Situation der Krise genutzt, um generell Remedur zu schaffen.

203 Dazu Heinrich August Winkler, *Unternehmer und Wirtschaftsdemokratie in der Weimarer Republik,* in: *PVS,* Sonderh. 2, 1970 = *Probleme der Demokratie heute,* Opladen 1971, S. 308-322, bes. S. 311 ff.

204 Winkler, *Unternehmerverbände zwischen Ständeideologie und Nationalsozialismus,* a.a.O., S. 169. – Allerdings ist damit kein friktionsfreier Prozeß angedeutet (s. S. 355 ff.). Vgl. auch S. 369.

205 Zusammenfassend vgl. M. Rainer Lepsius, *Extremer Nationalismus,* Stuttgart/Berlin/Köln/Mainz 1966, S. 9-18, bes. S. 11, 13-15. – Zum sozialpsychologischen Aspekt vgl. Erich Fromm, *Die Furcht der Freiheit,* 1947[1], Frankfurt 1968, S. 206 ff. (206-215); John Dollard u. a., *Frustration und Aggression,* 1931, dt. Bearb., Weinheim/Berlin/Basel 1970, bes. S. 179, 181 f., 185; Eva G. Reichmann, *Flucht in den Haß,* Frankfurt o. J., bes. S. 229 f.; Rudolph M. Loewenstein, *Psychoanalyse des Antisemitismus,* Frankfurt 1968, bes. S. 47 ff., 72 ff.; Theodor W. Adorno, *Die Freudsche Theorie und die Struktur der faschistischen Propaganda,* 1951, dt. in: *Psyche,* 24 (1970), S. 486-508, oder in Adorno, *Kritik,* Frankfurt 1971, S. 34 ff.; zusammenfassend vgl. K. Horn, *Sozialpsychologische Aspekte des Faschismus,* a.a.O.; Reinhart Westphal, *Psychologische Theorien über den Faschismus,* in: *DArg,* 32, 7 (1965), S. 30-39.

206 Gottfried Feder, *Das Manifest zur Brechung der Zinsknechtschaft des Geldes,* 1919[1], München 1931, S. 55 f.; vgl. Adolf Hitler, *Mein Kampf,* München 1938 (286.-290. Aufl.), bes. S. 675 ff.; Joseph Goebbels, *Der Angriff,* München 1936 (5. Aufl.), bes. S. 222, 225, 227, 237 f., 287 f. – nach Goebbels' kämpft die NSDAP für die »Eingliederung des Arbeitertums in den Bestand der Nation«; dies ist auch der Tenor vieler Reden Robert Leys.

207 Vgl. Eike Hennig, *Monopolgruppentheorie in der DDR diskutiert an ›Großbanken, Industriemonopole, Staat‹ von Kurt Gossweiler,* in: *Leviathan,* 1 (1973), S.

135-151, bes. S. 145 ff.

208 Vgl. ebd., S. 135-137, bes. S. 146, mit einigen einschränkenden Hinweisen zur Bedeutung des Begriffes »Ableitung«.

209 Vgl. zur Fragestellung Petzina, *Autarkiepolitik im Dritten Reich*, a.a.O., S. 196. Beispielhaft vgl. jetzt auch Hellmuth Tammern, *Zum Verhältnis von Industrie und Politik, dargestellt am Beispiel der I. G. Farbenindustrie Aktiengesellschaft (1925-1933)*, *Diss. rer. pol. FU Berlin 1975.*

210 Vgl. *Reinhard Kühnl, Deutschland zwischen Demokratie und Faschismus*, München 1969, S. 60 f., 155 f., ders., *Formen bürgerlicher Herrschaft: Liberalismus – Faschismus*, a.a.O., S. 139-146; zusammenfassend vgl. auch Bernhard Blanke, *Thesen zur Faschismus-Diskussion*, in: *SoPo*, 3, 1 (1969), S. 57 f., 60 ff. – Vgl. auch Wolfgang Abendroth, *Soziale Funktion und soziale Voraussetzung des Faschismus*, in: *DArg*, 58, 12 (1970) S. 251-256; Kühnl, *Probleme der Interpretation des deutschen Faschismus*, in: *DArg*, 58, S. 272-279; kritisch dagegen Reinhard Opitz, *Fragen der Faschismusdiskussion*, in: *DArg*, 58, S. 288-291; gegen Kühnl vgl. von »sowjet-marxistischer« Position aus jetzt auch Christof Kievenheim, *Politische Herrschaft und faschistische Herrschaftsformen*, in: *facit*, 24, Mai 1971, S. 29-35; Kurt Gossweiler, *Über Wesen und Funktion des Faschismus*, in: ders., Kühnl, Opitz, *Faschismus: Entstehung und Verhinderung*, Frankfurt 1972, S. 3-38 – eine »relative Selbständigkeit« der nationalsozialistischen Exekutive konstatiert allerdings auch Gossweiler; M. Tjaden-Steinhauer, K. H. Tjaden, in: *Das Argument*, 75, Sonderbd. 1972 = *Kritik der bürgerlichen Geschichtsschreibung* II, S. 304-306.

211 Vgl. Josef Wilden (Geschäftsführer der Industrie- und Handelskammer Düsseldorf), *Die berufsständische Organisation der Wirtschaft*, Köln 1932, S. 32 ff. – zit. bei Winkler, *Unternehmerverbände zwischen Ständeideologie und Nationalsozialismus*, a.a.O., S. 353; vgl. vor allem auch Tim Mason, *Der Primat der Politik – Politik und Wirtschaft im Nationalsozialismus*, in: *DArg*, 41, 8 (1966), S. 473-494; eine überarb. Version ist abgedr. in: S. J. Woolf (Hrsg.), *The Nature of Fascism*, London 1968, S. 165 ff., dort auch (S. 196 ff.) kurze Angaben zur Diskussion der Ausführungen Masons.

212 Diese Position steht auch nahe der Unfähigkeit von KPD und KI, zwischen latentem und manifestem Faschismus, zwischen Präsidialkabinetten und offenem Faschismus, zwischen Sozialdemokratie und NSDAP etc. zu unterscheiden. Sie wird damit vor allem auch politisch als Mittel zur Gewinnung einer antifaschistischen Strategie fragwürdig.

213 Materialien dazu bei Heinz Brahm, *Die bolschewistische Deutung des deutschen ›Faschismus‹ in den Jahren 1923 bis 1928*, in: *Jahrbücher für die Geschichte Osteuropas*, n. F. 12 (1964), S. 350-365; Siegfried Bahne, *Von der Gründung der KPD bis zum Ende der nationalsozialistischen Herrschaft*, in: *JB für die Geschichte Mittel- und Ostdeutschlands*, 13/14 (1965), S. 310-331; ders., *›Sozialfaschismus‹ in Deutschland*, in: *International Review of Social History*, 10 (1965), S. 211-245; John M. Cammet, *Communist Theories of Fascism, 1920-1935*, in: *Science and Society*, 31 (1967), S. 149-163; Peer H. Lange, *Stalinismus versus »Sozialfaschismus« und »Nationalfaschismus*, Göppingen 1969; Nicos Poulantzas, *Faschismus und Diktatur. Die Kommunistische Internationale und der Faschismus*, München 1973; Gert Schäfer, *Die Kommunistische Internationale und das Problem des Faschismus. Ein Beitrag zur Kritik des institutionellen Marxismus-Leninismus*, phil. Diss., Hannover 1973 (*Die Kommunistische Internationale und der Faschismus*, Offenbach 1973); Photios A. Kalambokis, *Soziologische Aspekte der kommunistischen These vom Sozialfaschismus. Zur Theorie und Praxis der KPD 1929-1933*, phil. Diss., Frankfurt

1967; Thomas Weingartner, *Stalin und der Aufstieg Hitlers*, Berlin 1970; Alexander v. Plato, *Zur Einschätzung der Klassenkämpfe in der Weimarer Republik: KPD und Komintern, Sozialdemokratie und Trotzkismus*, Berlin 1973 (dazu die Kritik von Niels Kadritzke, *Reformismus als ›Sozialfaschismus‹*, in: *ProKla*, 4 [1974], S. 59-89). Aus der DDR-Historiographie sei hier auf folgende Arbeiten hingewiesen Karl Heinz Biernat, Klaus Mammach, Gerhard Nitzsche, *Über den Beitrag der KPD zur Vorbereitung des VII. Weltkongresses der Kommunistischen Internationale*, in: *BzG*, 7 (1965), S. 606-626; Arnold Reisberg, *Der Kongreß der großen Wende. Zum 30. Jahrestag des VII. Weltkongresses der Kommunistischen Internationale*, in: *BzG*, 7 (1965), S. 791-807; Erwin Lewin, *Zur Faschismus-Analyse durch die Kommunistische Internationale (1922-1933)*, in: *BzG*, 12 (1970), S. 44-59; Klaus Mammach, *Die Hilfe der KI für die KPD bei der Entwicklung ihrer Strategie und Taktik und die Rolle der KPD bei der Vorbereitung des VII. Weltkongresses*, in: *BzG*, 12 (1970), S. 458-462; Elfriede Lewerenz, *Zu einigen Fragen der Faschismus-Analyse der Kommunistischen Internationale in Vorbereitung des VII. Weltkongresses (1933-1935)*, in: *BzG*, 13 (1971), S. 733-750; Margot Pikarski, *Zur Hilfe der KI und der kommunistischen Bruderparteien beim Übergang der KPD in die Illegalität im Jahre 1933*, in: *BzG*, 16 (1974), S. 838-847; an neueren Dissertationen aus der DDR vgl. Heinz Karl, *Zur Entwicklung der Einheitsfrontpolitik der KPD im Kampf gegen die faschistische Gefahr in der Zeit des Februarplenums und des Maiplenums des ZK 1932*, phil. Diss., Berlin: Inst. f. Gesellschaftswissenschaften beim ZK der SED (im folgenden IfG abgekürzt), Mai 1969 (BzG, 1970, S. 478 f.); Gerhard Meisel, *Beiträge zu Problemen des Kampfes der KPD um die Verbindung von wissenschaftlichem Sozialismus und Arbeiterbewegung in der Auseinandersetzung mit Imperialismus und Opportunismus während der Zeit der Weimarer Republik*, phil. Habil., Berlin: IfG, März 1970; Elfriede Lewerenz, *Die Analyse von Wesen und Funktion des Faschismus in Vorbereitung und Durchführung des VII. Weltkongresses der Kommunistischen Internationale (1933-1935)*, phil. Diss., Berlin 1971; Erika Kücklich, *Streik gegen Notverordnungen! Die betrieblichen Aktionen der Arbeiter unter der Führung der KPD gegen die Notverordnungsdiktatur und die staatsmonopolistische Offensive der Regierung Papen* (Juni bis Dezember 1932), phil. Diss., Berlin: Inst. f. Marxismus-Leninismus (im folgenden IfML abgekürzt) beim ZK der SED, Oktober 1972 (*BzG*, 1973, S. 332 f.); Eckard Trümpler, *Über die Entwicklung der Politik der KPD und ihre Verwirklichung von den Reichstagswahlen im September 1930 bis zur Tagung des Zentralkomitees der KPD im Mai 1931*, phil. Diss., Berlin: IfML, Dezember 1972 (*BzG*, 1973, S. 699); Klaus Kinner, *Zur Entwicklung des marxistisch-leninistischen Geschichtsbildes in der KPD in den Jahren der Weimarer Republik*, phil. Diss., Leipzig, November 1972 (*BzG*, 1973, S. 870 f.).

214 5. Kongreß der Kommunistischen Internationale, *Protokoll*, Bd. II (Hamburg 1924), S. 754.

215 Daten dazu finden sich gesammelt jetzt bei Horst Duhnke, *Die KPD von 1933 bis 1945*, Köln 1972, S. 101 ff. (104 f.). – Von der DDR-Historiographie vgl. Institut für Marxismus-Leninismus beim ZK der SED, *Geschichte der deutschen Arbeiterbewegung*, Bd. 5: *Von Januar 1933 bis Mai 1945*, Berlin 1966, S. 20 ff.; an neueren Arbeiten vgl. bes. Siegfried Vietzke, *Zur Strategie und Taktik der KPD nach der Errichtung der faschistischen Diktatur in Deutschland*, in: *Wissenschaftliche Zeitschrift der Humboldt-Universität zu Berlin. Gesellschafts- und sprachwissenschaftliche Reihe*, 22 (1973), H. 1/2, S. 125-132; vgl. ferner Anm. 213 (bes. den Aufs. von M. Pikarski).

216 So, prototypisch, Eichholtz, Schumann, Vorw. zu: *Anatomie des Krieges*,

a.a.O., S. 32 f.

217 Karl Marx, *Das Kapital,* 1. Bd., 1890[4], hrsg. v. Friedrich Engels, Berlin 1962 = *MEW* Bd. 23, S. 647.

218 Karl Marx, *Grundrisse der Kritik der politischen Ökonomie* (Rohentwurf) 1857-1858, Anhang 1850-1859, Berlin 1953, S. 542.

219 Diese Bedingungen können sich entwickeln. So formuliert Marx (ebd., S. 544 f.): »Solange das Kapital schwach ist, sucht es selbst noch nach den Krücken vergangner oder mit seinem Erscheinen vergehnder Produktionsweisen. Sobald es sich stark fühlt, wirft es die Krücken weg, und bewegt sich seinen eignen Gesetzen gemäß. Sobald es anfängt sich selbst als Schranke der Entwicklung zu fühlen und bewußt zu werden, nimmt es zu Formen Zuflucht, die, indem sie die Herrschaft des Kapitals zu vollenden scheinen, durch Zügelung der freien Konkurrenz, zugleich die Ankündigung seiner Auflösung und der Auflösung der auf ihm beruhenden Produktionsweise sind.«

220 Neumann, *Behemoth,* a.a.O., S. 470 (f.).

221 Vgl. bes. Helga Nußbaum, *Zur Imperialismustheorie W. I. Lenins und zur Entwicklung staatsmonopolistischer Züge des deutschen Imperialismus,* in: *JWG,* 1970/IV, S. 26-65; vgl. auch Joachim Hirsch, *Wissenschaftlich-technischer Fortschritt und politisches System,* Frankfurt 1970, S. 11-41; ders., *Funktionsveränderungen der Staatsverwaltung in spätkapitalistischen Industriegesellschaften,* in: *Blätter,* 14 (1969), S. 150-164.

222 Dazu Hinweise bei Werner Hofmann, *Die Krise des Staates und das Recht,* in: *KJ,* 1968/1, S. 1-10.

223 Ernest Mandel, *Trotzkis Faschismustheorie,* Einl. zu: Leo Trotzki, *Schriften über Deutschland,* Bd. I, hrsg. v. Helmut Dahmer, Frankfurt 1971, S. 22 – Anm. 18.

224 Franz Neumann, *Der Funktionswandel des Gesetzes im Recht der bürgerlichen Gesellschaft,* 1937, abgedr. in: *Demokratischer und autoritärer Staat,* hrsg. v. Herbert Marcuse, Frankfurt/Wien 1967, S. 31.

225 Hermann Heller, *Staatslehre,* 1934[1], hrsg. v. Gerhart Niemeyer, Leiden 1963, S. 112. – Zur Ambivalenz Hellers vgl. Eike Hennig, *Hermann Heller,* in: *NPL,* 16 (1971), S. 507-519. – Im übrigen sei angemerkt, daß es in Deutschland keine liberale Epoche gegeben hat. Vgl. dazu nur Heinrich August Winkler, *Pluralismus oder Protektionismus?* Wiesbaden 1972; Hans-Jürgen Puhle, *Von der Agrarkrise zum Präfaschismus,* Wiesbaden 1972.

226 Dazu bes. Ernst Fraenkel, *The Dual State,* New York/London/Toronto 1941 (dazu die Rez. von Alexander v. Brünneck in: *KJ,* 1969/3, S. 319-321); als jüngste Nutzanwendung vgl. Kühnl, *Formen bürgerlicher Herrschaft: Liberalismus–Faschismus,* a.a.O., S. 139-146.

227 Vgl.: *Spätkapitalismus ohne Perspektive,* Frankfurt 1970, S. 107 f.; *Der Imperialismus der BRD,* Frankfurt 1971, S. 92, 96, 100, 331; *Der staatsmonopolistische Kapitalismus,* Frankfurt 1972, S. 29 ff. (33), 79 ff., 88 ff., 102 ff.

228 Autorenkollektiv unter Leitung von Rolf Reißig, *Antimonopolistische Alternative – Sozialistische Perspektive,* Berlin 1972, S. 22.

229 Eichholtz, Schumann, Vor. zu: *Anatomie des Krieges,* a.a.O., S. 30.

230 Vgl. die Nachweise in der Vorbemerkung zu dieser Arbeit. – Vgl. auch G. Salvemini *Under the Axe of Fascism,* 1936, S. 138 – zit. n. Ralph Miliband, *Der Staat in der kapitalistischen Gesellschaft,* Frankfurt 1972, S. 123: »Ein sozialistischer Staat würde das Kapital verstaatlichen, um die Arbeiter von der Sklaverei der Löhne zu erlösen. Der faschistische Staat hat die Arbeit verstaatlicht und vermietet sie an das private Kapital zu einem Preis, den er – der Staat – für angemessen hält.«

231 Vgl. dazu Otto Nathan (in Zusammenarbeit mit Milton Fried), *The Nazi Economic System*, Durham 1944; Samuel Lurie, *Private Investment in a Controlled Economy. Germany, 1933-1939*, New York 1947; zur totalitarismustheoretischen Wendung der Hinweise im Text vgl. in diesem Zusammenhang bes. Guenter Reimann, *The Vampire Economy. Doing Business under Fascism*, New York 1939.

232 Paul M. Sweezy, *Theorie der kapitalistischen Entwicklung*, Köln 1959, S. 271; vgl. auch Daniel Guérin, *Fascism et Grand Capital*, Paris 1936 – z. T. übers. u. abgedr. in: Nolte (Hrsg.), *Theorien über den Faschismus*, a.a.O., hier S. 269-271.

233 Maxine Yaple Sweezy, *German Corporate Profits: 1926-1938*, in: *Quarterly Journal of Economics*, 54 (1941), S. 384-398, S. 397; dies., *The Structure of the Nazi Economy*, 1941 – Reprint (unter dem Autorennamen Maxine Y. Woolston), New York 1968, bes. S. 25 ff., 230 ff. – Diese Feststellung bleibt einer Fragestellung erspart, für die es nur wesentlich ist, »festzustellen, ob die Hitlerdiktatur die gesellschaftlichen Institutionen des Privateigentums an Produktionsmitteln und der Unterordnung der zum Verkauf ihrer Arbeitskraft gezwungenen Werktätigen unter die Herrschaft des Kapitals aufrechterhalten oder zerstört, konsolidiert oder unterminiert hat.« (Mandel, *Trotzkis Faschismustheorie*, a.a.O., S. 14).

234 Ottokar Lorenz, *Um eine neue Wirtschaftswissenschaft*, Berlin o. J. (1936), S. 14 – s. auch S. 41.

235 Vgl. dazu nur die zwei diametralen Interpretationen: Ernest Mandel, *Der Spätkapitalismus*, Frankfurt 1972, S. 152 – Schäfer, *Ökonomische Bedingungen des Faschismus*, a.a.O., S. 1263.

236 Vgl. S. J. Woolf, *Did a Fascist Economic System Exist?*, in: ders. (Hrsg.), *The Nature of Fascism*, a.a.O., S. 119 – vgl. ebd. T. III passim.

237 Dazu Alfred Sohn-Rethel, Exkurs *Der Widerspruch von Marktökonomie und Arbeitsökonomie im Monopolkapitalismus*, in: *Kursbuch*, 21. Sept. 1970, S. 27-29; vgl. auch ders., *Geistige und körperliche Arbeit*, Frankfurt 1972, S. 117 ff., 189 ff. – Vgl. auch Lorenz, *Um eine neue Wirtschaftswissenschaft*, a.a.O.; Lorenz kritisiert den Liberalismus (S. 29 ff.), denn das Kriterium der NS-Ökonomie liege im Grad der »Lebenswichtigkeit der produzierten Güter für das Volk« (S. 17 – vgl. S. 14, 32 ff., 38). Diese »Lebenswichtigkeit« wird politisch definiert, ohne auf den Marktwert von Waren Rücksicht zu nehmen. »Die Ausrichtung der Wirtschaft nach dem Geldbetrag, nach der Rentabilität ist sinnvoll nur im Unternehmen. Im völkischen Haushalt aber geht es um Bedarfsdeckung wie in jedem anderen Haushalt auch« (S. 18, s. S. 19 f.).

238 Hugh Seton-Watson, *Faschismus – rechts und links*, in: *Internationaler Faschismus, 1920-1945*, München 1966, S. 270; diese Äußerung findet sich zustimmend zit. b. Heinz Hürten, *Neuerscheinungen zur Geschichte des Faschismus*, in: *Historisches JB*, 89 (1969), S. 427.

239 A. James Gregor, *On Understanding Fascism: A Review of Some Contemporary Literature*, in: *APSR*, 67 (1973), S. 1346, zum vorherigen Zitat s. S. 1347; vgl. Hürten, a.a.O. (Anm. 238); Kuhn, *Das faschistische Herrschaftssystem und die moderne Gesellschaft*, a.a.O.; Wippermann, *Faschismustheorien*, a.a.O.; Grebing, *Aktuelle Theorien über Faschismus und Konservatismus*, a.a.O.

240 Hans Maier, *Faschismus*, in: Hans-Jürgen Schulz (Hrsg.), *Politik für Nichtpolitiker*, Stuttgart/Berlin 1969, S. 153.

241 Ernst Nolte, *Der Faschismus als Problem in der wissenschaftlichen Literatur der jüngsten Vergangenheit*, in: *Der Nationalsozialismus*, Frankfurt/Berlin/Wien 1970, S. 208.

242 Vgl. Kurt Kliem, Jörg Kammler, Rüdiger Griepenburg, *Zur Theorie des*

Faschismus, Einl. zu Abendroth (Hrsg.), *Faschismus und Kapitalismus,* Frankfurt/Wien 1967, S. 5-8; Martin Broszat, *Der Staat Hitlers,* München 1969, Vorbem.: S. 9/10, s. auch S. 423 ff.

243 Grebing, *Aktuelle Theorien über Faschismus und Konservatismus,* a.a.O., S. 12 (s. auch S. 16); vgl. auch meine *Thesen zur deutschen Sozial- und Wirtschaftsgeschichte,* a.a.O., S. 125 ff. (130 ff.).

244 Ralf Dahrendorf in: Andreas Flitner (Hrsg.), *Deutsches Geistesleben und Nationalsozialismus,* Tübingen 1965, S. 123.

245 Clemenz, *Gesellschaftliche Ursprünge des Faschismus,* a.a.O., S. 17 (s. dagegen Anm. 243).

246 Kühnl, *Formen bürgerlicher Herrschaft: Faschismus-Liberalismus,* a.a.O., S. 8.

247 Ebd., S. 141.

248 Ebd., S. 143 f.

249 Ebd., S. 144.

250 Dieter Halfmann, *Der Anteil der Industrie und Banken an der faschistischen Innenpolitik,* Köln 1974, S. 47.

251 Hans Mommsen, *Beamtentum im Dritten Reich,* Stuttgart 1966; Peter Diehl-Thiele, *Partei und Staat im Dritten Reich,* München 1969.

252 Broszat, *Der Staat Hitlers,* a.a.O.; Reinhard Bollmus, *Das Amt Rosenberg und seine Gegner. Studien zum Machtkampf im nationalsozialistischen Herrschaftssystem,* Stuttgart 1970.

253 Franz Neumann, *Behemoth,* a.a.O., S. 459 ff.

254 T. W. Mason, *Labour in the Third Reich, 1933-1939,* in: *Past and Present,* Nr. 33, April 1966, S. 112.

255 T. W. Mason, *Some Origins of the Second World War,* in: *Past and Present,* Nr. 29, December 1964, S. 78: »the study of economy of the Third Reich is still in its infancy.« Mason berücksichtigt allerdings noch nicht Schweitzer, *Big Business in the Third Reich,* a.a.O.; wie jedoch die Rez. v. Joachim Radkau (*NPL,* 15 (1970), S. 263-269) aufzeigt, schließt auch Schweitzers Werk die Forschungslücke nicht.

256 Mommsen, *Beamtentum im Dritten Reich,* a.a.O., S. 16; vgl. auch Broszat, *Der Staat Hitlers,* a.a.O., S. 9-11.

257 Karl Guth, *Die Reichsgruppe Industrie,* Berlin 1941, S. 11, 15 – teilweise zit. bei Johannes Agnoli, *Zur Faschismus-Diskussion (II),* in: *Berliner Zeitschrift für Politologie,* 9 (1968), Nr. 4, S. 38 – Anm. 41. –

Zur Aussage Guths vgl. etwa Robert A. Brady, *The Spirit and Structure of German Fascism,* London 1937, Kapitel I, II, IV, IX, X, vgl. den Abdr. in: Nolte (Hrsg.), *Theorien über den Faschismus,* a.a.O., S. 282 f.

258 Vgl. z. B. Karl Ploetz, *Auszug aus der Geschichte,* Würzburg 1960 (26. Aufl.) S. 1065. – Vom 1936 erfolgten »totalitären Durchbruch« redet auch Harold D. Lasswell (*Beiträge zum Studium von politischen Eliten,* 1961, abgedr. in: Ekkehart Krippendorff (Hrsg.), *Political Science,* Tübingen 1966, S. 184) mit Bezug auf Carl J. Friedrich (*Totalitäre Diktatur,* Stuttgart 1957, S. 256 ff., bes. S. 263).

Zur wehr- und industriepolitischen Bedeutung der Jahre 1937/38 vgl. zusammenfassend auch Berenice A. Carroll, *Design for Total War,* The Hague/Paris 1968, S. 140-157.

259 Broszat, *Der Staat Hitlers,* a.a.O., S. 363 (ff.); zur Bedeutung des Jahres 1938 vgl. auch Kühnl, *Formen bürgerlicher Herrschaft,* a.a.O., S. 136.

260 Dazu u. a. Helmut Krausnick, *Stationen des nationalsozialistischen Herrschaftssystems (30. Juni 1934 – Fritschkrise 1938-20. Juli 1944),* in: Burghard Freu-

denfeld (Hrsg.), *Stationen der Deutschen Geschichte,* Stuttgart 1962, S. 114 ff.; zur Bedeutung des Jahres 1938 vgl. auch Hermann Foertsch, *Schuld und Verhängnis. Die Fritsch-Krise im Frühjahr 1938 als Wendepunkt der nationalsozialistischen Zeit,* Stuttgart 1951.

261 Wolfgang Sauer, *National Socialism: Totalitarianism or Fascism?,* in: *AHR,* 73 (1967), hier S. 419.

262 Dietrich Eichholtz, *Geschichte der deutschen Kriegswirtschaft 1939-1945,* Bd. I: 1939-1941, Berlin 1971², S. 3 f.

263 Ebd., S. 26, 28.

264 Ebd., S. 45 ff.; vgl. auch Andeutungen bei Wolfgang Bleyer, *Staat und Monopole im totalen Krieg,* Berlin 1970, S. 12 f.

265 Eichholtz, *Geschichte der deutschen Kriegswirtschaft I,* a.a.O., S. 6 f.; vgl. auch Ingeborg Esenwein-Rothe, *Die Wirtschaftsverbände von 1933 bis 1945,* Berlin 1965, mit folgender Periodisierung: »Die Phase der Machterprobung (1936-1938)«, »Die Phase der Machtausübung (27. August 1939-1941)«.

266 Eichholtz, *Geschichte der deutschen Kriegswirtschaft I,* a.a.O., S. 49; vgl. ders., Kurt Gossweiler, *Noch einmal: Politik und Wirtschaft 1933-1945,* in: *DArg,* 47, 10 (1968), hier S. 220-222; vgl. auch Eichholtz, *Probleme einer Wirtschaftsgeschichte des Faschismus in Deutschland,* in: *JWG,* 1963/III, S. 122: »Spätestens 1938 gerieten die Monopole mit ihrer Politik der forcierten Rüstung in Schwierigkeiten, und im faschistischen Staatsapparat brachen daher erhebliche Gegensätze auf.« – Vgl. ebenfalls Arthur Schweitzer, *Business Power Under the Nazi Regime,* in: *Zeitschrift für Nationalökonomie,* 20 (1960), S. 414-442, S. 414: »By the middle of 1938, the Nazis had succeeded in establishing for themselves a preponderant position of power in the economy.«

267 Wolfgang Zapf, *Wandlungen der deutschen Elite,* München 1965, S. 133. – Zapf erwähnt Schacht, v. Neurath, Fritsch, Blomberg und an anderer Stelle (S. 141) noch v. Eltz-Rübenach, einen rheinischen Adeligen, der bis 1937 Post- und Verkehrsminister gewesen ist. – K. v. Neurath wird 1938 als Außenminister abgelöst und mit dem Titel »Vorsitzender des Geheimen Kabinettsrats« versehen.) – Vgl. aber die Tabellen IX und X im Anhang, die aufzeigen, daß es im Bereich der Wirtschaftsverbände und Großunternehmen nur geringfügige Veränderungen gibt.

268 Unausgeführt gehen auch die »Beiträge« zum *Lehrbuch der deutschen Geschichte* von einer ähnlichen Periodisierung aus; Bd. 11 umfaßt den Zeitraum 1933-1939, Bd. 12 behandelt die Jahre 1939-1945. (Vgl. Erich Paterna u. a., *Deutschland von 1933 bis 1939,* Berlin 1969; Wolfgang Bleyer u. a., *Deutschland von 1939 bis 1945,* Berlin 1970).

269 Eichholtz, *Probleme einer Wirtschaftsgeschichte des Faschismus in Deutschland,* a.a.O., S. 123.

270 Vgl. u. a. Hans-Adolf Jacobson, Werner Jochmann (Hrsg.), *Ausgewählte Dokumente zur Geschichte des Nationalsozialismus 1933-1945,* Bielefeld 1960 ff.; Eberhard Czichon, *Wer verhalf Hitler zur Macht?* Köln 1967, S. 59 ff.; Dietrich Eichholtz, Wolfgang Schumann (Hrsg.), *Anatomie des Krieges,* Berlin 1969 – als Fortsetzung s. Gerhart Hass, Wolfgang Schumann (Hrsg.), *Anatomie der Aggression,* Berlin 1972; Walther Hofer (Hrsg.), *Der Nationalsozialismus. Dokumente 1933-1945,* Frankfurt 1962 (326.-350. Tsd.); *Ursachen und Folgen,* Bd. 9: *Das Dritte Reich. Die Zertrümmerung des Parteienstaates und die Grundlegung der Diktatur,* Berlin (1964); Arthur Schweitzer, *Die Nazifizierung des Mittelstandes,* Stuttgart 1970, S. 180 ff.; Albrecht Tyrell (Hrsg.), *Führer befiehl . . . Selbstzeugnisse aus der »Kampfzeit« der NSDAP,* Düsseldorf 1969; Thilo Vogelsang, *Reichswehr, Staat und*

NSDAP, Stuttgart 1962, S. 407 ff.; Erich Matthias, Rudolf Morsey (Hrsg.), *Das Ende der Parteien*, Düsseldorf 1960, S. 795 ff.; Lothar Döhn, *Politik und Interesse*, Meisenheim a. Gl. 1970, S. 422 ff.; Wilhelm Treue (Hrsg.), *Deutschland in der Weltwirtschaftskrise in Augenzeugenberichten*, Düsseldorf 1967; Institut für Marxismus-Leninismus beim ZK der SED, *Geschichte der deutschen Arbeiterbewegung*, Bd. 4: *Von 1924 bis Januar 1933*, Berlin 1966, S. 395 ff.; dass., Bd. 5: *Von Januar 1933 bis Mai 1945*, Berlin 1966, S. 441 ff.; vgl. auch zahlreiche Dokumentationen in den Zeitschriften *VfZG, ZfG* und *JWG;* als nationalsozialistische Dokumentationen vgl. vor allem P. Meier-Benneckenstein, F. A. Six (Hrsg.), *Dokumente der deutschen Politik, 1933-1940*, Berlin 1935 ff.; 8 Bde. – in 11 Bden.; Gerd Rühle, *Das Dritte Reich 1933-1938*, Berlin 1935-1940, 6 Bde. – Für die Arbeiterbewegung, vor allem für den kommunistischen Teil, vgl. neben den Informationen in *Inprekorr* und *Rundschau über Politik, Wirtschaft und Arbeiterbewegung* (eine Auswahl findet sich in: Theo Pirker [Hrsg.], *Komintern und Faschismus*, Stuttgart 1966, S. 73 ff.) bes. Hermann Weber, *Die Kommunistische Internationale*, Hannover 1966, ders., *Der deutsche Kommunismus. Dokumente 1915-1945*, Köln 1973[3]; und Horst Laschitza, Siegfried Vietzke, *Deutschland und die deutsche Arbeiterbewegung 1933-1945*, Berlin 1964, S. 239 ff.

Zu den Nürnberger Prozessen vgl. P. A. Steiniger (Hrsg.), *Der Nürnberger Prozeß*, 2 Bde., Berlin 1957; Karl-Heinz Thieleke (Hrsg.), *Fall 5. Anklageplädoyer, ausgewählte Dokumente, Urteil des Flick-Prozesses*, eingel. v. Klaus Drobisch, Berlin 1965; Hans Radandt (Hrsg.), *Fall 6. Ausgewählte Dokumente und Urteil des I.G. Farben-Prozesses*, Berlin 1970; vgl. dazu den ausgezeichneten Bericht von Roswitha Czollek, Dietrich Eichholtz, *Die Nürnberger Nachfolgeprozesse als Quelle der Geschichtswissenschaft*, in: *JWG*, 1966/III, S. 219-235.

Zur allgemeinen Information vgl. etwa Arthur Schweitzer, *Big Business in the Third Reich*, Bloomington 1964, S. 565 ff. (»Appendix A. Sources and Documents«).

271 Hierher zählen vor allem Karl Dietrich Bracher, *Die Auflösung der Weimarer Republik*, Villingen 1964 (4. Aufl.); ders., Wolfgang Sauer, Gerhard Schulz, *Die nationalsozialistische Machtergreifung*, Köln u. Opladen 1962 (2. Aufl.); vgl. auch K. D. Bracher, *Die deutsche Diktatur*, Köln/Berlin 1969. – Kritisch vgl. bes. Kurt Gossweiler, *Karl Dietrich Brachers ›Auflösung der Weimarer Republik‹*, in: *ZfG*, 6 (1958), S. 508-542, Anh. S. 543-557; von der DDR-Historiographie vgl. in diesem Zusammenhang Wolfgang Ruge, *Deutschland von 1917 bis 1933*, Berlin 1967; Erich Paterna, Werner Fischer, Kurt Gossweiler, Gertrud Markus, Kurt Pätzold, *Deutschland von 1933 bis 1939*, Berlin 1969; Wolfgang Bleyer, Karl Drechsler, Gerhard Förster, Gerhart Hass, *Deutschland von 1939 bis 1945*, Berlin 1970 = *Lehrbuch der deutschen Geschichte* (Beiträge), Bde. 10, 11, 12.

272 Vgl. auch den Fragenkatalog von Reinhard Kühnl, *Probleme einer Theorie über den internationalen Faschismus. T. I: Die Faschismuskonzeption Ernst Noltes*, in: *PVS*, 11 (1970), hier S. 319 f.

273 Dies wird erkannt in: *Der Große Brockhaus*, 16. Aufl., 8. Bd. (Mik-Par), Wiesbaden 1955, S. 286; *Der Neue Brockhaus*, 4. Aufl., 3. Bd. (J-Neu), Wiesbaden 1968, S. 607, läßt diesen Hinweis allerdings aus.

274 Vgl. dazu aber Herbert Marcuse, *Der Kampf gegen den Liberalismus in der totalitären Staatsauffassung*, 1934, abgedr. in: *Kultur und Gesellschaft* 1, Frankfurt 1965, S. 17-55, u. in: Wolfgang Abendroth (Hrsg.), Otto Bauer, Herbert Marcuse, Arthur Rosenberg u. a., *Faschismus und Kapitalismus*, Frankfurt/Wien 1967, S. 39-74; Max Horkheimer, *Die Juden und Europa*, 1939, *Autoritärer Staat*, 1940,

beide abgedr. in: *Die Juden und Europa, Autoritärer Staat, Vernunft und Selbsterhaltung, 1939-1941*, Amsterdam 1968 – *Autoritärer Staat* ist jetzt auch abgedr. in: *Gesellschaft im Übergang*, Frankfurt 1972, S. 13 ff. (zu dieser Arbeit Horkheimers vgl. Hans-Jürgen Krahl, *Zur historischen Dialektik von bürgerlicher Emanzipation und proletarischer Revolution*, Frankfurt 1971, S. 204 ff.). – Horkheimer charakterisiert bes. in *Die Juden und Europa* die Widersprüchlichkeit eines derartigen Rückbezugs auf den Liberalismus. So heißt es einmal: »Der Liberalismus enthielt die Elemente einer besseren Gesellschaft. Das Gesetz besaß noch eine Allgemeinheit, die auch die Herrschenden betraf. Der Staat war nicht unmittelbar ihr Instrument. Wer sich unabhängig äußerte, war nicht notwendig verloren« (S. 36 f.); andererseits aber betont Horkheimer: »Heute gegen den Faschismus auf die liberalistische Denkart des 19. Jahrhunderts sich berufen, heißt an die Instanz appellieren, durch die er gesiegt hat« (S. 34) und: »Die Ordnung, die 1789 als fortschrittliche ihren Weg antrat, trug vom Beginn an die Tendenz zum Nationalsozialismus in sich« (S. 29). –

275 Vgl. dazu Eike Hennig, *Industrie und Faschismus*, in: *NPL*, 15 (1970), hier S. 448; ders., *Materialien zur Diskussion der Monopolgruppentheorie*, in: *NPL*, 18 (1973), hier S. 179-176; vgl. auch Gert Schäfer, *Faschismustheorien und ihre Voraussetzungen*, unveröffentl. MS, Januar 1971, der die Frage stellt: »Wäre es [. . .] nicht an der Zeit, daß die Nachfolgeparteien der 3. Internationale [. . .] einmal von ihrer [. . .] Beschönigung der weltgeschichtlichen Niederlage in den 20er und 30er Jahren (nicht allein) in Westeuropa abkämen und sich fragten, ob die Resultate ihrer Politik allein dem ›Verrat‹ anderer und der Brutalität der herrschenden Klasse zuzuschreiben sind – oder nicht etwa auch den Grundlagen ihres eigenen Handelns?« (S. 3).

276 Karl Korsch, Marxismus und Philosophie, 1930², hrsg. von Erich Gerlach, Frankfurt/Wien 1966, S. 34 f.

277 Werner Hofmann, *Wissenschaft und Ideologie*, 1967, abgedr. in: *Universität, Ideologie, Gesellschaft*, Frankfurt 1968, S. 63-66.

278 Daß im Zusammenhang mit dem sog. »Röhm-Putsch« z. B. auch Schleicher sowie die Papen-Mitarbeiter Edgar Jung, Erich Klausener, v. Bose ermordet worden sind, sei hier nur angemerkt. Vgl. insbes. Bracher, *Deutsche Diktatur*, a.a.O., S. 258 ff.; Wolfgang Sauer, *Die Mobilmachung der Gewalt*, in: Bracher, Sauer, Schulz, *Nationalsozialistische Machtergreifung*, a.a.O., S. 897 ff.; Heinz Höhne, *Der Orden unter dem Totenkopf*, Frankfurt 1969, Bd. 1, S. 95 ff.; Kurt Gossweiler, *Die Rolle des Monopolkapitals bei der Herbeiführung der Röhm-Affäre*, Diss. phil. Berlin (DDR) 1963 (z. T. ref. in: *Der Übergang von der Weltwirtschaftskrise zur Rüstungskonjunktur in Deutschland*, in: *JWG*, 1968, T. 2, S. 55-116); Charles Bloch, *Die SA und die Krise des NS-Regimes 1934*, Frankfurt 1970, S. 96 ff.; deskriptiv hervorragend ist Max Gallo, *Der schwarze Freitag der SA. Die Vernichtung des revolutionären Flügels der NSDAP durch Hitlers SS im Juni 1934*, Wien/München/Zürich 1970.

279 Bracher, *Auflösung der Weimarer Republik*, a.a.O., S. 106.

280 Ebd., S. 113.

281 Gegen diese Interpretation vgl. jetzt Max H. Kele, *Nazis and Workers. National Socialist Appeals to German Labor, 1919-1933*, Chapel Hill 1972. – Kele wendet sich gegen die »thesis of the middle-class nature of nazism« (S. 7) und bestreitet, daß es vor 1933 eine Ausschaltung des Einflusses der Partei-Linken gegeben habe (S. 216). Keles Arbeit, »primarily a study of propaganda« (S. 9), stellt Goebbels als den Hauptvertreter der Linken heraus (S. 217 f. – dagegen *DArg*, 70, 1972, S. 300; Hans Jäger, *Das wahre Gesicht Hitlers und der NSDAP*, Prag 1933, S. 21, 50 f., 66 f., 68) und betont: »Most authors agree that by 1930 Hitler made alliances with big business and the military. But unlike others this study should

show that despite the fact that Hitler made deals with the right wing in 1930-32, he did not ›crush‹ the left wing of his party. Rather, it was allowed greater freedom to agitate and to organize in just these years. Hitlers was too crafty a politician to weaken a segment of the NSDAP that was doing much to broaden the base of the party . . .« (S. 216 f.). Diese Betonung des Arbeiterelements in der NSDAP stützt Kele auf eine Auswertung nationalsozialistischer Periodika, deren agitatorischer Charakter aber zu wenig berücksichtigt wird. Ferner zieht er Wahlergebnisse heran: »[. . .] The Saxon Landtag election of 1930 was the first example of Nazi inroads into traditional SPD areas, but in the Reichstag elections of 1930, the Communists, not the Nazis, won the bulk of the voters of former SPD supporters. In the 1930 Reichstag election, however, the Nazis were able to gain working-class support among the ›new voters‹. [. . .] The national results of the elections of 1930 and 1932 proved that the NSDAP could not win a majority of the workers (Arbeiter), but when the votes of the Angestellten, Handwerker, and fram laborers were added to those worker votes that the Nazis did receive, the NSDAP did surprisingly well« (S. 214 f.). In Ergänzung zu diesen wahlstatistischen Betrachtungen weist Kele darauf hin, daß die NSDAP »always had a respectable number of workers in its ranks« (S. 215): 1919-23 sind rund ein Drittel der Parteimitglieder Arbeiter und Handwerker. Während 1932/33 machen allein die Arbeiter ein Drittel der Mitgliederschaft aus. Wenn man die Angestellten, Handwerker und Landarbeiter diesem Anteil noch hinzuzählt, so kann man mehr als die Hälfte der Parteimitglieder als »Arbeiter« (»in the broad sense of the word«) ausgeben (S. 215).

Daß die NSDAP doch immer als Mittelstandspartei betrachtet worden ist, erklärt Kele aus einem marxistischen bzw. sozialistischen »bias« der meisten Autoren, die ich bislang mit dem Faschismus befaßt haben (die also die Arbeiterklasse entlasten müssen). Dazu S. 5 f., 215 f. – Die Schwächen von Keles Darstellung bestehen darin, daß er 1. den demagogischen Charakter nationalsozialistischer Publikationen verkennt. (So zeigt auch die Haltung des DHV, daß es offensichtlich im Gefolge der Weltwirtschaftskrise notwendig ist, gesellschaftskritische Partikel aufzugreifen, um mit der »Radikalisierung« der Mittelschichten Schritt zu halten.) 2. verwendet Kele inen nicht zu rechtfertigenden Begriff des Arbeiters; 3. ist er – wie z. B. Broszat, *Der Staat Hitlers,* a.a.O., S. 51 – außerstande, die bewußten Fehlinterpretationen der nationalsozialistischen Parteistatistik aufzudecken (vgl. dazu Albrecht Tyrell [Hrsg.], *Führer befiehl . . .,* Düsseldorf 1969, S. 379, auf den sich Kühnl, *Formen bürgerlicher Herrschaft,* a.a.O., S. 82, bezieht). – Vgl. im übrigen gegen Kele nur inen von Hermann Rauschning (*Gespräche mit Hitler,* New York 1940, S. 174 f.) zitierten Gesprächsbeitrag Hitlers: »Ich habe vom Marxismus viel gelernt. [. . .] Nicht etwa von dieser langweiligen Gesellschaftslehre und materialistischen Geschichtsauffassung. [. . .] Aber von ihren Methoden habe ich gelernt. Nur, ich habe damit Ernst gemacht [. . .]. Arbeiterturnvereine, Betriebszellen, Massenaufmärsche, Propagandaschriften eigens für das Verständnis der Masse verfaßt; alle diese neuen Mittel des politischen Kampfes gehen ja im wesentlichen auf die Marxisten zurück. Ich brauchte nur diese Mittel zu übernehmen und zu entwickeln, und hatte im wesentlichen, was uns nottat. Ich brauchte nur das konsequent fortzuführen, was ei der Sozialdemokratie zehnmal gebrochen war, nämlich infolge des Umstandes, daß sie ihre Revolution im Rahmen einer Demokratie verwirklichen wollten. Der Nationalsozialismus ist das, was der Marxismus hätte sein können, wenn er sich aus der absurden, künstlichen Bindung mit einer demokratischen Ordnung losgelöst hätte.« – »Übrig bleibt dann ein revolutionärer Gestaltungswille, der keiner ideologischen Krücken mehr bedarf und sich ein rücksichtsloses Machtinstrument entwikkelt, mit dem er sich im Volke selbst und in der Welt durchsetzen kann.«

282 Carl Schmitt, *Legalität und Legitimität*, 1932, abgedr. in: *Verfassungsrechtliche Aufsätze aus den Jahren 1924-1954*, Berlin 1958, S. 340/341; s. ders., *Staat, Bewegung, Volk*, Hamburg 1933, S. 35, 42.

283 Adolf Hitler, *Mein Kampf*, 286.-290. Aufl., München 1938, S. 501 – dieses staatliche Aufbauprinzip entlehnt Hitler dem preußischen Heerwesen; analog vgl. ders., *Rede vor dem Düsseldorfer Industrieklub v. 27. Januar 1932*, abgedr. in: Max Domarus, *Hitler. Reden und Proklamationen 1932-1945*, München 1965, Bd. 1, S. 73; dazu Reinhard Kühnl, *Die nationalsozialistische Linke 1925-1930*, Meisenheim 1966, S. 43 ff., 134 ff., 207 ff.

284 Dazu jetzt Tim W. Mason, *Zur Entstehung des Gesetzes zur Ordnung der nationalen Arbeit vom 20. Januar 1934: Ein Versuch über das Verhältnis ›archaischer‹ und ›moderner‹ Momente in der neuesten deutschen Geschichte*, in: Hans Mommsen u. a. (Hrsg.), *Industrielles System und politische Entwicklung in der Weimarer Republik*, Düsseldorf 1974, S. 322-351; vgl. auch Thilo Ramm, *Nationalsozialismus und Arbeitsrecht*, in: *KJ*, 1969/2, S. 108-120.

285 Reinhard Kühnl, *Deutschland zwischen Demokratie und Faschismus*, München 1969, S. 61, s. auch S. 143 ff., bes. S. 154 ff. Diese Position überwindet die sowjetmarxistische These, der zufolge der Faschismus »an der Macht« die Agentur des Finanzkapitals sei, und auch jene auf eine lediglich mechanische Art materialistische, nämlich daß sich die Wirtschaft nach der »Machtergreifung« von »Übergriffen frei[kauft] und [. . .] sich so ihre Unabhängigkeit gegenüber der Partei [bewahrte]« (so Wolfgang Schäfer, *NSDAP*, Hannover u. Frankfurt 1956, S. 34). –

Kühnls Aussage steht – ebenso wie die vergleichbare Tim Masons – in der Tradition z. B. der von August Thalheimer auf den Faschismus bezogenen Bonapartismus-Analyse Marx', allerdings wird dieser Bezug nicht diskutiert (s. Wolfgang Schieder, *Faschismus und kein Ende?*, in: *NPL*, 15 [1970], S. 186; vor allem Reinhard Opitz, *Fragen der Faschismusdiskussion*, in: *DArg*, 58, 12 [1970], bes. S. 289 ff.).

286 Bernhard Blanke, *Thesen zur Faschismus-Diskussion*, in: *SoPo*, 1 (1969), 3, S. 57.

287 Grebing, *Aktuelle Theorien über Faschismus und Konservatismus*, a.a.O., S. 12.

288 Ebd., S. 13 f.

289 Wilhelm Treue, *Die Einstellung einiger deutscher Großindustrieller zu Hitlers Außenpolitik*, in: *GWU*, 17 (1966), S. 491-507 (506).

290 Vgl. ohne Vollständigkeitsanspruch, Tim Mason, *Der Primat der Politik – Politik und Wirtschaft im Nationalsozialismus*, in: *DArg*, 41, 8 (1966), S. 474 475 f., 478, 481, 482 ff.

291 Tim Mason, *Primat der Industrie? – Eine Erwiderung*, in: *DArg*, 47, 10 (1968), S. 193, 206.

292 Ebd., S. 205 – dies die Replik auf Eberhard Czichons Kritik an *Der Primat der Industrie im Kartell der nationalsozialistischen Macht*, in: *DArg*, 47, 10 (1968) hier S. 186 – Anm. 86a. – Zu Masons Aussage vgl. auch Jürgen Kuczynski, *Die Geschichte der Lage der Arbeiter unter dem Kapitalismus*, T. I, Bd. 5: *Darstellung der Lage der Arbeiter in Deutschland von 1917/18 bis 1932/33*, Berlin 1966, S. 76 (zu dieser These, es sei notwendig nicht mehr von herrschender Klasse, sondern von der Herrschaft der Gruppe der Monopolkapitalisten zu sprechen, finden sich einige Anmerkungen in meinen *Materialien zur Diskussion der Monopolgruppentheorie* a.a.O., S. 176 ff.).

293 Ohne Anspruch auf Vollständigkeit vgl. Reinhad Kühnl, *Deutschland zwi*

schen Demokratie und Faschismus, München 1969, S. 49 f., 51-61, 64, 148, 154-157.

294 Im folgenden werden nur exemplarisch Belege angeführt, vgl. Kühnl, *Formen bürgerlicher Herrschaft,* a.a.O., S. 106, 130 ff.

295 Ebd., S. 89, 105, 130 ff.

296 Ebd., S. 84, 96, bes. S. 105.

297 Ebd., S. 144.

298 Ebd., S. 140 f.

299 Ebd., S. 144.

300 Ebd., S. 141.

301 Ebd., S. 123.

302 Ebd., S. 99.

303 Ebd., S. 143.

304 Ebd., S. 145.

305 Ebd.

306 Ebd., S. 123.

307 Ebd., S. 85, 96.

308 Ebd., S. 101 f.

309 Ebd., S. 145.

310 Dazu Henri Lefebvre, *Soziologie nach Marx,* Frankfurt 1972, S. 102; E. J. Hobsbawm, *Klassenbewußtsein in der Geschichte,* in: István Mészáros (Hrsg.), *Aspekte von Geschichte und Klassenbewußtsein,* München 1972, hier S. 14 ff.

311 Zum Begriff Dialektik vgl. Gert Schäfer, *Zum Problem der Dialektik bei Karl Marx und W. I. Lenin,* in: *Studium Generale,* 21 (1968), S. 934-962.

312 Ebd., S. 957 ff.; prototypisch für diesen Ansatz vgl. W. I. Lenin, *Der Imperialismus als höchstes Stadium des Kapitalismus,* Berlin 1962, S. 79/80: »[. . .] die *Form* des Kampfes kann wechseln und wechselt beständig [. . .], aber das *Wesen* des Kampfes, sein Klassen*inhalt, kann* sich durchaus *nicht* ändern, solange es Klassen gibt.« Kritisch dazu vgl. meine Einl. zu: Karl Marx, Friedrich Engels, *Staatstheorie,* Frankfurt/Berlin/Wien 1974, hier S. LXV ff.

313 Robert A. Brady, *The Spirit and Structure of German Fascism,* London 1937, S. 323 ff.; vgl. auch John Strachey, *Wird der Faschismus nach England kommen?,* 1933, abgedr. in: Ernst Nolte (Hrsg.), *Theorien über den Faschismus,* Köln/Berlin 1967, S. 259 ff.; (dort findet sich, S. 277 ff., auch eine Übers. von Brady, s. o.); Strachey, *The Coming Struggle for Power,* New York 1935², Chap. XIV; weitere Literaturhinweise finden sich, für die USA, bei Jürgen Kocka, *Amerikanische Angestellte in Wirtschaftskrise und New Deal 1930-1940,* in: *VfZG,* 20 (1972), S. 356 – Anm. 64; ders., *Studien zur Sozialgeschichte amerikanischer Angestellter 1890 bis 1940,* phil. Habil., Münster 1972, Anmerkungsbd. S. LVII-LX.

314 Vgl. von Kocka bes., *Amerikanische Angestellte in Wirtschaftskrise und New Deal 1930-1940,* a.a.O., S. 333-375; ders., *Studien zur Sozialgeschichte amerikanischer Angestellter 1890-1940,* a.a.O., bes. S. 314, s. auch S. 228 ff., 236 ff. – Vgl. bes. auch den Tabellenanhang meiner *Thesen zur deutschen Sozial- und Wirtschaftsgeschichte,* a.a.O., S. 233.

315 Friedrich Engels: »Die Ökonomie handelt [. . .] von Verhältnissen zwischen Personen und in letzter Instanz zwischen Klassen.« (Hier zit. n. M. Tjaden-Steinhauer, K. H. Tjaden, *Methodologische Probleme der Klassenanalyse,* in: *Klassen- und Sozialstruktur der BRD 1950-1970,* T. I: *Klassenstruktur und Klassentheorie,* Frankfurt 1972, S. 254 – Anm. 13); da es im folgenden nicht um eine ausführliche Diskussion des Klassenbegriffs gehen kann und soll, sei – nicht zuletzt wegen der dort verzeichneten Literatur – überblickhaft verwiesen auf Margarete Tjaden-Stein-

hauer, Karl Hermann Tjaden, *Klassenverhältnisse im Spätkapitalismus,* Stuttgart 1973, hier bes. S. 22 ff.; überblickhaft vgl. ferner T. B. Bottomore, *Die sozialen Klassen in der modernen Gesellschaft,* München 1967; Bruno Seidel, Siegfried Jenkner (Hrsg.), *Klassenbildung,* Darmstadt 1968.

316 Paul M. Sweezy, *Zum Begriff der herrschenden Klasse,* 1951, abgedr. in: *Die Zukunft des Kapitalismus und andere Aufsätze zur politischen Ökonomie,* Frankfurt 1970, S. 76 (Hervorhebungen im Original): »die sozialen Klassen [. . .] sind *nicht identisch* mit den ökonomischen Klassen der kapitalistischen Gesellschaft; sie sind vielmehr *Modifizierungen* der ökonomischen Klassen.«

317 Marx, *Kapital* III, a.a.O. (*MEW* Bd. 25), S. 892.

318 Lenin, *Werke,* Bd. 29, Berlin 1961, S. 410.

319 Lefebvre, *Soziologie und Gesellschaftsklasse,* in: *Soziologie nach Marx,* a.a.O., S. 86: »Der Konflikt zwischen Bourgeoisie (die über die Produktionsmittel, über die Ergebnisse vergangener Arbeit verfügt, über das konstante Kapital, Maschinen und Rohstoffe einerseits, die Zahlungsmittel, das variable Kapital für die zu zahlenden Löhne andererseits) und Proletariat hat eine objektive Grundlage, aber auch eine subjektive, und zwar im Bewußtsein von den Verhältnissen.« Auf *kategorialer* Ebene heißt das: Auch wenn der Klassenkonflikt in einer kapitalistischen Gesellschaft nicht offen politisch ausgetragen wird, also nicht manifeste Realität ist, existiert die Gesellschaft gleichwohl als eine nach Klassen antagonistisch polarisierte.

320 Angaben n. Dieter Petzina, *Materialien zum sozialen und wirtschaftlichen Wandel in Deutschland seit dem Ende des 19. Jahrhunderts,* in: *VfZG,* 17 (1969), hier S. 331 – Tab. 16 (325 ff.); vgl. auch meine *Thesen zur deutschen Sozial- und Wirtschaftsgeschichte,* a.a.O., S. 24 ff.; Helmut Steiner, *Soziale Strukturveränderungen im modernen Kapitalismus,* Berlin 1967; Franz Neumann, *Behemoth,* New York und Evanston 1966³, S. 3-34; Charles Bettelheim, *Die deutsche Wirtschaft unter dem Nationalsozialismus,* 1946¹, dt. München 1974, S. 15 ff.; zur Entwicklung im Kaiserreich vgl. hier bes. Walther G. Hoffmann, *Das Wachstum der deutschen Wirtschaft seit der Mitte des 19. Jahrhunderts,* Berlin/Heidelberg/New York 1965, hier bes. S. 33, 454 f.; Horst Ermel, *Der Übergang vom Kapitalismus der freien Konkurrenz zum Imperialismus in Deutschland,* Köln 1974, S. 12 ff.; vgl. ferner die Anmerkungen 339 ff.

321 Vgl. Lefebvre, a.a.O., S. 85.

322 Ebd., S. 101; vgl. auch Heinz Jung, *Zu den klassenlosen Grundlagen einer sozialstatistischen Analyse der Klassen- und Sozialstruktur der BRD,* in: *Klassen- und Sozialstruktur der BRD 1950-1970,* T. I, a.a.O., bes. S. 4 ff., 11 ff. (S. 5: »Um ein wesentliches Mißverständnis handelt es sich [. . .], wenn Klassen [. . .] mit den Produktionsverhältnissen identifiziert werden und als Konsequenz eine Gleichsetzung von politischer Ökonomie und Klassentheorie vorgenommen wird.«)

323 Vgl. Lefebvre, a.a.O., S. 86 f., 88 ff. – zur Analyse des politischen Überbaus vgl. auch S. 103 ff.

324 Vgl. Ralph Miliband, *Der Staat in der kapitalistischen Gesellschaft,* Frankfurt 1972. In diesem Zusammenhang versucht Miliband, am Beispiel der Diskussion der Rollen der Manager und des sog. »Manager-Kapitalismus« das Pluralismus-Argument empirisch (elitetheoretisch) zurückzuweisen. Vgl. auch A. Galkin, *Die herrschende Elite des gegenwärtigen Kapitalismus,* 1969, abgedr. in: *Marxismus-Digest,* 3. Jg., 1972/4. S. 3-19.

325 Vgl. Wolfgang Zapf, *Wandlungen der deutschen Elite,* München 1965, S. 12 – Angaben zur Zirkulation der Inhaber von »rund 300 ausgewählten Spitzenpositionen« finden sich auf S. 117 ff. (121 ff.), zum Sozialprofil deutscher Führungsgrup-

pen vgl. S. 168 ff.

326 Tjaden-Steinhauer, Tjaden, *Methodologische Probleme der Klassenanalyse,* a.a.O., S. 251. Dies wird als Schein ausgegeben.

327 Dazu bes. Galkin, *Die herrschende Elite des gegenwärtigen Kapitalismus,* a.a.O.

328 Marx, *Kapital* I, a.a.O., (*MEW* Bd. 23), S. 765.

329 Friedrich Engels, *Herrn Eugen Dührings Umwälzung der Wissenschaft* (»Anti-Dühring«), 1877/78, Berlin 1960, S. 345 – die allgem. Staatsdef. auf S. 347 ist deshalb zu kurz gefaßt.

330 Marx, *Deutsche Ideologie,* in: *Die Frühschriften,* Stuttgart 1953, S. 361, 409.

331 Otto v. Bismarck, Oktober 1871 – zit. n. Otto Vossler, *Bismarcks Sozialpolitik,* 1943, Sonderausg.: Darmstadt 1965, S. 11, vgl. aber auch S. 10 ff., bes. S. 16.

332 Hitler am 28. Februar 1926 vor dem Hamburger »Nationalklub von 1919« – abgedr. in: Werner Jochmann, *Im Kampf um die Macht,* Frankfurt 1960, S. 106/107, s. S. 105-108; ihre Grenze findet »die Frage des Entgegenkommens in allen sozialen Dingen« an der »Rücksicht auf eine nationale, unabhängige Wirtschaft« (S. 107).

333 Insofern sich der bürgerliche Staat theoretisch in die Schranken allgemeiner Gesetze stellt und sich damit rechtlich domestiziert – wobei »Recht« liberaler Theorie zufolge die Aufhebung der Herrschaft von Menschen über Menschen durch ein System herrschaftsfrei, durch parlamentarische Diskussion zustandegekommener allgemeiner Gesetze implizieren soll –, bleibt zu untersuchen, ob es überhaupt einen nationalsozialistischen »Staat« gegeben hat. – Peter Diehl-Thiele, *Partei und Staat im Dritten Reich,* München 1969, geht auf diese Problematik nicht ein; zur Problemstellung vgl. Werner Hofmann, *Die Krise des Staates und das Recht,* in: *KJ,* 1 (1968), S. 1-10, abgedr. in: *Abschied vom Bürgertum,* Frankfurt 1970, S. 163 ff.

334 Dazu Hans Mottek, *Wirtschaftsgeschichte Deutschlands,* Bd. II: *Von der Zeit der Französischen Revolution bis zur Zeit der Bismarckschen Reichsgründung,* Berlin 1964, S. 2: »[Der] Widerstand als Widerstand gegen den Übergang von einer Form der Ausbeutergesellschaft zu einer anderen [war] nicht so heftig wie der spätere Widerstand der Bourgeoisie gegen den Übergang zum Sozialismus, als Übergang zu jener Gesellschaftsordnung, die die Ausbeutung des Menschen durch den Menschen nicht kennt. Gab doch der Übergang vom Feudalismus zum Kapitalismus den Feudalherren die Möglichkeit, sich in Bezieher bürgerlicher Grundrente sowie kapitalistische Ausbeuter zu verwandeln, die in manchen Ländern zur Wirklichkeit wurde, und damit einen Anteil an dem in der kapitalistischen Gesellschaft erzeugten Mehrwert zu erhalten und darüber hinaus eine beherrschende gesellschaftliche und politische Stellung zu behaupten. Aus diesen und ähnlichen Gründen besteht auch zwischen der herrschenden Klasse der kapitalistischen Gesellschaft, der Bourgeoisie, und der herrschenden Klasse der alten Gesellschaft, der Feudalklasse, kein so unversöhnlicher Gegensatz wie zwischen Bourgeoisie und Proletariat.«

335 Dazu Marx, *Kapital* III, a.a.O., S. 455; vgl. vor allem aber Hilferding, *Finanzkapital,* a.a.O., bes. das 7. Kap. *Die Aktiengesellschaften,* S. 157, 160 ff. (vgl. Eike Hennig, *Rudolf Hilferding und die Pluralismuslehre I,* in: *Sozialistische Hefte,* 5 [1967], S. 136-145, hier bes. S. 136 ff.).

336 Dazu Marx, *Kapital* I, a.a.O., S. 655 f.; ders., *Kapital* III, a.a.O., S. 400 ff., 452 ff.

336 Vgl. auch Friedrich Engels, *Herrn Eugen Dührings Umwälzung der Wissenschaft* (»Anti-Dühring«), 1877/78[1], Berlin 1960, S. 343-345.

337 Bloch, *Erbschaft dieser Zeit,* zit. n. Nolte (Hrsg.), *Theorien über den*

Faschismus, a.a.O., S. 188.

338 Zapf, *Wandlungen der deutschen Elite,* a.a.O., S. 41 ff., s. auch S. 49 für die Weimarer Republik. Für das Kaiserreich vgl. auch Helmut Böhme, *Deutschlands Weg zur Großmacht,* Köln 1972², S. 580 f.

339 Leo Kofler, *Zur Geschichte der bürgerlichen Gesellschaft,* Neuwied u. Berlin 1971, S. 539.

340 Ebd., S. 539 f.

341 Paul Sering (i. e. Richard Löwenthal), *Historische Voraussetzungen des deutschen Nationalsozialismus,* in: *ZfS,* 3 (1936), S. 959-975, S. 959 – veröffentlicht auch als sozialisierter Druck: *Kapitalismus führt zum Faschismus . . .,* o. O. o. J., S. 68.

342 Ebd., in: *ZfS,* 1936, S. 960 – Sozialisierter Druck, S. 69.

343 Heinrich August Winkler, *Pluralismus oder Protektionismus?,* Wiesbaden 1972, S. 12.

344 Ebd., S. 32 – zu den antidemokratischen Auswirkungen vgl. S. 28 ff.

345 Vgl. Willi A. Boelcke (Hrsg.), *Krupp und die Hohenzollern in Dokumenten,* Frankfurt 1970 – zu der im Text angedeuteten Sicht vgl., mit entsprechenden Nachweisen, meine Rez. in: *DArg,* 75, 1972, Sonderh., *Kritik der bürgerlichen Geschichtswissenschaft II,* S. 323-325.

346 Zur Diskussion der Machtverteilung im Kartell von Großgrundbesitz und Schwerindustrie vgl. Hans-Jürgen Puhle, *Von der Agrarkrise zum Präfaschismus,* Wiesbaden 1972, S. 49 ff.

347 Dazu Hans-Ulrich Wehler, *Bismarck und der Imperialismus,* Köln/Berlin 1969 (bes. S. 455 ff.) – Wehler diskutiert »›Revolution von oben‹ und Bonapartismus« nicht zuletzt als Antimodell zur Sozialstaatlichkeit.

348 Barrington Moore, jr., *Social Origins of Dictatorship and Democracy,* Boston, 1968, S. 414.

349 Ebd., S. 413, s. auch S. XVII; vgl. auch Sering, *Historische Voraussetzungen des deutschen Nationalsozialismus,* a.a.O., in: *ZfS,* 1936, S. 973 ff. (974) – sozialisierter Druck, S. 82 ff. (83).

350 Puhle, *Von der Agrarkrise zum Präfaschismus,* a.a.O., bes. S. 40 f., 51 f., 60.

351 Dazu ebd., S. 44 f. (45); Kurt Stechert, *Wie war das möglich?,* Stockholm 1945, S. 101 ff.; Dirk Stegmann, *Die Erben Bismarcks,* Köln/Berlin 1970, z. B. S. 67, 258, 504, 515, 517; vgl. auch die antisemitische Ausrichtung des DHV und Walter Mohrmann, *Antisemitismus,* Berlin 1972.

352 Dazu Böhme, *Deutschlands Weg zur Großmacht,* a.a.O., S. 400; Stechert (s. Anm. 351); Hans Rosenberg, *Große Depression und Bismarckzeit,* Berlin 1967, S. 62 ff. *(Diskreditierung des Liberalismus),* S. 88 ff. *(Moderner Antisemitismus und vorfaschistische Strömungen)*; Heinrich August Winkler, *Mittelstand, Demokratie und Nationalsozialismus,* Köln 1972, S. 50 ff.; Martin Broszat, *Die antisemitische Bewegung im wilhelminischen Deutschland,* Diss. phil., Köln 1953; Walter Boehlich (Hrsg.), *Der Berliner Antisemitismusstreit,* Frankfurt 1965; Iring Fetscher, *Zur Entstehung des politischen Antisemitismus in Deutschland,* in: Hermann Huss, Andreas Schröder (Hrsg.), *Antisemitismus. Zur Pathologie der bürgerlichen Gesellschaft,* Frankfurt 1965, S. 11 ff.; Eleonore Sterling, *Judenhaß,* Frankfurt 1969; Paul Massing, *Vorgeschichte des politischen Antisemitismus,* Frankfurt 1959; Peter G. J. Pulzer, *The Rise of Political Anti-Semitism in Germany and Austria,* New York 1964; Walter Mohrmann, *Antisemitismus. Ideologie und Geschichte im Kaiserreich und in der Weimarer Republik,* Berlin 1972.

353 Böhme, *Deutschlands Weg zur Großmacht,* a.a.O., S. 579 – vgl. auch S. 262 »Interessenbewußter Liberalismus und Konservativismus trafen sich im Aufbau

einer deutschen kapitalstrukturierten Wirtschaftsordnung, die gleichzeitig die Konservierung der alten politisch-sozialen Ordnung bedeutete.« Vgl. ferner bes. noch S. 285 f., 320 ff. (333 ff.), 354 ff. (358 f.), 374 ff., 387 ff., 410 ff., 419, 470 f., 474 ff.

354 Vgl. ebd., S. 310, 419 f.

355 Dazu Hans Rosenberg, *Die Pseudodemokratisierung der Rittergutsbesitzer,* Friedrich Zunkel, *Industriebürgertum in Westdeutschland,* beide abgedr. in: Hans-Ulrich Wehler (Hrsg.), *Moderne deutsche Sozialgeschichte,* Köln/Berlin 1966, S. 287 ff., 309 ff. – Vgl. ferner die Arbeiten von Eckart Kehr: *Der Primat der Innenpolitik* (hrsg. u. eingel. v. Hans-Ulrich Wehler), Berlin 1965; *Schlachtflottenbau und Parteipolitik 1894-1901,* Berlin 1930 – Reprint Vaduz 1965.

356 Stegmann, *Die Erben Bismarcks,* a.a.O., S. 288.

357 Ebd., S. 519 ff.

358 Vgl. Ralf Dahrendorf (der ansonsten jedoch eine innere – kapitalistische – Konsistenz der Eliten bestreitet) in: *Gesellschaft und Demokratie in Deutschland,* München 1968, S. 245 f.; zur Kritik an Dahrendorf vgl. Miliband, *Der Staat in der kapitalistischen Gesellschaft,* a.a.O., S. 67 – Anm. 71; vgl. auch Eberhard Dähne, *Soziale Schichtung und politisches Verhalten am Beispiel der deutschen Oberschichten vor 1914,* in: Wolfgang Abendroth, Kurt Lenk (Hrsg.), *Einführung in die politische Wissenschaft,* Bern u. München 1968, S. 273 ff.; zur Verdeutlichung der Intention s. auch Oskar Negt, *Gesellschaftsbild und Geschichtsbewußtsein der wirtschaftlichen und militärischen Führungsschichten* in: Gert Schäfer, Carl Nedelmann (Hrsg.), *Der CDU-Staat,* Frankfurt 1969, Bd. 2, S. 359 ff.; als Gegenbeispiel vgl. etwa Wilhelm Treue, *Das historische Selbstverständnis des Unternehmers,* in: *Archiv und Wirtschaft,* 5 (1972), S. 14-26 (S. 24: »Übergehen wir die ideologisch-militaristische Entstellung des Unternehmerbildes in der Zeit des Dritten Reiches. Der große Unternehmer ist nie ein ›Führer‹ im Sinne des Nationalsozialismus, obgleich Tausende von Artikeln und Schulungsbriefen, Parteizeitungen und Kammerberichten das behaupteten.«).

359 Vgl. die Nachw. durch Wolfgang Elben, *Das Problem der Kontinuität in der deutschen Revolution,* Düsseldorf 1965, u. Wolfgang Runge, *Politik und Beamtentum im Parteienstaat,* Stuttgart 1965; dazu Udo Bermbach, *Das Scheitern des Rätesystems und der Demokratisierung der Bürokratie 1918/19,* in: *PVS,* 8 (1967), S. 445-460; allgem. vgl. Wolfgang Zapf, *Wandlungen der deutschen Elite,* München 1965.

360 Dahrendorf, *Gesellschaft und Demokratie in Deutschland,* a.a.O., S. 105.

361 Das sagt aber noch nichts über die konkrete Form des Staates und der Klassenkämpfe. Vgl. Marx, *Kapital* III, a.a.O., S. 799 f.

362 Michael Mauke, *Die Klassentheorie von Marx und Engels,* hrsg. v. Kajo Heymann, Klaus Meschkat, Jürgen Werth, Frankfurt 1970, S. 16 f. – gegen Mauke vgl. die Rez. in: *SoPo,* 3 (1971), 11, S. 103-108.

363 Vgl. dazu bes. Gerhard Schildt, *Die Arbeitsgemeinschaft Nord-West. Untersuchungen zur Geschichte der NSDAP 1925/26,* phil. Diss., Freiburg 1964; Reinhard Kühnl, *Die nationalsozialistische Linke 1925-1930,* Meisenheim a. Gl. 1966; ders., *Zur Programmatik der nationalsozialistischen Linken,* in: VfZG, 14 (1966), S. 317-333; Ulrich Wörtz, *Programmatik und Führerprinzip. Das Problem des Strasser-Kreises in der NSDAP,* phil. Diss., Erlangen-Nürnberg 1966; Joseph Nyomarky, *Charisma and Factionalism in the Nazi Party,* Minneapolis 1967; Dietrich Orlow, *The History of the Nazi Party 1919-1933,* Pittsburgh 1969; Wolfgang Horn, *Führerideologie und Parteiorganisation* (1919-1933), Düsseldorf 1972.

364 Titel eines Aufs. v. Reinhard Kühnl in: *Blätter,* 12 (1967), S. 802-811

– abgedr. z. T. umformuliert, in: *Deutschland zwischen Demokratie und Faschismus,* a.a.O., S. 42 ff.

365 So Gregor Strasser am 10. Mai 1932 im *RT* – zit. n. Otto-Ernst Schüddekopf, *Linke Leute von rechts,* Stuttgart 1960, S. 317; *Der Stern,* 1969/18, S. 116; Bracher, *Auflösung der Weimarer Republik,* a.a.O., S. 507, 668 f.; Gregor Strasser, *Antikapitalismus,* in: *Nationalsozialistische Monatshefte,* 3. Jg., H. 28, Juli 1932; ders., *Kampf um Deutschland,* München 1932, S. 345-378 *(Arbeit und Brot),* S. 347 f.: »Der Aufstieg der nationalsozialistischen Bewegung ... ist der Protest gegen einen Staat, der eine Wirtschaftsordnung erlaubt und möglich macht, die den Ertragsreichtum der Natur verfälscht, Weizen verbrennt, Kaffee ins Meer wirft, notwendige Lebensgüter in sinnloser Weise aufstapelt, alles nur zu dem Zweck, die Preise und die Gewinne der Börse in die Höhe zu treiben. [...] Das deutsche Volk protestiert gegen eine Wirtschaftsordnung, die nur in Geld, Profit, Dividende denkt, und die vergessen hat, an Arbeit und Leistung zu denken. Interessant und wertvoll ist diese große antikapitalistische Sehnsucht – wie ich sie nenne –, die durch unser Volk geht, die heute schon vielleicht 95 Prozent unseres Volkes bewußt oder unbewußt erfaßt hat. Sie ist nicht im geringsten eine Ablehnung des aus Arbeit und Sparsinn entstandenen, sittlich berechtigten Eigentums. [...] Sie ist vielmehr der Protest des schaffenden Volkes gegen eine entartete Wirtschaftsauffassung, und sie verlangt vom Staat, daß er [...] mit den Dämonen Gold, Weltwirtschaft, Materialismus, mit dem ausschließlichen Denken in Ausfuhrstatistik und Reichsbankdiskont bricht und ehrliches Auskommen für ehrlich geleistete Arbeit wiederherzustellen in der Lage ist. Diese große antikapitalistische Sehnsucht ist ein Beweis dafür, daß wir vor einer ganz großen, vor einer grandiosen Zeitenwende stehen: die Überwindung des Liberalismus und das Aufkommen eines neuen Denkens in der Wirtschaft und einer neuen Einstellung zum Staat.« Vgl. Wolfgang Hock, *Deutscher Antikapitalismus. Der ideologische Kampf gegen die freie Wirtschaft im Zeichen der großen Krise,* Frankfurt 1960 – Hock geht jedoch auf die NSDAP *nicht* ein; sein Buch ist eine aus der Sicht des Ordo-Liberalismus geschriebene Betrachtung der »konservativen Revolution«. – Inhaltlich sei hingewiesen auf das unter G. Strassers Ägide als »Reichsorganisationsleiter« erstellte »Wirtschaftliche Sofortprogramm der NSDAP«, ausgearb. v. d. Hauptabt. IV (Wirtschaft) d. Reichsorganisationsleitung der NSDAP, insbes. für den Wahlkampf am 31. Juli 1932, abgedr. in: Jacobsen, Jochmann (Hrsg.), *Ausgewählte Dokumente zur Geschichte des Nationalsozialismus 1933-1945,* a.a.O.; vgl. auch Strassers Rede *Arbeit und Brot,* s. o., S. 355 ff.

366 So Gregor Strasser am 14. Juni 1932 im Rundfunk, zit. n.: *Kampf um Deutschland,* a.a.O., S. 388.

367 Brief des Dresdner Organisators der NSDAP vom 18. Febr. 1930 an Fabrikdirektor Fritsche, Weimar, zit. n.: Verband der Fabrikarbeiter Deutschlands, Literarisch-Statistische Abteilung, *Gegen nationalsozialistische Zerstörungsarbeit. Materialsammlung und Vortragsdisposition,* o. O., Oktober 1931, S. 18. Ohne Jahresangabe, aber mit Hinweis auf die Verfasserschaft von Martin Mutschmann, des sächsischen Gauleiters, findet sich vermutlich dieser Brief zit. in: Paul Merker, *Deutschland – Sein oder Nicht-Sein?,* 1. Bd.: *Von Weimar zu Hitler,* Mexico 1944 S. 203. Allerdings weicht die dortige Formulierung von der hier zitierten ab: »Lassen Sie sich doch nicht immer durch die Schlagworte ›Nieder mit dem Kapitalismus!‹ die wir auf unsere Plakate schreiben, verwirren. Diese Schlagworte sind notwendig [...] Wir müssen die Sprache der verbitterten Arbeiter sprechen, sonst werden sich diese nie bei uns zuhause fühlen. Aus diplomatischen Gründen können wir nicht mit unserem wirklichen Programm herauskommen, ohne dessen Durchführung von

vornherein unmöglich zu machen« (zit. n. Hans Gerd Schumann, Nationalsozialismus und Gewerkschaftsbewegung, Hannover u. Frankfurt 1958, S. 45; mit Bezug auf Schumann findet sich das Zitat z. B. auch bei Manfred Weißbecker, *Nationalsozialistische Arbeiterpartei (NSDAP) 1919-1945*, in: *Die bürgerlichen Parteien in Deutschland*, Bd. II, Berlin 1968, S. 407). – Zusatz 1977: Zu diesem Zitat hat Henry Ashby Turner in einem Brief an den Verf. am 21. 5. 1976 mitgeteilt, es handele sich aller Wahrscheinlichkeit nach »um eine der vielen damals fabrizierten Fälschungen zu propagandistischen Zwecken«.

Vgl. auch Adolf Hitler, *Mein Kampf*, München 1938 (286.-290. Aufl.), bes. S. 376, 402, 541 f.; ders., 1926, vor dem »Nationalklub« in Hamburg (a.a.O., S. 102 ff.) und vor dem Düsseldorfer »Industrieklub« am 26. Januar 1932 (Max Domarus, *Hitler*, Bd. I, 1.Halbband 1932-1934, München 1964, hier S. 81 ff.); bes. vgl. jedoch Andreas Hillgruber (Hrsg.), *Henry Picker: Hitlers Tischgespräche im Führerhauptquartier 1941-1942*, München 1968, S. 97-99. – Vgl. dagegen für die »nationalsozialistische Linke« Otto Strasser, *Mein Kampf*, Frankfurt 1969, S. 60.

368 Zit. n.: *Gegen nationalsozialistische Zerstörungsarbeit*, a.a.O., S. 14; vgl. auch Werner Stephan, *Zur Soziologie der Nationalsozialistischen Deutschen Arbeiterpartei*, in: *ZfP*, 20 (1931), S. 793.

369 Zu denken ist an Hitlers Äußerung: »[. . .] Gerade unseren großen Unternehmern kommt es nicht auf das Zusammenraffen von Geld an, auf Wohlleben und so weiter, sondern denen ist die Verantwortung und die Macht das wichtigste. Sie haben sich auf Grund ihrer Tüchtigkeit an die Spitze gearbeitet, und auf Grund dieser Auslese, die wiederum nur die höhere Rasse beweise, haben sie ein Recht zu führen.« Zit. n. Otto Strasser, *Mein Kampf*, a.a.O., S. 50-68, hier S. 63 (im Auszug zit. in: *Der Stern*, 1969/17, hier S. 94); vgl. ders., *Ministersessel oder Revolution*, Berlin 1930 – abgedr. in: *Aufbau des deutschen Sozialismus*, Prag 1936 (2. Aufl.), S. 116 ff.; eine Zusammenfassung findet sich in ders., *Hitler und ich*, Konstanz 1948, S. 122 ff.

Zu dem Streitgespräch zwischen Hitler und O. Strasser vgl. Bracher, *Deutsche Diktatur*, a.a.O., S. 198; Bullock, *Hitler*, a.a.O., S. 137-139; Konrad Heiden, *Geschichte des Nationalsozialismus*, Berlin 1932, S. 281/282; ders., *Adolf Hitler. Das Zeitalter der Verantwortungslosigkeit*, Zürich 1936, S. 262 ff.; Schüddekopf, *Linke Leute von rechts*, a.a.O., S. 318 ff.; Reinhard Kühnl, *Die nationalsozialistische Linke 1925-1930*, Meisenheim a. Gl. 1966, S. 245-247; vgl. auch Karl O. Paetel, *Versuchung oder Chance?* Göttingen/Berlin/Frankfurt/Zürich 1965, S. 210 ff.

370 Vgl. Broszat, *Staat Hitlers*, a.a.O., S. 180 ff., bes. S. 186 ff. – bes. pointiert ist die Aussage v. Hutmacher, Sonderbeauftragter für die Arbeiterfragen des Treuhänders der Arbeit im westfälischen Industrierevier: »Des öfteren« habe er NSBO-Obleuten und nationalsozialistischen Betriebsratsvorsitzenden »mit der Geheimen Staatspolizei drohen« und sich »größtenteils für die Unternehmer einsetzen müssen«, weil der »klassenkämpferische Geist auf der Gefolgschaftsseite die Wirtschaft zu ersticken drohte« (zit. n. S. 189). Vgl. ebenfalls Tim Mason, *Labour in the Third Reich*, in: *Past and Present*, No. 33, April 1966, bes. S. 114 f.; Schumann, *Nationalsozialismus und Gewerkschaftsbewegung*, a.a.O., passim.

371 Max H. Kele, *Nazis and Workers*, Chapel Hill 1972, S. 216.

372 Hans Jäger, *Das wahre Gesicht Hitlers und der NSDAP*, Prag 1933, S. 21, vgl. auch S. 50 f., 66 f. – Jägers Arbeit geht auf eine Aufsatzfolge in der *Inprekorr*, 12 (1932), zurück, vgl.: »Die nationalsozialistische Deutsche Arbeiterpartei«, Nr. 44 v. 27. 5. 1932, S. 1355-1358; Nr. 45 v. 31. 5. 1932, S. 1389-1392; Nr. 46 v. 3. 6. 1932, S. 1427-1431; Nr. 47 v. 7. 6. 1932, S. 1477/8; Nr. 48 v. 10. 6. 1932, S. 1533/4; »Der

Faschismus in Deutschland«, Nr. 49 v. 14. 6. 1932, S. 1555/6; vgl. auch N. Jaeger, »Stahlhelm und Nazis – die ›feindlichen Brüder‹«, ebd., Nr. 92 v. 4. 11. 1932, S. 2949; Hans Jägers Arbeit ist teilweise abgedr. in: Theo Pirker (Hrsg.) *Komintern und Faschismus*, Stuttgart 1966, S. 158-167 (abgedr. n. *Inprekorr*, 1932/46). Zu der von H. Jäger angedeuteten Arbeitsteilung von Hitler und Goebbels vgl. z. B. auch Edouard Calic, *Ohne Maske. Hitler – Breiting Geheimgespräche 1931*, Frankfurt 1968, S. 34 f. – Zur NSDAP – Analyse vgl. in diesem Zusammenhang auch eine Artikelserie in der *Roten Fahne* (13., 14., 15., 19., und 20. 7. 1932) und K. A. Wittfogel *Adolf Hitlers wahre »Größe«*, in: *RF* v. 4. 2. 1933 (Beilage)

373 Zusammenfassend dazu Reinhard Kühnl, *Zur Programmatik der nationalsozialistischen Linken: Das Strasser-Programm von 1925/26*, in: *VfZG*, 14 (1966), S. 317-335; vgl. auch ders., *Die nationalsozialistische Linke*, a.a.O., bes. 3. Teil, passim.

374 Der letztgenannte Aspekt wird stark betont von William Sheridan Allen, *»Das haben wir nicht gewollt.« Die nationalsozialistische Machtergreifung in einer Kleinstadt 1930-1935*, Gütersloh 1966, z. B. 33 ff., 84, 91, 141 ff., 245 ff., 281 (ff). – Allen erklärt den lokalen Erfolg der NSDAP aus einer Mischung von Reputation (s. o.) und Terror bzw. Angst (dazu bes. S. 183 ff.). Anomie erscheint so gerade als ein Produkt des Nationalsozialismus. Der Nationalsozialismus an der Macht wird als eine »Zersplitterung der Gesellschaft« (bes. S. 218 ff.) verstanden. (Diese Feststellung liefert einen soziologischen Beitrag zur These Tim Masons, die auf die Zersplitterung der kapitalistischen Klasse in Firmenegoismen hinweist.) Zur »Zerstörung der Gesellschaft« führt Allen aus (S. 282 f.): »Was es an sozialen Zusammenhalt in der Stadt gab, fand sich im Vereinsleben; gerade das wurde in den ersten Monaten der nationalsozialistischen Herrschaft vernichtet. Als die gesellschaftlichen Organisationen beseitigt und der Terror zur Wirklichkeit geworden war, hatte man die Thalburger [Pseudonym für die analysierte Kleinstadt = Northeim, E. H.] voneinander isoliert. Das galt für das Bürgertum, doch in noch stärkerem Maß für die Arbeiter, da die Vernichtung der SPD und der Gewerkschaften den gesamten Komplex gesellschaftlicher Bindungen, die dieser Superverein geschaffen hatte, aufhob. Durch die Zersplitterung der Einwohnerschaft von Thalburg in unverbundene gesellschaftliche Atome konnten die Nationalsozialisten die sich ergebende Masse in jede von ihnen gewünschte Richtung schieben.« – Talburg steht pseudonym für Northeim, vgl. *Der Spiegel*, 1966/49, S. 59-62.

375 Vgl. z. B. A. Heinrichsbauer, *Brief an Gregor Strasser v. 20. September 1932 (abgedr. in: Günter Plum, Gesellschaftsstruktur und politisches Bewußtsein in einer katholischen Region 1928-1933*, Stuttgart 1972, S. 301-304, hier bes. S. 303): »[. . .] Mit größter Sorge betrachtet man [i. s. die von Heinrichsbauer vertretenen Industriekreise an der Ruhr, E. H.] [. . .] die Umstellung in der Art der nationalsozialistischen Agitation. Was in dieser Beziehung beinahe als Regelfall [. . .] gilt, ist rein marxistischer Art. Man denkt nicht nur an die überall jetzt auftauchenden Sozialisierungsforderungen, an die Wiedererweckung praktisch längst widerlegter sozialistischer Lohntheorien, an die Behauptung, daß im Betriebe Unternehmer und Ausbeuter dieselben Begriffe seien usw., sondern man denkt vor allem an die klassenkampfmäßige Verhetzung der einzelnen Volksschichten gegeneinander. [. . .] Man versteht es durchaus, daß der Nationalsozialismus seiner Opposition gegen die Regierung auch entsprechenden agitatorischen Ausdruck gibt; über die Form, in der das geschieht, ist man aber in allen Kreisen, die noch etwas auf politischen Anstand und Geschmack geben, außerordentlich entsetzt. Man kann z. B. hier nicht einsehen, warum eine ›Regierung der Barone‹, eine ›Adelsclique des Herren-Klubs‹ usw. au

einmal ›reaktionär‹ (um noch den mildesten Ausdruck zu gebrauchen) sein soll, nachdem der Nationalsozialismus selbst diese Regierung toleriert, diese Tolerierung aber gerade dann aufgekündigt hat, nachdem die Regierung die Wiederherstellung der deutschen Wehrhoheit verlangt hat, die Beseitigung des Schwarz-Roten-Systems in Preußen durchführte, das Fachbeamtentum wieder zur Geltung bringen will, an der sittlichen Erneuerung Deutschlands arbeitet, die Beseitigung des unseligen Dualismus zwischen Reich und Preußen durchgeführt, ein psychologisch wirksames Wirtschaftsprogramm verkündet hat usw.; daß alle diese Dinge mit sehr starken Unzulänglichkeiten verknüpft sind [. . .], sieht man natürlich auch hier; man glaubt aber nicht, daß es notwendig ist, auch eine sachlich scharfe Kritik an diesen Vorgängen unter gleichzeitigen Angriffen auf alle die Kreise und Personen, von denen man glaubt, daß sie hinter der Regierung stehen, in eine so rüde Form zu kleiden, wie sie tatsächlich fast allgemein herrscht.« Heinrichsbauer will die NSDAP als gebändigte »Bewegung« verstanden wissen (s. S. 301, 304), bei allem Verständnis um die Probleme der Demagogie (vgl. dazu die Äußerung von Mutschmann, s. Anm. 367). Ähnlich vgl.: Denkschrift der DNVP, Landesverband Hamburg, im Dez. 1930: *Die Wirtschaftspolitik der Nationalsozialisten, Faschisten und Deutschnationalen,* abgedr. in: Werner Jochmann, *Nationalsozialismus und Revolution,* Frankfurt 1963, S. 315 ff. (335). Vgl. dazu auch Heinrich August Winkler, *Extremismus der Mitte? Sozialgeschichtliche Aspekte der nationalsozialistischen Machtergreifung,* in: *VfZG,* 20 (1972), hier S. 188 ff.; vgl. auch Rudolf Diels, *Lucifer Ante Portas,* Stuttgart 1950, S. 206 ff. (»SA revolutionär und sozialistisch«). – Zum Substrat dieser Aussagen vgl. bes. z. B. Sonja Noller, Hildegard v. Kotze (Hrsg.), *Fascimile-Querschnitt durch den Völkischen Beobachter,* München/Bern/Wien 1967, S. 67, und Hitler, 1931, im Gespräch mit Breiting: »Es wäre die einzige konservative Taktik gewesen, es wäre die einzig richtige nationale Psychologie gewesen, gerade die abspenstigen Volksteile für die Nation und für den Gedanken der Nation zu gewinnen. So lange wie es uns nicht gelingt, das deutsche Proletariat auf die Ziele des nationalen Staates zu verpflichten, solange wird dieser Staat keine Existenzberechtigung haben.« – »[. . .] An dem Tag, wenn die konservativen Kräfte Deutschlands einsehen werden, daß nur ich [Hitler] und nur ich mit meiner Partei das deutsche Proletariat für den Staat gewinnen kann, und daß es mit den marxistischen Parteien kein parlamentarisches Spiel geben darf, dann ist Deutschland für alle Zeiten gerettet, dann können wir einen deutschen Volksstaat gründen.« (Edouard Calic, *Ohne Maske,* Frankfurt 1968, S. 41, 43, s. auch S. 63).

376 Jäger, *Das wahre Gesicht Hitlers und der NSDAP,* a.a.O., S. 68, vgl. auch S. 18.

377 Jäger, *Das wahre Gesicht Hitlers und der NSDAP,* a.a.O., S. 64. – Vgl. auch S. 55 ff. (»Mittelschichten und Proletariat«), S. 67 ff. (»Der Nationalsozialismus und die Jugend«); dort weist Jäger darauf hin, daß das zitierte pauschale Urteil für einige Industriebezirke (s. S. 65), für Arbeitslose und Jugendliche nicht zutrifft, da in diesen Bereichen der NSDAP ein größerer Einbruch in die Arbeiterklasse gelingt. – Dies macht auch den realen Kern von Max Keles Bemühungen aus (vgl. Anm. 281). – Vgl. auch Kurt Müller, *Sammelt die werktätige Jugend unter dem Banner des Kommunismus,* in: *Die Internationale,* 14 (1931), H. 1, S. 7-16, bes. S. 9: »Eine Statistik über die Herkunft der Mitglieder der Hitlerjugend in der Zeitschrift ›Das junge Deutschland‹ zeigt, daß die Mehrzahl der von der Hitler-Jugend erfaßten Jugendlichen – so weit sie überhaupt früher organisiert waren – aus bürgerlichen und bündischen Jugendorganisationen stammen. Es wäre aber ein Fehler, nicht zu sehen, daß die Nationalsozialisten auch Schichten beeinflussen, die zur Peripherie

unseres Einflusses gehören. Es gelang den Nazis bisher relativ stärker in die proletarische Jugend einzudringen als in die älteren Schichten des Proletariats, junge Angestellte, Landarbeiter und auch junge Industriearbeiter zu gewinnen.

Eine Statistik über die soziale Zusammensetzung der Neugeworbenen Hitler-Jugend aus dem ›Völkischen Beobachter‹ gibt folgendes Bild: Von 1400 Neugeworbenen vom Januar bis August 1930 im Reiche sind – 24 Prozent Fabrikarbeiter, 7 Prozent Bergarbeiter, 17 Prozent landwirtschaftliche Arbeiter, 10 Prozent kaufmännische Berufe, 21 Prozent Handwerker, 12 Prozent Schüler, 9 Prozent sonstige Berufe.

Nach unseren Feststellungen haben wir alle Ursache, diese Zahlen als ungefähr richtig anzusehen, sie sind mit ein Gradmesser für unsere eigene ungenügende Arbeit auf dem Gebiete des Kampfes gegen den Faschismus.«

378 Vgl. Jäger, *Das wahre Gesicht Hitlers und der NSDAP,* a.a.O., bes. S. 45.

379 Dazu ebd., S. 53: »Unbehagen rufen [...] nur noch die an den Sozialismus ernsthaft glaubenden Anhänger (nicht der Arbeiteranhang an sich, sondern nur soweit er keine gelbe Ideologie hat) und die Befürchtung hervor, daß bei einem hundertprozentigen Sichverlassen auf die Nazis der proletarische Widerstand zu stark werden könnte und bei einer Enttäuschung der Massen durch ein hundertprozentiges Nazi-Regiment keine Rückzugsmöglichkeit mehr gegeben, vielmehr der Bolschewismus an der Tagesordnung stehen werde. Daher will die Bourgeoisie die Koalition, mit Rückzugsmöglichkeiten und mit dem Vorbehalt, sich im Notfall auch wieder der SPD bedienen zu können.« – Vgl. auch S. 64 f., 75. Hier zeigt sich allerdings auch, daß Jäger die Möglichkeiten des Faschismus an der Macht unterschätzt, so wie er sich nicht von der Sozialfaschismusthese löst.

380 Vgl. bes. ebd., S. 64 f.: »Seit 1932, seit dem sprunghaften Zunehmen der Krise, ist [...] ein neuer Einbruch [der NSDAP in die Reihen der Arbeiterschaft, E. H.] leider unleugbar. Jede Vogelstrauß-Politik ist da fehl am Platze. Schon die Tatsache, daß der Nationalsozialismus hauptsächlich auf Kosten der bürgerlichen Parteien zunahm, darf nicht mißdeutet werden. Denn dort gewann er doch auch – Proletariat, und zwar zuerst! Diese wanderten zuerst aus den Reihen der Deutschnationalen ebenso wie aus dem Stahlhelm ab, mit der Begründung, dies seien Knechte des Trustkapitals, weil diese das Tarnen schlechter verstanden als die Nazis. Diesen proletarischen Anteil leugnen, hieße doch – da die bürgerlichen Parteien die Mehrheit haben – leugnen, daß das Proletariat zahlenmäßig am stärksten in Deutschland ist.« Vgl. aber auch Max Seydewitz, *Die Zersetzung der Nazibewegung,* in: *Der Klassenkampf,* 5 (1931), S. 225/6; Richard Kleineibst, *Wieder am Kreuzweg,* in: *Der Klasenkampf,* 5 (1931), S. 260–263.

381 SA-Flugblatt, 1931, zit. n. Heinz Höhne, *Der Orden unter dem Totenkopf,* Bd. I, Frankfurt u. Hamburg 1969, S. 67, 293 (»[Die] Knauserigkeit [der politischen Organisation] ließ in der SA den bösen Verdacht aufkeimen, die Parteiführung wolle die SA bewußt kleinhalten [...] Eine zündende Parole kam auf: ›Adolf verrät uns Proletarier!‹ Oppositionelle SA-Männer druckten anonyme Pamphlete gegen ihren Führer: ›Wir proletarischen Elemente der Bewegung sind ja auch so zufrieden! Wir schieben ja so gerne Kohldampf, damit es unseren lieben ›Führern‹ mit ihren 2000 bis 5000 Mk Monatseinkommen recht wohl ergehe. Hocherfreut waren wir auch, als wir hörten, daß sich unser Adolf Hitler auf der Berliner Automobilausstellung einen neuen großen Mercedeswagen für RM 40 000 gekauft hat. « – Vgl. dazu auch: *Gegen nationalsozialistische Zerstörungsarbeit,* a.a.O., S. 8, 13; Zur Frage der Gehälter vgl. auch Walter Oehme, Kurt Caro, *Kommt »Das Dritte Reich«?,* Berlin 1930, S. 14; Horst Matzerath, Henry A. Turner, *Die Selbstfinanzierung der*

NSDAP 1930-1932, in: *Geschichte und Gesellschaft* 3 (1977), hier S. 79-84, 87-92.

382 Dazu Ernst Deuerlein (Hrsg.), *Der Aufstieg der NSDAP in Augenzeugenberichten*, Düsseldorf 1968, S. 135-141; Ulrich Wörtz, *Programmatik und Führerprinzip. Das Problem des Strasser-Kreises in der NSDAP*, phil. Diss., Erlangen – Nürnberg 1966, S. 26 ff.; Werner Maser, *Die Frühgeschichte der NSDAP*, Frankfurt/Bonn 1965, S. 268-281, Georg Franz-Willing, *Die Hitlerbewegung. Der Ursprung 1919-1922*, Hamburg/Berlin 1962, S. 103 ff.; Dietrich Orlow, *The Organizational History and Structure of the NSDAP, 1919-1923*, in: *Journal of Modern History*, 37 (1965), hier S. 218 ff.; zusammenfassend vgl. Wolfgang Horn, *Führerideologie und Parteiorganisation in der NSDAP (1919-1933)*, Düsseldorf 1972, S. 53 – 62; vgl. auch Albrecht Tyrell (Hrsg.), *Führer befiehl . . . Selbstzeugnisse aus der ›Kampfzeit‹ der NSDAP*, Düsseldorf 1969, S. 29-36, Dirk Stegmann, *Zwischen Repression und Manipulation: Konservative Machteliten und Arbeiter- und Angestelltenbewegung 1910-1918*, in: *Archiv für Sozialgeschichte*, 12 (1972) S. 351ff.; Albrecht Tyrell, *Vom »Trommler« zum »Führer«*, München 1975.

383 So Maser, *Die Frühgeschichte der NSDAP*, a.a.O., S. 275; Wörtz, *Programmatik und Führerprinzip*, a.a.O., S. 31 ff.; Horn, *Führerideologie und Parteiorganisation*, a.a.O., S. 62 ff. (68).

384 Horn, *Führerideologie*, a.a.O., S. 100 – zur Bedeutung des Jahres 1932 vgl. dort S. 99 ff. (bes. S. 121 ff., 133 f., 135 ff.), zusammenfassend S. 424; zur Bedeutung des Jahres 1923 vgl. auch die Monographien zum Hitler-Putsch: Hanns Hubert Hofmann, *Der Hitlerputsch*, München 1961; Ernst Deuerlein, *Der Hitler-Putsch*, Stuttgart 1962; Harold J. Gordon jr., *Hitlerputsch 1923*, Frankfurt 1971; vgl. auch: *Der Hitler-Prozeß vor dem Volksgericht in München*, München 1924 (2 Teile in einem Bd.) – Reprint Glashütten i. Ts. 1973.

385 Dazu Gerhard Schildt, *Die Arbeitsgemeinschaft Nord-West*, phil. Diss., Freiburg 1964; Kühnl, *Die nationalsozialistische Linke*, a.a.O., S. 5 ff.; Dietrich Orlow, *The History of the Nazi Party*, Vol. I: 1919-33, Newton Abbot 1971, S. 66 ff.; Dokumente sind abgedr. in: Deuerlein (Hrsg.), *Der Aufstieg der NSDAP*, a.a.O., S. 253 ff.; Jochmann, *Nationalsozialismus und Revolution*, a.a.O., S. 207 ff.; Albrecht Tyrell (Hrsg.), *Führer befiel . . .*, Düsseldorf 1969, S. 113-129; Joseph Nyomarky, *Factionalism in the National Socialist German Workers' Party, 1925-26: The Myth and Reality of the ›Northern Faction‹*, in: *Political Science Quarterly*, 80 (1965), S. 22-47.

386 Horn, *Führerideologie*, a.a.O., S. 203; Kühnl, *Zur Programmatik der nationalsozialistischen Linken*, a.a.O., S. 319.

387 Vgl. Jäger, *Das wahre Gesicht Hitlers und der NSDAP*, a.a.O., S. 55.

388 Vgl. Kühnl, *Zur Programmatik der nationalsozialistischen Linken*, a.a.O., S. 321 ff., dort (S. 324 ff.) findet sich der »Dispositionsentwurf eines umfassenden Programms des nationalen Sozialismus«; vgl. auch ders., *Die nationalsozialistische Linke*, a.a.O., Teile 3 u. 4.

389 Horn, *Führerideologie*, a.a.O., S. 427.

390 Dazu Robert Koehl, *Feudal Aspects of National Socialism*, in: *APSR*, 54 (1960), S. 921-933, hier bes. S. 922 ff., 925.

391 Georgi Dimitroff, *Die Offensive des Faschismus und die Aufgaben der Kommunistischen Internationale im Kampf für die Einheit der Arbeiterklasse gegen den Faschismus*, abgedr. in: *VII Congress of the Communist International. Abridged stenographic report of proceedings*, Moscow 1939, S. 126; Wilhelm Pieck, Georgi Dimitroff, Palmiro Togliatti, *Die Offensive des Faschismus und die Aufgaben der Kommunisten im Kampf für die Volksfront gegen Krieg und Faschismus*, Berlin 1957,

S. 87; VII. Weltkongreß der Kommunistischen Internationale. *Referate. Aus der Diskussion. Schlußwort, Resolutionen,* Frankfurt 1971, S. 75.

392 Ebd., vgl. dazu Dietrich Eichholtz, Kurt Gossweiler, *Noch einmal: Politik und Wirtschaft 1933-1945,* in: *DArg,* 47, 10 (1968), hier S. 212-215; Kurt Gossweiler, *Über Wesen und Funktion des Faschismus,* in: ders., Kühnl, Opitz, *Faschismus: Entstehung und Verhinderung,* Frankfurt 1972, S. 10 ff.

393 So Manfred Weißbecker, *Zur Herausbildung des Führerkults in der NSDAP,* in: *Monopole und Staat in Deutschland 1917-1945,* Berlin 1966, S. 115.

394 So Kurt Gossweiler, *Der Übergang von der Weltwirtschaftskrise zur Rüstungskonjunktur in Deutschland 1933 bis 1934,* in: *JWG,* 1968/III, S. 56.

395 Max Seydewitz, *Die Rolle des Faschismus. Wie will der Kapitalismus die Krise überwinden?* in: *Der Klassenkampf,* 5 (1931), S. 161-164, S. 162 (Hervorhebungen im Original). – Seydewitz (1931 aus der SPD ausgeschlossen) gehört der SAPD an; seine Aussage hat aber auch für die KPD prototypische Bedeutung (in der Emigration wendet er sich der KPD zu, der er 1945 auch beitritt); vgl. auch Hanno Drechsler, *Die Sozialistische Arbeiterpartei Deutschlands (SAPD),* Meisenheim a. Gl. 1965, S. 174 ff., 229 ff. – Vor 1933 weicht Seydewitz' Charakterisierung der NSDAP von derjenigen der KPD allerdings ab. Zwar wird der Faschismus von der KPD ähnlich definiert, als ein Träger des Prozesses der Faschisierung wird aber von der KPD die SPD, der »Sozialfaschismus«, angegeben. Vgl. bes. Th. Neubauer, *Zur innenpolitischen Lage in Deutschland,* in: *Inprekorr,* 12 (1932/I), Nr. 26 v. 30. 3. 1932, S. 750/1.

396 *Das Programm der KI,* 1928 – hier zit. n. Hermann Weber, *Die Kommunistische Internationale,* Hannover 1966, S. 184 f.; *Protokoll, Sechster Weltkongreß der Kommunistischen Internationale,* Moskau, 17. Juli-1. September 1928. *Thesen/Resolutionen/Programm/Statuten,* Hamburg/Berlin 1929, S. 57 (vgl. auch S. 222 f.).

397 *Sachwörterbuch der Geschichte und der deutschen Arbeiterbewegung,* Bd. 1 (A-K), Berlin 1969, S. 571-576 (Stichw. »Faschismus«), hier S. 573; vgl. auch Eberhard Czichon, *Wer verhalf Hitler zur Macht?,* Köln 1967, bes. S. 14 ff. – kritisch dazu Eike Hennig, *Industrie und Faschismus,* in: *NPL,* 15 (1970), hier S. 436 ff.

398 Institut für Marxismus-Leninismus beim ZK der KPdSU, *Die Kommunistische Internationale,* Berlin 1970, S. 424.

399 Vgl. allgemein bes. Lev Israelevič Ginzberg, *Auf dem Wege zur Hitlerdiktatur,* in: *ZfG,* 17 (1969), hier S. 825-827; vgl. ferner die Kritik an Reinhard Kühnl durch Reinhard Opitz, *Fragen der Faschismusdiskussion,* in: *DArg,* 58, 12 (1970), S. 280-291; Christof Kievenheim, *Politische Reaktion und faschistische Herrschaftsformen,* in: *Facit,* 24, Mai 1971, S. 29-35; Kurt Gossweiler, *Über Wesen und Funktion des Faschismus,* in: ders., Kühnl, Opitz, *Faschismus: Entstehung und Verhinderung,* Frankfurt 1972, S. 3 ff.

400 Dazu bes. Reinhard Opitz, *Über Faschismus-Theorien und ihre Konsequenzen,* in: *Blätter,* 15 (1970), S. 1267-1284.

401 Walter Ulbricht, *Zur Geschichte der deutschen Arbeiterbewegung.* Bd. III: *1946-1950,* Berlin 1963, S. 14 f.

402 Ebd., S. 186. – Dazu Reinhard Kühnl, *Die Auseinandersetzung mit dem Faschismus in BRD und DDR,* in: Gerhard Heß (red. Bearb.), *BRD-DDR. Vergleich der Gesellschaftssysteme,* Köln 1971, S. 248 ff.

403 In: *Monopole und Staat in Deutschland 1917-1945,* Berlin 1966, S. 115-126; vgl. auch ders., *Nationalsozialistische Deutsche Arbeiterpartei (NSDAP) 1919-1945,* in: Dieter Fricke (Hrsg.), *Die bürgerlichen Parteien in Deutschland. Handbuch der*

Geschichte der bürgerlichen Parteien und anderer bürgerlicher Interessenorganisationen vom Vormärz bis zum Jahr 1945, Bd. II, Berlin 1969, S. 384-437.

404 Vgl. Wolfgang Horn, *Führerideologie und Parteiorganisation in der NSDAP (1919-1933)*, Düsseldorf 1972, S. 424 – Anm. 2.

405 Vgl. Weißbecker, in: *Monopole und Staat in Deutschland*, a.a.O., S. 115.

406 Ebd.,, S. 119.

407 Ebd., S. 122.

408 Vgl. ebd., S. 116 f.

409 Ebd., S. 117.

410 Vgl. ebd., S. 116, 118.

411 Ebd., S. 116: »Eine Geschichte der faschistischen Bewegung bzw. der NSDAP einschließlich ihrer gesellschaftlichen Wurzeln muß von der konkreten Situation des Klassenkampfes in der Weimarer Republik, von den Auseinandersetzungen innerhalb der herrschenden Klasse sowie von der objektiven Funktion der faschistischen Partei im Gefüge der bürgerlichen Organisationen ausgehen. Erst dann können und sollen andere, in der Regel subjektive Faktoren berücksichtigt werden«. Vgl. auch S. 122.

412 Ebd., S. 118 f.; weiter geht A. A. Galkin, *Socialno-političeskaja struktura kapitalističeskogo občestva i fašizm (Die sozialpolitische Struktur der kapitalistischen Gesellschaft und der Faschismus)*, in: *Voprosy filosofii*, 1970/2, hier bes. S. 87 f.; vgl. auch Weißbecker, *NSDAP*, a.a.O., S. 433.

413 Weißbecker, *NSDAP*, a.a.O., S. 415.

414 Arthur Rosenberg, *Der Faschismus als Massenbewegung*, 1934, teilweise abgedr. in: Wolfgang Abendroth (Hrsg.), Otto Bauer, Herbert Marcuse, Arthur Rosenberg u. a., *Faschismus und Kapitalismus*, Frankfurt/Wien 1967, S. 129, 136, 141.

415 Vgl. Kurt Kliem, Jörg Kammler, Rüdiger Griepenburg, *Einleitung. Zur Theorie des Faschismus*, in: Abendroth (Hrsg.), a.a.O., (Anm. 414), S. 13.

416 Otto Bauer, *Der Faschismus*, 1936 – abgedr. in: Abendroth (Hrsg.), a.a.O., S. 153, vgl. auch S. 150 f.

417 Vgl. bes. ebd., S. 152 f.; vgl. ebenfalls vor allem auch August Thalheimer, *Über den Faschismus*, 1930 – abgedr. in: Abendroth (Hrsg.), a.a.O., S. 19 ff.

418 Vgl. Bauer, a.a.O., S. 156 ff.

419 Vgl. Rosenberg, a.a.O., S. 129 f.

420 Daniel Guérin, *Fascisme et grand capital*, Paris 1936 – auszugsweise übers. in: Ernst Nolte (Hrsg.), *Theorien über den Faschismus*, Köln/Berlin 1967, hier S. 269 (vgl. Daniel Guérin, *Fascisme et grand capital*, Ausg. Paris 1965, S. 287 ff.).

421 Vgl. Guérin in: Nolte, a.a.O., S. 269 f.

422 Ebd., S. 270.

423 Dimitroff auf dem VII. Weltkongreß der KI (vgl. Anm. 391 – hier: *Abridged stenographic report*, a.a.O., S. 139; Pieck, Dimitroff, Togliatti, a.a.O., S. 105; *VII. Weltkongreß der KI*, a.a.O., S. 87).

424 Wilhelm Pieck, *Der neue Weg zum gemeinsamen Kampf für den Sturz der Hitlerdiktatur. Referat und Schlußwort auf der Brüsseler Parteikonferenz der Kommunistischen Partei Deutschlands Oktober 1935*, Berlin 1954, S. 92-102.

425 Ebd., S. 96-102.

426 Ebd., S. 94 f.

427 *Sachwörterbuch der Geschichte und der deutschen Arbeiterbewegung*, a.a.O. S. 571; vgl. auch Pieck, *Der neue Weg zum gemeinsamen Kampf*, a.a.O., S. 96 ff.

428 Vgl. Dietrich Eichholtz, *Probleme einer Wirtschaftsgeschichte des Faschismus*

in Deutschland, in: *JGW,* 1963/III, hier S. 111: »Die faschistische Kriegsvorbereitung und der zweite Weltkrieg brachten [...] den ›bisherigen Höhepunkt‹ des staatsmonopolistischen Kapitalismus, auch in internationalem Maßstab. Meines Erachtens liegt das daran, daß die Rüstungs- und Kriegsproduktion, das was Lenin ›eine besondere Art der Volkswirtschaft‹ nennt, das wichtigste konstituierende Element des staatsmonopolistischen Kapitalismus ist. Die Bemerkungen Lenins über den ökonomischen Charakter der Kriegswirtschaften haben viel größere Bedeutung für die Erkenntnis der Grundprobleme der modernen kapitalistischen Gesellschaft, als ihnen bisher meist beigemessen wird. Die Produktion für den Krieg ist ›schon kein reiner Kapitalismus mehr‹, sagt Lenin. ›Die ungeheure Mehrzahl der Handels- und Industrieunternehmen arbeitet jetzt nicht für den ›freien Markt‹, sondern für den Staat, für den Krieg‹ [Lenin-Zitat, E. H.]. Die Produktion ›auf Bestellung‹ für den imperialistischen Staat ist unter den Bedingungen der Herrschaft der Monopole ein ähnlich konstitutives Element für den staatsmonopolistischen Kapitalismus wie die kapitalistisch produzierte Ware und der kapitalistische Warenaustausch für die ›einfache‹ kapitalistische Produktion unter freier Konkurrenz.« – Vgl. auch ders., *Geschichte der deutschen Kriegswirtschaft 1939-1945,* Bd. I: 1939-1941, Berlin 1971², S. 3 f., 7.

429 Galkin, *Die sozialpolitische Struktur der kapitalistischen Gesellschaft und der Faschismus,* a.a.O., S. 88 f.; vgl. auch Eberhard Czichon, *Der Primat der Industrie im Kartell der nationalsozialistischen Macht,* in: *DArg,* 47, 10 (1968), hier S. 186 f., 191.

430 A. A. Galkin, *Sociologija neofašizma (Soziologie des Neofaschismus),* Moskau 1971, S. 41. Vgl. auch G. Majer, *Fašizm i političeskij klerikalizm (Faschismus und politischer Klerikalismus),* Moskau 1963, S. 138. – Diese Hinweise verdanke ich Ursula Peukert, Frankfurt.

431 Zu letzterem vgl. auch O. Bauer, a.a.O., S. 160; vgl. auch Paul Sering, *Die Wandlungen des Kapitalismus,* in: ZfS, 2 (1935), hier S. 715-723; ders., *Der Faschismus,* hier *ZfS,* 2 (1935), hier S. 839-848; ders., *Historische Voraussetzungen des deutschen Nationalsozialismus,* in: *ZfS,* 3 (1936), S. 959-975 – alles abgedr. auch in: Richard Löwenthal (Paul Sering), *Kapitalismus führt zum Faschismus . . .* o. O. o. J. (sozialisierter Druck), S. 18 ff., 51 ff., 68 ff.

432 Vgl. dazu Opitz, *Über Faschismus-Theorien und ihre Konsequenzen,* a.a.O., bes. S. 1270.

433 Mit prototypischer Deutlichkeit vgl. Gossweiler, *Über Wesen und Funktion des Faschismus,* a.a.O., passim.

434 Diese Feststellung trifft schon Andrew G. Whiteside, *The Nature and Origins of National Socialism,* in: *Journal of Central European Affairs,* 17 (1957), S. 52: »It is characteristic of Marxist historians that in attributing Hitler's rise to power to economic conditions they assign a comparatively minor rôle to the Nazi movement and to him as its leader. National Socialism represents for them, above all, the final phase of a transitory economic system and not therefore a deep transformation in the German people.« – Vgl. auch Eichholtz, *Probleme einer Wirtschaftsgeschichte des Faschismus in Deutschland,* a.a.O., S. 126 f.

435 Vgl. Adolf Hitler, *Mein Kampf,* 286-290. Aufl., München 1938, S. 403, 602 (Ass. Pöhners ist Oberamtmann Wilhelm Frick, der spätere Reichsinnenminister); vgl. auch Andreas Hillgruber (Hrsg.), *Henry Pickert. Hitlers Tischgespräche,* München 1968, S. 68, Curt Rosten, *Das ABC des Nationalsozialismus,* Berlin 1933, S. 261; Edgar v. Schmidt-Pauli, *Die Männer um Hitler,* Berlin 1933, S. 77 ff. (83). Zum Gesamtkomplex der Entstehung der NSDAP vgl. Ernst Deuerlein, *Hitlers Eintritt*

in die Politik und die Reichswehr, in: *VfZG,* 7 (1959), S. 177-227; Werner Maser, *Die Frühgeschichte der NSDAP,* Frankfurt 1965; zusammenfassend vgl. Karl Dietrich Bracher, *Die deutsche Diktatur,* Köln/Berlin 1969, S. 86 ff.; Alan Bullock, *Adolf Hitler,* Düsseldorf 1969, S. 38 ff. – Vgl. Anm. 382.

436 Fritz Sternberg, *Kapitalismus und Sozialismus vor dem Weltgericht,* Hamburg 1951, S. 284.

437 Max Horkheimer, *Lehren aus dem Faschismus,* 1950, abgedr. in: *Gesellschaft im Übergang,* Frankfurt 1972, S. 52.

438 Vgl. Czichon, *Wer verhalf Hitler zur Macht?,* a.a.O., bes. S. 14 ff. – dagegen *NPL,* 15 (1970), S. 437 ff.

439 Theodor W. Adorno, *Die Freudsche Theorie und die Struktur der faschistischen Propaganda,* 1951, abgedr. in: *Kritik,* Frankfurt 1971, S. 62 f., und in: *Psyche,* 24 (1970), S. 486-507, S. 505 (zum Stellenwert dieser Arbeit vgl. auch die Angaben bei Dieter Senghaas, *Rüstung und Militarismus,* Frankfurt 1972, S. 71 [ff.]).

440 Klaus Horn, *Sozialpsychologische Aspekte des Faschismus,* in: *Fascism and Europe. An International Symposium,* Prague, 28th-29th August 1969, hrsg. v. Institute of History Czechoslovak Academy of Sciences, Prag 1970, S. 107-151, S. 107, 110; vgl. auch Peter Loewenberg, *The Psychohistorical Origins of the Nazi Youth Cohort,* in: *AHR,* 76 (1971), S. 1457-1502, S. 1458 f.

441 Dietrich Eichholtz, Kurt Gossweiler, *Noch einmal: Politik und Wirtschaft 1933-1945,* in: *DArg,* 47, 10 (1968), S. 211, 215 f.; vgl. auch (ebd.) Czichon, *Der Primat der Industrie im Kartell der nationalistischen Macht,* a.a.O., S. 191; Gossweiler, *Über Wesen und Funktion des Faschismus,* a.a.O., S. 18 f.

442 Horn, *Sozialpsychologische Aspekte des Faschismus,* a.a.O., S. 109.

443 Ebd., S. 145 ff.

444 Ebd., S. 148.

445 Vgl. ebd., S. 141; vgl. auch Loewenberg, a.a.O., S. 1502; Irmingard Staeuble, *Faschistoide und kritisch-autonome Haltung,* in: *KZfSS,* 20 (1968), S. 38-61, S. 41 f.

446 Loewenberg, *The Psychohistorical Origins of the Nazi Youth Cohort,* a.a.O., S. 1460. – Der Hinweis auf das »Kind im Manne« bezieht sich auf Loewenbergs eigenen Ansatz, der den Erfolg des Nationalsozialismus aus den bes. Sozialisationsbedingungen der Kriegs- und Nachkriegssituation 1914-1920 auf die »Kriegskohorte« der Geburtsjahrgänge 1900-1915 erklären will (S. 1458 f.). Vgl. das Fazit dieses Aufsatzes: »[. . .] the war generation had weakened of this generation turned readily to programs based on facile solutions and violence when they met new frustrations during the depression. They then reverted to earlier phase-specific fixations in their child development marked by rage, sadism, and the defensive idealization of their absent parents, especially the father. These elements made this age cohort particularly susceptible to the appeal of a mass movement utilizing the crudest devices of projection and displacement in its ideology. Above all it prepared the young voters of Germany for submission to a total, charismatic leader.« (Zum Spezialaspekt der Herausbildung der Organisationen der Kriegsteilnehmer und -beschädigten vgl. James M. Diehl, *The Origanization of German Veterans,* 1917-1919, in: *Archiv für Sozialgeschichte,* 11 (1971), S. 141-181). Zu den von Loewenberg zitierten Arbeiten vgl. ansatzweise auch Theodore Abel, *The Nazi Movement,* New York 1966 (*Why Hitler came into Power,* 1938[1]); Abel gründet seine Analyse (vgl. vor allem Chap. VII: *The Why of the Hitler Movement,* S. 166 ff.) auf 600 Lebensgeschichten, die er als Ergebnis eines Preisausschreibens *400 Marks in Prizes For the Best personal Life History of an Adherent of the Hitler Movement* (dazu S. 1 ff.) gewonnen hat. – Vgl. auch Peter H. Merkl, *Die alten Kämpfer der NSDAP,* in: *SJP,* 2 (1971), S. 495-517

(Merkl versucht eine quantitative und qualitative Neuinterpretation von 582 der von Abel gesammelten autobiographischen Erklärungen). Von Merkl vgl. jetzt: *Political Violence under the Swastika. 581 Early Nazis,* Princeton 1975.

447 Wolfgang Schäfer, *NSDAP,* Hannover u. Frankfurt 1956, S. 7. Zur Veranstaltung am 24. Februar 1920 vgl. z. B. Bullock, a.a.O., S. 47; Heinrich Bennecke, *Hitler und die SA,* München u. Wien 1962, S. 26; Deuerlein (Hrsg.), *Der Aufstieg der NSDAP,* a.a.O., S. 105 ff.; Dietrich Orlow, *The History of the Nazi Party,* Vol. I: *1919-33,* Newton Abbot 1971, S. 18 f., Werner Maser, *Die Frühgeschichte der NSDAP,* Frankfurt/Bonn 1965, S. 202 ff.; Albrecht Tyrell (Hrsg.), *Führer befiehl . . .,* Düsseldorf 1969, S. 11, 18, 23 ff.

448 Hitler, *Mein Kampf,* a.a.O., S. 241.

449 Heinrich Bennecke, *Hitler und die SA,* München u. Wien 1962, S. 23; Hans Volz, *Geschichte der NSDAP,* Berlin/Leipzig o. J., S. 3, 4, 5; Michael H. Kater, *Zur Soziographie der frühen NSDAP,* in: *VfZG,* 19 (1971), S. 128, 158.

450 Zusammenfassend vgl. Kühnl, *Deutschland zwischen Demokratie und Faschismus,* a.a.O., S. 42-46; zur Erläuterung der sozialpsychologisch-kapitalistischen Mechanismen vgl. auch Herlmut Kentler u. a., *Für eine Revision der Sexualpädagogik,* München 1968, S. 37 ff.

451 Erich Fromm, *Die Furcht vor der Freiheit,* Frankfurt 1968², S. 204; »Nazismus ist ein psychologisches Problem – allein die psychologischen Faktoren sind von sozialökonomischen Faktoren geformt. Und Nazismus ist ein ökonomisch-politisches Problem – aber der Griff, mit dem er ein ganzes Volk gepackt hält, muß auf psychologischer Grundlage verstanden werden.« – Vgl. auch Wilhelm Reich, *Massenpsychologie des Faschismus,* Kopenhagen 1933.

452 Bennecke, *Hitler und die SA,* a.a.O., S. 23. – Unter diesen 193 Mitgliedern befinden sich:

4 Offiziere
8 Unteroffiziere
12 Soldaten
17 Akademiker und Studenten
1 Polizeibeamter

Zum Anteil der Militärs an der NSDAP vgl. auch Harold J. Gordon, *Hitlerputsch 1923,* Frankfurt 1971, S. 81 ff.

453 Bracher, *Deutsche Diktatur,* a.a.O., S. 95. – Dennoch dürfte Brachers Schluß (S. 96): »Man kann sagen, daß Röhm und Eckart Hitler ›gemacht‹ haben. Jedenfalls ist seine politische Karriere ohne diese beiden Geburtshelfer kaum zu denken«, zu stark personalisieren.

454 Ignazio Silone, *Der Faschismus. Seine Entstehung und seine Entwicklung,* Zürich 1934, S. 166.

455 Hitler, *Mein Kampf,* a.a.O., S. 241.

456 Vgl. Maser, *Die Frühgeschichte der NSDAP,* a.a.O., S. 261, 262 f.

457 Ebd., S. 396.

458 Georg Franz-Willing, *Die Hitlerbewegung,* Hamburg/Berlin 1962, S. 180 – zum Erwerb und zu den finanziellen Problemen des *VB* vgl. dort S. 180-185. Zum Erwerb des *VB* vgl. jetzt Tyrell, *Vom »Trommler« zum »Führer«,* a.a.O., S. 175-177.

459 Zum *VB* vgl. Adolf Dresler, *Geschichte des »Völkischen Beobachter« und des Zentralverlags der NSDAP,* München 1937; Sonja Noller, *Die Geschichte des »Völkischen Beobachters« von 1920-1923,* phil. Diss., München 1956; Roland V. Layton, jr., *The Völkischer Beobachter, 1925-1933. A Study of the Nazi Party*

Newspaper in the Kampfzeit, Ph. D. Diss., University of Virginia 1965; Oron J. Hale, *Presse in der Zwangsjacke 1933-1945,* Düsseldorf 1965, S. 25-46; vgl. auch Emil Dovifat, *Der »Münchner Beobachter« 1887-1918,* Würzburg-Aumühle 1940. (Der *Münchner Beobachter* ist Ende 1918 in *Völkischer Beobachter* umbenannt worden) – Vgl. auch Sonja Noller, Hildegard v. Kotze (Hrsg.), *Facsimile Querschnitt durch den Völkischen Beobachter,* München/Bern/Wien 1967.

460 Andeutungen zum Inhalt des *VB* vor dem Erwerb durch die NSDAP finden sich bei Max H. Kele, *Nazis and Workers,* Chapel Hill 1972, S. 33.

461 Vgl. dazu Franz-Willing, *Die Hitlerbewegung,* a.a.O., S. 180 f., Maser, *Die Frühgeschichte der NSDAP,* a.a.O., S. 257 ff.; Noller, Kotze (Hrsg.), *Facsimile Querschnitt durch den VB,* a.a.O., S. 5; Margarete Plewina, *Auf dem Weg zu Hitler,* Bremen 1970, S. 68; Bennecke, *Hitler und die SA,* a.a.O., S. 23 f. Im Entwurf eines Briefes an Hitler schildert Drexler den Ankauf des VB folgendermaßen: »Sie, mein Führer, kamen in der Nacht vom 16. auf 17. Dezember 1920 [2 Uhr morgens] [. . .] in meine Wohnung und berichteten in aufgeregten Worten, daß der ›Beobachter‹ in Gefahr ist, in separatistische Hände zu kommen. [. . .] ich müsse in aller Frühe zu Eckart und ihn bestimmen, mit mir zu kapitalkräftigen Leuten zu gehen, um Geld für den Kauf des ›Beobachters‹ herbeizuschaffen. [. . .] Am 17. Dezember 1920, früh 8 Uhr, war ich dann bei dem zunächst grantigen Dietrich Eckart. Wir fuhren also los. Unser erster Besuch war bei General von Epp, der uns, nach eingehender Schilderung der Notwendigkeit des Erwerbes und nachdem Eckart sein Haus und sein ganzes Hab und Gut verpfändet hatte, RM 60 000 gab. Für RM 5000 Anteile am Verlag Ehers Nachf. hatte mir zum Zwecke der Unterbringung meiner Kampfartikel kurze Zeit vorher Dr. Gutberlet geschenkt. Gegen Mittag trieben wir nochmals an die RM 25 000 auf, und um 4 Uhr nachmittags des 17. Dezember 1920 fand die Protokollierung des Kaufes des ›Münchner Beobachters‹ statt. An die 86 000 RM, im ganzen – wenn ich nicht irre – 113 000 RM Schuldenlast nahm hier der am Schraubstock stehende Werkzeugschlosser Anton Drexler, der damals kaum 35 RM in der Woche verdiente, auf sich und war als 1. Vorsitzender der Partei von dieser Minute an alleiniger Besitzer des ›Münchner Beobachters‹. Ein Vorgang, der in der Geschichte der Parteien einmalig sein dürfte.« (Zit. n. Deuerlein [Hrsg.], *Der Aufstieg der NSDAP 1919-1933,* a.a.O., S. 128 f.; zur Korrektur sei angemerkt, daß sich alle Angaben auf Mark-Beträge beziehen [vgl. Maser, *Die Frühgeschichte der NSDAP,* a.a.O., S. 259 – Anm. 125]; auch die Namensangabe *Münchner Beobachter* ist falsch [vgl. Anm. 459].) Zu den angeführten Personen und Summen vgl. auch Franz-Willing (s. o.); zu der zuletzt gemachten Andeutung vgl. einen Brief Drexlers an Feder (Febr. 1921), in dem sich Drechsler darüber beklagt, es sei noch nicht gelungen, daß der *VB* sich finanziell selbst trage (dazu Franz Willing, S. 183; Charles F. Sidman, *Die Auflagen-Kurve des Völkischen Beobachters und die Entwicklung des Nationalsozialismus Dezember 1920-November 1923,* in: *VfZG,* (1965), S. 112-118, S. 113).

462 Gordon, *Hitlerputsch* 1923, a.a.O., S. 138, kennzeichnet General v. Epp als den Schutzengel der Rechtsradikalen; 1928 tritt Epp in die NSDAP ein. Vgl. hier *ABC des Nationalsozialismus,* a. a. O., S. 259f.; Schmidt-Pauli, a. a. O., S. 63-77.

463 Franz-Willing, *Die Hitlerbewegung,* a.a.O., S. 181.

464 Der Text ist ebd. abgedr.; vgl. auch Tyrell (Hrsg.), *Führer befiehl . . .,* a.a.O., S. 28; Noller, Kotze (Hrsg.), *Facsimile Querschnitt durch den Völkischen Beobachter,* a.a.O., S. 5.

465 Vgl. Sidman, *Die Auflagen-Kurve des Völkischen Beobachters und die Entwicklung des Nationalsozialismus Dezember 1920-November 1923,* a.a.O., bes. S.

113 (zum Verkauf von Anteilscheinen und zur Verdoppelung der Parteibeiträge nach dem Kauf des *VB* vgl. auch Maser, *Frühgeschichte,* a.a.O., S. 259, 261) 113 f. (zur tatsächlichen Auflagenentwicklung und zur Abhängigkeit von der politischen Konjunktur), S. 115; Orlow, *The History of the Nazi Party,* a.a.O., S. 22, weist darauf hin, daß die Auflage des *VB* die Mitgliederzahl der NSDAP übertrifft; vgl. auch die von Tyrell als eine »Bittschrift«, »offensichtlich für finanzkräftige Kreise«, charakterisierte Denkschrift Hitlers (Okt. 1922) zum Ausbau der NSDAP, zur Rationalisierung des *VB* dort S. 51 ff. in: Tyrell (Hrsg.), *Führer befiehl . . .,* a.a.O. (s. auch S. 15).

466 Vgl. Plewina, *Auf dem Wege zu Hitler,* a.a.O., S. 69 ff.

467 Otto Dietrich, *Zwölf Jahre mit Hitler,* Köln o. J. (Lizenz d. Ausgabe: München 1955), S. 178.

468 Weißbecker in: *Staat und Monopole,* a.a.O., S. 119 f.

469 Dazu illustrative Materialien bei Georg Franz (i. e. Georg Franz-Willing), *Munich: Birthplace and Center of the National Socialist German Worker's Party,* in: *Journal of Modern History,* 29 (1957), S. 319-334; Reginald H. Phelps, *Hitler and the Deutsche Arbeiterpartei,* in: *AHR,* 68 (1962/63), S. 974-986; ders., *›Before Hitler Came‹: Thule Society and Germanen Orden,* in: *Journal of Modern History,* 35 (1963), S. 245-261; ders., *Anton Drexler, der Gründer der NSDAP,* in: *Deutsche Rundschau,* 87 (1961), S. 1134-1143. – Vgl. auch Uwe Lohalm, *Völkischer Radikalismus. Die Geschichte des Deutschvölkischen Schutz- und Trutzbundes 1919-1923,* Hamburg 1970. Zu den Vorläufern vgl. auch Deuerlein (Hrsg.), *Der Aufstieg der NSDAP 1919-1933,* a.a.O., S. 37 ff., 46 ff.; Jochmann, *Nationalsozialismus und Revolution,* a.a.O., S. 5 ff.; Maser, *Die Frühgeschichte der NSDAP,* a.a.O., S. 13 ff., 45 ff., 141 ff.; Stegmann, *Zwischen Repression und Manipulation,* a. a. O., passim.

470 Hitler am 26. Febr. 1925 im VB, zit. n. Noller, Kotze (Hrsg.), *Facsimile Querschnitt durch den VB,* a.a.O., S. 39.

471 Hitler in einer Parteiversammlung am 27. April 1920, vgl. Deuerlein (Hrsg.), *Der Aufstieg der NSDAP 1919-1923,* a.a.O., S. 117; vgl. Dietrich Eckart in: *Auf gut deutsch,* 1919/9-10, zit. bei Plewina, *Auf dem Weg zu Hitler,* a.a.O., S. 38, s. dort auch S. 50.

472 Hitler in einer Parteiversammlung am 18. Oktober 1920: »Der revolutionäre Jude macht die Revolution und zerstört alles; der Bankjude baut dann wieder auf, um sich seine Taschen zu füllen.« – Vgl. auch Eckart 1919 in: *Auf gut deutsch,* zit. bei Plewina, a.a.O., S. 49, 51. – Vgl. Georg Klaus, *Sprache der Politik,* Berlin 1971, S. 61 f., 67 ff. (zu Antikommunismus und Brechung der Zinsknechtschaft), 125, 141, 158, 167, 255 f.

473 Vgl. Konrad Heiden, *Adolf Hitler,* Zürich 1936, S. 112-117; vgl. zu diesem Themenkomplex dort auch: S. 126 ff.; 136 ff., bes. S. 140, 143 f., 147, 148, 158 f., 261 ff.; vgl. auch Bullock, *Hitler,* a.a.O., S. 60-66; Bracher, *Deutsche Diktatur,* a.a.O., S. 98 ff.; Czichon, *Wer verhalf Hitler zur Macht?,* a.a.O., S. 14 f.; Maser, *Die Frühgeschichte der NSDAP,* a.a.O., bes. S. 396 ff.

474 Nach Plewina (*Auf dem Weg zu Hitler,* a.a.O., S. 71) sollen sich Hitler und Ludendorff durch Eckart bereits 1922 in Berlin kennengelernt haben. – Zu den Personen der frühen NSDAP vgl. auch Franz-Willing, *Hitlerbewegung,* a.a.O., dort S. 132 f. zu Scheubner-Richter; zu Scheubner-Richter vgl. Walter Laquer, *Deutschland und Rußland,* Berlin 1965, S. 72 ff.

474a In Anlehnung an die Reg.erkl. des sächsischen Ministerpräsidenten Zeigner v. 12. Oktober 1923 u. des thüringischen Ministerpräsidenten Frölich v. 17. Oktober 1923 – zit. n. Ernst Rudolf Huber, *Dokumente zur deutschen Verfassungsge-*

schichte, Bd. 3, Stuttgart/Berlin/Köln/Mainz 1966, S. 290, 296.

475 Bracher, *Deutsche Diktatur,* a.a.O., S. 102; zum Jahr 1923 vgl. die Dokumente in Huber, a.a.O., S. 271-369; als Darstellungen vgl. Arthur Rosenberg, *Geschichte der Weimarer Republik,* hrsg. v. Kurt Kersten, Frankfurt 1961, S. 125-155; Hallgarten, *Stinnes, Seeckt und Hitler,* in: *Hitler, Reichswehr und Industrie,* Frankfurt 1962³, S. 9 ff.; Francis L. Carsten, *Der Aufstieg des Faschismus in Europa,* Frankfurt 1968, S. 126 ff.; als Schilderung aus der Sicht eines Industriellen vgl. Fritz Thyssen, *I paid Hitler,* New York/London 1941, S. 97 ff. (zur Ruhrbesetzung), S. 109 ff. *(My First Meeting with Hitler).* Vgl. auch die Monographie von Deuerlein, Hofmann, Gordon.

476 Dazu D. C. Watt, *Die bayerischen Bemühungen um Ausweisung Hitlers 1924,* in: *VfZG,* 6 (1958), S. 270-280. Watt wertet die Rolle Gürtners ab; er betont, Österreich habe Hitler nicht in Empfang nehmen wollen (S. 273 ff.). Dazu auch Deuerlein (Hrsg.), *Der Aufstieg der NSDAP 1919-1933,* a.a.O., S. 239 f.

477 So Peter F. Drucker, *The End of Economic Man,* London 1943, S. 21/22 – hier zit. n. Joachim Radkau, *Nationalsozialismus und Wirtschaft,* in: *NPL,* 15 (1970), S. 263; zu Drucker vgl. Dietrich Eichholtz, *Geschichte der deutschen Kriegswirtschaft 1939-1945,* Bd. 1: *1939-1941,* Berlin 1969, S. 382; William Ebenstein, *The Study of Totalitarianism,* in: *World Politics,* 10 (1958), S. 275.

478 Dies kennzeichnet z. B. die Verteidigung Schachts vor dem Internationalen Militärgerichtshof in Nürnberg, vgl. Czichon, *Wer verhalf Hitler zur Macht?,* a.a.O., S. 16; typische Formulierungen dieses ideologischen Standpunktes finden sich bei Hans-Eckardt Kannapin, *Wirtschaft unter Zwang,* Köln 1966, s. bes. S. VIII/IX u. d. Einl. insges.

479 Dazu Emil Lederer, *State of the Masses,* New York 1940; William Kornhauser, *The Politics of Mass Society,* London 1960; Hannah Arendt, *Elemente und Ursprünge totaler Herrschaft,* Frankfurt 1955; vgl. jetzt bes. auch G. Germani, *Fascism and Class,* in: S. J. Woolf (Hrsg.), *The Nature of Fascism,* London 1968, hier S. 77 ff.

480 Jäger, *Das wahre Gesicht Hitlers und der NSDAP,* a.a.O., bes. S. 30, 35, 65. – Zur unterschiedlichen soziologischen Zusammensetzung der 1921 gegründeten SA und der 1923 gegründeten SS liegen bislang nur spärliche Analysen vor. So besteht 1931 ein SA-Schulungskurs zu 56% aus Handelsvertretern und Angestellten, zu 23% aus Handwerkern, zu 9% aus freiberuflichen Tätigen, zu 8% aus Beamten und Offizieren und zu 3% aus Studenten (berechnet n. Andreas Werner, *SA und NSDAP. SA: »Wehrverband«, »Parteitruppe« oder »Revolutionsarmee«? Studien zur Geschichte der SA und der NSDAP 1920-1933,* phil. Diss., Erlangen-Nürnberg 1964, S. 561 – Anm. 67). Eine Auswertung von 2836 eidesstattlichen Erklärungen von SS-Angehörigen ergibt folgende Zusammensetzung: 40,9% der Väter der SS-Angehörigen sind Handwerker und Bauern, 11,8% Arbeiter, 17,5% Beamte und 16,2% freie Berufe (zit. n. Josef Ackermann, *Heinrich Himmler als Ideologe,* Göttingen/Zürich/Frankfurt 1970, S. 99 – Anm. 9). Zur SA vgl. auch W. F. K. Böcher, *Die SA,* ungedr. MS, Inst. f. wissenschaftl. Politik, Marburg – zit. bei Kühnl, *Die nationalsozialistische Linke,* a.a.O., S. 12, 267; zur SS vgl. auch Hans Wolfram v. Hentig, *Beiträge zu einer Sozialgeschichte des Dritten Reiches,* in: *VfZG,* 16 (1968), S. 48-50; allgemein vgl. auch Jäger, *Das wahre Gesicht Hitlers und der NSDAP,* a.a.O., S. 29 ff. Zur Zusammensetzung der SA vgl. auch Gerhard Friters, *Who are the German Fascists?,* in: *Current History,* 35 (1932), hier S. 533 f.; bes. vgl. auch XYZ, *Die soziale Zusammensetzung der SA,* in: *Der rote Aufbau,* 1933/13 – abgedr. in: *Kampf dem Faschismus,* Hamburg 1973, S. 271 f. – Dort wird

eine Erhebung der Berliner *Nachtausgabe* (vom 30. Aug. 1933) zit.; diese Erhebung bezieht sich auf zwei größere Berliner SA-Verbände, von denen der eine in einem Arbeiterviertel des Ostens und der andere in einem Wohnviertel des bürgerlichen Westens zu Hause ist: *Prozentuale Zusammensetzung von zwei Berliner SA-Verbänden* Anfang 1933

	SA im		
	Osten (Arbeiterviertel)	Westen (bürgerliche Wohngegend)	Ø insges. der SA
Alter			
bis 30 Jahre	80	78	79
30-40 Jahre	15	13	14
40-50 Jahre	2	5	3,5
über 45 Jahre	3	4	3,5
Berufe			
Arbeiter	29	9	19
Handwerker und Techniker	44	33	38,5
kaufm. Angest., Kaufleute, Gewerbetreibende	17	22	19,5
Beamte und Akademiker	2	16	9
Studenten	1	11	6
sonstige Berufe	7	9	8

Hier zit. n. *Kampf dem Faschismus,* a.a.O., S. 271.

481 Angemerkt sei nur, daß sich auch Reinhard Kühnl u. a., *Die NPD,* Frankfurt 1969, S. 212 ff., »An die Nationaldemokraten, die ›das Beste wollen‹«, wenden, wenn »Über die partielle Berechtigung faschistischer Kritik und ihre Perversion« geredet wird.

482 Dietrich Eichholtz, *Probleme einer Wirtschaftsgeschichte des Faschismus in Deutschland,* in: *JWG,* 1963/III, S. 126.

483 Vgl. dazu Walter Ulbricht, *Die Taktik des Trojanischen Pferdes,* in: *Die Internationale,* 1936/6-7, abgedr. in: *Zur Geschichte der deutschen Arbeiterbewegung,* Bd. II: 1933-1946, 2. Zusatzbd., Berlin 1968, S. 39 ff.; vgl. auch Pieck, *Der neue Weg zum gemeinsamen Kampf für den Sturz der Hitlerdiktatur,* a.a.O., S. 57 ff.; Dimitroff, *VII. Weltkongreß der KI: Abridged Stenographic Report,* a.a.O., S. 156 ff. – Pieck, Dimitroff, Togliatti, a.a.O., S. 127 ff. – *VII. Weltkongreß der KI,* a.a.O., S. 103 ff.; vgl. auch Wilhelm Pieck, *Wir kämpfen für ein Rätedeutschland,* Moskau/Leningrad 1934, S. 9 ff.; von Ulbricht vgl. bes. auch: *Zur Geschichte der deutschen Arbeiterbewegung,* Bd. II: *1933-1946,* 2. Zusatzbd., a.a.O., S. 11 f. (Rede auf dem VII. Weltkongreß der KI); vgl. auch Georg Rehberg, *Hitlers Worte und Hitlers Taten,* Moskau 1944, bzw. ders., *Hitler und die NSDAP in Wort und Tat,* Berlin 1946.

484 So Josef Goebbels, *Die zweite Revolution,* Zwickau (Sa.) 1926, S. 37.

485 Kater, *Zur Soziographie der frühen NSDAP,* S. 124-159, S. 126 f. – dort auch Anmerkungen zum Forschungsstand: S. 124-127.

486 Vgl. Franz-Willing, *Hitlerbewegung,* a.a.O., S. 126.

487 Ebd., S. 129 f. – zit. bei David Schoenbaum, *Die braune Revolution,* Köln Berlin 1968, S. 47.

488 Vgl. Franz-Willing, a.a.O., S. 136.

489 Maser, *Die Frühgeschichte der NSDAP*, a.a.O., S. 255.

490 Kater, *Zur Soziographie der frühen NSDAP*, a.a.O., S. 134.

491 Ebd., S. 129-132, zur Quelle und zum Sample, zur Repräsentanz s. S. 132, 158 f.

492 Dazu ebd., S. 132-137.

493 Ebd., S. 138 – Anm. 72; vgl. aber Theodor Geiger, *Die soziale Schichtung des deutschen Volkes*, 1932[1], Darmstadt 1967, S. 109 ff. – *Exkurs: Die Mittelstände im Zeichen des Nationalsozialismus.*

494 Dazu Hansjürgen Daheim, *Die Vorstellungen vom Mittelstand*, in: *KZfSS*, 12 (1960), S. 237-277, S. 266 ff. – Daheim stützt sich auf eine Umfrage von 1959 und resümiert: »Die Selbständigen und die mittleren Angestellten und Beamten machen in der Vorstellung der Bevölkerung den Kern der Mittelschichten aus« (S. 251). Von dieser Selbsteinschätzung weicht Katers Begriff weit ab.

495 Dazu, nicht überzeugend, Kater, *Zur Soziographie der frühen NSDAP*, a.a.O., S. 140 f., 142.

496 Dazu ebd., S. 139 f.

497 Dazu ebd., S. 145 ff.

498 Vgl. ebd., S. 149 ff.; zum relativ hohen Arbeiteranteil der NSDAP vgl. auch Gordon, *Hitlerputsch*, a.a.O., S. 73 ff.

499 Kater, a.a.O., S. 151.

500 Ebd., S. 153 – dort auch zu der etwas undurchsichtig-vagen Berechnung bzw. Interpretation.

501 Ebd.

502 Vgl. im Text die Bemerkungen zu Wolfgang Sauer; vgl. auch Merkl, *Die alten Kämpfer der NSDAP*, a.a.O., S. 498.

503 Brief an den schleswig-holsteinischen Gauleiter Hinrich Lohse v. 24. Dez. 1930 – zit. n. Tyrell (Hrsg.), *Führer befiehl . . .*, a.a.O., S. 340.

504 Zit. n. ebd., S. 38 (Brief Hitlers v. 6. 9. 1921 an Gustav Seifert, den Vorsitzenden der NSDAP-Ortsgruppe Hannover).

505 Vgl. dazu nur ebd., S. 64 (Schlußwort Hitlers vor dem Münchner Volksgericht am 24. März 1924); vgl. auch: *Der Hitler-Prozeß vor dem Volksgericht in München*, München 1924, Teil I: S. 17-28, Teil II: S. 85-91 (hier S. 89).

506 Vgl. auch Albert Krebs, *Tendenzen und Gestalten der NSDAP*, Stuttgart 1959, S. 69 f. (S. 69-77: *Die Nationalsozialistische Betriebszellenorganisation in Hamburg*).

507 Vgl. Rudolf Heß, *Brief an Welter Hewel vom 30. März 1927*, zit. in: Tyrell (Hrsg.), a.a.O., S. 171 f.

508 Tyrell (Hrsg.), a.a.O., S. 379 f., Abb. VI/VII; dazu Kater, a.a.O., S. 127.

509 Vgl. dazu Orlow, *The History of the Nazi Party*, a.a.O., S. 76 ff., 147 ff.; Tyrell (Hrsg.), a.a.O., bes. S. 133, 230 ff., 245 ff., 264 f., 266 ff. (268), 353 ff.; Schäfer, *NSDAP*, a.a.O., S. 16 ff.; Peter Hüttenberger, *Die Gauleiter*, Stuttgart 1969, Abschn. I, passim.

510 Jäger, *Das wahre Gesicht Hitlers und der NSDAP*, a.a.O., S. 70; Kele, *Nazis and Workers*, a.a.O., S. 183; Abel, *The Nazi Movement*, a.a.O., S. 178. – Der Ausdruck stammt von Goebbels; vgl. auch Reichsorganisationsleiter der NSDAP (Hrsg.), *Partei-Statistik*. Stand 1. Januar 1935 (ohne Saargebiet), Bd. I: *Parteimitglieder*, München o. J. (1935), S. VII.

511 Orlow, *The History of the Nazi Party*, a.a.O., S. 145; vgl. auch Wilfried Böhnke, *Die NSDAP im Ruhrgebiet 1920-1933*, Bonn-B. Godesberg 1974, S. 152: »Die Mitgliederzahl der NSDAP betrug zum Jahreswechsel 1929/30 im gesamten

Gau Westfalen 3500 Personen. Sie stieg bis zum 1. September 1930 auf 11 500 an. Der Sprung bis Ende Oktober d. J. ist phantastisch: Innerhalb von nur acht Wochen verdreifachte die Partei ihren Mitgliederbestand auf 32 186 Personen.« – S. 153: »Auch im rheinischen Teil des Ruhrgebiets verlief die Entwicklung der NSDAP in ähnlichen Bahnen. Die Zahl der Mitglieder stieg z. B. in Duisburg von 250 Personen im Mai 1929 über 600/700 im Herbst d. J. auf 900 Personen im April 1930. Im November d. J. waren es schon 1800 Parteigenossen, im Januar 1931 2500 und am 1. Juli d. J. bereits 3000. Innerhalb von 26 Monaten war die Mitgliederzahl in Duisburg also um das 12fache gestiegen. In Oberhausen [...] zählte die NSDAP im März 1929 120 Mitglieder. Ende d. J. waren es 400 Personen, Mitte 1930 580, im November d. J. 1400 und im September 1931 dann 1800. Der Zuwachs betrug hier im Verlaufe von knapp 2½ Jahren das 15fache.« – Zur Fluktuation und zum Mitgliederwachstum in Essen vgl. Herbert Kühr, *Parteien und Wahlen im Stadt- und Landkreis Essen in der Zeit der Weimarer Republik*, Düsseldorf 1973, S. 149 f.

512 Schäfer, *NSDAP*, a.a.O., S. 17; zit. auch in: Deuerlein (Hrsg.), *Der Aufstieg der NSDAP 1919-1933*, S. 430.

513 Broszat, *Der Staat Hitlers*, a.a.O., S. 50; *Partei-Statistik* I, a.a.O., S. 13, 16, demzufolge treten, bezogen auf den Mitgliederstand Anfang 1935, 5,2% vor dem 14. 9. 1930 und 28,8% vom 15. 9. 1930 bis zum 30. 1. 1933 der NSDAP bei.

514 Böhnke (a.a.O., S. 156) erwähnt aber für den Gau Westfalen für die Zeit nach dem Sept. 1930 einen Mitgliederzuwachs von 4 bis 6000 je Monat – bei Abgängen von nur 100 bis 200 (= 0,3 bis 0,6%) Mitgliedern. Vgl. ähnlich auch Kühr (Anm. 511).

515 Vgl. Tyrell (Hrsg.), *Führer befiehl ...*, a.a.O., S. 352. Der Tatbestand wird mit aller Deutlichkeit durch die *Partei-Statistik* (I, a.a.O., S. 12) belegt: »Die Partei zählt [am 1. Januar 1935, H. E.] im Gegensatz zu den vorhandenen Mitgliedsnummern, die bis 4 Millionen angestiegen sind, 2 493 890 Parteimitglieder. Davon sind 849 009 vor der Machtergreifung, 1 644 881 nach der Machtergreifung in die Partei eingetreten. Aus diesem Unterschied der Mitgliedsnummern zur eigentlichen Mitgliedszahl ist die starke Bewegung zu ersehen, in der sich die Partei in der Kampfzeit und noch kurz nach der Machtübernahme mitgliedsmäßig befand.«

516 Tyrell (Hrsg.), a.a.O., S. 352; diese Angaben geben Hans Adolf Jacobsen, Werner Jochmann (Hrsg.), *Ausgewählte Dokumente zur Geschichte des Nationalsozialismus 1933-1945*, Bielefeld 1960 ff., als Mitgliederstand aus. Vgl. dazu jetzt Michael H. Kater, *Sozialer Wandel in der NSDAP im Zuge der nationalsozialistischen Machtergreifung*, in: Wolfgang Schieder (Hrsg.), *Faschismus als soziale Bewegung*, Hamburg 1976, hier S. 25 f.

517 Vgl. Bennecke, *Hitler und die SA*, a.a.O., S. 214; Volz, *Geschichte der NSDAP*, a.a.O., S. 13; ders., *Daten der Geschichte der NSDAP*, Berlin/Leipzig 1937, S. 13; Schäfer, *NSDAP*, a.a.O., S. 11, 15, 17; Broszat, *Der Staat Hitlers*, a.a.O. S. 49; Hans-Gerd Schumann, *Nationalsozialismus und Gewerkschaftsbewegung* Hannover u. Frankfurt 1958, S. 167 f.

517 Tyrell (Hrsg.), *Führer befiehl ...*, a.a.O., S. 371.

518 Ebd., S. 379.

519 Ebd. Zur Kategorien-Kritik vgl. jetzt auch Hans-Gerd Schumann, *Die Führungsspitzen der NSBO und der DAF*, in: *Herkunft und Mandat*, Frankfurt/Köln 1976, hier S. 148 f., 159.

520 *Partei-Statistik* I, a.a.O., S. 48 ff. (70); diese Angaben werden übernommen von Broszat, *Der Staat Hitlers*, a.a.O., S. 51; Schäfer, *NSDAP*, a.a.O., S. 17, 19 Deuerlein (Hrsg.), *Der Aufstieg der NSDAP 1919-1933*, a.a.O., S. 430; Hans-Jo

achim Winkler, *Legenden um Hitler,* Berlin 1963, S. 16 f.; Helga Grebing, *Der Nationalsozialismus,* München/Wien 1964[17], S. 51; Hans H. Gerth, *The Nazi Party: Its Leadership and Composition,* 1940, abgedr. in: Robert K. Merton u. a. (Hrsg.), *Reader in Bureaucracy,* New York/London 1968[3], S. 100 ff., hier S. 104 ff. (106).

521 *Partei-Statistik,* I, a.a.O., S. 48 (ff.).

522 Ebd., S. 57-59.

Aufteilung der Berufsgruppen (in %)

	NSDAP (Anfang 1935)	Bevölkerung (Berufszählung v. 16. Juni 1933)
Arbeiter	32,1	46,3
Angestellte	20,6	12,4
Selbständige	20,2	9,6
Beamte	13,0	4,8
Bauern	10,7	20,7
Sonstige	3,4	6,2

Vgl. auch die Gegenüberstellung bei Broszat, *Der Staat Hitlers,* a.a.O., S. 51.

523 *Partei-Statistik I,* a.a.O., S. 56.

524 Ebd.

525 Ebd., S. 60.

526 Ebd., S. 70 – dort finden sich auch die entsprechenden absoluten Angaben.

527 So Theodor Heuss, *Hitlers Weg.* Eine Schrift aus dem Jahre 1932 neu hrsg. und mit einer Einl. vers. v. Eberhard Jäckel, Tübingen 1968, S. 164.

528 Vgl. *Partei-Statistik I,* a.a.O., S. 75; Ernst Nolte, *Der Nationalsozialismus,* Frankfurt/Berlin/Wien 1970, S. 183.

529 Vgl. bes. Werner Stephan, *Grenzen des nationalsozialistischen Vormarsches. Eine Analyse der Wahlziffern seit der Reichstagswahl 1930,* in: *ZfP,* 21 (1932), S. 570-578; ders., *Die Reichstagswahlen vom 31. Juli 1932,* in: *ZfP,* 22 (1933), S. 353-360; ders., *Die Parteien nach den großen Frühjahrswahlkämpfen. Eine Analyse der Wahlziffern des Jahres 1932,* in: *ZfP,* 22 (1933), S. 110-118; vgl. auch ders., *Zur Soziologie der Nationalsozialistischen Deutschen Arbeiterpartei,* in: *ZfP,* 20 (1931), S. 793-800; Carlo Mierendorff, *Gesicht und Charakter der nationalsozialistischen Bewegung,* in: *Die Gesellschaft,* 7 (1930/I), S. 489-504; S. Erkner, *NSDAP und die Klassen,* in: *Die Internationale,* 14 (1931), S. 323-333; Rudolf Heberle, *Landbevölkerung und Nationalsozialismus,* Stuttgart 1963. – Vgl. auch Hans Neisser, *Sozialstatistische Analyse des Wahlergebnisses* [der RT-Wahlen 1930], in: *Die Arbeit,* 7 (1930), S. 654-659; Svend Riemer, *Zur Soziologie des Nationalsozialismus,* in: *Die Arbeit,* 9 (1932), S. 101-118; zusammenfassend vgl. Alexander Weber, *Soziale Merkmale der NSDAP-Wähler. Eine Zusammenfassung bisheriger empirischer Untersuchungen und eine Analyse in den Gemeinden der Länder Baden und Hessen,* phil. Diss., Freiburg i. Br. 1969 – Webers Arbeit ist die derzeit umfassendste Sekundäranalyse, dort (S. 265 ff.) finden sich auch weitere Literaturangaben.

530 So Kele, *Nazis and Workers,* a.a.O., S. 216, vgl. dort S. 162 ff., 201 ff., 204 ff., die zeigen, daß sich Kele selbst nur auf Wahlanalysen stützt, um die Struktur der NSDAP zu beschreiben.

531 Heuss, *Hitlers Weg,* a.a.O., S. 163 f.

532 Nolte, *Nationalsozialismus,* a.a.O., S. 181-184 (184) – Nolte sützt sich dabei auf eine ganz unkritische, wenig problem- und methodenbewußte Auswertung der

nationalsozialistischen *Partei-Statistik* (dagegen meine Rez. in: *Blätter,* 15 [1970], S. 988-990); vgl. auch Broszat, *Der Staat Hitlers,* a.a.O., S. 50. Vgl. jetzt auch Heinrich August Winkler, *Mittelstandsbewegung oder Volkspartei?,* in Schieder (Hrsg.), *Faschismus als soziale Bewegung,* a.a.O., S. 97 ff.

533 Vgl. Nolte, *Nationalsozialismus,* a.a.O., S. 182: »[...] die Kennzeichnung des Nationalsozialismus als ›kleinbürgerliche Bewegung‹ ist nicht etwa schlechthin falsch, aber sie hat nur einen geringen Erkenntniswert, weil das Kleinbürgertum als Wirklichkeit und mehr noch als Tendenz ein Grundelement der europäischen Gesellschaft überhaupt und durchaus kein ausschließender Gegensatz zur Arbeiterschaft und zum sogenannten Großbürgertum (wohl aber zum Adel), ist, weil daher die Kleinbürger in allen Parteien und Gruppen von der Heilsarmee bis zur Wirtschaftspartei und zur Sozialdemokratie stark vertreten sind und weil so gut wie alle Parteien ihnen den Schutz ihrer wirtschaftlichen Interessen versprechen.«

534 Dazu Gordon, *Hitlerputsch,* a.a.O., S. 69 ff.; Kater, *Zur Soziographie der frühen NSDAP,* a.a.O., S. 156 ff.; Jäger, *Das wahre Gesicht Hitlers und die NSDAP,* a.a.O., bes. S. 67 ff. (69); Mierendorff, *Gesicht und Charakter der nationalsozialistischen Bewegung,* a.a.O., S. 497 ff.; Merkl, *Die alten Kämpfer und die NSDAP,* a.a.O., S. 497 ff.; Loewenberg, *The Psychohistorical Origins of the Nazi Youth,* a.a.O., S. 1469 ff.; Gerth, *The Nazi Party: Its Leadership and Composition,* a.a.O., S. 107 f.; Broszat, *Der Staat Hitlers,* a.a.O., S. 49 f.; Schoenbaum, *Die braune Revolution,* a.a.O., S. 59 f., 69 f.; Kele, *Nazis and Workers,* a.a.O., S. 197; zur Jugendlichkeit der NSDAP vor 1933 vgl. auch Eberhart Schön, *Die Entstehung des Nationalsozialismus in Hessen,* Meisenheim a. Gl. 1972, S. 99; Maria Regina Rumpf, *Die lebensalterliche Verteilung des Mitgliederzuganges zur NSDAP vor 1933,* phil. Diss., Heidelberg 1951; vgl. auch Robert Michels, *Umschichtungen in den herrschenden Klassen nach dem Kriege,* Stuttgart/Berlin 1934, bes. S. 99 ff. Vgl. vor allem auch die *Partei-Statistik I,* a.a.O., S. 154 ff. (155, 162 – s. die Tab. im Text); zur Altersstruktur der NSDAP siehe einen Vergleich des Alters der Parteimitglieder von NSDAP und SPD 1931 in Oschatz-Grimma, einem sächsischen Leichtindustriebezirk (Partei-Statistik I, S. 157 – abgedr. auch in: Schoenbaum, S. 70):

Altersgruppen	Altersstruktur der Bevölkerung (1933)	Mitglieder von SPD (1931)	Mitglieder von NSDAP (1931)
18-30	31,1	19,3	61,3
31-40	22,0	27,4	22,4
41-50	17,1	26,5	8,0
über 50	29,8	26,8	8,3

In der *Partei-Statistik* werden diese Ergebnisse mit der Statistik Anfang 1935 verglichen und folgendermaßen kommentiert: »Wenn auch die Gegenüberstellung eines [...] Kreises der NSDAP zum Reichsergebnis [von 1935, E. H.] keineswegs eine unbedingt genaue ist, so ersieht man doch, daß nach *4 Jahren* eine *wesentliche Verschiebung* zugunsten der älteren Generation auch bereits in der NSDAP eingetreten ist« (*Partei-Statistik I.* S. 157). – Vgl. auch Gerth, S. 108; William Kornhauser, *The Politics of Mass Society,* Glencoe 1959, S. 188 f.

535 Arbeitslose in der NSDAP, vgl. *Partei-Statistik I,* a.a.O., S. 298: Am 1. Jan. 1935 sind 8,2% der NSDAP-Mitglieder arbeitslos (i. s. 205 456 Parteimitglieder).

Arbeitslose NSDAP-Mitglieder (abs. und in % aller arbeitslosen NSDAP-Mitglieder) bezogen auf den Stichtag 1. 1. 1935:

Parteieintritt bis zum 14. 9. 1930	v. 15. 9. 30 bis 31. 1. 33	n. d. 30. 1. 33 bis 1. 1. 1935
5 988 2,9%	53 701 26,1%	145 767 71%

Es sei angeführt, daß der Arbeitslosenanteil am Mitgliederstand der NSDAP relativ gering ist (s. S. 298 ff. der *Partei-Statistik*). Er nimmt zwar, natürlich, während der Weltwirtschaftskrise zu, aber auch nach der »Machtergreifung« tritt erst ein größerer Anteil Arbeitsloser in die NSDAP ein. Angaben über die Untergliederung der Arbeitslosen (S. 304 f.) zeigen, daß 29 Prozent aller zum 1. 1. 1935 erwerbslosen NSDAP-Mitglieder auf den Zeitraum bis 1930, 26,1 Prozent auf die Jahre 1930-1933 und 71 Prozent auf die Zeit nach dem 30. 1. 1933 entfallen.

Erwerbslose Mitglieder der NSDAP

	Parteieintritt						Parteimitglieder insges.	
	bis zum 14. 9. 30		v. 15. 9. 30-30. 1. 33		n. d. 30. 1. 33		14. 9. 30-1. 1. 35	
	abs.	vH	abs.	vH	abs.	vH		vH
Erwerbslose NSDAP-Mitglieder	5 988	4,6	53 701	7,5	145 767	8,9	205 456	8,2
insges.	129 563	100	719 446	100	1 644 881	100	2 493 890	100

(*Partei-Statistik I*, S. 16, 304 f. – die v. H.-Anteile sind berechnet worden.) Vgl. auch R. J. McKibbin, *The Myth of the Unemployed: Who Did Vote for the Nazis?*, in: *Australian Journal for Politics and History*, Aug. 1969, S. 25-40. Ein großer Teil der Arbeitslosen dürfte in der SA organisiert gewesen sein; vgl. Werner, *SA und NSDAP*, a.a.O., S. XXXIV, 565 f.; Höhne, *Der Orden unter dem Totenkopf* I, a.a.O., S. 67; Jäger, *Das wahre Gesicht Hitlers und der NSDAP*, a.a.O., S. 30, 31, 34, 39, 48, 62 f., 75; daß jüngere Arbeitslose in die SA eintreten, um der materiellen Misere zu entgehen, erwähnt auch Böhnke (*Die NSDAP im Ruhrgebiet*, a.a.O., S. 154, 158 – Anm. 101).

536 Merkl, *Die alten Kämpfer der NSDAP*, a.a.O., S. 510; vgl. auch Kühr, *Parteien und Wahlen in Stadt- und Landkreis Essen in der Zeit der Weimarer Republik*, a.a.O., S. 143 f., 146, 153.

537 Vgl. Ernest M. Doblin, Claire Pohly, *The Social Composition of the Nazi Leadership*, in: *The American Journal of Sociology*, 51 (1945), S. 42-49, S. 43: Die Tab. ist abgedr. in: (Anonym) *Zur Soziologie der nationalsozialistischen Führerschicht*, in: *Prisma*, 1 (Sept. 1947), H. 11, S. 36/37, S. 36; vgl. auch Stephan, *Zur Soziologie der Nationalsozialistischen Deutschen Arbeiterpartei*, a.a.O., S. 800. – Zur Analyse der RT-Fraktionen 1924, 1928, 1930 und 1932 vgl. auch Reinhard Figge, *Die Opposition der NSDAP im Reichstag*, Diss. rer. pol., Köln 1963, S. 48 ff., 52 ff., 55 ff., 64 ff., 71 ff. Eine Analyse der Altersgliederung der NS-Fraktion des am 6. 11. 1932 gewählten Reichstages liefert folgendes Ergebnis:

Altersverteilung (in %) in verschiedenen Reichstagen

Alters-gruppen	1924	1928	1930 insges.	NSDAP	KPD	SPD	1938
unter 30	2	1	4	11	11	–	1,4
30-39	19	16	25	55	58	12	37,4
40-49	36	36	30	22	29	34	42,3
50-59	32	35	31	10	1	38	14,7
60 u. m.	11	12	10	2	1	16	4,2

Verteilung der Abgeordneten der NSDAP auf Altersgruppen (RT 1932/II)

Altersgruppen in Jahren	Abgeordnete abs.	in %
25-30	27	13,6
	87	43,8
31-35	60	30,2
36-40	37	18,6
41-45	37	18,6
46-50	34	17,1
51-60	14	7,0
61 u. m.	7	3,5
	N = 199	100,1 = Aufrundu

Quelle: *Die Braunhemden im Reichstag. Die nationalsozialistische Reichstags fraktion 1932, VII. Wahlperiode*, München 1933, S. 17-120. In einem Fall (S. 30 wird kein Geburtsjahr eines NS-Abgeordneten mitgeteilt; in diesem Fall ist ergän zend herangezogen worden: Stockhorst, *Fünftausend Köpfe. Wer war was in Dritten Reich*, Velbert u. Kettwig 1967, S. 125.

Legende: Die NSDAP hat am 6. 11. 1932 196 RT-Mandate gewonnen. Da alphabetische Verzeichnis führt auch solche Abgeordnete auf, die im Verlauf de Legislaturperiode ersetzt worden sind. Im einzelnen betrifft dies folgende Abgeord nete: Litzmann (geb. 22. 1. 1850) – ersetzt durch Krüger (geb. 8. 5. 1894), Stegmann (geb. 13. 6. 1899) – ersetzt durch Appler (geb. 13. 6. 1892) – vgl. *Die Braunhemden RT*, S. 67 f., 71 f., 102.

Insofern in der o. a. Statistik die Nachrücker *und* die ursprünglichen Mandatsträ ger berücksichtigt worden sind, beziehen sich diese Angaben auf 199 Abgeordnete.

Die jüngsten drei NS-Abgeordneten sind 25 Jahre als (vgl. Art. 22 WRV und da Reichswahlges. v. 27. 4. 1920 – RGBl., S. 627), der älteste (Litzmann) ist 82 Jahre alt

538 Böhnke, *Die NSDAP im Ruhrgebiet*, a.a.O., S. 195-202.

539 Ebd., S. 199 f., zur Mitgliederschaft der NSBO vgl. S. 170, zu den Betriebsrä tewahlen s. S. 173 f.

540 Ebd., S. 199. – Böhnke (S. 178) erwähnt auch, daß die überregionale Verbandszeitung der katholischen Arbeiter- und Knappenvereine Westdeutsch lands, die *Westdeutsche Arbeiter-Zeitung*, am 30. Mai 1930 über die NSDAP unte dem Titel *Die ›Arbeiterpartei‹ ohne Arbeiter* berichtet.

541 Zu 1936/37 vgl. Gerth, *The Nazi Party: Its Leadership and Composition* a.a.O., S. 103, 105. – Demzufolge gibt es 33 Gau- und, aufgerundet, 760 Kreis- 21 000 Ortsgruppen-, 70 000 Zellen- sowie 400 000 Blockleiter. (Zum Anteil von

Lehrern vgl. S. 105) – Vgl. auch Anm. 543.

542 Dazu Reichsorganisationsleiter der NSDAP (Hrsg.), *Partei-Statistik*. Stand: 1935 ohne Saargebiet, Bd. II: *Politische Leiter*, München o. J. (1935), S. 7.

543 Vgl. ebd., S. 6, die Skizzen zur Verdeutlichung des Organisationsaufbaus der NSDAP; vgl. auch Reichsorganisationsleiter der NSDAP (Hrsg.), *Organisationshandbuch der NSDAP*, München 1937[3].

544 Vgl. vor allem die institutionellen, jedoch nur sehr beiläufig auch soziologischen Angaben bei Broszat, *Der Staat Hitlers*, a.a.O., S. 65-81 (»Führungsstruktur, Personen und Ämter der Reichsorganisationsleitung der NSDAP«); vgl. auch die globalen Angaben bei Tyrell (Hrsg.), *Führer befiehl* . . ., a.a.O., S. 355-378.

545 *Zur Soziologie der nationalsozialistischen Führerschicht*, a.a.O., S. 36.

546 Franz Neumann, Einl. zu: Daniel Lerner unter Mitwirkung von Ithiel de Sola Pool, George K. Schueller, *The Nazi Elite*, Stanford 1951, S. 2.

547 Vgl. die Zusammenfassung in: Wolfgang Zapf, *Wandlungen der deutschen Elite*, München 1965, S. 51-54; zusammenfassend vgl. auch Daniel Lerner, *The Nazi Elite*, in: Harold D. Lasswell, Daniel Lerner (Hrsg.), *World Revolutionary Elites*, Cambridge 1967[3], S. 194 ff.

548 Frühe – inhaltlich allerdings zu korrigierende – Andeutungen hierzu liefert Stephan, *Zur Soziologie der Nationalsozialistischen Deutschen Arbeiterpartei*, a.a.O., S. 796 f.: Die Landbewohner stellen den Hauptanteil der NS-Wähler, in der RT-Fraktion aber ist dieser Teil mit 10 Landwirten und 2 Landarbeitern nur schwach vertreten. »Der hohe Prozentsatz der bäuerlichen Wähler kommt [. . .] in der Zahl der agrarischen Abgeordneten der Hitler-Partei nicht annähernd zum Ausdruck.«

549 Böhnke, *Die NSDAP im Ruhrgebiet*, a.a.O., S. 196 f., 200-202.

550 Ebd., S. 201.

551 *Partei-Statistik II*, a.a.O., S. 157.

552 (Zusatz: E. H.) Vgl. dazu ebd., S. 164:

Politische Leiter der NSDAP
Prozentual aufgegliedert nach Berufsgruppen und Parteieintritt
Vor bzw. nach der »Machtergreifung«

Berufsgruppen	Parteieintritt v. d. 30. 1. 1933	n. d. 30. 1. 1933 bis zum 1. 1. 1935
Arbeiter	22,0	22,6
Angestellte	23,4	21,0
Selbständige	19,7	18,4
Beamte	10,4	21,6
Bauern	18,4	11,6
Sonstige Erwerbspersonen	3,1	2,2
Rentner u. Pensionäre	1,4	1,2
Hausfrauen	1,3	1,0
Studenten u. Schüler	0,3	0,4

Vgl. auch ebd., S. 11 (Politische Leiter aufgegliedert nach Parteieintritt und Funktion bzw. Position – zur Interpretation s. auch S. 15).

Zur *soziologischen Struktur der nationalsozialistischen Oligarchie Ende 1929* vgl. Orlow, *The History of the Nazi Party,* a.a.O., S. 172:

berufliche Stellung	vertikale Stellung der Führer Reichsleitung	Gauleiter	Ortsgruppenleiter	Stützpunktleiter
1	–	2	1	1
2	1	–	5	12
3	1	9	9	20
4	1	1	2	3
5	–	8	3	4
6	–	–	3	6
7	–	1	–	2
8	2	4	5	4
9	2	2	4	4
10	4	1	–	–
11	11	28	32	60

Legende: (1) Arbeiter, (2) Handwerker, (3) Angestellte, (4) Landwirte, (5) Lehrer, (6) unter Beamte, (7) Geschäftsleute, (8) höhere Beamte, (9) hauptamtliche Funktionäre, (10) Militärs, (11) N (N = 131).

Dort finden sich ebenfalls Angaben zum Bildungsstand des NS-Funktionärskorps. Vgl. auch Angaben zur Berufszugehörigkeit von 82 Ortsgruppenführern (Juli 1930) bei Schön, *Die Entstehung des Nationalsozialismus in Hessen,* a.a.O., S. 99.

553 *Partei-Statistik II,* a.a.O., S. 154-156.

554 Stephan, *Zur Soziologie der Nationalsozialistischen Deutschen Arbeiterpartei,* a.a.O., S. 799.

555 Doblin, Pohly, *The Social Composition of the Nazi Leadership,* a.a.O., S. 42, 47.

556 Vgl. dazu Viktor Reimann, *Dr. Joseph Goebbels,* Wien/München/Zürich 1971, S. 124 ff. (125).

577 Zur Vertretung von Industriellen in den Reichstagen finden sich einige Angaben bei Ingolf Liesebach, *Der Wandel der politischen Führungsschicht der deutschen Industrie von 1919 bis 1945,* Hannover 1957 (phil. Diss., Basel 1956), S. 38 ff. (53 f.).

558 Doblin, Pohly, *The Social Composition of the Nazi Leadership,* a.a.O., S. 47; zit. auch in: *Zur Soziologie der nationalsozialistischen Führerschicht,* a.a.O., S. 37.

559 Materialien dazu bei Reinhard Figge, *Die Opposition der NSDAP im Reichstag,* Diss. rer. pol., Köln 1963; Hermann Balle, *Die propagandistische Auseinandersetzung des Nationalsozialismus mit der Weimarer Republik und ihre Bedeutung für den Aufstieg des Nationalsozialismus,* Diss. phil., Erlangen-Nürnberg 1963, – zur Kritik dieser Arbeiten vgl. Wolfgang Horn, *Hitler und die NSDAP,* in: *NPL,* 13 (1968), hier S. 466-469. Vgl. im übrigen auch Heinz Markmann, *Die Massenführung des Nationalsozialismus,* phil. Diss., Heidelberg 1951; Wolfgang Thate, *Die Rolle des Emotionalen in der NS-Propaganda,* phil. Diss., Berlin (FU) 1954; Karlheinz Schmeer, *Die Regie des öffentlichen Lebens durch das nationalsozialistische Regime als Mittel der politischen Werbung,* phil. Diss., Münster 1953 (gekürzt unter dem Titel: *Die Regie des öffentlichen Lebens im Dritten Reich,* München 1956); Hildegard Pleyer, *Politische Werbung in der Weimarer Republik,* phil. Diss., Münster 1959; Detlef Grieswelle, *Hitlers Rhetorik in der Weimarer Zeit,* phil. Diss., Saar-

brücken 1969; Weber, *Soziale Merkmale der NSDAP-Wähler*, a.a.O., S. 175 ff. *(Über die Rolle der Propaganda bei der Gewinnung von NSDAP-Wählern)*; vgl. auch folgende ns-orientierte Arbeiten: Eugen Hadamovsky, *Propaganda und nationale Macht*, Oldenburg i. O. 1933; Franz Alfred Six, *Die politische Propaganda der NSDAP im Kampf um die Macht*, phil. Diss., Heidelberg 1936; Hans-Georg Rahm, *Der Angriff 1927-1930. Der nationalsozialistische Typ der Kampfzeitung*, phil. Diss., Berlin 1938; Friedrich Medebach, *Das Kampfplakat*, phil. Diss., Berlin 1941. – Vgl. ferner auch Willi Münzenberg, *Propaganda als Waffe*, Paris 1937 – abgedr. in: Til Schulz (Hrsg.), *Willi Münzenberg. Propaganda als Waffe*, Frankfurt 1972, S. 171 ff.

560 Doblin, Pohly, a.a.O., S. 49 (Übers.: E. H.).

561 *Partei-Statistik II*, a.a.O., S. 213 – zur Interpretation des hohen Anteils 21-30jähriger »Führer«, vgl. ebd., S. 217.

562 Tyrell (Hrsg.), *Führer befiehl . . .*, a.a.O., S. 371 f.; die Zusammenstellung der Jahrgangsgruppen ist nach den Angaben der Seiten 373-378 in Anlehnung an die Kategorien der *Partei-Statistik* vorgenommen worden (vgl. S. 372).

563 Hüttenberger, *Die Gauleiter*, a.a.O., S. 213-220.

564 Ebd., S. 213. – 65 Prozent der »wichtigen« Gauleiter treten der NSDAP bereits bis 1923 bei; 21,7 Prozent schließen sich der Partei 1925 an (N = 23). Vgl. auch Kater, *Sozialer Wandel . . .*, a. a. O., hier S. 36 ff.; Schumacher, *Die Führungsspitzen . . .*, a. a. O., hier S. 157 f., 162f.

565 Böhnke, *Die NSDAP im Ruhrgebiet*, a.a.O., S. 202.

566 Franz Neumann, *Behemoth*, 1944^2, New York and Evanston 1966, S. 377 – Übers. zit. n. Zapf, *Wandlungen der deutschen Elite*, a.a.O., S. 55.

567 *Das deutsche Führerlexikon 1934/35*, Berlin 1934; vgl. auch Erich Stockhorst, *Fünftausend Köpfe. Wer war was im Dritten Reich?* Velbert u. Kettwig 1967; Max Schwarz, MdR. *Biographisches Handbuch der Reichstage*, Hannover 1965; Paul C. W. Schmidt (Hrsg.), *Wer leitet? Die Männer der Wirtschaft und der einschlägigen Verwaltung*, Berlin 1940.

568 Lerner u. a., *The Nazi Elite*, a.a.O., S. 2.

569 Vgl. ebd., bes. S. 1, 91 ff.

570 Vgl. auch die allerdings nur deskriptiv angelegte Zusammenfassung von Lerners Studie durch Zapf, *Wandlungen der deutschen Elite*, a.a.O., S. 51-54.

571 F. Neumann, Einl. zu Lerner u. a., *The Nazi Elite*, a.a.O., S. V – s. auch S. 34 ff. (36).

572 Ebd., S. 51 – Übers. zit. n. Zapf, a.a.O., S. 51 f.

573 Vgl. ebd., S. 106 f.

574 Vgl. ebd., bes. S. 84, s. auch S. 9 ff., 26 ff.

575 Vgl. ebd., bes. S. 83.

576 Ebd., S. 35.

577 F. Neumann, *Behemoth*, a.a.O., S. 365-399.

578 Ebd., S. 397 f. – Übers. zit. n. Zapf, *Wandlungen der deutschen Elite*, a.a.O., S. 55 f.

579 Vgl. dazu auch Böhnke, *Die NSDAP im Ruhrgebiet*, a.a.O., S. 162.

580 Karin Priester, *Anmerkungen zum Thema italienischer Faschismus*, in: *Blätter*, 19 (1974), hier S. 804, das vorhergehende Zitat findet sich auf S. 818.

581 Vgl. nur Weber, *Soziale Merkmale der NSDAP-Wähler*, a.a.O., S. 74: »Es ist anzunehmen, daß die NSDAP unter ihrer Gefolgschaft relativ mehr Arbeiter zu rekrutieren vermochte als unter ihrer Wählerschaft; umgekehrt verhält es sich mit den Bauern, die in der NSDAP-Mitgliedschaft weit untervertreten waren, aber zur Gruppe der stärksten NSDAP-Wähler gehörten.«

582 Für die Zeit von der »Machtergreifung« bis zur Ermordung Röhms finden sich zahlreiche Beispiele in Max Gallo, *Der schwarze Freitag der SA. Die Vernichtung des revolutionären Flügels der NSDAP durch Hitlers SS im Juni 1934*, Wien/München/Zürich 1970, z. B. S. 38 f., 45 ff., 49 f., 86 ff., 100, 129 ff., 134 ff., 167 ff.

583 Broszat, *Der Staat Hitlers*, a.a.O., S. 13.

584 Diese und die folgenden statistischen Angaben entstammen für die Jahre 1928-1932/II Bracher, *Die Auflösung der Weimarer Republik*, a.a.O., S. 645; die Angaben für 1933 sind ergänzt n. Alfred Milatz, *Wahlen und Wähler in der Weimarer Republik*, Bonn 1968.

585 Der Totalitarismusbegriff wird in diesem Diskussionsrahmen zumeist entsprechend der Arbeit von J. L. Talmon, *Die Ursprünge der totalitären Demokratie*, Köln/Opladen 1961, verwendet. Vgl. ferner: Emil Franzel, *Das Reich der braunen Jakobiner. Der Nationalsozialismus als geschichtliche Erscheinung*, München 1964; Giselher Schmidt, *Politik als Heilslehre, Zur Idee des Totalitarismus*, Mainz 1970; dagegen Helga Grebing, *Linksradikalismus gleich Rechtsradikalismus. Eine falsche Gleichung*, Stuttgart/Berlin: Köln, Mainz 1971; dies., *Konservative gegen die Demokratie*, Frankfurt 1971, S. 165 ff.

586 So z. B. Fritz Krause, *Das Geschäft mit der Angst*, Frankfurt 1972, S. 44.

587 Broszat, *Der Staat Hitlers*, a.a.O., S. 17; vgl. auch Kühnl, *Formen bürgerlicher Herrschaft*, a.a.O., S. 102 ff.; Helmut Heiber, *Die Republik von Weimar*, München 1966, S. 202 f., 240 f.

588 Vgl. auch Jeremy Noakes, *The Nazi Party in Lower Saxony 1921-1933*, London 1971, S. 148.

589 Angaben n. Alfred Milatz, *Wähler und Wahlen in der Weimarer Republik*, Bonn 1968 (= *Schriftenreihe der Bundeszentrale für politische Bildung*, H. 66); S. 90, 93, 97, 100, 104, 108, 112, 128 f., 134, 151; ders., *Das Ende der Parteien im Spiegel der Wahlen 1930 bis 1933*, in: Erich Matthias, Rudolf Morsey (Hrsg.), *Das Ende der Parteien 1933*, Düsseldorf 1960, S. 747, 749, 751, 757; Walter Tormin, *Geschichte der deutschen Parteien seit 1848*, Stuttgart/Berlin/Köln/Mainz 1968[3], S. 286 f.; Martin Schumacher, *Mittelstandsfront und Republik*, Düsseldorf 1972, S. 222 f. – Bei der Kategorie sonstige bürgerliche Parteien ist die Parteienvielfalt der Weimarer Republik zu berücksichtigen:

RT-Wahl	Zahl der sich bewerbenden Parteien	Zahl der im RT vertretenen Parteien
1928	35	15
1930	32	15
1932/I	58	13
1932/II	53	13
1933	15	12

Zit. n. Julius Leber, *Ein Mann geht seinen Weg*, Frankfurt 1952, S. 92.

590 Zu den Ergebnissen der Reichstags-Wahlkreise vgl. Wilhelm Dittmann, *Das politische Deutschland vor Hitler*, Zürich/New York 1945.

591 Vgl. Werner Kaltefleiter, *Wirtschaft und Politik in Deutschland*, Köln u. Opladen 1968, S. 37, 40 f., 44, 47 ff. (50), 71 ff. – zur Korrektur der dort anklingenden Kausalverbindung zwischen großer Arbeitslosigkeit und hohem NSDAP-Stimmenanteil vgl. meine *Thesen zur deutschen Sozial- und Wirtschaftsgeschichte*, a.a.O., S. 40 ff.

592 Berechnet n. Tyrell (Hrsg.), *Führer befiehl*, a.a.O., S. 382 f.

593 Vgl. z. B. Kühr, *Parteien und Wahlen im Stadt- und Landkreis Essen in der Zeit der Weimarer Republik*, a.a.O., S. 263.

594 Dazu bes. Jerzy Holzer, *La portée sociale du N.S.D.A.P. dans les années 1928-1930*, in: *Acta Poloniae Historica*, 22 (1970), S. 283-293.

595 Schön, *Die Entstehung des Nationalsozialismus in Hessen*, a.a.O., S. 95.

596 Viele Belege für diese Totalitarismusvariante finden sich z. B. in Friedrich-Wilhelm Witt, *Die Hamburger Sozialdemokratie in der Weimarer Republik*, Hannover 1971. Einige Nachweise finden sich in meinen Arbeiten: *Zur Theorie der Totalitarismustheorien*, in: *NPL*, 21 (1976), hier bes. S. 2-6; *Nachbemerkung zu einem Aspekt des kommunistischen Tageskampfes gegen die Sozialdemokratie*, in: *Gesellschaft. Beiträge zur Marxschen Theorie 6*, Frankfurt 1976, S. 292-300.

597 Schön, a.a.O., S. 158 ff.; dazu auch Carlo Mierendorff, *Gesicht und Charakter der nationalsozialistischen Bewegung*, in: *Die Gesellschaft*, 7 (1930/I), hier S. 489-493.

598 Schön, a.a.O., S. 159; vgl. auch Kühr, a.a.O., S. 275 f., 293.

599 Schön, a.a.O., S. 165 ff.; vgl. auch die Ergebnisse der Betriebsratswahlen bei den I.G.Farben in Höchst: S. 168 f. (dazu auch Böhnke, *Die NSDAP im Ruhrgebiet*, a.a.O., S. 170, 172).

600 Schön, a.a.O., S. 145 ff.

601 Ebd., S. 178 ff. – Vgl. dort bes. S. 179 ff. mit einer differenzierten Betrachtung des Wahlergebnisses im Freistaat Hessen, in dem der NSDAP-Anteil von 18,5% nur minimal vom Reichsdurchschnitt (18,3%) abweicht. Zusatz 1977: Als Beispiel für andere relevante Regional- und Lokalanalysen sei hier noch verwiesen auf Rudolf Wichard, *Wahlen in Hildesheim 1867 bis 1972*, Hildesheim/New York 1975, S. 118 ff.; Noakes, *The Nazi Party in Lower Saxony*, a.a.O., S. 147 ff., 201 ff., 238 ff.; Hans Hüls, *Wähler und Wahlverhalten im Lande Lippe während der Weimarer Republik*, Detmold 1974, S. 72 ff.; Karl-Heinz Henne, *Die lippische Arbeiterbewegung im Kampfe gegen Verelendung und Faschismusgefahr während der letzten Jahre der Weimarer Republik*, Diss.: PH Westfalen-Lippe 1976, S. 137 ff., 375 ff., 501 ff., 529 ff., 547 ff.; Jutta Ciolek-Kümper, *Wahlkampf in Lippe*, München-Pullach 1977. – Zum Forschungsstand vgl. auch meine Rezensionen in: *IWK*, 12 (1976), S. 129-132 (zu Böhnke); *PVS*, 18 (1977), S. 123-128 (zu Stump und Kühr).

602 Vgl. z. B. den Hinw. Kührs (a.a.O., S. 290), das stärkste Wählerreservoir der NSDAP liege bei den 20 bis 35jährigen; Walther Scheunemann, *Der Nationalsozialismus*, Berlin 1931, S. 15 f.

603 Vgl. Anm. 589. – Zur Wählerwanderung der 1930er Wahl vgl. auch Arthur Dix, *Die deutschen Reichstagswahlen 1871-1930 und die Wandlungen der Volksgliederung*, Tübingen 1930 – zit. b. Markmann, *Die Massenführung des Nationalsozialismus*, a.a.O., S. 146 f.

604 Vgl. aber hier schon Werner Kaltefleiters Kritik an der von Reinhard Bendix vertretenen wahlsoziologischen Interpretation der NS-Wahlerfolge (*Wirtschaft und Politik in Deutschland*, a.a.O., S. 38): »[. . .] die NSDAP hat von 1928 bis 1932 I fast 13 Millionen Stimmen hinzugewonnen. Die gesamte Zunahme der gültig abgegebenen Stimmen betrug jedoch nur etwas mehr als sechs Millionen, wobei etwa zwei Millionen auf die gestiegene Wahlbeteiligung zurückzuführen sind. Schon dieser globale Vergleich zeigt, daß der Anstieg der NSDAP nicht ausschließlich auf die ehemaligen Nichtwähler oder die Jungwähler zurückzuführen ist.«

605 Vgl. James K. Pollock, jr., *The German Reichstag Elections of 1930*, in: *APSR*, 24 (1930), S. 989-995 (993).

606 So der pronazistische Staatsrechtler Otto Koellreutter, *Der Sinn der Reichstagswahlen vom 14. September 1930 und die Aufgaben der deutschen Staatslehre*, Tübingen 1930, S. 5, 21, zur NSDAP s. bes. S. 32 f. – Zur Bedeutung der 1930er RT-Wahl vgl. auch J. Leber (a.a.O., S. 72): »Wenn einmal die Geschichte der [Weimarer, E. H.] Republik geschrieben wird, dann wird es sich [...] um die Bewertung der drei kritischsten Punkte handeln: Kapp-Putsch, Ruhrkampf und Septemberwahl.«

607 Svend Riemer, *Zur Soziologie des Nationalsozialismus*, in: *Die Arbeit*, 9 (1932), S. 101-118, S. 102.

608 Hans Jäger in: *Der rote Aufbau*, 1930, S. 529 – hier zit. n. Scheunemann, *Der Nationalsozialismus*, a.a.O., S. 11.

609 Karl Rohe, *Das Reichsbanner Schwarz Rot Gold*, Düsseldorf 1966, S. 360 (mit Bezug auf Aussagen von Julius Leber und Franz Osterroth). – Es sei noch angemerkt, daß die RT-Wahl von 1928 mit ihrem SPD-Erfolg Tendenzen bestärkt hat, die sich gegen das Weiterbestehen des ›Reichsbanners‹ richten. Das ändert sich durch den 1930er Wahlerfolg der NSDAP (S. 359, 364) bis zu der Konsequenz, daß Grzesinski am 3. Okt. 1931 vor dem Braunschweiger Reichsbanner erklärt: »Wenn es die Nazis nicht gäbe, müßte man sie erfinden« (S. 365).

610 Zit. n. Pollock, *The German Reichstag Elections of 1930«*, a.a.O., S. 994 (Rückübersetzung). – Vgl. auch Witt, *Die Hamburger Sozialdemokratie in der Weimarer Republik*, a.a.O., S. 87 ff.; Rohe, a.a.O., S. 357 ff.

611 Vgl. z. B. Kurt Klotzbach, *Gegen den Nationalsozialismus. Widerstand und Verfolgung in Dortmund 1930-1945*, Hannover 1969, S. 35, mit dem Hinweis, daß die KPD von Arbeitslosen gewählt wird; dazu auch Hartmann Wunderer, *Die soziale Basis der KPD*, Staatsexamensarb., Würzburg 1974, S. 45 ff.; allgemein dazu R. J. McKibbin, *The Myth of the Unemployed: Who Did Vote for the Nazis?*, in: *Australian Journal for Politics and History*, Aug. 1969, S. 24-40; vgl. bes. aber auch Weber, *Soziale Merkmale der NSDAP-Wähler*, a.a.O., S. 93 ff.

612 Vgl. die Graphik in Kaltefleiter, a.a.O., S. 37.

613 Vgl. z. B. Schön, *Die Entstehung des Nationalsozialismus in Hessen*, a.a.O., S. 179; Noakes, *The Nazi Party in Lower Saxony*, a.a.O., S. 153; zur sozialen Zusammensetzung der Neu- und Nichtwähler vgl. auch Weber, *Soziale Merkmale der NSDAP-Wähler*, a.a.O., S. 81-87, bes. S. 86; Gerhart Friters, *Who are the German Fascists?*, in: *Current History*, 35 (1932), hier S. 536.

614 Schön, a.a.O., S. 180.

615 Ebd., S. 181, s. auch – für die LT-Wahl vom 15. 11. 1931 – S. 194.

616 Kühr, *Parteien und Wahlen im Stadt- und Landkreis Essen in der Zeit der Weimarer Republik*, a.a.O., S. 258 ff. (260 f.), 293.

617 Ebd., S. 261.

618 Vgl. dazu Schumacher, *Mittelstandsfront und Republik*, a.a.O., S. 182 ff.

619 Zu den Ergebnissen der LT-Wahlen vgl. Milatz, *Das Ende der Parteien im Spiegel der Wahlen 1930 bis 1933*, a.a.O., S. 759 ff.; die Arbeiten von Stephan, a.a.O., bes. *Grenzen des nationalsozialistischen Vormarsches*, a.a.O.; Tyrell (Hrsg.), *Führer befiehl ...*, a.a.O., S. 382 f.

620 Vgl. Anm. 589.

621 Vgl. z. B.: *Widerstand und Verfolgung in Köln 1933-1945*, Köln 1974, S. 23, 25; zum Abschwungprozeß s. auch Böhnke, a.a.O., S. 187, 189 f., 193.

622 Kaltefleiter, *Wirtschaft und Politik in Deutschland*, a.a.O., S. 67.

623 Vgl. Anm. 589; zum Abstieg der NSDAP nach der zweiten RT-Wahl von 1932 bemerkt John W. Wheeler-Bennett (*Der hölzerne Titan. Paul von Hindenburg*, Tübingen 1969, S. 423): »für den Fall, daß dem Land weitere Wahlen aufgezwungen würden, war es offensichtlich, daß die Zahl ihrer [der NSDAP, E. H.] im Reichstag unter hundertfünfzig fallen würde.«

624 Stephan, *Die Reichstagswahlen vom 31. Juli 1932*, a.a.O., S. 354.

625 Vgl. Stephan, *Die Parteien nach den großen Frühjahrswahlkämpfen*, a.a.O., S. 116 f.; Geiger, *Die soziale Schichtung des deutschen Volkes*, a.a.O., S. 110 f.; vgl. dazu auch Böhnke, *Die NSDAP im Ruhrgebiet*, a.a.O., S. 185; Kühr, *Parteien und Wahlen im Stadt- und Landkreis Essen in der Zeit der Weimarer Republik*, a.a.O., S. 143 f., 146, 153, 291 f.; Witt, *Die Hamburger Sozialdemokratie in der Weimarer Republik*, a.a.O., S. 83, 141, 145. – Zusammenfassend dazu Weber, *Soziale Merkmale der NSDAP-Wähler*, a.a.O., S. 64 f., 66 ff., 86, 93 ff., 101 f., 124 ff.

626 Stephan, *Zur Soziologie der Nationalsozialistischen Deutschen Arbeiterpartei*, a.a.O., S. 800; vgl. auch ders., *Die Parteien nach den großen Frühjahrswahlkämpfen*, a.a.O., S. 112: »[. . .] was aus den zum Teil schon früher recht schmalen Bächen und Flüssen der zahlreichen und zersplitterten alten Mittel- und Rechtsgruppen fortströmt, vereinigt sich in der Nationalistischen Partei zu einem Strom gewaltigen Ausmaßes.« – Vgl. auch ders., *Grenzen des nationalsozialistischen Vormarsches. Eine Analyse der Wahlziffern seit der Reichstagswahl 1930*, in: *ZfP*, 21 (1932), S. 570-578.

627 Vgl. Galkin, *Die sozialpolitische Struktur der kapitalistischen Gesellschaft und der Faschismus*, a.a.O., S. 88, 88 – Anm. 2, 90 f.; ähnlich Hennig, *Industrie und Faschismus*, a.a.O., S. 444; vgl. auch schon Heinz Pol, *Nationalsozialistische* »Parteibuchbeamte«, in: *Der Rote Aufbau*, 5 (1932/1), hier S. 14 dagegen Eberhard Czichon, Brief an den Verf. v. 2. 3. 1971, S. 4: »[. . .] schließlich widerspreche ich Ihrer Ansicht entschieden, daß die ›Industrie‹ [. . .] die NSDAP nicht ›geschaffen‹ bzw. ›aufgebaut‹ hat, sondern erst als Versicherungsprämie vom Monopolkapital erst aufgegriffen wurde, als diese Partei schon ein Machtfaktor war. Das könnte eine neue Exkulpation der ›Industrie‹ werden. [. . .] Faschismus ist [. . .] nicht die politische Bewegung des Kleinbürgertums, die vom Monopolkapital als nützlich empfunden wurde, weil sie deren Zielen eine Massenbasis anbot, Faschismus wird vom Monopolkapital geschaffen und zwar konkret wieder von seinen expansivsten Teilen . . .« Galkins Aussage deckt sich ferner mit Werner Conze, *Die politischen Entscheidungen in Deutschland 1929-1933*, u. Wilhelm Treue, *Der deutsche Unternehmer in der Weltwirtschaftskrise 1928-1933*, beide in: Werner Conze, Hans Raupach (Hrsg.), *Die Staats- und Wirtschaftskrise des Deutschen Reichs 1929/33*, Stuttgart 1967, hier S. 249 ff. (Conze), 94, 107 ff. (113), 116 f., 120 ff. (Treue); Seymour Martin Lipset, *Der ›Faschismus‹ – die Linke, die Rechte und die Mitte*, in: *KZfSS*, 11 (1959), hier S. 416; vgl. jetzt vor allem die Arbeiten von Henry Ashby Turner jr., übers. u. gesammelt in: *Faschismus und Kapitalismus in Deutschland*, Göttingen 1972. – Ergänzend sei auch erwähnt, daß Karl O' Lessker (*Who Voted for Hitler? A New Look at the Class Basis of Nazism*, in: *The American Journal of Sociology*, 74 [1968], hier S. 67 ff., 69) meint, daß der Übergang der Mittelschichten zur NSDAP erst als Reaktion auf den Wahlerfolg von 1930 erfolgt sei; dagegen vgl. Heinrich August Winkler, *Extremismus der Mitte? Sozialgeschichtliche Aspekte der nationalsozialistischen Machtergreifung*, in: *VfZG*, 20 (1972), S. 175-191, bes. S. 175-186.

628 Erkner, *NSDAP und die Klassen*, a.a.O., S. 329 f., 332. – Inwieweit und wie diese Handlungsanleitungen in Praxis umgesetzt worden sind, kann hier nicht

diskutiert werden. Es scheint, daß diese Position – ebenso wie die analogen Forderungen von Hans Jäger, Walter Ulbricht und, mit Einschränkung – auch von Wilhelm Reich – weitgehend nicht realisiert worden ist.

629 Walter Ulbricht, *Tiefer in die Massen!*, in: *Die Internationale*, 15 (Sep./Okt. 1932), S. 390-401, S. 398 f. – abgedr. in: ders., *Zur Geschichte der deutschen Arbeiterbewegung*, Bd. I: *1918-1933*, Berlin 1962, S. 602 f., vgl. dort bes. auch S. 503 ff. (*Wie bekämpfen wir den Faschismus?*, 1930), S. 520 ff. (*SPD, Nazis und die Arbeiter*, 1931), 506 ff. (*Bedeutung und Lehren des Berliner Verkehrsarbeiterstreiks*, 1932). In einer Massenbroschüre zur Kritik des Präsidialkabinetts Papen führt die KPD aus: »Die Ware, die Hitler an Herrn von Papen verkaufte, sind die 13,5 Millionen werktätiger Nazi-Wähler! ... Ihr Arbeitslosen, deren Unterstützung erneut abgebaut werden, rechnet ab mit den Nazi-Führern und ihrer Tolerierungspolitik! [...] Ihr Kleingewerbetreibenden und kleinen Bauern, für die Umsatzsteuer, die ihr künftig zahlen sollt, bedankt euch gebührend bei Hitler! Die Hitler-Partei ist Systempartei, sie stützt dieses zusammenbrechende, verfaulte kapitalistische System!« (*Wer regiert? Wer kommandiert? Wer toleriert?*, Hrsg. KPD, Berlin 1932, S. 10 f.) – Allerdings ist die Wählerangabe ganz übertrieben; sie betrifft fast die gesamte Wählerschaft der NSDAP von der RT-Wahl 1932/I. Zur entsprechenden Bemühung der KPD um die »SA-Proleten« vgl. die vom »Kampfbund gegen den Faschismus« (einer der Vorsitzenden ist Hermann Remmele vom ZK der KPD) herausgegebenen Broschüre: *Los von Hitler.* Unter Bearbeitung von W. Korn, ehem. Leiter der SA-Führerschule Gau Brandenburg und K. Kees, ehem. Gaupropagandaleiter der NSDAP Hessen, Berlin o. J. (1932); vgl. dazu auch meine *Nachbemerkung* (a.a.O., Anm. 596).

630 Gerhart Friters, *Who are the German Fascists?*, in: *Current History*, 35 (1932), S. 532-536, hier S. 534 f.; vgl. dazu auch Weber, *Soziale Merkmale der NSDAP-Wähler*, a.a.O., S. 99-102; Scheunemann, *Der Nationalsozialismus*, a.a.O., S. 15 f. Zusammenfassend vgl. auch Ali Wacker, *Arbeitslosigkeit*, Frankfurt/Köln 1976, S. 82 ff., 99 ff.

631 Hans Neisser, *Sozialstatistische Analyse des Wahlergebnisses*, in: *Die Arbeit*, 7 (1930), S. 654-659, hier S. 658, 659.

632 Witt, *Die Hamburger Sozialdemokratie in der Weimarer Republik*, a.a.O., S. 83.

633 Hans Jäger, *Wer wählte Hitler?*, in: *Der rote Aufbau*, 3 (1930), H. 10, S. 529-535, S. 534 – hier zit. n. Scheunemann, a.a.O., S. 15; Weber, *Soziale Merkmale der NSDAP-Wähler*, a.a.O., S. 69 f.

634 Kühr, *Parteien und Wahlen im Stadt- und Landkreis Essen in der Zeit der Weimarer Republik*, a.a.O., S. 291 f.; vgl. auch Böhnke, *Die NSDAP im Ruhrgebiet*, a.a.O., S. 185; Witt, a.a.O., S. 141.

635 Witt, a.a.O., S. 145.

636 Die Zitate beziehen sich auf zwei SPD-Wahlplakate (in der Sammlung des Bundesarchivs in Koblenz befindlich) zur Reichstagswahl vom 6. 11. 1932. Vgl. Anm. 596. Die SPD präsentiert und begreift sich als »Vertreterin aller Schaffenden in Stadt und Land«. In einer vermutlich von P. Scheidemann verfaßten, von der SPD herausgegebenen Broschüre über die RT-Wahl 1930 (*Köpfe in den Sand? Die wirklichen Novemberverbrecher!*, Braunschweig o. J. – 1932?) heißt es: »Die Not ist in Deutschland so unerhört groß, daß sie vielen Wählern die Sinne verwirrt und eine geradezu verzweifelte Stimmung hervorgerufen hat. In dieser Stimmung sind viele den radikalen Redensarten von rechts und links zum Opfer gefallen. ›Probieren wir es einmal mit den Nazis!‹ – ›Wählen wir einmal kommunistisch‹. Viele Hunderttau-

send Wähler sind besonders auf die ›nationalen‹ Wahlschwindeleien der Nationalsozialisten hineingefallen ...« (S. 3) Und: »Die SPD ist demokratisch ... Die Kommunisten und Nationalsozialisten ... sind Gegner der Demokratie und des Parlamentarismus. *Sie wollen die Diktatur* ... Die Diktatur ist eine Angelegenheit für Analphabeten, nicht aber für hochstehende Völker, wie das deutsche eines ist ... Diktatur wäre für Deutschland Rückfall um ein Jahrhundert ...« (S. 14). Angespielt wird somit auf den sozialdemokratischen Slogan, daß Deutschland nicht Italien sei.

637 Geiger, *Die soziale Schichtung des deutschen Volkes,* a.a.O., S. 122, s. S. 112 ff., 117 ff.; ähnlich Stephan, *Die Parteien nach den großen Frühjahrswahlkämpfen,* a.a.O., S. 117; vgl. bes. auch Sigmund Neumann, *Die Parteien der Weimarer Republik,* 1932[1], Stuttgart/Berlin/Köln/Mainz 1965, S. 82, bes. auch S. 85; s. auch Mierendorff, *Gesicht und Charakter der nationalsozialistischen Bewegung,* a.a.O., S. 504; Werner Hirsch, *Faschismus und Hitlerpartei,* in: *Die Internationale,* 15 (1923), H. 1, S. 27-45, S. 36. – Zur Darstellung vgl. auch Arthur Schweitzer, *The Nazification of the Lower Middle Classes and Peasants,* in: *The Third Reich. A Study Published Under the Auspices of the International Council for Philosophy and Humanistic Studies and with the Assistance of UNESCO,* New York 1955, S. 576 ff.; ders., *Die Nazifizierung des Mittelstandes,* Stuttgart 1970.

638 S. Neumann, *Die Parteien der Weimarer Republik,* a.a.O., S. 85.

639 »Treue« und »Kameradschaft« kennzeichnen dieses Verhältnis, das in den »Kampfjahren« vielfach als Fortsetzung der »Schützengrabengemeinschaft« verstanden wird. – Zur Bedeutung dieser emotionalen Bindung vgl. Theodor Abel, *The Nazi Movement,* New York 1966 (1938[1] unter dem Titel: *Why Hitler Came to Power?),* S. 137 ff., 179 f.; Merkl, *Die alten Kämpfer der NSDAP* a.a.O., S. 500, 502 ff.

640 Vgl. Hirsch, *Faschismus und Hitlerpartei,* a.a.O., S. 40: »Um welche proletarischen Elemente in den Reihen oder im Gefolge der nationalsozialistischen Partei bzw. ihrer Sturmabteilungen handelt es sich überhaupt? Hier sind vor allem solche verzweifelten Erwerbslosen anzuführen, teilweise schon deklassierte Proletarier, die sich aus ihrer elenden Lage auf Kosten der eigenen Klassengenossen individuell befreien möchten. Es gibt Proletarier, z. B. auch bisweilen die ganz verelendeten Heimarbeiter, die auf Grund ihrer zermürbenden Verelendung nicht in gleichem Maße wie das eigentliche Industrieproletariat dazu befähigt sind, Repräsentanten der proletarischen Klassenaufgabe zu werden. [...] Solche besonders verelendeten proletarischen Elemente gelangen heute durch Zermürbung und Verzweiflung dahin, Seite an Seite mit schon vollends deklassierten Lumpenproletariern die Bürgerkriegsgarden des Hitlerfaschismus zu bilden.« Vgl. auch Bernh. Kockel, *Mittelstand und Nationalsozialismus,* in: *Einheit,* 2 (1947), S. 177-181, S. 180 f. (181); Geiger, *Die soziale Schichtung des deutschen Volkes,* a.a.O., S. 111. Zu den Heimarbeitern vgl. Weber, *Soziale Merkmale der NSDAP-Wähler,* a.a.O., S. 102.

641 Vgl. dazu und zum folgenden auch Harold D. Lasswell, *Die Psychologie des Hitlerismus: Eine Reaktion der unteren Mittelklassen auf dauernde Unsicherheit,* 1933, abgedr. in: *Politik und Moral,* Stuttgart u. Düsseldorf 1957, S. 271-282, hier bes. S. 271-276, 279, 280 f., 282.

642 Zu diesen Differenzen vgl. bes. Emil Grünberg, *Der Mittelstand in der kapitalistischen Gesellschaft,* Leipzig 1932, S. 140 ff. (142).

643 Dazu zahlreiche Angaben ebd., S. 95 ff., 114 ff., 151 ff.

644 Ebd., S. 165 f., s. auch S. 176 (ff.).

645 Dazu ebd., S. 190 ff.; Heinrich August Winkler, *Mittelstand, Demokratie und Nationalsozialismus,* Köln 1972; ders., *Warum die Bürger Hitler wählten. Zur*

Sozialgeschichte der nationalsozialistischen Machtergreifung, WDR, Rundfunk – MS, III. Programm, 10. April 1972 (abgedr. in: *VfZG,* 20 [1972], H. 2). – Winkler geht aber, vor allem in seiner Habilitationsschrift, nur auf den selbständigen Mittelstand ein. Für die Angestellten vgl. auch Iris Hamel, *Völkischer Verband und nationale Gewerkschaft, Der Deutsch-nationale Handlungsgehilfen-Verband 1893-1933,* Frankfurt 1967.

646 Vgl. Grünberg, *Der Mittelstand in der kapitalistischen Gesellschaft,* a.a.O., S. 180 f.

647 Hier wäre etwa die vom DHV vertretene »Werkgemeinschafts«-Ideologie näher zu analysieren. Vgl. Hamel, *Völkischer Verband und nationale Gewerkschaft,* a.a.O., S. 203 f., s. dort auch S. 10 f.; Geiger, *Die soziale Schichtung des deutschen Volkes,* a.a.O., S. 119; ders., *Panik im Mittelstand,* in: *Die Arbeit,* 7 (1930), S. 637-654, hier bes. S. 643 ff.; vgl. auch grundsätzlich Carl Dreyfuß, *Beruf und Ideologie der Angestellten,* München u. Leipzig 1933.

648 Vgl. Grünberg, *Der Mittelstand in der kapitalistischen Gesellschaft,* a.a.O., S. 181 f. – Zu den Spannungen von DHV und NSDAP vgl. Hamel, *Völkischer Verband und nationale Gewerkschaft,* a.a.O., S. 192 ff., 238 ff., 248 ff.; Geiger, *Die soziale Schichtung des deutschen Volkes,* a.a.O., S. 122.

649 Geiger, *Die soziale Schichtung des deutschen Volkes,* a.a.O., S. 111, vgl. dort S. 109-122 den Exkurs: *Die Mittelstände im Zeichen des Nationalsozialismus;* ders., *Panik im Mittelstand,* a.a.O., S. 647; »Niemand zweifelt daran, daß der Nationalsozialismus [. . .] seinen Wahlerfolg wesentlich dem Alten und Neuen Mittelstand verdankt. Selbst wenn die Hälfte der seit 1928 erstmals wahlberechtigten Jugend nationalsozialistisch gewählt hätte, wären das nur rund eine Million Stimmen. Der Nachwuchs kann also die Aufblähung [. . .] nur zu einem ganz geringen Teil erklären.« (Vgl. Anm. 604)

650 Geiger, *Die soziale Schichtung des deutschen Volkes,* a.a.O., S. 111, 112, 117, 120, 121, 121 f., 122.

651 Ebd., S. 96 f., 110 f.; vgl. Loewenberg, *The Psychohistorical Origins of the Nazi Youth Cohort,* a.a.O., bes. S. 1472, dort wird folgende Feststellung zit.: »From a demographic viewpoint the economic depression hit Germany at the worst possible time: employment was shrinking precisely at a time when the employable population reached its postwar peak.«

652 Ebd., S. 112, 121 (zum Zitat vgl. auch S. 120 f.).

653 Zum Begriff vgl. S. Neumann, *Die Parteien der Weimarer Republik,* a.a.O., S. 83, 105, 107.

654 Ebd., S. 78; vgl. auch Geigers Hinw. (*Die soziale Schichtung des deutschen Volkes,* a.a.O., S. 121) auf die Bedeutung ständestaatlicher Forderungen durch die NSDAP.

655 S. Neumann, *Die Parteien der Weimarer Republik,* a.a.O., S. 78 ff., 80 ff., 82, 83.

656 Mierendorff, *Gesicht und Charakter der nationalsozialistischen Bewegung,* a.a.O., S. 493, s. auch S. 489-492; zu den Ergebnissen der Kommunalwahlen vgl. auch Georg Decker, *Opposition,* in: *Die Gesellschaft,* 7 (1930/I), S. 196-204 (199 f.).

657 Mierendorff, a.a.O., S. 489.

658 Ebd., S. 493. – Mierendorff betont, daß diese »Leistung [. . .] auch dem Gegner Erstaunen« abnötigt. Es ist daher auch nur konsequent, daß die Frage nach einer nationalsozialistischen Gefahr positiv beantwortet wird. Mierendorff führt zwei Gründe an, 1. ist es unsicher, daß alle sozialdemokratischen Wähler gegenüber der »politische[n] Infektionskrankheit« (S. 502) des Nationalsozialismus immer

resistent bleiben (S. 503 f.); 2. wesentlicher aber ist der Einbruch in die bürgerlichen Wähler, der zu einer Radikalisierung des Bürgertums (S. 504) und zu einer »Verschiebung des parlamentarischen Gleichgewichts« (S. 501) – bei 50 bis 60 NSDAP-Abgeordneten, mit denen Mierendorff rechnet – führt. Die Bekämpfung der NSDAP ist deshalb für die SPD« auch heute schon [...] eine wichtige politische Aufgabe.« Die SPD kann sich nicht darauf verlassen, daß innere Widersprüche (s. S. 503, 504) die NSDAP rechtzeitig, d. h.: »bevor der Nationalsozialismus praktisch politisch (direkt oder indirekt) zum Zuge gekommen ist«, zerstören werden (S. 504).

659 Ebd., S. 494 f.

660 Ebd., S. 495 f.

661 Ebd., S. 496.

662 Ebd., S. 497; vgl. auch ebd.: »Es vollzieht sich [...] eine Politisierung der Jugend, zum Teil auch der proletarischen Jugend außerhalb der Sozialdemokratischen Partei und außerhalb der Gewerkschaften.«

663 Ebd., S. 497 f.

664 Ebd., S. 501 f.

665 Ebd., S. 502 f.

666 Ebd., S. 499. – Zur »Mobilisierung der Nichtwähler«, vgl. S. 499 ff.; vgl. dazu Milatz, *Das Ende der Parteien im Spiegel der Wahlen 1930 bis 1933*, a.a.O., S. 745, 747, 751.

667 Stephan, *Zur Soziologie der Nationalsozialistischen Deutschen Arbeiterpartei*, a.a.O., S. 796; vgl. dazu neben Heberle vor allem auch James K. Pollock, *An Areal Study of the German Electorate, 1930-1933*, in: *APSR*, 38 (1944), S. 89-95, bes. S. 91, 94; Charles P. Loomis, J. Allen Beegle, *The Spread of German Nazism in Rural Areas*, in: *American Sociological Review*, 11 (1946), S. 724-734; vgl. auch die NS-Darstellung der Lippe-Wahl v. 15. 1. 1933: Arno Schröder, *Hitler geht auf die Dörfer ... Der Auftakt zur nationalen Revolution*, Detmold 1938.

668 Lokalstudien müßten denjenigen Städten und Industriebezirken (z. B. Chemnitz-Zwickau, Plauen, Wiesbaden, Frankfurt a. d. Oder, Pirmasens etc.) gewidmet werden, in denen signifikante Abweichungen zugunsten der NSDAP festgestellt werden können. – Vgl. Jäger, *Das wahre Gesicht Hitlers und der NSDAP*, a.a.O., S. 64 f.; Kele, *Nazis and Workers*, a.a.O., S. 215.

669 Stephan, *Zur Soziologie der Nationalsozialistischen Deutschen Arbeiterpartei*, a.a.O., S. 798.

670 Ebd., S. 797, vgl. auch S. 798 mit ähnlichen Angaben für Bremen; teilweise wird die Tab. zit. von Friters, *Who are the German Fascists?*, a.a.O., S. 534; vgl. ferner Böhnke, *Die NSDAP im Ruhrgebiet*, a.a.O., S. 179 f.; Wolfgang Stump, *Geschichte und Organisation der Zentrumspartei in Düsseldorf 1917-1933*, Düsseldorf 1971, S. 81.

671 Erkner, *NSDAP und die Klassen*, a.a.O., S. 327.

672 Ebd., S. 329. – Es ist bereits erwähnt worden, daß aus dieser Feststellung kaum ein praktischer Schluß gezogen wird; dies gilt auch in bezug auf die Angestellten und Beamten (Vgl. S. 329 f., 332). Trotz dieser selbstkritischen Feststellungen verharmlost Erkner aber doch die städtischen Erfolge der NSDAP.

673 Ebd., S. 330 f. – Erkner weist darauf hin, daß die Gruppe der mittleren Angestellten von der SPD zur NSDAP überwechselt (S. 331 f.).

674 Ebd., S. 330 f.

675 Loomis, Beegle, *The Spread of German Nazism in Rural Areas*, a.a.O., S. 732 f.; es zeigt sich so im großen das gleiche Wahlverhalten, das z. B. Kühr (a.a.O., S. 292) z. B. in Essen feststellt: »In den Stadtbezirken, in denen das Zentrum und die

sozialistischen Parteien über eine starke Anhängerschaft verfügten, vermochte die NSDAP kaum Erfolg zu erzielen.«

676 Walther Scheunemann, *Der Nationalsozialismus,* Berlin 1931, S. 11-16, 19-21 – hier zit. n. Kele, *Nazis and Workers,* a.a.O., S. 164, 164 – Anm. 156.

677 Alle Angaben n. Loewenberg, *The Psychohistorical Origins of the Nazi Youth Cohort,* a.a.O., S. 1469.

678 Kele, *Nazis and Workers,* a.a.O., S. 163. – Kele verweist abstützend auf M. Rainer Lepsius, Extremer Nationalismus, Stuttgart/Berlin/Köln/Mainz 1966, S. 8, und auf Karl Dietrich Bracher, *Die Auflösung der Weimarer Republik,* Villingen 1964[4], S. 368 f., allerdings findet sich in beiden Fällen kein Beleg für Keles Behauptung. Die folgenden Bemerkungen stützen sich vor allem auf Kele, S. 163-165, 204-209, 214 f.; Stephan (Anm. 529); Bracher, s. o., 364 ff., 474 ff., 499 ff., 608 ff., 645 ff., 648 ff.; Milatz, *Das Ende der Parteien im Spiegel der Wahlen 1930 bis 1933,* a.a.O.

679 *Die Internationale,* 14. Jg., H. 1, Jan. 1931, S. 15.

680 Milatz, *Das Ende der Parteien im Spiegel der Wahlen 1930 bis 1933,* a.a.O., S. 747.

681 Ebd., S. 745. Bezogen auf das Zentrum vgl. zur Wählerbewegung auch die Ergebnisse einer Lokalstudie Günter Plum, *Gesellschaftsstruktur und politisches Bewußtsein in einer katholischen Region 1928-1933,* Stuttgart 1972, S. 281, 285-299.

682 Vgl. Milatz, *Das Ende der Parteien im Spiegel der Wahlen 1930 bis 1933,* a.a.O., S. 747-S. 746.: »In den Industriegebieten, insbesondere im Westen des Reiches einerseits, auf dem platten Lande Nord- und Ostdeutschlands andererseits, hatte sie zumeist über dem Durchschnitt liegende Verluste zu verbuchen – in den Wahlkreisen Breslau und Westfalen Süd (Reg. Bez. Arnsberg) gingen ihr 19,8 bzw. 14,4% ihrer Wähler von 1928 verloren [der Reichsdurchschnitt beläuft sich auf 5,3% – E. H.] –, während sie gerade in jenen Gebieten, in denen sie eigentlich immer nur an zweiter Stelle gestanden hatte, also vor allem im Süden und Südwesten, sich verhältnismäßig stabil erwies.« In der *Wiener Arbeiterzeitung* findet sich folgender Kommentar: »Es ist eine ernste Frage für die Sozialdemokratie, sich einen Nachwuchs zu verschaffen. Die Wahlen [Reichstag 1930, E. H.] zeigen mit nicht mißzuverstehender Deutlichkeit, daß die proletarische Jugend ihr nicht folgt, dafür aber in Riesenscharen den Kommunisten und auch teilweise den Hitler-Faschisten.« (Zit. n.: *Die Internationale,* 14, Jg. H. 1, Jan. 1931, S. 12). – Zur Stagnation der SPD in der RT-Wahl 1932/I vgl. Milatz, s. o., S. 776 f.; zur geringen Anziehungskraft der SPD auf die Jugend und zur Überalterung der SPD selbst vgl. jetzt auch Hans Mommsen, *Die Sozialdemokratie in der Defensive: Der Immobilismus der SPD und der Aufstieg des Nationalsozialismus,* in: ders. (Hrsg.), *Sozialdemokratie zwischen Klassenbewegung und Volkspartei,* Frankfurt 1974, hier S. 124 ff.; vgl. dagegen für die KPD Wunderer, *Die soziale Basis der KPD,* a.a.O., S. 10 ff.

683 Kele, *Nazis and Workers,* a.a.O., S. 164; es existiert die These, gerade die Mittelschichten wären 1928 nicht zur Wahl gegangen (dazu Winkler, *Extremismus der Mitte?,* a.a.O., S. 179 – Anm. 8).

684 Plum, *Gesellschaftsstruktur und politisches Bewußtsein in einer katholischen Region,* a.a.O., S. 284:
Stimmen-Gewinne und -Verluste bei der Reichstagswahl vom 14. September 1930 in den Kreisen Schleiden (A) und Monschau (B)

685 Zu letzterem vgl. die Lokalstudie William Sheridan Allen, *»Das haben wir nicht gewollt!« Die nationalsozialistische Machtergreifung in einer Kleinstadt 1930-1935,* Gütersloh 1966, (bes. S. 40 ff., 43 ff., 151 ff.).

	(1)	(2)	(3)	(4)	(5)	(6)	(7)	(8)	(9)
A:	+2956	+1194	−828	+1376	+2696	−454	+478	−281	+1110
B:	+ 747	+ 603	−231	+ 772	+ 817	−161	+156	− 15	+ 19

Legende: (1) Zuwachs an Nichtwählern, (2) Jungwähler, (3) DNVP, (4) Zentrum, (5) NSDAP, (6) SPD, (7) KPD, (8) DVP, (9) Landvolk.

686 Milatz, *Das Ende der Parteien im Spiegel der Wahlen 1930 bis 1933*, a.a.O., S. 756.

687 Ebd., S. 760, s. auch S. 768.

688 Dazu ebd., S. 766 ff.; Stephan, *Die Parteien nach den großen Frühjahrswahlkämpfen*, a.a.O.; ders., *Die Reichstagswahlen vom 31. Juli 1932*, a.a.O., S. 356 ff.

689 Dazu Milatz, *Das Ende der Parteien im Spiegel der Wahlen 1930 bis 1933*, a.a.O., S. 761 ff.; Stephan, *Die Parteien nach den großen Frühjahrswahlkämpfen*, a.a.O., S. 117 f.; ders., *Die Reichstagswahlen vom 31. Juli 1932*, a.a.O., S. 354 ff.

690 Vgl. Milatz, *Das Ende der Parteien im Spiegel der Wahlen 1930 bis 1933*, a.a.O., S. 764, 766; Kele, *Nazis and Workers*, a.a.O., S. 204 f.

691 Milatz, *Das Ende der Parteien im Spiegel der Wahlen 1930 bis 1933*, a.a.O., S. 784, 786.

692 Ebd., S. 769 f.; Stephan, *Die Parteien nach den großen Frühjahrswahlkämpfen*, a.a.O., S. 115 f. – Dieser Trend setzt sich in der ersten RT-Wahl 1932 fort (Milatz, s. o., 776), in der zweiten 1932er RT-Wahl ist er wieder aufgehoben (Milatz, s. o., S. 785 f.).

693 Milatz, *Das Ende der Parteien im Spiegel der Wahlen 1930 bis 1933*, a.a.O., S. 768, 769 f., 775 f.; vgl. auch Plum, *Gesellschaftsstruktur und politisches Bewußtsein in einer katholischen Region 1928-1933*, a.a.O., S. 281.

694 Milatz, *Das Ende der Parteien im Spiegel der Wahlen 1930 bis 1933*, a.a.O., S. 769 f.; Kele, *Nazis and Workers*, a.a.O., S. 205 f.; Stephan, *Die Parteien nach den großen Frühjahrswahlkämpfen*, a.a.O., S. 116 f. – zur ersten RT-Wahl 1932 vgl. Milatz, s. o., S. 777; Kele, s. o., S. 206 ff., 214 f.

695 Dazu Edouard Calic, *Ohne Maske. Hitler-Breiting Geheimgespräche 1931*, Frankfurt 1968, S. 164 ff.; Milatz, *Das Ende der Parteien im Spiegel der Wahlen 1930 bis 1933*, a.a.O., S. 790 ff. (Zur SPD und KPD s. S. 792 f., zur Fluktuation von der KPD zur NSDAP vgl., ohne eine quantitative Konkretisierung, S. 793).

696 Calic, *Ohne Maske*, a.a.O., S. 165 f.

697 Als neueren Versuch vgl. immer noch M. Rainer Lepsius, *Extremer Nationalismus*, Stuttgart/Berlin/Köln/Mainz 1966, S. 9 ff. *(Anspruch auf moralische Geltung: der Mittelstand)*, 18 ff. *(Anspruch auf gesellschaftliche Repräsentation: die Bauern)*; R. J. McKibbin, *The Myth of the Unemployed: Who Did Vote for the Nazis?*, in: *Australian Journal for Politics and History*, Aug. 1969, S. 25-40, bes. S. 30 ff.

698 Mierendorff, *Gesicht und Charakter der nationalsozialistischen Bewegung*, a.a.O., S. 495.

699 Ebd., S. 494, vgl. auch S. 499 f.

700 Als Ausnahme vgl. vielleicht Svend Riemer, *Zur Soziologie des Nationalsozialismus*, in: *Die Arbeit*, 9 (1932), S. 101-118, bes. S. 109 ff. (vgl. ferner Arbeiten von W. Reich und H. DeMan).

701 Theodor Geiger, *Panik im Mittelstand*, in: *Die Arbeit*, 7 (1930), S. 637-654; vgl. Lepsius, *Extremer Nationalismus*, a.a.O., S. 9; vgl. Geiger. *Die Mittelschichten und die Sozialdemokratie*, in: *Die Arbeit*, 8 (1931), S. 619-635 (S. 619: »Die

ideologische Verwirrung der Mittelschichten steht in engstem Zusammenhang mit einer ideologischen Selbstabsperrung des Parteisozialismus.« – Siehe vor allem noch S. 622 f., 629 f., 635).

702 Geiger, *Soziale Schichtung des deutschen Volkes*, a.a.O., S. 114; von Geiger vgl. auch: *Zur Kritik der Verbürgerlichung, Die Mittelschichten und die Sozialdemokratie*, beides in: *Die Arbeit*, 8 (1931), H.e 7 u. 8; ähnlich vgl. auch die Intention der Arbeiten von Hermann Heller, dazu Eike Hennig, *Hermann Heller. Anmerkungen zum Versuch einer Synthese von Nationalismus und Sozialismus*, in: *NPL*, 16 (1971), S. 507-519; vgl. auch Lepsius, *Extremer Nationalismus*, a.a.O., S. 9.

703 Mierendorff, *Gesicht und Charakter der nationalsozialistischen Bewegung*, a.a.O., S. 500 f.

704 Vgl. Talcott Parsons, *Some Sociological Aspects of the Fascists Movements*, 1942 (dies die allgemeine Faschismustheorie), *Democracy and Social Structure in Pre-Nazi-Germany*, 1942 (dies die besondere Faschismustheorie), beide abgedr. in: *Essays in Sociological Theory*, Glencoe/London 1964, S. 104 ff., 124 ff.; zu Parsons Faschismusanalyse vgl. Joachim E. Bergmann, *Die Theorie des sozialen Systems von Talcott Parsons*, Frankfurt 1967, S. 56-77 (darstellend s. S. 56-63); Manfred Clemenz, *Gesellschaftliche Ursprünge des Faschismus*, Frankfurt 1972, S. 96 ff., 238 ff.

705 Parsons, *Some Sociological Aspects of the Fascists Movements*, a.a.O., S. 136; vgl. auch Loomis, Beegle, *The Spread of German Nazism in Rural Areas*, a.a.O., S. 725, wo sie ihre Hypothesen folgendermaßen vorstellen: »(1) Elements of Nazism became entrenched among those rural, middle-class-controlled areas whose residents were suffering most acutely from economic insecurity and anxiety accompanying loss of social solidarity; (2) individuals with limited experience and obligations as active members of dynamic largescale political or religious social structures were more prone to become Nazis than others; and (3) during the periods of rapid change, Nazism made its greatest inroads into the groups whose basic value orientation and organizational experience had been of a Gemeinschaft, primary, folk, or familistic nature and whose formal, contractual, bureaucratic obligations and affiliations had been insignificant. Due to the feelings of insecurity, frustration, and longing for the good old days, which resulted from secularization and depression, these groups were more apt to become Nazis than other groups.« Vgl. Anm. 706; vgl. auch S. Neumann, *Die Parteien der Weimarer Republik*, a.a.O., S. 77 ff., 82; Robert Koehl, *Feudal Aspects of National Socialism*, in: *APSR*, 54 (1960), S. 921-933; Hajo Holborn, *Origins and Political Character of Nazi Ideology*, in: *Political Science Quarterly*, 79 (1964), S. 542-554.

706 Loomis, Beegle, *The Spread of German Nazism in Rural Areas*, a.a.O., S. 732; die Darstellung von William Sheridan Allen, *Das haben wir nicht gewollt!* a.a.O., (vgl. bes. S. 222 ff., 263 f., 282 f.) zeigt, daß der Nationalsozialismus für die Mittelschichten nicht das leistet, was ihm Loomis und Beegle – dem nationalsozialistischen Selbstverständnis (»Volksgemeinschaft«) folgend – zusprechen.

707 *Zum Begriff vgl. Arthur Fischer, Die Entfremdung des Menschen in einer heilen Gesellschaft*, München 1970.

708 Vgl. Parsons, *Some Sociological Aspects of the Fascists Movements*, a.a.O., S. 125 ff.

709 Vgl. Bergmann, *Die Theorie des sozialen Systems von Talcott Parsons*, a.a.O., S. 69.

710 Dagegen ebd., bes. S. 67 f. und 63 ff.

711 Dies bezieht sich auf Parsons spezifische Faschismusanalyse: *Democracy and Social Structure in Pre-Nazi Germany*, a.a.O.

712 Heinrich August Winkler, *Extremismus der Mitte? Sozialgeschichtliche Aspekte der nationalsozialistischen Machtergreifung,* in: *VfZG,* 20 (1972), S. 175-191, S. 181.

713 Seymour Martin Lipset, *Der ›Faschismus‹, die Linke, die Rechte und die Mitte,* in: *KZfSS,* 11 (1959), S. 401-444, S. 416 – abgedr. u. a. in: Nolte (Hrsg.), *Theorien über den Faschismus,* a.a.O., S. 449 ff., hier S. 463.

714 Rudolf Heberle, *Landbevölkerung und Nationalsozialismus. Eine soziologische Untersuchung der politischen Willensbildung in Schleswig-Holstein 1918-1932,* Stuttgart 1963; zur Kritik an Heberle vgl. Hans Beyer (in: *Zeitschrift für Agrargeschichte und Agrarsoziologie,* 12 [1964], S. 69 ff.); Heinz Sahner, *Politische Tradition, Sozialstruktur und Parteiensystem in Schleswig-Holstein,* Meisenheim a. Gl. 1972 (dazu meine Notiz in: *HPB,* 21 [1973], H. 3/4).

715 Gegen Lipset (Anm. 713) vgl. Winkler (Anm. 712); Karl O'Lessker, *Who Voted for Hitler? A New Look at the Class Basis of Nazism,* in: *The American Journal of Sociology,* 74 (1968), S. 63-69; zur Kritik an der Methode Lesskers vgl. Allan Schnaiberg im selben Bd. dieser Zeitschrift: *A Critique of Karl O'Lessker's ›Who Voted for Hitler?‹,* S. 732-735; in einer Entgegnung (S. 735) weist O'Lessker allerdings darauf hin, daß diese Methodenkritik seine inhaltliche Aussage nicht voll tangiert; zur Kritik O'Lesskers vgl. auch McKibbin, *The Myth of the Unemployed: Who Did Vote for the Nazis?,* a.a.O., S. 36 f. – Anm. 50.

716 Reinhard Bendix, *Social Stratification and Political Power,* in: *APSR,* 46 (1952), S. 357-375; gegen Bendix' These vgl. Winkler, *Extremismus der Mitte?,* a.a.O., S. 180 – Anm. 10, der u. a. O'Lesskers (a.a.O., S. 69) Korrelationen von Wahlbeteiligung und Stimmengewinn zitiert, die für Zentrum und KPD höher sind als für die NSDAP. Vgl. auch Schnaiberg, a.a.O., bes. S. 733 (passim).

717 Vgl. schon Mierendorff, *Gesicht und Charakter der nationalsozialistischen Bewegung,* a.a.O., S. 490, 490 – Anm. 2; bes. aber Ferdinand A. Hermens, *Demokratie oder Anarchie?* Frankfurt 1951, bes. S. 161 ff.; zur Kritik an Hermens vgl. Sten S. Nilson, *Wahlsoziologische Probleme des Nationalsozialismus,* in: *ZfgSt,* 110 (1954), S. 279-311; Thomas von der Vring, *Reform oder Manipulation?* Frankfurt 1968, S. 124 ff., bes. aber S. 152-164 (*Um den Untergang der Weimarer Republik);* Karl Dietrich Bracher, *Deutschland zwischen Demokratie und Diktatur,* Bern/München/Wien 1964, S. 50-82 *(Probleme der Wahlentwicklung in der Weimarer Republik).*

718 Gegen Heinrich Bennecke, *Wirtschaftliche Depression und politischer Radikalismus,* München/Wien 1968, vgl. meine *Thesen zur deutschen Sozial- und Wirtschaftsgeschichte 1933 bis 1938,* a.a.O., S. 165 f. – Anm. 84, und Reinhard Kühnl in: *DArg,* 78, 15 (1973), S. 153 f.; vgl. auch das von seiner Tendenz her leicht kausal und damit völlig falsch zu interpretierende Schaubild bei Schäfer, *NSDAP,* a.a.O., S. 18; Kaltefleiter, *Wirtschaft und Politik in Deutschland,* a.a.O., S. 37; vgl. auch Loewenberg, *The Psychohistorical Origins of the Nazi Youth Cohort,* a.a.O., S. 1472; richtigstellend vgl. McKibbin, a.a.O.; Weber, *Soziale Merkmale der NSDAP-Wähler,* a.a.O., S. 93 ff.

719 Weber, *Soziale Merkmale der NSDAP-Wähler,* a.a.O., S. 165 – weiterführend vgl. auch S. 159: »Sicher haben auch Arbeiter die NSDAP gewählt; dies geht hauptsächlich aus den Wahlergebnissen vom Wahlkreis Chemnitz-Zwickau und der protestantischen Gemeinden Baden/Hessens hervor. Der Arbeiteranteil unter den NSDAP-Wählern ist zwar bemerkenswert, aber verhältnismäßig gering; er übersteigt wohl kaum ein Viertel der NSDAP-Wählerschaft und liegt damit unter dem des Zentrums . . . Über die NSDAP-Wählerbereitschaft der Oberschichten bestehen

empirisch nur Anhaltspunkte; sie lassen vermuten, daß die Oberschichten wohl weniger stark NSDAP gewählt haben als die Mittelschichten insgesamt.«

720 Kaltefleiter, *Wirtschaft und Politik in Deutschland,* a.a.O., S. 59 f.

721 Winkler, *Extremismus der Mitte?,* a.a.O., S. 186; vgl. auch Bracher, *Deutschland zwischen Demokratie und Diktatur,* a.a.O., bes. S. 81.

721a Vgl. dazu Andeutungen, die historisch allerdings auch noch zu kurz greifen, bei Dirk Stegmann, *Zum Verhältnis von Großindustrie und Nationalsozialismus 1930-1933,* in: *Archiv für Sozialgeschichte,* 13 (1973), S. 399-482, hier S. 400 ff.; zu den Sammlungsbewegungen im Kaiserreich vgl. ders., *Die Erben Bismarcks,* Köln/Berlin 1970; zum Gegensatz und Bündnis von »aristokratischem« und »plebejischem Konservativismus« vgl. Kurt Stechert, *Wie war das möglich?* Stockholm 1945; für den Mittelstand vgl. Heinrich August Winkler, *Mittelstand, Demokratie und Nationalsozialismus,* Köln 1972; für die Bauern vgl. Hans-Jürgen Puhle, *Von der Agrarkrise zum Präfaschismus,* Wiesbaden 1972; inhaltlich zusammenfassend vgl. Wolfgang Wippermann, *Faschismustheorien,* Darmstadt 1972, S. 104 ff.; zu den theoretischen Problemen vgl. zusammenfassend (mit Hinweisen auf weitere Lit.) Helga Grebing, *Aktuelle Theorien über Faschismus und Konservatismus,* Stuttgart/Berlin/Köln/Mainz 1974, S. 49 ff.

722 Karl Dietrich Bracher, *Die deutsche Diktatur,* Köln/Berlin 1969, S. 102; Bracher erwähnt in diesem Zusammenhang auch Emil Kirdorf, der die NSDAP aber erst ab 1926 unterstützt – vgl. nur Eberhard Czichon, *Wer verhalf Hitler zur Macht?* Köln 1967, S. 17; Henry Ashby Turner, jr., *Emil Kirdorf and the Nazi Party,* in: *Central European History,* 1 (1968), S. 324-344 (329 ff.); vgl. aber Werner Maser, *Die Frühgeschichte der NSDAP,* Frankfurt/Bonn 1965, S. 397 f. – Vgl. auch Richard Lewinsohn (Morus), *Das Geld in der Politik,* Berlin 1930, S. 147 f. – zit. bei Iring Fetscher, *Zur Kritik des sowjetmarxistischen Faschismusbegriffs,* 1962, z. T. abgedr. in: Gotthard Jasper (Hrsg.), *Von Weimar zu Hitler 1930-1933,* Köln/Berlin 1968, S. 165 – Anm. 6. Einschränkend s. aber George W. F. Hallgarten, *Hitler und die deutsche Schwerindustrie,* 1952, abgedr. in: *Hitler, Reichswehr und Industrie,* Frankfurt 1962[3], S. 90; Alan Bullock, *Hitler,* Düsseldorf 1969, S. 64-69, 113 ff.; *Braunbuch über Reichstagsbrand und Hitler-Terror,* Basel 1933, S. 17; Martin Broszat, *Der Staat Hitlers,* München 1969, S. 78; Tyrell (Hrsg.), *Führer befiehl . . .,* a.a.O., S. 181 – Anm. 27; zusammenfassend vgl. Maser, s. o., S. 261-263, 396-412; Franz-Willing, *Hitlerbewegung,* a.a.O., S. 177 ff.

723 Lewinsohn (Morus), *Das Geld in der Politik,* a.a.O., S. 149; Maser, *Die Frühgeschichte der NSDAP,* a.a.O., S. 397, 398 f., 400 f., 403, 405; zu den Problemen der Auslandsfinanzierung Anfang der 30er Jahre vgl. Hermann Lutz, *Fälschungen zur Auslandsfinanzierung Hitlers,* in: *VfZG,* 2 (1954), S. 386-396, dort finden sich auch (S. 389, 391) Hinweise auf die NSDAP-Finanzierung durch Henry Deterding. Lutz (S. 395) weist darauf hin, daß Überinterpretationen des Einflusses ausländischer Finanzzuwendung (etwa in: J. G. Schoup, *De Geldbronnen van het Nationaal-Socialisme,* Amsterdam 1933; René Sonderegger, *Finanzielle Weltgeschichte. Das Dritte Reich im Dienste der Internationalen Hochfinanz,* Zürich 1936 – gegen beide Autoren richtet sich Lutz' Arbeit) in Entnazifizierungsprozessen eine Rolle bei der Entlastung von Belasteten gespielt haben. Ohne zureichende Materialgrundlage vgl. auch Fritz Küster, *Die Hintermänner der Nazis,* Hannover 1946, bes. S. 15-17, 23-26. Für das NS-Selbstverständnis vgl. *ABC des Nationalsozialismus,* a.a.O., S. 163 ff. (Ist die NSDAP die Partei der Großindustriellen und Barone?)

724 Henry Ashby Turner, *Fritz Thyssen und ›I paid Hitler‹,* in: *VfZG,* 19 (1971), S. 225-244, zur Gesamtbewertung von Thyssens Buch s. S. 244. – Wegen der langen

Entstehungszeit dieser Arbeit werden Turners Beiträge noch nach den Originalaufsätzen zitiert. Vgl. jetzt aber als Sammlung von Turners Aufsätzen: *Faschismus und Kapitalismus in Deutschland,* Göttingen 1972. Diese Sammlung – in deren Gefolge Turner von Industriellen zu einigen Vorträgen eingeladen worden ist (nach einer Mitteilung von Dirk Stegmann) – enthält folgende Arbeiten: *Big Business and the Rise of Hitler* (1969), *Hitler's Secret Pamphlet for Industrialists, 1927* (1968), *Emil Kirdorf and the Nazi Party* (1968), *Fritz Thyssen und das Buch ›I paid Hitler‹* (1971), *The ›Ruhrlade‹: Secret Cabinet of Heavy Industry in the Weimar Republic* (1970), *Fascism and Modernization* (1972). – Kritisch gegenüber Turner vgl. meine *Thesen zur deutschen Sozial- und Wirtschaftsgeschichte,* a.a.O., S. 9 – Anm. 9; Stegmann, *Zum Verhältnis von Großindustrie und Nationalsozialismus 1930-1933,* a.a.O., passim, explizit s. bes. S. 401, 413 – Anm. 57, 418 – Anm. 88, 425 – Anm. 125, 438 f., 441; kritische Bem.en werden auch ref. in: Hans Mommsen u. a. (Hrsg.), *Industrielles System und politische Entwicklung in der Weimarer Republik,* Düsseldorf 1974, S. 939 f., 942 ff., dort (S. 919-931) findet sich auch ein Beitr. von Turner: *Das Verhältnis des Großunternehmertums zur NSDAP.* Turner hat versucht, insbes. die Kritik Stegmanns zurückzuweisen: *Großunternehmer und Nationalsozialismus 1930-1933,* in: *HZ,* 221 (1975), S. 18-68.

725 Bullock, *Hitler,* a.a.O., S. 66.

726 Maser, *Die Frühgeschichte der NSDAP,* a.a.O., S. 397.

727 Eckart Kehr, Brief v. 6. Aug. 1932 an G. W. F. Hallgarten – zit. n. Hans-Ulrich Wehler (Hrsg.), *Eckart Kehr. Der Primat der Innenpolitik,* Berlin 1965, S. 20 – Anm. 47 (Einl. Wehlers). – Grundsätzlich aber muß angemerkt werden, daß hinter der Frage, wer die NSDAP finanziert hat, allzu leicht die wichtigere Interpretation struktureller und sozialgeschichtlicher Beziehungen zwischen Industrie und Faschismus vergessen wird bzw. verloren geht (vgl. dazu, im Zusammenhang seiner Kritik an Turner, Stegmann, *Zum Verhältnis von Großindustrie und Nationalsozialismus 1930-1933,* a.a.O., S. 401).

728 Braunbuch, a.a.O. (Anm. 722), S. 17.

729 An dem hier vorgetragenen Urteil ändert auch ein neuer Überblick über die Zuwendungen 1930 ff. nichts, vgl. Reinhard Vogelsang, *Der Freundeskreis Himmler,* Göttingen/Zürich/Frankfurt 1972, S. 34 ff.; zur Problematik vgl. Turner, *Fritz Thyssen und ›I paid Hitler‹,* a.a.O., S. 240 f.; vgl. auch Anm. 727.

730 Zwischenbemerkung E. H.: Die Hinweise auf die kommunistischen Regierungen Sachsens und Thüringens sowie auf Max Hölz stellen Geschichtsklitterungen par excellence dar. – Vgl. Thyssen, *I paid Hitler,* a.a.O., S. 299 (Personalnotiz »Max Hölz«!!!); H. u. E. Hannover, *Politische Justiz 1918-1933,* Frankfurt 1966, S. 216-219; im übrigen ist Hölz kein »Communist agitator«, wie die vermutlich von Emery Reves zusammengestellte Personalnotiz behauptet, dazu Arthur Rosenberg, *Geschichte der Weimarer Republik,* 1935[1], Frankfurt 1961, S. 120. Zu Max Hölz vgl. auch Hans Manfred Bock, *Syndikalismus und Linkskommunismus von 1918-1923,* Meisenheim a. Gl. 1969, S. 308-318; Werner T. Angress, *Die Kampfzeit der KPD 1921-1923,* Düsseldorf 1973, S. 183 (ff.); 188; Max Hölz, *Vom »Weißen Kreuz« zur Roten Fahne,* Berlin 1929.

731 Fritz Thyssen, *I paid Hitler,* London/New York 1941, S. 111 f.

732 Ebd., S. 111.

733 Ebd., S. 113.

734 Ebd., S. 114 – »This was my first contribution to the National Socialist Party. These funds, I delivered neither to Hitler, nor to Scheubner-Richter [...] but to Ludendorff, whom I desired to use it as best he could.« Nach Hallgarten, »Hitler

und die deutsche Schwerindustrie«, a.a.O., S. 118 – Anm. 20, hat diese Zahlung überhaupt erst den Hitler-Ludendorff Putsch vom 8./9. November 1923 ermöglicht.

735 Vgl. die Nachweise bei Turner, *Fritz Thyssen und ›I paid Hitler‹*, a.a.O., S. 226, 232; als zeitgenössische Rez., die den hohen dokumentarischen Wert herausstellt, vgl. George N. Shuster, *The Man Who Backed Hitler*, in: *New York Times Book Review*, 19. 10. 1941 – abgedr. in: John Weiss (Hrsg.), *Nazis and Fascists in Europe, 1918-1945*, Chicago 1969, S. 111 ff.; vgl. auch Emil Lengyel, *Man of Steel Who Looms Behind Hitler*, in: *New York Times Magazine*, 22. 7. 1934 – ebenfalls abgedr. in: Weiss (Hrsg.), ebd., S. 115 ff.

736 Turner, *Fritz Thyssen und ›I paid Hitler‹*, a.a.O., S. 231-235.

737 Ebda., S. 235-237.

738 Ebda., S. 244.

739 Ebda., S. 237 f.

740 Ebda., S. 241 f.

741 Materialien zum folgenden finden sich bei Hallgarten, *Stinnes, Seeckt und Hitler. Materialien zur Geschichte von Ruhrkampf und Hitlerputsch* (passim), *Hitler und die deutsche Schwerindustrie* (S. 88-90), in: *Hitler, Reichswehr und Industrie*, a.a.O.; allgemein vgl. auch Stegmann, *Zum Verhältnis von Großindustrie und Nationalsozialismus*, a.a.O., S. 402 ff.

742 August Thalheimer in: *Gegen den Strom*, 2 (1929), Nr. 43, S. 7 – Nr. 10, S. 3; hier zit. n. R. Griepenburg, K. H. Tjaden, *Faschismus und Bonapartismus*, in: *DArg*, 41, 8 (1966), S. 462; vgl. dagegen die »hitleristische« Position vertreten durch Joachim C. Fest, *Hitler*, Frankfurt/Berlin/Wien 1973, S. 20 f. (23 f.), 1045 f.

743 Hans Jäger, *Das wahre Gesicht Hitlers und der NSDAP*, Prag 1933, S. 13 f.; vgl. auch Hildegard v. Kotze, Helmut Krausnick (Hrsg.), *Es spricht der Führer. 7 exemplarische Hitler-Reden*, Gütersloh 1966, bes. S. 183 ff. (Hitler vor Bauarbeitern am 20. Mai 1937); *Sozialismus wie ihn der Führer sieht. Worte des Führers zu sozialen Fragen*, zus. gest. v. F. Meystre, München 1935[3], S. 40: »Ich war ja selbst und bin ein Kind des Volkes. Nicht für die Kapitalisten bin ich eingetreten, eingetreten bin ich für das deutsche Volk, für den deutschen Arbeiter« (Hitler am 2. März 1933 im Sportpalast). – Zu Jäger und zum hier interessierenden Zeitraum vgl. auch Stegmann, *Zum Verhältnis von Großindustrie und Nationalsozialismus*, a.a.O., S. 405 f.; zur Reaktion der SA auf die SA-Mitgliedschaft des preußischen Prinzen August Wilhelm vgl. z. B. Hans Heinz Ewers, *Horst Wessel*, Stuttgart u. Berlin 1932, S. 276 f.

744 Vgl. Hallgarten, *Stinnes, Seeckt und Hitler*, a.a.O., S. 29/30, 63-66 (Niederschrift eines Gesprächs zwischen Stinnes und dem US-Botschafter Alanson B. Houghton v. 21. September 1923).

745 Damit ist auch diejenige Mentalität bezeichnet, die den »neuen Mittelstand« der kleinen und mittleren Angestellten sowie Beamten auszeichnet. Auch diese Sozialschicht grenzt sich insbes. gegenüber den materiell relativ gleichgestellten »Handarbeitern«, gegenüber dem z. B. als kulturlos angesehenen Proletariat ab. – Vgl. den allerdings zu knappen Hinweis bei Kühnl, *Deutschland zwischen Demokratie und Faschismus*, a.a.O., S. 43.

746 Die DDP als liberal-bürgerliche Partei ist für Hitler Bestandteil jener »bürgerlichen Schlappschwänzigkeit«, ohne Kraft, »gegen den Terror der linken Seite vorzugehen«. Vgl. Hitler, *Mein Kampf*, a.a.O., S. 550 u. S. 451, 538 ff., 548, 632 f.; ders., Vortr. vor dem Hamburger »Nationalklub von 1919«, a.a.O., S. 84 u. S. 83 ff., 92 ff.

Vgl. auch ders., *Mein Kampf* a.a.O., S. 509 f.: »[. . .] Während die bürgerlichen

Parteien in ihrer einseitigen Geistigkeit eine untaugliche, disziplinlose Bande darstellten, hatte der Marxismus in seinem weniggeistigen Menschenmaterial eine Armee von Parteisoldaten gebildet.« – Auf S. 589/590 wird dann aber die SPD von der USPD und den Spartakisten abgesetzt und als »verbürgerlicht« ausgewiesen. – Dort (S. 590 ff.) redet Hitler sogar von der »hündisch[en] Unterwürfigkeit der politischen Gebilde einer alten ausgedienten Generation«, nämlich dem liberalen Bürgertum. Der politische Konflikt wird von daher letztlich als ein Machtkampf zwischen NSDAP und KPD aufgefaßt. Beispiele dafür finden sich z. B. bei Josef Goebbels, *Die zweite Revolution*, Zwickau (Sa.) 1926, bes. S. 39, 40 ff. (dort finden sich auch zahlreiche Belege für den »endlose[n] Haß gegen den Bourgeois unserer Zeit« [S. 18]) – dazu eine Anm. in: *DArg*, 70, Sonderh. 1972 = *Kritik der bürgerlichen Geschichtswissenschaft I*, S. 300 f.; für die Interpretation »des« Bürgertums und der KPD vgl. auch Hermann Okraß, *Hamburg bleibt rot. Das Ende einer Parole*, Hamburg 1934, passim.

747 Zum Versuch, diese Wünsche wieder aufzuheben, vgl. Arthur Schweitzer, Die Nazifizierung des Mittelstandes, Stuttgart 1970; vgl. aber auch Stegmann, *Zum Verhältnis von Großindustrie und Nationalsozialismus*, a.a.O., S. 428 ff. (430).

748 Hitler, *Mein Kampf*, a.a.O., S. 232 f.

749 Vgl. dazu die Kritik an Rudolf Hilferdings *Finanzkapital* (1910) durch Wilfried Gottschalch, *Strukturveränderungen der Gesellschaft und politisches Handeln in der Lehre von Rudolf Hilferding*, Berlin 1962, S. 101 ff.; ferner Neumann, *Behemoth*, a.a.O., S. 316 ff., 392; vgl. aber dagegen auch Kurt Gossweiler, *Die Rolle der Großbanken im Imperialismus*, in: *JWG*, 1971/III, S. 35-54, bes. S. 42 ff.

750 Gottfried Feder, *Der deutsche Staat auf nationaler und sozialer Grundlage*, München 1933 (10. Aufl.), S. 67.

751 Ebda., S. 60; vgl. ders., *Das Manifest zur Brechung der Zinsknechtschaft des Geldes*, 1. Aufl. 1919, München 1931, bes. S. 16, 52 ff., 55 ff.

752 Vgl. Lewinsohn (Morus), *Das Geld in der Politik*, a.a.O., S. 150 f.

753 Vgl. bes. die Punkte 13, 14 und 17 des NSDAP-Programms vom 24. Februar 1920; die sog. »25 Punkte« finden sich abgedr. z. B. in: Maser, *Die Frühgeschichte der NSDAP*, a.a.O., S. 468 ff.; Deuerlein (Hrsg.), *Der Aufstieg der NSDAP 1919-1933*, a.a.O., S. 108 ff. (s. dort S. 105 ff.); Walther Hofer (Hrsg.), *Der Nationalsozialismus. Dokumente 1933-1945*, Frankfurt 1962 (326.-350. Tausend), S. 28 ff.p754 Zit. n. Deuerlein (Hrsg.), *Der Aufstieg der NSDAP 1919-1933*, a.a.O., S. 117.

755 Ebda., S. 116; zur Zusammenarbeit von »Bankjuden« und »revolutionären Juden« vgl. ebda., S. 127; vgl. aber bes.: *Sozialismus wie ihn der Führer sieht*, a.a.O., S. 9, 13, 28 ff.

756 Vgl. auch Tyrell (Hrsg.), *Führer befiehl . . .*, a.a.O., S. 188 (Brief von Karl Dincklage, SA-Führer und stellvertretender Gauleiter von Hannover, an Franz Stöhr, MdR, v. 14. Dezember 1927): »[. . .] auch [wir] glauben, daß es für künftige Wahlen noch nicht gelingen wird, den Marxisten merklich Boden abzugewinnen. Am meisten Verständnis werden wir finden bei dem kleinen Kaufmann als schärfstem Gegner von Warenhaus und Konsumverein. Ferner beim Handlungsgehilfen, der im DHV von vornherein Antisemit ist . . .«

757 *Der Große Brockhaus*, 15. Aufl., 13 Bd. (Mue-Ost), Leipzig 1932, S. 209.

758 Hitler, Vortr. vor dem Hamburger »Nationalklub von 1919«, a.a.O., S. 101, 103; *Sozialismus wie ihn der Führer sieht*, a.a.O., bes. S. 42; vgl. auch die Äußerungen Hugo Stinnes' im Gespräch mit US-Botschafter Houghton in: Hallgarten, *Stinnes' Seeckt und Hitler*, a.a.O., S. 64, 66; vgl. auch Hitlers Schlußwort vor dem

Münchner Volksgerichtshof 1924.

759 Harold D. Lasswell, *Der Aufstieg des Propagandisten*, 1939, wieder abgedr. in: *Politik und Moral*, Stuttgart u. Düsseldorf 1957, S. 199 ff., hier S. 205; vgl. aber, präzisiert, auch ders., *Die Psychologie des Hitlerismus: Eine Reaktion der unteren Mittelklassen auf dauernde Unsicherheit*, 1933, abgedr. ebda., hier S. 282.

760 Orlow, *The History of the Nazi Party*, a.a.O., S. 45. – Die Wendung »nicht vergessen« könnte sich (Orlow selbst erläutert seine Aussage nicht weiter) darauf beziehen, daß Kahr 1934 erschossen worden ist (vgl. Charles Bloch, *Die SA und die Krise des NS-Regimes 1934*, Frankfurt 1970, S. 103). Zur Rolle Kahrs 1923 vgl. Gordon, *Hitlerputsch* 1923, a.a.O., S. 193 ff., 253 ff., 423 ff., 434 ff. – Zur Distanzierung Hitlers von der Taktik bis Ende 1923 vgl. auch ders., *Zum Wiedererstehen unserer Bewegung*, in: *VB* v. 26. Febr. 1925, S. 1 – abgedr. in: *Facsimile Querschnitt durch den Völkischen Beobachter*, a.a.O., S. 38 f.; vgl. vor allem auch die Aussagen Hitlers am 25. Sept. 1930 vor dem Leipziger Reichsgericht im sog. »Ulmer Hochverratsprozeß« (vgl. Deuerlein [Hrsg.], *Der Aufstieg der NSDAP 1919-1933*, a.a.O., S. 329); Calic, *Ohne Maske*, a.a.O., S. 26.

761 Zit. n. einem Polizeibericht: Deuerlein (Hrsg.), *Der Aufstieg der NSDAP 1919-1933*, a.a.O., S. 136, vgl. S. 135 ff.

762 Zit. n. ebda., S. 26.

763 Dazu Klaus Röseler, *Die Stellung der deutschen Unternehmer in der Wirtschaftskrise 1929-1933*, phil. Diss., Hannover 1966, S. 31 ff.; Wilhelm Treue, *Der deutsche Unternehmer in der Weltwirtschaftskrise 1928-1933*, in: Werner Conze, Hans Raupach (Hrsg.), *Die Staats- und Wirtschaftskrise des Deutschen Reichs 1929/33*, Stuttgart 1967, S. 82 ff.; korrigierend und ergänzend vgl. aber auch, als frühe Arbeiten, G. Reimann, *Die Krisenperspektive des Monopolkapitalismus*, in: *Die Internationale*, 1931, S. 36-44; ders., *Die deutsche Schwerindustrie in den Fesseln der Krise und des Versailler Systems*, in: *Die Kommunistische Internationale*, 1932, S. 888-896; Fritz Klein, *Zur Vorbereitung der faschistischen Diktatur durch die deutsche Großbourgeoisie (1929-1932)*, 1953, abgedr. in: Gotthard Jasper (Hrsg.), *Von Weimar zu Hitler 1930-1933*, Köln/Berlin 1968, S. 124 ff.; Gerhard Volkland, *Hintergründe und politische Auswirkungen der Gelsenkirchen-Affäre im Jahre 1932*, in: *ZfG*, 11 (1963), S. 289-318; Wolfgang Ruge, *Die ›Deutsche Allgemeine Zeitung‹ und die Brüning-Regierung*, in: *ZfG*, 16 (1968), S. 19-53; Klaus Mammach, *Der Sturz der großen Koalition im März 1930*, in: *ZfG*, 16 (1968), S. 565-586; Lev Israelevič Ginzberg, *Auf dem Wege zur Hitlerdiktatur. Der Kurs der Monopolbourgeoisie auf die offene Diktatur im Jahre 1931*, in: *ZfG*, 17 (1969), S. 825-843; vgl. ferner die Arbeiten von Hallgarten, Czichon und Turner. Stegmann *(Zum Verhältnis von Großindustrie und Nationalsozialismus 1930-1933)* weist aber darauf hin (a.a.O., S. 408 f.), daß auch in der Zeit von 1924 bis 1928 die Schwerindustrie antidemokratische und antiparlamentarische Pläne propagiert hat.

764 Alle Zitate Paul Silverbergs, zit. n. Röseler, *Die Stellung der deutschen Unternehmer in der Wirtschaftskrise 1929-1933*, a.a.O., S. 31, 199 f.; vgl. auch Stegmann (Anm. 763), S. 409, 421, 437 f.; ders., *Die Silverberg-Kontroverse 1926: Unternehmerpolitik zwischen Reform und Restauration*, in: *Sozialgeschichte heute. FS für H. Rosenberg*, Göttingen 1974, S. 594 ff.

765 Zit. n. Röseler, S. 32, 176 f. – vgl. hierzu Kurt Gossweiler, *Großbanken, Industriemonopole, Staat*, Berlin 1971, bes. die Kapitel III bis VIII.

766 Die nationalsozialistische Legalitätsinterpretation kann daher auch nicht als juristischer Positivismus bezeichnet werden, insofern die »Berechenbarkeit« der »Herrschaft« des positiven Rechts inhaltlich und formal von ihrem liberalen Ur-

sprung her nicht vollständig und durchgängig der machtpolitisch-interpretationstechnische Okkasionalismus eines »Situationsrechts« ist. – Vgl. dazu Franz Neumann, *Der Funktionswandel des Gesetzes im Recht der bürgerlichen Gesellschaft*, 1937, abgedr. in: Herbert Marcuse (Hrsg.), Franz Neumann. *Demokratischer und autoritärer Staat*, Frankfurt/Wien 1967, S. 31 ff.; vgl. auch Ingeborg Maus, *Die Lehre vom pouvoir constituant*, phil. Diss., Frankfurt 1971; dies., *Aspekte des Rechtspositivismus in der entwickelten Industriegesellschaft*, in: Adolf Arndt u. a. (Hrsg.), *Konkretionen politischer Theorie und Praxis*, Stuttgart 1972, S. 124 ff.

767 Joseph Goebbels, 1934, in: *Schriften der Deutschen Hochschule für Politik*, H. 8, Berlin 1934, S. 13, hier zit. n. Kurt Köster (Hrsg.), *Sonderveröffentlichungen der Deutschen Bibliothek*, Nr. 1 = *Exil-Literatur, 1933-1945*, Frankfurt 1967[3], S. 18; vgl. auch zahlreiche Äußerungen Goebbels in: *Der Angriff* (vgl. Joseph Goebbels, *Der Angriff. Aufsätze aus der Kampfzeit*, München 1935).

768 Goebbels in: *Der Angriff* v. 18. 2. 1929, zit. n. Walter Oehme, Kurt Caro, *Kommt ›Das Dritte Reich‹?* Berlin 1930, S. 24.

769 Zur Höhe der Reichstagsdiäten vgl. Lewinsohn (Morus), *Das Geld in der Politik*, a.a.O., S. 111 ff.; vgl. auch Mierendorff, *Gesicht und Charakter der nationalsozialistischen Bewegung*, a.a.O., S. 490 – Anm. 2.

770 Gregor Strasser am 13. Okt. 1930 im RT, zit. n. Deuerlein (Hrsg.), *Der Aufstieg der NSDAP 1919-1933*, a.a.O., S. 342 f.

771 Dazu Klaus Revermann, *Die stufenweise Durchbrechung des Verfassungssystems der Weimarer Republik in den Jahren 1930 bis 1933*, Münster 1959; Karl Dietrich Bracher, *Die Auflösung der Weimarer Republik*, Villingen 1964[4], S. 731 ff.; Eduard Schaefer, *Zur Legalität der nationalsozialistischen Machtergreifung*, in: *GWU*, 17 (1966), S. 536-554; ferner bedenke man nur die Umstände der Verabschiedung des sog. »Ermächtigungsgesetzes« vom 24. 3. 1933 (*RGBl.*, 1933, I, S. 141), dazu: Rudolf Morsey (Hrsg.), *Das »Ermächtigungsgesetz« vom 24. März 1933*, Göttingen 1968; Hans Otto Meissner, Harry Wilde, *Die Machtergreifung*, Stuttgart 1958, S. 250 ff., 313-Anm. 35; *Um das Ermächtigungsgesetz*, SOPADE-Informationsdienst, hrsg. v. Vorstand der Sozialdemokratischen Partei Deutschlands, Hannover o. J. (1947?).

772 Vgl. Deuerlein (Hrsg.), *Der Aufstieg der NSDAP 1919-1933*, a.a.O., S. 328-332; Tyrell (Hrsg.), *Führer befiehl. . .*, a.a.O., S. 298 ff.; vgl. auch Peter Bucher, *Der Reichswehrprozeß. Der Hochverrat der Ulmer Reichswehroffiziere 1929/30*, Boppard 1967, S. 237 ff., bes. S. 259-290, vgl. S. 83-88, 90-95, 235-280, von Hitlers Legalitätsbeteuerungen s. bes. S. 245, 252, 257 f., 260, 262 f., 264 f., 265 ff., 267 f.

773 Zit. n. Deuerlein (Hrsg.), *Der Aufstieg der NSDAP 1919-1933*, a.a.O., S. 330 f.

774 Zit. n. ebda., S. 332. – Auf die Frage des Gerichtsvorsitzenden: »Also nur auf verfassungsmäßigem Wege?«, antwortete Hitler: »Jawohl«. Auf die zitierte Aussage bezieht sich Goebbels am 5. Febr. 1931 im RT (zit. n. ebda., S. 347): »Die nationalsozialistische Bewegung verharrt weiterhin diesem System gegenüber in Kampfstellung. Sie hat durch den Mund des Führers zum Ausdruck gebracht, daß sie legal sei. Das heißt aber: nach der Verfassung sind wir nur verpflichtet zur Legalität des Weges, nicht aber zur Legalität des Zieles. Wir wollen legal die Macht erobern. Aber was wir mit dieser Macht einmal, wenn wir sie besitzen, anfangen werden, das ist unsere Sache.«

775 Vgl. die Aussage von Hans Frank, der als RA einen der drei Offiziere verteidigt hat und die Einvernahme Hitlers als Zeuge beantragt hat, zur Bedeutung

des Hitler'schen Legalitätseides: »Und Hitler sprach: ›Ich stehe hier unter dem Eid vor Gott dem Allmächtigen. Ich sage Ihnen, daß, wenn ich legal zur Macht gekommen sein werde, dann will ich in legaler Regierung Staatsgerichte einsetzen, die die Verantwortlichen an dem Unglück unseres Volkes gesetzmäßig aburteilen sollen. Dann werden möglicherweise legal einige Köpfe rollen!‹ [Zur Vereidigung Hitlers im Reichswehrprozeß vgl. Bucher, a.a.O., S. 284-294, 294-298.] Auch dieses Wort rollte über Deutschland hin und befriedigte und befreite allgemein. Es brachte Hitler neue ungezählte Massen von Angehörigen der Bewegung, denn gerade dieses Leipziger Legalitätsbekenntnis zerstreute bei vielen ernste Bedenken einem allenfalls von Hitler zu befürchtenden Gewaltregime gegenüber. Nur in Anwendung des Rechts wollte das deutsche Volk – auch von Hitler – regiert sein.« (Hans Frank, *Im Angesicht des Galgens*, Neuhaus b. Schliersee 1955[2], S. 79 – zit. n. Deuerlein [Hrsg.], *Der Aufstieg der NSDAP 1919-1933*, a.a.O., S. 337). Zu den zit. Aussagen Hitlers vgl. Tyrell (Hrsg.), *Führer befiehl . . .*, a.a.O., S. 298 f.; zum Todesstrafenargument vgl. Goebbels, *Der Angriff*, München 1936[3], S. 187 – zit. in: *Exil-Literatur, 1933-1945*, a.a.O., S. 20; zur Wirkung der Zeugenaussagen Hitlers vgl. auch Edgar J. Jung, *Sinndeutung der deutschen Revolution*, Oldenburg i. O., 1933, S. 16.

776 Gregor Strasser, Brief an den Brandenburger Gauleiter Schlange v. 12. 9. 1931 – zit. n. Tyrell (Hrsg.), *Führer befiehl . . .*, a.a.O., S. 344.

777 Edouard Calic, *Ohne Maske. Hitler-Breiting Geheimgespräche 1931*, Frankfurt 1968, bes. S. 26, 51. – In der *FAZ*, Nr. 93 v. 22. 4. 1969, S. 9, ist eine längere Besprechung erschienen (von Wilhelm Ritter von Schramm), die – bezeichnend für dieses Organ, hinter dem sich die klugen Köpfe einer bürgerlichen Leserschaft verbergen – nicht nach dem Verhalten der »herrschenden Klasse«, sondern nach dem der jungen Generation angesichts des »Cäsarwahns« Hitlers fragt. Vgl. dagegen Rez. v. Sebastian Haffner in: *Die Zeit*, 1969/8, S. 23; die jetzt (vgl. *Der Spiegel*, 1972/37, S. 62, 65) von Hans Mommsen und Fritz Tobias vorgebrachte zentrale Kritik bezieht sich vor allem auf die Datierung und auf die zweite Unterredung; da hier diese Gespräche nur allgemein inhaltlich herangezogen werden, kann diese Kritik übergangen werden.

778 Zit. n. Deuerlein (Hrsg.), *Der Aufstieg der NSDAP 1919-1933*, a.a.O., S. 330; ähnlich vgl. auch Tyrell (Hrsg.), *Führer befiehl . . .*, a.a.O., S. 289 f.

779 Vgl. Otto Strasser, *Mein Kampf*, Frankfurt 1969, S. 55, 59; vgl. auch einen Brief Gregor Strassers v. 22. 7. 1930 zum Parteiaustritt seines Bruders Otto, zit. bei Tyrell (Hrsg.), a.a.O., S. 332 f.; vgl. auch Eberhard Czichon, Rez. von O. Strasser, *Mein Kampf*, s. o., in: *DArg*, 58, 12 (1970), S. 453-455.

780 Abgedr. in: Deuerlein (Hrsg.), *Der Aufstieg der NSDAP 1919-1933*, a.a.O., S. 361 ff.; dazu Bracher, *Die Auflösung der Weimarer Republik*, a.a.O., S. 431 ff.

781 Vgl. Deuerlein (Hrsg.), a.a.O., S. 363; Plum, *Gesellschaftsstruktur und politisches Bewußtsein in einer katholischen Region 1928-1933*, a.a.O., S. 255-Anm. 177; Ruge, *Die ›Deutsche Allgemeine Zeitung‹ und die Brüning-Regierung*, a.a.O., S. 34; zur Reaktion Hitlers vgl. Bracher, *Die Auflösung der Weimarer Republik*, a.a.O., S. 434.

782 Vgl. Plum, a.a.O., S. 141.

783 Heinrich Brüning, *Memoiren. 1918-1934*, Stuttgart 1970, S. 465 (s. auch S. 196); Bracher, *Die Auflösung der Weimarer Republik*, a.a.O., S. 431. (Brüning bemüht sich im übrigen intensiv und früh schon um die »Zähmung« und »Einrahmung« der NSDAP.)

784 Bracher, *Die Auflösung . . .*, a.a.O., S. 432 ff.

785 Dazu Deuerlein (Hrsg.), *Der Aufstieg der NSDAP 1919-1933*, a.a.O., S. 349;

Andreas Werner, *SA und NSDAP. SA: »Wehrverband«, »Parteitruppe« oder »Revolutionsarmee«? Studien zur Geschichte der SA und der NSDAP 1920-1933*, phil. Diss., Erlangen-Nürnberg 1964, S. 475 ff., 530 ff.

786 Vgl. Werner, *SA und NSDAP*, a.a.O., S. 524 ff.

787 Zit. n. ebda., S. 512; vgl. auch Bracher, *Die Auflösung der Weimarer Republik*, a.a.O., S. 427.

788 Zit. n. Werner, a.a.O., S. 482; Stennes wird dann am 1. April 1931 ausgestoßen, vgl. ebd., S. 531 f.; Heinrich Bennecke, *Hitler und die SA*, München u. Wien 1962, S. 148 ff., 164 ff.

789 Calic, *Ohne Maske*, a.a.O., S. 43, s. auch S. 41 f.

790 Hermann Rauschning, *Gespräche mit Hitler*, Zürich/New York 1940, S. 257.

791 Vgl. z. B. Rudolf Diels, *Lucifer Ante Portas ... es spricht der erste Chef der Gestapo ...*, Stuttgart 1950, bes. S. 253 ff., 293 ff., wo Diels schildert, wie er versucht, den »Übereifer« von SA und SS bei der Terrorisierung politischer Gegner zu bändigen.

792 So z. B. Hitler am 25. Sept. 1930 als Zeuge im Reichswehrprozeß vor dem Leipziger Reichsgericht, zit. n. Deuerlein (Hrsg.), *Der Aufstieg der NSDAP 1919-1933*, a.a.O., S. 330.

793 Abgedr. in: Czichon, *Wer verhalf Hitler zur Macht?*, a.a.O., S. 69 f.

794 So Werner Conze, *Die Weimarer Republik 1918-1933*, in: Peter Rassow (Hrsg.), *Deutsche Geschichte im Überblick*, Stuttgart 1953, S. 616 ff., hier S. 663. (Auch sonst wird der Einfluß industrieller Protegés und Finanziers heruntergespielt – s. z. B. S. 658.)

795 Zit. n. Calic, *Ohne Maske*, a.a.O., S. 47; vgl. auch Joseph Goebbels, *Die zweite Revolution*, Zwickau (Sa.) 1926, S. 16.

796 Goebbels, *Die zweite Revolution*, a.a.O., S. 53.

797 Die Ambivalenz wirkt sich nach Parsons (*Some Sociological Aspects of the Fascist Movements*, a.a.O., S. 140 f.) bes. auf das Verhältnis der Industriellen zur faschistischen Bewegung aus, während sie die »traditionellen Oberklassen« weniger tangiert.

798 Diese Haltung verdeutlicht bes. gut Gerhard Ritter, *The Historical Foundations of the Rise of National-Socialism*, in: *The Third Reich. A Study Published under the Auspices of the International Council for Philosophy and Humanistic Studies and with the Assistance of UNESCO*, New York 1955, S. 381 ff., bes. S. 381, 389, 399 f., 400, 411.

799 Zur Differenz von Konservativismus und Faschismus vgl. neben Barrington Moore jr. auch Parsons, a.a.O., Anm. 797 und S. 125, 139; A. J. P. Taylor, *The Seizure of Power*, in: *The Third Reich*, a.a.O., S. 523 ff.; Goebbels, *Die zweite Revolution*, a.a.O., S. 28 f.

800 J. A. Schumpeter, *Abschlußrede vor der Bonner staatswissenschaftlichen Fachschaft*, 20. Juni 1932 (*Aufsätze zur ökonomischen Theorie*, Tübingen 1952, S. 606), hier zit. n. Werner Krause, *Wirtschaftstheorie unter dem Hakenkreuz*, Berlin 1969, S. 216 – Anm. 166.

801 Calic, *Ohne Maske*, a.a.O., S. 35. – Am 12. Sept. 1930 teilt Schacht Reusch mit, Hitler werde »keinen wirtschaftlichen Unsinn« machen (Stegmann, *Zum Verhältnis von Großindustrie und Nationalsozialismus*, a.a.O., S. 465, 466, s. auch S. 478, 482).

802 Broszat, *Der Staat Hitlers*, a.a.O., S. 78 f. – Broszat bezeichnet damit genau jene Widersprüchlichkeit, die in dieser Arbeit mit den Begriffen Ambivalenz und begrenzte »Autonomie« charakterisiert werden soll. – Zum Keppler-Kreis vgl.

Czichon, *Wer verhalf Hitler zur Macht?*, a.a.O., S. 24 ff.; Klaus Drobisch, *Der Freundeskreis Himmler. Ein Beispiel für die Unterordnung der Nazipartei und des faschistischen Staatsapparates durch die Finanzoligarchie*, in: *ZfG*, 8 (1960), S. 304-328; Reinhard Vogelsang, *Der Freundeskreis Himmler*, Göttingen/Zürich/Frankfurt 1972, bes. S. 22 ff., 128 ff.; vgl. auch Stegmann, *Zum Verhältnis von Großindustrie und Nationalsozialismus*, a.a.O., S. 425 ff., zu Broszats Äußerung vgl. ebd., S. 428 f., 430, 431.

803 Brüning, *Memoiren*, a.a.O., S. 194 f. – vgl. S. 192 ff., 460 ff.; vgl. auch Conze, *Die politischen Entscheidungen in Deutschland 1929-1933*, in: ders., Raupach (Hrsg.), *Die Staats- und Wirtschaftskrise des Deutschen Reichs 1929/33*, a.a.O., S. 221; bes. pointiert vgl. Emil Carlebach, *Von Brüning zu Hitler*, Frankfurt 1971, (dort findet sich vor allem auch eine Sammlung sehr aussagekräftiger Zitate aus Brünings *Memoiren*). Vgl. auch Rudolf Morsey, *Die Deutsche Zentrumspartei*, in: Matthias, Morsey (Hrsg.), *Das Ende der Parteien 1933*, a.a.O., S. 298, 299 ff., 315 ff.; ders., *Hitlers Verhandlung mit der Zentrumsführung am 31. Januar 1933*, in: *VfZG*, 9 (1961), S. 182-194.

804 Zit. n. Helmut Hirsch, *Experiment in Demokratie*, Wuppertal 1972, S. 164.

805 Zit. n. Ingolf Liesebach, *Der Wandel der politischen Führungsschicht der deutschen Industrie von 1918 bis 1945*, Hannover 1957 (Diss. phil., Basel 1956) S. 95; Louis P. Lochner, *Die Mächtigen und der Tyrann*, Darmstadt 1955, S. 161 (S. 160 ff.). (Diese beiden Verweise mögen stellvertretend für viele stehen, vgl. nur noch Franz v. Papen, *Der Wahrheit eine Gasse*, München 1952, bes. S. 289 ff., und dagegen Karl Dietrich Bracher in: ders., Wolfgang Sauer, Gerhard Schulz, *Die nationalsozialistische Machtergreifung*, Köln u. Opladen 1962², S. 45 ff., 58 ff., 144 ff., 205 ff.; ders., *Ein Totengräber der Demokratie: Papen*, in: *Das deutsche Dilemma*, München 1971, S. 119 ff.)

806 Zit. n. Liesebach, a.a.O., S. 95; Lochner, a.a.O., S. 69; vgl. Goebbels, *Die zweite Revolution*, a.a.O., S. 29; vgl. auch, mit Hinw. auf eine entsprechende Aussage Neuraths von 1934, Rauschning, *Gespräche mit Hitler*, a.a.O., S. 141; s. auch Stegmann, *Zum Verhältnis von Großindustrie und Nationalsozialismus*, a.a.O., S. 405, 406, 423, 428, 433, 441.

807 Winkler, *Extremismus der Mitte?*, a.a.O., S. 190 (Hervorhebung: E. H.). Diese traditionellen Eliten sind die ostelbischen Junker und Teile der Schwerindustrie. Zum Bündnis: Oberklassen – NSDAP vgl. auch S. 187 f.

808 Ebd., zur Nähe der Haltung der Industriellen und des Mittelstandes vgl. auch S. 189.

809 Thyssen, *I paid Hitler*, a.a.O., S. 62 f., s. auch S. 65 f.

810 Als typisches Einzelbeispiel vgl. etwa: *Proceedings of the American Philosophical Society*, Vol. 82, No. 1, Philadelphia, February 23rd, 1940 = *Symposium on the Totalitarian State from the Standpoints of History, Political Science, Economics and Sociology*, November 17th, 1939, bes. S. 1 ff. (Fritz Morstein Marx, *Totalitarian Politics*), S. 70 (Hans Kohn), S. 91 ff. (Carlton J. H. Hayes, *The Novelty of Totalitarianism in the History of Western Civilization*).

811 Vgl. Thyssen, a.a.O., S. 153 ff., 163 ff.; dazu Hubert Raimund Rämisch, *Die berufsständische Verfassung in Theorie und Praxis des Nationalsozialismus*, Diss. Berlin 1957 – Ausz.: *Der berufsständische Gedanke als Episode in der nationalsozialistischen Politik*, in: *ZfP*, n. F. 4 (1957), S. 263-272; vgl. auch Bracher, Sauer, Schulz, *Nationalsozialistische Machtergreifung*, a.a.O., S. 191, 644.

812 Hier sei nur hingewiesen auf: Kurt Sontheimer, *Der Tatkreis*, 1959, abgedr. in: Jasper (Hrsg.), *Von Weimar zu Hitler*, a.a.O., bes. S. 201 ff., 206 ff., 210 ff.;

– Heinz O. Ziegler, *Autoritärer oder totaler Staat,* Tübingen 1932; – Carl Schmitt, *Starker Staat und gesunde Wirtschaft, in: Mitteilungen des Vereins zur Wahrung der gemeinsamen wirtschaftlichen Interessen in Rheinland und Westfalen,* Jg. 1932, Nr. 1, n. F. 21. H., S. 13-32 – z. T. abgedr. in: *Verfassungsrechtliche Aufsätze aus den Jahren 1924-1954,* Berlin 1958, S. 367 ff.; zur Relevanz dieser Position vgl. die Hinweise bei Werner Sörgel, *Metallindustrie und Nationalsozialismus,* Frankfurt 1965, S. 21 ff., 27 f.; Wilhelm Treue, *Der deutsche Unternehmer in der Weltwirtschaftskrise 1928-1933,* in: Werner Conze, Hans Raupach (Hrsg.), *Die Staats- und Wirtschaftskrise des Deutschen Reiches 1929/32,* Stuttgart 1967, hier S. 82 ff., 86 ff., 108 f., 123 f.; Röseler, *Die Stellung der deutschen Unternehmer in der Wirtschaftskrise 1929-1933,* a.a.O., S. 133 ff. (Röseler führt dort die Topoi Autarkie, Starker Staat, Ständestaat als Ausdruck eines nicht-liberalen kapitalistischen Bemühens der Krisenbewältigung an); Oswald Spengler, *Jahre der Entscheidung,* 1933, München 1961 – mit dem Plädoyer gegen die »Diktatur von unten«: S. 104 f., 115, 136 ff., 172 ff.; vgl. Arthur Zweininger, *Spengler im Dritten Reich. Eine Antwort auf Oswald Spenglers »Jahre der Entscheidung«,* Oldenburg 1933. – Es sei nur angemerkt, daß sich von hier der Bogen zur »Formierten Gesellschaft« schlagen läßt. – Vgl. die Anm. bei Agnoli, *Zur Faschismus-Diskussion* (II), a.a.O., S. 32 – Anm. 25; Schäfer, *Demokratie und Totalitarismus,* a.a.O., S. 131 f., – Anm. 85; Eike Hennig, Rez. v. Rüdiger Altmann, *Späte Nachricht vom Staat,* Stuttgart 1968, in: *NPL,* 15 (1970), S. 259-263.

812a Dazu auch Stegmann, *Zum Verhältnis von Großindustrie und Nationalsozialismus,* a.a.O., S. 431 ff.; Stegmann (bes. S. 439, 449-Dok. V) erwähnt auch die konservative Angst vor der NSDAP; in diesem Zusammenhang führt er vor allem Reusch, den Generaldirektor der Gutehoffnungshütte, an, der z. B. am 27. 4. 1932 an Wilmowsky (Aufsichtsratsmitglied der Krupp AG) schreibt: »Es ist höchste Zeit, daß das Bürgertum erwacht und sich nicht restlos dem Nationalsozialismus ausliefert!« – Trotz der »Katastrophenstimmung (W. Stephan) der Linksliberalen (DDP, Staatspartei) seit der 1930er RT-Wahl fehlt »dem« Bürgertum ein Begriff des Faschismus. So betont Werner Stephan (*Aufstieg und Verfall des Linksliberalismus 1918-1933,* Göttingen 1973, S. 490), nachdem er kritisch auf die vom Generalsekretär der Staatspartei, Nuschke, vertretene Abwirtschaftungsthese hingewiesen hat: »Was Totalitarismus bedeutet, erfaßten nur wenige Demokraten in seinem vollen Ernst.«

813 Papen, Marburger Rede am 17. Juni 1934, IMT, Bd. XL, S. 543-558; zit. in: Hofer, *Der Nationalsozialismus,* a.a.O., S. 66 f.; Papen, *Der Wahrheit eine Gasse,* a.a.O., S. 346 f.; ders., *Vom Scheitern einer Demokratie.* 1930-1933, Mainz 1968, S. 401 – Anm. 135; Bernhard Jenschke, *Zur Kritik der konservativ-revolutionären Ideologie in der Weimarer Republik. Weltanschauung und Politik bei Edgar Julius Jung,* München 1971, S. 177 ff. – Zu der zitierten Wendung vgl. auch Heide Gerstenberger, *Der revolutionäre Konservativismus,* Berlin 1969. Zur Marburger Rede Papens vgl. auch Gallo, *Der schwarze Freitag der SA,* a.a.O., S. 145 ff.

814 Dazu auch Stegmann, *Zum Verhältnis von Großindustrie und Nationalsozialismus,* a.a.O., S. 405 f., 414, 423, 428, 433. – Stegmann (S. 433) zit. einen Brief Reuschs, in dem dieser über eine Rede Papens vom 5. Sept. 1932 im »Herrenklub« berichtet. Reuschs Bericht zufolge hat Papen gesagt: »Die konservative Politik müsse von einer autoritären Regierung gemacht werden, es sei aber unbedingt erforderlich, daß diese Politik auch psychologisch im Volk verankert sei.« Dazu bemerkt Stegmann: »Autoritäre Politik ohne Massenbasis war eben nicht mehr realisierbar [. . .] und diese Massenbasis zu stellen, war allein Hitler imstande.«

815 Wegen der dort ausgebreiteten Materialien sei verwiesen auf Jenschke, *Zur Kritik der konservativ-revolutionären Ideologie . . .,* a. a. O., bes. S. 153 ff. *(Der Kampf gegen Weimar und das Verhältnis zum Nationalsozialismus),* 160 ff., 188 f. – zur Kritik an Jenschke vgl. meine Rez. in: *DArg, 75, Sonderh. 1972 = Kritik der bürgerlichen Geschichtswissenschaft I,* S. 368-370; vgl. auch Karl Martin Grass, E. J. Jung, *Papenkreis und Röhmkrise 1933-1934,* phil. Diss., Heidelberg 1966; Fritz Günther v. Tschirschky, *Erinnerungen eines Hochverräters,* Stuttgart 1972.

816 Vgl. bes. Edgar J. Jung, *Sinndeutung der deutschen Revolution,* Oldenburg i. O. 1933, S. 58 ff. *(Das politische Kräftebild im Innern).*

817 Franz v. Papen, *Appell an das deutsche Gewissen,* Oldenburg i. O. 1933, S. 7 f., vgl. auch S. 25 ff. *(Wesen und Ziel der deutschen Revolution)*; vgl. auch Jung, *Sinndeutung der deutschen Revolution,* a.a.O., S. 29; Kurt Stechert, *Wie war das möglich?* Stockholm 1945, S. 322, 359. – Es dürfte sicher sein, daß Papen die zit. Feststellung von Edgar Julius Jung übernommen hat (vgl. *Appell an das deutsche Gewissen,* S. 10, und die im Text im folgenden zit. Äußerungen Jungs).

818 Helga Grebing, *Konservative gegen die Demokratie,* Frankfurt 1971, S. 424 (ff); zur ambivalenten Haltung der NSDAP gegenüber demokratischen Bestrebungen vgl. auch Kurt Stechert, *Dreimal gegen England, Napoleon, Wilhelm II., Hitler,* Stockholm 1945, S. 9 ff., S. 316: »Gerade weil Hugenberg, Claß, Papen und all die anderen Führer der traditionellen antidemokratischen Kräfte Deutschlands eine viel zu schwache Massenbasis hatten, sind ihre eigenen gegenrevolutionären Experimente gescheitert, und sie mußten sich schließlich mit der Hitler-Partei alliieren. Der liberale Teil des Bürgertums und vor allem die Arbeiterschaft konnten nur mit Hilfe einer breiten antidemokratischen Massenbewegung unterworfen werden. Nur auf diese Weise war auch die Errichtung einer derart lückenlosen Diktator möglich, wie sie die Bedingungen Deutschlands erforderten, wenn die Demokratie ausgerottet werden sollte. Mit den Methoden Bismarcks ließ sich diese Aufgabe nicht mehr bewältigen.«

819 Papen, *Appell an das deutsche Gewissen,* a.a.O., S. 35 f.

820 Vgl. Jung, *Sinndeutung der deutschen Revolution,* a.a.O., S. 8: »Anruf des Elementaren und Verleugnung der Form geben einer Revolution ihre Stärke. Sie sind aber auch ihre Gefahr. [. . .] Von allen Revolutionären, auch von mir, ist ja die deutsche Revolution gekennzeichnet worden als ein Aufstand von Blut und Seele wider Intellekt und Doktrin.« – Das antirationalistische Moment des Faschismus betont bes. auch Hermann Heller, *Europa und der Fascismus,* Berlin u. Leipzig 1929.

821 Edgar J. Jung (*Sinndeutung der deutschen Revolution,* a.a.O., S. 23) betont, daß das, was am Nationalsozialismus konservativ ist, dem Gedankenkreis der »konservativen Revolution« entstamme. Dabei weist er u. a. auf das »aristokratische Prinzip« [vgl. auch Papen, *Appell an das deutsche Gewissen,* a.a.O., S. 9], die Siedlungs- und Arbeitslager hin. Antiintellektualismus, Antirationalismus und Antiliberalismus des Nationalsozialismus werden so von Jung wesentlich aus der »konservativen Revolution« erklärt: »Vor allen Dingen aber verdankt das deutsche Volk dieser Geistesbewegung die Unterhöhlung der Menschenrechtsideologie, die das Weimarer Gebäude trug, ferner die Zerstörung des Glaubens an das formale Recht, an die Dialektik und den Intellekt schlechthin.« – Diese Ausführungen verdeutlichen, daß auch die nationalsozialistische Legalitätstaktik mit ihrer vom »Situationsrecht« her bestimmten Aufhebung der formalen Unterschiede von Recht und Politik in diesem Bezug steht. »Der Rechtsbruch stärkt das Rechtsbewußtsein, wenn er neues Recht schafft . . .« (Jung, s. o., S. 30). Zur Auseinandersetzung Jungs mit der NSDAP vgl. auch den zusammenfassenden Beitr. in: *Deutsche über Deutschland.*

Die Stimme des unbekannten Politikers. Mit zusammenfassendem Nachwort ›Deutschland und die konservative Revolution‹ von Edgar J. Jung, München 1932, S. 369-383, bes. S. 372, 374, 379 f., 380 ff.; zur Problematik insges. vgl. jetzt auch Klaus Fritzsche, *Politische Romantik und Gegenrevolution,* Frankfurt 1976, S. 242-259, 296 ff.; zum »Tat-Kreis« vgl. auch Hans Hecker, *»Die Tat« und ihr Osteuropa-Bild 1909-1939,* Köln 1974. Die Firma »Omnia-Mikrofilm-Technik« (München) offeriert ein Reprint der Jahrgänge 1 bis 30 (1909/10-1938/39) der *Tat.*

822 Jung, *Sinndeutung der deutschen Revolution,* a.a.O., S. 39 f., 53 ff.

823 Ebd., S. 54 f.

824 Ebd., S. 33 f.

825 Materialien dazu bei Hamilton T. Burden, *Die programmierte Nation. Die Nürnberger Reichsparteitage,* Gütersloh 1967; Klaus Vondung, *Magie und Manipulation,* Göttingen 1971; ergänzend vgl. zur Inszenierung der »Schönheit der Arbeit« in einer durch Ausbeutung und Entfremdung charakterisierten Ökonomie Chup Friemert, *Das Amt ›Schönheit der Arbeit‹,* in: *DArg,* 72, 14 (1972), S. 258-275; zur Problematik vgl. auch meine Rez. von Vondung in *PVS,* 15 (1974), S. 148 f.

826 Jung, *Sinndeutung der deutschen Revolution,* a.a.O., S. 29.

827 Vage Andeutungen zum folgenden finden sich bei Armin Mohler, *Die konservative Revolution in Deutschland 1918-1932,* Darmstadt 1972[2], S. 4 f.

828 Nachdem Papen bereits die Abwendung »der« Industrie von der faschistischen Bewegung anklingen läßt, fungiert Schleicher dann als der Auslöser einer manifesten Hinwendung zum Faschismus (vgl. dazu Stegmann, *Zum Verhältnis von Großindustrie und Nationalsozialismus,* a.a.O., S. 434). Gerade dies wäre aber noch eingehend aufzuarbeiten!

829 Vgl. auch Kurt Gossweiler, *Die Rolle des Monopolkapitals bei der Herbeiführung der Röhm-Affäre,* phil. Diss., Berlin (Humboldt-Univ.) 1963 – Gossweiler erklärt allerdings die Ermordung Röhms und auch »die Liste der Opfer der Mordaktion, die von Röhm bis zu den Vertrauten des Vizekanzlers reicht«, als Ergebnis eines innermonopolistischen Konflikts der Schwerindustrie zur Ausschaltung des Einflusses der Chemie-Industrie. (Dabei geht er bisweilen recht zwanghaft vor, so wenn er Gregor Strassers Beziehungen zu den I. G. Farben dadurch erklärt, daß dieser früher Apotheker gewesen ist.) Zur Intention vgl. z. B. S. 437 f.: »Die Finanzierung der NSDAP und Görings persönlich hatte Thyssen Millionen gekostet. Bis 1933 hatte Thyssen ökonomische Macht eingesetzt, um politische Macht zu erobern. Mit Hilfe Görings ging es nun daran, politische Macht in potentiell vervielfachte ökonomische Macht zurückzuverwandeln und sich die führende Rolle in der deutschen Schwerindustrie zu erobern.« – Vgl. dagegen Charles Bloch, *Die SA und die Krise des NS-Regimes 1934,* Frankfurt 1970, S. 137 ff., zusammenfassend s. S. 161 ff.; zur Haltung der Reichswehr vgl. jetzt bes. auch Müller (Anm. 833), S. 88 ff., vor allem S. 120 ff. zur Zusammenarbeit von Reichswehr und SS; ereignisgeschichtl. vgl. jetzt Max Gallo, *Der schwarze Freitag der SA. Die Vernichtung des revolutionären Flügels der NSDAP durch Hittlers SS im Juni 1934,* Wien 1972.

830 Vgl. das Hoßbach-Protokoll (IMT XXV, S. 402 ff.): Am 5. Nov. 1937 legt Hitler, in Anwesenheit von Außenminister v. Neurath, seinen nächsten militärischen Mitarbeitern Blomberg, Fritsch, Raeder und Göring seine außenpolitischen Pläne vor. Die Bedeutung dieses Vortrages unterstreicht er dadurch, daß er ihn, für den Fall seines Ablebens, als »testamentarische Hinterlassenschaft« bezeichnet. – Ziel deutscher Politik ist »die Sicherung und Erhaltung der Volksmasse und ihre Vermehrung«. Zu diesem Zweck ist eine »Lösung der Raumnot« anzustreben durch »Gewinnung eines größeren Lebensraumes«. Dieser »Lebensraum« soll nicht in

überseeischen Kolonialgebieten gefunden werden, sondern »im unmittelbaren Anschluß an das Reich in Europa«. Der deutsche »Lebensraum« wird somit im Osten gesehen. Und der »Weg der Gewalt« wird anvisiert, um dieses Ziel einzulösen. – Zit. n. Hermann Mau, abgeschl. v. Helmut Krausnick, *Hitler und der Nationalsozialismus 1933-1945*, in: Peter Rassow (Hrsg.), *Deutsche Geschichte im Überblick*, Stuttgart 1953, S. 696.

831 Rede des Reichsbankpräsidenten und beauftragten Reichswirtschaftsministers Dr. Hjalmar Schacht auf der Deutschen Ostseemesse, Königsberg, am 18. August 1935, S. 6 f., 8-11. (Die Rede ist teilweise abgedr. in der von Jacobsen und Jochmann hrsg. Quellensammlung.)

832 Zit. n.: Sicherheitsdienst des RFSS, SD Hauptamt, 1936 – Institut für Zeitgeschichte, Akz.: 4062/68, Best.: FA 503 (1), (2), hier T. 2, S. 201 f., vgl. T. 1, S. 124. Als Beispiel für das Fortwirken dieser Problemstellung vgl. auch Franz-Willing, *Hitlerbewegung*, a.a.O., S. 238.

833 Vgl. Klaus-Jürgen Müller, *Das Heer und Hitler*, Stuttgart 1969, S. 580: »Die ganze Hilflosigkeit konservativ-autoritärer Einstellungen angesichts der komplexen Problematik moderner Sozialstrukturen zeigt sich in der Faszination, mit der Fritsch Hitlers vermeintlichen oder tatsächlichen Erfolg bei der Arbeiterklasse betrachtete. Daß es dem Nationalsozialismus augenscheinlich gelungen war, was man sich selbst nicht mehr zutraute, nämlich gerade in den breiten Kreisen der Nation, insbesondere der Arbeiterschaft, ›Wehrfreudigkeit‹ zu wecken, bewunderte nicht nur der höchste Offizier des Heeres; auch Reichenau war davon beeindruckt . . .«

Vgl. auch Henry Ashby Turner, jr., *The Ruhrlade. Secret Cabinet of Heavy Industry in the Weimar Republic*, in: *Central European History*, 3 (1970), S. 195-228, S. 228 (*Faschismus und Kapitalismus in Deutschland*, Göttingen 1972, S. 155).

834 Stegmann, *Zum Verhältnis von Großindustrie und Nationalsozialismus*, a.a.O., S. 440 f.

835 Vgl. nur Helmut Heiber, *Die Republik von Weimar*, München 1966, S. 202 ff.; Bullock, *Hitler*, a.a.O., S. 126 ff.; das »Einrahmungskonzept« ist erstmals 1929 bei der Kampagne gegen den Youngplan massiv wirksam geworden.

836 Rupert Breitling, *Literatur zur Partei- und Wahlfinanzierung*, in: *PVS*, 9 (1968), S. 109, vgl. S. 108–113, wo Breitling anhand der Veröffentl. v. Lewinsohn (*Geld in der Politik*, a.a.O.), Louis P. Lochner (*Die Mächtigen und der Tyrann*, Darmstadt 1955), August Heinrichsbauer (*Schwerindustrie und Politik*, Essen 1948), Thyssen und Hallgarten Fragen der Finanzierung der NSDAP behandelt.

837 Breitling, a.a.O., S. 113. Vgl. dazu Hallgarten, *Hitler und die deutsche Schwerindustrie*, a.a.O., S. 102-107 (106) bes. zur Haltung des »Stahlvereins«; Werner Sörgel, *Metallindustrie und Nationalsozialismus*, Frankfurt 1965.

838 Zu den folgenden Ausführungen vgl. die in den Anm.en 763 und 802 angeführten Arbeiten; vgl. ferner Turner, *The Ruhrlade . . .*, a.a.O.; Heinrich August Winkler, *Unternehmerverbände zwischen Ständeideologie und Nationalsozialismus*, in: *VfZG*, 17 (1969), S. 341-371; Lothar Döhn, *Politik und Interesse. Die Interessenstruktur der Deutschen Volkspartei*, Meisenheim a. Gl. 1970, bes. S. 185 ff.

839 Vgl. Carl Böhret, *Aktionen gegen die ›kalte Sozialisierung‹ 1926-1930*, Berlin 1966; zur Zeit der Krise vgl. noch die entsprechende Agitation in: *Wofür wir kämpfen! Die Gemeinschaftserklärung deutscher Wirtschaftsverbände vom 29. September 1931 sowie Reden des Präsidenten des Hansa-Bundes, Dr. Herm. Fischer, M. d. R., und des Direktors des Hansa-Bundes, E. Mosich*, Berlin 1931 (passim); vgl. auch die Denkschrift des Präsidiums des Reichsverbandes der Deutschen Industrie:

Aufstieg oder Niedergang? Deutsche Wirtschafts- und Finanzreform 1929, Berlin, Dez. 1929 = Veröffentlichungen des Reichsverbandes der Deutschen Industrie, Nr. 49, bes. S. 19 ff. – Diese Argumentation spielt vor allem bei der Gelsenberg-Affäre eine Rolle (dazu Volkland, a.a.O., Anm. 763, bes. S. 289 f., 298 ff.; Hallgarten, *Hitler und die deutsche Schwerindustrie,* a.a.O., S. 102 ff. [vgl. dagegen Volkland]; Turner, *Ruhrlade . . .,* a.a.O., S. 219 f. – *Faschismus und Kapitalismus in Deutschland,* a.a.O., S. 144 f.). Sie ändert sich vollständig (in Richtung auf Befürwortung eines »starken Staates«), nachdem eine qualitative Neudefinition »des« Staates realisiert worden ist.

840 Dazu meine *Thesen zur deutschen Sozial- und Wirtschaftsgeschichte,* a.a.O., S. 42-45, 58 ff. Ergänzend vgl. dazu Alois Egger, *Die Belastung der deutschen Wirtschaft durch die Sozialversicherung,* Jena 1929 (zusammenfassend vgl. S. 277 ff.); aus NS-Sicht vgl. Curt Ronau, *Die roten Hochburgen. Die Schuld der roten Sozialversicherung an Deutschlands Niedergang,* Berlin 1933; Curt Rosten, *Vom Bonzentum zum Dritten Reich,* Berlin 1933, S. 161-285.

841 Dazu Hannes Heer, *Burgfrieden oder Klassenkampf. Zur Politik der sozialdemokratischen Gewerkschaften 1930-1933,* Neuwied u. Berlin 1971; Ursula Hüllbüsch, *Gewerkschaften und Staat. Ein Beitrag zur Geschichte der Gewerkschaften zu Anfang und zu Ende der Weimarer Republik,* phil. Diss., Heidelberg 1958; dies., *Die deutschen Gewerkschaften in der Weltwirtschaftskrise,* in: Conze, Raupach (Hrsg.), *Die Staats- und Wirtschaftskrise des Deutschen Reichs 1929/33,* a.a.O., S. 126 ff.; vgl. auch Hans-Gerd Schumann, *Nationalsozialismus und Gewerkschaftsbewegung,* Hannover u. Frankfurt 1958; Dieter v. Lolhöffel, *Die Umwandlung der Gewerkschaften in eine nationalsozialistische Zwangsorganisation,* Anlage 1 in: Ingeborg Esenwein-Rothe, *Die Wirtschaftsverbände von 1933 bis 1945,* Berlin 1965, S. 145 ff.

842 Treue, *Der deutsche Unternehmer in der Weltwirtschaftskrise 1928-1933,* in: Conze, Raupach (Hrsg.), *Die Staats- und Wirtschaftskrise des Deutschen Reichs 1929/33,* a.a.O., S. 82.

843 Zu den Mitgliedern der »Ruhrlade« vgl. Turner, a.a.O., S. 196 f. (*Faschismus und Kapitalismus in Deutschland,* a.a.O., S. 115 f.), allerdings charakterisiert Turner die Mitglieder dort bewußt puristisch-ökonomisch; vgl. auch Liesebach, Der Wandel der politischen Führungsschicht der deutschen Industrie von 1918 bis 1945, a.a.O., S. 64 f.

844 Dazu Turner, a.a.O. S. 199, 202 ff. (*Faschismus und Kapitalismus in Deutschland,* a.a.O., S. 119, 122 ff.).

845 Vgl. ebd., S. 199, 206, 212 ff. (Übers., S. 119, 127, 135 f.).

846 Ebd., S. 215 f. (Übers., S. 139 f.).

847 Vgl. die in Anm. 802 zit. Lit. zum Keppler-Kreis; vgl. auch Stegmann, *Zum Verhältnis von Großindustrie und Nationalsozialismus,* a.a.O., S. 425 ff.

848 Brief von Hjalmar Schacht an Paul Reusch v. 6. Juni 1932 – zit. n. Kurt Koszyk, *Paul Reusch und die ›Münchner Neuesten Nachrichten‹,* in: *VfZG,* 20 (1972), S. 75-103, S. 99 f. (Dok. 9); dort (S. 99 – Anm. 73) auch zur Korrektur von Turner, *Ruhrlade . . .,* a.a.O., S. 218 f. (Übers., S. 143 f.), vgl. auch Koszyk, S. 103 – Anm. 84.

849 Brief Schachts an Paul Reusch vom 18. März 1932 – zit. n. Stegmann, *Zum Verhältnis von Großindustrie und Nationalsozialismus,* a.a.O., S. 451.

850 Vgl. ebd., S. 428-431 (430).

851 Vgl. ebd., S. 482; vgl. im Tenor ebenso Karl Guth, *Die Reichsgruppe Industrie,* Berlin 1941, S. 15 (Guth ist der Hauptgeschäftsführer der Reichsgruppe

Industrie).

852 Stegmann, a.a.O., (Anm. 849), S. 431; zur Unterredung mit Hindenburg vgl. indirekt ebd., S. 468, sowie ferner z. B. Wheeler-Bennet, *Der hölzerne Titan,* a.a.O., S. 415 ff.; Bracher, *Die Auflösung der Weimarer Republik,* a.a.O., S. 612 ff. (615 f.).

853 Vgl. Turner, *Ruhrlade* . . ., a.a.O., S. 220 f. (Übers., S. 146 f.).

854 *DAZ* v. 15. 12. 1930 – zit. n. Ruge, *Die ›Deutsche Allgemeine Zeitung‹ und die Brüning-Regierung,* a.a.O., S. 31; zur Verbindung von *DAZ* und *Ruhrlade* vgl. Turner, a.a.O., S. 212 ff. (Übers., S. 135 ff.).

855 *DAZ* v. 10. Okt. 1930 – zit. n. Ruge, a.a.O., (*ZfG* 1968), S. 30.

856 Dazu Koszyk, *Paul Reusch und die ›Münchner Neuesten Nachrichten‹,* a.a.O.; Turner, *Ruhrlade* . . ., a.a.O., S. 217 f. (Übers., S. 142 f.).

857 S. Anm. 855 (hier zit. n. ebd., S. 30 – Anm. 53). Vgl. dazu auch Berichte in den *Deutschen Führerbriefen,* abgedr. als Dok. IV in Stegmann, a.a.O. (Anm. 849), S. 446, und in: E. Berliner, *Das monopolistische Problem der Massenbasis, die ›Deutschen Führerbriefe‹ und Alfred Sohn-Rethel,* in: *Blätter,* 19 (1974), S. 154-174, hier bes. Dok. II, S. 167 f.

858 Dazu Turner, *Ruhrlade* . . ., a.a.O., bes. S. 218, 220 f. (Übers., S. 143, 146 f.).

859 Ebd., S. 223 f. (Übers., S. 150 f.).

860 Vgl. Koszyk, *Paul Reusch und die ›Münchner Neuesten Nachrichten‹,* a.a.O., S. 103 (Dok. 12), S. 103 – Anm. 84; vgl. aber auch Paul Oestreich, *Walther Funk. Ein Leben für die Wirtschaft,* München 1941², S. 81. – Zu der im Text angesprochenen Tätigkeit von Heß und Göring vgl. nur Roger Manvell, Heinrich Fraenkel, *Hess. A Biography,* London 1971, S. 39 f. Vgl. auch Anm. 850.

861 Zit. n. Ruge, *Die ›Deutsche Allgemeine Zeitung‹ und die Brüning-Regierung,* a.a.O., S. 41 – Anm. 107. – Der Autorenname wird dort »Keyserling« geschrieben; ich lehne mich an die Schreibweise von Czichon, *Wer verhalf Hitler zur Macht?,* a.a.O., S. 68, 71, an, vgl. entsprechend auch Albert Schreiner, *Die Eingabe deutscher Finanzmagnaten, Monopolisten und Junker an Hindenburg für die Berufung Hitlers zum Reichskanzler (November 1932),* in: *ZfG,* 4 (1956), S. 366-369 (366).

862 Dazu Bullock, a.a.O., S. 108 ff. (Kap. III u. IV passim); Bracher, *Auflösung der Weimarer Republik,* a.a.O., bes. S. 122 ff., 374 ff., vgl. aber auch S. 431 ff. (zum »Boxheimer Dokument«) und S. 731 ff. (gegen die These der »legalen Revolution«); vgl. bes. ders., *Deutsche Diktatur,* a.a.O., S. 209 ff.

863 Bracher, *Auflösung der Weimarer Republik,* a.a.O., S. 408 – Anm. 3; vgl. Bullock, a.a.O., S. 113; Konrad Heiden, *Adolf Hitler. Das Zeitalter der Verantwortungslosigkeit,* Zürich 1936, S. 254 f. (248 ff.).

864 N. einer Aussage von Aust vor dem Staatsanwalt – zit. n. Heiden, *Hitler,* a. a. O., S. 251.

865 Zu Hitlers Redetätigkeit im Ruhrgebiet vgl. Kühr, *Parteien und Wahlen im Stadt- und Landkreis Essen in der Zeit der Weimarer Republik,* a.a.O., S. 152, 155; Böhnke, *Die NSDAP im Ruhrgebiet,* a.a.O., S. 112 f., 160; vgl. auch Stegmann, *Zum Verhältnis von Großindustrie und Nationalsozialismus,* a.a.O., S. 447, 449.

866 Dieser Vortrag wird von der offiziellen Geschichte des Nationalsozialismus in Hamburg nicht erwähnt, vgl. Werner Jochmann, *Im Kampf um die Macht. Hitlers Rede vor dem Hamburger Nationalklub von 1919,* Frankfurt 1960, S. 33 – Anm. 23; vgl. auch Hermann Okraß, *Hamburg bleibt rot. Das Ende einer Parole,* Hamburg 1934, S. 126, 127, 131 (1926 besteht u. a. in Hamburg für Hitler Redeverbot). Vgl. auch Stegmann, *Zum Verhältnis* . . ., a.a.O., S. 411 (f.).

867 Vgl. Tyrell (Hrsg.), *Führer befiehl* . . ., a.a.O., S. 107, 150 f.

868 Zit. n. ebd., S. 170. – Zum Inhalt der Rede vom 5. Dezember 1927 vgl. ebd.,

S. 189 f. – dort ist ein Bericht des *VB* abgedr., der in Zitatform auf die Berichterstattung der *Rheinisch-Westfälischen Zeitung* hinweist. (Die *Rheinisch-Westfälische Zeitung* gehörte Reismann-Grone, dessen Schwiegersohn, Otto Dietrich, Wirtschaftsredakteur der *München-Augsburger Abendzeitung* war und im Frühjahr 1927 Beziehungen zu Hitler aufnahm. – Vgl. Czichon, *Wer verhalf Hitler zur Macht?*, a.a.O., S. 17.)

869 Vielfach (z. B. von K. Heiden und K. D. Bracher) wird behauptet, Kirdorf sei der Verwalter des politischen Fonds des Bergbaulichen Vereins und des Vereins der Gruppe Eisen Nordwest, des. sog. »Ruhrschatzes« – vgl. aber dagegen Turner, *The Ruhrlade Secret Cabinet of Heavy Industry in the Weimar Republic,* a.a.O., S. 206; ders., *Emil Kirdorf and the Nazi Party* in: *Central European History,* 1 (1968), S. 324-344, hier S. 340 ff. (343 f.) – vgl. die Übers. und Sammlung von Turners Arbeiten: *Faschismus und Kapitalismus in Deutschland,* a.a.O., S. 79 ff. (85), 127.

870 Zum folgenden vgl. Turner, *Emil Kirdorf and the Nazi Party,* a.a.O., ders., *Hitler's Secret Pamphlet for Industrialists, 1927,* in: *The Journal of Modern History,* 40 (1968), S. 348-374; wenig tauglich ist Helmut Böhme, *E. Kirdorf, Überlegungen zu einer Unternehmerbiographie,* in: *Tradition,* 13 (1968), S. 282-300, 14 (1969), S. 21-48 (zur Verbindung von Kirdorf und Hitler s. dort nur Teil II, S. 48!). Vgl. auch Parteivorstand der SPD (Hrsg.), *Material-Sammlung gegen die National-Sozialisten*, Berlin, Juni 1930, S. 20 f.; Verband der Fabrikarbeiter Deutschlands, *Gegen nationalsozialistische Zerstörungsarbeit. Material-Sammlung und Vortragsdisposition*, Hannover, Oktober 1931, S. 29.

871 Turner, *Emil Kirdorf and the Nazi Party,* a.a.O., S. 329 (Übers., S. 66). Böhnke (a.a.O., S. 112) datiert das Zusammentreffen von Hitler und Kirdorf auf den 3. 12. 1926 in Essen.

872 Ebd., S. 330 f., 333 f., 338 (Übers., S. 68, 71, 78 f.); neben den von Turner angeführten Belegen zum Kirdorf-Mythos im »Dritten Reich« (s. vor allem S. 333 f., 338 ff. – Übers., S. 70 f., 78 ff.) vgl. auch Josef Winschuh, *Emil Kirdorf,* in: *Das Reich* v. 20. 10. 1940 – abgedr. in: Hans Dieter Müller (Hrsg.), *Fascimile Querschnitt durch Das Reich* München/Bern/Wien 1964, S. 48 f. – Kritisch gegenüber Turner vgl. zu Kirdorfs Parteiaustritt auch Stegmann, *Zum Verhältnis . . .*, a.a.O., S. 414 (s. dort S. 411-414).

873 Turner, *Emil Kirdorf and the Nazi Party,* a.a.O., S. 334 ff. (Übers., S. 73 ff.).

874 Czichon, *Wer verhalf Hitler zur Macht?*, a.a.O., S. 17 f.; Bullock, a.a.O., S. 130; Bracher, *Auflösung der Weimarer Republik,* a.a.O., S. 292; Thyssen, *I paid Hitler,* a.a.O., S. 129 f.; Helmut Böhme, *Emil Kirdorf. Überlegungen zu einer Unternehmerbiographie* (II), in: *Tradition,* 14 (1969), S. 48; Orlow, *The History of the Nazi Party,* a.a.O., S. 173; Turner, *Emil Kirdorf and the Nazi Party,* a.a.O., S. 335 f. (Übers., S. 74); Burden, *Die programmierte Nation,* a.a.O., S. 71-82 (zum 1929er Reichsparteitag der NSDAP), erwähnt dies nicht. – Vgl. Stegmann, Anm. 872.

875 Vgl. Burden, *Die programmierte Nation,* a.a.O., bes. S. 73, 78.

876 Abgedr. in: Turner, *Faschismus und Kapitalismus in Deutschland,* a.a.O., S. 41 ff.

877 Zit. n. ebd., S. 34 f. – Eine als solche nicht gekennzeichnete Paraphrase dieses Interviews findet sich bei Czichon, *Wer verhalf Hitler zur Macht?*, a.a.O., S. 17 – Anm. 12. Mit der Feststellung, er habe sich seit 1927 ganz in den Dienst der NSDAP gestellt, beteiligt sich Kirdorf aktiv an der seitens der NSDAP propagierten Kirdorf-Legende; tatsächlich hat er sich parteipolitisch in den 30er Jahren für die DNVP organisiert (vgl. Turner, *Faschismus und Kapitalismus in Deutschland,*

a.a.O., S. 16 f., 68 f.,)

878 Dazu Turner, *Emil Kirdorf and the Nazi Party*, a.a.O., S. 339 ff. (Übers., S. 79 ff.).

879 Zu Otto Dietrich vgl. Czichon, *Wer verhalf Hitler zur Macht?*, a.a.O., S. 17; Heiden, *A. Hitler*, a.a.O., S. 248-251, S. 250: »Zweifellos ist Dietrich ein Stück Geldmacht, das in die Partei hineinragt.« Gerade im Bereich der publizistischen Unterstützung läßt sich die Kontinuität der Affinität von konservativen und rechtsradikalen Positionen aufzeigen, vgl. etwa die Hinweise bei Dirk Stegmann, *Die Erben Bismarcks*, Köln/Berlin 1970, S. 166 ff.

880 Otto Dietrich, *Mit Hitler in die Macht*, München 1934[15], S. 45.

881 Ebd. – Als Pendant zur Aussage Dietrichs vgl. die letztlich mechanische Umkehrung: Czichon, *Wer verhalf Hitler zur Macht?* a.a.O. Dietrichs Aussage bezieht sich auf die Stellung der Industrieverbände zum Präsidialkabinett Brüning; vgl. verstreute Materialien in Conze, Raupach (Hrsg.), *Staats- und Wirtschaftskrise des Deutschen Reiches 1929/33*, a.a.O., bes. S. 107 ff.; Bracher, *Die Auflösung der Weimarer Republik*, a.a.O., S. 409 – Anm. 5, 435 ff., 511 ff.; Hallgarten, *Hitler und die deutsche Schwerindustrie*, a.a.O., S. 94 ff.; Klein, *Zur Vorbereitung der faschistischen Diktatur durch die deutsche Großbourgeoisie (1929-1932)*, a.a.O., passim; vgl. auch bes. Ruge, Israelevič (s. Anm. 763), An den Verlagsdirektor der MNN, Anton Betz, schreibt Paul Reusch am 11. Okt. 1931: »[. . .] Nachdem [Brüning] [. . .] den großen Kredit, den er im deutschen Volke [als Hungerkanzler? – E. H.] besaß, nicht zur richtigen Zeit ausgenützt hat und durch seine Zauderpolitik die Wirtschaft immer mehr und mehr dem Abgrund zuführte, bedauere ich für meine Person, nichts mehr für ihn übrig zu haben, trotzdem er zweifellos ein Mann von ehrlichem Wollen und hoher Intelligenz ist. Da er jedoch nicht den Mut hat, seine Erkenntnis in die Tat umzusetzen und sich von der Sozialdemokratie zu trennen, wäre es besser, wenn er die Zügel der Regierung bald einem anderen übertragen würde, der diese Bindungen gegenüber der Sozialdemokratie wie Brüning nicht hat.« (Koszyk, *Paul Reusch und die Münchner Neuesten Nachrichten*, a.a.O., S. 86 [Dok. 3].)

882 Vgl. dazu: *Statement prepared by Walther Funk on the Relationship of German Industry to the Party and the National-Socialist Leadership of the State, 28th June 1946* (dieses Statement enthält Aussagen Walther Funks vom 26. Juni 1945), abgedr. in *Bericht über die Ermittlungen in bezug auf die Deutsche Bank*. Publiziert vom Büro der Militärregierung für Deutschland (OMGUS) im November 1946 = Arbeitsmaterialien des Instituts für marxistische Studien und Forschungen (IMSF) Nr. 4, Frankfurt 1971.

883 Oestreich, *Walther Funk. Ein Leben für die Wirtschaft*, a.a.O., S. 80.

884 Ebd., S. 83 f.; vgl. hierzu auch die Arbeiten über den Keppler-Kreis (Anm. 802).

885 Diese Rede hat nicht, wie meist behauptet wird (vgl. Bullock, Klöss, Domarus, Bracher, Nolte etc.), am 27. Januar stattgefunden. – Vgl. Vogelsang, *Der Freundeskreis Himmler*, a.a.O., S. 20; Turner, *Faschismus und Kapitalismus in Deutschland*, a.a.O., S. 103; Czichon, *Wer verhalf Hitler zur Macht?*, a.a.O., S. 27 (Turner und Czichon äußern sich aber noch widersprüchlich.).

886 Dies die Version von Dietrich (a.a.O., S. 46), die von Thyssen (a.a.O., S. 132) unterstrichen wird. Vgl. dagegen Lochner, *Die Mächtigen und der Tyrann*, a.a.O., S. 98 ff.

887 Hjalmar Schacht, *Brief an Hitler v. 12. November 1932* – zit. n. Czichon, a.a.O., S. 64, Dok. Nr. 5, dort auch zur Bedeutung des Briefes: S. 41 ff.

888 Heiden, *Hitler*, a.a.O., S. 255; Ende 1931 verlangt Walther Funk (Wirt-

schaftsberater Hitlers, von der Industrie finanziert) den Bruch des Tarifwesens – vgl. Czichon, a.a.O., S. 60; zur Kritik der Industriellen am Rechtsinstitut Tarifvertrag vgl. Hans-Hermann Hartwich, *Arbeitsmarkt, Verbände und Staaat 1918-1933*, Berlin 1967, S. 319 ff. – Vgl. auch O. Strasser, *Mein Kampf*, a.a.O., S. 47 f.; Kühnl, *Die nationalsozialistische Linke*, a.a.O., S. 243 ff.; Geiger, *Die soziale Schichtung des deutschen Volkes*, a.a.O., S. 111; Jäger, *Das wahre Gesicht Hitlers und der NSDAP*, a.a.O., S. 27; Harold D. Lasswell, *Politik und Moral*, Stuttgart u. Düsseldorf 1957, S. 280; vgl. auch Schäfer, *NSDAP*, a.a.O., S. 14; Broszat, *Staat Hitlers*, a.a.O., S. 63; Konrad Heiden, *Adolf Hitler*, Zürich 1936, S. 260 f. Insges. vgl. dazu die Materialzusammenstellung: *Der Nationalsozialismus in Theorie und Praxis*, Berlin o. J. (Verlagsgesellschaft des Deutschen Metallarbeiter-Verbandes).

889 Dazu Hartwich, a.a.O., bes. S. 149 ff., 245 f., 333 ff.; Klaus Röseler, *Unternehmer in der Weimarer Republik*, in: *Tradition*, 13 (1968), S. 217-240 (zur Sozialpolitik: S. 219 f., 240, zum Ruhreisenkampf: S. 234-236); ders., *Die Stellung der deutschen Unternehmer in der Wirtschaftskrise 1929-1933*, a.a.O., S. 69 ff., dazu auch Michael Schneider, *Auf dem Weg in die Krise. Thesen und Materialien zum Ruhreisenstreit 1928/29*, Wentorf b. Hamburg 1974; ders., *Unternehmer und Demokratie*, Bonn-B.-Godesberg 1975, S. 76 ff.

890 Bracher, *Die Auflösung der Weimarer Republik*, a.a.O., S. 292 – Anm. 16.

891 Bracher, *Die Auflösung der Weimarer Republik*, a.a.O., S. 292 – Anm. 16; Bracher stützt sich auf Heiden, *Hitler*, a.a.O., S. 260, u. auf Hallgarten, *Hitler und die deutsche Schwerindustrie*, a.a.O., S. 92, 119 – Anm. 27; Bracher, Sauer, Schulz, *Nationalsozialistische Machtergreifung*, a.a.O., S. 404, 404 – Anm. 116, stützen sich auf August Heinrichsbauer, *Schwerindustrie und Politik*, Essen/Kettwig 1948, S. 52, den auch Hallgarten zur weiteren Erläuterung der Aussage Heidens heranzieht; Klein, *Zur Vorbereitung der faschistischen Diktatur . . .*, a.a.O., S. 150 – Anm. 15, beruft sich auf Heiden und kritisiert Hallgarten und Heinrichsbauer, Hallgarten deshalb, weil er sich auf Heinrichsbauer beruft, beide würden die von Kirdorf an die NSDAP gezahlte Summe absichtlich zu niedrig einschätzen (s. u.). Czichon, *Wer verhalf Hitler zur Macht?*, a.a.O., S. 17, stützt die Aussage, ab 1. Januar 1931 habe Kirdorf es durchgesetzt, daß die dem Rheinisch-Westfälischen Kohlensyndikat angeschlossenen Unternehmer pro Tonne verkaufte Steinkohle für kurze Zeit 5 Pfennig an die NSDAP zahlten, auf das Berliner Tageblatt v. 27. 9. 1932. Ohne Beleg findet sich ein Hinweis auf diese Zahlung bei Albert Norden, Lehren deutscher Geschichte, Berlin 1947, S. 158; ebenfalls keinen Beleg gibt an Walter Ulbricht, *Die Legende vom »deutschen Sozialismus«*, Berlin 1946, S. 11/12; gegen die *zuletzt* angeführte Behauptung vgl. Lochner, *Die Mächtigen und der Tyrann*, a.a.O., S. 119-122, Lochner weist dabei u. a., S. 120/121, auf die in den Tageszeitungen vom 5. August 1947 (vgl. die Nachw. durch Ernst Nolte in: *The American Historical Review*, 75 (1969/70), H. 1, S. 73 – Anm. 3) veröffentlichte Erklärung des Betriebsrates einer Nachfolgeorganisation des Rheinisch-Westfälischen Kohlensyndikats hin (dazu auch Nolte, s. o., S. 73 – Anm. 4). Nolte stützt sich auf diese Quelle. *Die finanzielle Unterstützung Hitlers aus dem »Ruhrschatz«, auf Betreiben Kirdorfs, wird von Lochner und Nolte somit nicht kritisiert.* Nach Heinrichsbauer beläuft sie sich auf 500-600 000 RM. *Diesen* Diskussionsstand faßt Röseler, *Die Stellung der deutschen Unternehmer in der Wirtschaftskrise 1929-1933*, a.a.O., S. 142 ff., zusammen (vgl. auch Henry Ashby Turner, jr., *Big Business and the Rise of Hitler*, in: *AHR*, 75[1969], S. 56-70, übers. in: *Faschismus und Kapitalismus in Deutschland*, a.a.O., S. 9 ff.).

892 Vgl. Turner, *Faschismus und Kapitalismus in Deutschland*, a.a.O., S. 19,

140 ff. – zu Kirdorf vgl. die Bemerkungen im Text S. 263 f.

893 Vgl. hierzu, als Problem- und Forschungsberichte, Dietrich Eichholtz, *Geschichte der deutschen Kriegswirtschaft 1939-1945*, Bd. I: 1939-1941, Berlin 1971², S. 147-158; Kurt Gossweiler, *Großbanken, Industriemonopole, Staat*, Berlin 1971, bes. Kap. I, S. 15 ff.; vgl. auch Eike Hennig, *Industrie und Faschismus*, in: *NPL*, 15 (1970), hier S. 436 ff. (438 f.); ders., *Monopolgruppentheorie in der DDR diskutiert an ›Großbanken, Industriemonopole, Staat‹ von Kurt Gossweiler*, in: *Leviathan*, 1, (1973), S. 135-151.

894 Bes. deutlich vgl. Karl Dietrich Bracher, *Auflösung einer Republik. Das Ende der Weimarer Republik als Forschungsproblem*, in: A. R. L. Gurland (Red.), *Faktoren der Machtbildung*, Berlin 1952, hier S. 45 ff.

895 Dazu meine *Thesen zur deutschen Sozial- und Wirtschaftsgeschichte*, a.a.O., S. 50 f., 561 Angaben zum Produktionsrückgang im Bereich der Schwerindustrie finden sich auch bei Sohn-Rethel (allerdings ohne Belege – vgl. Anm. 896).

896 Ansätze dazu jetzt bei Sohn-Rethel, vgl. dazu meinen Beitrag *Industrie, Aufrüstung und Kriegsvorbereitung im deutschen Faschismus*, in: Friedrich Forstmeier, Hans Erich Volkmann (Hrsg.), *Wirtschaft und Rüstung am Vorabend des Zweiten Weltkrieges*, Düsseldorf 1974, S. 402 ff.

897 Hitler, *Mein Kampf*, a.a.O., S. 109.

898 Vgl. Wolfgang Schieder, *Faschismus und kein Ende?*, in: *NPL*, 15 (1970), S. 166-187, bes. S. 174 f.

899 Die angeführten Hinweise zur Beschreibung der Qualität der nationalsozialistischen Politik als eines strukturellen »bias« zu Gunsten der großen Industrie entstammen Gerhard Mackenroth, *Deutsche Industriepolitik 1933*, in: *Jahrbücher für Nationalökonomie und Statistik*, 140 (1934), S. 54-70, 204-224.

900 Vgl. Dieter Petzina, *I. G. Farben und nationalsozialistische Autarkiepolitik*, in: *Tradition*, 13 (1968), S. 250-254; ders., *Autarkiepolitik im Dritten Reich*, Stuttgart 1968, bes. S. 123.

901 Vgl. Wolfgang Birkenfeld, *Der synthetische Treibstoff 1933-1945. Ein Beitrag zur nationalsozialistischen Wirtschafts- und Rüstungspolitik*, Göttingen/Berlin/Frankfurt 1964, bes. S. 28, vgl. auch, analog für die Braunkohlen-Benzin AG (Brabag), bes. S. 37; vgl. Petzina, *Autarkiepolitik im Dritten Reich*, a.a.O., S. 36 ff.); auf den im Text angedeuteten Punkt geht Dietrich Eichholtz, *Alte und ›neue‹ Konzeptionen. Bürgerliche Literatur zur Wirtschaftsgeschichte des Faschismus in Deutschland*, in: *JWG*, 1971/III, S. 231-255, hier S. 234-237, nicht ein.

902 Dazu Jörg-Johannes Jäger, *Die wirtschaftliche Abhängigkeit des Dritten Reiches vom Ausland dargestellt am Beispiel der Stahlindustrie*, Berlin 1969, S. 72 ff. (bes. S. 73-75).

903 Vgl. ebd., bes. S. 13, 50 f., 54, s. vor allem S. 310: »Die Aufrechterhaltung und die Ausweitung der Rüstungsproduktion ist von der Stahlseite her weder in den ersten [dies richtet sich gegen Petzina, Autarkiepolitik im Dritten Reich, a.a.O., – E. H.] noch in den letzten Kriegsjahren ›im wesentlichen dank des Vierjahresplanes‹ erreicht worden, sondern vor allem durch die verstärkte Heranziehung des annektierten, besetzten und neutralen Auslands und seiner Ressourcen.« – Zur Bewertung vgl. die Rez. Jägers durch Reinhard Kühnl, in: *DArg*, 78, 15 (1973), S. 173 f. – Zu dem Komplex vgl. auch Matthias Riedel, *Die Rohstofflage des deutschen Reiches im Frühjahr 1936*, in: *Tradition*, 14 (1969), S. 310-334; ders., *Eisen und Kohle für das Dritte Reich*, Frankfurt/Zürich 1973.

904 Hierin sieht nicht erst Réne Erbe (*Die nationalsozialistische Wirtschaftspolitik 1933-1939 im Lichte der modernen Theorie*, Zürich 1958), sondern bereits

Maxine Y. Sweezy (*The Structure of the Nazi Economy*, 1941 – Reprint: Maxine Y. Woolston, ..., New York 1968, S. 7 ff.: *War Economics in Peace Times*) das wesentliche Kennzeichen der nationalsozialistischen Ökonomie. – Vgl. aber auch schon Fritz Sternberg, *Die deutsche Kriegsstärke*, Paris 1939, S. 229. – Vgl. auch Paul A. Baran, *Zur politischen Ökonomie der geplanten Wirtschaft*, Frankfurt 1968, S. 80, der das wirtschaftspolitische Instrumentarium (S. 79 f.) des Nationalsozialismus an der Macht als das »noch heute [...] größte Experiment der Wirtschaftsplanung unter dem Kapitalismus [...], das in Friedenszeiten versucht wurde«, charakterisiert.

905 Diesen Aspekt unterstreicht neben Erbe (*Nationalsozialistische Wirtschaftspolitik*, a.a.O., passim) bes. auch Fritz Sternberg, *Kapitalismus und Sozialismus vor dem Weltgericht*, Hamburg 1951, S. 283 ff.; vgl. bereits ders., *Der Faschismus an der Macht*, Amsterdam 1935, S. 129 ff., 190 ff.

906 Affidavit Kurt v. Schroeders v. 21. Juli 1947 – abgedr. als Dok. Nr. 21 in: Czichon, *Wer verhalf Hitler zur Macht?*, a.a.O., S. 77-79, hier bes. S. 78 f.; vgl. Stegmann, *Zum Verhältnis ...*, a.a.O., S. 440 (f.), 477-480 (Aufzeichnung von Hitlers Vortr. v. Industriellen am 21. 2. 1933). Vgl. Anm. 919.

907 So Heinrich Dräger, *Arbeitsbeschaffung durch produktive Kreditschöpfung*, München 1932 (ersch. als H. 41 in der von Gottfried Feder hrsg. »Nationalsozialistischen Bibliothek«); Dräger plädiert für Arbeitsbeschaffung durch »Reagrarisierung«: S. 56 ff., durch »Wohnungs- und Verkehrswirtschaft«: S. 63 ff. und durch »Sonstige Aufwendungen«: S. 71 ff. Der »Wehrhaftmachung« (Hitler) dient dabei, aber auch das nur passiv, lediglich der Bau unterirdischer Luftschutzanlagen (S. 73); auch die »Auflockerung der Großstadt« wird mit wehrpolitischen Gesichtspunkten verbunden (S. 64). – Lediglich Drägers Prinzip (S. 40), staatliche Initiativaufträge müßten ohne Verstaatlichung der Wirtschaft den ökonomischen Prozeß wieder in Gang setzen, wird nach 1933 mit ganz anderem Inhalt praktiziert (vgl. aber z. B. S. 39).

908 Sternberg, *Faschismus an der Macht*, a.a.O., S. 133; ders., *Die deutsche Kriegsstärke*, a.a.O., S. 171, 230 ff.

909 Zit. n. Wolfgang Sauer, *Die Mobilmachung der Gewalt*, in: Bracher, Sauer, Schulz, *Nationalsozialistische Machtergreifung*, a.a.O., S. 717, 748; Bracher, *Das Anfangsstadium der Hitlerschen Außenpolitik*, 1957, abgedr. in: Jasper (Hrsg.), *Von Weimar zu Hitler*, a.a.O., S. 483 – 495, hier S. 486 f.; Thilo Vogelsang. *Neue Dokumente zur Geschichte der Reichswehr 1930-1933*, in: *VfZG*, 2 (1954), hier S. 434 f.; Domarus, *Hitler I*, a.a.O., S. 197/198; Wolfram Fischer, *Deutsche Wirtschaftspolitik 1918-1945*, Opladen 1968, S. 61 (ff.).

910 Hitler am 3. Februar 1933 vor den Reichswehrbefehlshabern – n. der handschriftl. Aufz. des Generalleutnants Curt Liebmann; hier zit. n.: *Der Nationalsozialismus. Dokumente 1933-1945*, hrsg. v. Walther Hofer, Frankfurt 1957, S. 180/181.

911 Ebd.

912 Zit. n. Sauer, *Mobilmachung der Gewalt*, a.a.O., S. 785. Vgl. dagegen den ganz anderslautenden Aufruf der Reichsregierung v. 31. Januar 1933– zit. v. Jacobsen, Jochmann (Hrsg.), *Ausgewählte Dokumente zur Geschichte des Nationalsozialismus*, a.a.O.; Domarus, Hitler I, a.a.O., S. 193.

913 So Sauer, *Mobilmachung der Gewalt*, a.a.O., S. 748.

914 Zit. n. Fischer, *Deutsche Wirtschaftspolitik*, a.a.O., S. 67, s. auch S. 96 – Anm. 41; zu den Problemen der offiziellen Angaben vgl. Erbe, *Nationalsozialistische Wirtschaftspolitik*, a.a.O., S. 37 ff., 24 ff. Die offiziellen Haushaltsangaben werden ref. in (Rolf Wagenführ, Verf.): *Die deutsche Industrie im Kriege 1939-1945*, Berlin

1954, S. 17. Zusammenfassend vgl. T. W. Mason, *Some Origins of the Second World War,* a.a.O., S. 78 ff. – dort findet sich (S. 78) eine Tab., die die Angaben Stuebels, Kleins, Hillmanns und Erbes über die Höhe der Rüstungsausgaben von 1933 bis 1939 zusammenfaßt und vergleicht. Mason (S. 79) hält die Angabe von Heinrich Stuebel *Die Finanzierung der Aufrüstung im Dritten Reich,* in: *Europa Archiv,* 6 (1951), S. 4128-4136, S. 4129) für relativ richtig, dem zufolge belaufen sich die Rüstungsausgaben auf 60, 84 oder – wenn man auch die Ausgaben nicht-militärischer Ressorts berücksichtigt – auf rund 64 Milliarden RM; Eichholtz, *Geschichte der deutschen Kriegswirtschaft 1,* a.a.O., S. 31 ff., meint (S. 31) von 1933 bis August 1939 seien 71,8 Milliarden RM für Rüstungszwecke ausgegeben worden; vgl. dort auch S. 17-21 zur Diskussion um das rüstungspolitische Potential. – Zu den Problemen der Berechnung vgl. vor allem auch Berenice A. Carroll, *Design for Total War,* The Hague/Paris 1968, S. 262 ff.

915 Mason, *Some Origins . . .,* a.a.O., S. 79; vgl. Fischer, *Deutsche Wirtschaftspolitik,* a.a.O., S. 68; dort Tab. zit. S. 102.

916 So Fischer, a.a.O., S. 63 – kritisch dagegen Reinhard Kühnl, *Der deutsche Faschismus,* in: *NPL,* 15 (1970), S. 32/33.

917 Zur Voraussetzung vgl. Maurice Dobb, *Der Kapitalismus zwischen den Kriegen,* 1946, abgedr. in: *Organisierter Kapitalismus,* Frankfurt 1966, S. 74 ff.; zur Darstellung vgl. zusammenfassend Fritz Vilmar, *Rüstung und Abrüstung im Spätkapitalismus,* Frankfurt 1967 (3. Aufl.), S. 55–65, abgedr. auch in: *DArg,* 8 (1966), S. 217-228.

918 Darauf weist hin: Gerhard Bondi, *Die Weltwirtschaftskrise im Spiegel westdeutscher Geschichtsschreibung,* in: *JWG,* 1965, T. 2, S. 16; vgl. auch Petzina, *Autarkiepolitik im Dritten Reich,* a.a.O., S. 25; vgl. auch meine *Thesen,* a.a.O., S. 58 ff., 73 f.

909a Walther Schott, *Der Neue Staat,* Berlin 1932, S. 111, vgl. Kap. 3: *Der Wirtschaftsstaat,* passim. Vgl. meine *Thesen,* a.a.O., S. 73 ff.

910a Treue, *Der deutsche Unternehmer in der Weltwirtschaftskrise 1928 bis 1933,* a.a.O., S. 99.

911a Ebd., S. 97; vgl. Hitlers Verurteilung des »dauernde[n] Krieg[es] gegen die deutsche Schwerindustrie«, in: *Mein Kampf,* a.a.O., S. 257.

912a Hitler am 26. Januar 1932 vor dem »Industrieklub« – zit. n. Domarus, *Hitler 1,* a.a.O., S. 73, vgl. S. 72-74.

913a Ebd., S. 90, vgl. S. 68 ff.

914a Gerhard Schulz, *Die Anfänge des totalitären Maßnahmestaates,* in: Bracher, Sauer, Schulz, *Nationalsozialistische Machtgreifung,* a.a.O., S. 404/405, urteilt über den Vortrag vor dem »Industrieklub«. »Was Hitler eigentlich wollte, konnte nach dieser Rede kaum ungewiß sein: die totale Macht, zweifellos Rüstung und wahrscheinlich auch Krieg . . .«

915a Zahlreiche Hinweise finden sich bei Czichon, *Wer verhalf Hitler zur Macht?,* a.a.O. – vgl. aber die Kritik durch Nolte in: *Hitlers Aufstieg und die Großindustrie,* a.a.O., S. 190, die Zweifel auch an der »positivistischen« Aussagekraft Czichons aufkommen läßt. Eine richtige Bem. zu meiner Kritik findet sich aber bei Stegmann (*Zum Verhältnis . . .,* a.a.O., S. 399 – Anm. 4).

916a Geschäftsbericht 1937/38 der Friedrich Krupp AG. – zit. n. Sörgel, *Metallindustrie und Nationalsozialismus,* a.a.O., S. 71.

917a Ebd., S. 71 – Anm. 16; als tendenziell ähnlich vgl. die Dok. 2, 3, 4, 5, 7, 8, in: Eichholtz, Schumann (Hrsg.), *Anatomie des Krieges,* a.a.O., S. 82-86, 87 f.

918a Eingabe des »Reichsverbandes der Automobilindustrie« an Papen v. 16. August 1932 – zit. n. Eichholtz, Schumann (Hrsg.), a.a.O., S. 91, Dok. Nr. 11.

919 Affidavit Kurt v. Schroeders, a.a.O.: »[...] Ein gemeinsames Interesse der Wirtschaft bestand in der Angst vor dem Bolschewismus und der Hoffnung, daß die Nationalsozialisten – einmal an der Macht – eine beständige politische und wirtschaftliche Grundlage in Deutschland herstellen würden. Ein weiters gemeinsames Interesse war der Wunsch, Hitlers wirtschaftliches Programm in die Tat umzusetzen ... Weiterhin erwartete man, daß eine wirtschaftliche Konjunktur durch die Vergabe von größeren Staatsaufträgen werden würde.

In diesem Zusammenhang sind zu erwähnen: eine von Hitler projektierte Erhöhung der deutschen Wehrmacht von 100 000 auf 300 000 Mann, das Bauen von Reichsautobahnen [...] Aufträge zur Verbesserung des Verkehrswesens, insbesondere der Reichsbahn, und Förderung solcher Industrien wie Automobil- und Flugzeugbau und der damit verbundenen Industrien ...« – Vgl. dazu auch Axel Kuhn, *Die Unterredung zwischen Hitler und Papen im Hause des Barons von Schröder,* in: *GWU,* 24 (1973), S. 709-722.

920 Dazu Murray L. Weidenbaum, *Friedliche Nutzung der Rüstungsindustrie,* atz, Mai 1964, S. 132-136, S. 132 f.: »So bestanden vier Fünftel oder noch mehr aller Armeeausrüstungen zu Beginn des Ersten Weltkrieges aus Standardgütern der friedlichen Produktion, die auf die übliche Weise hergestellt worden waren. 1941 bestand fast die Hälfte des gesamten Kriegsmaterials aus speziell gefertigten Produkten. Allerdings bestand der größte Teil davon in Material, das durch Umstellung nichtmilitärischer Produktionsanlagen erzeugt werden konnte. Heutzutage bestehen 90 Prozent der Rüstungsgüter aus spezifischen Produkten, die in eigens dafür erstellten Fabriken hergestellt werden.« Einige konkrete Angaben finden sich bei Sternberg, *Die deutsche Kriegsstärke,* a.a.O., S. 230 ff., 248 ff. – Zur Problematik vgl. indirekt auch John G. Gurley, *Rüstungsgesellschaft und Friedenswirtschaft: Probleme der Transformation,* in: Dieter Senghaas (Hrsg.), *Zur Pathologie des Rüstungswettlaufs,* Freiburg i. Br. 1970, S. 374 ff. – Vgl. auch meinen Beitr. in Forstmeier, Volkmann (Hrsg.), a.a.O., sowie in *Gesellschaft 5* und Anm. 916.

921 Vgl. Hitler, *Mein Kampf,* a.a.O., S. 164 f. Zur hier bezogenen Position s. auch Stegmann, *Zum Verhältnis ...,* a.a.O., S. 441.

922 Ebd., S. 247, s. auch S. 257; Calic, *Ohne Maske,* a.a.O., S. 94; zur Bedeutung des Ersten Weltkrieges vgl. Sternberg, *Die deutsche Kriegsstärke,* a.a.O., S. 136 ff., 223 ff. *(Die Lehren des Weltkrieges)*; Berenice A. Carroll, *Design for Total War,* The Hague/Paris 1968, bes. S. 40 ff., 93 ff.; Gerhard Förster, *Totaler Krieg und Blitzkrieg,* Berlin 1967; vgl. *Anatomie des Krieges,* a.a.O., Dok. Nr. 1, S. 79-82; vgl. dort auch den Hinweis, der schon bei Sternberg (*Kapitalismus und Sozialismus vor dem Weltgericht,* a.a.O., S. 284/285) auftaucht. Zum ökonomischen Aspekt vgl. Erich Ludendorff, *Kriegführung und Politik,* Berlin 1922 (2. Aufl.), S. 156 ff.; ders., *Der totale Krieg,* München 1935, S. 29 ff., 87 ff.; dazu Eike Hennig, *Krieg und Frieden,* in: Görlitz (Hrsg.), *Handlexikon zur Politikwissenschaft,* a.a.O., hier S. 195 f.; ders., *Die Rüstungsgesellschaft und ihre Kosten,* in: Ekkehart Krippendorff (Hrsg.), *Friedensforschung,* Köln/Berlin 1968, S. 276 ff. Vgl. auch: *Deutschland im Ersten Weltkrieg,* Bd. 3, Berlin 1969, S. 301 ff. An zeitgenössischen Darstellungen vgl., um nur einige anzuführen, Heinrich Maß, *Deutsche Wehr in Vergangenheit und Gegenwart,* München 1933; G. Albrecht, *Deutschlands soziale Kriegsvorbereitung vor dem Weltkrieg,* in: *Jahrbücher für Nationalökonomie und Statistik,* 143 (1936); Alexander Görner, *Deutsche Kriegswirtschaft 1914 und 1939,* Berlin o. J.; Heinrich Hunke, *Grundzüge der deutschen Volks- und Wehrwirtschaft,* Berlin 1942[6], S. 87 ff.

923 Tyrell (Hrsg.), *Führer befiehl ...,* a.a.O., S. 47 f. (Denkschrift über den

Aufbau der NSDAP v. 22. Okt. 1922 · zum Charakter dieser Denkschrift Hitlers s. S. 15).

924 Hitler am 20. Sept. 1933 vor dem Generalrat der Wirtschaft: »Die Macht ist immer die Wegbereiterin der Wirtschaft gewesen ...« (Axel Friederichs, *Die nationalsozialistische Revolution 1933*, Berlin 1941[7], S. 299 = F. A. Six [Hrsg.], *Dokumente der Deutschen Politik*, Bd. I). Alan Bullock, *The Political Ideas of Adolf Hitler*, in: *The Third Reich*, a.a.O., S. 365, übermittelt folgenden (rückübersetzten) Wortlaut: »Der wirtschaftliche Fortschritt kann nie von der politischen Entwicklung getrennt werden. Macht ist immer der Wegbereiter des wirtschaftlichen Fortschritts gewesen.«

925 Vgl. die Hinw. bei Fischer, *Deutsche Wirtschaftspolitik*, a.a.O., S. 77, und Mason, *Der Primat der Politik*, in: *DArg*, 41, 8 (1966), S. 479; Dieter Grosser, *Die nationalsozialistische Wirtschaft*, in: *DArg*, 7 (1965), S. 1 f., sowie bes. Hitlers Rede vom 20. Februar 1938 zum 5. Jahrestag der »Machtergreifung«: Domarus, *Hitler 2*, a.a.O., S. 793, 794 f., und seine Denkschrift zum zweiten Vierjahresplan vom 26. August 1936, abgedr. in: Wilhelm Treue, *Hitlers Denkschrift zum Vierjahresplan 1936*, in: *VfZG*, 3 (1955), S. 184-210, S. 204 ff., sowie auch als Dok. Nr. 48, in: *Anatomie des Krieges*, a.a.O., S. 144-150; vgl. Willi Bölcke (Hrsg.), *Deutschlands Rüstung im Zweiten Weltkrieg*, Frankfurt 1969, S. 8, 28, 29 f., 32.

926 Vgl. Hitler am 22. Mai 1930 gegenüber Otto Strasser: »Niemals kann es ein [wirtschaftliches, E. H.] System geben, das anders aufgebaut ist als auf Autorität nach unten und Vertrauen nach oben, sonst ist eben jede Leitung unmöglich und wir kommen zu anarchistisch-bolschewistischen Zuständen. Das ergibt sich auch schon aus der Natur des Produktionsprozesses, der eben immer gleich bleibt und diesen Schreibtischunterschied: Kapitalismus und Sozialismus gar nicht kennt.« (Zit. n. O. Strasser, *Mein Kampf*, a.a.O., S. 66). Vgl. auch Calic, *Ohne Maske*, a.a.O., S. 36 f., 42, 47.

927 Hitler am 22. Mai 1930 gegenüber O. Strasser – hier zit. n. Bullock, a.a.O., S. 139; vgl. die folgenden Passagen des Gesprächs (zit. n. Heiden, *Geschichte des Nationalsozialismus*, a.a.O., S. 280-282, u. O. Strasser, Mein Kampf, a.a.O., S. 56, 63, 66): »[...] die große Masse der Arbeiter will nichts anderes als Brot und Spiele ...« – »Mit welchem Recht verlangen diese Leute [die Arbeiter, E. H.] Anteil am Besitz oder gar an der Leitung?... Der Unternehmer, der die Verantwortung für die Produktion trägt, der schafft auch den Arbeitern Brot. Gerade unseren großen Unternehmern kommt es nicht auf das Zusammenraffen von Geld an ...« – »Dieses System [»Herr im Haus«] ist durchaus richtig, und es kann gar kein anderes geben ...«; denn: »... In Wirklichkeit gibt es in der Wirtschaft immer nur ein System: Verantwortung nach oben, Vertrauen nach unten ...«

928 Harald Braeutigam, *Wirtschaftssystem des Nationalsozialismus*, Berlin 1936 (3. Aufl.), S. 3, 5 (im Orig. gesperrt).

929 Vgl. Winkler, *Extremismus der Mitte?*, a.a.O., S. 189 ff.; vgl. in diesem Zusammenhang Eichholtz, *Geschichte der deutschen Kriegswirtschaft I*, a.a.O., S. 7 (vgl. auch ders., in: *JWG* 1963/III).

930 Hitler, *Denkschrift zum Vierjahresplan*, 1936 – hier zit. n.: *Anatomie des Krieges*, a.a.O., S. 147. (»Entweder wir besitzen heute eine Privatwirtschaft, dann ist es deren Aufgabe, sich den Kopf über die Produktionsmethoden zu zerbrechen, oder wir glauben, daß die Klärung der Produktionsmethoden Aufgabe des Staates sei, dann benötigen wir keine Privatwirtschaft mehr.«)

931 Ebd., S. 148 – Diese Drohung ist jedoch insofern gegenstandslos und rhetorisch, als 1936 die Chemieindustrie im Rahmen des »Autarkiekonzepts« durch-

aus die neuen Wirtschaftsaufgaben der beschleunigten Aufrüstung begreift. Die drohenden Passagen der Denkschrift signalisieren lediglich den Übergang der industriellen Dominanz an die Chemieindustrie, auf deren Materialien auch die Denkschrift zurückgeht.

932 In Anlehnung an eine Aussage Eric Voegelins im Kontext der »Formierten Gesellschaft«. Die Differenz zwischen Faschismus und »Formierter Gesellschaft« liegt in der »Form« der systemstabilisierenden Gewalt. Den Nationalsozialismus charakterisiert u. a. offene Gewalt gegen Arbeiterorganisationen. Für die Legitimität dieses Ausblicks auf die Ideologie der »Formierten Gesellschaft« spricht auch, daß Bracher (*Deutsche Diktatur,* a.a.O., S. 533) als eine generelle inhaltliche Bestimmung des Faschismus die »Formierung« anspricht.

933 Vgl. Masons Darstellung der Tätigkeit der DAF in: *Labour in the Third Reich,* a.a.O., passim; vgl. vor allem ders., *National Socialist Policies Towards the German Working Classes, 1925-1939,* phil. Diss., Oxford 1971, jetzt ders., *Arbeiterklasse und Volksgemeinschaft,* Opladen 1975 (dazu meine Rez. in: *Sozialwissenschaftliche Informationen für Unterricht und Studium,* 6 [1977], S. 43-46).

934 Vgl. Otto Marrenbach (Hrsg.), *Fundamente des Sieges. Die Gesamtarbeit der Deutschen Arbeitsfront von 1933 bis 1940,* Berlin 1940.

935 Ebd., S. 321, zu den Kosten s. S. 325.

936 Ebd., S. 30.

937 Mason, *Labour in the Third Reich,* a.a.O., S. 133; vgl. Eichholtz, *Geschichte der deutschen Kriegswirtschaft 1,* a.a.O., S. 35: Ungefähre Vergleichszahlen für die Entwicklung der Arbeitsproduktivität

Produktivität je Arbeitsstunde 1937 (Zuwachs gegenüber 1929)

USA	20
(Sowjetunion	70)
Großbritannien	20
Frankreich	33
Deutschland	9-10
Italien	9-10
Japan	21

»Daß das faschistische Deutschland in seiner Arbeitsproduktivität zurückblieb, muß [. . .] als ein typisches Zeichen der inneren, sozialen Schwäche des Regimes gewertet werden.« Vgl. auch Hans Buwert, *Wandlungen im Wirtschaftsaufbau,* in: Otto Mönckmeier (Hrsg.), *Jahrbuch für nationalsozialistische Wirtschaft,* Stuttgart/Berlin 1935, S. 25, 28 – Dort wird zu dem empirisch ausgewiesenen (S. 28) Rückgang der Produktivität ab 1932/33 ausgeführt, er basiere darauf, daß 1. Rationalisierungsmöglichkeiten eingeschränkt würden und 2. die Produktion nicht mehr nur auf »Spitzenbetriebe und die Beschäftigung des auserlesensten und leistungsfähigsten Menschenmaterials« zurückgehe. Vgl. auch Robert Ley am 16. Februar 1938 vor der Berliner Arbeitskammer zit. n. Gerd Rühle, *Das Dritte Reich,* Bd. 6, Berlin (1939), S. 103.

938 Vgl. Mason, *Labour in the Third Reich,* a.a.O., S. 126 ff.

939 Hitler, *Denkschrift zum Vierjahresplan 1936* – zit. n. *Anatomie des Krieges,* a.a.O., S. 145– daß diese Betonung der Schnelligkeit 1936 die Bevorzugung der Chemieindustrie auf Kosten der Schwerindustrie (»Rüstung in die Tiefe«, nicht in die »Breite« – G. Thomas) indiziert, wird hier außer acht gelassen; dazu Dieter Petzina, *Autarkiepolitik im Dritten Reich,* Stuttgart 1968.

940 Hitler am 8. November 1940 – zit. n. Domarus 3, a.a.O., S. 1605.

941 Hitler am 1. September 1939 vor dem Reichstag – zit. n. Domarus 3, a.a.O., S. 1315.

942 Vgl. die Bem. v. Gerhard Schulz in: *Über die Entstehung und Formen von Interessengruppen in Deutschland seit Beginn der Industrialisierung,* in: *PVS,* 2 (1961), hier S. 142.

943 Heinrich August Winkler, *Einleitende Bemerkungen zu Hilferdings Theorie des Organisierten Kapitalismus,* in ders. (Hrsg.), *Organisierter Kapitalismus,* Göttingen 1974, hier S. 15 f.; vgl. jetzt auch ders., *German Society, Hitler and the Illusion of Restauration 1930-33,* in: *Journal of Contemporary History,* 11 (1976), S. 1-16, bes. S. 9 ff.

944 Lutz Niethammer, *Entnazifizierung in Bayern,* Frankfurt 1972, S. 121.

Dokument 1:
Bericht des Essener Polizei-Präsidenten an den Düsseldorfer Regierungspräsidenten vom 5. 2. 1927
(Quelle: Hauptstaatsarchiv Düsseldorf: Reg. Düss. 16738)

Im Juni 1926 hatte Hitler im Städtischen Saalbau in Essen vor geladenen Vertretern der Wirtschaft einen Vortrag über die deutsche Wirtschafts- und Sozialpolitik gehalten. Am 3. Dezember 1926 hielt er im Kammermusiksaal einen zweiten Vortrag über das Thema: »Neue Wege zur Macht«, der als Fortsetzung seines ersten Vortrags gedacht war. Es hatten sich etwa 200 Personen eingefunden, zum größten Teil Vertreter der westdeutschen Wirtschaft; jeder Teilnehmer war im Besitz eines Einladungsschreibens, das von dem Bezirksleiter der Nationalsozialistischen Deutschen Arbeiterpartei, Bezirk Essen, ausgestellt war. Daß eine verhältnismäßig große Zahl von Vertretern der Wirtschaft der Einladung gefolgt war, hatte seinen Grund in der Hauptsache wohl in dem Wunsche, den bekannten Parteiführer der Nationalsozialisten einmal zu sehen und reden zu hören. Ein unmittelbarer Bericht über den Verlauf der Veranstaltung kann nicht erstattet werden, da am Eingang des Saales eine scharfe Kontrolle der Einlaßkarten stattfand und niemand Zutritt zum Saale erhielt, der nicht im Besitz des oben erwähnten Einladungsschreibens war; es wurde jedoch folgendes vertraulich in Erfahrung gebracht.

Hitler gab zunächst eine Definition des Begriffs Politik, deren Haupttriebfeder die Not um das tägliche Brot sei. Die ursprünglichste und segensreichste Art, Politik zu treiben, sei die Herstellung eines vernünftigen Ausgleichs zwischen Bodenfläche und Volkszahl; die Steigerung der Volkszahl bedinge ein natürliches Anrecht auf Bodenzuwachs. Ein anderer Weg sei die Anpassung der Volkszahl an das vorhandene Land; dieser Weg sei gefahrvoll, weil er über die künstliche Geburtenbeschränkung zu einer Dezimierung nicht nur der Volkszahl, sondern darüber hinaus zu einer qualitativen Einbuße des Nachwuchses und der Kultur führe. Eine dritte Möglichkeit besteht in der Produktionssteigerung, diesen Weg beschritten immer solche Nationen, die zwar noch ihre robuste Lebenskraft besäßen, aber den Drang auf Bodenerweiterung verloren hätten.

Alle diese Arten praktischer Politik setzten einen mehr oder weniger hohen Grad von Macht voraus. In Deutschland sei leider seit 1886 die machtpolitische Entwicklung gegenüber der wirtschaftspolitischen in den Hintergrund getreten; man habe versucht, auf rein friedlichem Wege durch Hochzüchtung der Wirtschaft die Ernährung des Menschenüberschusses von Jahr zu Jahr sicherzustellen. Das Jahr 1918 habe diese Entwicklung abgeschlossen, und heute, nach 8 Jahren, habe man noch nichts hinzugelernt. Man glaube, auf die Dauer eine expansive Wirtschaftspolitik ohne Machtgrundlage treiben zu können; das Problem der Ernährung unseres Volkes in Zukunft sei noch immer nicht scharf genug umrissen. Er sehe nur ein Mittel zur Besserung, nämlich den Erwerb von weiterem Grund und Boden, der auch der deutschen Wirtschaft neue Absatzgebiete eröffne; dieser Weg erfordere aber erst recht eine starke Machtentfaltung. Dem deutschen Volke fehle es heute an der Volksenergie; in einzelnen Teilen Deutschlands, namentlich in Mitteldeutschland – Sachsen – zeigten sich bereits bedenkliche Spuren von Degeneration. Wenn die Entwicklung der letzten 60 Jahre noch weitere 60 Jahre fortgehe, dann werde das deutsche Volk nicht mehr in der Lage sein, nennenswerte Widerstandskraft zu leisten. Pazifismus, Demokratie und Internationalismus seien unnatürlich und deshalb zu verwerfen. Der Faschismus allein habe es verstanden, in kurzer Zeit aus einem verrotteten Volk eine lebensfähige Nation zu machen. Die Grundlage für eine Gesundung Deutschlands sei die Ersetzung des Majoritätsgedankens durch die Persönlichkeit, der Internationalismus durch die bewußt-nationale Einstellung und des Pazifismus durch straffes Zusammenfassen gegen äußere Bedrohung. Dabei müsse man aber bedenken, daß die Wirtschaft zwar den Menschen ernähre, daß ihr Gedeihen aber vollständig von dem Primären eines machtpolitisch gefestigten Staatsgefüges abhängig sei. Um dieses zu erreichen, müsse zuvor die Klassenspaltung in Deutschland überwunden werden, nicht durch Kompromisse, sondern durch schärfste Kampfeinstellung gegenüber dem Marxismus, getreu der Devise, daß der Sieg immer im Angriffe liege.

Der Vortrag Hitlers, der streng sachlich gehalten war, dauerte etwa 2¾ Stunden und wurde, namentlich in den Schlußausführungen, mit großem Beifall aufgenommen.

Dokument 2:
Finanzielle Zuwendungen an die NSDAP 1930-1933 (Zusammengestellt nach Angaben von August Heinrichsbauer und Louis P. Lochner)

1927 Emil Kirdorf leistet eine einmalige Zahlung von 100 000 RM.

Fritz Thyssen hat der NSDAP nach eigener Auskunft insgesamt 1 000 000 RM gezahlt.

Vor 1930 wird die NSDAP nur in »unbedeutender Höhe« unterstützt.

Thyssen spendet so 150 000 RM für das »Braune Haus«.

1930/31 zahlt Thyssen dreimal je 50 000 RM an Göring.
1931 Die laufende Subventionierung beginnt im Frühjahr 1931. Die Unterstützung des »Vereins für die bergbaulichen Interessen« wird an Gregor Strasser gezahlt in einer monatlichen Höhe von 10 000 RM.
1931 Walther Funk erhält monatlich 1000 RM.
1931/32 Zechen des Essener Bezirks zahlen 50-60 000 RM.
1931/32 Der Arbeitgeberverband Nord-West zahlt 200 000 RM (darunter 100 000 RM für die Wahl im Frühjahr 1932 und 100 000 RM für die Essener »Nationalzeitung«).
1932 W. Funk erhält 100 000 RM, die auch zur Unterstützung des Wahlkampfes anläßlich der Reichstags-Wahl im Frühjahr bestimmt sind.
1932 Thyssen zahlt 100 000 RM an W. Funk.
1932 Flick zahlt 50 000 RM.
Zur Herbstwahl 1932 erhält die NSDAP kein Geld von Seiten der industriellen Spitzenverbände des Ruhrgebiets.
1930/33 Der »Verein für die bergbaulichen Interessen« hat (einschließlich der Zahlungen an G. Strasser und W. Funk) 500-600 000 RM an die NSDAP gezahlt.
1933 Für die Märzwahl 1933 zahlen rund zwanzig zumeist führende Industrielle des Ruhrgebiets (darunter Krupp und Albert Vögler) 3 000 000 RM, die entsprechend der relativen Stärke unter NSDAP, DVP und DNVP aufgeteilt werden.
1930/33 Fritz Thyssen (»I paid Hitler«, New York/London 1941, S. 134) schätzt die Zahlungen der Schwerindustrie an die NSDAP auf jährlich 2 000 000 RM.
Vor 1933 wird die NSDAP daneben noch finanziert von:
- Herbert Kauert (Schwiegersohn Emil Kirdorfs),
- Ernst Tengelmann und Söhnen (Generaldirektor der Essener Steinkohlen AG),
- Otto Steinbrinck (Bevollmächtigter des Flick-Konzerns) zahlt maximal 40 000 RM,
- Otto Wolff (Kölner Industrieller) zahlt 1932, nach Eberhard Czichon, 180 000 RM an G. Strasser,
- Albert Vögler (Präsident des »Vereins Deutscher Eisenhüttenleute«)

Die Angaben sind zitiert nach: Louis P. Lochner, *Die Mächtigen und der Tyrann*, Darmstadt 1955; August Heinrichsbauer, *Schwerindustrie und Politik*, Essen-Kettwig 1948. Lochner, ein amerikanischer Journalist, ist in der Weimarer Republik und im »Dritten Reich« journalistisch und zeitweise als Angestellter der US-Botschaft in Berlin tätig gewesen. Heinrichsbauer ist Schriftsteller des Rheinisch-westfälischen Pressedienstes gewesen, der vom Bergbau und der Eisen- und Stahlindustrie des Ruhrgebiets finanziert wurde (dazu Kurt Koszyk, *Deutsche Presse 1914-1945*, Berlin 1972, S. 176 ff.). In der Endphase der Weimarer Republik fungierte Heinrichsbauer als Mittelsmann der Ruhrindustrie zu politischen Parteien und Verbänden der Rechten in Berlin (dazu Dirk Stegmann, *Zum Verhältnis von Großindustrie und Nationalsozialismus 1930-1933*, in: *Archiv für Sozialgeschichte*, 13 (1973), hier S. 416 f.; ders., *Kapitalismus und Faschismus in Deutschland 1929-1934*, in: *Gesellschaft. Beiträge zur Marxschen Theorie 6*, Frankfurt 1976, hier S. 85 f.; vgl. auch den Abdruck eines Schreibens vom 20. 9. 1932 von Heinrichsbauer an G. Strasser in: Günter Plum, *Gesellschaftsstruktur und politisches Bewußtsein in einer katholischen Region 1928-1933*, Stuttgart 1972, S. 301 ff.).

Anmerkungen zur Literatur (Juni 1977)

Diese Anmerkungen verzichten a priori auf den Titel »Bibliographie«. Einer bibliographischen Zusammenstellung verwendeter Literatur kommt kein informatorischer Wert zu: Jede Zusammenstellung muß lückenhaft und unzureichend bleiben; die Literaturfülle dürfte Lesebedürfnisse eher abtöten als stimulieren. Vor allem wirkt eine unüberschaubare Titelanreihung desorientierend; sie ist vornehmlich eine Fundgrube für »Spezialisten« (die dann eine Publikation durch den billigen Hinweis auf nicht aufgeführte Spezialuntersuchungen etc. kritisieren können). Vor dem Hintergrund derartiger Einschätzungen (und angesichts der vorgegebenen Umfangsbegrenzung) sollen hier nur wenige Literaturhinweise vorgestellt werden. Auf keinen Fall dürfen Sie dazu verführen, auf die Lektüre und bibliographische Auswertung des Anmerkungsteiles zu verzichten.

Die Literaturhinweise werden nach Grobkategorien aufgegliedert und führen Publikationen an, die der Verfasser *subjektiv* für »wichtig« hält. »Wichtig« soll heißen: zu den angeführten (Global-)Kategorien erscheint die Lektüre der angeführten Literatur aus Gründen 1. der Sachinformation und 2. der Rezeption »des« Forschungsstandes und Problembewußtseins »sinnvoll«.

Das Kontinuitätsproblem:

Dieter Fricke (Hrsg.), *Die bürgerlichen Parteien in Deutschland,* 2 Bde, Berlin 1974[2] (1968[1])

Dirk Stegmann, *Die Erben Bismarcks,* Köln/Berlin 1970

Kurt Stechert, *Wie war das möglich?,* Stockholm 1945

Alf Lüdtke, *Faschismus-Potentiale und faschistische Herrschaft oder Theorie-Defizite und antifaschistische Strategie,* in: *Gesellschaft. Beiträge zur Marxschen Theorie 6,* Frankfurt 1976, S. 194-241

Zur Geschichte der NSDAP:

Dietrich Orlow, *The History of the Nazi Party, Vol. I: 1919-33,* Newton Abbot 1971

ders., *The History of the Nazi Party, Vol II: 1933-1945*, Newton Abbot 1973
Wolfgang Horn, *Führerideologie und Parteiorganisation in der NSDAP (1919-1933)*, Düsseldorf 1972

Die nationalsozialistische »Linke«:
Reinhard Kühnl, *Die nationalsozialistische Linke 1925-1930*, Meisenheim a. Gl. 1966
Max H. Kele, *Nazis and Workers*, Chapel Hill 1972
Timothy W. Mason, *Arbeiterklasse und Volksgemeinschaft*, Opladen 1975

Zur Sozialstruktur der NSDAP:
Michael H. Kater, *Zur Soziographie der frühen NSDAP*, in: VfZG, 19 (1971), S. 124-158
ders., *Sozialer Wandel in der NSDAP im Zuge der nationalsozialistischen Machtergreifung*, in: Wolfgang Schieder (Hrsg.), *Faschismus als soziale Bewegung*, Hamburg 1976, S. 25-67
Peter H. Merkl, *Political Violence Under the Swastika. 581 early Nazis*, Princeton 1975

Zur Analyse der NS-Wähler:
Jerzy Holzer, *Parteien und Massen. Die politische Krise in Deutschland 1928-1930*, Wiesbaden 1975
Thomas Childers, *The Social Bases of the National Socialist Vote*, in: *Journal of Contemporary History*, 11 (1976), S. 17-42
Alexander Weber, *Soziale Merkmale der NSDAP-Wähler*, phil. Diss., Freiburg 1969

»Faschistische Öffentlichkeit«:
Klaus Vondung, *Magie und Manipulation*, Göttingen 1971 (dazu Rezensionen in: *PVS*, 15 (1974), S. 148 f.; *ÄuK*, 26, 7 (1976), S. 99-103)
Jeremy Noakes, *The Nazi Party in Lower Saxony 1921-1933*, Oxford 1971 (bes. Kap. XI: *Techniques and Themes of Propaganda 1930-1932)*
Wilfried Böhnke, *Die NSDAP im Ruhrgebiet 1920-1933*, Bonn/Bad Godesberg 1974 (dazu Rez. in: *IWK*, 12 (1976), S. 129-132)
Zum Stellenwert von Regional- und Lokalanalysen in diesem Kontext vgl. auch Eike Hennig, *Lokale Partei- und Wahlanalyse für die Weimarer Republik* (Sammelrez.), in: PVS, 18 (1977), S. 123-128
Eike Hennig, *Faschistische Öffentlichkeit und Faschismustheorien*, in: Äuk, 20, 6 (1975), S. 107-117 (zur Regional- und Lokalanalyse s. dort: S. 115) – dieses »Arbeitsprogramm« ist in zwei Vorträgen weiterentwickelt worden: *Forholdet mellem industri og fascisme. Fascistisk offentlighed og fascismeteorier = Fagtryk 58*, Aarhus 1977, S. 72-99; *Fascistisk offentlighed og småborgerskabets situation*, in: Bent Egaa

Kristensen u. a. (Hrsg.), *Småborgerskab og fascisme = Historievidenskabs skriftraekke No. 11*, Kongerslev/Grenå 1977, S. 9-38 (bes. S. 25 ff.)
ÄuK, 26, 7, Dez. 1976 = Themenheft: *Faschistische Öffentlichkeit*
Georg L. Mosse, *Die Nationalisierung der Massen. Politische Symbolik und Massenbewegungen in Deutschland von den Napoleonischen Kriegen bis zum Dritten Reich, Frankfurt/Berlin 1976*

Nationalsozialismus und Industrie:
Dirk Stegmann, *Kapitalismus und Faschismus in Deutschland 1929-1934*, in: *Gesellschaft. Beiträge zur Marxschen Theorie 6*, Frankfurt 1976, S. 19-91
Henry Ashby Turner, jr., *Faschismus und Kapitalismus in Deutschland*, Göttingen 1972
ders., *Großunternehmertum und Nationalsozialismus 1930-1933*, in: *HZ*, 221 (1975), S. 18-68

Nationalsozialismus und »Mittelschichten«:
Heinrich August Winkler, *Mittelstand, Demokratie und Nationalsozialismus*, Köln 1972
Emil Grünberg, *Der Mittelstand in der kapitalistischen Gesellschaft*, Leipzig 1932
Carl Dreyfuss, *Beruf und Ideologie der Angestellten*, München u. Leipzig 1933
Ulf Kadritzke, *Angestellte*, Frankfurt/Köln 1975
A. R. L. Gurland, Otto Kirchheimer, Franz Neumann, *The Fate of Small Business in Nazi Germany*, Washington 1943 = Senate Committee Print, 78th Congress, 1st Session, No 14
Arthur Schweitzer, *Die Nazifizierung des Mittelstandes*, Stuttgart 1970

Nationalsozialismus und Bauern:
Onno Poppinga, *Bauern und Politik*, Frankfurt/Köln 1975
Rudolf Heberle, *Landbevölkerung und Nationalsozialismus*, Stuttgart 1963
J. E. Farquharson, *The Plough and the Swastika*, London and Beverly Hills 1976
Hans-Jürgen Puhle, *Politische Agrarbewegungen in kapitalistischen Industriegesellschaften*, Göttingen 1975

Sozial- und wirtschaftsgeschichtliche Perspektiven:
Hans Mommsen u. a. (Hrsg.), *Industrielles System und politische Entwicklung in der Weimarer Republik*, Düsseldorf 1974
Eike Hennig, *Thesen zur deutschen Sozial- und Wirtschaftsgeschichte 1933 bis 1938*, Frankfurt 1973

Gesamtdarstellung:
Martin Broszat, *Der Staat Hitlers*, München 1969

Forschungsberichte, Darstellungen des theoretischen Diskussionsstandes:
A. Kuhn, *Das faschistische Herrschaftssystem und die moderne Gesellschaft*, Hamburg 1973
Wolfgang Wippermann, *Faschismustheorien*, Darmstadt 1975[2] (1971[1])
Helga Grebing, *Aktuelle Theorien über Faschismus und Konservatismus. Eine Kritik*, Stuttgart/Berlin/Köln/Mainz 1974
Richard Saage, *Faschismustheorien*, München 1976
Niels Kadritzke, *Faschismus und Krise*, Frankfurt/New York 1976

Bibliothek Suhrkamp

557 Ludwig Hohl, Varia
559 Raymond Roussel, Locus Solus
560 Jean Gebser, Rilke und Spanien
561 Stanisław Lem, Die Maske · Herr F.
562 Raymond Chandler, Straßenbekanntschaft Noon Street
563 Konstantin Paustowskij, Erzählungen vom Leben
564 Rudolf Kassner, Zahl und Gesicht
565 Hugo von Hofmannsthal, Das Salzburger große Welttheater
567 Siegfried Kracauer, Georg
568 Valery Larbaud, Glückliche Liebende . . .
570 Graciliano Ramos, Angst
571 Karl Kraus, Über die Sprache
572 Rudolf Alexander Schröder, Ausgewählte Gedichte
573 Hans Carossa, Rumänisches Tagebuch
574 Marcel Proust, Combray
575 Theodor W. Adorno, Berg
576 Vladislav Vančura, Der Bäcker Jan Marhoul
577 Mircea Eliade, Die drei Grazien
578 Georg Kaiser, Villa Aurea
579 Gertrude Stein, Zärtliche Knöpfe
580 Elias Canetti, Aufzeichnungen
581 Max Frisch, Montauk
582 Samuel Beckett, Um abermals zu enden
583 Mao Tse-tung, 39 Gedichte
584 Ernst Kreuder, Die Gesellschaft vom Dachboden
585 Peter Weiss, Der Schatten des Körpers des Kutschers
586 Herman Bang, Das weiße Haus
587 Herman Bang, Das graue Haus
588 Hermann Broch, Menschenrecht und Demokratie
589 D. H. Lawrence, Auferstehungsgeschichte
590 O'Brien, Zwei Vögel beim Schwimmen
591 André Gide, Die Rückkehr des verlorenen Sohnes
592 Jean Gebser, Lorca oder das Reich der Mütter
593 Robert Walser, Der Spaziergang
594 Natalia Ginzburg, Caro Michele
595 Rachel de Queiroz, Das Jahr 15
596 Hans Carossa, Ausgewählte Gedichte
597 Mircea Eliade, Der Hundertjährige
599 Hans Mayer, Doktor Faust und Don Juan
600 Thomas Bernhard, Ja
601 Marcel Proust, Der Gleichgültige

602 Hans Magnus Enzensberger, Mausoleum
603 Stanisław Lem, Golem XIV
604 Max Frisch, Der Traum des Apothekers von Locarno
605 Ludwig Hohl, Vom Arbeiten · Bild
606 Herman Bang, Exzentrische Existenzen
607 Guillaume Apollinaire, Bestiarium
608 Hermann Hesse, Klingsors letzter Sommer
609 René Schickele, Die Witwe Bosca
610 Machado de Assis, Der Irrenarzt
611 Wladimir Trendrjakow, Die Nacht nach der Entlassung
612 Peter Handke, Die Angst des Tormanns beim Elfmeter
613 André Gide, Die Aufzeichnungen und Gedichte des André Walter
614 Bernhard Guttmann, Das alte Ohr
616 Ludwig Wittgenstein, Bemerkungen über die Farbe
617 Paul Nizon, Stolz
618 Alexander Lernet-Holenia, Die Auferstehung des Maltravers
619 Jean Tardieu, Mein imaginäres Museum
620 Arno Holz / Johannes Schlaf, Papa Hamlet
621 Hans Erich Nossack, Vier Etüden
622 Reinhold Schneider, Las Casas vor Karl V.
624 Ludwig Hohl, Bergfahrt
627 Vladimir Nabokov, Lushins Verteidigung
628 Donald Barthelme, Komm wieder, Dr. Caligari
629 Louis Aragon, Libertinage, die Ausschweifung
630 Ödön von Horváth, Sechsunddreißig Stunden
631 Bernhard Shaw, Sozialismus für Millionäre
633 Lloyd deMause, Über die Geschichte der Kindheit
634 Rainer Maria Rilke, Die Sonette an Orpheus
635 Aldous Huxley, Das Lächeln der Gioconda
637 Wolf von Niebelschütz, Über Dichtung
638 Henry de Montherlant, Die kleine Infantin
639 Yasushi Inoue, Eroberungszüge
640 August Strindberg, Das rote Zimmer
641 Ernst Simon, Entscheidung zum Judentum
642 Albert Ehrenstein, Briefe an Gott
645 Marie Luise Kaschnitz, Beschreibung eines Dorfes
646 Thomas Bernhard, Der Weltverbesserer
647 Wolfgang Hildesheimer, Exerzitien mit Papst Johannes
648 Volker Braun, Unvollendete Geschiche
649 Hans Carossa, Ein Tag im Spätsommer 1947
651 Regina Ullmann, Ausgewählte Erzählungen
652 Stéphane Mallarmé, Eines Faunen Nachmittag
653 Flann O'Brien, Das harte Leben
654 Valery Larbaud, Fermina Márquez
671 Yehudi Menuhin, Kunst und Wissenschaft als verwandte Begriffe

848 Dieter Wellershoff, Die Auflösung des Kunstbegriffs
849 Samuel Beckett, Glückliche Tage
850 Basil Bernstein, Beiträge zu einer Theorie
851 Hobsbawm/Napolitano, Auf dem Weg zum ›historischen Kompromiß‹
852 Über Max Frisch II
853 Brecht-Jahrbuch 1976
854 Julius Fučík, Reportage unter dem Strang geschrieben
856 Dieter Senghaas, Weltwirtschaftsordnung und Entwicklung
857 Peter V. Zima, Kritik der Literatursoziologie
858 Silvio Blatter, Genormte Tage, verschüttete Zeit
859 Russell Jacoby, Soziale Amnesie
860 Gombrich/Hochberg/Black, Kunst, Wahrnehmung, Wirklichkeit
861 Blanke/Offe/Ronge u.a., Bürgerlicher Staat und politische Legitimation. Herausgegeben von Rolf Ebbighausen
863 Gesellschaft, Beiträge zur Marxschen Theorie 8/9
864 Über Wolfgang Koeppen. Herausgegeben von Ulrich Greiner
865 Gesellschaft 12
866 Fichant/Pêcheux, Überlegungen zur Wissenschaftsgeschichte
867 Ernst Kris, Die ästhetische Illusion
868 Brede/Dietrich/Kohaupt, Politische Ökonomie des Bodens
870 Umwälzung einer Gesellschaft. Herausgegeben von Richard Lorenz
871 Friedensanalysen 4
872 Piven/Cloward, Regulierung der Armut
873 Produktion, Arbeit, Sozialisation. Herausgegeben von Th. Leithäuser und W. R. Heinz
874 Max Frisch/Hartmut von Hentig, Zwei Reden zum Friedenspreis des Deutschen Buchhandels 1976
875 Eike Hennig, Bürgerliche Gesellschaft und Faschismus in Deutschland
876 Bolius, Erziehungsroman
877 Starnberger Studien 1
878 Leithäuser/Volmerg/Wutka, Entwurf zu einer Empirie
879 Peter Bürger, Aktualität und Geschichtlichkeit
880 Tilmann Moser, Verstehen, Urteilen, Verurteilen
881 Loch/Kernberg u. a., Psychoanalyse im Wandel
882 Michael T. Siegert, Strukturbedingungen von Familienkonflikten
883 Erwin Piscator, Theater der Auseinandersetzung
884 Politik der Subjektivität. Texte der italienischen Frauenbewegung, Herausgegeben von Michaela Wunderle
885 Hans Dieter Zimmermann, Vom Nutzen der Literatur
886 Gesellschaft, Beiträge zur Marxschen Theorie 10
887 Über Hans Mayer, Herausgegeben von Inge Jens
888 Nicos Poulantzas, Die Krise der Diktaturen
889 Alexander Weiß, Bericht aus der Klinik
890 Bergk/Ewald/Fichte u. a., Aufklärung und Gedankenfreiheit. Herausgegeben und eingeleitet von Zwi Batscha

891 Friedensanalysen 5
892 Franz L. Neumann, Wirtschaft, Staat, Demokratie
893 Georges Politzer, Kritik der Grundlagen der Psychologie
895 Umberto Eco, Zeichen. Einführung in einen Begriff und seine Geschichte
897 Ralph-Rainer Wuthenow, Muse, Maske, Meduse
898 Cohen/Taylor, Ausbruchversuche. Identität und Widerstand
901 Der bürgerliche Rechtsstaat. Herausgegeben von Mehdi Tohidipur
902 Ernest Borneman, Psychoanalyse des Geldes
903 Steven Marcus, Umkehrung der Moral
904 Alfred Sohn-Rethel, Warenform und Denkform
905 Beiträge zur Soziologie der Gewerkschaften. Hrsg. von Joachim Bergmann
906 Brecht-Jahrbuch 1977
907 Horst Kern, Michael Schumann, Industriearbeit und Arbeiterbewußtsein
908 Julian Przybós, Werkzeug aus Licht
910 Peter Weiss, Stücke II
913 Martin Walser, Das Sauspiel mit Materialien. Herausgegeben von Werner Brändle
916 Dürkop/Hardtmann (Hrsg.), Frauen im Gefängnis
917 Bowles S./Gintis H., Pädagogik und die Widersprüche der Ökonomie
918 Klaus-Martin Groth, Die Krise der Staatsfinanzen
920 Tagträume vom aufrechten Gang. Sechs Interviews mit Ernst Bloch, Herausgegeben von Arno Münster
921 Silvia Bovenschen, Die imaginierte Weiblichkeit
922 Anderson, Von der Antike zum Feudalismus
923 Sozialdemokratische Arbeiterbewegung, Band 1, Herausgegeben von Wolfgang Luthardt
925 Friedensanalysen 6
927 Ausgewählte Gedichte Brechts, Herausgegeben von Walter Hinck
928 Betty Nance Weber, Brechts ›Kreidekreis‹
929 Auf Anregung Bertolt Brechts: Lehrstücke. Herausgegeben von Reiner Steinweg
930 Walter Benjamin, Briefe 1 und 2. Herausgegeben von Gershom Scholem und Theodor W. Adorno
932 Jugendarbeitslosigkeit. Herausgegeben von Gero Lenhardt
933 Ute Gerhard, Verhältnisse und Verhinderungen
934 Sozialdemokratische Arbeiterbewegung, Band 2, Herausgegeben von Wolfgang Luthardt
935 Literatur ist Utopie. Herausgegeben von Gert Ueding
936 Berger/Heßler/Kavemann, Brot für heute, Hunger für morgen
937 Labrousse, Lefebvre, Soboul u. a. Geburt der bürgerlichen Gesellschaft 1789. Herausgegeben von I. A. Hartig
938 Habermas, Bovenschen u. a., Gespräche mit Marcuse
939 Thomas Brasch, Rotter Und weiter
940 Simone Weil, Fabriktagebuch
941 Ute Volmerg, Identität und Arbeitserfahrung

942 Klaus Eßer, Lateinamerika
943 Gewerkschaften und Strafvollzug, Hrsg. v. Lüderssen u. a.
944 Alexander von Brünneck, Politische Justiz
945 Jacques Derrida, Die Stimme und das Phänomen
948 Thompson/Caspard/Puls; Alltagspraxis, Wahrnehmungsformen, Protestverhalten
949 Julia Kristeva, Die Revolution der poetischen Sprache
950 Perry Anderson, Die Entstehung des absolutistischen Staates
951 Grundrechte als Fundament der Demokratie, hrsg. von Joachim Perels
954 Elias/Lepenies, Zwei Reden. Theodor W. Adorno-Preis 1977
955 Friedensanalysen 7
956 Brecht-Jahrbuch 1978. Hrsg. Fuegi/Grimm/Hermand
957 Gesellschaft, Beiträge zur Marxschen Theorie 11
958 Friedensanalysen 8
959 Martin Walser, Wer ist ein Schriftsteller?
960 Albert Soboul, Französische Revolution und Volksbewegung
962 Bettelheim/Mészarós/Rossanda u. a., Zurückforderung der Zukunft
963 Starnberger Studien 2
964 Nach dem Protest. Literatur im Umbruch. Herausgegeben von W. Martin Lüdke
966 Kern, Kampf um Arbeitsbedingungen
967 Michail M. Bachtin, Die Ästhetik des Wortes, hrsg. von Rainer Grübel
968 Frauen, die pfeifen. Herausgegeben von R. Geiger, H. Holinka, C. Rosenkranz, S. Weigel
969 Ernst Bloch, Die Lehren von der Materie
970 Giuliano Scabia, Das große Theater des Marco Cavallo
971 Siegfried Kracauer, Jacques Offenbach
974 Jirí Kosta, Abriß der sozialökonomischen Entwicklung der Tschechoslowakei 1945-1977
975 Nathan, Ideologie, Sexualität und Neurose
976 Bernd Jürgen Warneken, Literarische Produktion
978 Klaus Mäding, Strafrecht und Massenerziehung in der VR China
979 Bertolt Brecht, Tagebücher 1920-1922
981 Jeanne Favret-Saada, Die Wörter, der Zauber, der Tod
983 Bassam Tibi, Internationale Politik und Entwicklungsländer-Forschung
984 Dieter Kühn, Löwenmusik
985 Agnes Schoch, Vorarbeiten zu einer pädagogischen Kommunikationstheorie
987 Augusto Boal, Theater der Unterdrückten
989 Brecht-Jahrbuch 1979
991 Ruggiero Romano u. a., Die Gleichzeitigkeit des Ungleichzeitigen
992 Naturalismus/Ästhetizismus. Herausgegeben von Bürger/Schutte-Sasse
993 Ginette Raimbault, Kinder sprechen vom Tod
996 Starnberger Studien 3
1000 Stichworte zur ›Geistigen Situation der Zeit‹ 1. Band, Nation und Republik; 2. Band, Politik und Kultur. Herausgegeben von Jürgen Habermas.

Alphabetisches Verzeichnis der edition suhrkamp